Schriftenreihe des Strafvollzugsarchivs

Reihe herausgegeben von

Christine M. Graebsch, Bremen, Deutschland

Sven-Uwe Burkhardt, Bremen, Deutschland

Johannes Feest, Bremen, Deutschland

In der Schriftenreihe des Strafvollzugsarchivs werden Texte über die Rechtswirklichkeit von Gefängnissen und strafrechtlichen Sanktionen publiziert. Im Fokus der Reihe stehen dem Strafvollzug dienende Haftanstalten, Einrichtungen des forensischen Maßregelvollzugs und der Sicherungsverwahrung sowie andere Orte der Freiheitsentziehung. Umfasst ist aber auch ambulante Überwachung, wie die Bewährungshilfe oder Führungsaufsicht. Besonderes Interesse gilt den Auswirkungen auf die Betroffenen. Die Reihe richtet sich an Wissenschaft und Praxis in den Bereichen Recht, Kriminologie und Soziale Arbeit sowie an Studierende in insbesondere diesen Fächern.

Weitere Bände in der Reihe http://www.springer.com/series/14170

Johannes Feest · Brunilda Pali
(Hrsg.)

Gerlinda Smaus: „Ich bin ich"

Beiträge zur feministischen Kriminologie

Springer

Hrsg.
Johannes Feest
Bremen, Deutschland

Brunilda Pali
Institute of Criminology
KU Leuven
Leuven, Belgien

ISSN 2365-5178 ISSN 2365-5186 (electronic)
Schriftenreihe des Strafvollzugsarchivs
ISBN 978-3-658-31722-5 ISBN 978-3-658-31723-2 (eBook)
https://doi.org/10.1007/978-3-658-31723-2

Die Deutsche Nationalbibliothek verzeichnet diese Publikation in der Deutschen Nationalbibliografie; detaillierte bibliografische Daten sind im Internet über http://dnb.d-nb.de abrufbar.

Springer ist ein Imprint der eingetragenen Gesellschaft Springer Fachmedien Wiesbaden GmbH und ist ein Teil von Springer Nature.
Die Anschrift der Gesellschaft ist: Abraham-Lincoln-Str. 46, 65189 Wiesbaden, Germany

Vorwort der Herausgeber*innen

Dieses Buch ist das Ergebnis von Suchen, Entdecken, Wiederfinden, Ausgraben, Austauschen und Übersetzen. Die Idee entstand während einer Konversation der Herausgebergeber*innen über Abolitionismus.[1] Als Johannes über seine abolitionistischen Projekte berichtete, wurde Brunilda unruhig wegen des Fehlens von Frauen in diesem Feld. Oder besser: wegen des fehlenden Bewusstseins und des fehlenden Wissens über diese Frauen. Das Schweigen über sie ist verblüffend.

Unter den Abolitionistinnen, die Johannes erwähnte, stach eine Person hervor, die er besonders schätzte (und stets bedauert hatte, dass sie es, trotz großer Qualifikation, in Deutschland nie zur Prossessorenwürde gebracht hatte): eine deutsch-tschechische Soziologin namens Gerlinda Smaus. Als wichtige, einflussreiche Denkerin hatte sie eine ganze Generation kritischer Kriminolog*innen begleitet. Aber auch Johannes konnte nicht genau sagen, was aus ihr geworden war. Das machte Brunilda äußerst neugierig, aber sie konnte fast nichts über sie in der englischsprachigen Literatur finden. Auf diese Weise begann unser Buchprojekt: aus Unzufriedenheit mit unserem Wissensstand und aus dem Instinkt, etwas zurechtrücken, Gerechtigkeit schaffen zu müssen.

Wir beschlossen daher, Gerlinda Smaus zu finden, sie zu besuchen, mit ihr zu sprechen und ihr Fragen zu stellen, deren Antworten wir nirgends finden konnten, außer bei ihr. Wir benötigten mehrere Züge und fast sieben Stunden, aus verschiedenen Richtungen (Johannes aus Bremen, Brunilda aus Leuven), um sie in Saarbrücken zu besuchen. Es war, vom Moment der Begegnung an, Liebe auf den ersten Blick. Linda erwies sich als eine schmale, zierliche Frau mit wunderbar grauen Haar, eisernem Willen, einem einzigartigen Sinn für Humor und einer schier unglaublichen geistigen Originalität. Wir waren gepackt, gefangen. Die Idee zu diesem Buch wurde eine Obsession, eine Aufgabe, fast eine Berufung.

---

1 Brunilda Pali im Gespräch mit Johannes Feest: https://www.restorotopias.com/2019/06/.

Gerlinda Smaus kann als die wichtigste feministische und gender-theoretische Kriminologin in deutscher[2] (und vermutlich auch in tschechischer[3]) Sprache gelten. Nur wenige ihrer Veröffentlichungen sind bisher auf englisch, französisch oder spanisch zugänglich. Ihre einschlägigen deutschsprachigen Texte sind in diversen Fachzeitschriften, Sammelbänden und Festschriften erschienen. Einiges davon ist jedoch auch für Fachleute nur noch schwer auffindbar. Umso verwunderlicher ist es, dass bisher noch keine Sammlung ihrer wichtigsten Schriften existiert. Anfangs bestand unsere Idee darin, das Werk von Gerlinda Smaus einer anglophonen Leserschaft zugänglich zu machen. Es erwies sich jedoch, dass als erster Schritt eine deutsche Sammlung ihrer Schriften erforderlich war, um auf dieser Basis einen Übersetzungszuschuss beantragen zu können.

Aus der reichen Fülle ihrer Schriften haben wir 16 ausgewählt, die durchwegs der kritischen Kriminologie angehören. Im Mittelpunkt stehen 12 Beiträge zur feministischen bzw. gendertheoretischen Kriminalsoziologie. Ergänzt haben wir diese Auswahl durch zwei Texte, welche die materialistisch-interaktionistische Basis der kritischen Kriminologie der Autorin verdeutlichen. Zwei weitere Texte betreffen das Verhältnis von Feminismus und Abolitionismus.

Wir haben diese Texte in chronologischer Folge angeordnet. Dadurch kann der Weg der Autorin und die Entwicklung ihrer Theorie, in Auseinandersetzung mit und Rezeption der Schriften von Simone de Beauvoir, Sandra Harding, Judith Butler u. a. gut nachvollzogen werden. Der Nachdruck erfolgt ohne inhaltliche Änderungen. Auch formal haben wir nur einige wenige Druckfehler korrigiert. Die Ergebnisse der Rechtschreibereform von 1996 werden nur in dem Maße berücksichtigt, in der sie von der Autorin in den Orginaltexten nachvollzogen wurden.

Für die Abdruckgenehmigungen bedanken wir uns bei den Verlagen AJZ, Fachhochschulverlag, Juventa, Nomos, Pensa Multimedia und Transcript.

Ebenfalls bedanken wir uns bei Dr. Jens Benicke (Freiburg) für die sorgfältige Herstellung einer reprofähigen Datei.

---

2 Siegfried Lamnek/Susanne Vogl, Die materialistisch-interaktionistische Kriminologie nach Gerlinda Smaus. In: Theorien Abweichenden Verhaltens II, Paderborn 2017[4]; vgl. auch: Artikel „Gerlinda Smaus" in: Wikipedia.

3 Festschrift zum 70. Geburtstag: L. Oates-Indruchová (ed.) Tvrdošíjnost myšlenky: Od feministické kriminologie k teorii genderu, Praha 2011.

Anstelle einer Einleitung haben wir, auf ausdrücklichen Wunsch der Autorin, ein Email-Interview mit ihr durchgeführt, dessen Ergebnisse wir im Folgenden anstelle einer Einleitung abdrucken.

Bremen und Leuven, Juli 2020

Johannes Feest und Brunilda Pali

Inhalt

Interview als Einführung
Antworten von Gerlinda Smaus auf Fragen von Brunilda Pali und Johannes Feest

1 Wer ist Gerlinda Smaus?

Wer ist Gerlinda Smaus? Ich doch, so steht es im Titel!

Ich bin die Tochter zweier Heimaten. Mein Mutterland ist das Saarland, die Tschechische Republik das Vaterland. Der böhmischen Großmutter ist zu verdanken, dass die Familie nach 1945 nicht wie andere „Egerländer" vertrieben, sondern im Geburtsort meines Vaters in Nové Sedlo, in der Nähe des Kurorts Karlovy Vary, verbleiben konnte. Meine Muttersprache ist Deutsch, aber vom ersten Tag des Schulbesuchs in 1946 habe ich mich erfolgreich in die tschechische Sprache integriert, über alle Schulstufen bis zum Studienabschluss an der Fakultät für Erwachsenenbildung und Journalistik der Karls-Universität Prag im Jahre 1967 hinweg. Übrigens bin ich auf diese damals neu gegründete Fakultät sehr stolz, denn an ihr wurde 1966 nach vorherigem Verbot „mein" Fach, die Soziologie, als erste in der Republik wieder eingeführt! Ich spreche meine Vatersprache akzent- und schreibe sie fehlerlos, während ich meine Muttersprache um eine slawische Note bereichert habe und froh über das deutsche Rechtschreibeprogramm im Internet bin!

In die Bundesrepublik bin ich mit meinem Mann, Jan Smaus, einem Prager und Diplom Ingenieur am vierten Geburtstag unserer Tochter Gabriela, am 12.9.1968 zurückgekehrt. Wir begriffen uns als politische Flüchtlinge nach dem Einmarsch der Armeen des Warschauer Paktes in die Tschechoslowakische Republik knapp einen Monat zuvor. Unsere Motivationen waren unterschiedlich: Die Eltern meines Mannes Jan lebten privat noch gänzlich im politischen Klima der 1. Republik mit ihrem Idol Präsident Thomas Garigue Masaryk und haben ihre Kinder dementsprechend „antikommunistisch" erzogen. Meine Motivation war eine viel unmittelbarere. Als junge, erfolgsversprechende Akademikerin sollte ich zum „Wissenschaftskader" aufgebaut werden, wenn ich bereit wäre, in die Kommunistische

J. Feest und B. Pali (Hrsg.), *Gerlinda Smaus: „Ich bin ich"*, Schriftenreihe des Strafvollzugsarchivs, https://doi.org/10.1007/978-3-658-31723-2_1

Partei einzutreten. Davor hatte ich mit meinen 27 Jahren große Angst, denn ich habe schon früh bemerkt, dass die Partei viel umfassender die eigenen Mitglieder als die Parteilosen überwacht und diszipliniert! Wissenschaft war mir lieb und teuer, aber unter den engen Anweisungen der Partei wäre ich zu einer ständigen Hypokrisie gezwungen gewesen. Das nicht ausgefüllte Formular zur Parteiaufnahme lag in der Schubblade meines Schreibtisches im Gebäude der Fakultät in Celetná 20 – Sitz des Rektorats der Karls-Universität –, als sie am 21. August 1968 von russischen Soldaten besetzt wurde! Der Überfall hat mir die schwere Entscheidung gegen eine wissenschaftliche Laufbahn bei Verweigerung der Mitgliedschaft abgenommen! Jegliche Hoffnung auf eine freie Wissenschaft ist verloren gegangen und ich habe den Schritt ins Unbekannte gewagt. Mein Instinkt hinsichtlich der Überwachung „des inneren Kreises der Macht“ hat sich als richtig erwiesen, denn im sogenannten Normalisierungsprozess wurden sogleich an die 350 000 Parteimitglieder ausgeschlossen.[1] Für Wissenschaftler, die als loyal eingeschätzt weiterhin an Universitäten und in Akademien verbleiben durften, ist die Hypokrisie, so fürchte ich, zu einem lebenslangen Schicksal geworden. Ein moralisches Überlegenheitsgefühl meinerseits ist aber fehl am Platze, denn meine Lösung bestand in einer Flucht! Ich habe meine Stelle am Lehrstuhl für Kultursoziologie an der Karls-Universität verlassen mit der sehr vagen Hoffnung, ich könnte meine begonnene Dissertation an einer deutschen Universität fortsetzen. Das ist mir an der Universität des Saarlandes gelungen, aber erst fünf Jahre später.

Aus tschechoslowakischer Sicht handelte es sich bei der Emigration um ein „illegales Fernbleiben der Republik“, wofür wir mit einem Jahr Freiheitsentzug und Verlust von Eigentum bestraft wurden. Von bundesdeutschen Behörden wurde ich allerdings als eine Spätheimkehrerin mit Familie betrachtet und ich wurde umgehend mit einem deutschen Personalausweis ausgestattet. Für die schnelle Eingliederung hat der Großvater mütterlicherseits, der im lothringischen Metz geborene Julius Neibecker, gesorgt, der im Saarlouiser Rathaus fleißig in das „Familienzusammenführungsbuch“ seine Enkelkinder eingetragen hat. Ein Jahr später sind meine Mutter Johanna und die Familie meines Bruders Heinrich Götz unserem Beispiel „legalerweise“ gefolgt. Die Großeltern und Verwandte haben uns mit Freude aufgenommen, wir sind heimgekehrt.

[1] Als Einstieg in die Problematik vgl. z. B. Normalisierungszeitraum vom April-Plenum 1969 bis zum XIV. Kongress im Jahr 1971.

Trotzdem war die erste Zeit im Saarland in vielerlei Hinsicht sehr schwierig. Zuerst musste ich mir die Muttersprache wieder aneignen. Der (damalige) Anspruch an universitäre Bildung an der Universität des Saarlandes war ungleich höher als in Prag und so musste ich als Doktorandin mein Soziologiestudium mit seinen Nebenfächern, diesmal mit Originaltexten, gleichsam wiederholen. Vor allem aber musste ich mich mit der gänzlich unterschiedlichen Lage (und nicht: *Stellung*) der Frau in Deutschland auseinandersetzen. In Prag nach gängigen Maßstaben noch emanzipiert – gebildet, berufstätig, mit dem Partner gleichwertig, Mutter eines Kindes – wurde von mir im Saarland auf einmal erwartet, dass ich in meinen Angelegenheiten nicht alleine, sondern mit meinem Ehemann zu behördlichen Verhandlungen erscheine! An der Universität war ich die erste Frau, die am Lehrstuhl für Soziologie von Prof. Wigand Siebel je angestellt wurde! Dieser kulturelle Schock, den ich mit anderen aus Tschechien stammenden Frauen in Saarbrücken teilte, erweckte mein Interesse an einer wissenschaftlichen Behandlung von Frauenfragen, lange vor dem Aufkommen einer Gendertheorie. Einige Veröffentlichungen über Emanzipation und Sozialismus zeugen davon.[2]

Nach meiner kurzen Anstellung im Soziologischen Institut konnte ich die Stelle einer wissenschaftlichen Mitarbeiterin für Rechtssoziologie am Lehrstuhl für Rechts- und Sozialphilosophie der Universität des Saarlandes antreten, damals bei Prof. Dr. Werner Maihofer. Als er zum Innenminister der Bundesrepublik ernannt wurde, ist Prof. Dr. Alessandro Baratta zu seinem Nachfolger berufen worden. Prof. Baratta hat all die Forschungsfelder eingeführt – mit der späteren Ausnahme der Gendertheorien –, die auch zu den meinen wurden. Nicht, weil es sich für Mitarbeiterinnen so gehörte, sondern weil er einem humanistischen Erkenntnisinteresse verpflichtet war, und keine affirmative bzw. konservative, sondern eine kritische Einstellung zur Praxis und Wissenschaft hatte. Hierin fand ich meine eigene Position bzw. die Antriebsfeder, die damals vielleicht nicht mehr als ein Gefühl da waren. Neben der Rechtssoziologie habe ich mich mit Kriminologie befasst, in der sich gerade ein Paradigmenwechsel anbahnte: die kritische Kriminologie. Die hat sich in heftigen Diskussionen, anlässlich des im Jahre 1968 erschienenen Aufsatz

2 Eine Zusammenfassung in: Emancipace, socialismus a feminismus, in: Kontext: časopis pro gender a vědění, 2006, S. 1-19.

„Neue Perspektiven in der Kriminologie" von Fritz Sack,[3] zu einer Theorie entwickelt, die sich weit von der traditionellen Kriminologie mit ihren Bestandteilen Phänomenologie, Ätiologie, Prognose/Prävention und Pönologie entfernt hat. Stattdessen führte der *labeling approach* allmählich zu umfassenden Analysen des Systems der strafrechtlichen Kontrolle – und darüber hinaus zu wissenschaftlichen Analysen der Kontrollsysteme überhaupt. In meiner Tätigkeit im Institut konnte ich das anfangs noch theoretisch spärlich angelegte Forschungsprojekt „Einstellungen der Bevölkerung zum Strafrecht und Kriminalität"[4] mit einer umfassenderen interaktionistisch/ strukturellen Theorie neu begründen.[5]

Das Interesse an Frauenthemen blieb indessen bestehen. Ein wichtiges Datum für mich ist der November 1978, als ich in Köln am Kongress „Feministische Theorie und Praxis in sozialen und pädagogischen Berufsfeldern" teilgenommen habe. Mit dem dünnen Programmheftchen in der Hand konnte ich an der Saarländischen Universität sehr schnell Kolleginnen verschiedener Fachbereiche von der anregenden und „gewinnbringenden" Befassung mit Geschlechterfragen in der Wissenschaft überzeugen. Alle bisherigen Forschungsthemen konnten noch einmal unter der Beachtung der unabhängigen Variablen männlich/weiblich aufgearbeitet werden, was vielen (manchen zunächst skeptischen) Forscherinnen ermöglicht hat, eigene Forschungsprojekte einzureichen. Auch ich habe mehrfach die vorhandenen Forschungsdaten unter dem „Geschlechtsaspekt" ausgewertet,[6] und darunter auch, etwas gegen den vorherrschenden massenmedialen Duktus, die Diskussion um den Paragraph 218 § aufgenommen.[7] An der Universität entwickelte sich ein

---

3 Fritz Sack (1968): Neue Perspektiven in der Kriminologie. In: König, R. / Sack, F. (Hg.): Kriminalsoziologie. Wiesbaden, S. 431-475.

4 Gerlinda Smaus, KOL-Inquiries and their Impac on Government Action, in: A. Baratta (ed.), The Impact of Sociology of Law on Government Action, Frankfurt/M, 1982, S. 138-155.

5 Gerlinda Smaus, Das Strafrecht und die Kriminalität in der Alltagssprache der deutschen Bevölkerung, Opladen, Westdeutscher Verlag, 1985.

6 Gerlinda Smaus, Einstellungen von Frauen zum Strafrecht: „Positives Rechtsbewußtsein"?, in: Zeitschrift für Rechtssoziologie, 1984, V, 2, S. 296-311; Gerlinda Smaus, Soziale Kontrolle durch Frauen: Vermittlung repressiver Inhalte in Erziehung und Hilfe, in: R. Heck/A. Keinhorst (Hrsg.), Frauen-Alltag-Politik, München, Minerva, 1986, S. 110-142. 1983.

7 Gerlinda Smaus, § 218 StGB – Frauen als Täter und Opfer einer strafrechtlichen Regelung, in: H. Jung/ H. Müller- Dietz, Heinz (Hrsg), § 218 StGB. Dimensionen einer Reform, Heidelberg, 1983, S. 43-75.

reger Gedankenaustausch zwischen den Fachgebieten mit Öffentlichkeitsbezug,[8] in den Fachgebieten selbst etablierten sich bundes- und europaweit allmählich „Frauensektionen“. Zu den Anfängen der „Frauenforschung“ haben wesentlich engagierte „Praxisfrauen“ beigetragen, die noch vor den Wissenschaftlerinnen Frauengruppen gebildet haben. In Saarbrücken haben sie rund um 1978 einen Frauenladen gegründet, in dem auch ich Unterstützung in einer schwierigen persönlichen Situation gefunden habe.

Meine Ausdrucksweise zu den damaligen Aktivitäten ist etwas verhalten, weil ich vom heutigen Wissenstand die bloß alltagssprachliche Übernahme von „Mann“ und „Frau“ nicht mehr teile. Aber: es war ja „nur“ die Theorie unterentwickelt, empirisch besehen gibt es Männer und Frauen vor Gesetz nach wie vor! Und nach wie vor bzw. leider wieder als Regel, bleibt die Geschlechterfrage auf der epistemologischen Stufe „feministischer Empirismus“ (gemäß Harding[9]) „hängen“. Dies ist auch der Fall eines Forschungsbereichs „Frauen in der Wissenschaft“ des „Nationalen Zentrums Frauen und Wissenschaft“ in der Tschechischen Republik, in welchen ich einen „Experteneinblick“ hatte.[10] Dieses *wissenschaftliche* Projekt zeigte sich ausschließlich an organisationstechnischen (bzw. eigentlich arbeitsrechtlichen) Gleichstellungsfragen interessiert und hat sich keine epistemologischen Fragen zum Arbeiten von (natürlichen, bzw. administrativ so eingeordneten) Frauen in der Wissenschaft gestellt. Zwar wurde die Problematik von Frauen in späteren Jahren in „Genderproblematik“ umbenannt, jedoch nicht im Sinne eines beiden „natürlichen“ Geschlechtern zur Verfügung stehenden Katalogs von Tätigkeiten, Fähigkeiten und Eigenschaften, sondern, nach wie vor als eine Problematik von „Frauen“ und „Männern“.[11]

---

[8] Gerlinda Smaus, Frauen als Subjekt und Objekt des Rechts, in: Frauenforum. Saarbrücker Wissenschaftlerinnen zu Frauenthemen, 1983, S. 119-136; Gerlinda Smaus, Abtreibung, Homosexualität und Drogensucht – Kriminalität ohne Opfer?, in: Frauenforum, Dokumentation zur Ringvorlesung der Universität des Saarlandes, 1987, S. 81-116

[9] Sandra Harding, Feministische Wissenschaftstheorie: zum Verhältnis von Wissenschaft und sozialem Geschlecht. Hamburg: Argument, 1990.

[10] Am 10. 10. 2005 fand im Abgeordnetenhaus des Parlaments der Tschechischen Republik die Konferenz „Wege durch das Labyrinth: Warum gibt es immer noch so wenig Frauen in der Wissenschaft“ statt, deren Verhandlungen von „Nationales Zentrum Frauen und Wissenschaft“ vorbereitet wurde.

[11] Vgl. ESFRI Forum vom 23.12.2019, darin ein Statement der Leiterin des „Zentrums“.

2. Wie bist Du zur kritischen Kriminologie und schließlich zur feministischen Theorie gekommen?

In der Tschechoslowakischen Republik habe ich mich mit dem Diplom in *Erwachsenenbildung und Soziologie der Kultur mit Kultur* für Erwachsene beschäftigt. Kulturarbeiter/Erwachsenenbildner gerieten in meiner Dissertation „nur" als Mediatoren der Tätigkeit ins Blickfeld, die die hohen (hohlen!) ideologischen Vorgaben der Partei in praktischen Tätigkeiten umsetzen sollen. Worauf sie typischerweise mit *lip-services* reagieren! Die sonderbare Fächerkombination an der Karls-Universität fand ich am Ende meiner beruflichen Tätigkeit nochmals vor – am Lehrstuhl für Soziologie und Andragogik an der Palacký Universität Olomouc!

In Saarbrücken in 1969 habe ich nach einem Jahr als „Hiwi" am Lehrstuhl für Soziologie, gleichsam ein Sprung ins unbekannte Wasser, die Stelle einer Rechtssoziologin angenommen. Diese Bezeichnung habe ich Zeit meines beruflichen Lebens beibehalten und meine Forschungen als Soziologie des Strafrechts bezeichnet, was ja die kritische Kriminologie in weiten Bereichen auch ist.[12]

Meine anfängliche Begeisterung für Frauenforschung, die wie gesagt, substantielle Unterschiede zwischen Männer und Frauen voraussetzt, musste bald wissenschaftlichen Zweifeln Platz machen. Einmal schon von Dahrendorfs damals populärer Publikation Homo Sociologicus her, in der überzeugend dargelegt wird, dass Individuen aus vielen Teilidentitäten bestehen, darunter auch einer geschlechtlichen. Ist diese Variable eigentlich die wichtigste, der *master bzw. pivotal status*? Bzw. wie verhalten sich alle Status/Rollen zueinander?

Zum zweiten lagen schon die theoretischen Schriften zum *labeling approach* auf meinem Schreibtisch: symbolischer Interaktionismus und Phänomenologie bzw. Ethnomethodologie. Es lag auf der Hand, dass die Alltagskonstrukte Mann und Frau genauso dekonstruiert werden mussten wie Kriminalität und Kriminelle. Die Verbindung beider Perspektiven finden sich in meinen Beiträgen zu Frauenkriminalität, zuerst in *Das Strafrecht und die Frauenkriminalität* (1990) in diesem Band.

---

[12] Gerlinda Smaus, Das Strafrecht und die gesellschaftliche Differenzierung, Baden-Baden/Frankfurt/M., Nomos Verlag: Baden-Baden 1998.

Die Dekonstruktion des Geschlechts (die ich mit Harding und Butler[13] immer weiter vertieft habe) führte dazu, dass mir die Nichtidentität von Feminismus und Gendertheorien aufgefallen ist. Feminismus ist (ein – ismus, eine Ideologie) eine Bewegung für gleiche Rechte für Frauen, so wie Frauen administrativ definiert und behandelt werden. Gendertheorie ist hingegen eine Theorie der manichäisch aufgefassten Zweigeschlechtlichkeit des alles umfassenden symbolischen Universums, der Sprache und Institutionen, des Arbeitsmarktes und schließlich der Individuen! Alle Erscheinungen und Eigenschaften werden in duale Kategorien eingeteilt, die als „männlich" bzw. „weiblich" bezeichnet werden. Angeblich sind sie der Natur (d. h. der zweigeschlechtlichen Reproduktion der Gattung Mensch) abgeschaut, in Wirklichkeit dienen sie aber, wie Butler gezeigt hat, allererst dazu, konkrete Menschen überhaupt einzuordnen. Die Gegenüberstellung von „männlich" als *Leistung, Emergenz, Rationalität, universale Orientierung, Form, Struktur, Fortschritt, Assertivität, erworbener Status,* und von „weiblich" als *Zustand, Immanenz, Emotion, partikuläre Orientierung, amorphe Masse, Aggregat, Submissivität, askriptiver Status* enthält eine Höherbewertung der „männlichen" Seite, die in den allgemeinen Kategorien *Kultur versus Natur* gipfelt. Die angeblich gleichen Antonyme erweisen sich als eine patriarchale/männliche/hegemoniale Konstruktion zum Vorteil von männlichem Geschlecht.[14] Dabei sind alle Bestandteile des *gendered universum* für die Menschheit und Gesellschaften von gleicher Bedeutung, und alle Institutionen und Menschen müssen sie (im unterschiedlichen Maße freilich) besitzen, wenn sie überleben wollen. Gendertheorien, wenn sie Frauen helfen wollen, zerlegen die Rollenbündel „Mann" und „Frau" und weisen nach, dass in Wirklichkeit, in der Alltagspraxis, soziale und kulturelle Androgynie bzw. Gynandrie vorherrschen. Ich bin eine Feministin, die die Auffassung einer ontischen Differenz zwischen Männern und Frauen nicht teilt! Vielmehr betrachte ich alle Individuen als ein Ensemble von allen Eigenschaften und Fähigkeiten, die sie, abhängig von der konkreten Situation, aktivieren.[15] So spielen Frauen (natürliches/administrativ zugeteiltes Geschlecht) in der Wissenschaft eine im symbo-

---

[13] Judith Butler, Das Unbehagen der Geschlechter. Suhrkamp Frankfurt am Main: Suhrkamp 1991.

[14] Vgl. hierzu: Gerlinda Smaus, Welchen Sinn hat die Frage nach dem „Geschlecht" des Strafrechts?, in: G. Temme/C. Künzel (Hrsg.). Hat Strafrecht ein Geschlecht?, Transcript Verlag: Bielefeld 2010, S. 27-56

[15] Gerlinda Smaus, Feministische Erkenntnistheorie und Kriminologie von Frauen, 1995 (in diesem Band).

lischen Genderuniversum „männlich" definierte Rolle. Wir sollten darauf später zurückkommen.

Feminismus setzt auf „ununterschiedene" Unterschiede zwischen Männern und Frauen, während Gendertheorien, sofern sie nicht einfach nur ein neues Etikett für die traditionelle Frauenforschung darstellen, die ebenfalls „ununterschiedene", Gleichheit der Geschlechter betonen. Das hätte man aber schon in der Frauenforschung so sehen können, denn in der Tat, die Unterschiede zwischen den statistischen Aggregaten „Männer" und „Frauen" betrafen niemals die breite Mitte, sondern immer nur die Ränder der Gaußschen Normalverteilung, mit einer großen Ausnahme: der Verteilung von Reichtum und Macht.

Feminismus ist eine Bewegung um Gleichberechtigung, die sich mit jedem Erfolg weitere Ziele setzt, und als solche muss sie auch immer neue Ressourcen aktivieren. Häufig zählt sie auf die moralische Empörung über zahlreiche Opfersituationen von Frauen.[16] Sie muss sich, um es mit Mathiesen auszudrücken,[17] stets von neuem in andere soziale Bewegungen ein- und herausdefinieren. Gendertheorien hingegen müssen darauf aufmerksam machen, dass „Geschlecht" ein Rollenspiel, eine Maskerade ist, die alle Menschen mehr oder weniger gut beherrschen![18] Eine Maskerade, die vorteilhaft ist für diejenigen, die das Drehbuch geschrieben haben.

3. Was war Deine Erfahrung als Frau und Feministin in einer nahezu ausschließlich männlichen Umwelt?

Das ist eine sehr schwierige Frage. Wenn man die lange Zeitspanne nach meinem Wechsel von Prag nach Saarbrücken, in der ich sozusagen mit mir selbst befasst war und nicht publiziert habe beachtet, dann kommt doch noch eine zufriedenstellende (für eine Frau ☺) Anzahl von Titeln zusammen. Das ist ein Zeichen dafür, dass gegenüber wissenschaftlichen Mitarbeiterinnen eine eher wohlwollende

16 Vgl. Gerlinda Smaus, Physische Gewalt und die Macht des Patriarchats, 1994 (in diesem Band).

17 Gerlinda Smaus, Mit Thomas Mathiesen gegen die Ohnmacht der kritischen Kriminologie, 1993 (in diesem Band).

18 Gerlinda Smaus, Geschlechteridentität als kontextabhängige Variable – dargestellt am Beispiel der „eingeschlechtlichen" Institution des Gefängnisses, 1999 (in diesem Band).

Atmosphäre geherrscht hat (?). Zweifellos war dies so am Institut für Rechts- und Sozialphilosophie, wo ich das Glück gehabt habe zu arbeiten. Ich wurde auch „bundesweit" in verschiedene Funktionen gewählt, lange vor meiner Habilitation, die ich erst 1995 eingereicht habe. So zum Beispiel war ich von 1996-1998 Vorsitzende der Gesellschaft für interdisziplinäre wissenschaftliche Kriminologie mit Sitz in Hamburg.

Vielleicht bildet der späte Zeitpunkt meiner letzten akademischen Prüfung in 1995 einen Ausgangspunkt für eine Bewertung. Aus Tschechien kommend, das stereotypisch als ein Land der Pragmatiker gilt, fand ich das mönchische Gehabe bzw. den Habitus der deutschen Gelehrten als Fassade (1968: „Unter den Talaren Muff von tausend Jahren!"[19]), über die Frauen nicht klettern sollten. Jedenfalls nicht in die höheren Ränge! Sehr viele universitäre Rituale sind reine Männersache, die nichts mit wissenschaftlicher Leistung zu tun haben – z. B. Sitzungen bis spät in die Nacht, Berufungskommissionen am 23. Dezember, Dienstreisen mit Assistenten, von Saunabesuchen ganz zu schweigen. Von den damals über dreihundert Professoren an der Universität des Saarlandes waren nur drei Frauen, im Jahre 2001 waren ihrer acht. Und trotzdem habe ich das Gefühl, dass wenn ich nur wirklich gewollt hätte und bereit gewesen wäre, meine Kinder etwas anders zu behandeln, und einem weniger anstrengenden „Standard der häuslichen Gemütlichkeit" nachgeeifert hätte, ja wenn ich nur bereit gewesen wäre, etwas von meiner Weiblichkeit zurückzunehmen, hätte ich mich auch habilitieren und auf einen Ruf warten können! Für eine Veränderung zu spät habe ich mich dann im „ungefährlichen" Alter von 55 habilitiert, und zwar mit *venia legendi* in der allgemeinen soziologischen Theorie (was meine gelegentlichen Ausflüge in verschiedene Themenbereiche bei den Publikationen erklärt). Zu diesem wagemutigen Schritt haben mich meine jüngeren kriminologischen Kolleginnen ermuntert! Nur einmal wurde ich richtig diskriminiert, und zwar als die zu vergebende Gehaltshöhergruppierung einem Mann zugesprochen wurde, der zwar eine geringere Qualifikation, „dafür aber eine Familie zu ernähren" hatte!

[19] Vielzitiertes Transparent, welches am 9.November 1967 die feierliche Rektoratsübergabe an der Universität Hamburg „störte". https://www.uni-hamburg.de/newsroom/campus/2017-11-08-unter-den-talaren.html

Alles in allem wird ein *misfit* zwischen meinem weiblichen Rollenanteil und der männlich definierten wissenschaftlichen Tätigkeit sichtbar. „Man" kann nicht einfach als Frau in die Wissenschaft reinspazieren, genauso wenig, wie ein Mann abends in seine Familie als ein Wissenschaftler, und nicht als „Papa", zurückkehren kann.

4. Wie würdest Du Deinen eigenen Ansatz beschreiben/definieren? Materialistisch? Interaktionistisch? Feministisch? Gendertheoretisch? Und warum?

In meinem Aufsatz über die Bedeutung des Strafrechts für die Frauenkriminalität[20] wird mein Zugang sichtbar: Erstens handelt es sich um eine (angedeutete) Analyse des Strafrechts, welches mit der Aufnahme von Tatbeständen die erste Instanz bei der Konstruktion der Kriminalität darstellt. Das bezeichnen wir, in der *scientific community* der kritischen Kriminologie, als primäre Kriminalisierung, die im Prozess der Anwendung zu einer möglichen sekundären Kriminalisierung, bzw. zum *labeling*, einer Etikettierung von Angeklagten führt. *Labeling* als Zugang und seine Vertiefung in den Theorien des symbolischen Interaktionismus und der Ethnomethodologie (bzw. Phänomenologie) bezeichnet man als *interpretative* Soziologie, im Gegensatz zum Positivismus (Popper) und einem inhaltsleeren Strukturalismus Parsonsscher Prägung. Ferner: Im Aufsatz werden Frauen nicht länger als Menschen mit bloß natürlichen Eigenschaften betrachtet, sondern als Gesellschaftsmitglieder mit einer, im Vergleich zu jenen, die als Männer bezeichnet werden, ungünstigen Allokation von Ressourcen und Macht. Diese nicht-ontische Auffassung von Geschlecht habe ich später zu einer Theorie von Gender erweitert, in der ich, wie schon gesagt, die Epistemologie von Sandra Harding mit *der radikalen Dekonstruktion des Geschlechts* durch Judith Butler vereinigt habe. Die Begriffe ungleiche Allokation von Ressourcen und Macht als die *Differenz* zwischen Männern und Frauen (als administrative Entitäten) stammen aus der *Theorie des Patriarchats,* und das bezeichne ich als eine illegale, von der Verfassung nicht gedeckte Männerherrschaft, die sie nicht selten, bzw. *ultima ratio*, mit physischer

[20] Gerlinda Smaus, Das Strafrecht und die Frauenkriminalität (1990 (in diesem Band).

Gewalt abstützen.[21] Der später eingeführte Begriff der hegemonialen Männlichkeit schließt Hinweise auf die Art und Weise wie-dies-gemacht-wird ein.[22]

Macht und Herrschaft, Allokation von Ressourcen, dies alles finden wir in den Konflikttheorien, und zwar besonders deutlich bei Autoren, die sich mit Recht befassen. Das weist mein *Erkenntnisinteresse als ein kritisches* aus, das sich, gemäß Habermas, zugleich eine Kritik der Wissenschaft und der Praxis, die sich nicht an die selbst gewählten Normen hält, besonders die Verfassung, zum Ziele setzt.[23]

Will ich vielleicht meinen Aufsatz über eine materialistisch-interaktionistische Kriminologie aus dem Jahre 1986 verschweigen? Das will erklärt werden: Damals ging es darum, wie man die soziale Unbestimmtheit des aus den U.S.A. kommenden *labeling approach* überwindet, dem gemäß nicht die „Tat", sondern alleine die „Definitionsmacht"[24] über den Ausgang der Gerichtsverhandlungen entscheidet. Man stellte sich die Frage, wie ist „die Macht" bei Verhandlungen überhaupt verteilt, wenn das Verhandlungsgeschick armer, schwarzer, junger Männer praktisch niemals eine Etikettierung verhindert? Müssen in der Theorie nicht auch die materiellen Bedingungen der Kriminalisierung beachtet werden? Daraufhin hat Fritz Sack die Möglichkeit einer *materialistisch-interaktionistischen* Theorie gezeichnet, und ich habe diesen Gedanken aufgenommen. Zu einer materialistischen Theorie im Marxschen Sinne hat es in Deutschland nicht gereicht, denn bis an die ökonomischen Wurzeln der gesellschaftlichen Verhältnisse zu kommen überfordert heutige Kriminologen und Soziologinnen[25] und widerspricht auch, glaube ich, der *rule of parsimony*. Theorien der Kriminalität, die sich radikal nennen, gehen gar nicht an die Wurzeln, sondern gefallen sich lediglich im Wortradikalismus. (Die theoretische Überforderung wiederholt sich später im Feminismus, beim Anspruch, alle Unterdrückungslinien, der arme, schwarze, Frauen, ausgesetzt sind, gleichzeitig zu analysieren). In meinen Arbeiten zur soziologischen Erfassung von „materiellen" Verhältnissen wie in Kriminalisierungsprozessen sowie bei den

---

[21] Erläutert in Gerlinda Smaus „Physische Gewalt und die Macht des Patriarchats" (1994) in diesem Band.

[22] Robert W. Connell, Der gemachte Mann. Konstruktion und Krise von Männlichkeiten. Opladen 1999.

[23] Jürgen Habermas, Erkenntnis und Interesse. Frankfurt/M, Suhrkamp, 1986.

[24] Damals eingeführt von Johannes Feest/Erhard Blankenburg: Die Definitionsmacht der Polizei. Strategien der Strafverfolgung und soziale Selektion. Bertelsmann Universitätsverlag. Düsseldorf 1972.

[25] Zuletzt Georg Rusche/Otto Kirchheimer, Sozialstruktur und Strafvollzug, 1981, zuerst 1939

Genderanalysen vertraue ich auf Giddens Aussöhnung von Strukturalismus (mit seinem Konzept der vertikalen Struktur der Gesellschaft) und einem interpretativen Zugang (keine Struktur ohne Akteure).[26] In meiner Habilitationsschrift[27] habe ich allerdings die Diskussion der interaktionistischen Theorie der strukturellen Analyse der Kriminalisierungsprozesse vorangestellt. Giddens Theorie über die Existenz zweier Strukturen – einer strukturierenden und einer strukturierten Struktur bildet stets den Ausgangspunkt meiner theoretischen Überlegungen.

Auf Eure Frage hätte ich einfach antworten können, dass ich das alles bin, nur würde ich nachtragen, dass ich als Feministin das Gleichheitsprinzip (im Gegensatz zum *herrschenden* Differenzfeminismus) vertrete, wie es sich in einer dekonstruktivistischen Gendertheorie auch gehört!

5. Was waren die wichtigsten Anknüpfungspunkte, Inspirationsquellen für Deine Arbeit?

Darf ich hier die Mottos meiner Habilitationsschrift wiederholen? „Am Begreifen hat die Psyche Lust", so Hans Vaihinger. Und Umberto Ecco: „Die fundamentale Emotion, die den Handlungsbereich spezifiziert in dem Wissenschaft als menschliche Aktivität stattfindet, ist Neugier in Form von Begierde oder Leidenschaft für das Erklären"!

So sehe ich die Triebfedern meiner Tätigkeit. In den Forschungsfeldern, wovon hier die wichtigsten zwei herausgegriffen wurden, interessiert mich die Frage der Gerechtigkeit. Diese wertende Kategorie übersetze ich in die Soziologie als Fragen der ungleichen Verteilung von Ressourcen und Macht und deren Reproduktionsmechanismen. Ich glaube, auch Bourdieu war von der sozialen Lage armer Leute ergriffen, denn wie sonst hätte er so genau die „feinen Unterschiede" sehen können, die den großen ausmachen![28]

---

[26] Anthony Giddens, New Rules of Sociological Method. A positive critique of interpretive sociologies. New York1976.

[27] Gerlinda Smaus, Das Strafrecht und die gesellschaftliche Differenzierung. Saarbrücken 1996.

[28] Pierre Bourdieu, Die feinen Unterschiede. Kritik der gesellschaftlichen Urteilskraft, 1982.

Es ist leicht zu erkennen, *„Whose side I'm on"*.[29] Trotzdem möchte ich das erläutern. In der Gendertheorie habe ich stets darauf aufmerksam gemacht, dass innerhalb des statistischen Aggregats „Frauen" große Unterschiede bei der Verteilung von Ressourcen und Macht bestehen. Schon im Jahre 1990 habe ich an der Universität des Saarlandes ein Seminar mit dem Thema „Beziehung zwischen der sozialen, Gender- und Altersstruktur der Gesellschaft" angeboten. Darin konnten wir zeigen, dass sich alle angeblich askriptiven („natürlichen") Variablen in der vertikal abgestuften sozialen Struktur der Gesellschaft als Gründe für Geringschätzungen manifestieren, aber: *ceteris paribus*. Die schlechtere Lage von allen Frauen im Vergleich zu Männern verstärkt sich, wenn der Bildungsgrad und die Berufspositionen unter Frauen beachtet werden; der Abwärtstrend setzt sich fort gegenüber Frauen mit nicht weißer Hautfarbe, bzw. Frauen im Alter. Viel später wird dies als *„intersectionality"* bezeichnet. Innerhalb der feministischen Bewegung, die für die Gleichberechtigung aller Frauen kämpft, versuche ich, wenn nötig, meine Stimme „subalternen" Frauen zu verleihen. Ich hoffe, das findet sich in den meisten Beiträgen wieder.[30]

Im Kontext des Abolitionismus unterstütze ich alle Richtungen,[31] ohne Unterschied! Die Würde eines jeden Menschen ist es in meinen Augen wert, auch nur einen Menschen zu retten! Als Soziologin mit „interaktionistisch-strukturellem" Zugang bin ich aber dazu verpflichtet, umfassende gesellschaftliche Zusammenhänge zu beachten. Darin erweist sich das Strafrecht als ein „vorzüglicher" Mechanismus der Reproduktion von *status quo*, indem es Angehörige der untersten Schicht: Männer, junge, arme/arbeitslose, wenig gebildete, womöglich mit dunkler Haut „prozessiert". Darin erkennt man die Kernaussage der kritischen Kriminologie wieder, wie sie hier in mehreren Beiträgen diskutiert wird.[32] Damit Angehörige von „subalternen" Schichten weniger „kriminalisierungsanfällig" werden, müsste zu allererst ihre soziale Lage *in Freiheit* verbessert werden. Ich versuche

---

[29] Howard S. Becker, Whose Side we are on?, in: Social Problems, Vol. 14, No 3, 1967 pp. 239-247.

[30] Vgl. in diesem Band: Herausforderung: Der Feministische Blick auf den Abolitionismus (1989); Das Strafrecht und die Frauenkriminalität (1990); Reproduktion der Frauenrolle im Gefängnis (1991).

[31] Gerlinda Smaus, Gesellschaftsmodelle in der abolitionistischen Bewegung, 1986 (in diesem Band).

[32] In diesem Band: Versuch um eine materialistisch – interaktionistische Kriminologie (1986); Marx im Sack der Kritischen Kriminologie. Über soziale Ungleichheit im Kriminalitätsdiskurs (1996); Soziale Kontrolle und das Geschlechterverhältnis (1993).

Gründe für eine Delegitimierung von Strafrecht aufzuzeigen und meinen abolitionistischen Standpunkt bezeichne ich deshalb als einen „präventiven".

6. Findest Du, dass Deine Arbeit von Deinen Kollegen/Kolleginnen verstanden und gewürdigt wird?

Ich habe immer Gleichgesinnte gesucht und sie in der kritischen Kriminologie auch gefunden. Bescheidenerweise sollte ich sagen, die *scientific community* der kritischen Kriminologie hat mich gefunden, und mir Gelegenheit gegeben, meine Arbeiten in Zeitschriften und bei Konferenzen zu diskutieren. Nicht nur in Deutschland – wie meinen Publikationen zu entnehmen ist, gab es auch einen regen Austausch mit Kollegen und Kolleginnen in Italien, Frankreich, Großbritannien u. a. Wir konnten sogar viele Jahre lang im Rahmen von Erasmus ein gemeinsames Programm der kritischen Kriminologie unterhalten, welches später im Programm Tempus an der Masaryk Universität in Brno, Tschechische Republik, weitergeführt wurde. Ich hoffe sehr, dass mit diesem Band sowie der Publikation von Johannes Feest[33] diese Diskussion wieder auflebt!

In der Genderforschung war es schon immer schwieriger sich auf eine gemeinsame Theorie zu einigen, wahrscheinlich deshalb, weil wir Forscherinnen immer selbst betroffen sind, und unter der Hand wird die Theorie – entschuldigt bitte mein Insistieren" – immer ungünstig von den ungleich verteilten Privilegien im Aggregat „Frauen" beeinflusst. Gender widersetzt sich seiner Dekonstruktion sehr hartnäckig! Meine dekonstruktivistischen Beiträge, vor allem in Tschechien, dienen dann häufig als eine Erinnerung daran, dass es in der Theorie und Praxis Zeiten gab, in denen das natürliche Geschlecht der körperlichen Ausstattung von der Geschlechterrolle und von der Konstruktion „Gender" unterschieden wurde. Ich betone stets die lediglich ordnende als-ob Zweigeschlechtlichkeit des symbolischen Universums, *die angeblich notwendige Geschlechterteilung* des Arbeitsmarktes und die in Wirklichkeit gebastelte Identität von Menschen (Beck-Gernsheim). Gender meint nicht mehr, als dass eine zweigeteilte Orientierung auf die materielle und natürliche Reproduktion der Gesellschaft, die „praktischer/administrativer-

33 Johannes Feest, Definitionsmacht, Renitenz, Abolitionismus. Bielefeld 2019.

weise" „Männern" und „Frauen" eher symbolisch, denn wirklich, zugewiesen wurde. Gegenwärtig feiert die ontische Auffassung von *sex* im Gebrauch des Wortes Gender richtige Urfeste! Gender ist zu einem Schicklichkeitswort geworden, es hört sich in der Tat *more sofisticated* als Geschlecht(sorgane) an.

Meine Frustration rührt vom Mangel an theoretischen Aufarbeitungen der Fragen des Patriarchats bzw. der Männerherrschaft in den *Gendertheorien*. Für die Praxis der Frauenbewegung, für den Feminismus, ist es zwar auch von allergrößter Bedeutung, ob sie die Differenz zwischen den Geschlechtern, die ja eine hegemoniale Konstruktion ist, (lobend?) hervorhebt, oder eher die prinzipielle Gleichheit in Fähigkeiten, Eigenschaften, Handlungen, Ansprüchen und Rechten. Denn das Hervorheben der Weiblichkeit reproduziert die Weiblichkeit, und die Sternchen betonen eine Variable, die aufgrund einer angeblich askriptiven (d. h. in der Soziologie: angeborenen) Eigenschaft bisher nur Nachteile bedeutete. Kann das Sternchen Nachteile in Vorteile umwandeln? Frühere Gendertheoretikerinnen, etwa Teubner,[34] bezweifeln es. Sie beobachtet, dass mit jeder Sprosse, die Frauen in „männlichen" Berufen und ihren Hierarchien erklommen haben, die Sprosse selbst abgesunken ist. Aber einer Gendertheoretikerin steht es nicht zu, die Praxis zu kritisieren, denn diese entscheidet selbst darüber, von welchen der angebotenen „Erzählungen" sie Gebrauch macht. Was soll die Bewegung mit einem dekonstruierten, unplausiblen und kontraintuitiven (Luhmann) Geschlechterbegriff auch anfangen? Sie muss mit einem verständlichen Alltagsbegriff ins Feld ziehen, der zwar eine symbolische Fiktion ist, aber eine wirksame. Ein ähnliches Problem besteht im Kampf gegen Rassismus ohne Rassen, worauf Etienne Balibar und Stuart Hall aufmerksam machten. Und die Bewegung hat zweifelsohne schon sehr viel erreicht!

Ich schätze, dass die bleibende Anerkennung meiner Beiträge durch die wissenschaftliche Gemeinde daher rührt, dass ich *hartnäckig*[35] an einem Gender-

---

[34] Ulrike Teubner, Das Fiktionale der Geschlechterdifferenz. Oder: wie geschlechtsspezifisch ist die Kategorie Geschlecht? In: Wetterer, Angelika (Hg.), Die soziale Konstruktion von Geschlecht in den Professionalisierungsprozessen, Frankfurt/New York 1995, S. 247-262.

[35] Vgl. Festschrift zu meinem 70. Geburtstag: L. Oates-Indruchová (ed.) Tvrdošíjnost myšlenky: Od feministické kriminologie k teorii genderu, Praha 2011 (der Obertitel lautet auf deutsch: Harnäckigkeit des Denkens)

begriff festhalte, der, ich paraphrasiere Kant, richtig für die Theorie sein mag, auch wenn er nicht für die Praxis taugt![36]

Es verhält sich mit der Gendertheorie nicht viel anders, als mit der kritischen Kriminologie und Abolitionismus, meint ihr nicht auch?

7. Hast Du jemals versucht, Dich in die Praxis oder die politische Arbeit einzubringen?

Im Sinne einer Erwartungserwartung (Luhmann) würde ich hier gerne mit meinen praktischen bzw. politischen Aktivitäten aufwarten. Wie aber oben angedeutet, gibt es, zumindest für mich, keine Übereinstimmung zwischen den jeweiligen Narrativen der Bewegung (*every day constructions*) und ihrer theoretischen Reflexion (*scientific constructions – vgl. Alfred Schutz)*. Ich habe aber an verschiedenen Aktivitäten der Frauenbewegung in Saarbrücken mitgewirkt, zu Beginn bei der Bemühung um die Gründung eines Hauses für misshandelte Frauen, sehr häufig als Köchin oder Babysitterin. Echt! Und ich falle niemals engagierten Frauen ins Wort, und seien sie noch so weiblich auf die natürliche Differenz eingeschworen!

Wir können aber auch Wissenschaft als Praxis begreifen, und hierin war ich (und bin es noch) sehr aktiv! Sie finden meinen Namen im Zusammenhang mit der Gründung einer feministischen Kriminologie in Deutschland und mit der Einführung von wissenschaftlich begründeten Genderstudiengängen in der Tschechischen Republik. Ich habe Konferenzen mitorganisiert und die Verhandlungen mitherausgegeben. Ich habe zahlreiche Vorträge zum Thema in verschiedenen institutionellen Kontexten gehalten, wie z.B. in der Sozialarbeit, in der Medizin, im Strafvollzug, usw. Vor allem aber, habe ich in geduldiger pädagogischer Arbeit viele Töchter und Söhne der Gendertheorien großgezogen.

[36] Über den Gemeinspruch: Das mag in der Theorie richtig sein, taugt aber nicht für die Praxis" ist eine 1793 erschienene Abhandlung des deutschen Philosophen Immanuel Kant.

8. Und wie hast Du die Rückkehr in Dein Vaterland erlebt?

Ja, man merkt an meiner Erzählung, dass die jüngeren Erfahrungen aus dem tschechischen Kontext meine älteren deutschen überlagern! Und doch habe ich in meinem Vaterland vorwiegend damit weitergemacht, was ich im Mutterland begonnen habe. Aber der Reihe nach: Wegen der Strafandrohung in Sachen „Republikflucht" konnte ich die Tschechoslowakei 15 Jahre lang nicht besuchen. Das war erst nach der sogenannten Normalisierung meiner Beziehung zur Republik möglich, die darin bestand, dass ich mich für die Aufhebung meiner Staatsbürgerschaft und nicht für einen dauerhaften Aufenthalt im Ausland mit einem Tschechoslowakischen Pass entschieden habe. Diese radikale Entscheidung habe ich vor allem mit der Rücksicht auf meine inzwischen geborenen Söhne getroffen, die nicht zwei unterschiedlichen Verteidigungsblöcken angehören sollten – auch wenn sie sich beide später für den Zivildienst entschieden haben. Es war gut so, denn, wie ich später erfahren habe, hätte mich die Pass-Lösung zur dauerhaften Mitarbeit mit tschechoslowakischen Nachrichtendiensten verpflichtet.

In der Zeit nach 1983 habe ich mit meinen Kindern häufig die Verwandten väterlicherseits und Freunde in Tschechien besucht, bzw. als Autotouristin Ortschaften durchstreift, die mir mit Bus oder Bahn früher unzugänglich waren. Es war für mich ein großer Tag, als ich nach 1989 die Grenze zum erstenmal ohne den „Schutz" der Maschinengewehre der Grenzpolizei passieren konnte! Zunächst der Beitritt der (damals noch) Tschechoslovakischen Republik zur Nato und bald darauf die Aufnahme in die Europäische Union betrachte ich bis heute als einen Glücksfall, trotz der zahlreichen politischen Auseinandersetzungen.

Mit der Europaerweiterung hat das Europäische Parlament sogleich das bisherige ERASMUS-Programm um das Programm TEMPUS erweitert. Aus der Anfrage einer jungen tschechischen Rechtsphilosophin, ob Professor Baratta bei der Umgestaltung des rechtsphilosophischen Curriculums an der Rechtswissenschaftlichen Fakultät der Masaryk Universität in Brno behilflich sein konnte, hat sich in den Jahren 1991-1993 ein lebhaftes Projekt in Rechtstheorie, Rechtsphilosophie und Strafrecht, bzw. Kriminologie entwickelt. Die dritte im neuem TEMPUS-Bunde war die *Faculteit der rechtsgeleerdheid der Erasmus Universiteit* in Rotterdam. Aufgrund meiner Sprachkenntnisse und meines Interesses habe ich die meiste Zeit die Tätigkeit koordiniert. In meinem Schriftenverzeichnis finden sich Hinweise auf die gelungene Kooperation! Einschränkend muss ich aber feststellen, dass kritische Kriminologie und Abolitionismus nur während unserer Anwesenheit Interesse fanden, die Lehre und Praxis gestalteten sich danach *as ever*. Und doch bleibt unser spannendes Kontrastprogramm zur ätiologischen Kriminologie unvergessen, wie gelegentliche Anfragen zeigen. Zuletzt wurde ich, gleichsam zur Aufrechterhaltung der Erinnerung, im November 2019 anlässlich der Jahrestagung der Tschechischen soziologischen Gesellschaft zum Vortrag über kritische Kriminologie eingeladen.

Zurück zum Anfang: Unsere Tempus-Aktivitäten überschritten bald die Grenzen der Rechtswissenschaftlichen Fakultät. Viel Interesse hat mein feministischer Vortrag „Liebe als Arbeit“ geweckt, den ich nie veröffentlicht habe, weil ich nicht viel Persönliches zum Ursprungstext von Kontos und Walser[37] beitragen konnte. Die Wahl des Themas war aber eine sehr persönliche, und das hat das Publikum nachdenklich gemacht, und ähnlich wie zu Beginn der Frauenforschung in Saarbrücken, auch auf Genderfragen neugierig gemacht. Daneben liefen auch die Auseinandersetzungen zu Frauenemanzipation in Tschechien und in Deutschland, z.B. auch in den renommierten Literární noviny weiter. Ich habe den besonderen Umstand, dass tschechische Frauen im Vergleich zu den deutschen ein viel eigenständigeres Leben mit Beruf und Kariere führten, dies aber gleichzeitig gegenüber ihren Männern eher herunterspielen, als Emanzipation im „unmarked space“ charakterisiert. Mir waren inzwischen die deutschen „klaren Beziehungsansagen“ im Beruf wie im Privaten lieber!

Mit Vorträgen zu verschiedenen Themen bin ich schließlich an der Fakultät für Sozialwissenschaften an der Masaryk Universität in Brno und an der Universität in Olomouc aufgefallen. Es waren aber nicht nur die neuen Themen, Theorien und Zugänge, die interessierten, sondern auch meine in Saarbrücken erworbene Privatdozentur in Soziologie! Nach der „samtenen Revolution“ wollte sich die tschechoslowakische Wissenschaft auch in ideologischer Hinsicht erneuern, wozu die

37 Silvia Kontos/ Karin Walser, [...] „weil nur zählt, was Geld einbringt“: Probleme der Hausfrauenarbeit Gelnhausen, Burckhardthaus-Laetare Verlag, 1979.

Ernennung von neuen Dozenten und Professoren[38] gehörte. Von tschechischen Kollegen gebeten, habe ich mich im ordentlichen Verfahren Prüfungen unterzogen, und wurde tatsächlich im Jahre 2001 von Präsident Havel zu der damals sechsten Professorin für Soziologie in der Tschechoslowakischen Republik ernannt. Es wurde von mir erwartet, dass ich, als eine der Wenigen mit entsprechendem wissenschaftlichem Rank, bei den angestrebten Qualifizierungsverfahren mit Gutachten und mit meiner Stimme bei Entscheidungen mitwirke. Dies habe ich eine vergleichsweise kurze Zeit getan, denn wann immer neue Dozenten und vor allem Professoren ernannt wurden, habe ich mich, aus diplomatischen Gründen, von diesen Funktionen zurückgezogen.

Die Beteiligungen an Verfahren hätten aber weder mein Arbeitsinteresse noch meine Zeit ausgefüllt. Ich habe viele neue Kurse unterrichtet: Rechtssoziologie, Theorien abweichenden Verhaltens, soziologische Theorie und Methoden, auch schon mal Ethik. Dabei konnte ich von meiner späten Habilitation sehr profitieren! Mein berufliches Leben hat sich noch einmal in großer Breite entfaltet. Es war mit viel Freude verbunden, denn als Seniorin stand ich schon außerhalb des akademischen Wettbewerbs um Punkte! Ich hätte jedoch sehr viele bekommen, wenn Danksagungen für Hilfe bei der Verfassung von Dissertationen, Aufsätzen, Projekten u. ä. gezählt worden wären. Als Professorin habe ich bis etwa 2017 das Doktorandenstudium der Soziologie an der Palacký Universität geleitet.

Zu meinen wichtigsten Leistungen zähle ich die Gründung des Genderstudienganges an der Masaryk Universität Brno. Die Zeit und die Voraussetzungen waren günstig – zum einen wollte die Fakultät ihr Studienangebot erweitern, und zum anderen, hatten junge Kolleginnen bereits selbst ein Zentrum für Frauenfragen gegründet. Unbescheiden rechne ich mir das Verdienst zu, das Genderstudium an einer sozialwissenschaftlichen Fakultät tatsächlich auf soziologischen Theorien begründet zu haben. Das war ein Akt der wissenschaftlichen Disziplin in zweifacher Hinsicht – der Zustand der Forschung zu Frauenfragen, meist herkommend von der Literaturwissenschaft, Philosophie und in Tschechien auch sehr häufig aus der Anglistik, war sehr heterogen, ohne eigenen Kanon. Die Frage war, woraus

[38] In der tschechischen universitären Struktur stellt Dozent eine Stufe zwischen Mitarbeitern („im Mittelbau") und der Professur dar. Anders als in Deutschland setzt die „Professur" eine nochmalige Prüfung voraus, ist also eine akademische Stufe, und keine Bezeichnung für Lehrstuhlinhaber.

besteht das spezifisch soziologische Wissen? Die disziplinäre Einordnung der Genderstudies verlangte deshalb auch viel persönliche Disziplin der Gründerinnen darin nicht gleich in schöngeistige Sphären abzudriften, sondern sich zu allererst mit spröden sozialen Fakten und Statistiken zu befassen.

Und dazu die Überwindung der hartnäckigen Überzeugung der ontischen Grundlage von Geschlecht, und zur heutigen Situation gesprungen, sogar von „Gender". Es waren wohl diese beiden Bemühungen, - eine soziologische Theorie des vergeschlechtlichen Universums in die Lehre einzuführen und die Dekonstruktion von Geschlecht, weshalb in einer Publikation zur Geschichte der tschechischen Soziologie[39] erwähnt wird, dass die Einführung der Genderforschung in der Tschechischen Republik wesentlich mit meinem Namen verbunden ist.

In der Oper *Die verkaufte Braut* von Bedřich Smetana singt der Tenor: „*Ach wie hartnäckig du Mädchen bist* [...]" und hartnäckig sind meine Gedanken, wie Libora Oates- Indruchová es im Titel der Festschrift für mich ausgedrückt hat.[40]

9. Was würdest Du, rückblickend, heute anders machen?

Bei der Antwort auf diese Frage gehe ich die Weichen durch, an denen mein Leben eine Wende genommen hat. Es klingt unbescheiden, aber eigentlich: nichts! Entschuldigt bitte, ich bin eben ich, auch wenn es manchmal weh tat!

Allerdings hätte ich mir vieles anders gewünscht: Dass mir die Emigration keine Rollenkonflikte in meiner Ehe gebracht hätte, dass ich ein Jahr in einem englischsprachigen Land hätte verbringen können, dass ich Mitglied einer wissenschaftlichen Gemeinschaft in Deutschland gewesen wäre, die im Rentneralter weiter besteht. Gehört der Wunsch, ich hätte meine wissenschaftliche Rolle nach dem Motto der frühen Frauenbewegung „Machen sie's wie ein Mann, Madame"[41] gespielt und mich nicht vor der größeren Verantwortung und mehr Einfluss in

[39] Zdeněk R. Nešpor, 2014. Dějiny české sociologie. Praha: Nakladatelství Academia. 668 S. ISBN 978-80-200-2355-1.

[40] Vgl. Fußnote 35.

[41] Originaltitel „Ta' det som en mand, frue", ein dänischer Kinofilm von 1975. in die Kinos kam.

höheren Rängen der Wissenschaft „gedrückt" noch zum Wünschen, oder doch zur Reue?

Im Zusammenhang mit „meinem Leben" handelt sich bei der folgenden Anmerkung scheinbar um eine Kleinigkeit, sie ist es aber nicht. In einem der hier abgedruckten Texte[42] findet sich der Ausdruck „Rasse", worüber ich entsetzt bin! Ich kann mich nicht erinnern, dass ich jemals an die Existenz von Rassen geglaubt hätte, wohl aber berührt mich das Schicksal von „anders definierten" bis heute sehr! Ich habe das Wort Rasse als ein rassistisches auch in mehreren Aufsätzen diskutiert.[43] Ich bitte sehr, die Entgleisung zu entschuldigen!

Eure Frage fordert zu einer kleinen Bilanzierung auf: Ihr, liebe Brunilda und lieber Johannes, gebt mir zu erkennen, dass meine Arbeit *matters*. Darüber freue ich mich sehr, und Euer Interesse evozierte im Gespräch bislang eher die Erzählung meiner positiven denn der negativen *story*. Zu der negativen würde gehören, dass *powerful sisterhood* auch *killen* kann, dass in Saarbrücken mit dem Ausscheiden aus dem Dienst jegliche Erinnerung an die hinterlassene Arbeit erlischt. Und wegen der zeitlich begrenzter Arbeitsverträge von wissenschaftlichen Mitarbeitern bilden sich in der Regel auch keine Freundschaften aus. Aus dieser Einsamkeit hat mich allerdings die Zusammenarbeit mit den tschechischen Universitäten in Brno und Olomouc gerettet, deren „Operatoren" gerne von meiner *„sociological knowledge actually at hand"* (Schutz) Gebrauch gemacht haben. Sie halten mich, wie ihr gehört habt, bis heute auf Trab!

[42] Mit Thomas Mathiesen gegen die Ohnmacht der kritischen Kriminologie (1993), in diesem Band.

[43] Gerlind Smaus, Der Justizskandal Hilsner (1899/1900): Antisemitismus als ein Mittel zur Stärkung des tschechischen Nationalbewußtseins? in: J. Linder/ C.-M. Ort (eds.), Verbrechen – Justiz – Medien. Tübingen, Max Niemeyer, 1999, S. 171-225; Dieselbe, Funkce rasismu bez ras, in: M. Hrachovcová/M. Dopita/P. Zívalík (eds.), Multikulturalita, tolerance a odpovědnost, Olomouc, Univerzita Palackého v Olomouci, 2000, S. 76-94.

10. Was würdest Du jüngeren Generationen von Frauen in der Wissenschaft raten?

Ich meine, dass in der Wissenschaft das Geschlecht keine Relevanz besitzt und nichts in ihr zu suchen hat. Moderne Gesellschaften sind nach Luhmann systemisch differenzierte Gesellschaften, wobei sich das System Wissenschaft autopoietisch der Suche nach Wahrheit nach dem Code „wahr/nicht wahr“ verpflichtet hat (ein anderes System, das Rechtssystem, ist alleine befugt zu entscheiden, was Recht und was Nicht-Recht ist.) Um den Code „richtig“ anwenden zu können, arbeiten Systeme verbindliche Programme aus. Indem Luhmann die „Operatoren“, welche die Programme anwenden, um Aussagen als wahr oder unwahr bezeichnen zu können, als dem System äußerlich betrachtet, wird deutlich, dass es auf ihre „natürliche“, genauer gesagt administrative, Geschlechterzugehörigkeit nicht ankommt![44] (Dies gilt übrigens auf für das Rechtssystem, in dem es auch unerheblich sein muss, wer sein Programm, die Gesetze, zu Anwendung bringt![45]). Bildlich könnte man sagen, dass alleine der Geist in der Wissenschaft (und im Recht) waltet! Dieser Geist hat jedoch, gemäß Harding, ein Gender, nämlich ein männliches. In ihrer Epistemologie beschreibt sie die Entstehung der modernen aufgeklärten Wissenschaft (Hume und Kant) im Gegensatz zu der mittelalterlichen als die Einführung der Unterscheidungen von Natur und Kultur, von rationalem Geist und vor-rationalem Körper/ irrationalen Gefühlen/ Bewertungen. Diese dualen und zugleich hierarchisierten Kategorien werden in der gegenwärtigen *normal science* bzw. *science as usual* erweitert um Objektivität gegenüber Subjektivität, Universalismus vs. Partikularismus, das aktive erkennende Subjekt gegenüber dem passiven Objekt der Untersuchung.[46] Im Zugang zu Daten werden harte/penetrierende/sezierende/destruktive Methoden „weichen“ vorgezogen.

Man sieht, das System Wissenschaft verpflichtet sich – autopoietisch – jener Form und Struktur, die im symbolischen Universum als „männlich“ bezeichnet werden. Ergo, Wissenschaft hat „männliches“ Gender, aber nur, es sei hier wiederholt, als

---

[44] Vgl. Niklas Luhmann, Die Wissenschaft der Gesellschaft, Frankfurt/M 1990, S. 141.

[45] Die der Wissenschaft zugeschriebenen Eigenschaften finden sich in: Gerlinda Smaus, Welchen Sinn hat die Frage nach dem „Geschlecht“ des Strafrechts (2010), in diesem Band.

[46] Sandra Harding 1990, Feministische Wissenschaftstheorie: zum Verhältnis von Wissenschaft und sozialem Geschlecht. Hamburg: Argument, 1990.S. 131.

eine abstrakte Ordnungskategorie. Betrachtet man jedoch die Funktion der Wissenschaft „Wahrheitssuche nach validen und reliablen Kriterien“ – und ihr soll das Programm dienen – dann erkennt man/frau, dass das System Wissenschaft eine nicht ersetzbare Aufgabe für Gesellschaften erfüllt (z.B. im Gegensatz zu Magie oder Glauben). Deshalb geht es Harding in ihrer feministischen epistemologischen Kritik immer „nur“ um Korrekturen der Wissenschaft dort, wo Operatoren männlichen (administrativ) Geschlechts die Normen und Praxis der Wissenschaft zu sehr zu ihrem Gunsten auslegen. Aber, wenn feministische Kritik und feministische Wissenschaft selbst Wissenschaft bleiben wollen, müssen sie ihre unterschiedlichen Auffassungen *innerhalb* des Systems, bei Respektierung seines Programms, formulieren, und nicht außerhalb,[47] solange es eben die moderne Systemdifferenzierung nach Luhmann und gleichzeitig ein *gendered universe* nach Harding gibt! Es wäre an der Zeit, dieses, an der Wirklichkeit längst vorbeigehende Ordnungsschema durcheinander zu wirbeln![48]

Aus diesen Gründen habe ich bei einer Konferenz in Brno mit dem Titel „Grenzen“ Kolleginnen geraten, beim Betreten der „männlich *gegenderten*“ Universität ihr natürliches bzw. administratives Geschlecht in der Garderobe abzugeben, weiße Kittel überzuziehen, und ihre, im symbolischen Universum als „gender männlich“ definierte Arbeit als wissenschaftliche Operatoren zu machen. Beim Verlassen der Universität mögen sie wieder in Rollen nach eigener Wahl (ebenfalls je nach Kontext), schlüpfen, meistens in weiblich definierte, zum Beispiel Ehefrau, Mutter, Freundin. Schließlich ist ein angemessenes männliches Genderrollenspiel in der Wissenschaft auch bei (administrativen) männlichen Operatoren auf die Wahrheitssuche beschränkt (☺). Und obwohl sich in ethnomethodologischer Sicht der Wechsel der Rollen bzw. Teilidentitäten beim Betreten der Universität

---

[47] In der Regel respektiert eine feministische Wissenschaft die Wahrheitskriterien und die Theorienvielfalt. Sie kann dann neue (valide und reliable) Methoden und vor allem bisher vernachlässigte Forschungsfelder einführen. Vgl. Gerlinda Smaus, Feministische Erkenntnistheorie und Kriminologie von Frauen, (1995) in diesem Band; ferner; Dieselbe, Feministická angažovanost jako vnitřní nebo vnější diference vědy? Kontext: časopis pro gender a vědění, 2008, č. 1, 19 s. ISSN 1214-1909; Ženy ve vědě aneb De-konstrukce genderu. Úvaha k poctě Haně Havelkové, in: V. Sokolová /L. Kobová (eds.), Odvaha nesouhlasit: Feministické myšlení Hany Havelkové a jeho reflexe, Praha, Univezita Karolinska, Fakulta humanitních studií, 2019, S. 411-425.

[48] Es gibt nicht einmal mehr einen Zwang zu Heterosexualität – vgl. Gerlinda Smaus, Normative Heterosexualität ohne Gebärzwang: Beitrag der Sexualerziehung und des Bevölkerungsdiskurses zur Auflösung der Geschlechterstruktur (2005), in diesem Band.

genau so abspielt, hat mein Ratschlag ein derartiges Befremden ausgelöst, dass meine *opening address* nicht wie üblich zur Veröffentlichung übernommen, sondern statt dessen in einem Interview nochmals diskutiert wurde.[49] Zwar haben Operatoren männlichen Geschlechts wegen einer Übereinstimmung ihrer anerzogenen Eigenschaften mit dem Gender der Wissenschaft „männlich" anfänglich gewisse Vorteile, aber die bringt ihnen nicht ihre wissenschaftliche Arbeit selbst ein, sondern verschiedene extrafunktionale Leistungen und ihr *Machtgehabe*. In der Wissenschaft sich als Frau zu verhalten, ist nicht vorteilhaft. Ich jedenfalls möchte nicht auf mein Frausein reduziert werden!

[49] Gender je kategorií, která slouží výhradně k legitimizaci nerovného rozdělování. Rozhovor Marcely Linkové s Gerlindou Šmausovou, in: GENDER, ROVNÉ PŘÍLEŽITOSTI, VÝZKUM ROČNÍK 13, ČÍSLO 2/2012

Gesellschaftsmodelle in der abolitionistischen Bewegung

Gerlinda Smaus (1986)*

Ob eine Abolition des Strafrechts möglich ist, entscheidet sich an der Frage der gegenwärtigen und künftigen Gesellschaft ohne Strafrecht. Der Aufsatz befaßt sich daher mit den Gesellschaftsvorstellungen, die den verschiedenen abolitionistischen Richtungen zugrunde liegen. Untersucht werden die Beiträge von Christie, Hulsman, Mathiesen und der Bericht des European Committee on Decriminalisation. Diesen Richtungen fügt die Autorin ein neues abolitionistisches Modell hinzu, das auf der Differenzierung von „System" und „Lebenswelt" nach Habermas beruht. Vom Standpunkt der Lebenswelt ist eine Dekolonialisierung vom Strafrecht dringend geboten.

Einführung

Die Frage nach der Abschaffung des Strafrechts ist an die Frage der gegenwärtigen und der künftigen Gesellschaft „nach dem Strafrecht" geknüpft. Es kann daher nützlich sein, die in den verschiedenen abolitionistischen Richtungen meist nur implizit enthaltenen Gesellschaftsmodelle herauszuarbeiten, um die Beurteilung zu ermöglichen, ob diese Modelle glaubwürdig und wünschenswert genug sind, um sich dafür für die Abschaffung des Strafrechts einzusetzen. Es ist nämlich zu beobachten, daß der Widerstand und die Skepsis gegenüber der abolitionistischen Zielsetzung nicht nur machtpolitische Ursachen hat, sondern auch auf der Angst beruht, in jene engen gesellschaftlichen Verhältnisse zurückkehren zu müssen, die lange als überwunden galten. Vielen liberal Denkenden erscheint das Strafrecht als ein notwendiges Übel einer Gesellschaft, die ihren Mitgliedern weitgehende Freiheit gewährt. Die verschiedenen abolitionistischen Richtungen bieten auf dieses Problem unterschiedliche Antworten, ja man kann mit Fug und Recht sagen,

---

* Ursprünglich erschienen in: Kriminologisches Journal 1968, S. 1-17.

J. Feest und B. Pali (Hrsg.), *Gerlinda Smaus: „Ich bin ich"*, Schriftenreihe des Strafvollzugsarchivs, https://doi.org/10.1007/978-3-658-31723-2_2

daß die Richtungen überhaupt nur an den impliziten Gesellschaftsmodellen zu unterscheiden sind.

Den meisten Lesern ist sicherlich bereits bekannt, was Abolitionismus als eine Einheit von Theorie und Bewegung bedeutet. Sebastian Scheerer hat dies kürzlich in einem Aufsatz im KrimJ verdeutlicht (1984, S. 90f.). Dennoch möchte ich, um Mißverständnisse zu vermeiden, den Abolitionismus kurz vorstellen. Generell läßt sich sagen, daß gegenwärtig unter Abolitionismus eine kriminalsoziologische und kriminalpolitische Richtung verstanden wird, die sich entweder die Abschaffung der Gefängnisse oder umfassender die Abschaffung des Strafrechts zum Ziele setzt. Die abolitionistische Bewegung nimmt sich ausdrücklich derjenigen Probleme an, die das strafrechtliche System selbst verursacht, hat aber selbstverständlich auch Vorstellungen darüber entwickelt, wie gesellschaftliche Konflikte anders als strafrechtlich ausgetragen werden können. Diese Zielsetzung hat eine lange Tradition und wurde zu verschiedenen Zeiten durch unterschiedliche Beweggründe motiviert. Gegenwärtig lassen sich folgende Richtungen unterscheiden:

Erstens ein moralischer Rigorismus, der das durch Menschen absichtlich herbeigeführte Leiden reduzieren will, von Nils Christie (1981). Zweitens eine antietatistische Bewegung, die sich ausdrücklich gegen totalitäre Tendenzen der modernen Staaten wendet. Deren Lösung heißt Dezentralisierung, Kommunalisierung, „small is beautiful“, u. a. Als deren Vertreter kann Louk Hulsman (1982) genannt werden. Eine dritte Richtung, die sich aus den Anregungen der beiden erstgenannten Positionen speist, stellt die Arbeit des European Committee on Decriminalisation des Council of Europe (1980) in Straßburg dar. Dieses Komitee legt einen rationalen, technokratischen Diskurs über die Nützlichkeit und Kosten des Strafrechts als nur einem Teil der sozialen Kontrolle bei der Anerkennung seiner Subsidiarität und der Menschenrechte vor. An vierter Stelle (wobei die Reihenfolge nichts über die Bedeutungen der jeweiligen Richtungen aussagt) kann das Konzept von Mathiesen (1980) genannt werden. Den Ausgangspunkt seiner abolitionistischen Bemühungen stellen die Klassenverhältnisse in einer Gesellschaft dar, die bei ihm sowohl die materielle Ungleichheit wie die ungleiche Machtverteilung umfassen. Die Zielsetzungen dieser Bewegung werden vom Standpunkt der subalternen Klassen formuliert.

Diesen Richtungen möchte ich ein neues Modell hinzufügen, das einerseits alle Anforderungen von Mathiesen erfüllt, das sich aber andererseits nicht auf negative Kriminalpolitik beschränkt: eine abolitionistische Theorie nämlich, die zu ihrer

Grundlage die Gegenüberstellung von System und Lebenswelt von Habermas (1981) macht.

In die Aufzählung der Richtungen gingen gleichsam die Motivationen der Autoren mit ein. Es ist nicht zu übersehen, daß die meisten Autoren mit dem Postulat der Wertfreiheit gebrochen haben, um sich auf die Seite der Leidenden zu stellen. Es läßt sich aber auch beobachten, daß sich der abolitionistischen Perspektive zunehmend Wissenschaftler auch deshalb zuwenden, weil sie erkannt haben, daß das Strafrecht seine positiven Zielsetzungen eigentlich nicht erreichen kann. Seitdem sich das Strafrecht den relativen Strafzwecken zugewandt hat, bleibt es in einem Widerspruch zwischen Realität und Legitimierung befangen: es bleibt ein Vergeltungsstrafrecht, was es aber im Bereich der Legitimierung nicht sein darf. Statt nun, wie viele Strafrechtler, die am Strafrecht als einem Axiom festhalten, immer neue Legitimationen zu entwickeln, kommen viele kritische Kriminologen zu dem einzig wissenschaftlich gebotenen Schluß, die unlogische Tatsache des Strafrechts selbst abzuschaffen. Diese Motivation würde ich, im Gegensatz zum moralischen, als einen logischen Rigorismus bezeichnen.

Mit dem Aufzählen dieser Richtungen sollte keineswegs auf eine Uneinigkeit der abolitionistischen Bewegung, sondern vielmehr auf ihre Vielfalt hingewiesen werden. Denn in Wirklichkeit betrifft die Unterscheidung nur Akzente: selbstverständlich würde eine moralische Bewegung auch eine partielle Zurückdrängung des Staates herbeiführen, wie die antietatistische Bewegung notwendigerweise eine moralische Position einnimmt und beide letztlich zusammen die Befreiung von zusätzlichem Leid der Mitglieder von subalternen Klassen implizieren. Und offensichtlich liegen alle diese Impulse wie das Erfordernis der logischen oder rationalen Folgerichtigkeit auch dem in technokratischer Sprache verfaßten Europaratsbericht zugrunde.

Bemerkenswert ist, wie wenig sich die Auseinandersetzung mit der abolitionistischen Perspektive um das praktikable Programm des European Committee oder um das materialistische Programm von Mathiesen dreht, sondern um diejenigen Modelle, die zwar wissenschaftlich nicht so stringent, dafür aber mit großem moralischem Appell verbunden sind. Das hat m. E. zwei Ursachen: Zum einen sind sowohl praktikable wie kritische Abbauprogramme des Strafrechtssystems unerwünscht und werden deshalb, wie Mathiesen sagt, aus dem System heraus definiert, und d. h. zur Irrelevanz degradiert. Die nicht zu tief schürfenden Modelle werden jedoch zur Diskussion schon deshalb zugelassen, weil man an ihnen am besten den utopischen Charakter der Forderungen demonstrieren zu können glaubt. Den zweiten Grund, warum sich die Diskussion so leidenschaftlich vor allem auf das Modell von Christie konzentriert, sehe ich darin, daß von seinem Schrifttum einerseits ein starker moralischer Appell ausgeht, auf der anderen Seite aber so wenige, gerade auch liberale Wissenschaftler in der von Christie gezeichneten Gesellschaft leben möchten. Ich werde deshalb im folgenden Abschnitt auf die impliziten abolitionistischen Gesellschaftsvorstellungen näher eingehen.

„Limits to pain“ von Nils Christie

In seinem Buch nennt Christie fünf Bedingungen, unter denen die Abschaffung des Strafrechts möglich wäre. Dies sind:

1. Ein großes Wissen der Gesellschaftsmitglieder voneinander: Dieses konkrete Wissen verhindert nach Christie die einseitige abstrakte, strafrechtliche Definition von ungewöhnlichem Verhalten und ermöglicht eine Vielfalt an möglichen Definitionen und Behandlungen. Vor allem bedingt das große Wissen und die Vertrautheit der Mitglieder auch eine große Toleranz gegenüber einzelnen Anders-Handelnden (1981, S. 81).
2. Der Machtentzug bei denjenigen Institutionen, die in Konfliktfällen vermitteln sollen. Die gegenwärtige Justiz ist neutral nur im Kontext der Gewaltenteilung, nicht aber uninteressiert gegenüber dem Ausgang der Strafverhandlung, d. h. an ihrer Effektivität. Fluktuierende Dritte ohne permanente Macht könnten von diesem Effizienzdenken entlastet werden (S. 83).
3. Gegenseitige Abhängigkeit der Gesellschaftsmitglieder. Es sollte nicht ohne Belang sein, ob ein Mensch aus seiner Gemeinschaft ausgeschlossen wird oder nicht. Die Gesellschaftsgruppen sollten so beschaffen sein, daß sie auf die Identität ihrer Mitglieder angewiesen sind (S. 88).
4. Damit hängt die gesellschaftliche Abhängigkeit des ausführenden Organs selbst zusammen. Ein ortsansässiger Polizist und Richter könnte nicht weiter unbekümmert Leidenszufügung verordnen. Er würde sowohl die Konsequenzen für die Parteien wie für sich selbst, z. B. seine Reputation im Ort, im voraus bedenken (S. 85).
5. Die Existenz von Glaubenssystemen, die Schmerzzufügung grundsätzlich verwerfen (S. 90).

Als Beispiel für die Existenz dieser Bedingungen erwähnt Christie die Christiania, eine alternative Gemeinschaft am Rande von Kopenhagen, in der es keine Herrschaft, keine geschriebene Ordnung und keinen Arbeitszwang gibt (1981, S. 75); eine Gemeinschaft der Tvindschools, die durch harte Arbeit aller Mitglieder und starken Konformitätsdruck eine sozialistische Verfassung anstrebt (S. 76); Vidarasen, eine Gemeinschaft von Behinderten, die zwar von staatlichen Zuwendungen lebt, innerhalb derer aber die Minorität ihr Leben selbst bestimmt (S. 79). Direkt aus dem Leben ist die Institution des „lensman" gegriffen , der eine Art von Sheriff mit vielfältigen auch zivilen Aufgaben ist. Diese Institution habe sich in den Tälern von Norwegen erhalten (S. 74).

Es scheint mir, daß sich keines dieser Modelle verallgemeinern läßt. Die Abfälle, von denen Christiania lebt, müßten erst produziert werden; Tvindschools, ein puritanischer Sozialismus, produziert ein Übermaß an Konformitätsdruck, der Strafen nur deshalb überflüssig macht, weil er Abweichungen unterdrückt. Vidarasen lebt von Zuwendungen, und müßten die Mitglieder selbst ihren Unterhalt erwirtschaften, so käme dieses Modell einer ur-kommunistischen Utopie mit Menschen ohne Leidenschaften gleich. Die Institution des „lensman „setzt eine vorindustrielle Gesellschaft voraus, und eine Rückkehr zu dieser ist weder vorstellbar noch wünschenswert. Sie ist deshalb nicht wünschenswert, weil die vor-industrielle Gesellschaft nur Armut zu verteilen hatte, Reichtum aber wird erst von einer entwickelten Industrie produziert.

Für meine Begriffe ist auch keines der vorgestellten Modelle anziehend genug, um dafür die Abschaffung des Strafrechts anzustreben. Man muß erkennen, daß das Modell von Christie, das vor allem auf seinem Erleben der Situation in Norwegen beruht, nicht auf andere Länder übertragen werden kann. Mit diesem Problem hat sich bekanntlich im einzelnen von Trotha auseinandergesetzt. Auf seine Kritik gehe ich hier nicht weiter ein. Es sei nur angemerkt, daß von Trotha m. E. zu sehr von der Unentrinnbarkeit der Entwicklung der Industriegesellschaft ausgeht und ihm deshalb jeder Wandel weg vom Strafrecht unmöglich erscheint. Dann will er doch lieber das Behandlungskonzept, das er ein paar Jahre zuvor (1979, S. 117f.) einer umfassenden und überzeugenden Kritik unterworfen hat, von neuem anerkannt wissen (1985, S. 34ff.). Um Christie gerecht zu werden, muß ich allerdings sagen, daß von Trothas und meine Interpretation keineswegs den Duktus seiner Abhandlung wiedergeben. Für Christie steht die Zunahme der Toleranz stets im Vordergrund. Seine Erfassung der gegenwärtigen Situation ist jedoch gesellschaftspolitisch naiv, wie später anhand Mathiesens Analyse der Situation in Norwegen gezeigt werden kann, und seine Bemühungen sind deshalb utopisch.

„Peines perdues“ von Look Hulsman

Lebensnäher und, weil mit geringeren Ansprüchen an die Moral von jedermann, auch sympathischer, erscheint mir das antietatistische Modell von Louk Hulsman. Unermüdlich propagiert er anstatt der zentralen Organisation und eines zentralen Rechts die Vielfalt der gesellschaftlichen Gruppen im Sinne von Stämmen (1982, S. 147f.). In Analogie zu der ethnographischen Forschung weist er darauf hin, daß die heutige Gesellschaft keineswegs aus bloßen Individuen, die sich zum Staate zusammengeschlossen haben, besteht, sondern nach wie vor aus unzähligen Untergruppen, die ihre eigene Ordnung haben (S. 21). Das zentrale, staatliche Recht ist über diese Gruppenordnungen überlagert und ihr fremd. Hulsman weist nun z. B. anhand der holländischen Opferstatistiken immer wieder nach, wie überflüssig das Strafrecht bei der Regelung von problematischen Situationen ist, und daß es in demjenigen Kontext, in den es tatsächlich eingreift, die vorhandenen Kommunikationsmöglichkeiten eher zerstört, als die alte Ordnung wieder herstellt (S. 92f.; 98f.). Hulsman verfügt dabei über ein umfangreiches empirisches Wissen bezüglich des tatsächlichen Funktionierens der informellen sozialen Kontrolle. Er bezieht seine abolitionistische Vorstellung auf die gegenwärtige Gesellschaft, die sich nicht zu ändern braucht, wenn das überflüssige Appendix des Strafrechts abgeschafft werden soll. Es ist nämlich die gegenwärtige holländische Bevölkerung, die so gut ohne das Strafrecht auskommt, weil sie bereits pluralistisch, liberal und anti-herrschaftlich eingestellt ist.

Wie aber Hulsman selbst betont, geht es nun darum, auch noch den restlichen strafrechtlichen Zwang abzuschaffen, und da fragt man sich, ob sein Gesellschaftsbild wirklich adäquat ist. Zweifelsohne ist die Vernachlässigung all der Zwischenstrukturen und vor allem der Akteure selbst ein Fehler, sowohl der bürokratischen Denkweise wie der strukturalistischen und der marxistischen Theorien, die Hulsman allesamt ablehnt. Man muß angesichts der Forschungsergebnisse Hulsman auch darin zustimmen, daß das Strafrecht für die soziale Kontrolle und bei der Bekämpfung der Kriminalität keine Funktionen hat. Hulsman lehnt jedoch – paradoxerweise, weil er ja dagegen kämpft – die gesellschaftliche Totalität, sei sie als Staat oder als Gesellschaft gedacht, als Reifizierung überhaupt ab. Er kann daher nur „individuelle“ und keine „strukturellen“ Auswirkungen des Strafrechts erkennen. Das bedeutet, daß er das einzelnen Menschen und ihren Stämmen durch das Strafrecht verursachte Leid sieht (1982, S. 100f.), nicht aber die Tatsache, daß das

Strafrecht Funktionen im Hinblick auf die Erhaltung von eben jenen totalen Strukturen hat. Diese kommen darin zum Ausdruck, daß, obschon bei Hulsman die Stämme prinzipiell gleichwertig sind („pluralistische Gesellschaft"), bezeichnenderweise in Gefängnissen zwar Mitglieder verschiedener Stämme, jedoch nur einer Schicht, der unteren Unterschicht, einsitzen. Im übrigen wird er kaum erkennen können, daß die zunehmende Verfolgung des politischen Protestes etwas mit der Erhaltung der Staatsstruktur selbst zu tun hat. Hulsman beachtet nur die tatsächliche repressive Auswirkung des Strafrechts. Er betont, daß quantitativ gesehen vom Strafrecht ein so geringer Teil der vermeintlichen ·Täter erfaßt wird, daß das „System" tatsächlich selbst aus Kostengründen erwägen könnte, auf Verfolgung überhaupt zu verzichten (1982, S. 68ff.). Nach Ansicht vieler Autoren ist jedoch der unmittelbare Zwang für die spätkapitalistische Gesellschaft zwar eine unverzichtbare, jedoch die unbedeutendere Funktion des Strafrechts. Über die unmittelbare Repression wird nämlich symbolisch bzw. ideologisch das Gelten-Sollen einer viel umfassenderen Ordnung, des gesamten status quo abgestützt, und dies ist der eigentliche Grund, warum so hartnäckig am Strafrecht festgehalten wird.

Das Strafrecht läßt sich im Sinne von Poulantzas (1976, S. 34) als ein ideologischer bzw. symbolischer Staatsapparat begreifen, der über die Bestrafung Einzelner folgende normative und materielle Strukturen der Gesellschaft verdeutlicht: erstens sollen die Eigentumsverhältnisse sowohl bezüglich der Unterscheidung von Eigentum an Produktionsmitteln und „sonstigem Eigentum" (d. h. die Tatsache der Klassengesellschaft) wie bezüglich der unterschiedlichen quantitativen Verteilung des Eigentums (d. h. die Tatsache der vertikalen Struktur der Gesellschaft) erhalten bleiben. Zweitens wird über die Zuweisung des negativen labels „Kriminalität" vornehmlich an einzelne Mitglieder der unteren Unterschicht allen übrigen Unterschichtsmitgliedern der Eintritt in nicht-attraktive Positionen innerhalb der arbeitsteiligen Struktur nahegelegt. Drittens kann über die Bestrafung von Kriminellen, die als Außenseiter abgestempelt werden, die übrige Gesellschaft als eine schichtfreie Gemeinschaft aller rechtschaffenen Bürger dargestellt werden. Wir bezeichnen dies als die identifikationsstiftende Funktion des Strafrechts, wie sie von Durkheim und Mead herausgestellt wurde. Viertens unterstützt das Strafrecht die Legitimierung des Staates auf der Grundlage einer Konsensfiktion, indem es den politischen Dissens eliminiert. Die Kriminalität ist schließlich wichtig für die Legitimierung des Strafrechts selbst, mithin für die Existenz eines Apparates zur physischen Zwangsausübung (vgl. Smaus 1985, S. 17ff.).

Die ersten drei Funktionen beziehen sich folglich auf die Erhaltung der ökonomischen Ungleichheit in der Gesellschaft und zugleich auf ihre symbolische Überbrückung. Ihre Adressaten sind die Unterschichtsmitglieder, denen nahegelegt wird, trotz Benachteiligungen die vorhandene Ordnung zu stützen. Die beiden letzteren Funktionen sind deutlich auf die Selbsterhaltung des Staates bezogen, haben daher eine politische Funktion und ihre Adressaten sind „alle Bürger". Alle diese Abhängigkeitsstrukturen kann man als strukturelle Gewalt bezeichnen. Nach Galtung (1977), weil sie einem großen Teil der Bevölkerung die in einer Gesellschaft schon vorgelebte Bedürfnisbefriedigung versagen; nach Habermas (1981, S. 278), weil sie eine systematische Einschränkung der Kommunikation bedeuten. Die strafrechtliche physische Repression einiger Gesellschaftsmitglieder, um die es Hulsman geht, stellt daher nur eine zusätzliche Benachteiligung der schon Benachteiligten dar.

Zweifelsohne ist die Befreiung von diesem Zwang ein legitimes Anliegen. Es ist allerdings fraglich, ob man auch nur dieses relativ geringe Ausmaß an direkter Zwangsausübung am besten mit der These zu bekämpfen beginnt, das Strafrecht habe keinerlei Funktionen (vgl. Scheerer 1983, S. 66f.). Diese Meinung versperrt die Einsicht in die Bedingungen für die Existenz des Strafrechts und deshalb auch in die Widerstände, die sich gegen seine Abschaffung organisieren werden. Ja, selbst die Lokalisierung der Träger des Strafrechtssystems ist bei Hulsman schon falsch erfolgt. Auch wenn man der Meinung ist, daß sich Strukturen nur über Handlungen von Menschen manifestieren können, so ist es doch naiv anzunehmen, man bräuchte nur die Meinungen von einigen Bürokraten zu ändern, um die Wirklichkeit selbst zu ändern. Strukturelle Zwänge sind durch Aufklärung allein nicht aufzuheben, was ich durch ein Zitat von Brecht verdeutlichen möchte:

> Wir müssen sagen,
> daß gefoltert wird,
> weil die Eigentumsverhältnisse
> bleiben sollen.
> Freilich, wenn wir das sagen,
> verlieren wir viele Freunde,
> die gegen das Foltern sind,
> weil sie glauben,
> die Eigentumsverhältnisse
> könnten auch ohne Foltern
> aufrecht erhalten bleiben, was unwahr ist.

Hulsman setzt sich daher mit seinem Konzept nicht nur, was unvermeidlich ist, einer Ablehnung seitens der Befürworter von Strafrecht aus, sondern auch der Kritik seiner eigenen Verbündeten, die meinen, daß es eine Sache ist, die politische Bewegung auf ein Ziel zu beschränken, und eine andere, auch von der Theorie alle strukturellen Momente auszuklammern.

Um aber, wie vorher Christie, auch Hulsman gerecht zu werden, muß man allerdings auch sehen, daß Hulsman für seine Aversion gegen jedwede scholastische Systeme auch vernünftige Gründe hat:

Es ist nämlich nicht auszuschließen, daß sich ein Widerstand gegen das Strafrecht nur auf diese gesellschaftspolitisch naive Weise organisieren läßt. Eine Überzeugung von der Übermacht der Verhältnisse kann nämlich sehr schnell zu einer kriminalpolitischen Lähmung führen. Es ist denn auch bezeichnend, daß sich so wenige als marxistisch verstehende Wissenschaftler dem Abolitionismus anschließen konnten. Dies sicherlich nicht nur wegen seines idealistischen Zuges, sondern vor allem wegen der Anfälligkeit der sozialdemokratischen Parteien (und der Gesellschaften des realen Sozialismus) für den Staat im allgemeinen und für law and order im einzelnen (vgl. Platt 1984; Taylor 1981).

In der Logik des Klassenkampfes liegt es eher begrundet, daß man den Speer einmal umdrehen möchte: es sollen nun die Kriminalisierer kriminalisiert, die Strafenden bestraft werden, was nur unter der Bedingung möglich ist, daß man selbst an die Macht gelangt. Oder man verlangt rigoros nicht die gleiche Verteilung von Gütern, sondern die Gleichheit im Negativen, wie es in der Forderung zum Ausdruck kommt, die Wirtschafts- und die Umweltkriminalität strafrechtlich zu bekämpfen. In diesem Falle begehen aber die „neuen Realisten" ebenfalls einen idealistischen Fehler, denn sie beachten nicht, daß das Strafrecht unter den gegebenen hegemonialen Verhältnissen nicht ein Instrument in ihren Händen ist. Die abolitionistische Perspektive erfordert daher auch ein Umdenken seitens der Linken und der neuen sozialen Bewegungen – der atypischen Moralunternehmer, wie sie Scheerer (1986) genannt hat. Nicht allein Hulsman erscheinen daher weder der Aktionismus der mit der Labour Party sympathisierenden Kriminologen noch das Warten auf die „Veränderung der Verhältnisse" bei einigen dogmatischen Marxisten als geeignete Mittel, den Leidenden hier und jetzt zu helfen.

„Report on Decriminalisation"

Eine elaborierte Konzeption zur Abschaffung großer Teile des Strafrechts stellt der Entwurf des European Committee on the Decriminalisation des Council of Europe in Straßburg dar, zu dessen Mitgliedern Chapman, Hulsman, McClintock u. a. gehören. Der Report enthält sowohl Analysen der gegenwärtigen Funktionsweise des Strafrechtssystems und seiner Kosten als auch konkrete Vorstellungen darüber, wie mögliche Dysunktionen, die bei einer Abschaffung des Strafrechts entstehen würden, aufgefangen werden könnten. Während aber die Dysfunktionen die erste Frage derjenigen bestimmen, die vorerst am Strafrecht als einer unverzichtbaren Einrichtung festhalten wollen, insistieren die Vertreter der abolitionistischen Perspektive darauf, zuerst umfassend die Frage zu beantworten, welche Auswirkungen das Strafrecht hat. Überflüssig zu sagen, daß alle Analysen nachweisen, daß das Strafrechtssystem – gemessen an seinen erklärten Zielen – mehr Dysfunktionen verursacht als Funktionen erfüllt. Deshalb besteht das ultima ratio Argument des Abolitionismus in der Behauptung, man könne ohne Schaden ein Instrument abschaffen, das keinerlei andere Funktionen hat, als bestimmten Personen Schmerz zuzufügen.

In diesem Bericht wird die abolitionistische Perspektive als eine schrittweise Dekriminalisierung des Strafrechts präsentiert. Die Autoren unterscheiden drei Möglichkeiten:

> 1. Eine de-jure Dekriminalisierung kann dann eintreten, wenn eine vollständige legale und soziale Anerkennung des ehemals kriminalisierten Verhaltens angestrebt wird, wie z. B. im Falle der Homosexualität.
> 2. In einem anderen Falle braucht die Dekriminalisierung zwar nicht eine legale oder soziale Anerkennung der Handlung anstreben, sondern lediglich eine veränderte Auffassung über die Funktion des Staates auf dem betreffenden Gebiet zum Ausdruck bringen. Es könnte sich um die Anerkennung der Neutralität des Staates oder um die Menschenrechte handeln.
> 3. Eine Dekrirninalisierung kann aber auch dann angestrebt werden, wenn sich weder die Bewertung des Verhaltens noch die Auffassung über die Zuständigkeit des Staates ändert. Dieser Schritt kann aus der Einsicht heraus unternommen werden, daß der Staat nicht die Macht besitzt, die Kriminalität in diesen Gebieten wirklich zu bekämpfen. In solchen Fällen kann der Staat die Behandlung entweder den betroffenen sozialen Gruppen übertragen oder eigene alternative Behandlungen anstreben (1980, S. 15).

Durch diesen Report hat meines Erachtens der Abolitionismus längst das Stadium eines sensitivierenden Konzepts überwunden und dies - paradoxerweise – trotz des unangemessenen Gesellschaftsmodells, das dem Entwurf zugrunde liegt. Es ist in der Tat bemerkenswert, wie man über die Veränderungen einer gesellschaftlichen Institution diskutieren kann, ohne die gesellschaftlichen Verhältnisse analytisch ins Auge zu fassen. Dies ist nur dann möglich, wenn man den status quo nicht etwa realistisch als die Rahmenbedingung für eine Bewegung betrachtet, sondern ihn stillschweigend auch normativ akzeptiert. Aus dem Report geht hervor, daß, ganz gleich wie die gesellschaftliche Situation sonst noch beschaffen ist, an ihr nur der strafrechtliche Bereich zu kritisieren ist, und an diesem selbst wiederum nur seine Dysfunktionen. Die Autoren gehen gleichsam von der „gegenwärtigen Situation der im Europarat zusammengeschlossenen Ländern“ als von einem uneingelösten Axiom aus und kritisieren nur Entwicklungen, die im Sinne von Durkheim nicht mehr „normal“ sind, weil sie ein bestimmtes Ausmaß und eine Intensität angenommen haben, die nicht mehr gerechtfertigt werden können. Die Autoren kritisieren bestimmte zivilisatorische Aspekte, wie z. B. die zunehmende Rolle der zentralen staatlichen Organisationen und großer privater Organisationen. Dies habe die Zunahme von Anonymität in der Beziehung zwischen Bürgern und diesen Organisationen, wie zwischen den Bürgern selbst zur Folge. Das Ergebnis ist eine zunehmende Entfremdung und Anomie. Dieser Zustand begründet einen wachsenden Bedarf an formaler legaler Kontrolle, die jedoch wegen Überbelastung ihre Ziele nicht mehr erreichen kann. Die sekundäre Folge davon ist die Unzufriedenheit mit den Organisationshandlungen und das Bestreben nach Regionalisierung, Dezentralisierung und einer „grass-root“-Demokratie (1980, S. 31f.).

Eine Beschäftigung mit der Theorie der Gesellschaft lehnen die Autoren ausdrücklich ab. Ihrer Auffassung nach läßt sich die Mannigfaltigkeit des sozialen Lebens in kein einheitliches Konzept, weder das funktionalistische noch das konflikttheoretische, zwingen. Da es aber andererseits unmöglich ist, nicht auf vorhandene Theorien zurückzugreifen, erweist sich der Report als ein Konglomerat von Theorieansätzen, die sich häufig widersprechen. An einer Stelle wird das Gesellschaftsbild folgendermaßen gezeichnet: Die Gesellschaft bestehe aus „vielen Gruppen, Klassen, Organisationen, Parteien, ethnischen und linguistischen Einheiten, Männern und Frauen, Alten und Jungen, Stadtbewohnern und Bauern, Reichen und Armen, Mächtigen und Machtlosen“ (1980, S. 98). Daraus wird deutlich, daß dem „Report“, wie bei Hulsman, die ökonomische Dimension gesellschaftlichen Organisation, die sich als Klassenstruktur bzw. als Schichtstruktur niederschlägt, vollkommen abgeht. Bemerkenswert ist allerdings, wie das Hintergrundwissen der Autoren um diese Tatsachen in Formulierungen wie „upper levels of society" (S. 107), „weak members of society", „underprivileged members of community" (S. 130) durchaus in die Auseinandersetzung eingeht. Dieses Gesellschaftsbild wird als Argument gegen die Behauptung, das Strafrecht stütze sich auf den Konsens aller Gesellschaftsmitglieder, eingeführt. Die Autoren, selbst Wertrelativisten, unterstützen einen Wertpluralismus und sprechen dem Strafrecht die Legitimierung ab. Wie aber typisch für jeden Pluralismus-Ansatz, würdigen die Autoren nicht die Tatsache, daß ein einziger Maßstab mit Macht für verbindlich erklärt werden konnte, ganz gleich, ob er auf einem Konsens beruht oder nicht. Der verbindliche Maßstab, hier das Strafrecht, ist verbindlich auch in dem buchstäblichen Sinne, daß er als eines der Rechtsgebiete auch die Integration der Gesellschaft mit abstützt. Ergo bildet die Gesellschaft auch darin eine abstrakte Totalität, weil sie strafrechtlich gebunden ist. In dieser Hinsicht übersieht der „Report" die zweite wichtige Dimension der gesellschaftlichen Organisation, nämlich die *Macht*.

Die beiden Auslassungen begründen zusammen mit dem vertretenen Wertrelativismus einen klassenindifferenten Zugang zur Strafrechtspolitik. Dieser kommt z. B. in der Formulierung der Aufgabe der sozialen Kontrolle folgendermaßen zum Ausdruck: diese solle ein subjektiv sinnvolles Leben der Gesellschaftsmitglieder garantieren und unerwünschte Verhaltensweisen und Situationen soweit wie möglich verhindern. Wie ein solches Leben für verschiedene Gruppen auszusehen hat und was in der Gesellschaft als unerwünschte Verhaltensweisen und Situationen gilt, darüber erfahren wir aus dem Report nichts.

Angesichts der vertretenen Theorie über die Mannigfaltigkeit von Gruppen kann dies nur bedeuten, daß im Rahmen des jeweils Möglichen unnötige, d. h. dysfunktionale Beschränkungen (obstacles in their environment) beseitigt werden sollen, nicht aber solche, die als „strukturelle Gewalt" bezeichnet werden. Eine wahrhafte Laissez-faire-Ideologie, die dem Reichen seine Privilegien, dem Stadtstreicher den Schlafplatz unter der Brücke garantieren will! Wegen der Irrationalität bestimmter Hindernisse könne ein großer Teil der strafrechtlichen Wirklichkeit durch Aufklärung beseitigt werden.

Trotz der theoretischen Schwäche hätte eine konsequente Anwendung der „gruppenmäßigen" Organisation der Gesellschaft zu der Einsicht führen können, daß das Strafrecht nur bestimmte Gruppen trifft. Einerseits kommt der Report nicht umhin festzustellen, daß das Strafrecht die „schwachen Mitglieder" der Gesellschaft benachteiligt, auf die Aussage aber, daß diese selektive Auswirkung nur die Unterschicht trifft, lassen sich die Autoren nicht festlegen. Vielmehr verlassen sie ihre eigene gruppenspezifische Perspektive und betrachten nur die negativen Auswirkungen, die das Strafrecht auf Individuen hat (1980, S. 27). Deshalb können sie letztlich nur individuelle Remeduren im Sinne *eines piecemeal work* empfehlen (S. 31). Empfehlungen dieser Art, sowohl die Aufklärung wie die individuelle Behandlung, sind durchaus im Sinne der offiziellen Kriminalpolitik.

Die Gesellschaft als Totalität kommt im Report ausschließlich unter ihrem politischen Aspekt, nämlich als die staatliche Organisation zum Ausdruck. Verständlicherweise werden hier nur die strafrechtlichen Gesichtspunkte behandelt. Die Kritik des Strafrechts richtet sich dabei an seinen expliziten Zielsetzungen aus, die insofern „ernst“ genommen werden, als ihre Erfüllung eingeklagt werden soll. Das heißt, daß die Autoren vom Selbstverständnis der politischen Organisation im Bereich des Strafrechts ausgehen, ohne dieses auf seinen Ideologiegehalt zu hinterfragen. Als die zentralen Werte der gegenwärtigen politischen Organisation bezeichnen sie die Beschränkung der Gewaltanwendung bzw. der absichtlichen Herbeiführung von Leid und Freiheitsentzug (S. 27), Sicherung der Freiheit und Menschenwürde (S. 26), das Prinzip der Gleichheit und Gleichbehandlung (S. 27), der Gerechtigkeit (S. 46) und der Verwirklichung der Demokratie (S. 166). Die Realisierung dieser Prinzipien stelle eine ständige Herausforderung dar, da dieser Zustand noch nicht ganz erreicht sei. Die Rechtspraxis spiegele die Ungleichheit in Macht, Ausbildung und Wohlstand, die in der Gesellschaft bestehen, wider und bestärke sie z.T. sogar (S. 43). Eine stufenweise Dekriminalisierung wird als ein Mittel zur Erreichung des gewünschten Zustandes angesehen.

Diese Kritik, da sie sich auf die ausdrücklichen Zielsetzungen des Strafrechts und das Selbstverständnis des Strafrechts beschränkt, kann als eine liberale Kritik bezeichnet werden. Sie impliziert keine tiefgehenden Veränderungen der Beziehung Gesellschaft und Strafrecht, die dann nötig erscheinen würden, wenn die latenten Funktionen bzw. die Dysfunktionen des Strafrechts als die eigentlichen Funktionen begriffen werden würden.

Das zweite, ausführlich behandelte kritische Argument gegen das Strafrecht betrifft seine Überbelastung und die dadurch für die Gesellschaft entstehenden Kosten. Zu den Kosten des Systems wird zum einen die Tatsache gezählt, daß das Strafrecht die Gesellschaft nicht mehr ausreichend schützt und zum zweiten die geringe Wirtschaftlichkeit des Systems, das den unterschiedlichen Aufwand und

Ertrag seiner Subsysteme nicht beachtet. Dieser Teil der Kritik und der Lösungsvorschläge betrifft also die Ökonomie der sozialen Kontrolle, die effektiver sein könnte, wenn eine stufenweise Dekriminalisierung stattfinden würde. Wegen der Zentralität dieses Arguments bezeichne ich diese Richtung als eine technokratische. Ich sehe keinen Grund, warum sich das System diese Reformen nicht zu eigen machen sollte.

In der Tat rührt die Praktikabilität des Entwurfs daraus, daß er nicht mehr fordert, als es dem Selbstverständnis bzw. der Ideologie der gegenwärtigen Gesellschaft entspricht. Mit Recht zieht diese Position die Kritik derjenigen auf sich, die die Veränderungen der „strukturellen Gewalt“ für unerläßlich halten. Da jedoch in Wirklichkeit die Leidenden die Unterschichtsmitglieder sind, sollte die kritische Kriminologie, wenn sie der Falle des „neuen Realismus“ entgehen will, den Bemühungen um eine stufenweise Dekriminalisierung (ohne repressiven Ersatz) wegen der Unangemessenheit der Theorie nicht den Weg verstellen.

„Law, Society, and Political Action” von Thomas Mathiesen

Daß eine politische Bewegung wie Abolitionismus auch bei einer realistischen Analyse der gegenwärtigen Situation möglich ist, zeigt Mathiesen. Mathiesen vertritt eine materialistische Gesellschaftstheorie, die die Gegenwart zutreffend als Spätkapitalismus charakterisiert. In seiner Arbeit befaßt er sich vor allem mit dem Verhältnis zwischen den materiellen und ideellen Elementen der Wirklichkeit, die in anderem Schrifttum auch als „Basis“ und „Überbau“ bezeichnet werden. Diese Frage stellt er sich jedoch nicht abstrakt, sondern im Kontext der Planung von politischen Aktionen. Ihn interessiert die Frage, inwieweit und welche Ideen und Ideensysteme die Basis tatsächlich beeinflussen können. Vor allem aber analysiert er die gegenwärtige Situation im Hinblick darauf, welche Strategien sie überhaupt ermöglicht. Mathiesen geht dabei von den von Marx in der Deutschen Ideologie entwickelten Vorstellungen über die Bedingungen eines revolutionären, d. h. systemtranszendierenden Wandels aus (1980, S. 196). Nach Mathiesen kann die Gegenwart nicht als eine revolutionäre Situation charakterisiert werden:

1. Es liegt nunmehr keine direkte physische Unterdrückung durch die herrschende Klasse, die die Massen mobilisieren könnte, vor. Die Situation ist vielmehr durch die strukturelle Unterdrückung gekennzeichnet, die nicht gesehen, sondern nur gefühlt

werden kann und die deshalb auch keine Solidarisierung der Unterdrückten bedingt (S. 196).
2. Statt der materiellen Verelendung ist eine psychische Verelendung eingetreten. Während aber die Unerträglichkeit der materiellen Verhältnisse zu einer Rebellion führen könnte, ist die psychische Not (Bedürfnissteigerung, Entfremdung) für den Kapitalismus funktional. Sie vereinzelt die Individuen, paralysiert deshalb die politische Aktion und führt eher zum Konsum von Psychopharmaka (S. 199).
3. Die Situation zeichnet sich ferner dadurch aus, daß sich statt eines Interessengegensatzes von Klassen eine Interessengemeinschaft von Unternehmern und Arbeitern entwickelt hat. Sie wird auf dem Arbeitsmarkt hergestellt, wo der Wert der Arbeitskraft von der Nachfrage seitens der Arbeitgeber, und d. h. von der Prosperität des Kapitals abhängt. Sie pflanzt sich in der Politik fort, wenn nämlich der Erfolg auch von sozialdemokratischen Regierungen ebenfalls von der Prosperität des Kapitals abhängt (S. 211ff.).
4. Schließlich zeichnet sich der Spätkapitalismus durch die Verfestigung der systemischen Logik aus, die die Entscheidungsgrundlagen verändert. Als systemische Logik wird verstanden, daß nunmehr beide Seiten, die Unternehmer wie die Arbeiter, der gleichen Systemrationalität ausgesetzt sind, der sie individuell nicht mehr entkommen können. Deshalb habe bloße Aufklärung, die auf die invidividuelle Vernunft rekurriert, jegliche Bedeutung verloren (S. 216ff.).

Nach Mathiesen sind in dieser hochrepressiven Lage politische Bewegungen trotzdem sowohl erforderlich wie möglich. Allerdings muß er, um eine größere Bewegung mobilisieren zu können, aus Einsicht den Klassenstandpunkt verlassen – gleich, wie die wissenschaftlich unbegründeten anderen Strömungen auch. Bekanntlich entwickelt Mathiesen die Strategie des Unfertigen, die darin besteht, daß die Bewegung es vermeidet , sich zwischen den vom „System" angebotenen Alternativen „Revolution" (Überwindung der Systemgrenzen) und „Reform" (innerhalb des Systems) zu entscheiden: daß die Bewegung grundsätzlich die etablierte Ordnung nicht schlicht zu substituieren, sondern aufzuheben versucht; und schließlich, daß die Bewegung ein praktisches Interesse an Reformen von betroffenen Gruppen integriert (S. 232).

Die von Mathiesen ausgearbeiteten Kriterien einer nie festgelegten und nie abzuschließenden Bewegung kann man allgemein als eine Art negativer Kriminalpolitik bezeichnen, die sich auf die Bearbeitung der Vorgaben seitens des Systems beschränkt. Seiner abolitionistischen Theorie gebührt zweifelsohne viel mehr Aufmerksamkeit, als ihr hier geschenkt werden kann. Zur weiteren Lektüre kann Knut Papendorfs Arbeit (1985) empfohlen werden. Ich möchte Mathiesen in der Weise würdigen, daß ich an ihn anknüpfend im nächsten Abschnitt zu zeigen versuche, daß man sich im abolitionistischen Kontext nicht auf die negative Kriminalpolitik zu beschränken braucht.

Lebenswelt kontra System – eine „positive" Kriminalpolitik

Ich greife hier den letzten Punkt der Analyse von Mathiesen über die systemische Logik auf. Die Ähnlichkeit zwischen seinem Standpunkt und der ungleich elaborierteren Gesellschaftstheorie von Habermas, die er in der „Theorie des kommunikativen Handelns" (1981) vorgelegt hat, ist nicht zu übersehen. In Habermas Theorie erschöpft sich allerdings die gesellschaftliche Wirklichkeit in der systemischen Logik, d.h. „in der normfreien, funktionalen Vernetzung von Handlungsfolgen, die dem Bewußtsein der Akteure weitgehend entzogen sind" (S. 228) nicht, vielmehr ist die Gesellschaft auch auf eine kommunikative Integration angewiesen. Mit dem Begriff „Lebenswelt" (S. 172) reagiert Habermas sowohl auf die extreme Verdinglichung in der Systemtheorie, für die die Menschen nur noch Umwelt sind, wie auch auf die Verdinglichungen des Alltagswissens, das die strukturellen Bedingungen als quasi naturgegeben betrachtet. Die Gesellschaft als sowohl system- wie sozialintegriert erfaßt einen Zustand, in dem die einzelnen Mitglieder ihre Handlungen an normativ gesichertem oder kommunikativ erzieltem Konsens orientieren, diese aber durch die Folgen einer nicht normativen Steuerung von subjektiv unkoordinierten Einzelentscheidungen permanent durchkreuzt werden (S. 225).

Bezüglich der Möglichkeit einer Systemveränderung stellen sowohl Mathiesen wie Habermas fest, daß die Arbeiterklasse aufgehört hat, Träger eines revolutionären Bewußtseins zu sein. Deshalb beziehen auch beide einen klassenunspezifischen Standpunkt – Mathiesen einen diffusen, je nach Interesse fluktuierenden, Habermas dagegen einen systematischen, wie er im Begriff Lebenswelt zum Ausdruck kommt. Das empirische Substrat der Lebenswelt bildet die private Lebenssphäre, die Familie, Nachbarschaft, freie Assoziationen und die Öffentlichkeit, d.h. Privatleute und die Staatsbürger (1981, S. 458). Wenn also die weitere Diskussion um eine klassenunspezifische Bewegung gegen das Strafrecht Sinn haben soll, muß man sich fragen, ob es Gründe gibt, warum sich auch „normale Bürger" aus eigenem und nicht nur altruistischem Interesse der abolitionistischen Bewegung anschließen sollten. Zur Beantwortung dieser Frage muß man außer der Zunahme der strukturellen Repression, die Mathiesen herausgestellt hat, auch die Entwicklung des Strafrechts selbst beachten.

Das Strafrecht hat sich nach dem Scheitern des Resozialisierungskonzepts von neuem der generalpräventiven Rechtfertigung zugewandt. In der aktuellen generalpräventiven Begründung des Strafrechts durch Jakobs (1983) hat jedoch eine bedeutende Verlagerung der Adressaten der Generalprävention stattgefunden. In seiner Theorie wird nämlich nicht mehr eine Grenze zwischen konform und konsensual Handelnden gegenüber einer kleinen Gruppe von vornherein Abweichenden gezogen, sondern zwischen einer Minderheit „im Recht" und einer potentiell abweichenden, weil ohne Handlungs- und Sanktionsvorgaben ganz unsicheren Mehrheit. Dies aber ist eine klassische Herrschaftskonstellation, und die Legitimierung des Strafrechts über die Generalprävention erweist sich als ein Mittel, das die Vollmachten einer Herrschaft unwahrscheinlich anhebt. Der präventive Gedanke, der mit einer generellen engeren Überwachung auch der noch konformen Bürger einhergeht, unterstellt die Gesellschaft der Kontrolle in weit größerem Ausmaß, als dies ein nur vergeltendes Recht konnte. Baratta spricht von der Aufgabe des Subsidiaritätsprinzips im Strafrecht (1984, S. 138). Diese Entwicklung läuft darauf hinaus, daß sich die strafrechtliche Funktion „Schutz der Gesellschaft" auf die Funktion „Kontrolle der Gesellschaft" verlagert. Wenn wir das Strafrecht als ein Mittel zu einer repressiven und nicht konsensualen Absicherung der staatsbürgerlichen Loyalität begreifen, zeichnet sich ab, daß alle Bürger (bzw. die bürgerliche Gesellschaft) Gründe haben, der sich ausdehnenden Souveränität des Staates entgegenzuwirken.

In diesem politischen Moment erschöpften sich die Motivationen für einen Abolitionismus nicht, denn das Strafrecht schützt, wie oben angedeutet, vor allem ökonomische Strukturen. Diese Funktion hat nun mehrere Aspekte. Für die Veränderung des ersten Aspekts, d. h. der Festschreibung der bestehenden Eigentumsverhältnisse, könne gegenwärtig keine Koalition gefunden werden: Anders aber verhält es sich mit den Folgen einer Eigentumsordnung, die die Verfügung über lebenswichtige Ressourcen, z. B. über die natürliche Umwelt, der *systemischen Logik der Kapitalverwertung* überläßt. Die Auseinandersetzung um diese ökonomischen Probleme findet aber wiederum im politischen Bereich statt und wird dort, besonders wenn sie auf der Straße artikuliert wird, nicht selten durch strafrechtliche Disziplinierung in bestimmte Grenzen zurückgewiesen. Deshalb meine ich, daß sich auch um diese Auswirkungen der ökonomischen Struktur klassenunspezifische Koalitionen bilden können. Insgesamt erweist sich das Strafrecht als ein Mittel zum Schutze des Systems, als dessen empirisches Substrat Habermas die *dependenten Subsysteme der staatlichen Administration und der Wirtschaft* identifiziert (1981, S. 458). Dies kommt klar auch darin zum Ausdruck, wie folgerichtig die Generalprävention mit der Systemtheorie begründet werden kann. Obwohl Jakobs das Substrat seiner Begriffe Gesellschaft/Staat gleich „System“ nicht benennt, ergibt seine Argumentation nur Sinn, wenn das „System“ und die „Umwelt“, d. h. das psychosoziale Substrat des Systems, als eigenständige Bereiche angesehen werden. Ein Indiz dafür ist auch die Tatsache, daß Jakobs aus seiner Theorie alle Begriffe ausmerzen konnte, die psychische Inhalte haben, bzw. die nur kommunikativ eingelöst werden können (vgl. Smaus 1985, S. 90ff.). Die systemtheoretische Begründung des Strafrechts eröffnet nun die Möglichkeit, im Sinne einer Humanisierung der Gesellschaft den Interessen des Systems die berechtigten Interessen der Lebenswelt *systematisch* gegenüberzustellen. Zum Teil überschneiden sie sich: So ist z. B. im Schutze des Lebens die systemische Größe „Arbeitskraft“ enthalten. Über den Eigentumsschutz wird die uneingeschränkte bzw. durch freien Vertrag geregelte Verfügung über Produktionsmittel gewährleistet. Die Freiheit der Willensbetätigung garantiert vor allem die Freiheit der Arbeitskraft, sich hin zu den Produktionsmitteln zu bewegen. Die sexuelle Selbstbestimmung ist auf die Erhaltung der natürlichen Reproduktion der Arbeitskraft ausgerichtet – usw. Schon diese kurze Aufzählung läßt aber auch erkennen, daß der strafrechtliche Schutz besonders im Hinblick auf die Lebenswelt „fragmentarisch“ ist. Da jedoch das Strafrecht ein systemisches Mittel ist, besteht wenig Hoffnung, durch die Schaffung neuer Tatbestände einen umfassenderen Schutz der Lebenswelt zu erwarten.

Deshalb scheint eine andere Schlußfolgerung eher im Sinne der Lebenswelt zu sein – nämlich alle unberechtigten Ansprüche und vom System diktierten Verhaltsmaximen zurückzuweisen und dies sowohl im Normenbereich, wie bei der Regelung der Konflikte und der Art der Sanktionierung. Im Normbereich ginge es um weit mehr als die Dekriminalisierung einiger Sexualdelikte, sondern viel umfassender um die Zurückgewinnung der Autonomie in allen Bereichen der symbolischen Reproduktion. Bei der Regelung von Konflikten und Abweichungen müßte erst geprüft werden, ob es sich eher um systemische oder um Störungen der Lebenswelt handelt. Es ist bezeichnend, daß die strafrechtliche repressive Reaktion nur selten die systemischen Medien „Geld“ und „Macht“ trifft, sondern vorwiegend den „Menschen“. Dies mag für Systemzwecke funktional sein, berücksichtigt aber nicht, daß die strafrechtliche Bezähmung des sich gegen das System richtenden Protests (unterschiedlicher Qualität und Bewußtheit) in der Lebenswelt Pathologien hervorrufen kann (vgl. Habermas 1981, S. 566). Daraus ergibt sich die Forderung, daß das System nicht das Recht haben sollte, Lebenswelten einheitlich in seinem Sinne zu sanktionieren, vielmehr sollte die Lebenswelt selbst eine dem Konflikt adäquate Lösung bestimmen. Eine Entkolonialisierung vom Strafrecht und die Formulierung von Bedürfnissen von Lebenswelten wäre mehr als nur eine negative Kriminalpolitik, sondern eine Gesellschaftspolitik im umfassenderen Sinne.

Literatur

Baratta, A., Integration-Prävention. Eine systemtheoretische Neubegründung der Strafe, in: Kriminologisches Journal 2/1984, S. 132-148.

Christie, N., Limits to pain, Oxford 1981.

Council of Europe, Report on Decriminalisation, Strasbourg 1980.

Galtung, J., Strukturelle Gewalt, Reinbek 1977.

Habermas, J., Theorie des kommunikativen Handelns. Zur Kritik der funktionalistischen Vernunft, Frankfurt/Main 1981.

Hulsman, L./Bernat de Celis, J., Peines perdues. Lesysteme penal en question, Paris 1982.

Jakobs, G., Strafrecht. Allgemeiner Teil, Berlin, New York 1983

Mathiesen, T., Law, Society and Political Action. Towards a Strategy under Late Capitalism, London, New York, Toronto, Sydney, San Francisco 1980.

Papendorf, K., Gesellschaft ohne Gitter. Eine Absage an die traditionelle Kriminalpolitik, München 1985

Platt, T., Kriminologie in den 80er Jahren. Progressive Alternativen zu „law and order", in: Kriminologisches Journal 2/1984, S. 149-159.

Poulantzas, N., Die gesellschaftlichen Klassen und ihre erweiterte Reproduktion, in: U. Jaeggi (Hrsg.), Sozialstruktur und politisches System, Köln 1976, S. 15-37.

Smaus, G., Technokratische Legitimierungen des Strafrechts – die Flucht nach vorne in die Generalprävention, in: Zeitschrift für Rechtssoziologie 1/1985, S. 90-103.

Smaus, G., Das Strafrecht und die Kriminalität in der Alltagssprache der deutschen Bevölkerung, Opladen 1985

Scheerer, S., Warum sollte das Strafrecht Funktionen haben? Gespräch mit Louk Hulsman, in: Kriminologisches Journal 1/1983, S. 61-74.

Scheerer, S., Die abolitionistische Perspektive, in: Kriminologisches Journal 2/1984, S. 90-111.

Scheerer, S., Atypische Moralunternehmer? erscheint im Kriminologischen Journal, Beiheft 1986.

Taylor, I., Law and Order: Arguments for Socialism, London 1981

Trotha von, T., Perspektiven der Strafvollzugsreform – oder ein kritischer Bericht über die Errungenschaften des Landes Balnibarbi, in: Kritische Justiz 12/1979, S. 117-136.

Trotha von, T., „Limits to Pain". Diskussionsbeitrag zu einer Abhandlung von Nils Christie, in: Kriminologisches Journal 1/1983, S. 34-53.

Versuch um eine materialistisch-interaktionistische Kriminologie

Gerlinda Smaus (1986)*

Der Aufsatz geht auf das bisher uneingelöste Projekt einer Verbindung von marxistischen und interaktionistischen Beiträgen zu einer kohärenten Theorie der Kriminalität ein. Eine solche Theorie könnte einerseits den Subjektivismus der interaktionistischen Theorie, andererseits den „Abstraktionismus" marxistischer Ansätze überwinden. Ausgehend von Giddens' Theorie, die den Begriff „Situation" mit dem Begriff „Struktur" (unter der Berücksichtigung materieller Bedingungen) verknüpft, versucht die Autorin, die bisherigen Ergebnisse der interaktionistischen Forschung über Kriminalisierungsprozesse in einen gesamtgesellschaftlichen Rahmen zu integrieren und zu interpretieren.

Bilanz

Wenn man noch 17 Jahre nach der Einführung des Kontrollparadigmas in die deutsche Kriminologie durch Fritz Sack (1968, 1972) die Diskussion wieder aufnehmen will, muß man dafür Gründe angeben können. Denn angeblich ist der „Reaktionsansatz", die „Etikettierungstheorie" bzw. umfassend das „interpretative Paradigma" in der Kriminologie passé. Hat es eine Gruppe von sich in starker Position und Würde befindlichen Kriminologen überhaupt nicht angenommen, wurde es von Vertretern marxistischer Positionen wegen der Vernachlässigung wichtiger gesellschaftlicher Faktoren zunächst kritisiert und ebenfalls abgelehnt. Ein besonders lautloses Ende hat das Paradigma bei den Vertretern einer „sowohl-als-auch-Perspektive" genommen – in dieser Fassung wurde dem Ansatz ausgerechnet sein kritisches Potential entzogen. Zu diesem trüben Bild kommt hinzu, daß sich die neue Generation von jungen Kriminologen, nachdem die nunmehr ältere Genera-

---

* Ursprünglich erschienen in: Kriminologisches Journal 1986, S. 179-199.

J. Feest und B. Pali (Hrsg.), *Gerlinda Smaus: „Ich bin ich"*, Schriftenreihe des Strafvollzugsarchivs, https://doi.org/10.1007/978-3-658-31723-2_3

tion erfolgreich und flächendeckend die Instanzen der sozialen Kontrolle ausgeforscht hat, ein neues Betätigungsfeld suchen will. Nicht alle Wissenschaftler der Gründergeneration der kritischen Kriminologie haben das interpretative Paradigma in der positiven Weise überwunden, daß sie sich nicht nur der wissenschaftlichen De-Reifizierung der Begriffe, sondern der praktischen Arbeit an der Abolitionierung der strafrechtlichen Wirklichkeit selbst zuwandten. Viele von ihnen haben sich von neuem der scheinbar machbaren praktischen Aufgabe, das Strafrecht zu reformieren, angenommen.

Es ist jedoch keineswegs nur der Eigendynamik der Entwicklung und den Flügelkämpfen in einer akademischen Disziplin zu verdanken, wenn der Kontrollansatz als passe erscheint. Daß der mit solchem Aufwand betriebene theoretische Versuch um eine De-Reifizierung des Begriffes Kriminalität zum größten Teil wieder rückgängig gemacht wird, liegt vielmehr daran, daß eine de-reifizierte Kriminologie die politische und moralische Ambiguität der sozialen Kontrolle enthüllt und ihre scheinbar vernünftige und gerechtfertigte Autorität in Frage stellt (vgl. Pearson 1975, S. 150). Das Absinken des labelling approach verdankt sich auch nicht einer theoretischen Überwindung durch bessere, vollständigere Ansätze, sondern einer Re-Etablierung der eine Zeitlang in Frage gestellten Schiedsrichterfunktion einer auf die Bedürfnisse des Strafrechtes zugeschnittenen Kriminologie. In der Tat: "It is not important who is right or wrong about deviance, but rather, who has the right to say what is right". (Pearson, S.160). Die „Überwindung" und das Vergessen von bestimmten Theorien hat auch etwas mit ihrer politischen Tragweite zu tun. Man kann und muß sich fragen, wieso die „Ansätze des Ansatzes" in den dreißiger Jahren in Amerika (Tannenbaum 1938) nach der Latenz in den Kriegsjahren nicht gleich in den fünfziger Jahren wieder aufgenommen wurde, wieso die zu dieser Zeit ebenfalls ganz selbstverständlichen Analysen des Strafrechts in späteren Lehrbüchern der Kriminologie fehlen, warum z. B. die Attributionstheorie[1] nie in die Kriminologie übertragen wurde usw. Deshalb möchte ich der verständlichen Zuwendung von Wissenschaftlern zu neuen Themen (und Moden) entgegenhalten, daß die ungerechten Zustände in der Gesellschaft nicht schon dadurch, daß sie einmal Gegenstand der Wissenschaft geworden sind, auf-

[1] Diese Theorie befaßt sich mit der Tatsache, daß Verantwortungen nicht festgestellt, sondern zugeschrieben werden (anders als Hart 1970) vom psychologischen Standpunkt. In die interaktionistische Theorie wurde dieser Ansatz (konkret: der von Shwayder 1963) von McHugh (1970) eingeführt. Vgl. auch Bierbrauer (1978).

gehoben wurden. Da nun die kritische Wissenschaft zumindest eine ideologiekritische Funktion hat, muß sie bestimmte Verhältnisse, solange sie dauern, immer wieder dechiffrieren. So viel zum gesellschafts-bzw. wissenschaftspolitischen Gesichtspunkt.

Vom wissenschaftlichen Standpunkt kann gesagt werden, daß das interpretative Paradigma seine Möglichkeiten noch nicht ausgeschöpft hat. Global betrachtet, besteht die Leistung des Paradigmas in der Kritik und Widerlegung folgender Prämissen der ätiologischen Kriminologie:

> Annahme der Objektivität von Normen (Wheeler 1967, Douglas 1971); Annhme des deskriptiven Charakters der Normanwendung (Rubington/ Weinberg 1968, Sack 1974); Annahme einer ontischen Qualität der Kriminalität (Becker 1963, Chapman 1968, Erikson 1964); Annahme der Grundverschiedenheit des Knminellen (Tannenbaum 1938, Matza 1964, Sack 1978); ungeprüfte Relevanz von Kriminalstatistiken (Kitsuse/Cicourel 1963, Sack 1978). 1978). Ausklammerung der Analyse des Strafrechts und der Tätigkeit der Organe sozialer Kontrolle (Maclver 1942, Hall 1945, Jeffery 1961, Sack 1972).

Während sich der eine oder andere Punkt (z. B. das Konzept der sekundären Devianz von Lemert 1977) mühelos mit der ätiologischen Kriminologie vereinbaren ließe, ergeben sie zusammen in der Tat eine Aufhebung der bisher in der Kriminologie herrschenden Grundannahmen, eben einen Paradigmawechsel. Ich sehe nicht, wie man in der Kriminologie hinter diese radikalen Erkenntnisse wieder zurückfallen könnte.

Zwei Ansichten erscheinen mir dabei zentral: bezüglich des Begriffes Kriminologie stellt das interpretative Paradigma heraus, daß *Kriminalität ein indexikalischer Ausdruck* ist, der sich einer „buchstäblich abbildenden Beschreibung" entzieht (Garfinkel 1973, S.199). Kriminalität kann nur kontextgebunden vor einem bestimmten Hintergrundzusammenhang mit der „Methode der dokumentarischen Interpretation" fortlaufend definiert und re-definiert werden. Diese Methode setzt voraus, daß der Interpretierende etwas über die Lebensgeschichte und die Absichten des Ausdruckbenutzers weiß oder annimmt, was ihm erlaubt, das aktuell Geschehene in die Biographie des zu Beurteilenden einzuordnen und somit dem Handeln einen „Sinn" zuzuschreiben.

Bezüglich der Prozesse, in denen über Kriminalität entschieden wird, stellt diese Theorie heraus, daß *Verantwortungen nicht festgestellt, sondern zugeschrieben werden.* Diese Zuschreibungsprozesse wer- den nun von verschiedenen Gesichtspunkten analysiert: Dem *labelling approach* verdanken wir die überaus wichtige empirische Feststellung, daß Kriminalität ein ausgehandelter Status ist. In der deutschen Rezeption des labelling approach wird darüber hinaus in den empirischen Analysen die Tatsache beachtet, daß Kriminalität als ein ungünstiger Status seitens Gruppen, Institutionen und Personen im Besitze von Macht meistens aufgrund des Merkmals Schichtzugehörigkeit des angenommenen Täters zugeschrieben wird. Die Beiträge des *symbolischen Interaktionismus* erklären vor allem, welchen „Sinn" die Zuschreibung von Devianz hat: Der Sinn der Ausgrenzung der Devianz mittels negativer Sanktionen zielt nicht auf den Täter, sondern auf die Gruppe, der gegenüber die Normalität verdeutlicht und deren Integration gefördert werden soll. Die *ethnomethodologische Richtung* schließlich befaßt sich mit der Frage, wie „Sinn" überhaupt intersubjektiv ermittelt und verstanden werden kann.

Diese Beiträge, von denen mir kein einziger widerlegt oder unbedeutend erscheint, sind bisher zu keiner kohärenten Theorie der Kriminalität vereinigt worden. Mit anderen Worten, es ist bisher keine „interaktionistische Theorie der Kriminalität" geschrieben worden, die in einer nicht bloß eklektischen Weise alle wichtigen Aspekte der gesellschaftlichen Erscheinung „Kriminalität" erfaßt hätte.[2] Bei einem solchen Versuch ergeben sich wichtige Unter- schiede zu den Lehrbüchern der ätiologischen Kriminologie: Erstens wird die Kriminalität nicht (z. B. über das verletzte Rechtsgut) substantiell, sondern über den Sinn der Kriminalisierung ausgewählter Handlungen mit bestimmten Um-Zu-Motiven[3] im Strafrecht definiert. Dieses vorab festgelegte Vokabular ermöglicht es später immer wieder (wie auch immer vorläufig), bestimmte Handlungen als Kriminalität zu erkennen.[4] Im zweiten Schritt müssen diejenigen Rahmenbedingungen erfaßt werden, unter welchen der Sinn „Kriminalität" im Prozeß der Auswahl passender Etiketten einzelnen „Tätern" letztlich zugeschrieben wird. Dabei stellt sich u. a. heraus, daß die kriminelle Definition im interpretativen Paradigma nur als ein Tat-Täter-Komplex

---

2 Interaktionistische „Lehrbücher" der Kriminalität haben bisher z. B. Filstead (1972), Hawkins und Tiedemann (1975), Ericson (1975) und Goode (1978) vorgelegt. Alle diese Arbeiten zeichnen sich jedoch m.E. durch einen spezifisch amerikanischen (Wert)Relativismus, d. h. eine besondere Indifferenz gegenüber der Tatsache der Klassengesellschaft, aus.

3 Vgl. Schutz 1967, S. 19ff., S. 69ff.

4 Die erste Indentifizierung der Tat erfolgt aufgrund der Tatsache, daß im common-sense die Handlungen anonymer anderen mit einem invarianten Satz von Motiven ausgestattet sind (Schutz 1967, S. 25). Danach freilich setzt der Prozeß ein, in dem geprüft wird, ob alle anderen in Frage kommenden Beurteilungen zurückgewiesen werden können. Es handelt sich also um einen mehrfachen Definitions-Redefinitionsprozeß (vgl. McHugh 1970, S. 80).

aufgefaßt werden kann, so daß sich die Ätiologie in der Analyse der Zuschreibungsmerkmale erschöpft. Diese Arbeit setzt folglich voraus, daß eine Theorie der Zuschreibungsprozesse der Kriminalität entwickelt wird, die über das hinausgeht, was symbolische Interaktionisten und Ethnomethodologen auf diesem Gebiet geleistet haben, nämlich die inhaltsleere Aufschlüsselung der formalen Eigenschaften der Definitionsprozesse.[5] Im ersten Falle bedeutet dies die inhaltliche Einlösung dessen, was Normalität bzw. der status quo der gegenwärtigen Gesellschaft bedeutet, im zweiten Falle die inhaltliche Aufschlüsselung des sogenannten Hintergrundwissens, das über die Zuschreibungen entscheidet.

Diese Aufgaben habe ich mir in meiner gegenwärtigen Forschung gestellt. Bevor ich jedoch auf die Methode der Untersuchung eingehe, möchte ich kurz die allgemeine Frage der theoretischen Tragfähigkeit des interpretativen Paradigmas diskutieren, die trotz aller anerkannten Einzelleistungen bezweifelt wird.[6]

„Theoriefähigkeit" des interpretativen Paradigmas

Für die theoretische Auseinandersetzung um die Erklärungskraft des interpretativen Paradigmas ist es nun wichtig, sich klar zu machen, auf welche Seite hin man den Diskurs eröffnet. Ich gehe hier nicht auf die ätiologische Kritik ein, die sich mit pragmatischen Absichten von den scheinbar unbrauchbaren theoretischen Einsichten absetzt. Ich gehe auch nicht auf eine strukturalistische Kritik an einer von der Situation bzw. Interaktion ausgehenden Theorie aus – einem Diskurs also, der sich innerhalb. der bürgerlichen Soziologie, die nicht an einer Entmythologisierung des status quo interessiert ist, ereignet. Übrig bleiben diejenigen kritischen Auseinandersetzungen mit dem Paradigma, denen gemeinsam ist, daß sie die ungleiche Verteilung von Lebenschancen in der Gesellschaft beachten – sei es nun die Konflikttheorie, die kritische Theorie bzw. der Marxismus. Seitens dieser Theorien wird den dem interpretativen Paradigma verpflichteten Autoren vorgehalten,

---

5 Die Beschränkung dieser Theorien auf formalpragmatische Regeln wurde auch von Keckeisen (1974) und Keupp (1976) bemängelt.

6 So meint Rock: „My chief argument will be that the perspective's version of phenomenalism cannot be coherently united with an analysis which emphasizes ideas of social structure. lt cannot be married to such macro-sociological concepts as social dass or social institution. lt cannot even be reconciled with formalist conceptions which give prominence to a social order that is relatively independent of people's understandings or intentions." (1973, S. 19).

daß sie die strukturellen Aspekte des gesellschaftlichen Handelns nicht beachten bzw., daß sie überhaupt keine Vorstellung von der Totalität bzw. der „Gesellschaft" haben (Matthes/Schütze 1973, Keckeisen 1974, Ferchow/ Peters 1981);
daß sie geschichtliche Aspekte ausklammern bzw. allgemeiner, die Transformation von Institutionen und Geschichte überhaupt nicht erklären können (Matthes/Schütze 1973, Giddens 1976);
daß sie die Aktion bzw. Interaktion vorwiegend, wenn nicht ausschließlich, unter dem Aspekt der „Bedeutung" und nicht auch unter dem Aspekt „gesellschaftliche Praxis", d. h. als „das Bestreben der Akteure praktische Interessen, einschließlich der materiellen Transformation der Natur, zu realisieren", betrachtet haben (Giddens 1976, Block 1973),
womit verbunden ist, daß Macht als ein Zentralfaktor des sozialen Lebens verkannt wird (Kanter 1972, Keckeisen 1974);
daß sie die Bedingtheit der unterschiedlichen Interpretationsmöglichkeiten von Normen, die sowohl durch eine Asymetrie der Macht, wie durch unterschiedliche Interessen bedingt ist, nicht erklären (Huber 1973, Giddens 1976);
daß trotz (oder wegen) aller Relativierung der Normgeltung die „Moral" eine fast absolute Geltung erhält, weil übersehen wird, wie die Mächtigen bereit und imstande sind, sich eine Willfährigkeit des Moralkodexes mit ihren Interessen institutionell zu sichern (Gouldner 1968, Giddens 1976).

Diese wissenschaftliche Kritik wird durch eine ideologische Kritik ergänzt:

> „Die liberale Theorie tendiert dazu, die Widersprüche des Systems, wie z. B. seine Konzentration auf die Status-niedrig-gestellten und relativ Machtlosen zu übersehen, wobei sie freilich nicht auf den alten Fehler zurückfällt, den Status quo der sozialen Kontrolle zu verteidigen" (Taylor/Walton/Young 1975, S. 23).

Kritik an marxistischen Theorien der Kriminalität

Der Grund, warum das interpretative Paradigma trotz dieser schwerwiegenden Kritik, die bei vielen zu einer vorschnellen Ablehnung geführt hat, innerhalb der Kriminologie aufrechterhalten werden soll, liegt m. E. darin, daß diejenige Theorie, die „marxistisch" genannt wird, paradoxerweise keinen Begriff der Kriminalität hat, der von der ätiologischen Kriminologie unterschiedlich wäre".[7]

Obwohl es in einer marxistischen Theorie möglich wäre, erkennt diese Kriminologie den Menschen nicht als den Urheber seiner Geschichte, oder anders gesagt, seine enorme Kapazität als Urheber und Benutzer von Symbolen an.[8] Deshalb geht diese marxistische Kriminologie mit der ätiologischen Kriminologie, wie es Melossi (1984, S. 262) ausgedrückt hat, eine heimliche Allianz bezüglich

---

7 Z. B. Werkentin/Hofferbert/Baurmann 1972.
8 Vgl. Lichtman 1971, S. 161.

der Ursachen der Kriminalität (wie Armut, Verelendung, broken home usw.) ein, und setzt, stärker noch als die letztere, einen „Reaktionsdeppen" voraus. Damit übernimmt sie auch noch im Vergleich zu der strafrechtlichen Definition der Kriminalität die engere, auf das Unterschichtshandeln beschränkte Definition und erklärt bestenfalls, wenngleich „strukturell", die im angerichteten Schaden unbedeutendere Kriminalität. Mit der Ausklammerung der Wirtschaftskriminalität verschenkt sie sich darüber hinaus die Möglichkeit, an der faktischen Strafrechtsimmunität der Wirtschaftsstraftäter Ideologiekritik zu üben.

Statt die gängige Theorie wirklich in Frage zu stellen, d. h. den ätiologischen Begriff der Kriminalität zu de-reifizieren, drückt die sogenannte marxistische Theorie häufig nur moralische Entrüstung über die Zustände, wie sie sind, aus, und bleibt somit selbst im Zustand einer Ideologie und nicht einer Wissenschaft. Es ist daher auch nicht zufällig, daß sie für die „law and order" Mentalität anfällig ist.[9] Weil sie sich nicht für Prozesse interessiert, in denen Kriminalität zugeschrieben wird, kann sie die Prozesse nicht erklären, in denen sich das Klassen-Strafrecht reproduziert, zumal ihr der symbolische Charakter des Strafrechts entgeht. Mit anderen Worten, sie erklärt nicht adäquat, welchen „Sinn" die Kriminalisierung hat und wie-es-gemacht-wird, wenn Strukturen reproduziert werden. Deshalb mißrät ihr auch der Versuch, die Anschuldigung des Dogmatismus tatsächlich „marxistisch" abzuwehren. Die neueren marxistischen Beiträge (Greenberg 1981) degradieren nämlich die „letztendliche" Bedingtheit – wie es wegen der Gleichverteilung von Kriminalität richtig heißen müßte – der primären und sekundären Kriminalisierung durch die Produktionsverhältnisse praktisch zur Irrelevanz. Für die Kriminalität ist jetzt alles und jedes, darunter freilich noch die Produktionsverhältnisse, gleich wie in einem hergebrachten Mehrfaktorenansatz, verantwortlich. Um den Preis, daß dem marxistischen Ansatz auch noch der klassenkämpferische Zahn gezogen wurde, der in dem Insistieren auf der Ungleichheit in der Gesellschaft bestand. In diesem Sinne ist die sich als marxistisch verstehende Kriminologie selbst auf der Oberfläche stehen geblieben und muß dringend radikalisiert werden. Es ist nur scheinbar ein Paradox, wenn diese Radikalisierung der marxistischen Theorie der Kriminalität mit Hilfe eines Ansatzes durchgeführt wird, dem seine „Subjektivität" bzw. „Idealismus" vorgeworfen wird, nämlich mit der Hilfe des interpretativen Paradigmas.

---

9 Z. B. Taylor 1981; Platt 1982; Lea/Young 1984.

Kompatibilität des interpretativen Paradigmas mit der marxistischen Theorie

Eine weitere Überlegung zeigt, daß es keineswegs freigestellt ist, ob man diese Schwächen des interpretativen Paradigmas mit Hilfe einer marxistischen Theorie zu Leibe rückt, oder die Mängel der marxistischen Theorie der Kriminalität mit Hilfe des interpretativen Paradigmas zu beheben versucht. Für die Wahl des einen oder des anderen Etiketts sollte nur das epistemologische Grundverständnis ausschlaggebend sein. Bekanntlich begreift symbolischer Interaktionismus Bewußtseinszustände als grundsätzlich unabhängig von Nicht-Bewußtseinseienden Elementen der Wirklichkeit. Bedeutungen erscheinen, als wären sie durch nichts als Interaktion bedingt und daher beliebig. Die Suspendierung von genetischen und kausalen Vorstellungen über die Bedingtheit von Bedeutungen, d. h. die Suspendierung von ontologischen Fragen, führt jedoch, wie Lichtmann richtig bemerkt, zur Suspendierung des Verstehens selbst (1970, S. 83). Diese Vernachlässigung der „objektiven" Wirklichkeit weist die Theorie als eine subjektivistische bzw. idealistische aus. Da sie nur an den sogenannten pragmatischen Universalien interessiert ist, ist sie auch ahistorisch. Dagegen zeichnet sich eine materialistische Gesellschaftstheorie durch die Annahme einer Bedingtheit der So-Gestaltung der realen Abstraktion aus – sie steht in der Tradition des philosophischen Materialismus. Da sie sich auf die Analyse von konkreten gesellschaftlichen Zusammenhängen konzentriert, kann sie als historisch bezeichnet werden. In diesen beiden Eigenschaften unterscheidet sie sich auch wesentlich von strukturell-funktionalen Theorien.

Erst der Rückgriff auf nicht-symbolische Elemente der Wirklichkeit macht eine Theorie „des Sinnes der Kriminalität" möglich, die sich nicht in der Beschreibung von symbolischen Kriminalisierungsprozessen oder in der Feststellung es-ist-eben-so erschöpft. Dies ist der Grund dafür, warum hier der Strategie der „Verbesserung der marxistischen Theorie" gegenüber der bisher diskutierten „Verbesserung des Interaktionismus" die größere theoretische Tragweite eingeräumt werden muß. Beide Ansätze sind vor allem deshalb kompatibel, weil in der Theorie der Begründer des interpretativen Paradigmas, Mead und Schütz, die objektive Realität durchaus vorkommt. Bei Mead (1959, S. 119) ist es die Welt der physikalischen Objekte, der „manipulatory area", die den Sinn insofern bedingt, als sie einer „falschen" Konstruktion Widerstand leistet; er betont, daß der Mensch ein

Organismus ist, der einen „richtigen“ und keinen x- beliebigen Sinn der Umwelt verleihen muß, wenn er sie unter Kontrolle bringen will. Schütz befreit das Meadsche Konzept der „manipulatory area“ von seiner Situationsgebundenheit und erweitert es zeitlich und räumlich zu einer „world of working“ (1967, S. 223): Die Welt unserer Arbeit ist die Welt der physikalischen Objekte; sie leistet mir Widerstand und verlangt nach ihrer Überwindung; sie stellt mich vor Aufgaben, erlaubt mir, meine Pläne erfolgreich durchzuführen oder sie fallen zu lassen. Diese Welt konstituiert die spezifische, historische Realität des Alltagslebens und ist nicht, wie später behauptet wird, nur ein Alternativausdruck für dasselbe. Der Objektcharakter der Gesellschaft wurde bekanntlich auch in der Wissenssoziologie Bergers und Luckmanns (1969) wieder eingeführt.

Da ich hier nicht im einzelnen auf die „Remedur“ der Kritik am interpretativen Paradigma eingehen kann, möchte ich kurz einen Ansatz vorstellen, mit dessen Hilfe sowohl ein großer Teil der „strukturellen Schwächen“ des Paradigmas wie das Fehlen von „symbolischen, kommunikativen Elementen“ in der marxistischen Theorie überwunden werden kann. Ich habe für meine Arbeit die Theorie von Anthony Giddens „New Rules of Sociological Method. A Positive Critique of Interpretative Sociologies“ (1976) gewählt. Giddens führt die amerikanische Entwicklung auf die Tradition des deutschen Idealismus zurück und versucht, die verstehende Sozialwissenschaft, wie sie mit dem Namen Weber, Wittgenstein, Gadamer, Apel und Habermas verbunden ist, zu reetablieren: Das Objekt der soziologischen Analyse ist nicht ein vorgegebenes Universum von Objekten, sondern ein Universum, das durch das aktive Handeln von Subjekten konstituiert und produziert wird. Die Soziologie steht, anders als die Naturwissenschaften, zu ihrem Untersuchungsgegenstand in einem „Subjekt-zu-Subjekt“-Verhältnis, sie untersucht eine vorinterpretierteWelt (Giddens 1976, S.146); die Konstruktion einer sozialen Theorie impliziert folglich eine *zweifache Hermeneutik*; gewiß kein Schützscher Begriff, jedoch auch seine Meinung.

Giddens begründet die Notwendigkeit der Annahme einer Struktur nicht, da er die interpretative Soziologie auf einer Ebene (Weber, Schutz) aufgreift, auf der der Strukturbegriff nie gefehlt hat: „Das Reich des menschlichen Lebens ist vorgegeben. Menschen produzieren die Gesellschaft, aber sie machen das als historisch verortete Akteure und nicht unter selbst gewählten Bedingungen“ (S.160). Die Vorstellung einer „subjectless“-Struktur aufgreifend, argumentiert er gegen den Strukturalismus, daß diese Struktur dem Individuum nicht nur als ein Korsett aufgezwungen wird. Und gegen einen vereinfachten Interaktionismus, daß diese Strukturen das Handeln von Individuen überhaupt erst ermöglichen. Einerseits ermöglichen soziale Strukturen als Mittel das Handeln, andererseits werden sie durch das menschliche Handeln konstituiert bzw. reproduziert. Das Konstruieren bzw. Hervorbringen von Strukturen nennt Giddens „structuration", die zur Verfügung stehenden Mittel „structure"; den Sachverhalt selbst bezeichnet er als den dualen Charakter von sozialen Strukturen. Er vergleicht die Struktur, ja identifiziert sie mit der Sprache: die Sprache existiert als syntaktische und semantische Struktur nur insofern, als beim Sprechen irgendeine nachweisbare Konsistenz vorhanden ist. Von syntaktischen Regeln zu sprechen heißt dann, über die Reproduktionsweise der wie-Elemente zu berichten; auf der anderen Seite erzeugen diese Regeln die Totalität aller Sprechakte, was die gesprochene Sprache ausmacht. Diese doppelte Eigenschaft der Struktur, einmal verstanden als die Ableitung aus den Beobachtungen des menschlichen Tuns und zum zweiten verstanden als das gleiche Mittel, das dieses Tun überhaupt ermöglicht, ist das, was durch die Begriffe der Strukturation und der Reproduktion belegt wird (S. 121ff.). So wie nun in jedem Sprechakt die Totalität der Sprache zum Ausdruck kommt, verweist auch jede Interaktion auf die globale Gesellschaft. Deshalb ist für das Studium der sozialen Produktion und Reproduktion der Gesellschaft das Studium von Interaktionen ausschlaggebend. Bei jeder Interaktion kann man analytisch drei Elemente, nämlich: Kommunikation, die Einwirkung von Macht und moralische Beziehungen unterscheiden (S.127), die mittels des interpretativen Schemas, der Fähigkeiten und Voraussetzungen und der Normen auf die strukturellen Elemente: Weltanschauung, Herrschaft und Legitimation verweisen (S. 122).

Interaction	Communication	Power	Morality
(modality)	interpretative scheme	facility	norm
structure	Signification (Weltanschauung)	domination	legitimation

Als Kommunikation wird die sinnvolle Interaktion bezeichnet. „Sinnvoll" kann sie deshalb gestaltet werden, weil die Teilnehmer - und in der nachfolgenden Anreihung von analogen Begriffen spiegeln sich die Ergebnisse verschiedener formal-pragmatischer Analysen wider – über „mutual knowledge" gleich

„typification“ gleich „series of generative rules for the uptake to the illocutionary force of utterances“ gleich „background knowledge“ gleich „taken for granted knowledge“ gleich „inarticulated knowledge“ – verfügen (S. 107). Die Anwesenheit von moralischen Normen in jeder Interaktion wird von Giddens nicht eigens begründet, sondern festgestellt. Es handele sich um eine Aktualisierung und die Annahme von Verpflichtungen, zumindest solcher, in irgendeiner bestimmten Weise zu reagieren. Die Aktualisierung von moralischen Normen könne die beiden anderen Dimensionen „Sinn“ und „Macht“ durchkreuzen. Daß auch die Macht in jeder Interaktion virulent ist, drückt sich darin aus, daß der Ausgang der Interaktion von den Teilnehmern unterschiedlich beeinflußt werden kann. Macht stellt dann die Kapazität der jeweiligen Agenten dar, Ressourcen zu mobilisieren und Mittel einzusetzen, sich den Ausgang der Interaktion zu sichern und vor allem, ihren *Sinn* zu bestimmen.

Der Subjektivismusvorwurf bzw. der Vorwurf des philosophischen Idealismus scheint mir jedoch in dieser Arbeit Giddens' nicht gänzlich ausgeräumt zu sein, denn keines der drei Momente der Interaktion verweist auf das materielle Substrat der Gesellschaft, das der freien Phantasie bei der Sinngebung, einer sozial unverankerten Macht und einer beliebigen Moral Grenzen setzen würde. Es ist jedoch anzunehmen, daß alle drei Momente der Struktur wie die Modalitäten ihrer Reproduktion in den drei Momenten der Interaktion – sollen sie nicht gänzlich auseinanderklaffen, sondern sich nur „kontingent“ verhalten von einer einzigen nicht symbolischen Struktur bedingt sind und – wie anders – diese reproduzieren. Anscheinend hat Giddens in diesem Modell (gleich wie Habermas in der Theorie des kommunikativen Handelns, 1981) die Beachtung von realen, nicht-kommunikativen Elementen der Wirklichkeit unterlassen, die erst die Gewähr für die intersubjektive Geltung – wenn man so will, für die Wahrheit bzw. die Richtigkeit, zumindest jedoch für die Adäquanz der Bedeutungen bilden. Ausgehend von Schütz' Begriff des „world of working“ und Meads Begriff „manipulatory area“ bezeichne ich (vorläufig) als „real“ und „nicht-symbolisch“ diejenigen Prozesse, in denen Menschen in Austausch mit der Natur treten, d. h. Prozesse, in denen Menschen ihre physische Existenz sichern. Die Arbeit als das Medium des Austausches mit der Natur wird als die basale Aktivität des Menschen betrachtet, um die sich soziale Bedeutungen erst organisieren (vgl. Lichtman 1971, S. 154).

Diese Ausführungen drücken freilich nur die logisch-invariante Beziehung, nämlich die instrumentale Orientierung des Menschen zur Natur aus. Sie gehören noch gänzlich zu den pragmatischen Universalien bzw. zu den anthropologischen Konstanten der Gattung Mensch, die den historischen Charakter der Arbeit und deren gesellschaftliche Organisation nicht beachten. Genau dieses konkrete Wissen muß jedoch eingeholt werden, wenn konkrete Gesellschaften verstanden werden sollen. In einer ständigen Oszillation zwischen dem konkreten beobachteten Phänomen und seinem Bezug auf die „Totalität" kann sich schließlich das Vor-Wissen zu einer Gewißheit, zu einem Verstehen des Konkreten, der Kriminalität nämlich, verwandeln.

Anwendung in der Kriminologie

In diesem theoretischen Rahmen versuche ich die interpretative Theorie der Kriminalität zu rekonstruieren. Statt deduktiv von einer umfassenden Gesellschaftstheorie „die Kriminalität" zu erklären, versuche ich induktiv von der Analyse der Kriminalität auf die Analyse der Gesellschaft zu kommen. Jede Situation kann nämlich als ein Teil einer umfassenderen Situation, diese als ein Teil einer noch umfassenderen Situation – nach oben lediglich willkürliche Grenzen gesetzt, aufgefaßt werden. Angesichts der Homologie zwischen Sprache und Gesellschaft ist es möglich, anhand von beliebigen Interaktionen die Tiefenstruktur bzw. den relevanten Teil der Tiefenstruktur der Gesellschaft zu ermitteln. Dies deshalb, weil per definitionem jede sinnhafte (sinnvolle) Interaktion die richtige Anwendung der Grammatik der Gesellschaft, nämlich ihrer Macht- und moralischen Struktur darstellt, die zusammengebündelt Aufschluß über die „normale" Konstruktion der Gesellschaft ergeben. Und dies um so mehr, als die Theorie der Kriminalität gleichsam eine Verdoppelung derjenigen Funktion darstellt, die schon das „abweichende Verhalten" hat – nämlich die Normalität negativ auszugrenzen.

Ich selbst führe nun keine empirischen Beobachtungen durch, sondern versuche, aus der Fülle der „interpretativen" Analysen von Einzelsituationen, in denen das label Kriminalität zugeschrieben wird, die Gesetzmäßigkeiten der Definitionsprozesse zu rekonstruieren. D.h., ich befrage die Texte hermeneutisch[10] darauf,

[10] Gadamer schreibt: „Der wirkliche Sinn eines Textes, wie er den Interpreten anspricht, hängt eben nicht von dem okkasionellen ab, das der Verfasser und sein ursprüngliches Publikum darstellen. Denn er ist immer auch durch die geschichtliche Situation des Interpreten mitbestimmt und damit durch das Ganze des objektiven Geschichtsganges" (1972, S. 280)

was sie über die bewußte Intention der Autoren hinaus (die schon als „gewöhnliche Mitglieder der Gesellschaft" über ein umfassendes Hintergrundwissen über die Gesellschaft verfügen) über das Substrat, das Wesen der gegenwärtigen Gesellschaft aussagen. Die eigentliche Untersuchung wird (nach den nötigen Vorarbeiten) in zwei große Kapitel „Struktur" und „Strukturierung" gegliedert.

Das erste Kapitel „*Struktur*" befaßt sich mit einer eher statischen Analyse und Beschreibung der gegenwärtigen Struktur der Gesellschaft, wie sie sich vom Studium des Einzelphänomens Kriminalität her eröffnet. Im ersten Abschnitt wird zunächst eine *logische*, d. h. historisch-invariante *Analyse der Zuschreibungsprozesse*, größten- teils basierend auf der ethnomethodologischen Forschung, durchgeführt. Sie legt die „logic-in-use" der Zuschreibungsprozesse offen, die, stichwortartig zusammengefaßt, darin besteht, daß ein Verhalten nur verstanden werden kann, wenn die „letzte Identität", d. h. der moralische Typus der handelnden Person (Garfinkel 1976, S. 31) als bekannt angenommen wird. Gleichzeitig wird immer wieder betont, daß das Schlußfolgern auf den Sinn der Handlung von der Person, da eine „Innenschau" nicht möglich ist, auch nicht auf einem positiven Wissen, sondern ebenfalls nur auf Zuschreibungen beruht.[11] Diese prinzipielle Analyse der Entscheidungsprozesse ist deshalb von Bedeutung, weil sie auf einer schwer zu widerlegenden Ebene nachweist, daß im Strafrecht *immer* und nicht nur bei Delikten mit Gesinnungsmerkmalen, nach der angeblichen Intention des Handelnden und nicht nach der Handlung entschieden wird. Dies weist jedes Strafrecht als ein Gesinnungsstrafrecht aus. Gleichzeitig geht aus der Verkettung der Schlußfolgerungen hervor, daß das „Verstehen" einer Situation stets[12] ihre Einordnung

---

[11] Bei dieser Ableitung wird zunächst die Bedeutungsgleichheit der Begriffe, Motiv, Intention, Disposition, Einstellung, Gesinnung und Moral festgestellt und sodann die Theorien von Weber (1964), Mills (1970), Schutz 1967), Blum und McHugh (1969), Garfinkel (1976) und Ball (1970) interpretiert. ,,Accounts" von Scott und Lyman (1970) sowie die „korrektiven Maßnahmen" von Goffman (1974) erweisen sich ebenfalls als zugeschriebene Intentionen, weil ihre Glaubwürdigkeit (bzw. „idiosyncrasy credit" von Hollander 1958) seitens Dritter beurteilt wird. Bezeichnend ist, daß die angeblich individuelle Bewertung nichts anderes als eine „richtige" Anwendung der schon bestehenden invarianten Verbindungen von Schicht und Moral („arm, aber tugendhaft") darstellt.

[12] In Wahrheit habe ich, ausgehend von der Theorie McHughs (1969), zunächst umfassend die „situationellenAspekte" der Definition erläutert. Es zeigte sich, daß dieser Begriff in der interaktionistischen Literatur in mindestens vier verschiedenen Bedeutungen gebraucht wird: Situation als „Kondition, bzw. Ausstattung" (McHugh 1969); Situation als „Sinn" (wie fälschlicherweise das sog. Thomas-Theorem überinterpretiert wird – vgl. Thomas/Thomas 1970; anders: McHugh 1968); Situation als sozio-geographisch bestimmte „Orte" (z. B. „skid-row" bei Bittner 1967); Situation als abstrakte soziale Eigenschaft von Räumen (wie z. B. „privat" und „öffentlich" bei Goffman 1974);

in immer umfassendere Strukturen erfordert. Es klingt fast unglaublich, daß dabei die Zuweisung der „kriminellen Intention“ einem Handeln anhand des Aussehens der betreffenden Person entschieden wird.[13] Diese erste Orientierung der Mitarbeiter der Organe sozialer Kontrolle ist jedoch folgerichtig, weil das Aussehen einer Person ziemlich genau auf ihre Position in der Gesellschaft schließen läßt, und dies ist die eigentliche Identität, die über die Zuschreibung von Intentionen entscheidet.[14]

Das Aussehen als äußeres Merkmal leitet im zweiten Abschnitt zu der inhaltlichen Analyse der Merkmale, aufgrund welcher Kriminalität zugeschrieben wird, über. Im Gegensatz zu der formalen „logic-in-use“ wird hierbei die „knowledge-in-use“ rekonstruiert. Es ist deshalb rekonstruktionsbedürftig, weil Kriminalität nicht nach dem „ersten“ d. h. strafrechtlichen Code, sondern nach dem „zweiten“, nicht-geschriebenen (MacNaughton-Smith 1968) entschieden wird. Dieses Hintergrundwissen ist, wie schon gesagt, ein geordnetes Wissen, und das schicht-homogene Ergebnis der Kriminalisierung bestätigt dies. Man kann das subjektiv wirksame Hintergrundwissen kontra-intuitiv folgendermaßen anordnen: Die Eigenschaft „kriminell“ wird in einer konkreten Situation aufgrund des tatsächlichen *Aussehens* einer Person zugeschrieben. Dieses Aussehen ist jedoch keine zufällige Erscheinung, sondern ein gesellschaftlich weitgehend sanktioniertes kulturelles Merkmal, das auf die unterschiedliche Benutzung von Statussymbolen verweist. Statussymbole, selbst noch *kulturelle Merkmale*, verweisen auf die unterschiedliche Verteilung von Ressourcen, die ihrerseits ein Schichtsmerkmal sind. Die *Schichtsstruktur*, sowohl als etwas anhand von Lebensstilen subjektiv so wahrgenommenes als auch als eine objektiv festzustellende Abstufung von Gütern, verweist darauf, daß vor allem die männlichen Mitglieder der jeweiligen Schichten unterschiedliche Stellungen im *Produktionsprozeß* einnehmen.

An diesem Punkte können nun sowohl die subjektivistischen Interaktions-, wie strukturellen Analysen in kohärenter Weise in eine marxistische überführt werden: In der Schichtsstruktur manifestiert sich, was in der Organisation des Produktionsprozesses begründet ist, nämlich_ die Teilung der Arbeit in sog. körperliche und

---

Situation als „Territorium“ (bei Lyman/Scott1970). Alle diese Aspekte sind für den Etikettierungsprozeß in einer anderen Weise relevant.

13 Die Bedeutung des Aussehens von Personen für die vor-situationelle Erfassung von Situationen sowie allgemeiner für die Identität einer Person s. Stone (1970). Bezogen auf die Zuweisung des kriminellen labels prinzipiell Lofland (1969), im Zusammenhang mit der Polizei vgl. Sacks (1972).

14 Vgl. Steinert 1973; Baratta/Smaus 1975.

geistige Tätigkeit und als Korrelat dazu in sog. ausführende und leitende Funktionen, sowie die unterschiedliche Belohnung. An der obersten Stufe der leitenden Funktionen wird dann der Unterschied virulent, der die Eigentümer an Produktionsmitteln als diejenigen ausweist, die die leitenden Funktionen an Nicht-Eigentümer bloß delegieren, selbst aber die eigentliche Verfügungsgewalt über das Kapital weitgehend behalten. Mit dieser Verfügungsgewalt ist ihr weitgehender Einfluß auf das Wohlergehen einer Gesellschaft verbunden (vgl. Giddens, 1979). Dieser Zusammenhang wird als *Klassengesellschaft* bezeichnet. Es wäre jedoch eine grobe Vereinfachung, die Eigentümer an Produktionsmitteln als die Klasse im Besitze der Macht schlechthin, d. h. als die „herrschende Klasse", zu begreifen. Schließlich wird das label Kriminalität, obschon in ihrem Sinne, so doch nicht von ihr, sondern von staatlichen Organen vergeben. Man muß also außer der Klassenanalyse die Zusammenhänge von ökonomischen Ressourcen und staatlicher Macht erhellen, um schließlich den Komplex „Staat", „Klassengesellschaft" und „Kriminalisierung" umfassend erklären zu können.

Sowohl primäre, vor allem aber sekundäre Kriminalisierungsprozesse laufen in einer Weise ab, *als ob* alle Beteiligten sicherstellen wollten, daß Kriminalität tatsächlich als das *negative Gut* für Angehörige der unteren Schicht begriffen wird, als welches es die kritische Kriminologie bezeichnet hat (Sack 1968, S. 469). Und jedermann hat auch begriffen, daß die de facto Kriminalität, d. h. die Kriminalität der Unterschicht, etwa mit der abstraktesten Ordnung dieser Gesellschaft, nämlich mit der auf Privateigentum basierenden Produktionsweise, zu tun hat. Der „Sinn" der Kriminalisierung besteht in der Verdeutlichung derjenigen Normalität, die besagt, daß die von der Schule (re)produzierten ungebildeten Armen gewillt sein müssen, auch die unvorteilhaftesten Positionen auf dem Arbeitsmarkt anzunehmen. Mit anderen Worten, Kriminalisierung ist die Zwangsmethode der Erziehung zur Arbeitsmoral innerhalb der untersten Schicht. Im strukturellen Kontext erweist sich Kriminalisierung als Bestandteil derjenigen symbolischen (nach Poulantzas: ideologischen) Struktur der Gesellschaft, die die Reproduktion des „Fußes" der gesellschaftlichen Pyramide teils sicherstellt, vor allem aber rechtfertigt.[15]

Zu der Methode der Darstellung kann gesagt werden, daß in diesem Abschnitt nicht nur vom externen Standpunkt das bei der Zuweisung von Kriminalität wirksame Hintergrundwissen aufgeschlüsselt, sondern gleichzeitig der Nachweis ge-

---

[15] Poulantzas 1976; vgl. Steinert 1976; Baratta 1977; Smaus 1985.

führt wird, daß die Gesellschaftsmitglieder über das hierbei „nicht-bewußt-gewußte-Wissen"[16] in anderen Kontexten durchaus in manifester Weise verfügen. Dies wird z. B. daran deutlich, wie sie die falsche Benutzung der Merk- male, die eine rasche Einordnung von Personen in die Sozialstruktur erlauben, sanktionieren. Den Grund, warum in diesem Falle die „Tiefengrammatik" der Gesellschaft nicht genauso offengelegt wer- den kann wie die Grammatik der Sprache, sehe ich darin, daß – um den Schein der Wirklichkeit wie die Wirklichkeit selbst aufrechtzuerhalten – die Einweisung („Sozialisierung") der neuen Gesellschaftsmitglieder zweigleisig erfolgen muß. Verbal, man möchte sagen rhetorisch, werden die bürgerlichen Postulate der Freiheit, Gleichheit und Brüderlichkeit gelehrt. Gleichzeitig wird aber jedermann mittels der „schwarzen Pädagogik", z. B. gleich am Anfang seiner „Karriere" durch die bloße Existenz des dreigliedrigen Schulsystems, in seinen „richtigen" Platz in der Gesellschaft eingewiesen.

Im zweiten Kapitel über die Strukturierung sollen die Forschungen im Rahmen des gesamten interpretativen Paradigmas hermeneutisch darauf befragt werden, wie innerhalb des Strafrechtssystems die soziale Wirklichkeit, wie sie oben beschrieben wurde, in einzelnen Interaktionen reproduziert wird. Hier soll der Gedanke, daß sich jede Situation als eingebettet in immer umfassendere Strukturen denken läßt, nicht nur abstrakt ausgeführt werden. Vielmehr werden Situationsbeobachtungen anderer Autoren dahingehend über-interpretiert, daß der Zusammenhang mit der Sinn-, Herrschafts- und Moralstruktur der Gesellschaft deutlich wird.

Für eine solche Überinterpretierung eignet sich besonders gut die Untersuchung von A. Cicourel „Social organization of juvenile justice" (1966), die zweifelsohne am konsequentesten den Paradigmawechsel in der Kriminologie dokumentiert. In seinem Buch setzt sich Cicourel beständig, quasi als Fortsetzung zu seinem Buch über die Methodologie (1970), mit dem üblichen Vorgehen der ätiologischen Kriminologie auseinander. Er zeigt zunächst, worin das common-sense Wissen besteht: Die Polizei z. B. filtert aus ihren tagtäglichen Begegnungen als „Kriminalität" diejenigen Handlungen aus, die von Jugendlichen begangen werden, die „typischerweise" Eigenschaften wie „aus zerrütteten Familien", schlechte

[16] Garfinkel spricht von „seen but unnoticed, expected, background features of everyday scenes". „The member of the society uses background expectancies as a scheme of interpretation. With their use actual appearences are for him recognizable and intelligible as the appearances-of-familiar-events. Demonstrably he is responsive to this background, while at the same time he is at a loss to tell us specifically of what the expectancies consist. When we ask about them he has little of nothing to say" (1967, S. 36ff.).

Attitüde gegenüber der Autorität, mangelhafte schulische Leistung, Zugehörigkeit zu ethnischen Minoritäten, Familie mit geringem Einkommen, schlechter Einfluß von peer-groups, schlechte Nachbarschaft usw. aufweisen (1966, S. 121). Den Einfluß dieser Eigenschaften, von denen die meisten, aber nicht alle, Schichtmerkmale sind, dokumentiert Cicourel anhand der ausgewählten Fälle. Bei Cicourel selbst kommt der Ausdruck *vertikale Struktur* nicht vor, es ist jedoch bezeichnend, daß er seine Falldarstellung ausgerechnet an diesem roten Faden angeordnet hat. Mit Ausnahme der Mädchen Audrey und Linda und das ist auch richtig so, denn Frauen besitzen bekanntlich keinen eigenständigen Status. Der impliziten vertikalen Abstufung gemäß dem Kriterium „Einkommen der Familie", das mit den Kriterien Zugehörigkeit zu der ethnischen der Mexiko-Amerikaner, schwarze Bevölkerung, untere und obere weiße Mittelschicht einher- geht, entspricht genau die *Abstufung von Maßnahmen* seitens der Organe. Der Mexiko-Amerikaner war der paradigmatische „Kriminelle", der schwarze Junge wurde lange diszipliniert, bis man ihn schließlich in das Gefängnis eingesperrt hatte, bei dem Jungen aus der unteren weißen Mittelschicht war die Behörde „erfolgreich", weil sich der Junge selbst, wie seine Eltern, der Autorität gebeugt hat. Die Eltern des Jugendlichen aus der oberen Mittelschicht konnten sowohl eine psychiatrische wie kriminelle Definition überhaupt verhindern. Die Mädchen wurden, wie anders, nicht dem Strafrecht sondern das schwarze einer weißen Pflegefamilie, das weiße der kirchlichen Kontrolle anvertraut.

In dieser Abstufung manifestiert sich gleichzeitig die *ungleiche Verteilung der Macht* der verschiedenen Schichten und der in bezug darauf relativen Macht der Behörde. Wirklich „ausgehandelt" wird das label nur in der Mittelschicht, der Unterschicht wird es schlicht zugewiesen, die obere Schicht kann, auf Umwegen freilich, die der Behörde delegierte Definitionsmacht suspendieren. Die in den Interaktionen aktivierte *Moral* kommt in der ständig benutzten Bewertung „schlechte Attitüde" zum Ausdruck. Eine „schlechte Attitüde" hat, wer die durchschnittliche Leistung, die nach Mittelschichtsmaßstäben gesetzt ist, unterbietet. Das dient generell zur Einordnung in die Unterschicht. Zusätzlich jedoch wird noch beurteilt, ob jedermann die ihm zugetrauten Leistungen erreicht – und diese Bewertung bildet das individuelle „esteem". Während aber die Erbringung der Leistung für die Mittelschichtsjugendlichen Aussicht auf zukünftige Belohnung mit sich bringt, sollen die Unterschichtsmitglieder auch dann ihr Bestes erbringen, wenn ihre künftige Belohnung unterdurchschnittlich sein wird. Außer der Verdeutlichung des *Leistungsprinzips* wird auf die „Güte" der Attitüde auch aus den Einstellungen der Jugendlieben gegenüber den Beamten selbst geschlossen – womit wiederum vermittelt durch die „Macht" in Gestalt der Beamten nicht nur die Machtstruktur selbst, sondern auch diejenige Moral aufrechterhalten wird, die die Belohnung seitens des Systems angeblich an der „Leistung" und nicht an der „Herkunft" bemißt.

Diese Moral verweist schließlich darauf, was den *Sinn* der Kriminalisierung, bzw. nach Giddens die *Weltanschauung*, ich würde sagen, die *Grundstruktur* dieser Gesellschaft ausmacht. Bezeichnenderweise wird dieser Sinn, wie er sich im Strafrecht niederschlägt, in den Interaktionen der Beamten mit den Jugendlichen selten offen diskutiert, denn hier muß ja die gewünschte „Haltung" häufig wider die bessere Einsicht der Betroffenen mit Gewalt durchgesetzt werden. Der „Sinn" erschließt sich aber aus den Eintragungen im Register, die meistens Körperverletzungen und Diebstähle (von kleinen Beträgen) betreffen. Unter der Würdigung vieler anderer Beobachtungen von Cicourel, die hier nicht wiedergegeben werden können, zeigt sich „letztendlich", daß das Verbot von körperlichen Auseinandersetzungen auf die „classe dangereuse" zielt, die deshalb „physisch" gefährlich erscheinen muß, weil sie körperliche Arbeit verrichtet und für diese nicht adäquat belohnt wird. Dieses Verbot hat deshalb meines Erachtens etwas mit der Arbeitsteilung in körperliche und geistige Leistungen zu tun, während die Überbetonung der Unverletzlichkeit der winzigen Eigentümer von 10 $ bekanntlich den im Privatrecht verankerten Bestand dieser Gesellschaft, nämlich das private Eigentum an Produktionsmitteln, symbolisch schützt.

Interpretationen dieser Art sind vom vorhandenen Material keine Grenzen gesetzt – ich werde mich deshalb hier, anders als im vorgehenden Kapitel, auf eine exemplarische Darstellung beschränken. Die gewählte Methode kann als der phänomenologische Weg „zurück zu den Dingen" bezeichnet werden. Dabei zeigt sich, daß die „Dinge" immer abstrakter werden – genauso, wie es die marxistische Theorie postuliert. Sie sind jedoch mit den Un-Dingen der realen Erscheinungen an der Oberfläche nicht unverbunden, wie die hier angestrebte marxistisch-interaktionistische Theorie der Kriminalität zu zeigen versuchen wird.

Literatur

Ball, D.W., The Problematics of Respectability, in: Douglas, J. D. (Hrsg.), Deviance and Respectability. The Social Construction of Moral Meanings, New York, London, 1970, S. 326ff.

Baratta, A., Strafvollzugssystem und soziale Marginalisierung. Zur Ideologiekritik des Behandlungsstrafrechts, in: Kultur, Kriminalität, Strafrecht, Festschrift für Thomas Würtenberger zum 70. Geburtstag, Berlin, 1977.

Baratta, A. /Smaus, G., Erklärungszusammenhänge und Hypothesen zum Forschungsprojekt „Soziale Reaktion auf abweichendes Verhalten mit besonderer Berücksichtigung des nicht-institutionellen Bereichs“, Saarbrücken 1975, (vervielfältigt).

Becker, H.S., Outsiders: Studies in the Sociology of Deviance, Glencoe, 1963.

Berger, P. /Luckmann, Th., Die gesellschaftliche Konstruktion der Wirklichkeit. Frankfurt/Main, 1969.

Bierbrauer, G., Schuld und Schuldunfähigkeit. II. Die Zuschreibung von Verantwortlichkeit. Eine attributionstheoretische Analyse, in: Hassemer, W./Lüderssen, K. (Hrsg.), Sozialwissenschaften im Studium des Rechts, Bd. III., Strafrecht, München, 1978, S. 130ft.

Bittner, E., The Police on Skid-Row: A Study of Peace Keeping, in: American Sociological Review, 32, 1967, S. 699ff.

Block, F., Alternative Sociological Perspectives: Implications for Applied Sociology, in: Catalyst, 7, 1973, S. 29ff.

Blum, A. F. /McHugh, P., The Social Ascription of Motives, in: American Sociological Review 36, 1971, S. 98ff.

Chapman, D., Sociology and the Stereotype of the Criminal, London, New York, Sydney, Toronto, Wellington, 1968.

Cicourel, A. V., Methode und Messung in der Soziologie, Frankfurt/ Main, 1970.

Cicourel, A. V., The Social Organization of Juvenile Justice, New York, London, Sydney, 1968.

Douglas, J. D., American Social Order, New York, 1971.

Ericson, R. V., Criminal reactions. The labelling Perspective, Westmead, Farnborough, Hants, Lexington, 1975.

Erikson, K. T., Notes on the Sociology of Deviance, in: Becker, H.S. (Hrsg.), The Other Side, Glencoe, 1964, S. llff.

Ferchoff, W. /Peters, F., Die Produktion abweichenden Verhaltens, Bielefeld, 1981.

Filstead, W. J. (Hrsg.), An Introduction to Deviance. Readings in the Process of Making Deviants, Chicago, 1972.

Gadamer, H. G., Wahrheit und Methode, Tübingen, 1972, 3. Aufl. Garfinkel, H., Studies in Ethnomethodology, Englewood Cliffs, N.J. 1967.

Garfinkel, H., Bedingungen für den Erfolg von Degradierungszeremonien, in: Lüderssen, K. /Sack, F. (Hrsg.). Seminar: Abweichendes Verhalten III, Die gesellschaftliche Reaktion auf Kriminalität 2, Frankfurt/ Main, 1977, S. 3lff.

Garfinkel, H., Das Alltagswissen über soziale und innerhalb sozialer Strukturen, in: Arbeitsgruppe Bielefelder Soziologen (Hrgs.), Alltagswissen, Interaktion und gesellschaftliche Wirklichkeit, Symbolischer Interaktionismus und Ethnomethodologie, Reinbek bei Hamburg, 1973, S. 189ff.

Garfinkel, H. /Sacks, H., On the Formal Structures of Practical Actions, in: McKinney, J. C. /Tiryakian, E. A. (Hrsg.), Theoretical Sociology, New York, 1970, S. 337ff.

Giddens, A., New Rules of Sociological Method: A Positive Critique of Interpretative Sociologies, New York, 1976.

Giddens, A., Die Klassenstruktur fortgeschrittener Gesellschaften, Frankfurt/ Main, 1979.

Goffmann, E., Das Individuum im öffentlichen Austausch. Mikrostudien zur öffentlichen Ordnung, Frankfurt/Main, 1974.

Goode, E., Deviant Behaviour. An Interactionist Approach, Englewood Cliffs, N. J., 1978.

Gouldner, A., The Sociologist as Partisan: Sociology and the Welfare State, in: The American Sociologist, 3, 1968, S. 103ff.

Greenberg, D. (Hrsg.), Crime and Capitalism, Palo Alto, 1981.

Habermas, J., Theorie des kommunikativen Handelns. Zur Kritik der funktionalistischen Vernunft, Frankfurt/Main, 1981.

Hall, J., Criminology, in: Gurvitch, G. /Moore, W. E. (Hrsg.), Twentieth Century Sociology, New York, 1945, S. 342ff.

Hart, H. L. A., Punishment and Responsibility. Essays in the Philosophy of Law, London, 1970.

Hawkins, R. /Tiedeman, G., The Creation of Deviance. Interpersonal and Organizational Determinants. Ohio, 1975.

Hollander, E. P., Conformity, Status and Idiosyncrasy Credit, in: Psychological Review, 1958, Vol. 65, S. 117ff.

Huber, J., Symbolic Interactionism as a Pragmatic Perspective: The Bias of Emergent Theory, in: American Sociological Review, 38, 1973, April, S. 278ff.

Jeffery, C. R., The Legal Profession, in: Davis, F. J. /Foster, H. H. / Jeffery, C. R. /Davis, E. E., Society and the Law. New Meanings of an Old Profession, Glencoe, 1961, S. 313ff.

Kanter, R. M., Symbolic Interactionism and Politics in Systematic Perspective, in: Sociological Inquiry, 1972, no. 3-4, S. 77ff.

Keckeisen, W., Die gesellschaftliche Definition abweichenden Verhaltens. Perspektiven und Grenzen des labeling approach, München, 1974.

Keupp, H., Abweichung und Alltagsroutine. Die Labeling-Perspektive in Theorie und Praxis, Hamburg, 1976.

Kitsuse, J. I. /Cicourel, A. V., A Note on the Uses of Official Statistics, in: Social Problems, 11, 1963, S. 131ff.

Lea, J. /Young, J., What is to be done about Law and Order?, Harmondsworth, 1984.

Lemert, E. M., Human Deviance, Social Problems and Social Control, Englewood Cliffs, N. J., 1967.

Lichtman, R., Symbolic Interactionism and Social Reality: some Marxist Queries, in: Berkeley Journal of Sociology, 1970, Vol. XV, S. 75ff.

Lichtman, R., Social Reality and Consciousness, in: Colfax, J. D. / Roach, J. L. (Hrsg.) Radical Sociology, New York/London,1971, S.149ff.

Lofland, J., Deviance and Identity, Englewood Cliffs, N.J. 1969.

Lyman, S. M. /Scott, M. B., A Sociology of the Absurd, Pacific Palisades, 1970.

McHugh, P., Defining the Situation. The Organization of Meaning in Social Interaction, Indianapolis, New York, 1968.

McHugh, P., A Common-Sense Conception of Deviance, in: Douglas, J. D. (Hrsg.), Deviance and Respectability, The Social Construction of Moral Meanings, New York, 1970, S. 61ff.

MacIver, E. M., Social Causation, Boston, Mass., 1942. MacNaughton-Smith, P., The Second Code. Toward (or Away from) an Empiric Theory of Crime and Delinquency, in: Journal of Research in Crime and Delinquency, 5, 1968, S. 189ff.

Matthes, J. /Schütz, F., Zur Einführung: Alltagswissen, Interaktion und gesellschaftliche Wirklichkeit, in: Arbeitsgruppe Bielefelder Soziologen (Hrsg.), Alltagswissen, Interaktion und gesellschaftliche Wirklichkeit, Reinbek bei Hamburg, 1973.

Matza, D., Delinquency and Drift, New York, London, Sydney, 1964.

Mead, G. H., The Philosophy of the Present, La Salle, III., 1959.

Melossi, D., Befindet sich die „kritische Kriminologie" in einer Krise? Zur gegenwärtigen Lage einer kritischen Kriminologie, in: Kriminologisches Journal, 4, 1984, S. 246ff.

Mills, C. W., Situated Action and Vocabularies of Motives, in: Stone, G. P. /Farberman, H. A. (Hrsg.), Social Psychology through Symbolic Interaction, Toronto, 1970, S. 472ff.

Pearson, G., The Deviant Imagination. Psychiatry, Social Work and Social Change, London and Basingstoke, 1975.

Platt, T., Crime and Punishment in the United States: Immediate and Long-term Reforms from a Marxist Perspective, in: Crime and Social Justice, 1982, S. 38ff.

Poulantzas, N., Die gesellschaftlichen Klassen und ihre erweiterte Reproduktion, in: Jaeggi, U. (Hrsg.) Sozialstruktur und politische Systeme, Köln, 1976, S. 15ff.

Rock, P., Phenomenalism and Essentialism in the Sociology of Deviancy, in: Sociology, Vol. 7, 1973, S. 17ff.

Rubington, E./Weinberg, M.S. (Hrsg.), Deviance. The Interactionist Perspective, New York, London, 1968.

Sack, F., Neue Perspektiven in der Kriminologie, in: Sack, F. /Konig, R. (Hrsg.), Kriminalsoziologie, Frankfurt/Main, 1968, S. 431ff.

Sack, F., Definition von Kriminalität als politisches Handeln: der labeling approach, in: Kriminologisches Journal, 4, 1972, S. 1 ff.

Sack, F., Definition von Kriminalität als politisches Handeln: der labeling approach, in: Arbeitskreis kritischer Kriminologen (Hrsg.), Kritische Kriminologie, München, 1974, S. 18ff.

Sack, F., Probleme der Kriminalsoziologie, in: König, R. (Hrsg.), Handbuch der empirischen Sozialforschung, Bd. 12: Wahlverhalten, Vorurteile, Kriminalität, Stuttgart, 1978, S. 192ff.

Sacks, H., Notes on Police Assessment of Moral Character, in: Sud-Now, D. (Hrsg.), Studies in Social Interaction, New York, 1972, S. 280ff. Schmidthäuser, E., Gesinnungsmerkmale im Strafrecht, Tübingen, 1958.

Schutz, A., Collected Papers, I; The Problem of Social Reality, The Hague, 1967.

Scott, M. B. /Lyman, S. M., Accounts, Deviance and Social Order, in: Douglas, J. D. (Hrsg.), Deviance and Respectability, The Social Construction of Moral Meanings, New York, 1970, S. 89ff.

Shwayder, D. S., The Stratification of Behavior, New York, 1963.

Skolnick, J. H., Morality and Social Dominance, in: Schwartz, R. D./Skolnick, J. H. (Hrsg.), Society and the Legal Order, New York, London, 1970, S. 87ff.

Smaus, G., Das Strafrecht und die Kriminalität in der Alltagssprache der deutschen Bevölkerung, Opladen, 1985.

Steinert, H., Statusmanagement und Kriminalisierung, in: Steinert, H. (Hrsg.), Der Prozeß der Kriminalisierung, München, 1973, S. 9ff.

Steinert, H., Über die Funktionen des Strafrechts, in: Festschrift für Christian Broda, Wien, 1976, S. 335ff.

Steinert, H., Etikettierung im Alltag, in: Heigl-Evers, A. (Hrsg.), Die Psychologie des 20. Jahrhunderts, Bd. VIII, Lewin und die Folgen, 19, S. 388ff.

Stone, G. P., Appearance and the Self, in: Stone, G. P. /Farberman, H. A. (Hrsg.), Social Psychology through Symbolic Interaction, Toronto, 1970, S. 394ff.

Tannenbaum, F., Crime and Community, New York, London, 1938.

Taylor, I., Law and Order. Arguments for Socialism, London, 1981.

Taylor, I./Walton, P. /Young, J., The New Criminology. For a Social Theory of Deviance, London, Boston, 1975.

Thomas, W. I. /Thomas, D. S., Situations Defined as Real Are Real in their Consequences, in: Stone, P. /Farberman, H.A. (Hrsg.), Social Psychology through Symbolic Interaction, Toronto, 1970, S. 154.

Weber, M., Wirtschaft und Gesellschaft, Tübingen 1964.

Werkentin, F. /Hofferbert, M. /Bauermann, M., Kriminologie als Polizeiwissenschaft oder: Wie alt ist die neue Kriminologie?, in: Kritische Justiz, 1972, Bd. 5, S. 221ff.

Wheeler, S., Criminal Statistics: A Reformulation of the Problem. In: Journal of Criminal Law, Criminology and Police Science, 58, 1967, S. 317ff.

Herausforderung: Der feministische Blick auf den Abolitionismus

Gerlinda Smaus (1989)*

Abolitionismus und Feminismus erweisen sich in der Praxis als Bewegungen, die in bezug auf das Strafrecht zeitweise konträre Interessen vertreten. Feministinnen fallen mit ihren Aktivitäten den Abolitionisten, die das Strafrecht abschaffen wollen, sozusagen in den Rücken. Es geht nun darum, die Kontroverse zwischen Abolitionismus und Feminismus aus einer feministischen Position aufzuzeigen. Die Argumentation muß dabei auf das Äußerste vereinfacht werden, denn so, wie es keinen einheitlichen Abolitionismus gibt, gibt es auch keinen einheitlichen Feminismus. Vorangestellt werden kann die Feststellung, daß Abolitionismus und Feminismus in der Praxis kaum Berührungspunkte haben, in der Kriminologie jedoch, wo ihre Beziehung sinnvollerweise diskutiert werden kann, sind die widersprüchlichen Strategien geeignet, eine Krise der kritischen Kriminologie heraufzubeschwören. Als eine Krise empfinde ich, wenn die unterschiedlichen Strategien bezüglich des Strafrechts eine Zugehörigkeit zu beiden „Lagern", sowohl zu dem abolitionistischen wie zu dem feministischen, ausschließen.

Gemeinsam ist beiden Bewegungen, daß sie Befreiungsbewegungen sind, die sich im Sinne von Menschenrechten die Abschaffung von vermeidbaren Ungerechtigkeiten und Repressionen zum Ziele setzen. Dabei mögen sie zum Teil die gleichen Strategien und Formen des Widerstandes für richtig erachten. Das Herausheben der formalen Aspekte der Strategien und der allgemeinen Zielsetzungen kann jedoch nicht die Tatsache verdecken, daß beide Bewegungen zeitweise konträre inhaltliche Interessen verfolgen. Ich versuche, diese ganz grob zu umreißen.

1. Abolitionisten setzen sich zum Ziele, diejenigen Probleme zu vermeiden, die durch die Anwendung des Strafrechts den sogenannten Tätern und ihrer Umgebung entstehen. Nur aufgrund zunehmender Kritik interessieren sie sich auch

---

* Ursprünglich erschienen in: Streit. Feministische Rechtszeitschrift 1989, S. 123-129.

J. Feest und B. Pali (Hrsg.), *Gerlinda Smaus: „Ich bin ich"*, Schriftenreihe des Strafvollzugsarchivs, https://doi.org/10.1007/978-3-658-31723-2_4

für die Ursachen von Konflikten und problematischen Situationen, die zu Handlungen führen, die als Kriminalität bezeichnet werden können. Dies ist jedoch nicht ihr wichtigstes Problem.

Den Feministinnen dagegen geht es um die Verbesserungen der primären Bedingungen, die Frauen besonders anfällig für Gewaltanwendungen seitens des männlichen Geschlechts machen. Das Strafrecht betrachten sie in diesem Zusammenhang als eines der Mittel, mit welchen man ihre Lage öffentlich problematisieren und politisieren kann. Die sekundären Folgen des Strafrechts sind in diesem Kontext nicht ihr primäres Problem.

2. Die Betroffenen sind im Falle der Abolitionisten immer die „anderen", meistens Männer der Unterschicht, für die sie, häufig ohne Auftrag, stell- vertretend Bemühungen um ihre Befreiung unter- nehmen. Ihr berufliches Interesse koinzidiert mit den Zielen der Bewegung. Darin entpuppen sie sich selbst als „moralische Unternehmer", die dafür sorgen, daß andere Menschen tun, was sie für richtig halten, und die nun Feministinnen raten, daß es gut für sie sein wird, wenn sie tun, was Abolitionisten für richtig halten. Die Gegner der Abolitionisten im Konflikt sind „Männer", die Positionen in staatlichen Positionen bekleiden und von daher handelt es sich um einen Intrageschlechtskonflikt.

Die Betroffenen der feministischen Bewegung sind Frauen selber. Selbst wenn man unterstellt, daß die Bewegung einen harten Kern, Kreise mit unterschiedlichen Entfernungen zu diesem Kern und „ausgefranste Ränder" aufweist und nicht alle Frauen umfaßt, so sind doch alle Frauen von Vergewaltigungen in einer ganz anderen Weise betroffen als, Abolitionisten von Gefängnisstrafen. Die Gegner in ihren Auseinandersetzungen sind Männer als Charaktermasken oder allgemeiner, die patriarchalische Ordnung. Es handelt sich daher um einen intergeschlechtlichen Konflikt. Das Konfliktfeld ist deshalb auch viel umfassender – es betrifft alle Bereiche des öffentlichen wie privaten Lebens – als die schmale Zielsetzung des Abolitionismus.

Deshalb muß man auch theoretisch einräumen, daß die Bewegungen voneinander abweichende Ziele haben können. Die Zielsetzungen sind schließlich keine willkürlichen Konstruktionen oder Definitionen, sondern spiegeln die gesellschaftliche Situation wider, in der sich ihre Protagonisten befinden. So sind die meisten uns bekannten Abolitionisten Männer, denen uneingeschränkt die patriarchalischen Vorteile der gegenwärtigen Gesellschaft zukommen. Darüberhinaus genießen sie das hohe gesellschaftliche Ansehen und Belohnungen seitens des Systems, die mit ihren akademischen Positionen verbunden sind. Es ist ehrenhaft, daß sie diese Positionen dafür einsetzen, den Schwächeren ihres Geschlechts zu helfen. Ohne die Lauterkeit ihrer Motivation in Frage zu stellen, kann man annehmen, daß ihre Aktivitäten in bestimmten Kontexten ihr Ansehen nur noch vermehren. Historisch gesehen, befinden sich die meisten Abolitionisten in einer Vorzugslage, die es ihnen ermöglicht, die dysfunktionalen Entwicklungen des modernen Staates und die Kolonialisierung von Lebenswelten zu problematisieren. Sie haben den Zustand der Postmoderne, in der Verteilungsprobleme angeblich keine Rolle mehr spielen, erreicht. Das Patriarchat dagegen bleibt auch für sie ein blinder Fleck, obwohl das Geschlechterverhältnis ein wichtiges hegemoniales Mittel darstellt.

Frauen dagegen haben, um im Bilde zu bleiben, die Modeme noch nicht erreicht. Sie sind noch nicht im Staate und seinen Institutionen und auf dem Arbeitsmarkt gleichermaßen wie Männer repräsentiert. Ihre Welt ist bisher vorwiegend die „Lebenswelt", in der sie sogar zweierlei Kolonialisierungen ausgesetzt sind: zum einen sind sie weitgehend vom System ausgeschlossen und seinen „funktionalen Erfordernissen" unterworfen. Dadurch wird ihr Aktionsradius unheimlich eingeschränkt, sie haben keine Teilhabe an Entscheidungen, die sie, geschweige denn die Menschheit, betreffen. Zum anderen sind sie in der Lebenswelt dem privaten Patriarchat unterworfen. Von daher ist es verständlich, wenn sie aus, der Lebenswelt, die Abolitionisten als das zurückzugewinnende Paradies erscheint, auszubrechen und auch im System Fuß zu fassen versuchen, indem sie ihre bisher privatisierten Probleme zu öffentlichen und politischen deklarieren. Wie sonst könnte der ins Private abgedrängte Reproduktionsbereich gegen den Produktionsbereich revoltieren? Es ist eine strategische Überlegung, den privaten gegen den öffentlichen Patriarchen auszuspielen, indem man immer neue Koalitionen eingeht und wechselweise den Beistand beider erwirbt. Frauen haben die Rechtsgleichheit noch nicht erreicht, sie leben weitgehend noch im rechtslosen Zustand (vgl. Klein-Schonnefeld 1978, S. 248ff.). Ihre Weigerung, in das Recht einzutreten, hätte angesichts der Tatsache, daß sie darin und in den repräsentativen Organen des Staates bisher unsichtbar sind, überhaupt keine Wirkung, nach dem Motto: „Stell dir mal vor, es gibt eine Regierung, und keine Frau geht hin". Frauen gehen doch nicht freiwillig nicht hin, vielmehr werden sie ausgeschlossen. Ich glaube daher, daß Frauen den Zustand, den die männlichen Kollegen als abschaffungswürdig ansehen, erst einmal erreichen müßten. Die neue postmaterialistische Gesellschaft kommt nicht, solange die Hälfte ihrer Mitglieder im Zustand der ständischen Gesellschaft (vgl. Beck, 1986, S. 118; 178ff.) oder im Zustand der Dritten Welt verbleiben. Wenn Abolitionisten verlangen, Frauen sollten Verständnis für ihre Bemühungen haben, dann entspricht das dem alten Rollenklischee von Frauen, die immer ihre eigenen Interessen hintanstellen wenn es um die Interessen von anderen geht. Man könnte ebenso gut fordern, daß Abolitionisten im Sinne der von ihnen bevorzugten kommunikativen Lösungen und der Priorität, die sie der Lebenswelt einräumen, die Interessen von Feministinnen von innen heraus, aus ihrer Sicht zu verstehen versuchen, statt zu entscheiden, wer im Besitze der Wahrheit ist.

Nun müssen wir deutlich zwischen Bemühungen um Gleichheit im Privatrecht und Bemühungen um die Funktionalisierung des Strafrechts unterscheiden, denn, wie schon gesagt, betrifft das eine Gebiet subjektive Rechte von Frauen, das Strafrecht dagegen Sanktionen für Männer (vgl. Smaus, 1984, S. 296ff.). So wie die organisierte Arbeiterschaft den Schutz ihrer Interessen im Recht durchzusetzen versucht hat, können auch Frauen nicht auf dieses Instrument verzichten. Und ebenso wie die einmal erreichten Errungenschaften der Arbeiterschaft im Laufe der Zeit durch mächtige Einflußgruppen wieder zurückgedrängt wurden, so müssen auch Frauen damit rechnen, daß ihre Forderungen niemals vollständig erreicht werden und ständig einem Aushöhlungsprozeß ausgesetzt bleiben (vgl. Chambliss, 1983, S. 105 ff.). Statt aber von vornherein eine defensive Position einzunehmen, muß man sich darauf einstellen, daß die Verbesserung der Lage der Frauen im Recht und in der Gesellschaft einen prozeßhaften Charakter hat; eine Bewegung muß in Bewegung bleiben.

Das gleiche gilt auch für das Strafrecht. Von einer rein funktionalen Position müßte man Frauen abraten, sich von dem patriarchalischen Instrument des Strafrechts irgendeine Verbesserung ihrer Lage zu erwarten. In dieser Hinsicht könnte man alle abolitionistischen Argumente von van Swaaningen wiederholen. Sicherlich haben wir auch Gründe gehabt, anzunehmen, daß Frauen keine echte Kenntnis des Strafrechts besitzen (vgl. Smaus, 1984, S. 296ff.). Auf der anderen Seite ist das Wissen der Abolitionisten ebenso selektiv und lückenhaft. Zum Beispiel sieht Louk Hulsman, ein führender niederländischer Abolitionist, das Strafrecht auch nicht in seiner Totalität, nämlich in seinen manifesten wie latenten Funktionen, sondern in seinen erklärten Zielen. Weil es diese nicht erfüllt, könne das Strafrecht abgeschafft werden. Diese Vorstellung könnte man, angesichts der latenten Funktion des Strafrechts, die kriminelle Population und damit den Boden der gesellschaftlichen Pyramide zu reproduzieren, als ebenso blauäugig bezeichnen – eine solche Auseinandersetzung hätte jedoch wenig Sinn. Statt sich die Versäumnisse gegenseitig aufzurechnen, sollten wir uns vielmehr darüber im klaren werden, daß sich jede Bewegung nur begrenzte Ziele setzen kann, daß jede in selektiver Weise die Kontingenz (vgl. Luhmann, 1986, S. 52 ff.) unterdrückt, und daß schließlich jede Lösung nur eine begrenzte sein kann, d. h., daß sie bestimmte Konflikte unberührt zurückläßt und neue provoziert.

Bezüglich des Strafrechts ist von Bedeutung, daß sich Frauen in Italien und sicherlich auch in anderen Ländern während der Unterschriftsaktion für die Reform des Vergewaltigungsparagraphen durchaus bewußt waren, daß Gesetze und härtere Strafen die Kriminalität nicht beeinflussen und daß vom Strafrecht keine Verbesserung ihrer materiellen Situation erwartet werden kann. Ihre Forderungen betrafen ausdrücklich ihren legalen Status als angeblich formal gleiche Rechtssubjekte, den sie durch das herkömmliche Strafrecht verletzt sahen. Dies drückte sich schon in der Definition des Rechtsgutes aus: nicht die Würde und körperliche Integrität von Frauen, sondern die Moral sollte strafrechtlich geschützt werden. Nicht die Frau galt als Verletzte, sondern das Eigentum des Mannes war verletzt.

Feministinnen verlangten, unterstützt von Tausenden von Frauen, daß Vergewaltigung zu einem Gewaltdelikt umdefiniert werde und daß Frauen als Opfer dieser Delikte, dessen Strafwürdigkeit in Italien (im Gegensatz zur BRD) erhöht werden sollte, ebenso behandelt werden, wie andere Opfer. Es sollte die Praxis beendet werden, in der die Schuld dem Opfer zugewiesen wird und in der die Frau, und nicht der Vergewaltiger moralisch verurteilt wird. Mit der Reform dieses Paragraphen sollte gleichsam eine Schuld des Strafrechts im Hinblick auf die rechtliche Gleichheit von Frauen abgetragen werden, er sollte nicht mehr sexistisch selektiv verfaßt und angewendet werden (vgl. Pitch, 1985, S. 35ff.).

Das scheint mir nun nicht bloß ein Streben nach einer Gleichheit zu sein, die nach van Swaaningen keinen ethischen Gehalt hat, sondern nach Gerechtigkeit. Man sollte nicht übersehen, daß Gleichheit in der Soziologie, die wertfrei verfahren will, häufig als Kürzel für Gerechtigkeit gebraucht wird. Mir scheint vielmehr, daß der nichtspezifische Begriff der Vielfalt im Abolitionismus ein ethisch indifferenter Begriff ist – soll uns wirklich alles und jedes gleich lieb sein? Freiheit dagegen ist für Frauen, um Janis Joplin zu paraphrasieren, gleichbedeutend mit „man hat eh nichts mehr zu verlieren".

Das Gesetz eröffnete für Frauen die Gelegenheit zu extensiven öffentlichen und politischen Diskussionen, die eine Bewußtseinsveränderung bewirkt haben.[1] Die Tatsache der Vergewaltigung symbolisierte plötzlich den eingeschränkten Handlungsspielraum und das Ausmaß an Unterdrückung, die schon von der bloßen Möglichkeit der Gewaltanwendungen ausgeht. Die Diskussion enthüllte auch, daß ein großer Teil der männlichen Herrschaft mit dem primitiven Mittel der physischen Gewalt abgesichert wird, die angeblich schon längst durch den Staat monopolisiert worden ist. Dadurch erfüllte der Vergewaltigungstatbestand für die Bewegung die Funktion einer integrativen Ideologie. Die Durchsetzung der Forderung der Bewegung im Strafrecht bewerteten Frauen durchaus dialektisch: zum einen betrachteten sie es als ein Zeichen einer objektiv mißlichen Lage der Bewegung, daß sie sich dem Strafrecht zuwenden mußte, andererseits doch als die Anerkennung ihrer Ansprüche durch das politische System.

In Italien wohlbemerkt, denn in Deutschland hat die versuchte Reform des Paragraphen 177 StGB ein „klägliches Ende" im Mai 1988 genommen (vgl. Frommel 1989, S. 11ff.). Monika Frommel bezeichnet die geschlossene Front von konservativen Parteien und „Männern", in Anspielung an Scheerer (1986) durchaus berechtigt, als atypische Abolitionisten. Es ist interessant festzustellen, daß die möglichen Koalitionen mit Konservativen kein Gütekriterium für Teile der kritischen Kriminologie sein können, denn man kann in der Tat mit Frommel (1989, S. 11) die Ablehnung der Reform des Vergewaltigungsparagraphen als die Kehrseite der Überkriminalisierung bezeichnen. Sowohl die selektive Nutzung wie die Nicht-Nutzung des Strafrechts stabilisierten lt. Frommel gesellschaftliche Machtverhältnisse und entsprächen ausgeklügelten informalen Normen der Ungleichbehandlung. James Messerschmitt würde dazu sinngemäß sagen, die selektive Kriminalisierung der männlichen Unterschichtsmitglieder sichert die Herrschaft des nicht-öffentlichen Patriarchats der Oberschichtmänner, die Nichtkriminalisierung von Gewaltdelikten gegenüber Frauen sichert die Herrschaft der privaten Patriar-

---

1 taz vom 23.11.1989 zitiert im Aufsatz „Was eigentlich ist Sexismus" Alice Schwarzer: „Ich habe nie ein Hehl daraus gemacht, daß mich vor allem die Gesamtkampagne interessiert, und das Gesetz nur eine zugespitzte provokative Konkretisierung des Gedankens ist". Die Anti- Porno-Kampagne habe bewirkt, daß bundesweit genauer darüber nachgedacht würde. Die Kampagne war kommunikationsfördernd; das Anti-Porno-Gesetz wurde in allen Fraktionen des Bundestags diskutiert (vgl. Emma, 3, März 1988).

chen, wobei ihre Schichtzugehörigkeit hier offenbleibt (1988, S. 83ff.).Typische wie nichttypische Abolitionisten sind sich darin einig, daß das Strafrecht eh' nichts bewirkt – wissen das nicht auch die Frauen selber?

Und doch zeigt der Widerstand gegen die Veränderung, daß es hier etwas zu verteidigen gibt. Wie Untersuchungen um die Veränderungen der sexistischen Sprache der Gesetze zeigen, geht es eben nicht nur um Worte, sondern um die bezeichnete Wirklichkeit. Im Widerstand gegen das Wort „Professorin" organisiert sich der Widerstand gegen Professorinnen (vgl. Stein, 1986, S. 197ff.). Im Widerstand gegen die Reform des Paragraphen 177 StGB verteidigen Männer ihre Privilegien und ihre Definition des Geschlechtlichen. Selbst wenn man die Welt auf den Gerichtssaal einengen würde, in dem Rechtsanwältinnen ihren Mandantinnen, Opfern von Gewaltdelikten, in den Auseinandersetzungen gegen die sexistische Sicht der Staatsanwälte und der Richter beistehen, wäre eine Reform, die ihre legalen Ausdrucksmittel verbessert, schon gerechtfertigt.[2]

Bezeichnenderweise werden solche „eigentlichen Funktionen" und Effekte von Kriminalisierungskampagnen überhaupt nicht thematisiert. Die Diskussion fällt hinter den erreichten Zustand der Soziologie sozialer Bewegungen, geschweige denn hinter die dialektische Sichtweise zurück. Aus der ersteren dürfte bekannt sein, daß die manifesten Ziele von Bewegungen vor allem integrative Wirkungen nach innen entfalten sollen und daß die positiven Ergebnisse nicht mit den deklarierten Zielen zusammenfallen müssen. Sowohl die Vergewaltigungsdiskussion wie die PorNO-Debatte haben einen vereinheitlichenden und auf der Seite des Publikums auch einen bewußtseinsverändernden Effekt gehabt.[3] Zudem enthüllen die erfolglosen Bewegungen wiederum den sexistischen Charakter des Rechts und tragen dazu bei, das Bewußtsein der Bewegung wachzuhalten.

2 Ulrike Teubner zitiert in ihrem Aufsatz die damalige Berliner Rechtsanwältin I. Lohstöter. Die Rechtsprechung ändert sich nur dann, „wenn immer mehr Vergewaltigungsprozesse geführt werden, Staatsanwaltschaft und Gerichte kritisiert werden und unsere Inhalte und unser Selbstverständnis als Frauen auch der Männerjustiz gegenüber vertreten wird" (in Teubner, 1988, S. 88). Frommel meint, daß der Perspektivenwechsel der Verteidigung vom Verhalten des Opfers auf die Selbstwahrnehmung des Täters als ein nicht-punitiver Erfolg der Frauenbewegung zu bewerten wäre (1989, S. 12).

3 Selbst Brandts und Kok, die sich streng an das Strafrecht als ein *ultimum remedium* halten wollen, fragen sich, ob die Gesellschaft über ausreichende Mittel verfügt, dem Problem der Vergewaltigungen und der Pornographie beizukommen. Sie übersehen nicht, daß die Implementation des Gesetzes das ideologische Ziel von Frauen bestärken kann (1986, S. 282).

Bei einer dialektischen Sichtweise kann man, glaube ich, auf die Versuche von Frauen anwenden, was Steinert generell zum Widerstand aussagt: „Dieser Widerstand ist gewöhnlich doppeldeutig: Er erfolgt im Rahmen nicht selbstgewählter Umstände mit den Mitteln, die in diesem Rahmen zur Hand sind, gegen Teile und Aspekte dieser nicht-selbstgewählten Umstände. Insofern ist er immer zugleich auch angepaßt“ (1981, S. 57). Frauen müssen sich, wie andere gesellschaftliche Aggregate auch, mit ihren Forderungen an den Staat wenden, weil seine Institutionen auch entscheiden, wie Gerechtigkeit verteilt wird; weil den Staaten bei ihrer Begründung die Austragung und Beilegung von sozialen Konflikten übertragen worden ist.[4]

Es ist nicht überflüssig daran zu erinnern, daß es Frauen selbst waren, die von der Straße her eine Liberalisierung des Paragraphen 218 erzwungen haben. Sie sahen sich schon damals auf sich selbst gestellt, die kritische Kriminologie lag im Jahre 1971 erst in ihren Anfängen.

Es scheint, daß bestimmte moralische Themen nur dann publik gemacht werden, wenn sie sich eines strafrechtlichen Rahmens bedienen. Diese Tatsache mag man kritisieren, sie hat aber den Vorzug, daß moralische Themen entmoralisiert werden und ihr instrumentaler Charakter, hier die Hegemonie des männlichen Geschlechts, deutlich wird. Mit Recht herrscht die Auffassung, das Strafrecht solle sich nicht mit Moral befassen. Die Vorstellung, Frauen würden sich selbst für die Durchsetzung einer neuen gewaltlosen Geschlechtsmoral engagieren wie einst der Temperance movement, ist antiquitiert und würde sie sehr schnell der Lächerlichkeit preisgeben. Frauen, die die symbolische Funktion des Strafrechts anrufen, werden zwar kritisiert, aber ernst genommen. Ein Verzicht auf das Auslösen einer Auseinandersetzung im Strafrecht wäre für Frauen ein einseitiger Akt ohne Gegenleistung. Frauen mögen auch eine andere Prognose über die Tätigkeit der Institutionen haben, und solange das Strafrecht besteht, sehen sie keinen Grund, warum sie nicht versuchen sollten, auch dieses patriarchalische Instrument anzugrei-

---

[4] Eine Reihe von feministischen Autorinnen (z. B. MacKinnon) erklären die Ineffektivität des Rechts in Bezug auf Frauen damit, daß das Recht einer männlichen Logik (oder Psyche) entspricht. Dem hält Carol Smart entgegen, daß das Recht vor allem den sozialen und ökonomischen Strukturen entspricht. Statt von einem omnipotenten männlichen Staat auszugehen, empfiehlt sie die Annahme der Theorie einer ungleichzeitigen Entwicklung, die ständig politische Aktivität von Frauen fordert. „The goal of engaging with laws as part of the process of transforming the conditions under which women live, is a strategy which integrates the theory and pratice of feminism“ (1986, S. 122). Die Theorien des Rechts und des Staates enthüllten ihre zentrale Rolle bei der Reproduktion der Unterdrückung von Frauen (a. a. O., S. 110).

fen. Ich denke, daß man die Vergewaltigungsdebatte viel mehr als einen Angriff auf das Strafrecht, denn als eine Kooperation mit ihm interpretieren kann, denn, wie schon gesagt, der Widerstand gegen die Reform war enorm.

Es wäre für die Bewegung lediglich fatal, wenn sie sich nur auf die Gesetzgebung konzentrieren würde. Aber auch dies ist keineswegs der Fall. Vielmehr stellten diese Initiativen nur einen politischen und öffentlichen Gipfel von verschiedenen Aktivitäten dar. Vorausgegangen sind Gründungen von Frauenhäusern und Selbsthilfeorganisationen für geschlagene und vergewaltigte Frauen u. s. w., die der abolitionistischen Kritik aus dem Blick geraten. Dabei wird der feministischen Bewegung bescheinigt, daß sie von allen alternativen Infrastrukturen die Grundsätze der autonomen, dezentralen Organisation am konsequentesten durchgesetzt hat (vgl. Brand/Büsser/Rucht, 1978, S. 142fff.) – und dies steht in krassem Widerspruch zu der Tatsache, daß Abolitionisten selbst von einer gut dotierten institutionellen Basis operieren und ihr Wirkungsfeld nicht die Lebenswelt, sondern wissenschaftliche Konferenzen sind.

Abolitionismus hat sich bisher wenig oder gar nicht mit feministischen Problemen befaßt. Das Versäumnis wird der kritischen Kriminologie angelastet – sie habe den geschlechtsspezifischen Aspekt vernachlässigt. Die Thematisierung des Geschlechts führt jedoch in der Regel sehr schnell zu der Erkenntnis, daß Frauen bei der Kriminalität in den meisten Fällen nicht als Täterinnen, sondern als Leidtragende in Frage kommen.[5] Das hat m. E. auch seine Richtigkeit, denn das Strafrecht ist nun mal ein Instrument, das vor allem männliche Abweichungen zu kontrollieren versucht.

Das zu Tage geförderte Ausmaß der Gewaltanwendung gegen Frauen und Mädchen, das wegen der sexistischen Anwendung des Strafrechts bisher nicht in den Kriminalstatistiken erschienen ist, stellt indessen für Abolitionisten eine problematische Tatsache dar. Denn das Interesse muß sich dann von den Kontrollaspekten auf die realen Handlungen und zugleich auf die ungleichen Macht- und Gewaltverhältnisse in der Lebenswelt verlagern. Ihre These, die Lebenswelt löse zu 99 % ihre strafrechtlich relevanten Konflikte selber, könnte dann auch heißen, daß diese, soweit sie Frauen betreffen, nicht ausgetragen, sondern ertragen wer-

---

5 Dies ist z. B. auch Jeanne Gregory (1983) unterlaufen. Ein vielversprechender Ansatz zur Erklärung der geringen Kriminalitätsbelastung von Frauen und Mädchen liegt in der Erkenntnis, daß Agenten sozialer Kontrolle ihr „abweichendes" Verhalten nicht mit strafrechtlichen sondern psychologischen und psychiatrischen Definitionen belegen. Vgl. Gelsthorpe, 1986; Lees, 1986.

den. Man kann sich mit Steinert fragen, warum diesbezüglich noch keine „Akzeptanzforschung" durchgeführt wurde (vgl. 1981, S. 57). Leider geht auch Swaaningen nicht auf Frauen und Kinder ein, sondern allgemein auf „Leute".

Abolitionistische Forschungen, die eben diesen geschlechtspezifischen Aspekt untersuchen, sind angeblich in den Niederlanden bekannt. Daß sich Abolitionisten überhaupt mit Frauen befassen, verdanken wir der Tatsache, daß Feministinnen scheinbar konträre strafrechtliche Initiativen entfalten – und dies sollte beiden Seiten zu denken geben. Niemand hat Abolitionisten daran gehindert, der Situation von Frauen in Gefängnissen oder in psychiatrischen Anstalten besondere Aufmerksamkeit zu widmen – dies haben allemal Frauen geleistet. Schlimmer als dieses Versäumnis erscheint mit, daß die Dekriminalisierungsbemühungen bei Sexualdelikten, deren Opfer wiederum vorwiegend Frauen und Kinder sind, ansetzen. Ich fürchte, daß die Logik darin bestehen könnte, daß hier der geringste Widerstand bei den männlichen Hütern des Strafrechts erwartet wird. Das Streichen dieser Tatbestände mit dem Hinweis, daß sie nichts bewirken, erscheint mir selbst noch auf der symbolischen Ebene zynisch.

Die abolitionistische Bewegung hat meines Erachtens noch wenig dafür getan, die Sympathie der Frauenbewegung zu gewinnen. Wenn sie ihre Hand zur Mitarbeit im allgemeinen Rahmen der Befreiungsbewegungen ausstrecken, dürfen Frauen fragen, was die Gegenleistung sein wird?

Die Aufgabe, einmal den feministischen Standpunkt einzunehmen, hat mich in einen tiefen Zwiespalt geworfen. Ich bin, ähnlich wie Marlies Dürkop anläßlich der Besprechung des Buches von Schur „Labelling Women Deviant" (1986, S. 273 ff.) wütend geworden.

Warum? Abolitionisten haben es in gewisser Hinsicht leicht, denn ihre Ziele sind über jeden Zweifel erhaben. Darin gleicht Abolitionismus allen fundamentalistischen Bewegungen, die ihr Ziel, ohne Rücksicht auf seine praktische Realisierbarkeit, absolut setzen. Mir scheint, daß sie in der Eindeutigkeit der Antworten auf alle Probleme die Eindeutigkeit der systemischen Reaktionen, als das Portia-Modell reproduzieren.

Für Frauen dagegen kommt eine fundamentale Position nicht in Frage. Wenn sie „real" etwas erreichen wollen, müssen sie es mit allen legalen Mitteln versuchen und die Strategien ständig anpassen. Aporien lösen sich nur im Prozeß auf, und dies ist in der Strategie des Unfertigen, die van Swaaningen als das gemeinsame Merkmal beider Bewegungen herausstellt, impliziert. Frauen können sich einmal in das Strafrecht herein- und dann wieder herausdefinieren, denn einen Zwang zu einer Folgerichtigkeit wie in der Wissenschaft gibt es in der Praxis nicht.[6]

Im übrigen enthüllt die Diskussion des Sexus und des Sexismus, in der wir uns sowohl der theoretischen Einsicht bedienen, daß Kriminalität zuallererst ein Produkt der Tätigkeit der Strafverfolgungsorgane ist, wie auch der Vorstellung, daß Kriminalität real existiert, daß heißt auch ohne Zutun von Polizei, Staatsanwaltschaften oder Gerichten, viele ungelöste Fragen der kritischen Kriminologie. Sollen wir nun die Bewegung um den Vergewaltigungsparagraphen als Law and Order-Campaign, also als Aus- druck eines unechten oder doch als Ausdruck eines echten Bedürfnisses betrachten?[7] Dürfen wir im gleichen Atemzug von den Mythen des Strafrechts und von dem feministischen Vergewaltigungsmythos sprechen? Wenn das Strafrecht nicht die Lösung des primären Problems darstellen soll, welchen Status haben dann die „Ursachen" von Vergewaltigungen? Nach Tarnar Pitch konnten diese Fragen bis dato, so lange es um die Kriminalisierung der Unterschichtsmitglieder ging, als wissenschaftlich unproblematisch diskutiert werden.

Erst der feministische Diskurs enthüllt, daß die Fragen nach

1. der Natur sozialer Probleme, ihr ontologischer und wissenschaftstheoretischer Status und ihre Ursachen,
2. der sozialen Begründung des Rechts und seiner Definitionen,
3. der Legitimation von Transformationsstrategien und ihrem Zusammenhang mit der Analyse von Ursachen schon immer politischer Natur waren (1985, s. 46).

---

6 Wie Hagemann-White aus ihrer Kenntnis der Behandlung der Gewalt gegen Frauen vor Gericht berichtet, können sich Frauen auch flexibel aus einem schon begonnenen Prozeß „herausdefinieren". Wenn ihnen die Kosten der Weiterverfolgung zu hoch erscheinen, können sie ihre Anklage zurückziehen. Dies werde jedoch seitens der Justiz als Wankelmütigkeit interpretiert (1988, S. 100 f.).

7 Die dominante Ideologie besage, Vergewaltigung liege nur dann vor, wenn es sich bei dem Opfer um eine gut beleumdete Frau, die in Obhut eines Mannes lebt (oder noch Jungfrau ist) und sich weiblich verhält, handelt. Eine Frau dagegen, die es vorzieht, alleine zu leben, die einen zweifelhaften Beruf hat und selbst sexuelle Initiativen ergreift, könne nicht vergewaltigt werden. Feministinnen hätten eine Kontraideologie entwickelt; worin der Ideologiecharakter der feministischen Theorie besteht, muß man bei Brandts, C. „Definiering van slachtoffeschap: een kritische verkenning van de grenzen der victimologie", in: Tijdskrift voor Criminologie, 1982, S. 5f. – vgl. de Jongste 1988, S. 19f.

Deshalb kann die Kontroverse zwischen Abolitionismus und Feminismus nicht nach wissenschaftlichen, sondern nur nach politischen Gesichtspunkten entschieden werden; wenn frau sich zum Feminismus bekennt, muß sie vom Abolitionismus Abstriche machen.

Literatur

Beck, Ulrich: Risikogesellschaft. Auf dem Wege in eine andere Moderne. Frankfurt/M. 1986

Bennholdt-Thomsen, Veronika: Zur Bestimmung der geschlechtlichen Arbeitsteilung im Kapitalismus, in: v. Werlhof, Claudia/Mies, Maria/Bennholdt-Thomsen, Veronika (Hrsg.), Frauen, die letzte Kolonie, Reinbek bei Hamburg 1983, S. 194-212.

Brand, Klaus Werner/ Büsser, Detlef/ Rucht, Dieter: Aufbruch in eine andere Gesellschaft, Frankfurt/M./New York 1983.

Brandt, Christine/ Kok, Erna: Penal Sanctions as a Feminist Strategy: a Contradiction in Terms? Pornography and Criminal Law in the Netherlands, in: International journal of the sociology of law, 1986, vol. 14, S. 269-286. /Streit, Heft 3, 1986, S. 76-85.

Chambliss, William.: Über die Entstehung von Gesetzen, in: Janssen, H. /Kaulitzky, R. /Michalowski, R. (Hrsg.), Radikale Kriminologie, Bielefeld 1988, S. 105-127.

Dürkop, Marlies: Feminismus und Labelling-Approach, Ansätze gegen die Diskriminierung von Menschen, in: Kriminologisches Journal 1986, Heft 4, S. 273-289.

Frommel, Monika: Sexuelle Gewaltdelikte, Das klägliche Ende einer Reform, in: Kriminalpolitik, Heft 1, 1989, S.11f.

Gelsthorpe, Loraine: Towards a Sceptical Look at Sexism, in: international journal of the sociology of law, 1986, 14, S. 125-152.

Gregory, Jeanne: Sex, Class and Crim. Towards a Non-sexist Criminology. Occasional Paper No. 10, Middlesex Polytechnic, London July 1983.

Hagemann-White, Carol: Gleiches Recht auf körperliche Unversehrtheit? Zum Problem adäquater Hilfe für mißhandelte Frauen, in: Gerhard, Ute/ Limbach, Jutta (Hrsg.), Rechtsalltag von Frauen, Frankfurt/M. 1988, S. 91-102.

De Longste, Willemien: Feminism, Abolitionism and Power, Thesis for the Common Study Programme on Criminal Justicc and Critical Criminology, Erasmus Universiteit Rotterdam 1988.

Klein-Schonnefeld, Sabine: Frauen und Recht. Zur Konstitution des Rechtsbewußtseins von Frauen, in: Kriminologisches Journal 1986, 10, S. 248ff.

Lees, Sue: Sitte, Anstand und die soziale Kontrolle von Mädchen: Eine englische Studie in: Kriminologisches Journal 1986, 4, S. 258-272.

Luhmann, Niklas: Ökologische Kommunikation. Kann die moderne Gesellschaft sich auf ökologische Gefährdungen einstellen? Opladen 1986.

Messerschmidt, James: Überlegungen zu einer sozialistisch-feministischen Kriminologie, in: Janssen, H./ Kaulitzky, R. /Michalowski, R. (Hrsg.), Radikale Kriminologie, Bielefeld 1988, S. 83-101.

Mies, Maria: Subsistenzproduktion, Hausfrauisierung, Kolonisierung, in: Beiträge zur feministischen Theorie und Praxis, 1983, Heft 9/10, S. 115-124.

Pitch, Tamar: Critical Criminology, the Construction of Social Problems and the Question of Rape, in: Inter- national journal of the sociology of law, Vol. 13, 1985, S. 35-46.

Scheerer, Sebastian: Atypische Moralunternehmer, in: Kriminologisches Journal, Beiheft 1, 1986, S. 133-156.

Smart, Carol: Feminism and Law: Some Problems of Analysis and Strategy, in: International journal of the sociology of law, vol. 14, 1986, S. 109-123.

Smaus, Gerlinda: Einstellungen von Frauen zum Strafrecht: „Positives Rechtsbewußtsein?“ in: Zeitschrift für Rechtssoziologie 1984, Heft 2, S. 296-311.

Stang Dahl, Tove: Taking Women as a Starting Point, Building Women's Law, in: International journal of the sociology of law, Vol. 14, 1986, S. 239-247 /Streit, Heft 4, 1986, S. 115-121.

Stein, Otti: Staat ohne Bürgerinnen, Sexismus in der Verwaltung, in: Die andere Stimme, Ringvorlesung des Frauenforums, Saarbrücken SS 1986, S. 97-118.

Steinert, Heinz: Widersprüche, Kapitalstrategien und Widerstand oder: Warum ich den Begriff „soziale Probleme“ nicht mehr hören kann. Versuch eines theoretischen Rahmens für die Analyse der politischen Ökonomie sozialer Bewegungen und „sozialer Probleme“, in: Kriminalsoziologische Bibliographie Heft 32/33, 1981, S. 56-88.

Van Swaaningen, Rene: Feminism and Abolitionism as Critiques of Criminology. Feminismus und Abolitionismus als Kritik der Kriminologie, in: Kriminologisches Journal 1989, S. 162-181.

Teubner, Ulrike: Vergewaltigung als gesellschaftliches Problem. Forderungen zu einer Reform des Sexualstrafrechts, in: Gerhard, Ute/Limbach, Jutta (Hrsg.), Rechtsalltag von Frauen, Frankfurt / M. 1988, S. 79- 90.

Von Werlhof. Claudia: Auf dem Wege zu einer neuen Zwangsarbeit? Frauenarbeit im Agrarsektor Venezuelas, in Beiträge zur feministischen Theorie und Praxis 1983, Heft 9/10, S. 135-156.

Das Strafrecht und die Frauenkriminalität

Gerlinda Smaus (1990)*

Traditionelle Ansätze zur Frauenkriminalität zeichnen sich u. a. dadurch aus, daß sie keine gesellschaftliche Perspektive enthalten. Feministische Beiträge führen in die Analyse den Begriff „Patriarchat" ein, begreifen jedoch nach wie vor die „geringere Kriminalitätsbelastung" von Frauen als eine ontische Qualität. Erst eine Verbindung des strukturellen Gesichtspunkts „Patriarchat" mit dem in der Kriminologie entwickelten Reaktionsansatz ermöglicht die Einsicht, daß die seltenere *Kriminalisierung* von Frauen durch andere Kontrollorgane mehr als aufgewogen wird.

Frauen sind weniger kriminell als Männer. Was ist daran so rätselhaft, daß sich so viele Autoren und in der letzten Zeit auch Autorinnen damit befassen? Meines Erachtens wurde schon alles Wissenswerte über Frauenkriminalität gesagt; es ist jedoch bemerkenswert, daß adäquate Ansätze immer wieder untergehen. Ich fragte mich, woran das liegt, und ich fand, daß es die Fragestellungen sind, die häufig statt eines wissenschaftlichen einen moralischen Charakter haben. Anders als bei anderen Vergleichen zwingt sich hier nämlich dieontische Frage auf, wer die besseren Menschen sind: Männer oder Frauen? Es schien mir der Mühe wert, die für diesen Bereich charakteristischen Reifikationen aufzuspüren, die eigentlich interessante Fragestellung zu finden und daraus einen Theorieansatz abzuleiten, der die feministische Sichtweise mit dem Reaktionsansatz in Einklang bringt.

1 Ätiologische Fragestellungen und Theorien

Der Ausgangspunkt zahlreicher Untersuchungen zur Frauenkriminalität ist überall der gleiche. Der Anteil der Frauen an der Gesamtkriminalität beträgt je nach be-

---

* Ursprünglich erschienen in: Kriminologisches Journal 1990, S. 266-283.

J. Feest und B. Pali (Hrsg.), *Gerlinda Smaus: „Ich bin ich"*, Schriftenreihe des Strafvollzugsarchivs, https://doi.org/10.1007/978-3-658-31723-2_5

nutzter Statistik, Raum und Zeitraum zwischen 19% (Bröckling 1980, S. 7) und 23,8% (Funken 1989, S. 5). Daran knüpft sich die Frage: Wie ist dieser geringe Anteil zu erklären? Und dann die Weichenstellung – liegt es daran, daß sich Frauen per se, auch wenn sie niemand beobachtet, weniger kriminell verhalten – und d. h., daß sie weniger kriminell sind – oder liegt es daran, daß sie von Organen strafrechtlicher Sozialkontrolle weniger kriminalisiert werden? Die häufigste Antwort, die auch in feministischen Analysen zu finden ist, lautet: sowohl als auch. Nur wenige Autoren (wie z. B. Leder 1988, S. 98) vertreten die These über die Gleichverteilung der Kriminalität im Dunkelfeld und die eindeutig mildere Behandlung des weiblichen Geschlechts vor Gericht.

Ich glaube, daß allein die Weichenstellung schon falsch ist, denn das hypothetische „Entweder-Oder" bzw. das „Entweder und Oder" impliziert nicht schlicht das Zusammentreffen zweier Ursachenkomplexe, sondern zweier sich gegenseitig ausschließender Theorien – der sog. Ursachenforschung und des Reaktionsansatzes in der Kriminologie. Bekanntlich erweist sich die Erforschung des Verhaltens, der Motive, der Umwelt etc. von kriminalisierten Personen als unerheblich, weil das entscheidende Moment der Kriminalisierung und für die mögliche Annahme einer abweichenden Identität das Eingreifen der Organe sozialer Kontrolle ist. Zwischen einem bestimmten Sich-Verhalten und einer späteren Kriminalisierung besteht, allein wegen der hohen Anzahl von putative kriminellen Handlungen im Dunkelfeld, kein logisch zwingendes Verhältnis. Das gesellschaftliche Phänomen „Kriminalität", wie es in Statistiken festgehalten wird, kommt durch die Tätigkeit der Organe sozialer Kontrolle zustande, und man muß deshalb ihre Auswahlskriterien untersuchen.

Deshalb stellt der Reaktionsansatz bzw. der labelling approach auch keine bloße Ergänzung ätiologischer Theorien dar; vielmehr kann er – zumal in seinen deutschen Versionen, die nicht nur isolierte Interaktionen, sondern auch strukturelle Momente beachten – einen weit größeren Geltungsbereich als ätiologische Ansätze beanspruchen. In der Tat erweisen sich die ätiologischen Beiträge bestenfalls als Beschreibungen; in den „Sowohl-als auch"-Perspektiven bildet der ätiologische Teil ein überflüssiges Beiwerk. Ich will dies an einigen Beispielen verdeutlichen.

1.1 Frauenkriminalität im Dunkelfeld

Einerseits bilden die Untersuchungen des Dunkelfeldes, z. B. mittels selbstberichteter Devianz, die faktische Grundlage des *labelling approach* (vgl. Sack 1978, S. 248ff.). Alle Aussagen über eine nicht bloß zufällige und als ungerecht empfundene Selektivität der Kriminalisierung wären haltlos, wenn sie nicht auf der Tatsache des ubiquitär verteilten putative kriminellen Verhaltens aufbauten. Diese Tatsache verführt nun die furcht- und tadellosen Ritter gegen Feminismus zu der Überzeugung, Frauen verhalten sich im Dunkelfeld ebenso kriminell wie Männer (vgl. Leder 1988, S. 85ff.). Die These über die Ubiquität des putativ kriminellen Verhaltens, d. h. eines Verhaltens, das bei einer Entdeckung durch die Organe der strafrechtlichen Sozialkontrolle die Chance hätte, kriminalisiert zu werden, besagt jedoch nicht, daß alle Menschen im Dunkelfeld in der gleichen Art und Weise (putativ) gegen das Strafrecht verstoßen. Deshalb müßte auch eine Dunkelfeldforschung nach Tatbeständen und Geschlecht differenzieren und die Daten über die heterogenen Verhaltensdefinitionen im nicht-aggregierten Zustand belassen. Die ätiologische These des differenzierten Zugangs zur Kriminalität wird im *labelling approach* umgedeutet:

Das Strafrecht kriminalisiert gezielt bestimmte Verhaltensweisen von „Inhabern" ganz bestimmter Positionen und Fähigkeiten; die Positionen und daraus fließende Rechte und Pflichten sind dem Strafrecht vorgegeben.

Nun zeigen die meisten Untersuchungen, daß sich Frauen auch im Dunkelfeld seltener putativ kriminell verhalten als Männer,[1] – und dies wäre auch zu erwarten gewesen, wenn man sich vor Augen hielte, daß das Strafrecht vor allem bestimmt, was Männer in bestimmten Positionen nicht dürfen sollen. Frauen sind nur in wenigen Fällen die ausdrücklichen Adressatinnen des Strafrechts, und da man das wissen kann, ist es unverständlich, daß Lederer an der Gleichverteilung der (putativen) Kriminalität im Dunkelfeld festhält.

---

1 Hancock gibt folgende Ergebnisse von selbst-berichteter Delinquenz wieder: bei Clark und Haurek besteht das Verhältnis zwischen männlicher und weiblicher Belastung2,7:1(1966); bei Wise 5:3(1967); bei Hindelang 2,56:1(1974); bei Weiss 2,55:1 (1973). Die Zahlen gleichen sich, ihre Bewertungen gehen weit auseinander: Da sich das Verhältnis bei der registrierten Kriminalität auf 80% der Belastung bei Männern und 20% bei Frauen beläuft, erscheint vielen das Verhältnis im Dunkelfeld viel ausgeglichener (Bröckling 1980, S. 8).

Noch problematischer als die unbegründete Annahme einer kriminellen Gleichbelastung finde ich, daß die Unauffälligkeit von Frauen im Dunkelfeld als eine wesensmäßige Eigenschaft von Frauen – also ätiologisch – interpretiert wird, wo sie sich doch aus dem Kriterium „Strafrecht" ergibt. Wenn die These über die Ubiquität des abweichenden Verhaltens auf alle seine möglichen Definitionen, die unterschiedliche Kontrollinstanzen implizieren, erweitert wird, zeigt sich, daß Frauen ebenso oft „abweichen" wie Männer. Die eigentlich interessanten Fragen sind dann: *Wieso ist das Strafrecht so ausgesprochen selektiv im Hinblick auf das Geschlecht? und: In welcher Beziehung zueinander stehen die verschiedenen Kontrollsysteme?*

1.2 Rolle als Erklärung der geringen Kriminalitätsbelastung

Sowohl die geringe Kriminalitätsbelastung von Frauen, also das Verhalten der konformen Mehrheit, als auch das Verhalten der kriminellen Minderheit, wird häufig durch die Rolle erklärt (vgl. Gipser 1975, Funken 1989).

„Rolle" ist aber eine beschreibende und keine erklärende Kategorie. Daß Geschlechterrollen nicht durch die biologische Ausstattung, sondern kulturell und vor allem „herrschaftlich" variabel geprägt sind, gehört derart zu den Gemeinplätzen in der Soziologie, daß man sich mit dem Begriff nicht mehr auseinandersetzt und direkt „zur Sache" übergeht. Rolle wird dann lediglich als eine Überlieferung („es ist eben so") begriffen. Dies rächt sich darin, daß umfassende Herrschaftsverhältnisse nicht mehr als umfassende erkannt werden, konkret darin, daß „Rolle" und „Kriminalität" als Produkte unterschiedlicher Instanzen verstanden werden. Die normativ vorgegebene weibliche Rolle wird als eine in bezug auf Macht und Herrschaft indifferente kulturelle Leistung begriffen, die Abweichung von ihr als ein von der jeweiligen Frau selbst gewähltes Verhalten. Dabei ist doch mit der Rolle immer schon die potentielle Abweichung mitbestimmt. Man muß die weibliche Kriminalität (als Ergebnis einer gezielten Kriminalisierung) und die weibliche Rolle gleichermaßen als erklärungsbedürftig ansehen. Dies erfordert die Einnahme einer umfassenden Perspektive, die den „Sinn" der Geschlechterrollendiffenzierung (und der Abweichungen) z. B. für die Männerherrschaft erfaßt.

Es ist ohnehin logisch gänzlich verfehlt, wenn aus der Rolle der Frau ihre geringe Kriminalitätsbelastung, ontisch verstanden als Handeln, ursächlich erklärt wird.[2] Die geringe Kriminalitätsbelastung (in der Ausdrucksweise des Reaktionsansatzes: die Wahrscheinlichkeit, daß sie sich in einer Weise verhält, welche bei Entdeckung kriminalisiert werden könnte), ist nämlich ein Rollenattribut unter anderen – die Reihe der der weiblichen Rolle zugeschriebenen Eigenschaften läßt sich einfach um ihre kriminelle Unauffälligkeit ergänzen. Diese hat den gleichen Stellenwert wie die schlechtere Schulausbildung, geringeres Einkommen usw. Der *Lapsus* wird bekanntlich als *petitio principii* bezeichnet. Er besteht darin, daß von einem Ganzen ein Teil abgetrennt und durch den, zur neuen Totalität aufsummierten, Rest zu erklären versucht wird.

Die geringe Kriminalitätsbelastung kann nicht aus dem Rollenverhalten von Frauen, wie z. B. ihrer „typischen Passivität", erklärt werden, sondern aus dem Verhaltensmuster, welches das Strafrecht darstellt. Wäre das Strafrecht ein Kontrollmittel, welches die richtige Erziehung von Kindern oder die richtige Ernährung der Familie durchsetzen wollte, dann wären vielleicht die Gefängnisse mit Frauen überfüllt. Diese scheinbar absurde Idee sollte die Einsicht vermitteln, daß sich Frauen sehr wohl, trotz der ihnen laufend attribuierten Passivität, auch aktiv (putativ) kriminell verhalten könnten, wenn es nur dem Strafrecht beliebte, diesen Bereich der gesellschaftlichen Arbeitsteilung zu überwachen. *Warum überwacht das Strafrecht diesen Bereich in einem so geringen Ausmaß?* und: *Wenn es nicht das Strafrecht ist, welcher Kontrolle ist dann das Verhalten von Frauen unterstellt?* sind die zu stellenden Fragen.

1.3 Biologische Erklärungsansätze

Biologische Ansätze unterscheiden sich von rollentheoretischen Ansätzen dadurch, daß sie bei der Suche nach den Ursachen der – geringeren- Kriminalitätsbelastung die „soziale Natur" der weiblichen Rolle gleichsam außer acht lassen und sie direkt in der „natürlichen" Natur zu finden glauben. Der grundsätzliche

---

2 Dies gilt gleichermaßen für den „weichen" Determinismus in der Art, wie ihn Funken formuliert: „...ein direkter Zusammenhang zwischen einem bestimmten, hier traditionellen Rollenkonzept und – bestimmten (d. h. geschlechtspezifischen) Kriminalitätsformen besteht" (1989, S. 80).

Mangel aller biologischen Ansätze, gleich ob sie sich auf den Körper oder die Seele „der Frau" beziehen, besteht darin, daß sie nicht das an kulturelle, soziale und herrschaftliche Normen angepaßte oder abweichende Verhalten erklären können, weil es keine Übereinstimmung zwischen biologisch „richtigen" und sozial gebilligten Verhaltensweisen gibt. Dies ist seit der grundsätzlichen Kritik durch Montagu (1974, S. 242f.) bekannt. Es hätte sich also erübrigt, diese Ansätze noch zu bemühen. In der Ätiologie der männlichen Kriminalität spielen sie (mit wenigen Ausnahmen) auch keine nennenswerte Rolle,[3] wieso halten sie sich dann so hartnäckig im Bereich der Frauenkriminalität? Die „Nähe" von Frauen zur „Natur" scheint auf der Hand zu liegen: Sie können Kinder gebären. Es besteht jedoch weniger ein zwingendes Verhältnis zwischen der natürlichen Ausstattung und der doch sehr variablen kulturellen Rolle, als zwischen der Ausstattung und den Konstruktionen des common-sense: Die sichtbaren Geschlechtsmerkmale legen es nahe, die gesellschaftliche Arbeitsteilung zwischen den Geschlechtern als eine natürliche zu begreifen. Die Geschlechtsrollen als eine Reifizierung zu durchschauen, erfordert eine Anstrengung; für die Absicherung des *Status quo* der Männerherrschaft ist deshalb diese Alltagswahrheit eine der mächtigsten Stützen. Frauen eignen sich die „männerherrschaftlich" vorgeschriebene weibliche Rolle frei- oder aber widerwillig in verschiedenen Institutionen im sog. Sozialisationsprozeß an (Beloti 1975). Organe sozialer Kontrolle sehen ihre Aufgabe darin, bei Mädchen und Frauen ihre reproduktive Fähigkeit, und d. h. das „richtige" Sexualverhalten, zu kontrollieren. Die reproduktive Funktion ist der Anlaß dafür, alles Verhalten von jungen Frauen als eine Entsprechung oder Abweichung von dieser quasi natürlichen Vorgabe zu bewerten (Eisenbach-Stangl 1979, Lees 1986). Biologische, konkret somatische und psychologische, bzw. Psychiatrische Definitionen werden sogar bei Handlungen angelegt, die mit der natürlichen Reproduktion nichts zu tun haben – z. B. beim Diebstahl (vgl. Hancock 1980, S. 9).

[3] Bezüglich der Männerkriminalität überlebt der biologische Erklärungsansatz als ein Bestandteil von neu aufgelegten „Mehrfaktorenansätzen". Für Wilsons und Hermsteins „Theorie" ist z. B. bezeichnend, daß sie – im Vergleich zum Strafrecht – von einer sehr engen Kriminalitätsdefinition (=aggressive, violent, larcenous behaviour) ausgehen und die dafür notwendige körperliche Ausstattung zirkulär mit dem Verhalten verknüpfen (1985, S. 22). Die konstitutionellen Faktoren seien deshalb ausschlaggebend, weil Kriminalität vor allem Männer und von diesen die jüngeren begehen. Ein Kommentar ist überflüssig; aber selbst bei diesen Autoren findet sich Platz für die größere konstitutionelle Anfälligkeit von „kriminellen" Frauen für psychische Krankheiten (a. a. O., S. 127).

Die biologische Erklärung der geringen Kriminalitätsbelastung und die biologische Definition der Devianz ist deshalb ebenso ein Bestandteil der Rolle wie die bei Männern gebrauchte kriminelle Definition. Die im feministischen Schrifttum vertretene These, daß die geringere Kriminalitätsbelastung dadurch „ausgeglichen" wird, daß Frauen häufiger psychische oder physische Abweichungen begehen (Smart 1976; Stang Dahl/ Snare 1978) bzw. sich der Prostitution hingeben (Dürkop/Hartmann 1975), ist m. E. eine gute Beobachtung, jedoch keine akzeptable Erklärung, weil keine dieser Abweichungen einen ontischen Charakter hat. Die *Labels* sind allemal zugeschriebene Eigenschaften, und von daher muß man sich fragen: *welchen Sinn die autorisierten Organe mit – spezifischen Verteilung der abweichenden Definitionen verbinden.* Die Analyse muß auf das gesamte Feld der sozialen Kontrolle erweitert werden, denn die Eigenart der kriminellen Definition erschließt sich erst vor dem Hintergrund anderer Definitionen abweichenden Verhaltens.

1.4 „Ritterlichkeit" der Richter

Wenn die bisherige, sehr verkürzte Analyse stimmig war, dann ergibt sich schon daraus die Einsicht, daß alle interessanten Fragen nur im Rahmen eines umfassenden Reaktionsansatzes zu beantworten sind. Der labelling approach hat denn auch schon in die Behandlung der Frauenkriminalität Eingang gefunden, jedoch auf eine unbefriedigende Art und Weise.

Besonders groteske Formen nimmt der labelling approach an, wenn er mit der These Pollacks aus dem Jahre 1950, Frauen würden vor Gericht ritterlicher behandelt werden, identifiziert wird. Diesem Autor wurde die Ehre, ein Vertreter des labelling approach zu sein, ohne sein Wissen zugewiesen, deshalb möchte ich die Unhaltbarkeit dieser Auslegung an einer Veröffentlichung aus der jüngsten Zeit darlegen.

Bezeichnend für die in der Kölner Zeitschrift für Soziologie und Sozialpsychologie (!) .im Jahre 1988 veröffentlichten Arbeit von Geißler und Marißen ist, daß sie den atheoretischen Zugang mit reißerischen Überschriften überdecken: „Schlupflöcher für Frauen bei Strafverfolgung" (a. a. O., S. 510), worunter dann widersinnigerweise die These vertreten wird, daß es keine Gleichverteilung der Kriminalität im Dunkelfeld gibt;

„Die Nachsicht der Richter gegenüber jungen Frauen „ (a. a. O., S. 514), wobei das Geschlecht der Richter nicht ermittelt wird: „Der Frauenbonus der Jugendrichter“(a. a. O., S. 516), der indes nicht gewährt würde, wenn Frau sogar aus ihrer kriminellen Rolle fällt. Keiner dieser metaphorischen Ausdrücke, die sich lediglich dazu eignen, Stimmungen zu erzeugen, wird begrifflich und empirisch eingelöst. Es bleibt buchstäblich dabei, daß das Strafrecht ein „Fallnetz“ ist, durch dessen „Löcher“ Frauen besser „schlüpfen“. Es wird kein Versuch unternommen, die (angebliche) Geschlechtsspezifität des bei allen Tatbeständen bekannten Zahlenschwundes von der polizeilichen Kriminalstatistik bis zu der Verurteiltenstatistik zu erklären. Dieser wird z. B. von Kerner (1973) mit rechtsstaatlichen Kriterien erklärt; im Falle der Ausländerkriminalität ist der Schwund keineswegs auf die Ritterlichkeit der Richter, als vielmehr auf ihr Desinteresse an einer Strafverfolgung zurückzuführen (vgl. Mansel 1986). Die Autoren hätten zeigen müssen, aufgrund welcher dogmatischer Kategorien die behauptete bevorzugte Behandlung von Frauen überhaupt möglich wäre. Die geringere Sanktionshöhe ist z. B. alleine nicht maßgeblich, den das Unwerturteil gegenüber kriminellen Frauen kann sich auch in der vergleichsweise negativeren Bewertung der Tat und der Erfüllung eines gravierenderen Tatbestandes ausdrücken (Oberlies 1989). Wo immer in diesem Aufsatz von Ritterlichkeit die Rede ist, unterstellen die Autoren nicht die Wirkung der Variable Geschlecht, sondern des *sex appeals*. Es wäre ja durchaus legitim, den situationsabhängigen gegenseitigen sexappeal genauso zu prüfen wie die Attraktivität oder das Aussehen, nur müßte dann die Hypothese und ihr Geltungsbereich entsprechend eingeschränkt werden. Sobald auf aggregierte Daten zurückgegriffen wird, muß man die Wirkung sozialer und nicht ihrem Wesen nach psychologischer Variablen unterstellen. Richter folgen, neben dem Gesetz, verschiedenen anderen Anwendungsregeln, und zu diesen gehört sicherlich auch die „richtige“ Behandlung von Frauen. Thesen in diese Richtung wurden im Ausland schon differenzierter getestet und, wie auch Geißler und Marißen beiläufig erwähnen (a. a. O., S. 521), für frauenunspezifische Kriminalität widerlegt.[4] Die Fragen stellen sich, *wer und wie definiert, was typisch weibliche Kriminalität ist?* und: *Wie*

[4] Geißler und Marißen bezeichnen dies als interessante Ausnahme von der Regel: würden typische „Männerdelikte“ von Frauen begangen, d. h. fielen einmal Frauen aus ihrer kriminellen Rolle heraus, so verspielten sie bei den Jugendrichtern nicht nur den üblichen Frauenbonus, sondern würden sogar mit einem „Frauenmalus“ bedacht (1988, S. 520).

läßt sich die ungleiche Behandlung der „typischen" und der „untypischen" weiblichen Kriminalität erklären?

2 „Sowohl-als auch"-Ansätze

Im Rahmen der sowohl ätiologischen als auch kontrolltheoretischen Ansätze gibt es freilich seriösere Untersuchungen als die oben besprochene. Christiane Funken versucht in ihrer Arbeit von 1989 „über die Perspektive von Strafgefangenen (Frauen) den spezifischen (Wahrnehmungs- und Handlungs-) Ausschnitt derer zu verstehen, die im Kriminalisierungsprozeß die Etikettierten sind" (a. a. O., S. 58). Sie schließt sich damit derjenigen Richtung an, die am labelling approach die Vernachlässigung des interaktiven Moments auf der Täterseite kritisiert. Beachtet werden sollen nunmehr auch die „objektive" und „subjektive" Lage der kriminellen Frauen. Indes endet die wohlgemeinte Absicht, die Täterinnen (mit Hilfe eines Rollenkonzeptes) in die Kriminologie zurückzubringen, in tautologischen Aussagen: Frauen , die ihre Rolle traditionell auffassen, begehen die ihnen traditionellerweise zugemutete Kriminalität in dem ihnen traditionell zugewiesenen Nahraum; Frauen dagegen, die von der traditionellen Rollenauffassung in Richtung „Emanzipation" (zugegebenermaßen geringfügig) abweichen, begehen nicht-traditionelle Kriminalität im Nicht-Nahraum. Zwar behauptet Funken mit Recht, daß das biologische Geschlecht keineswegs sauber in zwei soziale Kategorien differenziert, sie versäumt es jedoch, den Nah-Raum, vor allem aber den Nicht-Nahraum theoretisch zu bestimmen. Solche Art „struktureller Auslassungen" können freilich auch innerhalb des labelling approach gefunden werden. Für meine Bewertung ist deshalb von größerer Bedeutung, daß ausgerechnet die Fragen nach dem subjektiv gemeinten Sinn der kriminalisierten Handlung, die mit der ätiologischen Frage nach dem Motiv und damit auch nach den Ursachen der Handlung identisch ist, auf einen bekannten Holzweg führen: Die Auskunft der Frauen über ihre kriminelle Identität stellt lediglich das gesellschaftlich vorgefaßte Vokabular dar, welches das Handeln intersubjektiv verständlich machen soll (vgl. Mills 1970,S. 472ff.). Empirisch bestehen sie darin, was Sykes und Matza Neutralisierungstechniken (1957, S. 664ff.), Scott und Lyman als „accounts" (1970, S. 89ff.)

benannt haben.[5] Wie aus der benutzten Literatur hervorgeht, hat Funken eigentlich nichts anderes erwartet, zumal sie sich dessen bewußt war, daß die befragten Frauen ihre Handlungen und die dazu führenden Motive nicht beschreiben, sondern „dokumentarisch interpretieren". Eine individuelle Eigenart, ein höchst persönlicher Beitrag der betroffenen Frauen zur „Kriminalität" ist darin nicht zu erkennen; von anderen Frauen, die in ähnlicher Situation leben, unterscheiden sie sich erst nach dem Eingreifen der Organe sozialer Kontrolle. Es wird auch deutlich, daß die Verhaltensweisen von Frauen, die der Kriminalität überführt wurden, ohne die Existenz eines strafrechtlichen Codes nichts Kriminelles an sich hätten – nicht einmal die versuchten Totschläge als Handlungen in so empfundenen „tragic choice"- Situationen. Die ätiologische Fragestellung des Konzepts „sekundäre Devianz" erweist sich einmal mehr als empirisch nutzlos, weil die subjektiv als ureigen empfundenen Geschichten von Frauen schon so im Strafrecht stehen. Bei seiner Anwendung achten nämlich Richter darauf, ob die angeklagten Frauen die objektiven und subjektiven Tatbestandsmerkmale erfüllen, welche eine Kriminalisierung ermöglichen: Arbeitslosigkeit und Alkoholismus des Mannes , jahrelang ertragene Mißhandlung etc., d.h. genau die Kriterien, welche auch die betroffenen Frauen hervorheben. Wegen der Konzentration auf die „Täterinnenseite" gibt die Arbeit von Funken nicht einmal eine Erklärung für das selbstgestellte Problem. Auf die Frage nämlich, warum Frauen kriminelle Identitäten annehmen, hat sie nur eine Antwort: weil sie kriminelle Handlungen begangen haben. Das positive Ergebnis dieser Arbeit scheint mir in der Botschaft zu liegen, daß Frauen im Bereich der Kriminalität mehr können, als ihnen selbst von Feministinnen zugemutet wird. Mit den Grenzen des „Nahraumes" überziehen sie gleichsam ihre „normale" wie ihre „kriminelle" Rolle. Eine in allen Teilen besonders beachtenswerte Arbeit mit einer „Sowohl- als-auch"-Perspektive hat Elsbeth Bröckling schon im Jahre 1980 vorgelegt. In dieser Arbeit werden nahezu alle Theorien, sowohl solche, die der Kritik nicht standhalten, als auch solche, aus denen eine voll entwickelte Theorie der Frauenkriminalität bestehen müßte, diskutiert. Aber auch Bröckling, nachdem sie sowohl die primäre (strafrechtliche Normen) als auch die sekundäre Kriminalisierung besprochen hat, führt die geringe Kriminalitätsbelastung von Frauen

5 Die befragten Frauen zogen zur .Erklärung ihres abweichenden Verhaltens verschiedene Alltagstheorien der Kriminalität bzw. eine Kombination verschiedener Ansätze heran; die eigenen Handlungen werden mit Motiven wie: schlechte Kindheit, Alkoholmißbrauch, „Pech" etc. erklärt (Funken 1988, S. 183ff.).

nicht auf die strafrechtliche Selektivität zurück, sondern hält an einer besonderen Qualität der ontisch verstandenen Kriminalität von Frauen fest. Sie macht sich die Mühe, die Tatbestände des Strafrechts nach dem Geschlecht der Adressaten zu differenzieren, und sie erfaßt die Delikte, derer Frauen häufiger überführt werden.[6] Sie sieht auch, daß allein schon diese Einschränkung der Tatbestände, gegen die Frauen überhaupt verstoßen können, eine geringere Belastung zur Folge haben könnte (a. a. O., S.78f.), befaßt sich jedoch anschließend mit der Frage, warum (bestimmte) Frauen diese Kriminalität begehen.

Das Ergebnis bestätigt jedoch auch hier, daß Fragen nach dem „Verhaltensaspekt" einen geringen Erkenntniswert haben. Bröckling schreibt, Kriminalität stelle eine Antwort auf Konfliktlagen dar, in denen sich Frauen typischerweise in der heutigen kapitalistischen und patriarchalischen Gesellschaft befinden. Natürlich ist sie das, wie man überhaupt jede Kriminalität, auch die von Männern, auf diese Weise apostrophieren kann. Wiederholen wir zum letzten Mal: daß die Lösungen kriminell sind und nicht etwa konform, das liegt nicht im Verhalten, sondern in den Definitionen des Strafrechts begründet. Weder die typische Konfliktlage der Frauen noch die als kriminell bezeichneten Lösungen sind selbstverständlich – auch hier müssen wir zum Strafrecht und seinen Funktionen für die Gesellschaft zurück.

Besonders an solchen informierten Arbeiten ist zu erkennen, daß das Weglassen der Frage nach den Ursachen kriminellen Verhaltens nicht nur intellektuelle Schwierigkeiten bereitet. Die Frage, warum jemand kriminell wird, ist nicht die gleiche Frage wie „warum wird jemand Lehrer", weil die erstere eine starke moralische Komponente aufweist. Trotz der Nachweise, daß 1) (putativ) abweichendes Verhalten ubiquitär verteilt ist, daß 2) Eigenschaften, die angeblich die kriminelle Population auszeichnen, lediglich die Normalverteilung bei der Gesamtbevölkerung widerspiegeln und schließlich, daß es 3) für alle Formen verbotenen Handelns völlig legale Entsprechungen gibt, ist es offensichtlich schwierig, die Unterstellung einer grundsätzlichen Andersartigkeit der Kriminellen und der Kriminalität zu überwinden. Dabei ist von einem soziologischen Standpunkt die

[6] Bröckling schlüsselt den Bezug von Frauen zum Strafrecht folgendermaßen auf: als alleinige Täter kommen sie bei Kindestötung (§ 217) und Selbstabtreibung (§ 218, Abs. 3); als Opfer bei Vergewaltigung(§177), bei Mißbrauch einer Frau zum außerehelichen Beischlaf (§ 179, Abs. 2), bei Verführung einer Minderjährigen(§182), Entführung mit Willen der Entführten (§ 236), Entführung gegen den Willen der Entführten (§ 237) vor (1980, S. 77).

Frage nach den Ursachen der Kriminalität genauso normative wie die Begründung der Kriminologie selber. Sie beruht auf einer stillschweigenden Akzeptanz des Strafrechts als eines konsensual zustande gekommenen Moralkodexes, der gerecht wirken kann, weil alle Menschen in gleichen Verhältnissen leben. Obschon Bröckling weit davon entfernt ist, eine harmonische Gesellschaft anzunehmen, kritisiert sie das Strafrecht nicht. Vielmehr scheint ihre Theorie dazu geeignet, für die „kriminellen“ Konfliktlösungsstrategien Verständnis aufzubringen.

3 Funktionen des Strafrechts für den Kapitalismus und die Männerherrschaft

Fassen wir zusammen: Die wichtigste Frage bezüglich der Frauenkriminalität lautete: „Welchen Sinn bzw. welche Funktion erfüllt das Strafrecht damit, daß es geschlechtsspezifisch im höchsten Maße selektiv ist?“ Die nachgeordnete Frage war: „Auf welche Weise wird das Verhalten von Frauen kontrolliert?“ Diese Fragen, etwas anders formuliert, haben sich Goessler-Leirer und Steinert schon im Jahre1975 gestellt: Bedenkt man, daß das Strafrecht im Spannungsfeld allgemeiner sozialer Herrschaftsverhältnisse steht und diese mitreproduziert, sichert und legitimiert, so muß erklärt werden, warum sich diese Funktion in einem so geringen Ausmaß auf Frauen bezieht und welche andere Institutionen diese Kontrollfunktionen übernehmen. Die Autoren weisen auf die Bedeutung der informellen sozialen Kontrolle hin und benennen sie auch zutreffend als private Männerkontrolle. Mir scheint, daß die Bedeutung dieser richtigen Feststellung noch nicht ausreichend gewürdigt wurde. Wir müssen deshalb die Analyse des Strafrechts von neuem aufrollen.

Die allgemeinste These der kritischen Kriminologie besagt, daß das Strafrecht den erwünschten Status quo der Gesellschaft verdeutlicht und damit zu seiner Reproduktion beiträgt. Als *Status quo* wurde von Steinert (1973), Poulantzas (1975) u. a. die vertikale Struktur der Gesellschaft identifiziert. Diese beruht bekanntlich auf der ungleichen Verteilung von Ressourcen, wovon die wichtigste die verschiedenen Formen des Eigentums sind. Das Eigentum an „Gebrauchswerten“ differenziert Gesellschaftsmitglieder in mehrere Schichten, die dichotome Kategorie Eigentum bzw. Nicht-Eigentum an Produktionsmitteln in zwei Klassen. Die soziologischen Kategorien sind gleichsam ein Reflex, die juristische Kategorie die

Voraussetzung und Ausdruck von Produktionsverhältnissen, die in der bürgerlichen Wissenschaft als „freie Marktwirtschaft“ bezeichnet werden. Das Strafrecht ist funktional sowohl für die Erhaltung dieser Struktur als auch für die Zuweisung von Individuen in die vorgesehenen Positionen. Es verwaltet nämlich die Schicht von denjenigen Männern, welche in der Produktion die untersten Positionen, die sich durch schwere Arbeit, schlechte Bezahlung und Unstabilität auszeichnen, einnehmen sollen. In einem Stichwort zusammengefaßt, steht das Strafrecht im Dienste des „Kapitalismus“. Ich gebrauche dieses Stichwort, um es sogleich im Zusammenhang mit einer anderen Abstraktion, nämlich der „Männerherrschaft“ zu diskutieren. Die kritischen Analysen des Strafrechts haben sich bisher immer nur mit dem Aspekt seiner Nützlichkeit für den Kapitalismus oder, unspezifischer, für die Herrschaft befaßt. Tatbestände hinsichtlich weiblicher Adressaten erschienen darin als Irrläufer oder Relikte früherer Zeiten. Erst eine umfassende feministische Theorie der Gesellschaft ermöglicht die Einsicht, daß der *Status quo* nicht allein durch kapitalistische Produktionsverhältnisse, sondern wesentlich auch durch die Herrschaft des männlichen Geschlechts über das weibliche geprägt ist. *Kann es sein, daß das Strafrecht neben der materiellen Ungleichverteilung auch die ungleiche Verteilung der Macht zwischen den Geschlechtern schützt oder zumindest symbolisch verdeutlicht?*

Nach James Messerschmidt hängen Kapitalismus und Männerherrschaft folgendermaßen zusammen: In der Wirtschaft, Verwaltung und Politik (nach Habermas im „System“) besteht eine Ungleichheit unter Männern sowohl hinsichtlich der Eigentums als auch der Machtverteilung. Hier herrschen wenige Männer über die Mehrheit der Angehörigen gleichen Geschlechts, hier wird definiert, was in bezug auf die materielle Reproduktion des Systems die beherrschten Männer sollen und was dagegen strafrechtlich verboten ist. Als Kompensation für die Duldung dieser zweifach hierarchischen Verhältnisse „bieten“ die herrschenden Männer den beherrschten *Geschlechtsgenossen* Macht in der Privatsphäre gegenüber ihren Frauen und Kindern an. Alle Männer zusammen schützen damit ihre Herrschaft, das Patriarchat (1988, S. 83ff.).

Man muß daher zwischen „öffentlicher“ und „privater“ Männerherrschaft unterscheiden und die dichotome Geschlechtsvariable in drei Ausprägungen aufspalten: Männer in der öffentlichen Sphäre, Männer in der privaten Sphäre, Frauen, immer noch normativ auf die private Sphäre festgelegt. Die im System herrschenden Männer weisen beiden Geschlechtern Rollen zu bzw. tradieren die überlieferten Rollen und definieren beiderlei Kriminalität. Die der Männer bezieht sich auf Funktionen im Bereich der materiellen, die der Frauen auf Funktionen im Bereich der natürlichen Reproduktion.[7] Männer werden generell der Kontrolle durch das „öffentliche" Strafrecht unterstellt, die Kontrolle von Frauen wird weitgehend der Privatsphäre überlassen. Wenn öffentliche Kontrolle angerufen wird, führt sie bei Männern häufiger zur kriminellen Definition, bei Frauen häufiger zu somatischen und psychischen Definitionen (putativ) abweichenden Verhaltens.

3.1 Frauen als Adressatinnen des Strafrechts

Nur wenige Verhaltensweisen von Frauen wurden ins Strafrecht und damit in die öffentliche formale Kontrolle aufgenommen. Diese Tatbestände beziehen sich auf die natürliche Reproduktion der Gesellschaft, und dies ist die wichtigste Erwartung gegenüber Frauen. Verstöße gegen diese Normen bilden die „spezifisch" weibliche Kriminalität. Die Sicherung der legalen Nachkommenschaft und d. h. der Erbfolge gehört zu den wichtigsten Konnexinstitutionen des weit umfassender geschützten Eigentums. Unter diesem Gesichtspunkt ist ihre Aufnahme in das öffentliche Kontrollmittel „Strafrecht" verständlich, zumal der Abtreibungsparagraph nicht nur den öffentlichen Zugriff ermöglicht, sondern auch die Macht der „privaten" Männer bestärkt. Typischerweise immunisiert er die am Zustandekommen der unerwünschten Schwangerschaft beteiligten Männer; mit seiner Hilfe könnte der Wille des Mannes gegen den Willen der Frau durchgesetzt werden (von der Möglichkeit, das Wissen um die Begehung der Tat erpresserisch zu nutzen, ganz zu schweigen).

Bei den anderen Delikten, deren Frauen häufiger überführt werden, handelt es sich um eine buchstäbliche, d. h. eigentlich widersinnige Anwendung strafrechtlicher Tatbestände aus dem Bereich der materiellen auf den Bereich der natürlichen Reproduktion. Z. B. hat der Tatbestand des Diebstahls seine gegenwärtige Bedeutung zu einer Zeit erlangt, in der das Verbot, sich Eigentum ohne eine äquivalente

7 Ohne Zweifel haben Frauen Einzug in Männerwelten gehalten. Bemerkens- wert ist jedoch, daß auch erfolgreiche berufstätige Frauen nach ihrer Leistung im Bereich der natürlichen Reproduktion bewertet werden. Stets müssen sie auf die Attribute der weiblichen Rolle achten – auf ihr Aussehen, nettes Benehmen, untadeligen sexuellen Ruf, Erfolg auf dem Heiratsmarkt und erfolgreichen Nachwuchs.

Gegenleistung anzueignen, an das Gebot der Arbeitsdisziplin geknüpft wurde. „Diebstahlsverbot“ hatte daher vor allem eine Funktion im „System“ und bezog und bezieht sich immer noch auf das Verhalten von Männern. Diese sollten arbeiten statt stehlen (vgl. Ignatieff 1975, S. 26). Frauen sollen zwar auch nicht stehlen, sie sollen aber auch nicht auf dem Arbeitsmarkt, ich sage nicht „nicht arbeiten“, sondern: nicht konkurrieren. Der Zugang zu Ressourcen des Arbeitsmarktes und die damit verbundene Verpflichtung ist Männersache, deshalb ist Frau nicht für die Subsistenzsicherung zuständig. Kaufhausdiebstähle, die Frauen begehen, gelten auf der Seite der Verletzten durchaus als Schäden in der Zirkulationssphäre; strafrechtlich beurteilt fehlt bei ihnen jedoch die Disjunktion „gestohlen, statt gearbeitet“. Bei der gegenwärtigen Rollenteilung „stehlen“ Frauen an Männer Statt, der Warendiebstahl dient der Subsistenzsicherung oder -Verbesserung.[8] Man sollte nicht vergessen, daß seit der Durchsetzung der „freien Marktwirtschaft“ nach und nach jedes Sammeln von Subsistenzmitteln (wie Brennholz, „wilde“ Früchte und Tiere) verboten wurde. Mir scheint, daß auch die Beförderungserschleichung das alte „Sammeln“ ersetzt. Beleidigungen oder üble Nachreden sind Varianten der verbotenen Praktiken, das eigene Produkt durch eine Kritik an Produkten anderer Hersteller hochzuloben – eine besondere Variante des Marktes stellt der Heiratsmarkt dar.

Zu anderen Delikten, vor allem im Bereich der Wirtschaft, hatten Frauen bisher keinen Zugang – gleich wenig, wie die Männer der Unterschicht, ohne daß wir uns hier fragen, wieso sie nicht Subventionserschleichungen in Millionenhöhe begehen. Eigentlich müßte man mit Freda Adler ein Anwachsen der Kriminalitätsbelastung von Frauen mit zunehmenden Zugang zum System erwarten. Daß diese Prognose nicht zutrifft, hat von neuem den ätiologischen Aussagen über die moralische Überlegenheit von Frauen Vorschub geleistet. M. E. sollte man hier statt dessen die Fakten umbewerten: Frauen besitzen keineswegs die Positionen, in denen sie Gelegenheit hätten, bedeutende Kriminalität zu begehen. Sollten sie die je erreichen, dann wäre die Erkenntnis anzuwenden, daß die „gehobenen“ Tatbestände in der Regel zu einer völlig legalen Immunisierung der Täter führen. Ich

---

[8] Selbst bei gleicher Tat richteten Frauen weniger Schaden als Männer an. Bei Hehlerei betreiben sie, im Unterschied zu Männern, keinen quasi gewerbsmäßigen Handel; beim Kaufhausdiebstahl würden Frauen häufiger in der Lebensmittelhandlung, Männer in anderen Abteilungen ertappt (vgl. Scutt 1979, S. 13). Männer stehlen systematischer und wertvollere Sachen als Frauen, nämlich Gegenstände mit Wiederverkaufswert (Edwards 1958, zit. bei Scutt 1978, S. 38).

sehe nicht, warum dies bei Frauen anders sein sollte, es sei denn, männliche Mitwisser würden sich des Strafrechts bedienen, um die unliebsame Konkurrenz zu beseitigen.

Die Anwendung von Tatbeständen, die nur im „System" einen Sinn ergeben, auf Frauen, verdankt sich der Universalisierung des Rechts. Dieses hat alle Bürger eines Staates als gleiche Rechtssubjekte etabliert, wobei die Ungleichheit in der bürgerlichen Gesellschaft, auch im Hinblick auf das Geschlecht, unangetastet blieb. Einmal eingeführt, macht das Recht quasi keine Unterschiede. Deshalb kann es vorkommen, daß auch Frauen, die sich in einer der „Lebenswelt" angemessenen Weise verhalten, gemäß systemischen Regeln kriminalisiert werden. Richter, die den Sinn des Strafrechts „richtig" (d. h. seinen „second code", bzw. sein heimliches Curriculum) erfaßt haben, müssen dabei wohl die Inadäquanz des Strafrechts für Frauen spüren. Wenn sie sich gegenüber Frauen bei der Strafzumessung „ritterlicher" verhalten, weil Frauen ins Haus und zu den Kindern gehören,[9] dann steht die Einsicht dahinter, daß es keine Reservearmee von Müttern und Ehefrauen gibt (vgl. Kips1990). Auch berufstätige Frauen sind vor allem Hausfrauen, die unentbehrliche reproduktive Funktionen wahrnehmen, und als solche werden sie vor dem Strafrecht ebenso bevorzugt behandelt wie berufstätige Männer im Vergleich zu den Arbeitslosen (vgl. Peters1973). Vor allem aber „weiß" jeder Richter, daß Frauen noch anders kontrolliert werden können.

3.2 Entmündigung als Kontrollmittel von Frauen

Vom Standpunkt eines umfassenden Kontrollsystems zeigt sich, daß Frauen häufiger biologische Definitionen ihres Verhaltens zugewiesen werden. Unter „biologische Definitionen" fasse ich dabei alle Etikettierungen, die sich auf einen quasi natürlichen Zustand und nicht auf aktive Handlungen beziehen, und zwar auch dann, wenn auf einen abweichenden Zustand des Körpers oder der „Seele" über ein Verhalten geschlossen wird. Dies ist nämlich bei Frauen häufig der Fall: selbst putative kriminelle Handlungen werden als psychische Abweichungen (vgl. Scutt 1979; Gelsthorpe 1986, S. 138) oder gar als eine hormonelle Störung interpre-

[9] Richter wüßten, daß Frauen zu Hause, bei den Kindern gebraucht würden; die Abwesenheit der Mütter sei schädlicher als die Abwesenheit des Vaters (so Bertrand 1967, S. 151, zit. bei Bröckling 1980, S. 80).

tiert.[10] Die selektive Zuweisung der entweder kriminellen oder biologischen Definitionen abweichenden Verhaltens hat die Funktion, den unterschiedlichen Status der Träger in der Art und Weise ihrer Behandlung zu bestätigen. Nicht in dem trivialen Sinne, daß physische und psychische Krankheiten anders behandelt werden müssen als Kriminalität, sondern umgekehrt, die für angemessen erachtete Behandlung führt zu unterschiedlichen Definitionen. Besonders auffällig und für die Verinnerlichung der „richtigen" Abweichungsart bedeutsam ist die Behandlung von jungen Mädchen. Ihr abweichendes Verhalten wird bevorzugt als „Rollenabweichung"(statusoffence) interpretiert.[11] Die Rolle selbst wird dabei gänzlich auf die reproduktiven Pflichten gegenüber dem künftigen Ehemann (Monogamievorschrift und Hausfrauenpflicht für Frauen) und den künftigen Kindern (selbstlose Mutter) definiert,[12] im Gegensatz zu Jungen, die Funktionen im System übernehmen sollen. Frauen müssen bei jeder Interaktion ihren untadeligen sexuellen Ruf zumindest vortäuschen; die meisten Kontrollorgane sind berechtigt, die sexuelle Geschichte von Frauen zu überwachen (vgl. Lees 1986; Hancock 1980,

---

[10] Daß psychische Abweichung bei der Strafzuweisung eine Rolle spielt, ist schon vielen Forschern aufgefallen. Walker meint, Frauen seien wirklich psychologisch abnormal (zit. bei Scutt 1979, S. 14); Scutt fragt sich, ob Frauen vielleicht deshalb psychisch labiler scheinen, weil sie neben die zugeschriebene Rolle treten. Sie würden deshalb vorteilhafter als Männer behandelt, bei denen die kriminelle Aktivität eher erwartet wird und die deshalb einer richtigen Bestrafung ausgesetzt würden (1979, S. 14). So gesehen, unterliefe den Kontrollorganen eine selektive Behandlung. Unter dem Gesichtspunkt der Ökonomie der sozialen Kontrolle erweist sie sich als folgerichtig.

[11] Eine empirische Untersuchung der geschlechtsspezifischen Zuweisung der Sanktion in New Zealand bestätigt dies: Jugendliche Mädchen wurden vom Jugendgericht häufiger in Verwahrung gegeben, wenn diagnostiziert wurde, daß sie nicht „under proper control" stehen. Wegen „fehlender Kontrolle" erscheinen zum erstenmal vor Gericht 2,7% der männlichen und 34,5% der weiblichen Jugendlichen (Hampton 1979, S. 26ff.). Ähnliches berichtet Gelsthorpe: Während die Polizei den von zu Hause weggelaufenen Jungen keine Aufmerksamkeit schenke („he can no doubt look after himself'), beantrage sie bei Mädchen eine Einweisung in „Place of Safety Orders". Mädchen seien moralisch gefährdet, wenn sie nicht unter elterlicher Aufsicht stehen. Üblich sei, daß Mädchen vom Arzt auf vorausgegangenen Sexualverkehr untersucht werden (1986, S. 135f.). Ein Mädchen wurde vom Bruder geschlagen, weil es mit farbigen Männern schlief und die Mutter nicht einschritt (a. a. O., S. 137). Einsele berichtet ähnliches für Deutschland: Mädchen würden wegen moralischer Verwahrlosung eingesperrt. Als erstes Zeichen dafür wird gewertet, wenn sich die Jugendliche der familiären Kontrolle entzieht. Einseles Definition der Stufen der Verwahrlosung ist dabei ausschließlich an der „sexuellen" Freizügigkeit der Mädchen ausgerichtet (1977, S. 287f.).

[12] Im übrigen bildet einen Bestandteil der Frauenrolle die Anpassung, nicht an etwas Konkretes, sondern die Anpassung an was auch immer gefordert würde. Einmal in den Habitus übergegangen, kann man die Anpassungsfähigkeit als einen Wesenszug mißverstehen und Prognosen wagen. Nach Geißler und Marißen.

S. 10) – und eben dies bezeichne ich als das „Festnageln" von Frauen auf ihre natürliche (d. h. biologische) Ausstattung mit Körper und Gefühlen.

Die Unterschiede zwischen der kriminellen, somatischen und psychischen Definition ergeben sich aus einer Kombination der (zugeschriebenen) Verantwortlichkeit bzw. Intention abzuweichen, und dem aus der Rolle fallenden Sich-Verhalten. Die Definition des physisch Kranken impliziert, daß der Betroffene seine ihm aus der eingenommenen Position fließenden Pflichten nicht wahrnehmen kann und er zu erkennen geben soll, daß er dies gerne möchte. Der psychisch Kranke sieht die Verwerflichkeit seines Verhaltens nicht ein; der Kriminelle wäre imstande, seine Pflichten zu erfüllen, er tut dies jedoch *absichtlich* nicht (vgl. Goffman1974, S. 452ff.). Die Intentionalität des Handelns weist den Handelnden als ein kompetentes Mitglied der Gesellschaft aus – und dieser Status bleibt den Männern vorbehalten. Die somatische Abweichung steht beiden Geschlechtern zur Verfügung – Männer entschuldigen damit ihre Absenz vom „System", Frauen die temporäre Verweigerung ihrer Leistung für die Familie.

Bei der *psychiatrischen* Definition, die bei Frauen vorgezogen wird, wird der vollwertige Erwachsenenstatus abgesprochen: Frauen haben nicht die gleiche Verantwortlichkeit und Rechte wie Männer und werden deshalb nicht bestraft, sondern „behandelt". Dies zeigt sich schon im Jugendalter. Junge Männer werden weit häufiger Sanktionen unterwofen, die „ausgleichenden" (z. B. Zeit für Geld) Charakter haben, während Mädchen einer strengeren Überwachung unterstellt werden .13 Mit anderen Worten, man „versorgt" sie mit dem angeblich fehlenden Über-Ich. In späteren Jahren einer Frau ist die Kompensation eines Mangels, als welcher z. B. die fehlende Einsicht, daß der Haushalt in Ordnung zu halten ist, bezeichnet wird (vgl. Chester 1977, S. 158ff.; Burgard 1977), teuer erkauft. Es ist bekannt, daß die psychiatrische Anstalt der totalen Institution Gefängnis an Repression in nichts nachsteht, wobei seine Insassinnen noch nicht einmal über die gleichen rechtsstaatlichen Garantien wie Strafgefangene verfügen. Das zivilrechtliche Todesurteil heißt Entmündigung. Deshalb dient das Ausweichen auf Definitionen, die scheinbar mit einer wohlwollenderen Reaktion verbunden sind, ebenfalls der Reproduktion der Männerherrschaft.

3.3 Gewalt gegen Frauen als ultima ratio der Männerherrschaft – so und nicht anders würde ich die informelle soziale Kontrolle von Frauen interpretieren

Die Privatsphäre wird häufig – positiv – als ein vor staatlichen Eingriffen geschützter Freiraum dargestellt. In unserem Kontext zeigt sich in dessen, daß die „Freistellung“ von der formellen Kontrolle durch den „Staat“, also durch die offizielle Männerherrschaft, mit der Befugnis der privaten Männer, in dieser Sphäre Herrschaft auszuüben, einhergeht. Die Privatsphäre bzw. die informale Kontrolle von Frauen (und Kindern) stellt eine für die Männerherrschaft funktionale Einrichtung dar. Die Aussage, „die Kontrolle der Frauen wird informal wahrgenommen“, bedeutet dieses: Frauen werden der Kontrolle seitens ihrer Männer überlassen. Die normative Unterstützung der Männerherrschaft geht diesbezüglich so weit, daß Männer, die gegen „ihre“ Frauen und Kinder widerrechtlich Gewalt anwenden, vor einem strafrechtlichen Zugriff weitgehend immunisiert werden. In der Tat stellt die physische Gewalt die ultima ratio der Männerherrschaft dar. Dies wird besonders dann deutlich, wenn Ergebnisse der empirischen Forschungen über Vergewaltigungen (vgl. Weis 1982, S. 212f.), über häusliche Mißhandlungen (vgl. z. B. Hagemann-White et al. 1981), über Gewalt am Arbeitsplatz zusammengefaßt werden. In allen diesen Kontexten sehen sich Frauen durch eine „präventive“ Drohung mit oder durch faktische Anwendung der physischen Gewalt auf „ihren richtigen Platz“ verwiesen.

Luhmann hat die Nützlichkeit der physischen Gewalt herausgestellt: Im Recht stellt sie einen eindeutigen Modus der Erwartungssicherheit und der Enttäuschungsabwicklung dar, der eine Konsensfiktion, wenn nicht Konsens selbst sichert. Ihre Wirkung ist vorwiegend symbolisch, sie ist ein Mittel der Darstellung und der Vergewisserung, nicht der Durchsetzung.

D. h. auch, daß sie durch ihre bloße Präsenz wirkt. Physische Gewalt beruht auf der physischen Natur der Menschen, deshalb ist sie universell verwendbar, indifferent gegen Zeitpunkt, Situation, Objekt und Sinnzusammenhang der Aktion. Sie ist strukturunabhängig, weil sie nur überlegene Kraft erfordert, und sie dient der Aufrechterhaltung der Motivation widerstrebender Einzelner (1972, S. 107f.). Es stimmt nur nicht, daß alle Gewalt vom Recht domestiziert und vom Staate monopolisiert wurde. Sie tritt auch nicht nur in Form von verbotenen Anwendungen z. B. bei Körperverletzungen unter gleichgestellten jungen Männern oder bei sogenannten Demonstrationsdelikten auf, sondern sie bestimmt, quasi legalerweise, das Geschlechterverhältnis. Aus der Bedrohungssituation gibt es für Frauen kein Entkommen; versagt einmal die strukturelle Gewalt, ist immer noch physische Gewalt zur Stelle. Im Sinne von Luhmann kann man sagen, daß Männer dann zur physischen Gewalt greifen, wenn Frauen Konsens oder Gehorsam als Austausch für positive Entschädigung oder aus Liebe und Zuneigung versagen. Die jüngste Debatte um die Reform des Vergewaltigungsparagraphen hat gezeigt, mit welcher Zähigkeit die männlichen Hüter der Männerherrschaft ihre Position verteidigen (vgl. Frommel 1989, S. 11f.).

4 Schlußbemerkung

Es dürfte klar geworden sein, daß der Vergleich zwischen männlicher und weiblicher Kriminalitätsbelastung eigentlich nur widerspiegelt, was im Strafrecht so angelegt wurde. Darüber hinaus gibt der Vergleich auch nur wider, wie sich Männer und Frauen mit den ihnen jeweils zugewiesenen Rollen arrangieren. Der Vergleich erweist sich nur dann als sinnvoll, wenn man die Funktionalität der geschlechtsspezifisch zugewiesenen Verhaltensmuster für die Aufrechterhaltung eines bestimmten Status quo betrachtet, also die Frage stellt, wie wird es gemacht, wenn sowohl die ungleiche Verteilung von Gütern als auch die Geschlechterhierarchie aufrechterhalten werden sollen. Von dieser übergeordneten Perspektive gelingt es, sowohl die Rollen als auch ihre „Schattenseiten“, die verschiedenen Definitionen von Abweichungen, als zwei Seiten einer vom Patriarchat geprägten Münze zuerkennen. Es geht nicht um die Frage, ob Frauen moralischere Menschen sind, sondern zu wessen Vorteil sich eine mögliche zweigeschlechtliche „Moral“ auswirkt. Die feministische Kritik, daß beim Vergleich der Kriminalitätsbelastung „Männer“ zum Ausgangspunkt genommen würden, wird durch den Rückgriff auf das Strafrecht überwunden: Ohne das Strafrecht gibt es keine Kriminalität; andererseits stellt die Kriminalisierung nur ein Mittel der sozialen Kontrolle von Frauen dar.

Literatur

Adler, F., Sisters in Crime, New York 1978.

Beloti, E., Was geschieht mit kleinen Mädchen? München 1975.

Bröckling, E., Frauenkriminalität. Darstellung und Kritik kriminologischer und devianzsoziologischer Theorien, Stuttgart 1980.

Burgard, R., Wie Frauen verrückt gemacht werden, Berlin 1977.

Chesler, M., Frauen – das verrückte Geschlecht, Reinbek bei Hamburg 1977. Chesney-Lind, M., Judicial Paternalism and the Female Status Offender. Training Women to Know Their Place, in: Crime & Delinquency, April 1977, S. 121-130.

Dürkop, M. /Hartmann, G., Frauenkriminalität, in: Kritische Justiz 7, 1974, S. 219-236.

Dürkop, M., Feminismus und Labelling-Approach. Ansätze gegen die Diskriminierung von Menschen, in: Kriminologisches Journal 18, 1986, S. 273-289.

Einsele, H., Strafvollzug bei weiblichen Jugendlichen, in: Kluge, K.-J. (Hrsg.), Kriminalpädagogik, Darmstadt 1977, S. 287-320.

Eisenbach-Stangl, I., Weiblicher Körper und männliche Vernunft. Abweichung und Kontrolle von Frauen, in: Kriminalsoziologische Bibliographie 1979, 6, H. 23/24, S. 4-38.

Frommel, H., Sexuelle Gewaltdelikte. Das klägliche Ende einer Reform, in: Neue Kriminalpolitik 1, 1989, S. 1-12.

Funken, Ch., Frau-Frauen-Kriminalität, Opladen 1989.

Geissler, R. /Marissen, N., Junge Frauen und Männer vor Gericht. Geschlechtsspezifische Kriminalität und Kriminalisierung, in: Kölner Zeitschrift für Soziologie und Sozialpsychologie 40, 1988, S. 505-526.

Gelsthorpe, L., Towards a Sceptical Look at Sexism, in: International Journal of the Sociology of Law 14, 1986, S. 125-152. Gipser, D., Mädchenkriminalität, München 1975.

Gipser, D. /Stein-Hilbers, H. (Hrsg.), Wenn Frauen aus der Rolle fallen, Weinheim und Basel 1980.

Goessler-Leirer, I. /Steinert, H., Attempt at a Control of Female Crime, Paper given at the 3rd Conference of the European Group for the Study of Deviance and Social Control, Amsterdam 1975.

Goffman, E., Das Individuum im öffentlichen Austausch, Frankfurt/M. 1974.

Hagemann-White, C., Hilfen für mißhandelte Frauen. Schriftenreihe des Bundesministers für Familie, Jugend und Gesundheit, Stuttgart 1981.

Hancock, L., The Myth that Females Are Treated More Leniently than Males in the Juvenile Justice System, in: Australian and New Zealand Journal of Sociology 16, 1980, S. 4-13.

Hampton, R. E., Sex and Sentencing in a Childrens Court, in: Australian and New Zealand Journal of Criminology 12, 1972, S. 24-32.

Ignatieff, M., A. Just Measure of Pain. The Penitentiary in the Industrial Revolution 1750-185, New York 1978.

Kerner, H.-J., Verbrechenswirklichkeit und Strafverfolgung. Erwägungen zum Aussagewert der Kriminalstatistik, München 1973.

Kersten, J., Gut und (Ge)schlecht. Zur institutionellen Verfestigung abweichenden Verhaltens bei Jungen und Mädchen, in: Kriminologisches Journal 18, 1986, S. 241-257.

Kips, M., Prison for Men, Asylum for Women, Manuscript, Rotterdam 1990.

Lees, S., Sitte, Anstand und die soziale Kontrolle von Mädchen – Eine englische Studie, in: Kriminologisches Journal 18, 1986, S. 258-272.

Leder, H.-C., Frauen- und Mädchenkriminalität, Heidelberg 1988.

Luhmann, N., Rechtssoziologie, 2 Bd., Reinbek bei Hamburg 1972.

Mansel, J., Die Selektion innerhalb der Organe der Strafrechtspflege am Beispiel von jungen Deutschen, Türken und Italienern, Diss. Saarbrücken 1986.

Messerschmidt, J., Überlegungen zu einer sozialistisch-feministischen Kriminologie, in: Janssen, H. /Kaulitzky, R. /Michalowski, R. (Hrsg.), Radikale Kriminologie, Bielefeld 1988, S. 83-101.

Mills, C. W., Situated Actions and Vocabularies of Motive, in: Stone, G. P. / Faberman, H. A. (eds.), Social Psychology through Symbolic Interaction, Toronto 1970, S. 472-480.

Montagu M. F. A., Das Verbrechen unter dem Aspekt der Biologie, in: Sack, F./ König, R. (Hrsg.), Kriminalsoziologie, Frankfurt/M. 1974, S. 226-243.

Oberlies, D., Geschlechtsspezifische Aspekte der Tötungskriminalität. Eine empirische Untersuchung auf der Grundlage von Gerichtsurteilen. Diskussionspapier 1989/8 des Hamburger Instituts für Sozialforschung, Hamburg 1989.

Peters, D., Richter im Dienst der Macht, Stuttgart 1973.

Pollack, O., The Criminality of Women, Philadelphia 1950.

Sack, F., Probleme der Kriminalsoziologie, in: König, R. /Sack, F., (Hrsg.), Handbuch der empirischen Sozialforschung, Bd. 12, Stuttgart 1978, S. 192-492.

Poulantzas, N., Die gesellschaftlichen Klassen und ihre erweiterte Reproduktion, in: Jaeggi, U. (Hrsg.), Sozialstruktur und politische Systeme, Köln 1976, S. 15-37.

Scott, M. /Lyman, ST. M., Accounts, Deviance, and Social Order, in: Douglas, J. D., Deviance and Respectability. The Social Construction of Moral Meanings, New York 1970, S. 89-119.

Scutt, J. A., Debunking the Theory of the Female „Masked Criminal", in: Australian and New Zealand Journal of Criminology 11, 1978, S. 23-42.

Scutt, J. A., The Myth of the Chivalry Factor in Female Crime, in: Australian Journal of Social Issues 14, 1979, S. 3-20.

Smart, C., Women, Crime, Criminology: a Feminist Critique, London, Boston Mass. 1976.

Stang Dahl, T. /Snare, A., The Coercion of Privacy. A Feminist Perspective, in: Smart, C. /Smart, B. (eds.), Women, Sexuality and Social Control, London, Henley, Boston 1978, S. 8-26.

Steinert, H., Statusmanagement und Kriminalisierung, in: derselbe (Hrsg.), Der Prozeß der Kriminalisierung, München 1973, S. 9-23.

Sykes, G. M. /Matza, D., Techniques of Neutralization. A Theory of Delinquency, in: American Sociological Review 12, 1947, S. 96-102.

Weis, K., Die Vergewaltigung und ihre Opfer, Stuttgart 1982.

Wilson, J. G. /Herrnstein, R. J., Crime and Human Nature, New York 1985.

Reproduktion der Frauenrolle im Gefängnis

Gerlinda Smaus (1991)*

1 Das Gefängnis und die Arbeitsmoral

Die Institution des Gefängnisses spiegelt als Endprodukt aller vorherigen Anstrengungen der sozialen Kontrolle gleichsam das gesamte Strafrechtsystem wider. Die Geschichte des Gefängnisses offenbart nicht nur die jeweiligen manifesten Ziele des Strafrechts, sondern immer auch zugleich seine reale Wirkungsweise. Die Bedeutung des Strafrechts für die Gesellschaft kann am besten an den Produkten der Gefängnisse untersucht werden – und diese widerlegen die absoluten Straftheorien ebenso wie die Resozialisierungsgedanken, vom Geiste des Strafrechts als eines gleichen Rechts par excellence ganz zu schweigen.

1.1

So konnten Rusche und Kirchheimer (1974) nachweisen, daß sich Strafarten ganz pragmatisch an den Bedürfnissen der jeweiligen Güterproduktion orientiert haben. Spätere Autoren halten ihnen entgegen, daß sie die ökonomische Bedeutung der Gefängnisarbeit zu wörtlich genommen haben, denn die eigentliche Produktion des Gefängnisses richtete sich nicht auf die Herstellung von Waren sondern von Menschen (vgl. Cremer-Schäfer/Steinert 1986). Foucault (1977) begreift das Gefängnis als Übungsfeld und Vorbild für die Veränderung der Ökonomie der Macht beim Über- gang vom Zeitalter des Merkantilismus in gegenwärtige Produktions- und Herrschaftsverhältnisse. Den angeblichen Humanisierungsprozeß, der die körperliche Folter abschafft und statt dessen in der neu geschaffenen Institution des Gefängnisses die Seele bearbeitet, interpretiert er als eine neue Machtstrategie. Statt in aller Öffentlichkeit am Schaffott mittels drastischer Maßnahmen die Macht

* Ursprünglich erschienen in: Streit. Feministische Rechtszeitschrift 1991, S. 23-33.

J. Feest und B. Pali (Hrsg.), *Gerlinda Smaus: „Ich bin ich“*, Schriftenreihe des Strafvollzugsarchivs, https://doi.org/10.1007/978-3-658-31723-2_6

zu demonstrieren, erscheint es lohnenswerter, sukzessive und dauerhafte Disziplinierungstechniken anzuwenden, die Konformität und die beste Nutzung der einzelnen Körper in größeren Körperschaften, sei es Gefängnis, Militär, Schule, Spital und vor allem die Fabrik sichern. Diese Macht ist so aufgeteilt, daß sie, selbst praktisch unsichtbar und unangreifbar, alles überwachen kann. So wie sich im Gefängnis auf den einzelnen ständig ein Auge richtet, so wacht das Gefängnis als Institution und Gebäudekomplex unaufhörlich über seine symbolische Umgebung. Die Leistung des Gefängnisses besteht nicht in der Besserung der Kriminellen oder der Bekämpfung der Kriminalität, sondern darin, daß es die Kriminellen ausgegrenzt hat und beständig reproduziert.

Noch ausdrücklicher als Foucault gehen Melossi und Pavarini (1981) auf den Bedarf an disziplinierten Menschen ein. Sie ordnen dieses neue gesellschaftliche Bedürfnis historisch der Entstehung der kapitalistischen industriellen Gesellschaft zu, die sowohl neue Technologien als auch, neue Herrschaft hervorgebracht hat. Die neue arbeitsteilige Arbeitsweise in Manufakturen und später Fabriken verlangt nach einem der Maschine angepaßten Arbeiter, dem der Zugang zu allen anderen Substitutionsmitteln abgeschnitten ist. Die neue Herrschaft verlangt nach Menschen, die ihre industrielle Knechtschaft und ihre Mittellosigkeit geduldig ertragen. Das moderne Gefängnis, welches Ende des 18. Jahrhunderts entstanden ist, spiegelte die erwünschten Tugenden der mittellosen Menschen wider: Ihre Bewegungsfreiheit soll eingeschränkt sein; sie sollen stillschweigend arbeiten; ihre Zeit soll klar in Arbeitszeit und Gebetszeit eingeteilt sein. Die Arbeitsdisziplin ist die·Disziplin und Moral schlechthin. Darüber hinaus soll der einzelne Gefangene/Arbeiter keine Koalitionen mit seinesgleichen eingehen dürfen, denn das könnte zu einer Bestätigung der eigenen Lebensweise bzw. des Lebensstils führen und die Gefahr heraufbeschwören, daß alternative Ordnungen und Disziplinen diskutiert würden. Statt dessen sollen sie isolierte Individuen darstellen, deren einzige Verbindung in der strengen hierarchischen Unterordnung besteht.

Auf einer abstrakten Ebene stellt die Gefängnisorganisation das Vorbild oder Abbild einer ideellen Ordnung der bürgerlichen Gesellschaft dar: Im Gefängnis kommt ebenso uneingeschränkt ihre Hegemonie wie die klare Trennung der Besitzenden von der besitzlosen Masse zum Ausdruck. So wie das Gefängnis „Kriminelle“ in unschädliche und ungefährliche Strafgefangene transformiert, werden in Freiheit Arme in unschädliche und darüber hinaus nützliche Proletarier umgewandelt; bei beiden Zielgruppen wird eine negative Homogenität hergestellt. Dieser Transformationsprozeß stützt sich auf physische Zwangsmittel, im Gefängnis direkt, in der freien Gesellschaft auf die physische Tatsache des Entzuges aller Produktionsmittel und einer zusätzlichen Androhung des Zwanges. Die Realsubjekte passen sich an, weil dies ihre einzige Überlebensstrategie ist. Der disziplinierte, auf Arbeitskraft reduzierte Strafgefangene sei der Prototyp des „abgerichteten" Arbeiters.

Aber auch diese Produktion von „zuverlässigen Menschen" (vgl. Trciber/Steincrt 1980) durch das Gefängnis wird mißverstanden, wollte man sie bloß auf die Gefängnisinsassen selber beziehen. In Wirklichkeit werden ja nur wenige Strafentlassene vom Produktionsprozeß wieder aufgenommen. Das Gefängnis ist vielmehr als eine *Inszenierung* der erwünschten Ordnung zu verstehen, deren Botschaft der besitzlosen Masse gilt. Sie ist die eigentliche Zielgruppe des Disziplinierungsprozesses, der im Gefängnis an einem kleinen Teil der Masse „vorexerziert" wird.

1.2

Soziologische Analysen des gegenwärtigen Gefängnisses belegen deutlich, daß die Disziplinierung der Arbeitskraft nicht ein für allemal als abgeschlossen gelten kann, sondern mit jeder neuen Kohorte von Mittellosen reproduziert werden muß. Ein klares Indiz dafür sind die zunehmenden Einweisungen wegen Verstößen gegen das Betäubungsmittelgesetz, denn gemäß den praktizierten Anwendungsregeln ist es nicht der Drogenbesitz oder -genuß, der zur Verurteilung führt, sondern die „mangelnde Arbeitsdisziplin". Was in der Geschichte galt, wird – bei einem viel höheren Lebensniveau – von Voß (1979) auch für die Gegenwart nachgewiesen:

- Die Freiheitsstrafe als die härteste Negativsanktion verdeutlicht exemplarisch das gewünschte konforme Verhalten. Da die Freiheitsstrafe in 60% (einschließlich Untersuchungshaft) aller Fälle für Eigentumsdelikte verhängt wird, stellt die Unantastbarkeit der Eigentumsordnung den Kern der „Normalität" dar.

- Die Freiheitsstrafe stabilisiert die gesellschaftliche Hierarchie durch die Tiefstpunktmarkierung. Die höheren Stufen der vertikalen Struktur werden durch Leistung legitimiert – die problematische Stelle dieser Struktur bildet der Abschluß nach unten. Das Gefängnis verdeutlicht gegenüber den konformen Mitgliedern auf der untersten Stufe (z. B. Langzeitarbeitslosen, Sozialhilfeempfängern, mittellosen Jugendlichen), daß sie immer noch etwas zu verlieren haben.
- Die Freiheitsstrafe baut bei der Bevölkerung Vorstellungen über „innere Feinde" – die „Kriminellen", die „Drogensüchtigen" u. a. – auf. Diese Feindbilder werden dann von der Herrschaft dazu benutzt, in für sie krisenhaften Situationen von wichtigeren Problemen abzulenken. Organe sozialer Kontrolle rechtfertigen mit der angeblichen Bedrohung die präventive Kontrolle der noch un- bescholtenen Bürger, den Ausbau des Apparates und die Beschneidung von bürgerlichen Freiheitsrechten „bei Gefahr" (vgl. Smaus 1985).
- Schließlich verschleiert die Freiheitsstrafe die soziostrukturellen Bedingungen der Kriminalisierung. Angesichts der homogenen Auslese der Population der Gefängnisse könnte man tatsächlich glauben, daß sich nur Unterschichtsmitglieder strafbar machen.

Es ist interessant festzustellen, daß die von Voß herausgestellten Organisationsprinzipien des Gefängnisses, nämlich „Einschließen und Kontrollieren", „Lebensqualität senken und Übel zufügen" und „Anpassen" genau den negativen Kriterien entsprechen, gemäß welchen Richter über die „Freiheitsstrafe-Würdigkeit" von Angeklagten entscheiden:

- Wer „ungebunden ist", „ein ungeregeltes Leben führt" und „über ungehemmte Energien verfügt" muß eingeschlossen und überwacht werden;
- wer seinen Unterhalt nicht durch ehrliche Arbeit verdient und/oder seinen niedrigen Lebensstandard nicht akzeptiert, muß noch schlechtere Bedingungen erfahren, damit er künftig seinen Platz in der Gesellschaft erduldet;
- wer noch jung ist, und das bedeutet, wessen Arbeitskraft noch lange zur Verfügung stehen wird, und der eine „gute Prognose" hat, der soll durch Berufstraining angepaßt werden (vgl. Peters 1978).

Daß das Gefängnis einschließt und kontrolliert, die Lebensqualität senkt und Übel zufügt und gegebenenfalls anpaßt, ist auch die Nachricht, die von dieser Einrichtung ausgehen soll. Die Darstellung des Gefängnisses in den Massenmedien und der öffentlichen Meinung wird sorgfältig kontrolliert, damit es bei aller Liberalität nicht aufhört, als ein Ort des Übels zu erscheinen. Die Übertragung dieser Nachricht ist jedoch nicht nur den Massenmedien anvertraut, sondern geht zum größten Teil von der Architektur der Gefängnisse mit ihren hohen Mauern und Gittern, von den (fast) fensterlosen Fahrzeugen für Gefangenentransporte, von dem Waffen und Schlüsselbünde tragenden Personal und nicht zuletzt von der einheitlichen Kleidung der Gefängnisinsassen selbst aus.

Nun, diese aufschlußreichen Analysen sind zweifelsohne auf den männlichen Teil der Menschheit bezogen, und dies ist auch folgerichtig, denn das Strafrecht kontrolliert vor allem das Verhalten von Männern. Das Gefängnis ist eine von Männern für Männer geschaffene Einrichtung – und dies liegt nicht daran, daß Frauen an sich weniger „kriminell“ wären, sondern daran, daß Frauen andere Funktionen zugedacht und anderen Kontrollmechanismen unterstellt wurden. Im Folgenden möchte ich dies erläutern.

2 Frauenkriminalität und soziale Kontrolle von Frauen

2.1

Die wichtigste Frage bezüglich der Frauenkriminalität lautet: „Welchen Sinn erfüllt das Strafrecht damit, daß es im höchsten Maße geschlechtsspezifisch selektiv ist?“. Die nachgeordnete Frage ist dann, auf welche Weise das Verhalten von Frauen kontrolliert wird.[1]

Wie oben dargestellt, haben sich kritische Analysen des Strafrechts bisher vornehmlich mit dem Aspekt seiner Nützlichkeit für die Aufrechterhaltung (je nach theoretischem Kontext) der vertikalen Gliederung der Gesellschaft, der ungleichen Verteilung von Ressourcen und Macht, der Erhaltung der Kerninstitution der gegenwärtigen Produktionsverhältnisse, nämlich der Eigentumsverhältnisse, kurz des Kapitalismus befaßt (vgl. Poulantzas 1976). Erst eine umfassende feministische Theorie der Gesellschaft ermöglicht die Einsicht, daß der status quo nicht

---

1 Ähnlich formulierte Fragen habe sich Goessler-Leirer und Steinert schon vor 15 Jahren gestellt und Lösungen angeboten (1975). Es ist bemerkenswert, wie leicht gerade adäquate kritische Theorien in Vergessenheit geraten.

allein durch die Produktionsverhältnisse, sondern wesentlich auch durch die Herrschaft des männlichen Geschlechts über das weibliche geprägt ist. Kann es sein, daß das Strafrecht neben der materiellen Ungleichverteilung auch die ungleiche Verteilung der Macht zwischen den Geschlechtern schützt oder zumindest symbolisch verdeutlicht?

Die ungleiche Verteilung von Gütern und die Herrschaft von Männern über Frauen hängen folgendermaßen zusammen: In der Wirtschaft, Verwaltung, Militär und Politik (nach Habermas „im System") besteht eine Ungleichheit sowohl hinsichtlich der Eigentums- als auch der Machtverteilung. Hier herrschen wenige Männer über die Mehrheit der Angehörigen des gleichen Geschlechts, hier wird definiert, was in bezug auf die materielle Reproduktion des Systems die beherrschten Männer sollen und was dagegen strafrechtlich verboten ist. Als Kompensation für die Duldung dieser zweifach – materiell und hierarchisch – unvorteilhaften Verhältnisse, „bieten" die herrschenden Männer den beherrschten Geschlechtsgenossen Macht in der „Privatsphäre" gegenüber ihren Frauen und Kindern an. Die „Privatsphäre" stellt somit eine Einrichtung dar, in der alle Männer zusammen das Patriarchat aufrechterhalten (vgl. Messerschmidt 1988, S. 83 ff.).

Man muß daher zwischen einer „öffentlichen" und einer „privaten" Männerherrschaft unterscheiden und die dichotome Geschlechtsvariable in drei Ausprägungen aufspalten: Männer in der „öffentlichen" Sphäre, Männer in der „privaten" Sphäre und Frauen, die grundsätzlich der privaten Sphäre zugeordnet werden. (Selbst eine erfolgreiche berufstätige Frau wird nach ihrer Leistung im Bereich der natürlichen Reproduktion beurteilt). Die im System herrschenden Männer weisen beiden Geschlechtern Rollen zu bzw. tradieren die überlieferten Rollen und definieren beiderlei Kriminalität. Die männlichen Normen beziehen sich auf Funktionen im Bereich der materiellen, die der Frauen auf Funktionen im Bereich der natürlichen Reproduktion. Männer werden generell der Kontrolle durch das „öffentliche" Strafrecht unterstellt, die Kontrolle von Frauen wird weitgehend der Privatsphäre überlassen. Wenn bei Frauen öffentliche Kontrolle angerufen wird, führt sie häufiger zu somatischen und psychiatrischen als zu kriminellen Definitionen. Betrachten wir zunächst das Verhältnis von Frauen und Strafrecht.[2]

---

[2] Der gewählte Ansatz stellt m.E. nicht nur eine Verbindung zwischen den Strukturen „Kapitalismus" und „Patriarchat" her, sondern läßt sich auch kohärent im Rahmen des sogenannten Kontrollparadigmas anwenden. Vielen feministischen Theorien der Frauenkriminalität ist gemeinsam, daß sie die geringe Kriminalitätsbelastung ursächlich durch Umwelteinflüsse (z. B. „private Sphäre", „zweifache Unterdrückung") erklären (vgl. Gipser 1975; Smart 1976; Stang Dahl/Snare 1978; Dürkop/Hartmann 1975; Bröckling 1980, Funken 1989). Die Ursachenforschung (d.h. der ätiologische Ansatz) wird aber in der kritischen Kriminologie als eine unhaltbare Theorie gewertet. Eine

2.2

Nur wenige Verhaltensweisen von Frauen werden ins Strafrecht und damit in die öffentliche formale Kontrolle aufgenommen (vgl. Bröckling 1980, S. 78 f.). Diese Tatbestände beziehen sich auf die natürliche Reproduktion der Gesellschaft. Verstöße gegen diese Normen bilden die „spezifisch" weibliche Kriminalität. Die Sicherung der legalen Nachkommenschaft, und d.h. der Erbfolge, gehört zu den wichtigsten Konnexinstitutionen des weit umfassender geschützten Eigentums. Unter diesem Gesichtspunkt ist ihre Aufnahme in das Kontrollmittel „Strafrecht" verständlich, zumal der Abtreibungsparagraph nicht nur einen öffentlichen Zugriff ermöglicht, sondern auch die Macht der „privaten" Männer bestärkt. Typischerweise immunisiert er die am Zustandekommen unerwünschter Schwangerschaften beteiligten Männer; mit seiner Hilfe könnte der Wille des Mannes gegen den Willen der Frau durchgesetzt werden, von der Möglichkeit, das Wissen um eine Abtreibung erpresserisch zu nutzen, ganz zu schweigen.

Bei den anderen Delikten, deren Frauen häufiger überführt werden, handelt es sich um eine buchstäbliche, und das heißt eigentlich widersinnige, Anwendung strafrechtlicher Tatbestände aus dem Bereich der materiellen auf den Bereich der natürlichen Reproduktion. Mit anderen Worten haben selbst „gleiche" Handlungen für Männer und Frauen subjektiv einen anderen „Sinn" und objektiv eine andere Funktion. Z. B. erlangte der Tatbestand des Diebstahls seine gegenwärtige Bedeutung zu einer Zeit, in der das Verbot, sich Eigentum ohne eine äquivalente Gegenleistung anzueignen, an das Gebot der Arbeitsdisziplin geknüpft wurde (vgl. Ignatitieff 1978). Das Diebstahlsverbot hatte daher vor allem eine Funktion im „System" und bezog sich und bezieht sich weiterhin auf das Verhalten von Männern. Diese sollen arbeiten statt stehlen. Frauen sollen zwar auch nicht stehlen, sie sollen aber vor allem nicht auf dem Arbeitsmarkt mit Männern konkurrieren. Kaufhausdiebstähle, die Frauen begehen, gelten auf der Seite der Geschädigten durchaus als Verletzungen ihrer Verwertungsinteressen; strafrechtlich beurteilt fehlt jedoch die Disjunktion „gestohlen statt gearbeitet". Bei der gegenwärtigen Rollenteilung stehlen Frauen an ihrer Männer Statt; der Warendiebstahl dient entweder als Beitrag zu Subsistenzsicherung oder ist gänzlich „nutzlos". Keinesfalls wird die gestohlene Ware „kapitalisiert", wie dies bei männlichen Tätern häufiger der Fall sein soll. Wenn Frauen etwas aus dem Kaufhaus, ohne es bezahlt zu haben,

feministische Theorie der Kriminalität muß sich auch diesem Anspruch stellen. Zur Kritik der ätiologischen Erklärungsansätze vgl. Sack 1978; zur Kritik der ätiologischen Beiträge zur Frauenkriminalität vgl. Smaus 1990.

wegtragen, gleicht es eher dem früher bekannten „Sammeln“ von Brennholz, Früchten, Ähren usw., das seit dem Beginn der Industrialisierung nach und nach verboten wurde (vgl. Hall 1935) oder sich für die Betroffenen selbst als „Sammeln“ nicht mehr „rechnet“. Mir scheint, daß auch die Beförderungserschleichung in die Kategorie des Sammelns gehört.

Beleidigungen oder üble Nachreden sind Varianten der verbotenen Praktiken, das eigene Produkt durch eine Kritik an Produkten anderer Hersteller hochzuloben, und eine besondere Variante des Marktes stellt der Heiratsmarkt dar.

Zu anderen Delikten, vor allem im Bereich der Wirtschaft, hatten Frauen bisher keinen Zugang – gleich wenig wie Männer der Unterschicht, ohne daß wir uns hier die Frage stellten, ob sie denn weniger kriminell als Mitglieder der Oberschicht wären. Eigentlich hätte man (mit Adler 1978) ein Anwachsen der Kriminalitätsbelastung von Frauen mit zunehmendem Zugang zum System erwarten können. Daß sich die Prognose nicht erfüllt hat, hat von neuem den ätiologischen Aussagen über die moralische Höherwertigkeit der Frauen Vorschub geleistet. M. E. sollte man statt dessen die Fakten umbewerten. Wahrscheinlich besitzen Frauen keineswegs die Positionen, in den sie Gelegenheit hätten, bedeutende Tatbestände zu erfüllen. Sollten sie die je erreichen, dann wäre die Erkenntnis anzuwenden, daß die „gehobenen“ Tatbestände in der Regel zu einer völlig legalen Immunisierung der Täter führen. Ich sehe nicht, warum dies bei Frauen anders sein sollte, es sei denn, Männer würden sich des Strafrechts bedienen, um unliebsame Konkurrenz wieder loszuwerden.

Die Anwendung von „systemischen“ Tatbeständen auf Frauen ist eine Konsequenz der Universalisierung des Rechts. Dieses hat alle Bürger eines Staates als gleiche Rechtssubjekte etabliert, wobei die Ungleichheit in der bürgerlichen Gesellschaft, auch im Hinblick auf das Geschlecht, unangetastet blieb. Einmal eingeführt, macht das Recht quasi keine Unterschiede. Es scheint jedoch, daß Richter, die den Sinn des Strafrechts „richtig“, d.h. gemäß seinem „second code“ erfaßt haben, seine Inadäquanz für Frauen spüren. Erwiesenermaßen urteilen sie anders, wenn die Angeklagte eine Tat begangen hat, die eine „männliche“ Abweichung von der weiblichen Rolle darstellt, als wenn eine Angeklagte bei der Erfüllung ihrer weiblichen Pflichten versagt hat. Im ersten Falle wird von einem „Rollenüberschuß“, im zweiten von einem „Rollendefizit“ gesprochen. Das sozial zwitterhafte Verhalten wird hart das defizitäre wird milder bestraft. Wenn sich Richter bei der Strafzumessung scheinbar „ritterlicher“ verhalten,[3] „weil Frauen ins Haus

---

[3] Der Vergleich der Strafzumessung ist alleine nicht aus- schlaggebend, vielmehr muß die Beziehung zum erkannten Tatbestand beachtet werden. Oberlies z. B. weist in ihrer Untersuchung der

zu den Kindern gehören" (vgl. Bertrand 1967, S. 151; zit. bei Bröckling 1980, S. 80), dann steht die Einsicht dahinter, daß es keine Reservearmee an Müttern und Ehefrauen gibt. Ehefrauen und Mütter werden von den Gerichten wahrscheinlich ebenso bevorzugt behandelt, wie berufstätige männliche Angeklagte im Vergleich mit den arbeitslosen (vgl. Peters 1978, Kips 1990).

Vor allem aber „weiß" jeder Richter, daß Frauen auch noch anders kontrolliert werden, z. B. durch den relativ sanften Zweig der somatischen Medizin, ferner durch die – mit dem Strafrecht vergleichbare – Psychiatrie und vor allem durch ihre eigenen Männer.

2.3

Auf die Besonderheiten der medizinischen Kontrolle von Frauen kann ich hier nicht eingehen. Es ist jedoch wichtig, sich die Unterschiede zwischen den kriminellen, somatischen und psychischen Definitionen klar zu machen. Sie ergeben sich aus der unterschiedlichen Zusammensetzung zweier Kriterien, nämlich von der (zugeschriebenen) *Verantwortlichkeit* bzw. *Intention* abzuweichen und dem aus der Rolle fallenden *Sich-Verhalten*. Die Definition des physisch Kranken impliziert, daß der Betroffene seine ihm aus der eingenommenen Position fließenden Pflichten nicht wahrnehmen kann. Er muß aber zu erkennen geben, daß er dies gerne möchte. Der psychisch Kranke sieht die Verwerflichkeit seines Verhaltens nicht ein; der Kriminelle wäre imstande, seine Pflichten zu erfüllen, er tut dies jedoch absichtlich nicht und engagiert sich statt dessen in verbotenen Aktivitäten (vgl. Goffman 1974, S. 452 ff.). Die Intentionalität des Handelns weist den Handelnden als ein kompetentes Mitglied der Gesellschaft aus – und dieser Status bleibt Männern vorbehalten. Die somatische Abweichung steht beiden Geschlechtern zur Verfügung, sie wird aber von Frauen häufiger in Anspruch genommen. Es scheint, daß die somatische Medizin im großen Umfange Frauen mit ihrem Schicksal versöhnlich stimmt – sie erhalten für ihre Leiden Kompensation, werden in ihren regressiven Wünschen bestätigt und brauchen nicht aufzubegeh-

geschlechtsspezifischen Aspekte der Tötungskriminalität nach, daß bei Frauen, die von ihrem späteren Opfer häufig in der Vergangenheit und vor der Tat mißhandelt wurden, auf den Strafmilderungsgrund minder schwerer Fall erkannt wird. Würde statt dessen grundsätzlicher das Vorliegen von Notwehr oder Notstand geprüft, könnte dies zu Exkulpierung führen (1989, S. 66 ff.).

ren.[4] Dies ist für die Männerherrschaft ebenso funktional, wie ein kranker Arbeiter im Vergleich zu einem streikenden im Produktionsprozeß.

Bei der psychiatrischen Definition, die bei Frauen vorgezogen wird, wird der vollwertige Erwachsenenstatus abgesprochen: Frauen haben nicht die gleiche Verantwortlichkeit und die gleichen Rechte wie Männer und werden deshalb nicht bestraft, sondern „behandelt“. Diese angebliche Bevorzugung bedeutet in Wahrheit häufig den Verlust der Mündigkeit und derjenigen rechtsstaatlichen Garantien, die für die Insassen der Gefängnisse gelten.

Die ultima ratio der Männerherrschaft bildet indessen die private Gewaltanwendung gegenüber Frauen. Die Privatsphäre wird häufig – positiv – als ein vor staatlichen Eingriffen geschützter Freiraum dargestellt. Im feministischen Schriftum wird zwar auf Benachteiligungen, die Frauen durch ihre Verortung in der privaten Sphäre erleiden, hingewiesen; ihre „Unsichtbarkeit“ wird jedoch als eine naturwüchsige Tatsache hingenommen[5] (vgl. Werner 1980; Stang Dahl/Snare 1978). Das ist die „Privatsphäre“ freilich ebensowenig wie das Rechtsinstitut des „privaten Eigentums“, mit welchem sie aufs Engste zusammenzuhängen scheint (vgl. Ahrweiler 1976, S. 81, 93 f.). In unserem Kontext zeigt sich, daß die „Freistellung“ von der formellen Kontrolle durch den „Staat“, also durch die offizielle Männerherrschaft, mit der Befugnis der privaten Männer, in dieser Sphäre Herrschaft auszuüben, einhergeht. Die Besonderung der Privatsphäre, in der die sogenannte informelle Kontrolle von Frauen (und Kindern)[6] ausgeübt wird, erweist sich als eine

---

4 Es scheint, daß Parsons (1958) geschlechtsneutrale Ausführungen über Krankheit, ihre Kontrolle durch Mediziner und sekundären Krankheitsgewinn an Aussagekraft gewinnen, wenn sie auf Frauen angewendet werden. Es könnte sein, daß Männer deshalb seltener zum Arzt gehen, weil sie die damit verbunden Subordination vermeiden wollen. Zur somatischen und psychosomatischen Kultur von Frauen vgl. auch Rodenstein 1984 und Vogt 1985, grundlegend für das Verständnis der psychiatrischen Definition abweichenden Verhaltens ist Chesler 1974. Eine eingehende Untersuchung der psychiatrischen Kontrolle von Frauen in Deutschland steht m.W. noch aus. Wertvolle Einsichten vermittelt Burgard 1980.

5 Ein Zitat soll das Gemeinte verdeutlichen: „Der Unterschied zwischen 'privatem' und 'öffentlichem' Sektor hat eine materiale Grundlage und beeinflußt alle Bereiche des gewöhnlichen Lebens. Wegen ihrer Verbundenheit mit der Institution Familie sind Frauen primär in den privaten Sektor verwiesen. Männer dagegen verbringen einen großen Teil ihres Lebens in bezahlter Produktion, arbeiten außerhalb des häuslichen Bereichs [...] beide Bereiche haben unterschiedliche Sichtbarkeit“ (Stang Dahl/Snare 1978, S. 12 f.).

6 Informale Kontrolle wird hier im engen Sinne als Maßnahmen zur Vermeidung von und Reaktionen auf abweichendes Verhalten verstanden. Werner dagegen diskutiert unter diesem Begriff den Zwang der sozialen Verhältnisse selber: die ökonomische Abhängigkeit der Frauen von Männern, daher der Zwang zur privaten Reproduktionsarbeit und Ausbeutung der weiblichen Sexualität (1980, S. 217 ff.).

für die Männerherrschaft funktionale Einrichtung. Die Aussage: „die Kontrolle von Frauen wird informell wahrgenommen" bedeutet: Frauen werden der Kontrolle zunächst seitens ihrer Väter und später ihrer Männer überlassen. Im Unterschied zu jugendlichen Männern greifen Organe sozialer Kontrolle bei Mädchen nicht erst dann ein, wenn diese eine kriminelle Handlung begangen haben, sondern schon, wenn eine „moralische Verwahrlosung" droht. Als ein erstes Anzeichen dafür wird gewertet, wenn sich das Mädchen der familiären Kontrolle entzieht oder die Eltern nicht mehr imstande sind, die Kontrolle auszuüben.[7] Die Verwahrlosung und ihre Stufen werden dabei ausschließlich an der sexuellen Freizügigkeit der Mädchen bewertet: Sie reichen von „willensschwachen, verführbaren Mädchen" bis zu „Frauen mit dauernd wechselndem Geschlechtsverkehr" bzw. „berufsmäßiger Prostitution". Die letztere Stufe führt im Ermessensfalle zu der Anwendung des Erwachsenenstrafrechts, weil sexuelle Frühreife eben doch als „Reife" interpretiert wird (vgl. Einsele 1977, S. 287 f.). Hier wird zusätzlich bestraft, daß junge Frauen aus der Obhut und der Abhängigkeit vom Vater oder einem Manne ausgebrochen sind. Die gesamte „Rettungsideologie" der Sozialarbeit baut darauf auf, daß Frau einen Mann findet, der sie ernährt und auf sie aufpaßt (vgl. Kersten 1986, S. 241 ff.). Frauen, welche sich diesen Normen widersetzen, begehen die Statusabweichungen „Ehelosigkeit" bzw. „Kinderlosigkeit" (Werner 1980, S. 218 f.).

Die normative Unterstützung der privaten Männerherrschaft geht so weit, daß die Gewalt, die Männer gegen „ihre" Frauen und Kinder anwenden, als „Familienstreitigkeiten" definiert wird und so die Männer vor dem Zugriff seitens Organen sozialer Kontrolle weitgehend immunisiert werden (vgl. Goy 1990, S. 302). Die im Vergleich mit der Dunkelziffer seltenen Verurteilungen von Männern wegen Gewaltanwendung dienen der symbolischen Verschleierung der Tatsache, daß die physische *Gewalt der ultima ratio* der Männerherrschaft darstellt. Die Bedeutung der Gewalt bei der Beschränkung der Bewegungsfreiheit von Frauen wurde zunächst von den Vergewaltigungsuntersuchungen herausgestellt. Gewalt wird

---

[7] Dies wird übereinstimmend in der zugänglichen Literatur bestätigt. Armstrong z. B. nennt folgende Gründe für Einweisungen von jungen Frauen: Weglaufen von zu Hause Unverbesserlichkeit, sexuelle Vergehen, Verletzungen von Aufsichtsauflagen, Schulschwänzen. Alle Frauen würden auf Geschlechtskrankheiten untersucht (1977, S. 115 f.). Zum „eigenen Wohle" der Mädchen würden sie für nicht- kriminelles Verhalten härter als Männer für kriminelles bestraft, sagt Chesney-Lind. „Weglaufen" und „Unverbesserlichkeit" bilden diejenigen unspezifischen Kategorien hinter denen Gerichte ihr eigentliches Interesse an Gehorsamkeit der Mädchen hinsichtlich des zweifachen Stan-dards der Sexualmoral verbergen. Die Gerichte urteilten bei Frauen ausdrücklich *in loco parentis* (1977, S. 125 ff.), statt, wie bei Männern, *in loco super ego*.

hier als eine von fremden Männern ausgehende Bedrohung interpretiert, die Frauen zwingt, in geschützten privaten Räumen zu verbleiben oder sich nur im Schutze „ihrer“ Männer in“ gefährliche“ Situationen zu begeben. Dies begreift Weis zutreffend als ein Kontrollmittel über Frauen (vgl. Weis 1982, S. 212 f.). Damit ist jedoch u.U. Frauen wenig geholfen, denn bekanntlich greifen die eigenen Männer weit häufiger zu Gewaltmitteln als fremde (vgl. z. B. Hagemann-White et. al. 1981).

Strukturell gesehen gibt es für Frauen aus der stets potentiell vorhandenen Gewaltsituation kein Entkommen, und wir müssen endlich würdigen, daß die physische Gewalt im Verhältnis von Männern zu Frauen die gleiche Rolle spielt wie im Verhältnis des Staates zu seinen Bürgern. Sie bestimmt, quasi legalerweise, das Geschlechterverhältnis. Luhmann hat die universale Nützlichkeit der physischen Gewalt herausgestellt: Sie beruht auf der Tatsache, daß Menschen einen Körper haben. Analog zu seinen Ausführungen über die Bedeutung von physischer Gewalt im Recht (1972) kann man sagen, daß Männer Gewalt dann anwenden, wenn Frauen Konsens oder Gehorsam als Gegenleistung für materielle Versorgung oder aus Liebe und Zuneigung versagen. Ihre eigentliche Wirksamkeit beruht aber auch hier darauf, daß sich die Beherrschten stets ihrer Präsenz bewußt sind, und dies sichert zuverlässig zumindest einen fiktiven Konsens bzw. eine Duldung der Verhältnisse. Wozu alle Männer fähig wären, das wird der weiblichen Öffentlichkeit in Prozessen zur Schau gestellt. Dem männlichen Geschlecht dagegen wird mitgeteilt, daß derjenige verurteilt wird, der Gewalt wirklich anwendet und dies zudem nicht heimlich tut. Das Strafrecht hat hier in bezug auf Frauen eine ähnliche Funktion wie ein Besatzungsrecht in bezug auf die Zivilbevölkerung: Auf dem Boden eines grundsätzlichen Un-Rechts wird zu ihren Gunsten auf einzelne Besatzer das Strafrecht angewendet. Die Strafe kann sie aber, wenn überhaupt, nur von Übertreibungen abhalten. Die jüngste Debatte um die Reform des Vergewaltigungsparagraphen hat gezeigt, mit welcher Zähigkeit die männlichen Hüter der Männerherrschaft die günstigen rechtlichen Verhandlungsspielräume verteidigen (vgl. Goy 1986, Frommel 1989).

3 Das Frauengefängnis

3.1

Obwohl die Schichtzugehörigkeit der Strafgefangenen statistisch nicht erfaßt wird, ist aus zahlreichen Untersuchungen bekannt, daß Mitglieder der unteren Unterschicht in der Population der Gefängnisse signifikant überrepräsentiert sind.[8] Daran hat sich auch nach der Zunahme der Verurteilungen wegen Verstößen gegen das BTM-Gesetz wesentlich nichts geändert (vgl. Graalmann 1982, S. 110). Anhand des Bildungsgrades wird (für beide Geschlechter zusammen) lediglich festgestellt, daß BTM-Verurteilte gegenüber anderen Strafgefangenen einen etwas besseren, gegenüber Drogenkonsumenten im Dunkelfeld allerdings einen schlechteren Bildungsdurchschnitt aufweisen (Graalmann 1982, S. 83). Deshalb kann man nach wie vor an den oben dargestellten Funktionen des Gefängnisses für die der Unterschicht angehörigen Männer festhalten und analog dazu Hypothesen über die Funktion des Frauengefängnisses ableiten:

So wie das männliche Gefängnis symbolisch den „zuverlässigen Proletarier" kreiert, reproduziert das Frauengefängnis die „zuverlässige Hausfrau" eines Unterschichtsmitglieds. Geht es bei Männern bei der gegenwärtigen hohen Arbeitslosenrate um die Erhaltung des einzig erlaubten Konnexes zwischen Lohn bzw. legalen Zuwendungen und Konsum (vgl. Cremer-Schäfer/Steinert 1986, S. 80 ff.), so geht es bei Frauen darum, in dieser Kette hinten angestellt zu bleiben. Was aus der Perspektive der Organe sozialer Kontrolle eine richtige Hausfrau sein soll, erfahren wir aus den Begründungen für Einweisungen. Wie schon gesagt, sind es nicht eigentlich kriminelle Handlungen, sondern die Lebensführung, die bestraft werden soll. Was bei Frauen wirklich beurteilt oder wiederhergestellt werden soll, ist

[8] Noch schwieriger ist es freilich, etwas über Frauen zu erfahren. Seidel ermittelte, daß in Wiesbaden im Zeitraum von 1979-1981 in Strafverfahren gegen weibliche Jugendliche 71,2 % wegen einfachen Diebstahls, 6,4 % wegen Diebstahls im besonders schweren Fall, 6,4 % wegen Fahren ohne Fahrerlaubnis und 5,6 % (usw.) wegen Vergehen gegen das BTMG verurteilt wurden (1988, S. 175). Nach Püschel/Brinkmann beträgt der Anteil der weiblichen Verurteilten an allen verurteilten Drogendelinquenten in Hamburg 8,8 % bzw. 8,2 % in den Jahren 1975 und 1977. Eigens erwähnt wird, daß 13 % bzw. 20 % Prostituierte waren (1982), was auch auf die Bedeutung der „Lebensführung" bei Frauen hinweist. Die Schichtzugehörigkeit wird nur für beide Geschlechter zusammen ermittelt und bei Drogenkonsumenten zu 80 % die Zugehörigkeit der Eltern (in einem 4-Schichten-Modell) zur unteren Unterschicht festgestellt (Becker und Skarabis 1980; zit. bei Coignerai- Weber/Hege 1981, S. 136 ff.).

1) ihre Reproduktionsfähigkeit. Diese schließt die Heirats- und Mutterfähigkeit ein. Frauen sollen sich nicht leicht verführen lassen, sie sollen einem Manne treu sein. Sie sollen dem Manne, dem• sie gehören, legale Nachkommenschaft sichern. Für diese Kinder sollen sie persönliche Verantwortung und Verpflichtungen übernehmen. Zum einen entfiele damit faktisch die subsidiäre Fürsorgepflicht des öffentlichen Patriarchats, und zum anderen wird symbolisch die Überzeugung aufrechterhalten, daß Reproduktionsarbeit eine Privatangelegenheit sei.
2) ihre Abhängigkeit vom Ernährer. Frauen sollen nicht, wie es Prostituierte tun, ihre natürliche Ausstattung zum unmittelbaren Zugang zu universalen Tauschmitteln, d.h. zum Geld, benutzen. Vielmehr sollen sie sich mit einem Austausch von Leistungen innerhalb der Ehe begnügen. Damit wird deutlich ihre „richtige" Beziehung sowohl zum Ehemann wie zum Arbeitsmarkt demonstriert, auf dem sie zwar zwangsläufig auch auftreten müssen, der aber niemals zu ihrer Hauptbeschäftigung werden darf. Die Nebensächlichkeit des Arbeitsstatus bei Frauen mindert deutlich ihre Konkurrenzfähigkeit mit Männern, für die der unmittelbare Zugang zum Arbeitsmarkt gleichzeitig ein Privileg und eine Pflicht ist.
3) Zugang zu Organen sozialer Kontrolle. Es ist eine Anmaßung, wenn sich Frauen der privaten Kontrolle entziehen und sich direkt an den „Staat" wenden. Sie sollen sich möglichst schnell wieder den privaten Patriarchen subordinieren. Damit bleibt die öffentliche Ordnung eine Ordnung unter Männern, die private Ordnung die Herrschaft von Männern über Frauen.

Das erste Kriterium, die symbolische Verdeutlichung der nicht-lohnmäßig entlohnten Reproduktionsarbeit, ist strukturell auf die Erhaltung der allgemeinsten Arbeitsteilung in materielle und natürliche Reproduktion der Gesellschaft bezogen. Darin werden Frauen buchstäblich als ein Bestandteil der Natur angesehen, die ohne Gegenleistung ausgebeutet werden kann.

Das zweite Kriterium, der Status einer fluktuierenden Beziehung zum Arbeitsmarkt, hat einen Bezug zu der Erhaltung der Verhältnisse in der materiellen Produktion. Bei weitem nicht alle Gesellschaftsmitglieder sollen Zugang zu dieser wichtigsten Quelle (im Austausch gegen Lohn/Gehalt) von Substitutionsmitteln haben. Es ist daher funktional, wenn man die weibliche Hälfte der Bevölkerung glauben lassen will, daß sie dazu nicht berechtigt ist. Sie kann dann weder vorteilhaftere Positionen noch gleiche Entlohnung für gleiche Arbeit beanspruchen.

Diese beiden Kriterien sind gleichzeitig funktional für die Erhaltung der ökonomischen Abhängigkeit der Frauen von Männern, die die Grundlage der Männerherrschaft bildet. Der Selbstzweck der Aufrechterhaltung der Männerherrschaft kommt eindeutig unter dem Kontrollaspekt im dritten Punkte zum Ausdruck.

Auf der Ebene der Handlungsvorschriften könnten die abschreckenden Botschaften heißen:

- „Frauen, besonders wenn sie Kinder haben, gehören überhaupt nicht ins Gefängnis." Allein die „kleine Zahl" der strafgefangenen Frauen deutet auf die Monströsität von „kriminellen" Frauen hin.
- „Wenn Frauen kriminell werden, werden sie gleichsam hinter noch dickere Mauern als Männer geschlossen" – ist es da nicht besser, die Bewegungsfreiheit in Freiheit von selbst einzuschränken?
- „Frauen im Gefängnis waschen, bügeln, nähen für die strafgefangenen Männer"– Ist es nicht besser, diese Arbeiten zu Hause, für den eigenen Mann zu machen?
- „Frauen im Gefängnis kochen in der Beamtenküche und besuchen gegebenfalls eine Hauswirtschaftslehre." Sollte man nicht lieber freiwillig akzeptieren, daß man das Haushaltsbudget nur durch Putzen und Helfen in gehobenen Haushalten verbessern kann?

3.2

Frauen im Gefängnis sind gleichsam das lebendige Material, mit dessen Hilfe die Nachrichten inszeniert werden. Sie erleben die Zurichtung zu einer richtigen proletarischen Hausfrau am eigenen Leibe und eigener Seele. Daß der Körper nicht mehr gezüchtigt wird, heißt nicht, daß Strafgefangene nicht auch körperlich leiden, zumal in sogenannten modernen Gefängnisbauten und in der Isolationshaft. Ein körperliches Wohlbefinden soll ja gar nicht aufkommen, denn das Gefängnis muß als Übel empfunden werden. Wohl aber bleibt das Über-Ich die Zielscheibe der disziplinierenden Bemühungen.

Das gewünschte Rollenbild von Frauen wird ebenso durch die Ausstattung des Gefängnisses wie durch die Auslassungen eingeprägt. Darauf vornehmlich geht die Literatur ein: Die auf den Haushalt eingeschränkten Arbeitsbereiche wurden oben genannt. Frauen werden keine Ausbildungen angeboten, die sie zum selbständigen Erwerb befähigen würden; das Freizeitangebot gestaltet sich noch dürftiger als bei Insassinnen von Altersheimen (vgl. Einsele 1977, 1982). Die schlechtere Ausstattung der Frauengefängnisse wird meistens auf verschiedene Sachzwänge zurückgeführt und euphemistisch als „kleine Zahl (von Gefangenen) – kleine Programme“ apostrophiert, als ob diese Verbindung zwangsläufig wäre.[9] In der „Logik“ der sozialen Kontrolle ist die Benachteiligung von Frauen auch im Gefängnis folgerichtig, denn sie bestätigt symbolisch ihre Stellung in der „freien“ Gesellschaft.

Es ist vor allem die Organisationsstruktur des Gefängnisses selbst, die die Stellung der Frau reproduziert. Wie viele andere Institutionen auch (vgl. Krankenhaus, Schule) imitiert das Gefängnis das Grundmuster der Familie: die *männliche, väterliche* Rolle (Autorität, Leistung, strenge Kontrolle, physische Kraft, zuletzt auch Zuneigung) übernehmen die Beamten des Sicherheitsdienstes. Dabei kommt es auf das natürliche Geschlecht des Personals nicht an – allein wichtig sind die aus der Position fließenden Rechte und Pflichten. Die *weibliche* Rolle der *strengen Mutter* (Autorität, Hilfe, Fürsorge, Kontrolle) übernehmen die Sozialdienste, die *infantile Rolle* kommt den Gefangenen zu. Sie werden quasi in kindliche Abhängigkeit und Unmündigkeit zurückversetzt. Diese Zurückstufung schafft klare hierarchische Verhältnisse, die den Inhaftierten bedeuten, daß sie auch in der freien Gesellschaft Befehlsempfänger/innen sind. Der damit einhergehende Verlust an Handlungskompetenz ist für das Ziel der künftigen Legalbewährung auch für Frauen kontraproduktiv – zum einen wollen viele Frauen nicht abhängig sein, zum anderen können sich gerade inhaftierte Frauen nicht darauf verlassen, daß ihnen in Freiheit eine vom Ehemann abhängige Existenz angeboten wird.

3.3

Daß Frauen ihre eigentliche Erwachsenenrolle nicht gänzlich verlernen, ist der informalen Struktur des Gefängnisses zu verdanken. Ein Identitätsverlust gehört zu

---

[9] In zahlreichen Beiträgen kritisiert Einsele (1962, 1977, 1982) die Diskriminierung von Frauen im Gefängnis. Von Foucault (1975) haben wir indessen gelernt, die Annahmen über den eigentlich erwünschten Zustand umzukehren. Statt zu glauben, das Ziel von Reformen sei eine Verbesserung, die jedoch aus (unzähligen) Gründen scheitert, sollte man sich fragen, ob nicht gerade die „Mißstände“ funktional sind. Denn die sprichwörtliche „kleine Zahl“ der Insassinnen könnte ja, gleich wie „kleine Schulklassen“ geradezu als die Voraussetzung für „gutes Arbeiten“ mit gefangenen Frauen angesehen werden.

den schlimmsten Folgen des Einschlusses in totale Institutionen, und selbst Insassen von psychiatrischen Anstalten versuchen noch, dem entgegenzuwirken (vgl. Goffman 1961). Erst recht die Strafgefangenen, die eine regelrechte Gefängniskultur entwickeln. Diese stellt jedoch nicht nur den Versuch dar, sich an die besondere Situation in der totalen Institution anzupassen (vgl. Clemmer 1958), als vielmehr einen Versuch, in der Ausnahmesituation die Normalität der Außenwelt herzustellen und darin seine Fähigkeit für das Leben in Freiheit zu konservieren.

Eine besondere Rolle spielen hierbei die sexuellen Beziehungen, die, passend zu der kindlichen Rolle, im Gefängnis eigentlich nicht vorkommen sollten. Bezeichnend ist, daß in einem gleichgeschlechtlichen Milieu keineswegs nur lesbische Beziehungen eingegangen werden. Die Bezeichnung „lesbische Beziehung" bleibt denjenigen Frauen vorbehalten, die auch in der Freiheit Frauen bevorzugt haben. In anderen sexuellen Beziehungen bedienen sich Frauen zwar homosexueller Praktiken, folgen aber dem heterosexuellen Vorbild. Folglich muß dabei eine Frau die männliche Rolle spielen. Diese Tatsache, daß die sozial definierten Geschlechterrollen als stabile, nicht variable Einrichtung, das biologische Geschlecht dagegen als die Variable, auf die es gar nicht ankommt, erscheinen, könnte für die bisherige feministische Theorie weitreichende Konsequenzen haben. Sie läuft nämlich auf die Erkenntnis hinaus, daß Geschlechtsrollen nicht wirklich geschlechts-, sondern kontextabhängig sind. Immerhin bleiben im Gefängnis Segmente weiblicher Rolle darin er- halten, daß im Unterschied zu Männern die jeweiligen Rollen freiwillig übernommen werden. Dies soll in männlichen Gefängnissen anders zugehen – dort werden jüngere, physisch schwächere Männer mit Gewalt zu Trägern weiblicher Rollen umfunktioniert (vgl. Sykes 1970) und die Beziehungen zu ihnen beschränken sich ausschließlich auf den Beweis männlicher Potenz. Frauen würden dagegen komplexere, Verwandtschaftssystemen ähnliche Beziehungen aufbauen (vgl. Giallombardo 1974).

Deshalb lassen sich die vermeintlichen homosexuellen Beziehungen im Frauengefängnis in keiner Weise auf Sex reduzieren. Einerseits bildet die Deprivation sexueller Bedürfnisse den schwersten Bestandteil der Freiheitsstrafe, andererseits bildet selbst die eingeschränkte Möglichkeit ihres Auslebens noch die Folie, auf welcher mannigfache andere Bedürfnisse befriedigt werden können. Sie schaffen die Grundlage für die Befriedigung des Bedürfnisses nach dauerhafter und enger Beziehung. Die dyadischen Beziehungen wirken den Entwürdigungen und dem Verlust der Autonomie entgegen: Sie strukturieren die Zeit und verleihen dem sinnlosen Absitzen einen subjektiven Sinn. In einer Situation ohne Privatsphäre schaffen sie einen symbolischen Raum, zu dem die anderen keinen Zugang haben.

In einer prinzipiell feindlichen Welt, in der so recht keine der anderen trauen kann, sichern sie relativ dauerhafte Loyalitäten (vgl. Giallombardo 1974). Nun, solche „Liebesbeziehungen" werden auch aus rein pragmatischen Motiven, wie der Verschaffung von verschiedenen Vorteilen, eingegangen. Mit Recht werden sie als Familien bezeichnet, denn sie erfüllen im Gefängnis die gleiche Rolle, die Familien in Freiheit haben.

Man kann es verstehen, daß ein Teil der inhaftierten Frauen an der weiblichen Rolle, die zumindest die Mündigkeit von Volljährigen impliziert, festhält. Darin entsprechen sich scheinbar die offizielle Gefängnisideologie mit dem Code der Subkultur. Trotzdem besteht selbst für diese „frauenidentifizierten" Frauen kein Grund zur Zufriedenheit, denn die Fixierung auf die „weiblichen Pflichten", mit denen sie in Freiheit nicht zurecht kamen, wird ihnen wahrscheinlich weiterhin Schwierigkeiten bereiten. Erst recht dysfunktional ist der Versuch, Frauen, die sich in „männlicher" Kriminalität engagiert haben, auf das „richtige" Maß zurückzuschneiden. Für das erklärte Ziel des Strafvollzugs, die Legalbewährung, erweist sich die Fixierung auf die Frauenrolle als dysfunktional – umso produktiver ist ihre Reproduktion für die Erhaltung des status quo der Männerherrschaft.

Literatur

Adler, Freda, Sisters in Crime, New York 1978.

Ahrweiler, Georg, Hegels Gesellschaftslehre, Darmstadt, Neuwied 1976.

Armstrong, Gail, Females under the Law – „Protected but Unequal", in Crime and Delinquency, April 1977, S. 109-120.

Benneth, H., Shoplifting in Midtown, in: Criminal Law Review 1968, S. 413-425.

Blankenburg, Erhard/ Sessar, Klaus/ Steffen, Wiebke, Die Staatsanwaltschaft im Prozeß strafrechtlicher Sozialkontrolle, Berlin 1978.

Bröckling, Elsbeth, Frauenkriminalität. Darstellung und Kritik kriminologischer und devianzsoziologischer Theorien, Stuttgart 1980.

Burgard, Roswitha, Wie Frauen verrückt gemacht werden, Berlin 1977.

Chesler, Phyllis, Frauen – das verrückte Geschlecht? Reinbek bei Hamburg 1974.

Chesney-Lind, Meda, Judicial Paternalism and the Female Status Offender. Training Women to know Their Place, in: Crime & Delinquency, April 1977, S. 121-130.

Clemmer, Donald, The Prison Community, New York 1958.

Coignerai-Veber, Catherine /Hege, Hans, Drogenabhängigkeit und Straffälligkeit, in: Monatsschrift für Kriminologie und Strafrechtsreform, 1981, Heft 3, S. 133-148.

Cremer-Schäfer, Helga/ Steinert, Heinz, Sozialstruktur und Kontrollpolitik. Einiges von dem, was wir glauben, seit Rusche & Kirchheimer dazugelernt zu haben, in: Kriminologisches Journal 1986, 1. Beiheft, S. 77-118.

Dürkop, Marlis/ Hartmann, Gertrud, Frauenkriminalität, in: Kritische Justiz 1974, S. 219-236.

Dürkop, Marlis, Frauenfreiheit statt Frauengefängnis, in: Ortner, Helmut (Hrsg.), Freiheit statt Strafe. Plädoyers für die Abschaffung der Gefängnisse, Frankfurt/M. 1981, S. 68-84.

Einsele, Helga, Strafvollzug bei weiblichen Jugendlichen, in: Kluge, Karl-J. (Hrsg.), Kriminalpädagogik, 3 Bd., Darmstadt 1977 Bd. 2, S. 287-320.

Einsele, Helga/ Rothe, Gisela, Frauen im Strafvollzug, Reinbek bei Hamburg, 1982.

Eisenbach-Stangl, lrmgard, Weiblicher Körper und männliche Vernunft. Abweichung und Kontrolle von Frauen, in: Kriminalsoziologische Bibliographie 1979, Heft 23/24, S. 4-38.

Foucault, Michel, Überwachen und Strafen, Frankfurt/M. 1977.

Frommel, Monika, Sexuelle Gewaltdelikte. Das klägliche Ende einer Reform, in: Neue Kriminalpolitik 1989, S. 11-12.

Funken, Christiane, Frau – Frauen – Kriminalität, Opladen 1989.

Giallombardo, Rose, The Social World of Imprisoned Girls. A Comparative Study of Institutions for Juvenile Delinquency, New York 1974.

Gipser, Dietlinde, Mädchenkriminalität, München 1975.

Goessler-Leirer, lrmtraut / Steinert, Heinz, Attempt at a Control of Female Crime. Paper Given at the 3rd Conference of the European Group for the Study of Deviance and Social Control, Amsterdam 1975.

Goffman, Erving, Asylums. Essays on the Social Situation of Mental Patients and Other lnmates, New York 1961.

Goffmann, Erving, Das Individuum im öffentlichen Austausch, Frankfurt/M. 1974.

Gay, Alexandra, Über den Stand der deutschen Rechtskultur, in: Streit 1986, Heft 4, S. 147-149.

Gay, Alexandra, Mißhandlung und Vergewaltigung_ in ehelichen und eheähnlichen Beziehungen, in: Lucke, Doris / Berghan, Sabine (Hrsg.), Rechtsratgeber Frauen, Reinbek bei Hamburg 1990, S. 292-308.

Graalmann, Kirsten, Die Rückfälligkeit von Drogenstraftätern. Eine Untersuchung zur Entwicklung krimineller Karrieren, Weinheim, Basel 1982.

Habermas, Jürgen, Theorie des kommunikativen Handelns. Zur Kritik der funktionalistischen Vernunft, 2 Bd., Frankfurt/M. 1981.

Hagemann-White, Carol, Hilfen für mißhandelte Frauen. Schriftenreihe des Bundesministers für Familie, Jugend und Gesundheit, Stuttgart 1981.

Hall, Jerome, Law, Theft and Society. Indianapolis 1935.

Hancock, Linda, The Myth that Females Are Treated More Leniently than Males in the Juvenile Justice System, in: Australian and New Zealand Journal of Sociology 1980, 16, S. 4-13.

Ignatieff, Michael, A Just Measure of Pain. The Penitentiary in the Industrial Revolution 1750-1850, New York 1978.

Kersten, Jochen, Gut und (Ge)schlecht. Zur institutionellen Verfestigung abweichenden Verhaltens bei Jungen und Mädchen, in: Kriminologisches Journal 1986, Heft 4, S. 241 ff.

Kips, Maud, Prison for Men, Asylum for Women, Manuscript, Rotterdam 1990.

Luhmann, Niklas, Rechtssoziologie, 2 Bd., Reinbek bei Hamburg 1972.

Marx, Karl, Zur Judenfrage, in: MEW, Bd. 1, S. 354 f.

Melossi, Dario / Pavarini, Massimo, The Prison and the Factory, London 1981.

Messerschmidt, James, Überlegungen zu einer sozialistisch-feministischen Kriminologie, in: Janssen, Helmut/ Kaulitzky, Reiner/ Michalowski, Raymond (Hrsg.), Radikale Kriminologie, Bielefeld 1988, S. 83-101.

Oberlies, Dagmar, Geschlechtsspezifische Aspekte der Tötungskriminalität. Eine empirische Untersuchung auf der Grundlage von Gerichtsurteilen. Diskussionspapier1988/9 des Hamburger Instituts für Sozialforschung, Hamburg 1989.

Parsons, Talcott, Struktur und Funktionen der modernen Medizin, in: König, Rene (Hrsg.), Kölner Zeitschrift für Soziologie und Sozialpsychologie, Sonderheft 3, 1958, S. 2.

Peters, Dorothee, Richter im Dienst der Macht, Stuttgart 1973.

Poulantzas, Nicos, Die gesellschaftlichen Klassen und ihre erweiterte Reproduktion, in: Jaeggi, Urs (Hrsg.), Sozialstruktur und politische Systeme, Köln 1976, S. 15-37.

Püschel, Klaus/ Brinkmann, Bernd, Zur Drogendelinquenz in Hamburg – eine Auswertung von Akten in Ermittlungs- und Strafverfahren, in: Suchtgefahren 1982, Heft 28, S. 79-90.

Rodenstein, Marianne, Somatische Kultur und Gebärpolitik. Tendenzen in der Gesundheitspolitik für Frauen, in: Kickbusch, Ilona / Riedmüller, Barbara

(Hrsg.), Die armen Frauen. Frauen und Sozialpolitik, Frankfurt/M. 1974, S. 103-134.

Sack, Fritz, Probleme der Kriminalsoziologie, in: König, Rene/ Sack, Fritz (Hrsg.), Handbuch der empirischen Sozialforschung, Bd. 12, Stuttgart 1978, S. 192-492.

Scutt, Jocelyne A., Debunking the Theory of the Female „Masked Criminal", in: Australian and New Zealand Journal of Criminology 1978, 11, S. 23-42.

Scutt, Jocelyne A., The Myth of the Chivalry Factor in Female Crime, in: Australian Journal of Social Issues 1979, 14, S. 3-20.

Seidel, Gabriele, Die Jugendgerichtshilfe in ihrer Ermittlungsfunktion und ihr Einfluß auf richterliche Entscheidungen in Jugendstrafsachen gegen weibliche Jugendliche, Frankfurt, Bern, New York, Paris 1988.

Smart, Carol, Women, Crime, Criminology: A Feminist Critique, London, Boston, Mass. 1976.

Smaus, Gerlinda, Das Strafrecht und die Kriminalität in der Alltagssprache der deutschen Bevölkerung, Opladen 1985.

Smaus, Gerlinda, Das Strafrecht und die Frauenkriminalität, Kriminologischen Journal 1990, S. 266-283.

Stang Dahl, Tove / Snare, Annika, The Coercion of Privacy. A Feminist Perspective, in: Smart, Carol/ Smart,Barry (ed.), Women, Sexuality and Social Control, London, Henley, Boston 1978, s. 8-26.

Sykes, Gresham M., Argot Roles: Wolves, Punks and Fags, in: Johnston, Norman / Savitz, Leonard /Wolfgang, Marvin E. (ed.), The Sociology of Punishment and Correction, New York, London, Sidney 1970, S. 460-462.

Treiber, Hubert/ Steinert, Heinz, Die Fabrikation des zuverlässigen Menschen. Über die „Wahlverwandtschaft" von Kloster- und Fabriksdisziplin, München 1984.

Vogt, Irmgard, Für alle Leiden gibt es eine Pille, Opladen 1985.

Voß, Michael, Gefängnis – für wen? Eine kritische Funktionsbestimmung des Strafvollzuges, Bielefeld 1979.

Weis, Kurt, Die Vergewaltigung und ihre Opfer, Stuttgart 1982.

Werner, Vera, Zur Bedeutung der informellen sozialen Kontrolle für „abweichendes Verhalten" von Frauen, in: Gipser, Dietlinde / Stein-Hilbers, Marlene (Hrsg.) Wenn Frauen aus der Rolle fallen, Weinheim, Basel 1980, S. 217-230.

Soziale Kontrolle und das Geschlechterverhältnis

Gerlinda Smaus (1993)*

Soziale Kontrolle unterstützt mit ihren „re-ordering rituals" den Status quo des Geschlechterverhältnisses. Die strafrechtlichen, psychiatrischen, somatischen und „informellen" Kontrollen behandeln Frauen und Männer anders, und dies auf je spezifische Weise. Das Strafrecht, welches „voll verantwortliche" Gesellschaftsmitglieder voraussetzt, richtet sich vorwiegend an Männer. Bei Frauen scheint dagegen die psycho-somatische Kontrolle, die diesen den vollwertigen Erwachsenenstatus abspricht, angemessen. Der Kontrollaspekt der von Frauen häufiger in Anspruch genommenen medizinischen Behandlung besteht in der Beschwichtigung ihrer Leiden und der Isolierung der Abweichenden. Die „informelle" Kontrolle entpuppt sich als eine Einrichtung in männlicher Verfügung. In diesem Kontrollmuster kommt zum Ausdruck, dass Männern die Erwerbspflicht auferlegt wird, die mit einem Vorrecht auf eigenständigen Zugang zum Arbeitsmarkt als wichtigster Ressource verknüpft ist. Frauen wird beides abgesprochen, womit sie im Zustand der Abhängigkeit gehalten werden – und dies ist der Kern des Status quo im Bezug auf das Geschlechterverhältnis. Schließlich zeigt sich, dass die unterschiedlichen Kontrollinstitutionen nicht nur Männer und Frauen (sex) unterschiedlich behandeln, sondern dass schon die jeweiligen Definitionen der Norm und der Abweichung ein Geschlecht (gender)[1] haben.

---

* Ursprünglich erschienen in: Detlev Frehsee u. a. (Hg.), Strafrecht, soziale Kontrolle, soziale Disziplinierung (Jahrbuch für Rechtssoziologie und Rechtstheorie Bd. 15) Berlin: Springer 1993, S. 122-137.

1 Es ist sinnvoll, eine Unterscheidung zwischen Sex (sex) und Geschlecht (gender) einzuführen. Sex bezieht sich lediglich auf das je unterschiedlich biologisch ausgeprägte weibliche und männliche reproduktive Organ. Geschlecht bezeichnet die gesellschaftliche Konstruktion des Männlichen und des Weiblichen. Diese Konstruktion beinhaltet Eigenschaften, welche häufig binär auf männliche und weibliche Wesen verteilt sind. Männer und Frauen haben sie aber nicht schon von sich aus, und die normative Vorstellung, sie sollten sie haben, geht in Wirklichkeit überhaupt nicht auf. In unserem Zusammenhang ist wichtig festzustellen, dass „gender" nicht auf die Konstruktion der sexuellen Identitäten beschränkt ist, sondern überhaupt duale „männliche" und „weibliche" gesellschaftliche Institutionen hervorbringt (vgl. Butler 1990).

J. Feest und B. Pali (Hrsg.), *Gerlinda Smaus: „Ich bin ich"*, Schriftenreihe des Strafvollzugsarchivs, https://doi.org/10.1007/978-3-658-31723-2_7

1 Das Geschlechterverhältnis

Die gegenwärtige Organisation des Geschlechterverhältnisses zeichnet sich vor allem durch die geschlechtsspezifische Arbeitsteilung bei der materiellen und natürlichen Reproduktion der Gesellschaft aus. Männern wurde die materielle, Frauen die natürliche Reproduktion der Gesellschaft zugewiesen (vgl. Beck-Gernsheim 1978; Ostner/Beck-Gernsheim 1979). Diese geschichtliche Konstruktion begründet die gegenwärtige gesellschaftliche Ungleichheit der Geschlechter, denn sie garantiert Männern privilegierten Zugang zu öffentlichen Ressourcen, vor allem dem Arbeitsmarkt. Sie bedingt die rechtliche Konstruktion des Mannes als des Ernährers der Familie (vgl. Atkins/Hoggett 1984, S. 101 ff.), der, weil er die Pflicht hat, die Familie zu unterhalten, gleichsam das Recht in Anspruch nehmen kann, bei der Stellenvermittlung Frauen (ceteris paribus) vorgezogen zu werden. Dem entspricht die Konstruktion der Mutterrolle, die die Vorstellung einschließt, dass natürliche Reproduktion, d. h. das Gebären und die Aufzucht der Kinder, eine Privatangelegenheit ist. Diese Rolle bindet Frauen an den privaten Haushalt, in dem sie dann auch gleich die physischen und psychischen Bedürfnisse des „Ernährers der Familie" mitbefriedigen können (vgl. Heinsohn/Knieper 1974, S. 69). Die Subsistenzmittel für ihre eigene Reproduktion erhalten Frauen im Austausch ihrer Leistungen an den privaten Mann gegen einen Teil seiner Leistungen am öffentlichen Arbeitsmarkt. Dies bringt sie in ein persönliches Abhängigkeitsverhältnis, welches auch dann bestehen bleibt, wenn sie selbst zu Ernährung der Familie durch Gelderwerb beitragen müssen.

Dass sich die Leistungen von Frauen längst nicht mehr auf private Reproduktionsleistungen beschränken, ist eine Tatsache, die zu einer Widerlegung des oben Gesagten geführt haben müsste. Dass dies nicht der Fall ist, liegt daran, dass der Arbeitsmarkt durch seinen Aufbau die Unterprivilegierung von Frauen nicht aufhebt. Zum einen finden Frauen häufig nur Zugang zu solchen Tätigkeiten, die zwar aus den Haushalten ausgegliedert wurden, die aber gleichwohl in Versorgungen von Mitmenschen bestehen (vgl. Kickbusch 1984). Nach Maßstäben der industriellen Massenherstellung handelt es sich um unproduktive Tätigkeiten, die deshalb nur gering belohnt werden „können". Daneben ist der Arbeitsmarkt ohnehin „dual" organisiert. Er besitzt auf der einen Seite zentrale, unentbehrliche, deshalb stabile und gut bezahlte Stellen, die eine gut ausgebildete, zuverlässige und disziplinierte Arbeitskraft voraussetzen. Auf der anderen Seite müssen auch Arbeitsplätze besetzt werden, an denen Produkte mit stark schwankender Nachfrage hergestellt werden, die saisonabhängig sind, an denen nötige, aber unproduktive (d. h.

kein Mehrwert erwirtschaftende) Arbeiten verrichtet werden, an denen schmutzige, der Witterung ausgesetzte, gefährliche Arbeiten verrichtet werden. Diese Positionen sind unstabil und schlecht bezahlt. Die Stellenallokation wird mit „Sachzwängen" der Produktion begründet und die Zuweisung der Arbeitskraft über askriptive Merkmale wie Nationalität, Rasse oder eben dem Geschlecht, gerechtfertigt (vgl. Willms-Hergett 1985, S. 55 ff.). Die Abhängigkeit der Frauen von Männern wird hier dadurch reproduziert, dass die Belohnung für die Arbeit von Frauen unter dem Wert der Kosten für ihre eigene Reproduktion liegt (vgl. Bennholdt-Thomsen 1981, S. 35 ff.). Die Arbeitsteilung als Grundlage der materiellen Ungleichheit der Geschlechter stellt sich nicht als eine bewusste Konstruktion dar. Vielmehr wird sie über die Annahme ihres natürlichen Ursprungs und ihrer Unabänderlichkeit derart verschleiert, dass sie sich, einmal in Gang gesetzt, gleichsam von selbst erhält. Der Ausschluss von Frauen vom eigenständigen Zugang zu öffentlichen Ressourcen wird symbolisch als ihr Gegenteil, nämlich als eine großzügige Partizipation der Frauen am Reichtum der Männer, dargestellt.

Außer der materiellen Ungleichheit ist der Status quo des Geschlechterverhältnisses auch wesentlich durch Machtungleichheit geprägt, welche in der Arbeits- und Ressourcenteilung schon angelegt ist, aber nicht darin aufgeht. Zu seiner Reproduktion trägt soziale Kontrolle bei.

2 Soziale Kontrolle

Soziale Kontrolle wird hier im engen Sinne als die Tätigkeit von Institutionen verstanden, deren ausdrückliches Ziel es ist, Abweichungen von der Routine zu behandeln. Wir befassen uns also nicht mit „primary ordering rituals" (wie z. B. der Vermehrung bzw. der Produktion von Normen), sondern nur mit Ritualen, welche eine verletzte Ordnung wiederherstellen sollen (vgl. Pfohl 1981, S. 75). Die Auswahl der untersuchten Kontrollinstitutionen ist dabei keineswegs vollständig, sondern beschränkt sich auf die formellen Institutionen des Strafrechts, der Psychiatrie, der somatischen Medizin und auf den Bereich der sogenannten informellen Kontrolle.[2]

2 Vollständigkeitshalber müsste auch die soziale Kontrolle durch Institutionen sozialer Hilfe diskutiert werden. Von ihrer Klientel kann auf ihre Funktionen geschlossen werden: Bei „Frauen" ordnen und kontrollieren sie anstelle des Arbeitsmarktes, bei „alleinstehenden Frauen" ersetzen sie die Kontrolle durch den Ehemann.

2.1 Das Strafrecht

Das Strafrecht stellt den Prototyp einer repressiven Kontrolle dar, deren Mittel in der Verhängung von negativen, für das bestrafte Individuum unerfreulichen Sanktionen bestehen (vgl. Horwitz 1990, S. 23). Die Verhängung einer strafrechtlichen Sanktion setzt voraus, dass die abweichende Tat dem Verdächtigten zugeschrieben werden kann, dass dieser wusste, was er mit der verbotenen Handlung intendierte und dass er in der Situation auch anders hätte handeln können. Mit anderen Worten setzt das Strafrecht ein „bona-fide-member-of-society" bzw. einen „rational man" voraus, und zwar, wie sich zeigen wird, „man" im wortwörtlichen Sinne. Als das „gleiche Recht par excellence" müsste sich das Strafrecht an alle rechtlich mündigen Gesellschaftsmitglieder gleichermaßen richten. In Wirklichkeit hat es je spezifische Adressaten, nämlich immer nur diejenigen Mitglieder, welche überhaupt in Situationen und Lagen kommen, die sie zu der Begehung der je spezifischen Tatbestände befähigen. In der ätiologischen Kriminologie wird dies als Opportunitätsstruktur auf der Täterseite bezeichnet, während der gleiche Sachverhalt in der kritischen Kriminologie als selektive primäre Kriminalisierung durch die Aufnahme von Tatbeständen in das Strafrecht gedeutet wird. Dies gilt schon für die verschiedenen Formen der Eigentumsverletzungen: Diejenigen, zu welchen nur Inhaber von hohen Positionen in Wirtschaft und Verwaltung Zugang haben, werden summarisch als Wirtschaftskriminalität bezeichnet, die weniger ertragreiche „Wirtschaftskriminalität" der Unterschichtsmitglieder heißt Diebstahl, Einbruchsdiebstahl, bzw. – kombiniert mit dem Einsatz körperlicher Gewalt – Raub. Die Mehrzahl der strafrechtlichen Tatbestände bezieht sich auf „Güter" und Funktionen im „System", d. h. nach Habermas (1982) auf die Bereiche der Wirtschaft und der staatlichen Organisation. Da diese Positionen überwiegend von Männern besetzt sind, werden sie auch bei einer entdeckten, überführten und verurteilten Abweichung von „systemischen" Normen bevorzugterweise als „kriminell" bezeichnet. Das heißt aber vor allem, dass die primären „ordering rituals" für Männer vom „System" vorgegeben und dort auch wahrgenommen werden.

Diese selektive Bestimmung der Adressaten des Strafrechts wird noch deutlicher unter dem Aspekt des Geschlechts. Dass Frauen viel seltener als Männer (im Verhältnis 1:4) gegen strafrechtliche Normen verstoßen, gehört zu den Gemeinplätzen in der Kriminologie (vgl. Leder 1988; Bröckling 1980, S. 7). Bisher wurde jedoch dieser geringe Anteil unabänderlich als eine angeborene, bzw. ebenso ontisch, als eine anerzogene Abneigung von Frauen gegen Kriminalität interpretiert (vgl. Smaus 1990, S. 269 f.). Statt dessen sollte man das gleiche Erklärungsmuster anwenden, mit welchem die geringe Belastung der männlichen Unterschichtsmitglieder bei der Begehung von z. B. Steuerhinterziehung in Millionenhöhe erklärt wird: Sie nehmen nicht die gesellschaftliche Position ein, die ihnen eine solche Handlung erlauben würde. Frauen nehmen in ihrer Mehrzahl nicht die Positionen ein, auf welche sich die strafrechtliche Kontrolle hauptsächlich bezieht, und – vice versa – das Strafrecht interessiert sich offensichtlich nicht für diejenigen Tätigkeiten, für welche Frauen gegenwärtig zuständig sind. Nur wenige Verhaltensweisen mit klarer Geschlechtsbestimmung sind ins Strafrecht aufgenommen worden. Diese Tatbestände, die Beschränkung der homosexuellen Aktivitäten bei Männern und das Abtreibungsverbot (bzw. mit immunisierender Wirkung die Kindestötung) bei Frauen, beziehen sich auf die natürliche Reproduktion der Gesellschaft. Befassen wir uns weiter nur mit den weiblichen Adressaten dieser Normen. Die Aufnahme einer Verhaltensweise von Frauen aus dem Bereich der natürlichen Reproduktion der Gesellschaft in das öffentliche Kontrollinstrument „Strafrecht" wird aus dem Zusammenhang mit dem Schutz des Eigentums verständlich – die Sicherung der legalen Nachkommenschaft ist eine Voraussetzung für die Wahrnehmung des Rechts auf Erbfolge als eine der wichtigsten Konnexinstitutionen der Eigentumsfreiheit. Die faktische Ineffektivität des Abtreibungsverbotes ist erwiesen – und trotzdem symbolisiert das Verbot gegenüber Frauen deutlich Herrschaftsansprüche. Immer wieder gibt es in moralischen Kreuzzügen Anlass dazu, Frauen (und ihre Komplizen) als moralisch minderwertige Gesellschaftsmitglieder zu behandeln, die im „Interesse der Moral, Religion, des Staates, der Nation, ja gar der Menschheit" eine Bevormundung akzeptieren sollen (vgl. Friedrichsen 1989).

Richtigerweise können nur Verstöße gegen die genannten Normen als spezifisch weibliche Kriminalität bezeichnet werden. Denn bei allen anderen als typisch weibliche Kriminalität bezeichneten Verstößen gilt, dass sie immer unterhalb des männlichen Anteils an der Gesamterscheinung bleiben. So beträgt z. B. der Frauenanteil am Delikt „einfacher Diebstahl" 31,8 %; erst innerhalb des Subsamples „Frauenkriminalität" beträgt der Anteil des „einfachen Diebstahl" 51,7% (vgl. Bröckling 1980, S. 9). Für die These, Frauen seien nicht die eigentlichen Adressaten des Strafrechts, ist diese „Minderbelastung" noch kein Beweis. Es ist vielmehr wichtig, sich zu vergegenwärtigen, dass die Handlungen selbst wie ihre Bewertung bei Frauen einen anderen „Sinn" als bei Männern haben. Die moderne Bedeutung des Diebstahls impliziert nicht bloß, dass sich jemand etwas ohne Gegenleistung aneignet, sondern zusätzlich: dass er dies tut, statt zu arbeiten bzw. statt legale Lohn-/Gehaltssurrogate zu beziehen (vgl. Ignatieff 1978, S. 26). Die

Aneignungsabsicht ohne Gegenleistung ist mit einer Erwartung auf das richtige Verhalten im Arbeitsbereich verknüpft; über das Diebstahlsverbot soll nicht nur das Eigentum geschützt, sondern auch die Arbeitsmoral der Männer unterstützt werden. Dies kommt z. B. sehr klar bei der Analyse von richterlichen Anwendungsregeln zum Ausdruck: Ein Mann, der seinen Unterhalt nicht durch ehrliche Arbeit verdient und/oder seinen niedrigen Lebensstandard nicht akzeptiert, muss im Gefängnis noch schlechtere Bedingungen erfahren, damit er künftig seinen Platz akzeptiert (vgl. Peters 1973). Deshalb stellt das Diebstahlsverbot eine der Normen dar, die die Verkehrsformen im Bereich der materiellen Reproduktion, wenn schon nicht „schützen", so doch symbolisch verdeutlichen. Diese Disjunktion „gestohlen statt gearbeitet" fehlt bei Frauen. Sie sind nicht zuständig für die Beschaffung von Substitutionsmitteln für die Familie und als Mütter kleiner Kinder dazu häufig gar nicht in der Lage. Wenn sie Lebensmittel stehlen oder Betrugshandlungen begehen, um Kinder auf höheren Schulen zu unterhalten, können sie es damit begründen, dass der Ernährer der Familie in seiner Rolle versagt hat (vgl. Funken 1989, S. 183 ff.). Dieses subjektive Motiv und gleichzeitige Entschuldigung (vgl. Scott/Lyman 1970, S. 89 ff.) gehört zum gesellschaftlich anerkannten Motivvokabular (vgl. Mills 1970, S. 472 ff.). Auf der anderen Seite haben Frauen die Pflicht, ihre Familien zu füttern, und deshalb stehlen sie sozusagen an Männer Statt.[3] Richter haben nicht die Freiheit, auf Diebstahl nicht zu erkennen, jedoch manifestiert sich die andere Bedeutung der Handlung bei der geringeren Bewertung der Schuld.

Die Tatsache, dass Richter bei der Strafzumessung bei Frauen eher milder urteilen, hat weniger mit ihrer Ritterlichkeit, als vielmehr damit zu tun, dass das Strafrecht mit seinen Sanktionen bei der gegenwärtigen Geschlechterrollenverteilung für Frauen nicht adäquat ist. Man kann leicht einen Mann aus dem Verkehr auf dem Arbeitsmarkt ziehen, der dort ohnehin keinen festen Platz hat und /oder der sich selbst schon entzogen hat. Viel unsinniger ist es aber, eine Frau wegzusperren, welche im Bereich der natürlichen Reproduktion unersetzliche Leistungen erbringt. Eine Reservearmee von Müttern und Ehefrauen gibt es nicht – und dies erklärt das gegenüber der Normsetzung sekundäre Desinteresse des Strafrechts an Frauen (vgl. Carlen 1987, S. 129 ff.; Gelsthorpe 1993, S.46 ff.). Nur Frauen, die mit ihrem abweichenden Verhalten nicht nur von der „Soll"-Seite der

[3] Wenn die „moralische Ökonomie der Subsistenzsicherung" aufgrund gesellschaftlicher Ursachen zusammenbricht, zeigen Frauen häufiger mehr Mut als Männer. Aus der Geschichte des 18.-19.Jahrhunderts sind Fälle bekannt, in denen Frauen an den „food riots" nicht nur teilgenommen, sondern sie angeführt haben (vgl. Cloward/Piven 1990, S. 85 ff.).

weiblichen Rolle, sondern gleichsam auch von der erwarteten weiblichen Abweichung abweichen, finden kein Verständnis (vgl. Scutt 1979). Die Art der Rollenabweichung ist nämlich ebenso vorgeschrieben, wie die Rolle selbst:

> „Rule-violating and rule-conforming behavior belong to the same social universe. Each is regulated by the same categories of social forces“ (Cloward / Piven 1990, S. 78).

Denn nicht auf die Bewertung (ob z. B. Frau eine gute oder schlechte Pflege leistet) kommt es an, sondern auf die Bewertungsdimension selbst (vgl. Quensel 1993, S. 298ff). Frauen, die sich wie Männer (bzw. zwitterhaft) verhalten und z. B. gegenüber Männern gewalttätig sind oder die nicht in traditionellen Familien leben, werden von den Strafrichtern fast noch strenger als Männer beurteilt. Sie verletzen nämlich die Geschlechtsrollenkonstruktion als solche.

Einmal ins Gefängnis geraten, besteht die Resozialisierung von Frauen im Versuch, sie zu „zuverlässigen Ehefrauen“ von „zuverlässigen Proletariern“ (vgl. Treiber/Steinert 1980) abzurichten: Geht es bei der gegenwärtig hohen Arbeitslosenrate darum, bei Männern den einzig erlaubten Lohn (bzw. legale Zuwendung)-Konsum-Konnex zu erhalten (vgl. Cremer-Schäfer/ Steinert 1986, S. 80 ff.), so geht es bei Frauen darum, in dieser Kette hintenan gestellt zu bleiben. Frauen, die wegen Diebstahl einsitzen, sollen nicht etwa lernen, ihren Lebensunterhalt selbst zu bestreiten, sondern sich ihre Reproduktionsfähigkeit und d.h. die Heirats-, Mutter- und hauptsächlich Hausfrauenfähigkeit zu erhalten (vgl. Smaus 1991, S. 29 ff.). Von dieser normativen Vorstellung lassen sich alle Kontrollinstanzen leiten.

2.2 Medizinische Einrichtungen der sozialen Kontrolle

Medizinische Institutionen dienen der Erhaltung des erwünschten Zustandes der biologischen Natur der Menschen und der Behandlung von Zuständen, welche von den jeweiligen Gesundheitsstandards abweichen. Diese Tätigkeit wird als Hilfe bezeichnet, ist aber im hohen Maße mit der Ausübung von sozialer Kontrolle verbunden (vgl. Parsons 1951, S. 429 ff.). Denn die Abweichung vom Zustand der Gesundheit hat unmittelbare Folgen für das soziale Verhalten der Betroffenen: Kranke erfüllen Pflichten und Verantwortungen, die mit der eingenommenen Position verknüpft sind, nicht. In diesem Sinne *verhalten sie sich abweichend* und werden einer Kontrolle unterstellt, deren Ziel es ist, ihre Klientel möglichst schnell wieder in das „normale" Leben zu entlassen (vgl. Horwitz 1990, S. 79).

Physische Krankheit ist charakterisiert durch unterschiedlich hohen Schmerzens-, bzw. Leidensdruck und verschieden ausgeprägte Unfähigkeiten (bzw. Behinderungen), welche aufgrund von kulturellen Übereinstimmungen als unerwünscht gelten. Im allgemeinen werden Kranke für ihren Zustand nicht verantwortlich gemacht – und dies ist der wichtigste Unterschied zu der kriminellen Abweichung (vgl. Parsons 1951, S. 437). Die Entschuldigung ist jedoch an Bedingungen geknüpft, z. B. dürfen die Kranken sich vor der Krankheit nicht absichtlich der Gesundheit abträglich verhalten haben, und die Gesundheitsstandards haben jenseits von einem Kern an natürlichen Regeln einen moralischen Charakter. *Die gesunde Lebensweise ist die moralische Lebensweise* (vgl. Honegger 1991, S. 205).[4] Ferner wird angenommen, daß sich Kranke nicht selbst durch bloße Willensanstrengung aus ihrer Lage befreien können. Sie sind auf Mitmenschen und professionelle Hilfe angewiesen. Die Kranken müssen aber zu erkennen geben, daß sie ihren Zustand für unerwünscht halten und daß sie alles unternehmen werden, um möglichst früh ihre Verpflichtungen wieder aufnehmen zu können. Das heißt, daß sie im Gegensatz zu Kriminellen eine gute Intention zu erkennen geben.

Diese gute Intention schließt eine Behandlungsbereitschaft durch eine offiziell bestimmte Berufsgruppe ein. Die „Behandlung" selbst stellt eine besondere Art von Machtbeziehungen dar: Macht wird unter Berufung auf das Recht und auf die unterstellte Befähigung des Arztes, für seinen Patienten die beste Behandlung auszuwählen, ausgeübt. Eine Zauberformel (Hippokratischer Eid) soll den Patienten die Zuversicht vermitteln, dass alles zu ihrem Besten geschehe (vgl. Ingleby 1983, S. 162). In Wirklichkeit bildet die im Laufe der Geschichte in harten Kämpfen erworbene ausschließliche *legale* Macht die Grundlage der Beziehung und die jeweilige moralische Bewertung von Lebensweisen die Inhalte des sehr wandelbaren und keineswegs bloß objektiven Expertenwissens. Das Rechtssystem einschließlich des Strafrechts steht nur ausnahmsweise dazu im Konkurrenzverhältnis, in der Regel stellen sie komplementäre Einrichtungen dar (vgl. Smart 1989, S. 113). Kranke begeben sich in dieses Verhältnis aus Angst vor Leiden und Tod, sie müssen aber schon deshalb zum Arzt gehen, weil nur er ihren abweichenden körperlichen Zustand bescheinigen und ihr abweichendes Verhalten legitimieren darf. Diesen Grund, einen Arzt aufzusuchen, geben berufstätige Männer häufiger als Hausfrauen an, *obwohl insgesamt Frauen häufiger als Männer um medizi-*

---

[4] Interessanterweise war die „Hygiene des öffentlichen Lebens" zunächst die Sache der Polizei (vgl. Meyer 1981, S. 14), also einer Institution, die dem Strafrecht nahe steht.

nische Hilfe nachsuchen (vgl. Nathanson 1989, S. 46 ff.). Entscheidend für die geschlechtsspezifische Selektivität der medizinischen Kontrolle ist jedoch, dass Gesundheit selbst männlich definiert ist und dass Männer im Sozialisationsprozess nicht dazu ermutigt werden, ihre Probleme als Hilfe- bzw. Behandlungsbedürftige zu definieren. Krankheit als Schwäche und Inkompetenz ist dagegen weiblich definiert. Der gesamte normativ vorgesehene weibliche Lebenszusammenhang und die tatsächlichen Lebensbedingungen und Verhaltensweisen von Frauen werden in medizinischen Begriffen, d.h. in Begriffen von Gesundheit und Krankheit gefasst und gedeutet (vgl. Kohler/Riessman 1989, S. 191; Honegger/Heintz 1984, S. 34ff.). Diese *Medikalisierung* von „natürlichen" weiblichen Zusammenhängen bildet ein Pendant zu der Beherrschung der Natur in der Produktion, die Männersache ist. Frauen kann „man" noch nicht einmal die Beherrschung ihrer eigenen Natur anvertrauen (vgl. Lamott 1985, S. 327). Dieser Präferenz für eine weibliche Klientel widerspricht nicht, dass auch Männer behandelt werden müssen, denn entscheidend ist nicht das biologische Geschlecht der Klientel, sondern die weiblich definierte Krankenrolle (vgl. Horwitz 1990, S. 93). Im gleichen Maße wie diese Entsprechung zwischen der Krankenrolle und dem „Weiblichen" Männern die Rollenübernahme erschwert, wird sie Frauen erleichtert.

Es ist in der Tat verblüffend festzustellen, daß ein großer Teil der allgemeinen Ausführungen in der Medizinsoziologie, z. B. die von Parsons (1951, S. 312 ff., 428 ff.) besonders auf Frauen zutrifft.[5] Schon das Ziel der medizinischen Behandlung, die möglichst schnelle Wiedereingliederung in das „normale" Leben, entspricht sowohl der Ökonomie der sozialen Kontrolle, die Frauen nicht wegsperren will, als auch dem anerzogenen Bedürfnis von Frauen, solche Abweichungen zu wählen, für die sie nicht bestraft werden. Die soziale Abweichung, die darin besteht, dass Pflichten und Verantwortungen zeitweilig nicht wahrgenommen werden, kann einen solchen sekundären (Krankheits-) Gewinn bedeuten, dass körperliche Symptome, die nur selten eindeutig sind, vorgewiesen werden. Das Subjekt kann sie empfinden, sich einbilden oder vortäuschen – als sicher gilt lediglich, dass Krankheit auch als eine willkommene Entlastung oder Unterbrechung der Routine empfunden werden kann. Die Krankheit kann zur Folge haben, dass sich Familienmitglieder, die sonst von der Frau versorgt werden, nunmehr um sie kümmern müssen. In der Krankheit wird die Frau auch seitens des öffentlichen Patriarchats ernst genommen – Ärzte hören Frauen (wenngleich nur zehn Minuten) zu

5 Die Kritik an Parsons Medizinsoziologie betrifft die Tatsache, dass er bestimmte Zustände, wie hier die Asymmetrie der Beziehungen und die einseitige Abhängigkeit, auch für wünschenswert hält (vgl. West 1989, S. 145).

und zeigen für ihre Probleme Empathie, obwohl doch die Affektneutralisierung einen wesentlichen Bestandteil der Ärzteausbildung darstellt (vgl. Parsons 1951, S. 454 ff.). Die Ärzteschaft stellt womöglich die letzte Bastion eines Patriarchats dar, das nicht nur herrscht, sondern auch die Übernahme von Verantwortung und Hilfe verheißt – um den Preis einer Bevormundung freilich. Das patriarchalische Muster der medizinischen Versorgung ahmt die familiäre Rollenverteilung nach. Ärzte übernehmen die Vaterrolle, das weibliche Pflegepersonal die Mutterrolle und Frauen, die sich in Behandlung begehen, finden sich in gewohnten Rollen von weisungsbedürftigen „Ehefrauen" oder „Töchtern" wieder. Die Zurückversetzung in die Rolle eines Kindes mag erwachsenen Männern weniger behagen – sie erwarten vom Arzt eher eine Dienstleistung denn eine Infantilisierung.

Trotz der scheinbaren Gewinne ist die Wahl dieser Art von Abweichung für Frauen verhängnisvoll. Das allgemeine legale Monopol der Ärzte auf Behandlung bedeutet bei Frauen, im Unterschied zu Männern, eine beinahe totale Unterwerfung. Für Männer, die primär der „Wirtschaft" zugeordnet sind, stellt die medizinische Kontrolle lediglich eine subsidiäre Einrichtung dar. Bei Frauen dagegen ist es der Ärzteschaft gelungen, ihren gesamten Lebenslauf zu medikalisieren – die Entwicklung zur Geschlechtsreife, den Geschlechtsverkehr, das kontrazeptive Verhalten, die Schwangerschaft bzw. die Abtreibung, die Geburt der Kinder, die Menstruation und die Menopause, die richtige Körperform (Gewicht) und den Alterungsprozess (vgl. Kohler/Riessman 1989, S. 195 ff.). Klar handelt es sich dabei um die Kontrolle der reproduktiven Funktion, was vernünftig erscheinen mag – problematisch dabei ist, dass Frauen auf diese biologische Funktion und ihren Körper *reduziert* werden (vgl. Smart 1989, S. 90 ff.).[6]

Die Medikalisierung von weiblichen Lebenszusammenhängen hat für Frauen gesellschaftspolitische Folgen: Für die medizinische Kontrolle ist typisch, dass sie die Ursachen der Leiden überwiegend naturwissenschaftlich definiert, womit sich die Profession einen unanfechtbaren wissenschaftlichen Status verleiht (Ingleby 1983, S. 163 ff.). Damit aber übergeht die medizinische Kontrolle gesellschaftliche Ursachen von Krankheiten, die man sehr wohl identifizieren könnte. Eine sehr große Anzahl von Frauen leidet an ihrem Hausfrauendasein, das sich durch eine Reizarmut der Umgebung und einseitige Abhängigkeit auszeichnet. Statt gegen ihre Situation bewusst aufzubegehren, entwickeln Frauen körperliche Beschwerden, die dann als „Hausfrauensyndrom" abgestempelt werden (vgl. Vogt 1985,

6 Geschichtlich gesehen hat diese Minderung des menschlichen Potentials für Frauen der Mittelschicht einst eine Hervorhebung im Sinne von Identitäts- und Statusgewinn bedeutet (vgl. Rodenstein 1984, S. 123; Donzelot 1980, S. 71 ff.).

S. 15 ff.). Statt mit ihren Leidensgenossinnen eine Koalition für die Veränderung ihrer Situation einzugehen, suchen sie Hilfe bei verständnisvollen Patriarchen, den Ärzten. Diese bewerten dann nicht etwa die Lage als abweichend und krank machend, sondern die Gemütsverfassung der Frau. Über die Verordnung von Psychopharmaka werden Frauen an die Situation angepasst, z. B. auch bei Misshandlungen seitens der Ehemänner (vgl. Kohler/Riessman 1989, S. 211).

Die Verschreibung von Psychopharmaka wird damit gerechtfertigt, dass somatische Symptome häufig seelische Ursachen haben – man spricht von *psychosomatischen Krankheitsbildern*. Man begreift sehr wohl, dass ein somatisches Symptom, welches einer Behandlung hartnäckig widersteht, nicht auf "natürliche“ Ursachen zurückgeführt werden kann. Trotzdem wird der Zustand der Seele letztlich naturwissenschaftlich, nämlich „chemisch“ behandelt, zumal auch psychische Krankheiten als fehlerhafter Metabolismus oder somatische Missbildungen gedeutet und mit physischen Mitteln behandelt werden (vgl. Ingleby 1983, S. 165). Die meist stillschweigende Übereinkunft zwischen Patientinnen und dem behandelnden Arzt, ihre somatischen Symptome kryptographisch als abweichenden psychischen Zustand zu behandeln, beruht auf der Einsicht, dass den „wahren“ Ursachen medizinisch nicht beizukommen ist. Vielmehr müssten Frauen ihre Situation ändern, wozu sie häufig nicht in der Lage sind. Der ungewisse Ausgang einer Veränderung kann so angsteinflößend sein, dass lieber Symptome ertragen werden. Sie werden als Preis dafür in Kauf genommen, dass „psychosomatisch“ kranke Frauen nicht wie Kriminelle ausgeschlossen werden. Sie genießen den relativen Vorteil der Abweichung „auf Bewährung“, und da sie für alle offensichtlich die Aggression gegen sich wenden, erfüllen sie auch noch im besonderen Maße die Rollenerwartung an Frauen.

Die medizinische Kontrolle bewirkt damit die Pazifizierung eines großen Potentials an Unzufriedenheit bei Frauen (vgl. Rödel/Guldimann 1978, S. 11 ff.), das sich dann auch nicht mehr in kriminellem Verhalten ausdrückt. Dass Kranke Koalitionen bilden, kann man erst in jüngster Zeil beobachten – Parsons hielt noch die Isolierung der Patientinnen voneinander für das ausdrückliche Ziel der medizinischen Kontrolle (1951, S. 312, 477). Auf eine unerfreuliche Lage mit Krankheit zu reagieren, bedeutet trotz allem temporären Gewinn, den Protest letztendlich gegen sich selbst zu richten.

Erst wer nicht mehr gewillt oder in der Lage ist, seinen Protest zu kontrollieren, muss mit psychiatrischer Behandlung in geschlossenen Anstalten rechnen, die den Gefängnissen an Repressivität in nichts nachstehen.

Obwohl distinktive Definitionen von physischen und psychischen Krankheiten von Experten in unterschiedlichen Institutionen medizinischer Kontrolle entwickelt wurden, weist die Praxis der Verschreibung von Psychopharmaka an Frauen bei unspezifischen körperlichen Symptomen durch dazu eigentlich nicht befugte Ärzte (vgl. Vogt 1985, S. 10 ff.) darauf hin, dass die *Psychiatrisierung von Frauen*[7] ein weit größeres Ausmaß angenommen hat als an der Belegung von Anstalten sichtbar ist. Diese Ausdehnung der psychiatrischen Behandlung in der Praxis verwischt die eingeführten wissenschaftlichen Definitionen, so dass auch hier (entgegen der ursprünglichen Intention) nur noch von graduellen Unterschieden zwischen „somatischen" und „psychischen" Krankheiten und ihren Folgen für Frauen ausgegangen wird.

Über psychische Krankheit kann man nicht mehr sagen, als dass sie unerwünschte Erfahrungen und Verhaltensweisen einschließt, welche dem common-sense als unverständlich erscheinen, weil keine klare Verantwortlichkeit festgestellt werden kann. Es handelt sich also im Gegensatz zu Kriminellen um unverantwortliche Agenten/innen, bei denen indessen, entgegen dem Expertenwissen ein böser *Vorsatz* unterstellt wird (vgl. Conrad/Schneider 1980, S. 58). Dies unterscheidet sie von den somatisch Kranken.

Die ohnehin vorhandene Bevormundung der Patienten durch Ärzte wird in der Psychiatrie in dem Moment komplett, wenn dem Arzt die Vormundschaft übertragen wird (vgl. Ingleby 1983, S. 180). Es besteht kein Zweifel daran, dass Psychiatrie politisch wirkt, indem sie die Ressourcen der Behandlung ungleich entlang der Schichtgrenzen verteilt und mehr noch dadurch, dass über die Heraushebung organischer Ursachen der Krankheit die sozialen Ursachen noch nicht einmal thematisiert werden (Ingleby 1983, S. 162). Die politische Botmäßigkeit der Psychiatrie ist schon damit begründet, dass stärker noch als in der somatischen Medizin der Krankheitsbegriff moralisch und häufig sogar unmittelbar politisch bestimmt ist (vgl. Kips 1991, S. 129), ohne dass er sich als solcher zu erkennen gibt.

> „The great value of medical knowledge as a basis of maintaining social order is that it can he used to regulate morality without seeming to do anything of the sort." (Ingleby 1981, S. 163).

---

7 Psychiatrisierung kann analog zu Medikalisierung als eine Interpretation von Situationen und Verhalten in Begriffen der geistigen Gesundheit und Krankheit gedeutet werden.

Die Frage, welches Geschlecht für psychische Krankheiten anfälliger ist, beschäftigt die Soziologie seit langem. Sie konnte aus mehreren Gründen nicht adäquat beantwortet werden. Zum einen, weil es keinen objektiven Begriff der psychischen Krankheit gibt – seit dem Zweiten Weltkrieg sei eine unheimliche Ausdehnung beobachtet worden, die allerdings von einem Rückgang der Belegung der Anstalten in den Vereinigten Staaten begleitet wurde (vgl. Conrad/Schneider 1980, S. 62 f.). Zum anderen wüsste man auch bei angebbaren Symptomen nicht, wie groß das Dunkelfeld ist (Dohrenwend/ Dohrenwend 1976). Schließlich wissen wir, und dies ist das wichtigste Argument, dass nicht das Vorkommen eines Symptoms die Statistiken hervorbringt, sondern die Definitionsprozesse seitens der befugten Organe (vgl. Scheff 1966). Man fragte sich daher, ob Männer oder Frauen „anfälliger" für eine psychiatrische Definition sind. Da sich beim Strafrecht eine klare „Mehrbelastung" der Männer zeigt, habe man erwartet, dass sich Psychiatrie komplementär als das bevorzugte Kontrollinstrument bei Frauen erweist. Dieses quantitative Kriterium überzeugt nicht (vgl. Scull 1989, S. 269 f.) – und trotzdem gibt es zwischen psychiatrischer Kontrolle und der weiblichen Rolle eine Affinität. Sie gründet sich, wie schon bei der somatischen Medizin darauf, dass psychische Gesundheit eines erwachsenen Menschen gemäß der dualen Aufspaltung in „männliche" und „weibliche" Eigenschaften als männlich definiert wird, psychische Krankheit oder Labilität als der normale Gesundheitszustand von Frauen.[8] Die normative Kraft dieser Gender-Konstruktion bewirkt, dass analog dazu wie Frauen, die männliche kriminelle Abweichung begehen, als Männer behandelt werden, auch Männer, die sich weiblichen psychischen Schwächen hingeben, als Frauen behandelt werden.[9] Die weibliche Rolle betont immer stärker die *natürliche* Ausstattung (mit Körper, Gefühlen) als die *kulturelle* Leistung und Selbstkontrolle, so dass Frauen schon in „harmlosen" Alltagsinteraktionen häufiger in psychiatrischen Begriffen (z. B. verrückt, hysterisch. depressiv, dümmlich etc.) beurteilt werden. Psychiatrische Definitionen werden häufig in Fällen angewendet, in denen sich Mädchen im Sozialisationsprozess gegen die Übernahme von weiblicher Rolle sträuben, ja sogar in Fällen, in denen sie (putativ) kriminelle Handlungen begangen haben (vgl. Eisenbach/Stangl 1979; Smart 1977, S. 146 ff.). Nicht vergessend, dass keine „wesensmäßigen", sondern nur graduelle Verhaltensunterschiede über mögliche Einweisungen entscheiden, laufen Frauen, die zu viel des Weiblichen, wie z. B. Passivität, Emotionalität, Irrationalität, an den Tag legen, Gefahr, psychiatrisiert zu werden. Sie dürfen aber auch nicht als zu „gesund", nämlich wie ein Mann auftreten

[8] Vgl. Brovermann u. a., zit. bei Kips 1991, S. 130.
[9] Vgl. Scull 1989, S. 277 zit. Showalter 1985, S. 171.

(vgl. Burgard 1980, S. 86; Chesler 1974, S. 114 f.) und z. B. zu viel Raum für sich beanspruchen oder sich aggressiv verhalten.

Der geschlechtsspezifische Zugang zur Psychiatrie zeigt sich auch darin, dass Männer häufiger wegen „unverantwortlichen" und „antisozialen" Verhaltens in der Öffentlichkeit eingewiesen werden, Frauen dagegen für depressive Verhaltensweisen. welche sie im „privaten" Bereich äußern (vgl. Dohrenwend/Dohrenwend 1976, S. 1453). Das könnte bedeuten, dass es Familienmitglieder, vor allem Ehemänner sind, die die „Anzeige" erstatten (vgl. Burgard 1978, S. 86). Ihre häufige Beschwerde lautet, dass Frauen den Haushalt nicht versorgen. Statt Frauen, die die weibliche Rolle nicht mehr akzeptieren, die Übernahme der männlichen Rolle „zu erlauben" oder anzubieten, reproduziert auch der Alltag der psychiatrischen Klinik die Geschlechtsrollenteilung, und dies ist, durch die Gender-Bestimmung der medizinischen Kontrolle als solcher, ihre ureigenste Orientierung.

2.3 Informelle soziale Kontrolle

Als informelle soziale Kontrolle werden hier „re-ordering rituals" betrachtet, die in der sogenannten Privatsphäre angewendet werden. Die Privatsphäre wird häufig positiv als ein vor dem Eingriff staatlicher und sonstiger Institutionen geschützter Raum bewertet. Ebenso wird informelle soziale Kontrolle im Vergleich zur formellen Kontrolle als eine Einrichtung betrachtet, die für die Abweichenden (besonders Jugendliche) den Vorteil hat, dass sie nicht ausschließt. Bei Frauen, besonders bei verheirateten, müssen beide Bewertungen in Frage gestellt werden. Wenn nämlich die Klammer „Familie" aufgelöst wird, dann zeigt sich, dass es Ehemänner sind, die die Kontrolle wahrnehmen, so dass sich im scheinbar sanften Rahmen der informellen Kontrolle geschlechtsspezifische Auseinandersetzungen verbergen. Zwar werden auch „Ehemänner" von ihren Frauen kontrolliert, jedoch auf unterschiedliche Weise: Dadurch, dass sich Männer verheiraten und Kinder zeugen, sind sie gezwungen regelmäßig zu arbeiten. Damit Männer auch tatsächlich zuverlässige Ernährer sind, achten Frauen darauf, dass Männer ein Leben führen, welches ihrer Funktion als zuverlässigen Arbeitnehmern nicht abträglich ist. Wenn sich Männer nicht fügen, stehen Frauen so gut wie keine Sanktionen zur Verfügung. Man sieht, diese Kontrolle ist nicht nur informell, sondern auch höchst indirekt, und eigentlich ist das „richtige" Verhalten von Männern, welches Frauen anmahnen sollen, primär auf den außer familiären Bereich bezogen. Frauen haben von ihrer Kontrollleistung nur einen sekundären Nutzen, und auf den sind sie aufgrund ihrer gesellschaftlich vorgesehenen Abhängigkeit von Männern/ Ernährern angewiesen.

> „ [...] the crucial mechanism of her subordination enabling the male control of her 'person' is that of differential male and female access to the means of production and the wage[...]" (McDonough/Harrison 1978, S. 36).

Und noch einmal – die „primary ordering rituals“ werden bei Männern im „System“ wahrgenommen, während sie bei Frauen außer der schon genannten medizinischen Kontrolle (und der sozialen Hilfe) eben auch im „privaten“ Bereich liegen. Das hat zur Folge, dass informelle Kontrolle häufig mit einer Verhaltenslenkung (vgl. Malinowski/Münch 1975, S. 1 23 ff.) durch dieselbe Institution einhergeht. So stellen sich die Unterschiede auf der phänomenologischen Ebene dar, wenn die Privatsphäre als eine, nach Abzug alles Öffentlichen, verbliebene Restkategorie betrachtet wird. Schon auf dieser Ebene kann indessen der Diskurs über Macht (der „ Mächtigen“ !) und Gegenmacht (der „Ohnmächtigen“) entmystifiziert werden – die Macht der Abhängigen setzt immer eine Einsicht oder ein Zugeständnis der Mächtigen voraus, während die Macht der Mächtigen ein Verhalten des Unterlegenen auch gegen dessen Willen erzwingen kann (vgl. Weber 1976, S. 38 ff., 54 ff.)

Bei eingehender Analyse erweist sich, dass die Privatsphäre eine eigenständige rechtliche Konstruktion darstellt. Sie ist zu Zeiten der Gründungen moderner Staaten entstanden, als die ehemaligen Patriarchen alle künftig hoheitlichen und öffentlichen Funktionen an den „Staat „abgegeben haben (vgl. O' Donovan 1985, S. 56 f.). Diese Funktionen werden von jeweiligen „Abordnungen“ aus ihren Reihen wahrgenommen, so auch die soziale Kontrolle ihrer Geschlechtsgenossen mittels des öffentlichen Strafrechts. Für sich als „Privatpersonen „haben sich Patriarchen einst das Recht vorbehalten, fortan wenigstens gegenüber den von ihnen abhängigen Ehefrauen und Kindern Herrschaft auszuüben. Dieser, vor dem Zugriff des „öffentlichen“ Patriarchats ausgesparte Raum ist die Privatsphäre, und die ist nicht etwa zufällig „unsichtbar“, sondern aufgrund einer bewussten Konstruktion. In diesem Raum ausgeübte informelle Kontrolle stellt deshalb ebenso wenig ein Residuum wie die Privatsphäre dar – vielmehr ist sie eine für das Geschlechterverhältnis nützliche Einrichtung. Obwohl es nur noch wenig „Patriarchen“ gibt, die imstande wären, für den Unterhalt ihrer Familie allein zu sorgen – die private Herrschaft blieb als Relikt früherer Zeiten erhalten. Dieses Privileg wird Männern seitens der im System herrschenden Patriarchen als ein Ausgleich dafür angeboten, dass sie in der öffentlichen Sphäre zweifache Ungleichheit, und zwar hinsichtlich der Ressourcenverteilung und der Macht, ertragen müssen (Messerschmidt 1988, S. 83 ff.). Verschwörungstheorien dieser Art sind in der Soziologie nicht gerade beliebt, und doch spricht vieles dafür, dass es eine stillschweigende Übereinkunft über die für Männer vorteilhaften ehelichen Machtbeziehungen gibt, die über ökonomische Abhängigkeit von Frauen hinausgehen. Man könnte sie als „reine" Machtbeziehungen bezeichnen.

Als Indiz dafür können die Gewalthandlungen an Frauen und ihre Behandlung durch Organe offizieller sozialer Kontrolle betrachtet werden. Für alle Formen der physischen Gewalt gegenüber Frauen, seien es sexueller Missbrauch *von* Mädchen, Vergewaltigungen, Belästigungen am Arbeitsplatz u. a. gilt, dass die Täter an allen Stufen des Strafverfolgungsprozesses mit Hilfe petrifizierter männlicher Alltagstheorien immunisiert werden.[10] In unserem Zusammenhang interessiert besonders Gewalt in der Ehe (und ähnlichen Beziehungen). Hier ist nicht der Ort, sich mit ätiologischen Gewalttheorien auseinanderzusetzen, denen gemeinsam ist, dass sie für Männer Verständnis zeigen und sie damit exkulpieren.[11] Bemerkenswert ist, dass interaktionistische Untersuchungen die gewalttätigen Ausbrüche der Männer als Verlust von „Selbstkontrolle" interpretieren, denen ein Verlust ihrer Kontrolle über das Verhalten der Ehefrauen vorausgegangen ist (vgl. Stets 1988, S. 101 ff.). Das Paradox, dass „Verlust der Selbstkontrolle" vom Mann instrumental als „Kontrollmittel" eingesetzt werden kann, thematisiert der Autor nicht. Zutreffend scheint die Feststellung, dass derjenige schlägt, der kann und darf (vgl. Gelles 1981, S. 158). Dass Männer ihre physische Stärke gegenüber Frauen als Ressource anwenden können und dürfen, erklärt sich daraus, dass dies als quasilegal gilt (vgl. Stanko 1985, S. 70), und das heißt, dass schlagende Männer von den Organen sozialer Kontrolle nichts zu befürchten haben. Es schlagen nicht nur Ehemänner, denen keine anderen Machtressourcen zur Verfügung stehen – wofür „man" besonders viel Verständnis aufbringt, sondern auch solche, „die es eigentlich nicht nötig" hätten (vgl. Wardell u. a. 1983, S. 71 ff.). Nur wer „über die Stränge schlägt", muss mit einer Sanktionierung rechnen (vgl. Thürmer-Rohr 1991, S. 484). Ganz gleich, ob man die nachweisbare Immunisierung der Gewalt-

[10] Die Literatur hierzu ist so umfassend, dass nicht einmal annäherungsweise darauf eingegangen werden kann. Guten Überblick bieten Janshen 1991 und Stanko 1985.

[11] So z. B. halten es die Frustrations- Aggressionstheorien für selbstverständlich, dass nur Männer so reagieren, ebenso wie es ihnen natürlich erscheint, dass Männer, welche in der Arbeitswelt frustriert werden, nicht dort, sondern erst zu Hause zuschlagen. Der Grund dafür dürfte darin liegen, dass sie es in der Arbeitswelt aus Angst vor gravierenden Sanktionen seitens betrieblicher Patriarchen nicht wagen.

handlungen an Frauen als Verschwörung, Zufall oder unwahrscheinliche Entwicklung betrachtet oder nicht – die symbolische Nachricht, dass Frauen Männern unterworfen sein sollen, erreicht auch solche Männer, die ihre Frauen nicht unterdrücken wollen und auch solche Frauen, die die Abhängigkeit von ihrem Ehemann mögen.

Die informelle soziale Kontrolle impliziert bei Frauen folglich mehr als „reordering rituals" – sie ist bedeutungsgleich mit Verhaltenslenkung, mit Machtunterworfenheit und Subordination unter einen privaten Herrscher um seiner selbst willen. Das Geschlechterverhältnis ist so eingerichtet, dass die natürliche Reproduktion der Gesellschaft an persönliche Dienstleistungen von Frauen an Männer gekoppelt ist.

3 Resümee

Wir drehen uns im Kreise: Ganz gleich, ob wir mit den Kontrollinstitutionen oder der Arbeitsteilung angefangen hätten, alle Einrichtungen haben eine geschlechtsspezifische Struktur, verweisen aufeinander und bestätigen sich gegenseitig. Die ursprüngliche Vorstellung, dass das Strafrecht, die Medizin und die informelle soziale Kontrolle universelle Einrichtungen sind, die auf die beiden Geschlechter wegen ihrer natürlichen Unterschiede auch anders reagieren, war zu mechanisch. Vielmehr haben schon die Institutionen und ihre vorherrschenden Definitionen ein Geschlecht, unter welches sie diejenigen subsumieren, welche sich entsprechend verhalten oder sich in bestimmten Lagen befinden – prinzipiell gleich, ob es sich biologisch um Männer oder Frauen handelt. Es ist freilich naheliegend, dass die geschlechtsspezifischen Bestimmungen der abweichenden Rollen empirische Übereinstimmungen mit dem Sex ihrer Klientel zur Folge haben. Trotzdem erweist sich „gender „prägender als „sex", und von daher könnten weibliche und männliche Tugenden und Abweichungen, Privilegien und Nachteile, auch androgynisch verteilt werden.

Literatur

Atkins, S./ Hoggett, B. Women and the Law. Oxford 1984.

Beck-Gernsheim, E., Der geschlechtsspezifische Arbeitsmarkt, Frankfurt/M. 1978.

Bennholdt-Thomsen, V., Subsistenzproduktion und erweiterte Reproduktion. Ein Beitrag zur Produktionsweisendiskussion, in: Gesellschaft, Beiträge zur Marxschen Theorie 14, 1981, S. 30-51.

Bröckling, E., Frauenkriminalität. Darstellung und Kritik kriminologischer und devianztheoretischer Theorien, Stuttgart 1980.

Broverman, I. K./ Broverman, D. M./ ClarksonL, F.E. / Rosenkrantz, P. S/ Vogel. S. R., Sex - Role Stereotypes and Clinical Judgements of' Mental Health, Journal of Consulting and Clinical Psychology 34, 1974, S. 1-7.

Burgard, R., Wie Frauen verrückt gemacht werden, Berlin 1980.

Butler, J., Gender Trouble. Feminism and the Subversion of Identity, New York London 1990.

Carlen, P., Out of Care, into Custody: Dimensions and Deconstruction of the State's Regulation of Twentytwo Young Working-Class Women, in: Carlen, P./ Worall, A. (eds.), Gender, Crime and Justice, Philadelphia 1987, S. 126–160.

Chesler, M., Wie Frauen verrückt gemacht werden, Reinbek bei Hamburg 1974.

Cloward, R. A./ Piven, F.F., Why People Deviate in Different Ways, in: School of Justice Studies Arizona (ed.), New Directions in the Study of Justice, Law, and Social Control, New York London 1990, S. 71-100.

Conrad, P./ Schneider, J. W., Deviance and Medicalization. From Badness to Sickness, St. Louis u. a.1980.

Cremer-Schäfer H./ Steinert, H., Sozialstruktur und Kontrollpolitik. Einiges davon. was wir glauben, seit Rusche und Kircheimer dazugelernt zu haben, Kriminologisches Journal 1986, 1. Beiheft, S. 77-118.

Dohrenwend, B. P./ Dohrenwend, B. S., Sex Differences and Psychiatric Disorders, American Journal of Sociology 81, 1956, S. 1447-1454.

Donzelot. J., Die Ordnung der Familie, Frankfurt, 1980.

Eisenbach-Stangl, I., Weiblicher Körper und männliche Vernunft. Abweichung und Kontrolle von Frauen. Kriminalsoziologische Bibliographie 6, 1979, S. 4-38.

Friedrichsen, G., Abtreibung. Der Kreuzzug von Memmingen, Frankfurt/ M. 1989.

Funken, Ch., Frau – Frauen – Kriminelle, Opladen 1989.
Gelles, R. J., An Exchange/Social Control Theory, in: Finkelhor, D. / Gelles, R. J. / Hotaling, G. D. / Straus, M. A. (eds.), The Dark Side of Families. Current Family Violence Research, Beverly Hills u. a., 1981, S. 151-165.
Gelsthorpe, L, Geschlecht und soziale Kontrolle, in: Jahrbuch für Rechtssoziologie und Rechtstheorie, Bd. 28, 1993, 46-65.
Goffman, E. Das Individuum im öffentlichen Austausch, Frankfurt/M.
Habermas, J., Theorie des kommunikativen Handelns. Zur Kritik der funktionalistischen Vernunft, Bd. 2, Frankfurt/M. 1982.
Heinsohn, G. / Knieper, R., Theorie des Familienrechts, Geschlechtsrollenaufhebung, Kindesvernachlässigung, Geburtenrückgang, Frankfurt 1974.
Honegger, C., Die Ordnung der Geschlechter, Frankfurt/M, New York 1991.
Honegger, C. / Heintz, B., Wandel weiblicher Widerstandsformen, in Heintz, B. /Honegger, C. (Hrsg.), Listen der Ohnmacht. Zur Sozialgeschichte weiblicher Widerstandsformen, Frankfurt/M 1984, S. 7-68.
Horwitz, A. V., The Logic of Social Control. New York London 1990.
Ignatieff, M., A Just Measure of Pain. The Penitentiary in the Industrial Revolution 1750-1850, London 1978.
Ingleby, D., Mental Health and Social Order, in: Cohen., S. / Scull. A. (eds.). Social Control and the State, New York 1981. S. 141-190.
Janshen, D. (Hrsg.). Sexuelle Gewalt. Die allgegenwärtige Menschenrechtsverletzung, Frankfurt/M. 1991.
Kickbusch, I., Familie als Beruf – Beruf als Familie: Der segregierte Arbeitsmarkt und die Familialisierung der weiblichen Arbeit, in: Kickbusch, I. / Riedmüller. B. (Hrsg.), Die armen Frauen. Frauen und Sozialpolitik, Frankfurt/ M. 1984, S. 163-178.
Kips, M., Strafrecht für Männer, Psychiatrie für Frauen, Kriminologisches Journal 1991, S. 125-134.
Kohler-Riessman, K., Women and Medicalization: A New Perspective, in: Brown, Ph. (ed.). Perspectives in Medical Sociology, Belmont 1989, S. 178-189.
Lamott, F., Der Risikofaktor Frau. Kriminalprävention und Mütterlichkeit, Monatsschrift für Kriminologie und Strafrechtsreform 68, 1985, S. 325-319.
Leder, H. C., Frauen- und Mädchenkriminalität, Heidelberg 1988.
Malinowski, P. / Münch, U., Soziale Kontrolle. Soziologische Theoriebildung und ihr Bezug zur Praxis der sozialen Kontrolle, Neuwied Darmstadt 1975.

McDonoug, R. / Harrison, R., Patriarchy and Relations of Production, in: Kuhn, A./ Wolpe, A. M. (eds.), Feminism and Materialism. Women and Modes of Production, London u. a. 1978, S. 11-41.

Meyer, Ph., Das Kind und die Staatsräson oder die Verstaatlichung der Familie, Reinbek 1981.

Mills, C. W., Situated Actions and Vocabularies of Motive, in: Stone, G. P./ Faberman, H. A. (eds.), Social Psychology through Symbolic Interaction, Toronto 1970, S. 472-480.

Messerschmidt, J., Überlegungen zu einer sozialistisch-feministischen Kriminologie, in: Janssen, H./ Kaulitzky, R./ Michalowski. R. (Hrsg.), Radikale Kriminologie. Bielefeld 1988, S.83-101.

Nathanson, C. A., Sex, Illness, and Medical Care: A Review of Data, Theory, and Method, in: Brown, Ph. (ed.), Perspectives in Medical Sociology, Belmont 1989, S. 46-70.

O' Donovan, K., Sexual Division in Law, London 1985.

Ostner, I., Beruf und Hausarbeit. Die Arbeit der Frau in unserer Gesellschaft, Frankfurt /M. 1978.

Ostner, I./ Beck-Gernsheim, E., Mitmenschlichkeit als Beruf. Eine Analyse des Alltags in der Krankenpflege, Frankfurt/M 1979.

Parsons, T., The Social System, Glencoe, Ill. 1951.

Quensel, S., Kontrollierte Identität oder wie Abweichungsroutinen im Machtspiel funktionieren, in: Jahrbuch für Rechtssoziologie und Rechtstheorie, Bd. 28, 1993,298-306.

Pfohl, S. J., Labelling Criminals, in: Ross, L. H. (ed.) Law and Deviance, Beverly Hills u. a. 1981, S. 65-97.

Peters, D., Richter im Dienst der Macht, Stuttgart 1973.

Rodenstein, B., Somatische Kultur und Gebärpolitik. Tendenzen in der Gesundheitspolitik für Frauen, in: Kickbusch, I./ Riedmüller, B. (Hrsg.), Die armen Frauen. Frauen und Sozialpolitik, Frankfurt/ M. 1984, S. 103-134.

Rödel, U. / Guldimann, T., Sozialpolitik als soziale Kontrolle, in: Guldimann, T. / Rodenstein, M. / Rödel, U./ Still, F., Sozialpolitik als soziale Kontrolle, Starnberger Studien 2, Frankfurt/M. 1978, S. 11-55.

Scheff, T. V., Being Mentally III. Chicago 1966.

Scott, M./ Lyman, S. T., Accounts, Deviance, and Social Order, in: Douglas, J. D. (ed.), Deviance and Respectability. The Social Construction of Moral Meanings, New York 1970, S. 89-119.

Scull, A., Social Order/ Mental Disorder. Anglo-American Psychiatry in Historical Perspective, London 1989.

Scutt, J.; The Myth of Chivalry Factor in Female Crime, Australian Journal of Social Issues 14, 1979, S. 3-20.

Showalter, E., The Female Malady, New York 1985.

Smart, C., Women, Crime and Criminology. A Feminist Critique, London Henley Boston 1977.

Smart, C. Feminism and the Power of Law, London New York 1989.

Smaus, G., Soziale Kontrolle durch Frauen: Vermittlung repressiver Inhalte in Erziehung und Hilfe, in: Heck, R./ Keinhorst, A. (Hrsg.), Frauen – Alltag – Politik, München 1986, S. 110-142.

Smaus, G., Das Strafrecht und die Frauenkriminalität, Kriminologisches Journal 22, 1990, S. 266-283.

Smaus, G., Reproduktion der Frauenrolle im Gefängnis, Streit, Feministische Rechtszeitschrift 9, 1991, S. 23-33.

Stanko, E., Intimate Intrusions. Women's Experience of Male Violence, London u a. 1985.

Stets, J. E., Domestic Violence and Control, New York u. a. 1988.

Thürmer-Rohr, Ch., Frauen in Gewaltverhältnissen, in: Janshen, D. (Hrsg.), Sexuelle Gewalt. Die allgegenwärtige Menschenrechtsverletzung, Frankfurt/M., 1991, S. 479-497.

Treiber, H. / Steinert, H., Die Fabrikation des zuverlässigen Menschen. Über die „Wahlverwandtschaft“ zwischen Kloster und Fabrik, München 1984

Vog, I., Für alle Leiden gibt es eine Pille, Opladen 1985.

Wardell, L. / Gillespie, D. L. / Leffler, A., Science and Violence Against Wives, in: Finkelhor, D. / Gelles, R. J. / Hotaling, G. T. / Straus, M. A. (Hrsg.), The Dark Sides of Families. Current Family Violence Research. Beverly Hills u. a. 1983, S. 69-84.

Weber, M., Wirtschaft und Gesellschaft, 2. Bd., Tübingen 1976.

West, C., Talcott Parsons „Sick Role“ and its Critiques, in: Brown, Ph. (ed.), Perspectives in Medical Sociology. Belmont 1989, S. 145-152.

Willms-Hergett, A., Frauenarbeit. Zur Integration der Frauen in den Arbeitsmarkt, Frankfurt/M. New York 1985.

Mit Thomas Mathiesen gegen die Ohnmacht der kritischen Kriminologie

Gerlinda Smaus (1993)*

Vorbemerkung

Ich werde mich mit der Ohnmacht der kritischen Kriminologie in der Theorie befassen und versuchen, sie in ihrer alten Gegenmacht zu bestätigen. Ich werde dabei vieles von dem wiederholen, was unerschrockene kritische Kriminologen schon immer gesagt haben.[1] Kritische Kriminologie hat seit ihrer Entstehung in den siebziger Jahren folgendes geleistet: Das Untersuchungsfeld der bisherigen traditionellen Kriminologie auf den gesamten Regelkreis der strafrechtlichen sozialen Kontrolle erweitert. Damit hat sie das schon vorher Bekannte ans Licht befördert, daß nämlich jedem einzelnen Kriminellen mehrere Funktionäre gegenüberstehen, die seine Handlungen auf ihre Weise interpretieren. Ohne Zuweisung des Labels „Kriminalität" gibt es keine Kriminalität, Kriminalität hat keine ontische Qualität. Freilich mußte im Zuge dieser Forschungen auffallen, daß nicht allen Verdächtigten (falls die Aufmerksamkeit der Organe überhaupt soweit reichte) bei vergleichbaren Handlungen das negative Gut „Kriminalität" zugeteilt wird – einige werden, abhängig von der jeweiligen Statushöhe, vor strafrechtlichem Zugriff immunisiert. Es gibt offensichtlich keine geborenen Kriminellen, vielmehr wird die kriminelle Population vorwiegend aus den Mitgliedern der ärmsten Schicht selektiv produziert. Das Strafrecht erweist sich in dieser Hinsicht als sehr effizient, wogegen es unmöglich ist, daß es mit seinen Mitteln auch putative Taten hoch gestellter Gesellschaftsmitglieder erfaßt. Man muß feststellen, daß das Strafrecht selbst-schon ein selektives Instrument ist, nicht nur im Hinblick auf die Auswahl seiner Klientel, sondern auch im Hinblick auf die zu schützenden Güter. In Wahrheit glaubten kritische Kriminologen nicht, daß das Strafrecht überhaupt etwas bewirken könne

---

* Ursprünglich erschienen in: Knut Papendorf/Karl F. Schumann (Hg.) Kein schärfer Schwert, denn das für Freiheit streitet. Eine Festschrift für Thomas Mathiesen. Bielefeld 1993: AJZ Verlag, S. 85-102.

[1] Besonderen Dank schulde ich Rene van Swaaningen, der mir geholfen hat, den roten Faden des Diskurses aufzunehmen.

J. Feest und B. Pali (Hrsg.), *Gerlinda Smaus: „Ich bin ich"*, Schriftenreihe des Strafvollzugsarchivs, https://doi.org/10.1007/978-3-658-31723-2_8

– weder die Kriminalität bekämpfen, die Kriminellen bessern noch Güter, z. B. die Umwelt, schützen. Das Strafrecht hat keine instrumentalen, sondern symbolische Funktionen. Da die symbolische Botschaft des Strafrechts einen ungerechten Status quo bestätigt und diese Mitteilung den (eingesperrten) Körpern der Strafgefangenen eincodiert, soll ein solches Strafrecht abgeschafft werden. Damit bezog die kritische Kriminologie eine deutliche gesellschaftspolitische Stellung – ihr Erkenntnisinteresse war auf die Infragestellung der ungleichen Verteilung von Ressourcen und Macht (=Schichtstruktur) ausgerichtet, die der Staatsapparat Strafrecht dadurch reproduziert, daß es Mitglieder auf den untersten Stufen verwaltet. Der politische Beitrag der kritischen Kriminologie bestand vor allem darin, daß sie die Legitimationswissenschaft „traditionelle Kriminologie" einer Ideologiekritik unterzog – und darin war sie alles andere als erfolglos. Man muß sich vorstellen, wie anders die Landschaft der bundesdeutschen Kriminologie ohne kritische Kriminologie beschaffen wäre! Ich sehe nicht, was von ihren Feststellungen zurückgenommen werden sollte – und trotzdem machten sich Stimmungen breit, die die kritische Kriminologie als einmalige romantische oder intellektuelle Verirrung denunzieren. Ich gehe hier auf drei Richtungen ein, die mehr oder weniger explizit die kritische Kriminologie in Frage stellen: den linken Realismus, den Diskurs um Foucaults Machtbegriff und auf die Ausflüge in den postmodernen Diskurs. Diesen modischen Versuchen möchte ich Mathiesens Schriften gegenüberstellen, die in der Sache des Kampfes gegen Ungerechtigkeit beständig und in der Methode alles andere als veraltet sind.

Die Spitze des Eisbergs bekämpfen, beziehungsweise der Fall des linken Realismus

Die neue Linke, wie man den linken Realismus, der gegen die „alte" Linke wettert, bezeichnen könnte,[2] hat zwei Kehrtwendungen vollzogen: Nicht nur daß sie ihre früheren Theorien aus den siebziger Jahren verworfen hat, sie hat die Theorie überhaupt verlassen, um den „Wettbewerb" im politischen Feld anzutreten. Ad hoc kann man sagen, daß die Realisten einen „dritten" Weg zwischen den Klippen der konservativen ätiologischen Kriminologie und den scheinbaren Verharmlosungen

2 Wer den Aufbruch der kritischen Kriminologie in den siebziger Jahren erlebt hat, wird noch wissen, wieviel wir Jack Young oder Ian Taylor zu verdanken haben. M.E. wendet sich der neue Realismus nicht gegen bestimmte andere, nicht genannte Au¬toren, sondern gegen die eigene „romantische" Jugendphase.

der Kriminalität durch die linken Idealisten zu beschreiten versucht haben. Das wurde folgendermaßen gemacht:

> John Lea und Jock Young (1984) fangen mit der Frage an, ob Kriminalität ein Problem ist (vgl. auch Matthews 1986:21f). Einerseits werde Kriminalität von der konservativen Seite überschätzt, andererseits sollte aber die Dunkelziffer nicht unterschätzt werden. Es stimme zwar, daß die Gefahr von kriminellen Handlungen nicht gleich verteilt ist und die Mehrheit der Bevölkerung überhaupt nie Opfer krimineller Handlungen werden wird, einige (marginale)seien aber um so mehr betroffen. Es sei richtig, daß Angst vor Kriminalität übertrieben wird und erst die Folgen schafft, vor denen sie warnt; deshalb muß man genaue viktimologische Studien betreiben. Echte Kriminelle gebe es zwar ganz selten, aber auch Amateure begingen schwere Taten. Arbeiterklassenkriminalität sei strukturell und kulturell bedingt, und sie sei eine individuelle Antwort auf brutale Verhältnisse, die sie dann freilich weiter brutalisiere. Es stimme zwar, daß Kriminalität hauptsächlich Intra-Gruppen Charakter hat; trotzdem gibt es wichtige Inter-Gruppen-Übergriffe. Den früheren Versuchen, Kriminalität als Problem einzuordnen und adäquat im Vergleich zu anderen Problemen zu gewichten, wird entgegengesetzt, daß, wenn man sich theoretisch bemüht, Kriminalität doch ein wichtiges Problem darstellt. Natürlich stelle Kriminalität nur die Eisbergspitze dar. Z. B. sind durch Verkehrsunfälle (Auto, Bahn), Unfälle im häuslichen Bereich und am Arbeitsplatz weit mehr Menschen ums Leben gekommen als durch Mord. Kriminalität sei aber deshalb so gravierend, weil sie zu allen anderen Problemen noch hinzukommt. Besonders schwerwiegend sei, daß Kriminalität intentionale Handlungen voraussetzt, während Verkehrsunfälle nicht intendiert werden. Alle Kapitalisten versuchten, über die Autoherstellung zu neuem Kapital zu kommen, Folgen aber, die Verkehrsdelikte, ereignen sich sozusagen hinter ihrem Rücken. Hier sei die Schuld nicht so transparent.
>
> Daß sich Kriminelle nur aus der untersten Schicht rekrutieren, sei natürlich ein Vorurteil, denn Armut ist nicht die Ursache der Kriminalität, wie man leicht bei Betrachtung des „white collar crime“ feststellen könne. Da letzteres aber selten verfolgt werde, wird es auch nicht als Kriminalität angesehen. Es ergäbe keinen Sinn, der Kriminalität der Mächtigen bevorzugten Stellenwert in unseren Analysen einzuräumen, denn „street crime“ stelle die schlimmste Form des Unrechts dar. Hier stammen Täter und Opfer aus der gleichen sozialen Schicht, hier greifen Arbeiter andere Arbeiter, Schwarze andere Schwarze, Nachbarn andere Nachbarn an. An der Hervorhebung der „street crime“ durch Medien, öffentliche Meinung und durch die ätiologische Kriminologie hafte deshalb nichts Irrationales an. Auch ein Realist müsse sich bemühen, dem Eisberg an Unrecht und Vernachlässigung der unteren Schichten die Spitze abzubrechen. Kriminelle verdienten auf jeden Fall moralische Verurteilung und Bestrafung, ganz gleich wie (in materiellen Begriffen) unbedeutend ihre Kriminalität auch sein mag. Es sei auch irrelevant, wie die soziale Lage beschaffen ist, denn Kriminalität sei kein soziales, sondern ein moralisches Problem.

Diese Hinweise müssen reichen, um die Quadratur des Kreises aufzuzeigen, auf die sich die linken Realisten eingelassen haben. Da sie die These von der Ubiquität des putativ kriminellen Verhaltens nicht widerlegen können, setzen sie statt Argumenten ein trotziges: „Das mag ja in der Theorie richtig sein, taugt aber nichts für die Praxis“ entgegen. Es werden keine neuen wissenschaftlichen Befunde eingeführt, sondern der Diskurs wird auf moralische Bewertungen verlagert. Das verbliebene Lager der kritischen Kriminologen mußte sich in Folge manchen Vorwurf über seine moralische Indifferenz anhören, als ob die kritische Kriminologie für den Anstieg der Kriminalität verantwortlich ist (vgl. de Haan 1987). Offensichtlich will der linke Realismus den unteren Schichten Nachhilfeunterricht in Moral und Solidarität erteilen, in Eigenschaften also, die in seinem eigenen Milieu auch nicht gerade häufig vorkommen. Es ist gewiß bedauerlich, daß es innerhalb und zwischen den untersten Bevölkerungsgruppen nicht mehr Solidarität gibt, aber trifft dies nicht auch auf Universitätsangehörige zu, die, obwohl sie ihre Kollegen nicht physisch angreifen, im Kampf um bessere Positionen auch Geschlagene und Leichen erbarmungslos hinter sich lassen? Die moralische Superiorität der anderen Schichten, einschließlich uns Kriminologen, ist eine Unterstellung. Ich will damit sagen, daß die fehlende Solidarität und der dumpf empfundene Protest der Unterschichtsmitglieder selbst erklärungsbedürftig sind. stattdessen wird von neuem auf Kontrolle und Prävention gesetzt. Realisten wollen dabei nicht wahrhaben, was bisher über die Ineffektivität der sozialen Kontrolle, besonders der strafrechtlichen, gesagt wurde. Sie glauben einfach, daß es mit einem richtigen Zugang und dergleichen mehr doch gelingen sollte, Kriminalität effektiv zu bekämpfen. Wie aber die Erfahrung zeigt, bleibt von gemischten sozialpolitisch-repressiven Programmen nur die repressive Seite übrig, und das müßten auch linke Realisten wissen.

Nach mehreren Jahren des linken Realismus steht der Erfolg immer noch aus, und wir dürfen uns jetzt auf ihre Kehrtwende zum Postmodernismus gefaßt machen. Warum ich so böse bin? Weil sich die Realisten als „links“ bezeichnen, um eine kritische Analyse der Gesellschaft zu erkennen zu geben: Kritische Kriminologie hat sich in ihren Analysen implizit mit unteren Schichten identifiziert, die neben anderen Benachteiligungen zusätzlich ertragen müssen, daß ihre Angehörigen bevorzugterweise kriminalisiert werden. Die Sympathie der kritischen Kriminologie galt ungeteilt den underdogs (vgl. van Swaaningen 1987:97, 106). Dagegen klammern linke Realisten den Ursachenkomplex der Kriminalisierung vollkommen aus und identifizieren sich lediglich mit den Opfern von Straftaten aus der Unterschicht.[3] Am Status quo wird nur noch das Mißverhalten einiger Unterschichtsmitglieder kritisiert. Dazu braucht man aber keine Linken denn diese Haltung nehmen schon, als Lippenbekenntnis freilich, Organe sozialer Kontrolle, „rechte“ Realisten und die Neoklassizisten (vgl.vanSwaanmgen 1988:278ff.) ein.

---

3 In Wirklichkeit sind sie wohl deshalb so realistisch geworden, weil ihr Auto aufgebrochen wurde und ihr Manuskript abhanden kam – vgl. die Vorrede.

Durch ihre Wendung zur „Realität“ haben sich linke Realisten möglicherweise im Verteilungskampf um die Forschungsmittel des Home Office behauptet, ihr Praxisbegriff taugt aber nicht mehr für die Theorie. Denn Wissenschaftler haben eine besondere Rolle. Ihre genuine Aufgabe ist es nicht, praktische Arbeit für die „Praxis“ oder anstelle der Praxis zu machen (vgl. Löschper 1988:299ff.). Die Distanz zur Praxis ist ein wesentlicher Bestandteil der kritischen Kriminologie, denn erst sie ermöglicht eine kritische Hinterfragung des Status quo. Nur der theoriefeindlichen Einstellung erscheint „Praxis“ als das schlechthin bevorzugungswürdige; in der kritschen Theorie hingegen wird die „Praxis“ daran gemessen, wie sie auch anders sein könnte (vgl. Baratta 1985:43).

Mathiesen läßt sich da nicht beirren. Obwohl er sich keineswegs nur für Eingesperrte einsetzt, hat er keinen Zweifel daran gelassen, daß sie zu den Schwächsten in der Gesellschaft gehören. Wenn Kriminelle aus der Unterschicht wie moralische Ungeheuer beschrieben werden, dann mag es schwierig sein, sich mit ihnen zu identifizieren. Das ist aber ein realistisches Bild von den Strafgefangenen. Mathiesen kennt sie aus vielen Untersuchungen und er meint, niemand verdiene es, in totalen Institutionen eingeschlossen zu sein. Gefängnisse sollen abgeschafft werden! Seit Sykes und Matza sind uns sogenannte Neutralisierungstechniken bekannt, die Strafgefangene benutzen, um ihre Schuld geringer erscheinen zu lassen. Wir haben sie als Rationalisierungen bezeichnet, als Motivvokabular also, das ihre Tat nicht erklärt, sondern rechtfertigt. Da es sich um bloße „Ausreden“ handelt, haben wir sie nicht auf ihren Wahrheitsgehalt geprüft. Nun darf man sich anhand Mathiesens Untersuchung *The Defences of the Weak* fragen, ob die Weltsicht der Gefangenen nicht doch eine zutreffende Beschreibung der Gesellschaft als einer weitgehend illegalen Praxis darstellt (Mathiesen 1965:179ff.).

Ich möchte nicht mißverstanden werden: Es geht nicht um eine moralische Rechtfertigung von kriminellen Handlungen, es geht einmal mehr darum, daß der geringe moralische Unterschied zwischen angeklagten und nicht angeklagten Menschen Einsperrungen nicht rechtfertigt. Darüberhinaus weiß Mathiesen, wie schwer Solidarität zu erreichen ist, wenn in peer-Beziehungen ununterbrochen mit heterogenen, hierarchischen Koalitionsangeboten interveniert wird. Die Macht hat die Technik des Teilens und Herrschens nicht vergessen!

Die Macht verwickelt uns in *ihre Diskurse*: der Foucaultsche Machtbegriff

Weitere Verwirrung stiftet Foucaults Machtbegriff. Eins muß man Foucault lassen – er hat mit seinem diffusen Machtbegriff in der deutschen Kriminologie Stimmungen hervorgerufen, die die Identifizierung mit den Unterdrückten als Bildungslücke disqualifizieren, ohne daß man nachträglich lokalisieren könnte, an welchen (publizistischen) Orten sich der Diskurs überhaupt zugetragen hat. Aus den wenigen auffindbaren Aufsätzen geht hervor, daß die bisherige Auffassung über Benachteiligungen bei Ressourcen und Macht durch folgende Thesen aus den Angeln gehoben werden sollen:

- Macht ist an Wissen gebunden, unsere Gesellschaft beinhaltet Machtmechanismen zur Wahrheitsproduktion;
- „Macht ist in diesem Sinne nicht nur repressiv, d.h. durch Verbote gekennzeichnet, sondern auch positive als wissenserzeugende und diskursvermehrende produktive Macht";
- „Macht ist nicht das Recht der Herrschenden, sondern sie ist systematisch und dezentriert" (Althoff/Leppelt 1991:102).

Dies sind Brocken, die aus dem Gaudi-ähnlichen Bauwerk Foucaults herausgebrochen werden. Wir müssen sie wieder in ihren Kontext setzen, wenn wir ihren Sinn verstehen wollen. Fangen wir mit *Wahrheit* an. Nach Foucault produziert Macht „Wahrheit" in Anführungsstrichen, nämlich jeweilige und nützliche Wahrheiten. Z. B. verbanden sich Ordnungsmächte mit der Medizin und begründeten so ihre Forderungen nach Hygieneimperativen (Imperative, wohl bemerkt, nicht nur und nicht die ganze Wahrheit); die Biologie der Fortpflanzung wurde von der Medizin des Sexes unterschieden und während die eine Wissenschaft *wissen* wollte wollte die andere das *Nichtwissen.* Die Wahrheit liegt, wie schon bei der Verwaltung durch die Kirche, im Individuum selbst und muß durch Beichte, Geständnis, willfährige Rede ans Licht befördert werden. Die Ordnungsorgane schreiten ein, um zu richten, zu strafen, zu vergeben, zu trösten oder zu versöhnen. Bei dem Geständnisbereiten tilgt die Offenbarung der Wahrheit seine Schuld, kauft ihn frei, reinigt ihn, erlöst ihn von seinen Verfehlungen (Foucault 1977a:80). Deshalb liegt die Herrschaft nicht bei dem der spricht, weil er die Wahrheit über sich kennt, sondern bei dem Unwissenden, der lauscht und schweigt (ebenda S. 81).

Wer anhand dieser Textstellen die _Macht ob ihres Wissensdrangs lobt, muß wissen, daß er dabei auf der Seite der Macht steht. Statt die Macht über das scheinbar objektive, in Wirklichkeit aber instrumentale „Machtwissen“ aufzuwerten, wäre es geboten, der Macht eine Wahrheit über sie selbst, also ein oppositionelles Wissen entgegenzustellen.[4]

In der Tat mag eine Macht, die ihr Wissen produziert, als eine produktive Kraft erscheinen. Man bescheinigt ihr, daß sie nicht nur repressiv reagiert, sondern daß sie auch Diskurse entfaltet. Muß man indessen Diskurse positiv bewerten, in deren Grenzen Wahrheit, Lust u. a. definiert werden und die vor allem dazu dienen, die zu beherrschenden Subjekte darin einzubinden?

„Die Bourgeoisie interessiert sich nicht für die Irren, [...] für die kindliche Sexualität, sondern für das Machtsystem, das diese kontrolliert“ (ebenda S. 87). Die Macht, von der Foucault spricht, ist nicht schlicht Potenz[5] (wie z. B. bei Arendt oder bei Giddens) und strebt auch nicht die Herbeiführung eines allgemeinen Wohls an, sondern sie ist hauptsächlich für sich selbst produktiv, denn sie bringt es fertig, Subjekte an ihrer Unterdrückung aktiv zu beteiligen. Deshalb ist sie schon „immer da“, wo Subjekte zusammenkommen, weil sie an ihrer Konstitution beteiligt war, nicht aber deshalb, weil die Subjekte selbst über eben diese Macht verfügten. Dic Vorstellung, Subjekte verfügen über irgendeine präexistente Macht, die sie ihrerseits auf dem Machtmarkt eintauschen, lehnt Foucault nämlich ausdrücklich ab.

„Die Macht kommt von unten“ (ebenda S. 115) ist eine besonders verhängnisvolle These, denn wie soll Macht von unten kommen, wenn sie ein Unding ist, das niemand besitzen kann? Und wie soll sie von „unten“ kommen, wenn Foucault gleichzeitig behauptet, daß es keine vertikalen Beziehungen gibt? In der Tat hat Macht ihr Unten über die Konstitution der Subjekte überhaupt erst hergestellt. Von Foucault wird diese These folgendermaßen expliziert: Machtbeziehungen verhalten sich zu anderen Typen von Verhältnissen (ökonomischen Prozessen, Erkenntnisrelationen, sexuellen Beziehungen) nicht als äußere Beziehungen, sondern sie

---

4 Callinicos faßt es schön zusammen: „Der Wille zur Wahrheit entstammt dem Willen zur Macht; eine adäquate Analyse der theoretischen Diskurse muß (nach Nietzsche) im Rahmen der Herrschaft durchgeführt werden; sie kann nicht als die epistemologische Geschichte des Wissenszuwachses begriffen werden“ (1989:81). Vgl. auch Smart: „[...] he (Foucault) is interested in discovering how certain discourses claim to speak the truth and thus can excercise power in a society that values this notion of truth“ (1990:196).

5 Macht entspricht der menschlichen Fähigkeit, nicht nur zu handeln oder etwas zu tun, sondern sich mit anderen zusammenzuschließen und im Einvernehmen mit ihnen zu handeln.“ (Arendt 1987:45)

sind ihnen immanent. Das schließt m. E. ein, daß dort, wo diese Beziehungen hierarchisch sind, die Macht ihnen folgt. Die Macht, die von unten komme, beruhe:

> „nicht auf der allgemeinen Matrix einer globalen Zweiteilung, die die Beherrscher und Beherrschten entgegensetzt und von oben nach unten [...] ausstrahlt. Man muß eher davon ausgehen, daß die vielfältigen Kräfteverhältnisse, die sich in den einzelnen Produktionsapparaten, in den Familien, in den einzelnen Gruppen und Institutionen ausbilden und auswirken, als Basis für weitreichende und den gesamten Gesellschaftskörper durchlaufende Spaltungen dienen" (ebenda, S. 115).

Diese dunkle Stelle, in der ein machtvolles „Unten" vorausgesetzt und gleichzeitig die Dichotomie von oben und unten (keine Herrscher und Beherrschte) abgelehnt wird, hat viel dazu beigetragen, die (machtlosen) Machthaber zu bemitleiden und die (machtvollen) Beherrschten zu eigentlichen Herrschern zu erklären, die unseren Beistand nicht nötig haben (vgl. McMahon 1992:211). Ich meine, daß die These von der Macht, die von unten kommt, sich tatsächlich nicht auf die unpassende räumliche vertikale Metapher begründet, sondern die Beziehung zwischen dem Ganzen und der einzelnen Situation, bzw. Interaktion meint.[6] Foucault selbst legt die Interpretation „Macht kommt von der Interaktion" in einem Interview nahe: Die Macht soll an ihren äußersten Punkten, an ihren letzten Verästelungen, dort, wo ihre Kanäle haarfein sind, erfasst werden·die Macht soll also in ihren regionalsten, lokalsten Formen und Institutionen angegangen werden [...]"(Foucault 1977a: 80). Diesen Zugang bezeichnet er als die Analyse der Mikrophysik der Macht oder der Formen des Widerstandes[7] und darin müssen wir ihm, das haben wir schon vom symbolischen Interaktionismus gelernt, folgen.

Im Klima der kriminologischen Konferenzen wird aber ein anderer Foucault kolportiert, ein ohnmächtiger nämlich. Es ist schon merkwürdig, daß in einem Ansatz, der Macht zum Gegenstand hat, die Macht für die Soziologie so esoterisch wird wie die ebenso allgegenwärtige Luft. Entweder wird der Begriff so allgemein gefaßt, daß nicht mehr zwischen Herrschaft, Einfluß, Manipulation und anderen unterschieden wird, oder aber so eng, daß alle realen Machterscheinungen, wie Ausbeutung, Gewalt und Zwang aus dem Begriff herausdefiniert werden (vgl. Lukes 1980:29). Wenn schon Machtanalysen durchgeführt werden, dann sollten Machtauseinandersetzungen nicht zu Machtspielchen relativiert werden. An Macht ist schließlich nicht ihre schillernde Existenz, sondern ihre Qualität und vor

6 Dies liegt schon deshalb nahe, weil Macht immer nur in actu existiert (Foucault 1974:70).

7 Wer Erscheinungsformen des „Widerstandes" untersuchen will, setzt den Machtbegriff immer schon voraus. Denn ohne ein Hintergrund wissen über die Macht können Verhaltensweisen als „Widerstand" überhaupt nicht wahrgenommen werden.

allem quantitativen Eigenschaften, d.h. ihre Verteilung, ihr Ausmaß, ihre Intensität usw. von Bedeutung. Jenseits des Interesses an der Macht als „l'art“ kann man sagen, Macht ist, was nach Machtauseinandersetzungen an unterschiedlich günstigen Positionen für die Beteiligten unter dem Strich herauskommt! Die unterschiedlichen Status, Ressourcen etc. mit Macht zu koppeln, bzw. sie gar auf Macht zurückzuführen, hieße doch, clarum per obscurum zu erklären. Kritische Kriminologie sollte auch nicht vergessen, daß Foucaults Machtbegriff Freiheit der Subjekte voraussetzt, Subjekte also, die selbst sagen können, wann das Spiel für sie beendet ist. Strafgefangene müßten sagen können, „nun reicht uns der Strafvollzug“, damit sie zum Gegenstand Foucaultscher Machtanalyse werden könnten.

Foucault hat ein Wissen erzeugt, dessen sich Macht wie Macht bedienen kann. Während sich die eine Macht der Zitate bedient, die scheinbar ihre Ohnmacht beteuern, könnte die Macht der kritischen Kriminologie Textstellen über Widerstand betonen.

> „Die Theorie (ist) nicht der Ausdruck, die Übersetzung, die Anwendung einer Praxis; sie ist selber eine Praxis. Aber eine lokale und regionale Praxis, nicht totalisiert. Sie ist Kampf gegen die Macht, Kampf um ihre Sichtbarmachung und Schwächung dort, wo sie am unsichtbarsten und hinterhältigsten ist. Sie ist ein Kampf um die Unterwanderung und Übernahme der Macht, neben allen und mit allen, die um sie kämpfen.“ (1974:130f. im Interview mit Gilles Deleuze; vgl. auch 1977a:128ff.)

Die Macht versucht uns klarzumachen, daß wir so mächtig sind, daß wir uns mit ihr nicht mehr auseinandersetzen müssen. Wir vermeiden damit gleichzeitig die Anschuldigung auch aus den eigenen Reihen, nicht up to date zu sein. Das ist in einem dem Fortschritt verschriebenen Bereich ein schwerwiegender Vorwurf! Es verlangt einfach Mut, alte Fragen so lange zu stellen, so lange die Situation andauert, die sie hervorgerufen hat.

Mathiesen sollte uns auf seiner Seite wissen, wenn er nicht aufhört, machtsubversive Fragen zu stellen und sein antiherrschaftliches Wissen den Betroffenen und den Bewegungen zur Verfügung zu stellen. Mathiesen hat Macht nie als einen primitiven Souverän dargestellt, der nur über Repression verfügt. Er machte uns Soziologen früh darauf aufmerksam, daß sich Macht gerne maskiert, so daß wir sie nicht mehr erkennen können. Ihre Mittel mögen uns zu unbedeutend erscheinen – sie maskiert sich durch die Sicht von unten. Sie setzt sich selber unangemessene Ziele, findet sich dann machtlos und vergißt dabei ihre erfolgreichen Machtverfügungen – sie maskiert sich durch die Sicht von oben. Sie kommt als Herrschaft, als Funktionärin der Organisationsziele oder als bloßer Sachzwang daher und läßt uns übersehen, daß nichts ohne einen Machtwillen und Machtakt geschieht. Macht nimmt ideologische, bürokratische und strukturelle Mimikry an. Formelle hierarchische Strukturen (Herrschaft) mögen noch angehen; Widerstand muß gegen Machtübergriffe organisiert werden (Mathiesen 1986: 20f). Macht beruht auf Ohnmacht, Gegenmacht zu aktivieren heißt, gemeinsame Aktionen durchzuführen.

Herausdefinieren und Hineindefinieren der Unterdrückung im postmodernen Diskurs

Auf ähnliche Weise wie die Verwässerung des Machtbegriffs setzt der kritischen Kriminologie der Diskurs um die Postmoderne zu. Auch hier wird eine intellektuelle Kritik hinsichtlich des Festhaltens an überholten Theorien implizit mit dem Verzicht auf ein Engagement der kritischen Kriminologie im Bereich der materiellen und rechtlichen Ungleichbehandlung gekoppelt. Postmoderne Menschen stünden über solchen Werten wie Gerechtigkeit und Gleichheit und würdigten stattdessen die Diversity, die einen Wert schlechthin darstellt. Schließlich kann der Schlaf unter einer Brücke etwas Selbstgewähltes, autonomes sein, er kann die Erfahrung ungemein bereichern und verheißt zumindest Abenteuer, auf die ein normaler Mensch verzichten muß.

Aber Ironie beiseite. Was bedeutet Postmodernismus in unserem Fach? Ähnlich wie in der postmodernen Kunst ein einheitlicher Stil abgelehnt und stattdessen einem „Mustermix“ (Collage) der Vorzug gegeben wird, wurde auch gegenüber großen einheitlichen Theorien bzw. den master narratives der Modeme, der Aufklärung, Ungläubigkeit erklärt (vgl. Frankenberg 1989:327ff.). So habe die unterstellte Entwicklung gemäß rationalen Kriterien nicht nur Glückseligkeit, sondern auch Katastrophen hervorgebracht (Lyotard 1988:208ff.). Die Wissenschaft ist nicht imstande, Einfluß zu nehmen und (auch) deshalb begnügen sich postmoderne Philosophen damit, in spielerischer Art das zu beschreiben, was sie nicht verhindern können (Callinicos 1989:22).

Der postmoderne Theorieverzicht könnte zu Folge haben, daß der immer schon vorhandene Eklektizismus als ein Mix von Theorieversatzstücken zu neuer Würde gelangen wird. Die Wirkung könnte indessen tiefer, bis in die epistemologischen Grundlagen der Wissenschaft und Philosophie reichen und einen neuen Agnostizismus hervorbringen. Da unsere Wahrheitskriterien von Verständigungen abhängen, hätten wir am Ende gar keine (Lyotard 1986:87ff.). Es gäbe keinen Bezug vom wissenschaftlichen Text auf die Realität, bzw. die außerdiskursiven Objekte, die er beschreiben soll, man könne nur die Beziehungen im Text selber erfassen.

> „The social is the product of the imposition of a linear order upon the cyclical, a process subverted in the consumer society of the late capitalism, which is characterised above all by 'hyperreality', the collapse of any distinction between true and false, real and imaginary.“ (Callinicos 1989:86; vgl. Baudrillard 1988:159ff.)

Die politische Seite dieser Einstellung folgt auf dem Fuß.

> „The only appropriate form of resistance in these circumstances is the refusal of any political action, which could only succeed in restoring in a perhaps more repressive form."[8]

Zum Glück stellt Postmodernismus keine einheitliche Richtung dar. Wir finden auch Ansätze, die die Diversity der Unterdrückung in die Narrative hineindefinieren, wo sie noch nicht vorhanden war. Feministische Wissenschaft nahm die ursprünglich ästhetische Aufforderung zur Collage ernsthaft auf, denn sie fand die Lage von Frauen in keiner der bisherigen Ikonen abgebildet. Theorien, die nur Klasse für die bedeutende Variable hielten, sind unangemessen, weil sie die Rassen- und Geschlechterstruktur außer acht lassen. Die aufgespaltenen und partikularisierten Identitäten der Unterdrückten müßten wieder zusammengefügt und der gemeinsame Nenner des Widerstandes gegen Verzerrungen des Wissens und gegen die Ausbeutung wieder gefunden werden. Das Kunstwerk soll uns alle zeigen: die Armen, die Farbigen, die Weiblichen. Was indessen als Aufruf zur Solidarisierung verstanden werden sollte, überwindet die Individualisierung häufig nicht und führt in der Tat zu neuen theoretischen und politischen Spaltungen.

Jede Gruppe begreift ihre Situation als einmalig und ihre in den Leib eingeschriebene Erfahrung als anderen nicht mitteilbar. Eine Differenz, die nur in der „Gesamtschau“ der Gesellschaft überhaupt wahrnehmbar ist, wird auch ohne diesen Bezug behauptet, nicht unähnlich denjenigen Richtungen, die von Unterdrückung nichts wissen wollen.

Das neue wissenschaftliche Angebot verführt leicht zu unheiligen Allianzen: In der Kriminologie begegnen sich nach Smart der atavistische Mann und die postmoderne Frau. Der atavistische Mann hält an seiner Überzeugung fest, daß er mit Hilfe seiner aufklärerischen „master-narratives“ Kriminalität wird bekämpfen können. Smart kritisiert Positivismus, der glaubt, man könne mit Hilfe objektiver Methoden Ursachen von Erscheinungen entdecken, in die man dann intervenieren könne. Dem Irrtum, man müsse richtige wissenschaftliche Erkenntnisse vorweis-

---

[8] Das Pendant dieser Uneinlösbarkeit der Beziehung zwischen Zeichen und Bezeichnetem bildet die Tatsache, daß auch die durch die Moderne angeforderten Revolutionen keine Entsprechung in der Praxis haben (Callinicos 1989).

en, um Probleme lösen zu können, säßen sowohl Konservative wie linke Realisten auf. Beide Richtungen hätten übersehen, daß große und totalisierende Theorien out seien. Sie sind nämlich eurozentrisch und phallogozentrisch (1990:72ff.).

Wie wahr! Trotzdem, müssen wir wirklich Theorien, die die Unterdrückung von Klassen („den Hauptwiderspruch") erklären, in Bausch und Bogen verwerfen, ohne daß schon bessere Ersatztheorien vorhanden wären? Obwohl sich ein Teil der feministischen Theorie tatsächlich auf die Suche nach besseren Theorien (so facettenreich wie Flickerlteppiche und Quilts, um im Bereich weiblicher Collagen zu bleiben) begeben hat, ist sie gegen Theorielosigkeit nicht gefeit. Anders aber als bei Lyotard und Baudrillard wird Theorieverzicht nicht angestrebt, sondern er unterläuft Feministinnen. Indem nämlich die Aufmerksamkeit auf weitere Unterdrückungsfelder wie Rasse und Geschlecht gelenkt werden soll, wird sie vom bisherigen Feld der Schichten- oder Klassenproblematik abgezogen. Ich meine, daß dies zum Schaden der Wissenschaft geschieht. Da es aber gleichzeitig den Männern, die bisher immer in der Kriminologie das Sagen hatten, zum Nachteil gereicht, wird der Abgesang auf die Klassenanalysen (und der positivistischen Theorien, um die es nicht Schade ist) mit gewisser feministischer Schadenfreude kommentiert.

Daß er einen wesentlichen Diskurs, den marxistischen, diskreditiert, ist eine der merkwürdigsten Wendungen eines Ansatzes, der moderner sein will als die Moderne, der nämlich alle Abhängigkeitsstrukturen untersuchen will. Wie sollen der Mann und die Frau aus der „selbstverschuldeten Unmündigkeit" heraustreten, wenn sie nicht wissen wollen, wo ihre Wurzeln stecken? (Gut, frau muß nicht „radikal" sein, sie kann auch von Rhizomen sprechen.) Ich halte nämlich den „Klassenwiderspruch" für die grundlegende Statik einer Architektur (um im ästhetischen Bilde zu bleiben), die noch so verrückt aussehen kann, die aber bei Gefahr des Einsturzes nicht wirklich verrückt sein darf. Man muß sich mit Foucault fragen, wer diese neuen Diskurse eingeführt hat, in denen Klassenbegriffe als prädiluvial erscheinen!

Die feministische Erkenntnistheoretikerin Harding bewertet diesen Verzicht auf Einheitlichkeit als sehr problematisch, weil sich Teile der Wissenschaft bekanntlich mit rassistischen, sexistischen, imperialistischen und klassenhierarchischen Projekten im Weltmaßstab verbinden. Statt einer Theoriecollage aus Klasse, Rasse und Geschlecht, die auf einer Folie abgebildet werden müßte, erhalten wir drei Blätter, die wir nicht synoptisch, sondern nur hintereinander lesen können. Es ist noch nichts gewonnen, wenn die angestrebte Erweiterung des Blicks auf andere Unterdrückungslinien an sinnlich wahrnehmbaren Merkmalen haften bleibt. Von der sinnlichen Einheit z. B. von „Arme, Schwarze, Frau“ zu einem einheitlichen Begriff zu kommen, ist ein schwieriges theoretischen Unterfangen. Bisher werden Klasse, Rasse und Geschlecht als voneinander unabhängige, gleich stark wirksame „unabhängige“ bzw. wesenhafte, residuale Variablen behandelt. Wenn aber Rasse anders als durch Melanin in der Haut und das Geschlecht anders als z. B. durch die Hormonzusammensetzung definiert werden sollen, dann ist eine Bezugnahme auf eine dritte, soziale Variable erforderlich. Rasse heißt – ceteris paribus –, daß es zwischen verschiedenen Ethnien ungleiche Verteilung von Ressourcen (und Macht) gibt; Geschlecht heißt, daß – ceteris paribus – Männer und Frauen über unterschiedliche Ressourcen (und Macht) verfügen.

Offensichtlich drücken sich beide sozial konstruierte Eigenschaften Rasse und Geschlecht auf der Folie der ungleichen Verteilung von Lebenschancen aus, die eine andere Umschreibung von Schicht- bzw. Klassenstruktur ist. Dies ist die Struktur (einschließlich des einheimischen und weltweiten Arbeitsmarktes), in der die Wirkung einzelner Variablen in Wechselwirkung mit anderen entweder bestärkt oder abgeschwächt wird.[9] Reichtum hebt bekanntlich die Wirkungen von Rasse und Geschlecht weitgehend auf! Gebrochene Identitäten sind in der „postmodernen“ Gesellschaft die Regel, und dem müßte Postmodernismus Rechnung tragen, wenn er sich z. B. von der Erzählung des Strukturalismus absetzen will. Beiträge, welche Klasse oder Schicht völlig weglassen und statt der Begriffe Rasse und Geschlecht nur Worte wie „Schwarze“ oder „Frauen“ benutzen, überlassen es der Intuition (oder den Erzählungen der Moderne, die sie doch überwinden wollen), sich darüber eine kohärente Theorie zu bilden.

Um den sozialen Sinn dieser Variablen auszubuchstabieren, müßten gleich drei master-narratives: der Klasse, der Rasse und des Geschlechts, oder aber eine mega-narrative der Unterdrückung und Ausbeutung bemüht werden und dies scheint mir die anspruchvollste Leistung zu sein, die die Moderne noch zu erbringen hätte. In der Sprache der künstlichen Intelligenz würde eine solche Aufgabe als ein Problem der Kapazität des Rechners erscheinen. Wir müssen zugeben, daß

[9] So wird z. B. beobachtet, daß schwarze Frauen vor Gericht, im Unterschied zu weißen Frauen, so streng behandelt werden, wie weiße Männer. Dies wird unmittelbar als die Wirkung der Variablen „Rasse“ interpretiert. Ich würde aber sagen, daß diese Behandlung damit zusammenhängt, daß schwarze Frauen, wie weiße Männer, Oberhäupter (Macht) und Ernährerinnen sind und für sich Zugang zum Arbeitsmarkt (Ressourcen) beanspruchen, der ihren schwarzen Männern verwehrt wird (keine Ressourcen, Ohnmacht). Diese können daher gegenüber den Müttern ihrer Kinder nicht als private Patriarchen auftreten. An ihre Stelle tritt subsidiär „der öffentliche Patriarch“. Schwarze Frauen sind ohne Zweifel biologisch Frauen, mußten aber als männlich definierte Rechte und Pflichten übernehmen und werden deshalb wie Männer behandelt.

es möglicherweise unseren Intellekt überfordert. Das wäre ein redliches Bekenntnis des Unvermögens, statt einer Proklamation der Unmöglichkeit und Unnötigkeit. Man weiß indessen genug, um relevante Fragen der Unterdrückung aufzuklären, wenn konkret Unterdrückung, und nicht die Welt im allgemeinen, unser Thema ist. Unterdrückung findet immer auch in rechtlichen Begriffen statt; was wir ihr auf unserem Gebiet entgegensetzen können, ist eine Politik der Menschenrechte (vgl. Baratta, 1993).

Den Armen, Schwarzen, Frauen sind nur ihre unmittelbaren persönlichen Unterdrücker bekannt und sie können gegen sie Widerstand üben. Wie soll aber eine Betroffene wissen, wohin überall und wieweit nach oben die Machtlinien tatsächlich führen? Sollen sie nur dem Reichen, Weißen, Mann bekannt sein? Harding befürchtet, daß nur ihm das Netz bekannt ist, weil es auch nur seine Sicht ist, die die Welt der Unterdrückten vereinheitlicht. Analog dazu sagt Foucault: „Die Allgemeinheit des Kampfes wird vom System der Macht, von den Vollzugs- und Anwendungsformen der Macht geschaffen" (19776:139). Es liegt zwar in der Logik des Widerstandes, daß sich dieser nicht auf der strukturellen Ebene ansiedeln kann; aber ein umfassendes Wissen nicht zu produzieren heißt, auf die vereinheitlichende Perspektive zu verzichten, die es ermöglicht, globale Gefahren zu erkennen.

Globale Gefahren, wie die Verödung der Umwelt, Vernichtung des Lebens überhaupt und der Verlust der Eigenkontrolle haben in der Tat ein solches Ausmaß angenommen, daß mancher wie der Vogel Strauß den Kopf lieber in den Sand steckt.[10] Mathiesen sieht, daß Optimismus und Widerstand' auch in linken Kreisen schwindet. Trotzdem meint er nicht, daß die Lage tatsächlich so unübersichtlich und aussichtslos ist. Auf die jeweilige „Sicht" kommt es an, *man kann sowohl wissen als auch handeln*. In *Law, Society, and Political Action* beschreibt Mathiesen die gegenwärtige Gesellschaft als eine, in der es keine direkte physische Unterdrückung, nur unbedeutende materielle Verelendung, keinen klaren Gegensatz der Klasseninteressen und das Überwiegen einer systemischen Logik gibt. Dies ist jedoch kein Lob, denn er stellt fest, daß stattdessen strukturelle Unterdrückung, psychische Verelendung, ein Anbinden der Klasseninteressen der Arbeiter an das Interesse der Kapitalisten und ein Verzicht auf jede andere Logik als die

[10] Betroffene wissen, was auf sie zukommt: Straffung des Arbeitsmarktes ohne Rücksicht auf die Regionen, „Flexibilisierung" der Arbeitszeit, erhebliche Reduzierung sozialer Leistungen, Derrogation des Asylrechts , Entscheidungen des Verfassungsgerichts zu Abtreibungsfrage, Einsatz der Bundeswehr außerhalb der NATO-Gebiete, Rechtsradikalismus und Freigabe von quasi legaler Gewalt, Ausbau von Gefängnissen. Viele dieser Probleme haben außer rechtsstaatlicher auch strafrechtliche oder kriminologische Relevanz. Stattdessen sollen wir uns um „street crime" kümmern.

des Kapitals zu verzeichnen ist. Diesen, vor dreizehn Jahren gültigen Thesen, könnte man heute zufügen, daß gegen bestimmte Teile der Menschheit, die als Ausländer bezeichnet werden, die Anwendung des staatliche Zwangsapparates die Regel ist; daß die materielle Verarmung weiter Teile der Bevölkerung schon begonnen hat; daß die „konzertierte Aktion“ der Arbeitgeber und der Arbeitnehmer seitens der Arbeitnehmer aufgekündigt wird, die Toyotismus importieren wollen und schließlich, daß die systemische Logik den Menschen und seine Umwelt zu vernichten droht.

War die Lage schon vor dreizehn Jahren so bedenklich, daß ihr Widerstand entgegengesetzt werden mußte, so gilt dies für die Gegenwart um so mehr. Widerstand hat es in all den Jahren immer gegeben, und dies sollten wir wissen, damit durch unsere eigene Skepsis nicht erst die aussichtslose Lage eintritt, die wir gefühlsmäßig unterstellen. Widerstand muß organisiert werden, und Mathiesen ist vorbildlich darin, wie unermüdlich er seine theoretische Arbeit den Widerstandsformen widmet. Er setzt dabei nicht Praxis oder die Erfahrung gegen die Theorie, er findet einen Weg, Theorie auf angemessener Ebene (und was nutzte uns die „höchste“, auf der nichts mehr wahr oder unwahr ist?) für die Praxis des Widerstandes nützlich zu machen. Er systematisiert gleichsam die Erfahrung des Widerstandes und gibt sie dem Widerstand wieder. Er ist politisch engagiert und befriedigt doch unsere intellektuellen Bedürfnisse.[11] Er weiß, warum wir kritischen Kriminologinnen ohnmächtig sind – weil wir uns nämlich von der Macht haben spalten und herausdefinieren lassen und selbst unser Fach aufgegeben haben, statt uns weiterhin hineinzudefinieren. Wir sollten uns fragen, ob unsere persönliche Idiosynkrasien[12] es wert sind, um sich dafür auf keine Koalitionen einzulassen, oder ob wir uns doch nicht wenigstens darauf einigen könnten, wogegen wir auf jeden Fall sind. Unser Anliegen ist noch nicht beendet, „it is unfinished“. Um es mit Mathiesen zu sagen:

> „Es gibt reichlich zu tun. Das wichtigste ist aber wohl die Mobilisierung von Gegenmacht gegen politisches Entscheiden, das unserem Globus den Garaus machen kann.“

[11] Wir feiern heute Thomas Mathiesen, wohlwissend, daß er Gefährten hat: Herman Bianchi; Louk Hulsman, Alessandro Baratta; Karl F. Schumann.

[12] Vgl. Rethinking Critical Criminology, A Panel Discussion at the University of Padua, September 6th, 1993, by Rene van Swaaningen.

Literatur

Althoff, Martina/Leppelt, Monika 1991: Feminismus & Foucault: eine Perspektive Kritischer Kriminologie, in: Kriminologisches Journal 1991, Nr. 2, S. 97-111.

Arendt, Hanna 1987: Macht und Gewalt, München.

Baratta, Alessandro 1985: Die Kritische Kriminologie und ihre Funktion in der Kriminalpolitik, in: Kriminalsoziologische Bibliographie Jg. 12, Heft 49, S. 38-50.

Ders.: Die Menschenrechte zwischen struktureller Gewalt und Strafgewalt, erscheint demnächst im Kriminologischen Journal.

Baudrillard, Jean 1988: Die Simulation, in: Welch S. 153-162.

Bianchl, Herman/van Swaaningen, Rene (ads.) 1986: Abolitionism; Towards a Non- repressive Approach to Crime, Amsterdam.

Callinicos, Alex 1989: Against Postmodernism, A Marxist Critique, Polity Press Oxford, Cambridge.

Foucault, Michel 1974: Von der Subversion des Wissens, München.

Ders. 1977a: Dispositive der Macht. Über Sexualität, Wissen und Wahrheit, Berlin-West.

Ders. 19776: Sexualität und Wahrheit. Der Wille zum Wissen, Bd.1, Frankfurt/M.

Ders. 1989: Das Subjekt und die Macht.

Frankenberg, Günter 1989: Down by Law: Irony, Seriousness and Reason, in: Joerges/ Trubek S. 315-352.

Gelsthorpe, Lorraine/Morris, Allison (Hg) 1990: Feminist Perspectives in Criminology, Philadelphia.

Giddens, Anthony 1976: New Rules of Sociological Method: A Positive Critique of Interpretative Sociologies, New York.

Haan, Willem de 1987: Fuzzy Moralsand Flakey Politics, in: Rolston/Tomlison S. 3-16

Harding, Sandra 1991: Feministische Wissenschaftstheorie, Hamburg.

Hulsman, Louk 1991: The Abolitionist Case: Alternative Crime Policies, in: Israel Law Review, Vol. 25, Nos. 3-4, S. 681-709.

Joerges, Christian/Trubek, David M. (Hg) 1989: Critical Legal Thought: An American- German Debate, Baden-Baden.

Lea, John/Young, Jock 1984: What is to be Done about Law and Order? Harmondsworth.

Löschper, Gabi 1988: Gründe, warum man auf dem Weg in die Praxis vielleicht die Theorie vergißt, in: Kriminologisches Journal 20, Nr. 4, 1988, S. 293-396.

Lukes, Steven 1980: Power. A Radical View, Hong Kong (1974).

Lyotard, Jean-Francois 1986: Das Postmoderne Wissen, Wien.

Ders. 1988: Die Moderne redigieren, in: Welch S. 204-214.

McMahon, Maeve 1992: The Persistent Prisen? Rethinking Decarceration and Penal Reform, University of Toronto Press.

Mathiesen, Thomas 1965: The Defences of the Weak, London.

Ders. 1974: The Politics of Abolition, Oslo/London.

Ders. 1980: Law, Society and Political Action. Towards a Strategy under Late Capitalism, London.

Ders. 1986: Macht und Gegenmacht, München.

Matthews, Roger/Young, Jock (Hg.). 1986: Confronting Crime, London.

Rolston, Bill/Tomlison Mike (Hg.) 1987: Civil Rights, Public Opinion and the State, Belfast.

Schumann, Karl F. u. a. (Hg) 1988: Vom Ende des Strafvollzugs, Bielefeld.

Smart, Carol 1990: Feminist Approaches to Criminology or Postmodern Woman Meets Atavistic Man, in: Gelsthorpe/Morris S. 70-84.

Dies. 19906: Law's Power, the Sexed Body, and Feminist Discourse, in: Journal of Law and Society, vol.17, S. 194-210.

Dies. 1990b: Law's Power, the Sexed Body, and Feminist Discourse, in: Journal of Law and Society, vol.17, S. 194-210.

Smaus, Gerlinda 1986: Gesellschaftsmodelle in der abolitionistischen Bewegung, in: Kriminologisches Journal 18.

Swaaningen, Rene van 1987: The Image of Power: Abolitionism, Emancipation, Authoritarian Idolatry and the Ability of Unbelief, in: Rolston/Tomlison, S. 97-113.

Ders. 1988: Linker Realismus: Kritische Kriminologie der achtziger Jahre oder neo-klassizistische Realpolitik? in: Kriminologisches Journal 20, Heft 2, 1988, S. 278-292.

Welch, Wolfgang (Hg) 1988: Wege aus der Moderne. Schlüsseltexte der Postmoderne- Diskussion, Weinheim.

Physische Gewalt und die Macht des Patriarchats

Gerlinda Smaus (1994)*

1 Einleitung

Ich möchte die feministische Definition der physischen Gewalt von Männern gegenüber Frauen aufgreifen, sie der offiziellen Definition gegenüberstellen und die Diskrepanz im Kontext der Aufrechterhaltung einer illegitimen Herrschaft, nämlich der Männerherrschaft,[1] diskutieren. Die Allgegenwart der potentiell möglichen Gewaltanwendungen gegenüber Frauen ist durch zahlreiche Untersuchungen empirisch nachgewiesen worden - und mehr als das - sie ist durch die Systematisierung der Forschungen erst richtig zum Vorschein gekommen. Dieser „strukturelle“ Aspekt ist einer der Gründe, sich mit dem Begriff „Gewalt“, den viele nicht mehr hören wollen, auch innerhalb der kritischen Kriminologie, bzw. allgemeiner, in der Strafrechtssoziologie zu befassen.

„Überall lauert Gefahr“ war ein Aufschrei der feministischen Bewegung. Er sollte Verhältnisse skandalisieren, in denen von der tagtäglichen Bedrohung der Frauen keine Notiz genommen wird. Dieser Slogan ist nicht nur auf Zustimmung gestoßen. Der ätiologischen Kriminologie, die sonst nichts gegen Übertreibungen der Gefahr einzuwenden hat, gefiel diese nicht, weil sie nicht von Verbündeten geäußert wurde und ausgesprochen männerfeindlich formuliert ist. Sie versuchte, ihre Unhaltbarkeit mit Kriminalstatistiken zu beweisen[2] Der kritischen Krimino-

---

* Ursprünglich erschienen in: Kriminologisches Journal, 1994, S. 82-104.

1 Schüssler-Fiorenza definiert das Patriarchat als eine männlich bestimmte, abgestufte Pyramide von Unterordnung und Ausbeutung, die die Unterdrückung und Ausbeutung gemäß Klasse, der „Rasse“, der ethnischen oder nationalen Herkunft und der Religion für Frauen spezifiziert (1988, S. 15). Das impliziert, daß Frauen jeweils den Männern unterlegen sind, mit denen sie sich gemäß anderen Merkmalen eigentlich auf einer Stufe befinden müßten. Statt „Patriarchat“ sollte besser der Begriff „Männerherrschaft“ eingeführt werden. Denn historisch ist der Begriff Patriarchat aus der Tatsache eines sich selbst versorgenden Hauses abgeleitet und schließt nicht nur die Herrschaft des Vaters, sondern auch seine Fürsorglichkeit und Verantwortlichkeit für das Wohlergehen der Mitglieder des Hauses ein. Seit der Industrialisierung können Männer diese Verantwortlichkeit nicht mehr tragen; deshalb bleiben nur ihre, nunmehr unbegründeten, Herrschaftsansprüche übrig.

2 Steffen kann mit ihrer Behauptung, daß, statistisch gesehen, vor allem Männer Opfer von Gewalt werden (1987, S. 47) und daß tatsächliche Gewaltanwendungen in Biographien von Frauen seltene Ereignisse darstellen, durchaus recht haben. Übertriebene Angst bestätige den vorurteilshaften

J. Feest und B. Pali (Hrsg.), *Gerlinda Smaus: „Ich bin ich“*, Schriftenreihe
des Strafvollzugsarchivs, https://doi.org/10.1007/978-3-658-31723-2_9

logie konnte die Übertreibung auch nicht gefallen, hatte sie sich doch immer darum bemüht, moralischen Paniken entgegenzuwirken. Problematischer als das wurde m. E. empfunden, daß man sich bei der Beschäftigung mit „kriminellen" Erscheinungen und/oder sozialen Problemen immer der Gefahr der Aufgabe theoretischer Postulate ausgesetzt sieht. Wenn man nämlich von Gewalt gegen Frauen sprechen kann, dann muß man auch andere, „ätiologische" oder „viktimologische" Definitionen und Ängste ernst nehmen. Wenn alles Definition wäre, könnte man ontische Begriffe in keinem Bereich gelten lassen, auch nicht in denen, wo wir uns angesprochen fühlen. Deshalb wohl hat sich die kritische Kriminologie der Stimme enthalten.

Die letztere Schwierigkeit kann man aber lösen, indem eben konsequenterweise Definitionen als Ergebnisse von Definitionsprozessen verstanden werden. So hat Löschper (1992, S. 19) eindrucksvoll dargelegt, daß Aggression immer nur standpunktbezogen diskutiert werden kann[3] und daß deshalb der Standpunkt auch explizit dargestellt werden muß. Physische Gewalt von Männern gegenüber Frauen ist Gewalt, welche von Frauen bzw. von der feministischen „Betroffenheitsliteratur" so definiert ist. In diesem Begriff ist enthalten, daß Betroffenheit überhaupt erst den Zugang zu bestimmten Erscheinungen eröffnet und daß sich nicht alle Frauen betroffen fühlen. Über die aktuellen Handlungen hinaus wurde auch sichtbar, daß die physische Potenz von Männern zur Gewaltanwendung gegenüber Frauen in der Tat eine Wirkung entfaltet, die mit „unbegründeter" Angst vor einer Viktimisierung nur ungenügend beschrieben wird. Vielmehr könnte man sie, aus der Perspektive von Frauen, als eine Angst vor einer „Kriminalisierung" der „Opfer" bezeichnen und diese Angst geht nicht von „Tätern", sondern von den Organen der offiziellen sozialen Kontrolle aus. Wir müssen der feministischen Perspektive die Perspektive der offiziellen Organe der sozialen Kontrolle gegen-

---

Status quo. Deshalb befürwortet sie eine realistische Einschätzung der Gefahr und eine produktive Kriminalpolitik. Indessen wird Steffen mit der Konzentration auf die Kriminalstatistik dem Anliegen der Frauenforschung nicht gerecht, der es nicht um die „Spitze des Eisbergs", sondern um den Eisberg ging.

3 Das sozialpsychologische Verständnis der Aggression weist anthropologische und biologische sowie individualpsychologische Konzeptionen zurück. Der Aggressionsbegriff ist systematisch relational, wobei Interaktionspartner die negative Beurteilung des Verhaltens jeweils dem Gegenüber zuschreiben wollen. Die Definition wird von Fall zu Fall unter den Interaktionspartnern ausgehandelt, die Akteure zeichnen sich dabei durch eine „perspective-specific divergence" aus (vgl. Mummendey/Linneweber/Löschper 1984, S. 69 ff.). (Dieser relationale Charakter gilt auch für „Gewalt".) In der Empirie stellt sich jedoch heraus, daß als „Aggression" typische Handlungen in typischen Situationen bezeichnet werden – dann müssen aber nicht vordergründig die Definitionsprozesse (deren Ausgang typischerweise bekannt ist), sondern die „typischen" Rahmenbedingungen untersucht werden.

überstellen, die die Statistiken produzieren, auf die sich die ätiologische Kriminologie stützt. Untersuchungen bestätigen, daß zwischen dem Ausmaß an putativen Gewalthandlungen an Frauen und den offiziellen Kriminalstatistiken eine große Diskrepanz besteht. Solch eine Zahlenreduktion haben wir bislang als „Selektionsprozeß" oder als „Immunisierungsprozeß vor dem strafrechtlichen Zugriff" bezeichnet. Da ich das Ergebnis schon kenne, spreche ich von Immunisierungsprozessen – und diese haben, wie meistens, einen systematischen Charakter. Im Prozeß wird die weibliche Sicht wegdefiniert- und man darf sich fragen: cui bono? Die beiden Befürchtungen von Frauen, nämlich vor einem physischen Übergriff und vor der Zuschreibung der Verantwortlichkeit für dieses fremde Handeln zusammen betrachtet, läßt die geschlechtsspezifische Anwendung der Gewalt als eine Stütze der Männerherrschaft erscheinen. Noch einmal: physische Gewalt gegenüber Frauen hat, jenseits aktueller Handlungen, eine strukturelle Bedeutung.

Diese Hypothese wird anhand zugänglicher empirischer Untersuchungen über einige Formen der Gewaltanwendungen geprüft. Dabei folge ich mehr oder weniger dem gleichen Muster: bei jeder Form werden die Folgen, die die Gewalthandlung für die konkreten betroffenen und potentiell für *alle Frauen* haben, diskutiert, gängige ätiologische Theorien erwähnt und kritisch beurteilt und die Behandlung durch die offiziellen Organe der sozialen Kontrolle analysiert. Es handelt sich bewußt um eine Schwarzmalerei, denn es wird Gewalt und nicht Liebe zwischen den Geschlechtern behandelt.

2 Formen der Gewalthandlungen

Sexueller Mißbrauch und Mißhandlung von Kindern

Physischer Gewalt und dem Mißbrauch ihrer Körper sind schon Kinder ausgesetzt. Zunehmend dringt das bestgehütete Geheimnis an die Oberfläche, daß nämlich eine hohe Anzahl von Mädchen von ihren Vätern, Stiefvätern usw. sexuell mißbraucht wird (Rush 1984). Registriert werden jährlich zwischen 10000 und 14000 Fälle von sexuellem Mißbrauch; die Dunkelziffer wird für das Jahr 1987 auf 52500 geschätzt (vgl. Baurmann 1991, S. 236), wovon (nur) etwa 20-30% von Fremden begangen würden. In etwa 80% handelt es sich um Mädchen (vgl. Remmschmid u. a. 1990, S. 233), man vermutet jedoch, daß der Anteil von Jungen in Wirklichkeit höher sei (vgl. Stachiw 1991, S. 130).[4] Die frühe Erfahrung, von nahestehenden Personen sexuell mißbraucht worden zu sein, erschwert die Annahme einer halbwegs autonomen Identität sehr.[5] Die Fixierung auf eine möglicherweise verdrängte Erfahrung, die in der Regel erst viele Jahre später thematisiert wird, hat zur Folge, daß sich Fähigkeiten nicht adäquat entwickeln. Frau erbringt nicht die ihr potentiell möglich gewesene Leistung und erwirbt auch nicht einen entsprechenden Status. Der Mißbrauch der Physis der Kinder verursacht schwere seelische Belastungen, deren Ausmaß und Auswirkungen für die strukturelle Unterlegenheit von Frauen (und der mißbrauchten Jungen) noch gar nicht einzuschätzen sind. Ein Widersetzen der Kinder gegen den Mißbrauch ist fast unmöglich, weil sie von der Macht des Vaters abhängig sind und durch die verbotene Handlung, an der sie sich mitschuldig glauben, zusätzlich verstrickt werden. Bewahren sie das aufgezwungene Geheimnis, können sie von der Mutter keine Hilfe bekommen; vertrauen sie sich ihr an, verlieren sie möglicherweise auch noch ihre bisherige Verbündete. In vielen Berichten wird die Mutter beschuldigt, daß der Mißbrauch mit ihrer Mitwisserschaft und Duldung geschah. Zumindest wirft man ihr vor, Zeichen der Not übersehen zu haben. Trotzdem ist es nicht gerechtfertigt, aus der möglichen Mitschuld der Mutter die Unschuld des Vaters zu konstruieren, d. h. die Verantwortung für sein Handeln der Frau aufzubürden (vgl. Kavemann u. a. 1984, S. 48 ff.). Im übrigen reiche die Macht der Mutter meist nicht aus, die Handlungen des Vaters zu unterbinden (vgl. Steinhage 1991, S. 103; Gardiner-Sirtl 1983).

Selbst bei den wenigen angezeigten sexuellen Mißbräuchen von Kindern werden die Angeklagten nur selten überführt. Die Begründung dafür lautet, daß sich die Taten schwer nachweisen ließen, weil Kinder *unglaubwürdige Opfer* seien (vgl. Fegert 1991, S. 67 f.). Dies steht jedoch im Widerspruch dazu, daß häufig gleichzeitig eine „Mitschuld" des Kindes an seiner Mißhandlung angenommen wird (kritisch Trube-Becker 1982, S. 89). Allein der Begriff „Inzest", d. h. Ausübung des Geschlechtsverkehrs mit Familienangehörigen, meistens von Vater und Tochter, unterstellt eine Intentionalität der Handlung, die beim Kinde gar nicht angenommen werden kann. Es ergibt auch wenig Sinn, den Mißbrauch, der sich

4 Zur Kindesmißhandlung vgl. Bibliographie von Brinkmann/ Honig 1986; vgl. auch Kempe/Kempe 1984.

5 Folgen des Mißbrauchs für die Mädchen: Unfähigkeit zu späteren Liebesbeziehungen, gegen sich selbst gewendete Wut- und Haßgefühle; Selbstvorwürfe und Selbstaggression, z. B. in Form von Alkohol-, Drogenabhängigkeit und Prostitution; Zweifel an kognitiven Fähigkeiten (bin ich verrückt, oder die anderen?) – vgl. Kavemann und Lohstöter 1984, S. 53 ff.; vgl. auch Steinhage 1991, S. 102 ff.; Gardiner-Sirtl 1983.

ohne Gewaltanwendung vollzieht, als harmlos zu betrachten, denn allemal handelt es sich um Gehorsam, den das Kind nicht verweigern kann (vgl. Remmschmid u. a. 1990, S. 233). Immer aber werden Mädchen stärker als ihre Väter stigmatisiert, z. B. dadurch, daß psychiatrische Gutachten über sie angefordert werden (vgl. Fegert 1991, S. 72 ff.). In der Tat stellt sich das Verhör vor den Organen sozialer Kontrolle für die Betroffenen fast so schlimm wie die Mißhandlung selber dar – woraus die männliche liberale Strafrechtspolitik schließt, dieses könnte man den Opfern und infolgedessen auch den Tätern ersparen.

Vergewaltigung

Die „andere" Seite bezeichnet Vergewaltigungen häufig als gewaltsame sexuelle Handlungen von Männern. „Wir" aber betonen eher die Gewalt: Vergewaltigungen sind gewaltsame Handlungen, die mit sexuellen Handlungen verknüpft sind. Damit schließen wir uns den hermeneutischen Analysen des Sinnes von Vergewaltigungen an[6] die im übrigen mit den Ergebnissen von Befragungen bei den Tätern übereinstimmen.[7] Immer wieder stellt sich heraus, daß nicht der sexuelle, sondern der „Machttrieb" des Mannes befriedigt werden will. Der Lustgewinn bestehe darin, die Unterdrückung der Frau zu genießen, die eigene Macht zu spüren, auszuprobieren und auszukosten (vgl. Teubner 1989, S. 130). Den Tätern gehe es ganz wesentlich um Dominanz, Durchsetzung gegenüber und um die Unterwerfung der Frau. Die Gewaltanwendung stehe motivisch im Vordergrund, Sexualität werde in den Dienst der Ausführung der Gewalt genommen. Vergewaltiger, besonders solche, die sich als Versager empfinden, versuchten, dem männlichen Stereotyp nahezukommen (Rasch 1989, S. 147 ff.). Es ergebe sich für den Mann gewissermaßen von selbst, daß er sich der Frau gegenüber auf jede Weise durch-

[6] Die vornehmste Interpretation des männlichen Frauenbildes und der Einstellung zu Frauen von Vergewaltigern liest sich wie folgt: „Die Instrumentalisierung des Menschen ist bei den Männern so verbreitet, daß das Gegenüber nicht als Mensch wahrgenommen wird, sondern als ein Objekt der eigenen Bedürfnisbefriedigung. Nach dem Schema: Da ist ne Frau, da kann ich eindringen" (Müller-Luckmann, zit. in Tügel/Heilemann 1987, S. 129 ff.). „Je hilfloser das Opfer, desto berauschender für den Vergewaltiger", findet auch Degener, die über Vergewaltigungen von behinderten Frauen berichtet (1989, S. 84).

[7] Vgl. Hedlund: Gemäß Umfragen bei den Tätern werden Vergewaltigungen zu 65-70% aus Machtverlangen, 18-25% aus Wut, der Rest aus sadistischen bzw. unspezifischen Motiven begangen (1986, S.84). Vergewaltiger betrachten Frauen als Objekte ihrer Sexualität, Frustration, Aggression, Minderwertigkeitsgefühle, Gewalt- und Allmachtsphantasien und der Gewaltrealisation (vgl. Brüggeborts-Weigelt 1986, S. 43).

setzen muß, da jede Verweigerung im Grunde Unbotmäßigkeit und Auflehnung darstelle (a. a. O., S. 154).

Der feministische Diskurs weist bei Vergewaltigungen auf den Zusammenhang zwischen physischer Gewalt und Macht hin. Dabei ist die Annahme eines den Männern angeborenen „Machttriebs" ebenso wenig erhellend wie die Annahme eines gewaltsamen Sexualtriebs – auf beide „innere" Tatsachen wird retrospektiv vom Verhalten geschlossen. Das gleiche gilt auch für die Unterstellung eines Aggressionstriebes. Statt „versteckter" natürlicher Ursachen sollte deshalb gänzlich auf den sichtbaren Effekt abgestellt werden. Wenn nämlich Macht als Kontrolle von Gütern und Personen (vgl. Henley 1984, S. 41) definiert wird, sind die gewaltsamen Handlungen der Täter soziologisch zureichend erklärt.[8] Selbst wenn man Vergewaltigungen als entschuldbare sexuelle Triebhandlungen von psychisch gestörten Männern zu begreifen geneigt wäre, ändert sich nichts an der Tatsache, daß es sich um Verletzungen der körperlichen (und seelischen) Integrität von *Frauen* (und nur in seltenen Fällen von Männern)[9] handelt. Allein diese intergeschlechtliche Konstellation der Täter und Opfer ist ausschlaggebend, denn sie bestimmt jenseits von Trieben, Intentionalität und Zurechnung die soziale Wirklichkeit. Man muß nicht immer fragen, aus welchen Gründen jemand gewalttätig wird, vielmehr sind Fragen angebracht wie: Wer erleidet Zwang, und für wen oder was ist er funktional? (vgl. Rammstedt 1974, S. 237).

Vergewaltigte Frauen finden bei Organen sozialer Kontrolle kein Verständnis, vielmehr werden sie weiteren Demütigungen seitens der Ärzte, der Polizei, der Staatsanwälte und der Richter ausgesetzt. Sie bestehen darin, daß die Situationsdeutung von Frauen als nicht glaubwürdig oder übertrieben behandelt wird. Das heißt, daß Frauen kognitive Fähigkeiten abgesprochen und ihre vermeintliche Emotionalität abgelehnt werden. Die Motivation der Täter wird vom Gericht nicht erhoben: Es reiche, wenn sie angäben, sie hätten sexuelle Absichten gehabt (vgl.

---

[8] Vgl. Luhmann: „Macht wird konstituiert durch die Verteilung von Präferenzen für Alternativen und hängt daher inhaltlich von solchen Präferenz-Konstellationen ab" (1975, S.60). Die Annahme eines (schwer beherrschbaren) Machttriebes widerspricht auch der Definition von Macht durch Elemente der Rationalität, Kausalität und Potentionalität (vgl. Held 1978, S. 61 ff.). Da Macht eine relationale Eigenschaft ist, welche in der Asymmetrie der gegenseitigen Beeinflussung besteht, braucht sie freilich ein unterlegenes Gegenüber.

[9] Auch Männer werden vergewaltigt. Bekannt sind gleichgeschlechtliche Vergewaltigungen im Gefängnis, wo sie bei an sich heterosexuellen Männern dem Zwecke dienen, schwächeren Männern eine weibliche Rolle aufzuzwingen (vgl. Sykes 1970, S. 460 ff.). Vgl. Brownmiller: „Men never rape their equals in power" (1975).

Rasch 1989, S. 147 ff.)[10] Vertreter der Organe sozialer Kontrolle warten mit männlichen Alltagstheorien auf: Zu einer normalen Sexualität gehöre es, daß sich Männer mehr aktiv, Frauen dagegen eher passiv verhalten; Männer seien sexuell triebhafter als Frauen; die vergewaltigte Frau habe sicherlich dem Täter vorher Hoffnungen gemacht; der Täter wurde von Liebe übermannt; das Opfer nehme es auch sonst mit der Treue zu einem Partner nicht so genau u. a.[11] Es gibt sozusagen nur ganz wenige „echte“, dafür aber viele „unechte“ Opfer von Vergewaltigungen. Das Verhalten und der Ruf der „unechten“ Opfer werden dann als exkulpierende Eigenschaften der Täter behandelt (vgl. Abel1988, S. 69ff.). Frauen werden dadurch zum zweiten Male Opfer, diesmal jedoch der offiziellen Männerherrschaft. Es war denn auch die Frauenbewegung, die sich für die Einrichtung von Notrufzentralen für vergewaltigte Frauen eingesetzt hat (vgl. Teubner u. a. 1983).

Eine Vergewaltigung stellt für Frauen eine traumatische Erfahrung dar, die meist ihre Identität verändert.[12] Die Erfahrung wird unter anderem als „Erniedrigung“ bezeichnet, und diese kann als eine gelungene Unterwerfung unter die Herrschaft des Mannes bezeichnet werden. Nun wird übereinstimmend berichtet, daß die Möglichkeit, vergewaltigt und zusätzlich dafür verantwortlich gemacht zu werden, praktisch das Verhalten aller Frauen in nicht unwesentlichem Maße beinflußt.[13] Sie schränken, wie es heißt, freiwillig ihre Aktivitäten auf Räume und Zeiten ein, in denen ihnen, so glauben sie, keine Gefahren drohen (vgl. Stanko 1985,

---

[10] Die Täter lehnen die Definition „Vergewaltigung“ überhaupt ab; „Gedankenlosigkeit, Gefühllosigkeit gegenüber dem Widerstand des Opfers bei der Tat, fehlendes Schuldbewußtsein, keine Spur von Reue nach der Tat sind die Regel [...] Eher kommt eine Verschiebung vor und Selbstmitleid: Ich habe Pech gehabt; die dumme Kuh hätte mich nicht anzuzeigen brauchen“ (Tügel/Heilemann 1987, 53 ff.).

[11] Für das Mißtrauen der Schutz- und Kriminalpolizei gegenüber dem Vergewaltigungsopfer fänden sich viele Rationalisierungen. Zum einen gehöre das Mißtrauen zur Berufsausbildung; zum anderen verhielten sich Opfer nicht vertrauenswürdig, schließlich verhielten sich Beamte entsprechend den allgemeinen Erwartungen an Männer. Da diese Polizeipraxis kontraproduktiv sei, sollte sie durch Weiterbildung und Sensibilisierung der Beamten verändert werden (vgl. Fehrmann 1986, S. 59 ff.). Vgl. auch Schlötterer 1982, S. 83 ff., 102 ff., Degler 1981; Röthlein 1986, S. 156 ff.; Finkelhor 1986, S. 29 ff.; Kolb 1986, S. 15 ff.; Michaelis-Arntzen 1981, S. 27 ff.; Junker 1986, S. 133 ff.; Warnke 1986, S. 17 ff.; Guba 1987, S. 15 ff.; durch die Staatsanwaltschaft: Jakobs 1986, S. 103 ff.; Janshen 1991, S. 379 ff.

[12] Die Flut der Erfahrungsberichte zu Vergewaltigungen dient sicherlich auch der Bewältigung der negativen Folgen sowohl der Tat als auch der Reaktion der zuständigen Organe (vgl. z. B. Brechmann 1983; Licht 1989, S. 59 ff., 118 ff.). Frauen erleben die Vergewaltigung als Angriff auf und die Zerstörung des Selbst, sagt Teubner 1989, S.131; vgl. auch Brüggebors-Weigelt 1986; Fegert 1991, S. 47f.; ferner Baurmann 1983, 1985.

[13] Wie Rammstedt herausstellt, ist für das Bewußtwerden von Einschränkungen der eigenen Entfaltungsmöglichkeiten keineswegs eine greifbare gewalttätige Handlung oder eine Begegnung mit einem „Gewalttäter“ nötig (1974, S. 237).

S. 70ff.). Sie schränken nicht nur die Zahl der möglichen Wohn-, Arbeits- und Urlaubsorte ein, sondern auch die Auswahl der in Frage kommenden Berufe. In Wirklichkeit reagieren Frauen mit dieser Einschränkung auf eine normative Erwartung, die sich darin ausdrückt, daß Frauen für eine mögliche Vergewaltigung in nicht zugelassenen Räumen verantwortlich gemacht werden (vgl. Weis 1982, S. 212 ff.). Die vorweggenommene Meidung aller Räume, „wo eine Frau überhaupt nicht hingehen kann“, beeinträchtigt den gesamten Lebensentwurf von Frauen. Sie bleiben sozusagen auf „ihrem Platz“, und das heißt in Begriffen der vertikalen Struktur, den (sonst) gleichgestellten Männern unterlegen (sie) (vgl. Schüssler-Fiorenza 1988, S. 15).

Es gibt aber auch Orte, „wohin eine Frau nicht alleine“ gehen kann, sondern nur mit männlichem Beschützer. Dieser Beschützer wird nur selten einen Angriff mit physischer Kraft abwehren müssen, denn es reicht, wenn er demonstriert, daß „frau“ bereits in festen Händen, jemandes Eigentum ist.[14] Die „Ritterlichkeit“ der eigenen Frau gegenüber stellt bloß die Kehrseite des Raubrittertums gegenüber fremden Frauen dar (vgl. Freeman 1984, S. 67).

Gewalt in der Ehe

Die Antizipation aller Situationen, in denen „frau“ nur in Begleitung erscheinen kann, könnte sie, von anderen Gründen einmal abgesehen, von der Nützlichkeit eines ständigen Begleiters überzeugen. Der Preis für den Beistand des eigenen Mannes ist freilich die Unterwerfung unter seine Autorität und nicht selten die Duldung der Gewaltanwendung seinerseits.[15]

Das ist eben das Fatale am Versuch von Frauen, der Bedrohung durch Gewalt „draußen“ zu entgehen, daß sie sich im gleichen Zuge der Möglichkeit von Gewaltanwendung „zu Hause“ aussetzen. In der Tat gewährt die „private Sphäre“ Frauen keinen wirklichen Schutz. Hier drohen ihnen Mißhandlungen seitens der

---

[14] Schwendiger/Schwendiger prüfen die These, daß der Vergewaltigungsparagraph eigentlich zum Schutze der Frau als Eigentum ihres Mannes konzipiert wurde (vgl. Brownmiller 1983, S. 16f.). Wegen ihres traditionellen Zugangs ist die Arbeit enttäuschend: Vergewaltigung ist das, was Statistiken erfassen, die Erklärung weicht nicht davon ab, wie die „Leute“ darüber denken und wie traditionelle Kriminologie darüber schreibt usw. (1983,S. 197 ff.).Dabei zeigt z. B. die Analyse der Vergewaltigungen im Krieg durch feindliche Soldaten, daß sie als Erniedrigungsgesten gegenüber den besiegten männlichen Eigentümern galten. Deshalb wurde das Leiden von Frauen nicht anerkannt und die Verarbeitung gemäß männlichen Deutungsmustern individualisiert (vgl. Hoerning 1989, S. 73 ff.; Brownmiller 1983).

[15] Eine Literaturübersicht zu Gewalt in Familien vgl. Pelz-Schreyögg1985, vgl. auch Schneider 1987.

Ehegatten, der Verlobten und Freunde, über deren Ausmaß und Folgen man sich immer noch keine rechte Vorstellung macht.[16] Zu den körperlichen Mißhandlungen in der Ehe treten häufig Vergewaltigungen hinzu. Die „Erzwingung des Beischlafs", wie eheliche Vergewaltigung genannt wird, nimmt verschiedene Formen an. Neben dem direkten physischen Zwang wenden Ehemänner auch „moralischen Druck" an, indem sie den Beischlaf zu einer ehelichen Pflicht erklären. Sie drohen damit, keinen Unterhalt zu gewähren oder die Familie zu verlassen. Häufig werden mit Gewalt der Frau für sie nicht akzeptable sexuelle Praktiken aufgezwungen (vgl. Finkelhor/Yllö 1986, S. 67). Die häufigen Mißhandlungen haben für Frauen schwere physische und psychische Folgen: körperliche Beeinträchtigungen bis zur Invalidität; Selbstschädigungen durch Alkohol- und Drogenmißbrauch als sekundäre Folgen der Abhängigkeit und deshalb eine ständige Angst vor einer Psychiatrisierung (vgl. Hagemann-White u.a. 1981, S. 143 ff.).

Mißhandelte Frauen finden bei Behörden kein Gehör; offiziell ist niemand zuständig, wenn eine Frau materielle Hilfe braucht, um aus der gewalttätigen Situation herauszukommen.[17] Die Polizei betrachtet die von Frauen erlittenen Körperverletzungen als zufällige Folgen „familiärer Auseinandersetzungen", die sie angeblich nichts angehen. Ähnlich wie bei den Reaktionen auf Vergewaltigungen reagieren männliche Polizeibeamte auf hilfesuchen der mißhandelte Frauen unter einer „geschlechtsspezifischen Sichtweise": Frauen zeigen sich als hilflos und schwach, manche dagegen schreien, keifen, sind hysterisch, renitent und aggressiv. Frauen seien selbst schuld, wenn sich der Beamte am liebsten mit dem Ehemann identifizieren möchte. (vgl. Hagemann-White u. a. 1981, S. 135). Diese Einstellung wird von höchsten" Stellen unterstützt: Im Gesetz und in der Rechtsprechung herrsche noch immer die Meinung vor, daß Geschlechtsverkehr zu den im Ehevertrag festgelegten Pflichten gehört und daß Frau mit ihrer Weigerung eine Unterlassung begeht (vgl. Paetow 1987, S. 141 ff.). Erst als sich die feministische Bewegung geschlagener Frauen Angenommen hatte, wurden auch von „öffentlichen" Stellen einige wenige Frauenhäuser eröffnet.

---

[16] Die Anzahl von Frauen, die Gewalthandlungen erfahren, reichen von 100000 bis 4 Mio. jährlich. In den etwa 180 Frauenhäusern suchten im Jahre 1988 etwa 24000 Frauen Zuflucht (vgl. Lösel u. a. 1990, S. 95). Vgl. auch Hanisch 1988, S. 126: Gemäß einer Umfrage bei Frauen in Frauenhäusern wurde körperliche Gewalt von 55,4%, Drohungen mit gegenwärtiger Gefahr für Leib oder Leben von 20,3%, „sonstiger" psychischer Druck von 18,9% und „Sonstiges" von 4,1% der Ehemänner bei der Erzwingung von Geschlechtsverkehr angewandt.

[17] Zur Behandlung der mißhandelten Frauen durch Organe sozialer Kontrolle vgl. Haffner 1976, S. 47 ff.; Clausen 1981, S. 56 ff.; Hagemann-White u.a. 1981, S.113 ff.

Traditionelle Untersuchungen, die sich mit Gewalt von Männern gegenüber Frauen in Familien befassen, folgen alle dem Prinzip, daß böse Wirkungen, hier die Gewalt, irgendwelche bösen Ursachen haben. Bekannt sind die Frustrations-Aggressionstheorie, triebtheoretische, behavioristische, lerntheoretische und kognitionstheoretische Ansätze und Anwendungen von Sexualtheorien.[18] Obwohl diese Theorien plausibel erscheinen, erweist sich bei näherer Betrachtung, daß weder die Ursache noch ihre Wirkungen richtig beobachtet und beurteilt werden. Bei den *Ursachen* fällt auf, daß, obwohl sich die meisten dieser Theorien nicht als geschlechtsspezifische verstehen, sie als nur für das männliche Geschlecht geltende angewandt werden. Es wird nicht thematisiert, warum sich die „Faktoren" nur (oder jedenfalls überwiegend) bei Männern in Gewaltanwendungen, und zwar hauptsächlich gegenüber Frauen, umsetzen. Männer erscheinen als gewalttätig ebenso natürlich wie Frauen als Opfer. Es wird unterstellt, daß kein Mann Gewalt gegen Frauen anwenden würde, wenn ihn nicht selbst negative Faktoren (wie Streß und Frust am Arbeitsplatz) dazu zwingen würden. Durch die Verlagerung der „Urheberschaft" der Gewaltanwendungen von „Männern" auf „böse Faktoren" wird erreicht, daß Männer selbst als arme Opfer von „Verhältnissen" erscheinen und ihnen deshalb keine Verantwortung zugeschrieben werden kann. Männer fungieren als quasi mechanische Übermittler böser Tatsachen, deren Wucht dann, weit entfernt von der Frustrationsquelle, wie zufällig auf Frauen niedergeht. Wie aber z. B. Berkowitz beobachtet, haben Gewaltanwendungen häufig eine Richtung und ein Ziel und können deshalb als Mittel zu bestimmten Zwecken interpretiert werden (Berkowitz 1983, S. 168).

Besonders bedenklich wird die Ätiologie, wenn die Ursachen für Gewaltanwendungen bei den Frauen selbst gesucht werden. Auf diese Weise wird eine Mitschuld von Frauen an ihrer Mißhandlung konstruiert: Aufgrund ihrer Sozialisation seien Frauen nicht in der Lage, ihre Situation zu verändern; sie hätten die Inkompetenz gelernt. Dabei deklariert man als Ursachen der männlichen Gewalthandlungen ausgerechnet die nachteiligen Eigenschaften, die Frauen durch die jahrelange Mißhandlung erworben haben – ist eine Frau alkoholabhängig geworden, dann muß sie sich nicht wundern, daß der Ehemann sie schlägt. Einige dieser Erklärungen bezeichnen sich als „interaktionistisch". Diese Richtung nimmt für sich in Anspruch, die traditionelle Ursachenforschung überwunden zu haben: Frauen provozierten den Gewaltausbruch durch ihr Verhalten (vgl. Wardell u.a. 1983, S. 71 ff.), ergo sind sie selbst mitverantwortlich. Das stimmt aber schon in der

---

18 Eine Übersicht der Theorien findet sich bei Neubauer/Steinbrecher/ Drescher-Aldendorff 1987. Zur Kritik der Individualisierung von Gewalt in gängigen Theorien vgl. Rammstedt 1974, S. 247.

Beobachtung nicht. Manche Männer schlagen nämlich einfach, weil ihnen danach ist. Wollen aber Wardell u. a. „Mitschuld“ (durch Duldung) im therapeutischen Sinne konstruieren, so sollten sie es sagen. Zum zweiten geht dieser Ansatz am Wesentlichen vorbei. Daß nämlich ein Mann mit dem strafrechtlich untersagten Mittel „physische Gewalt“ und nicht anders reagiert, versteht sich nicht von selbst. Die Richtung der Gewaltanwendung verweist doch auf bestimmte Machtkonstellationen, auf die, man möchte sagen, typischerweise interaktionistische Autoren nicht eingehen.

Einen neuen Verschleierungsversuch stellen Abhandlungen dar, die ohne Rücksicht auf das Geschlechterverhältnis allgemein von der Gewalt in der Familie oder gewalttätigen Familien sprechen. Ein derart ausgeweiteter Gewaltbegriff (alle gegen alle; mutual combat) läßt Gewaltanwendungen als das verabscheuungswürdige Verhalten „bestimmter Kreise“ erscheinen.[19] Gewalt wird zu einem anrüchigen, aber nicht weiter ernst zu nehmenden Problem. Die Funktionalität männlicher Gewalthandlungen für die Erhaltung ihrer Privilegien in der geschlechtlichen Organisation gerät dabei vollkommen aus der Sicht (vgl. Dobash/ Dobash 1979, S. 9 ff.; Saunders 1988, S. 90 ff.). Jenseits aller ätiologischen Ansätze gilt, was schließlich Gelles (der zunächst verschiedene Theorien vertreten hat) auf den Punkt bringt, daß nämlich *derjenige schlägt, der darf*. Es schlagt derjenige, der keine nachteiligen Folgen seiner Handlung, vor allem seitens der Organe sozialer Kontrolle, fürchten muß (Gelles 1983, S. 158).

Am anderen Ende der kausalen Kette, bei den *Wirkungen*, sind die Theorien bemerkenswert blind für die Tatsache, daß sich männliche Gewalt niemals dort äußert, wo die Frustrationen angeblich entstanden sind, nämlich in den hierarchischen Arbeitsbeziehungen. Die „Gewaltverhältnisse“ (im Sinne von Galtung)[20] in der Produktion müssen den betroffenen Männern wohl als naturgegeben erscheinen, denn sie ertragen sie, ohne mit Gewalt zu reagieren. Ein körperlicher Angriff auf einen Vorgesetzten hätte ja auch für die Untergebenen schlimme Folgen. Deshalb scheinen Männer imstande zu sein, die Reaktion auf Frustration so lange zurückzuhalten, bis sich ein passendes Objekt findet. Dies spricht aber entweder für Kalkül oder die dumpfe Gewißheit, daß die Entladung der Spannung so funktionieren soll.

Dort, wo Gewalt intrageschlechtlich angewandt wird, hat sie rituellen Charakter (vgl. Berkowitz 1983, S. 168), oder findet unter gleichrangigen Männern statt

---

[19] Vgl. Lösel u. a. 1990, S. 1-156.

[20] „Gewalt liegt dann vor, wenn Menschen so beeinflußt werden, daß ihre aktuelle somatische und geistige Verwirklichung geringer ist als ihre potentielle Verwirklichung“ (Galtung 1975, S. 9).

– was die Organe sozialer Kontrolle nicht besonders interessiert. Werden aber Männer in hohen Positionen bedroht, hat das für die „Angreifer“ schlimme Folgen. Männliche Gewaltanwendung in intergeschlechtlichen Beziehungen ist dagegen „normal“ und quasi legal, und dies ist die eigentlich erklärungsbedürftige Tatsache. „Normal“ ist sie zunächst im statistischen Sinne, weil sie kein abweichendes Verhalten einer Minderheit darstellt, sondern „den extremen Punkt eines Kontinuums bildet“ (vgl. Brückner 1983, S. 10).[21] Zum anderen wird sie häufig moralisch gebilligt, denn sie erscheint sowohl den Tätern als auch dem männlichen Alltagsverstand als eine naturhafte, unvermeidliche Handlung.[22] Quasi-legal ist sie, weil sie von Organen sozialer Kontrolle weitgehend vor einem Zugriff immunisiert wird (vgl. Stanko 1985, S. 70).

Dabei lag es auf der Hand, Gewalt als eine Ressource zur Aufrechterhaltung der männlichen Vormacht in der Familie zu erkennen, die auch dann noch hilft, wenn andere Ressourcen wie Geld und Autorität nicht vorhanden sind. Die Statusunterlegenheit einiger schlagender Ehemänner irritierte die Forscher, denn „normalerweise“ ist Gewalt ein Attribut der Macht (vgl. Straus/Gelles/Steinmetz 1980, S. 194). Normalerweise (im Durkheimschen Sinne) hat die Gewaltanwendung eine Richtung, und zwar von oben, von den schon Mächtigen gegenüber den schon Ohnmächtigen – und nicht umgekehrt. „Es scheint, als würde Gewalt vom machtvolleren Ehepartner als Mittel benutzt werden, seine dominante Position zu festigen bzw. zu legitimieren“ – sagt Lupri (1990, S. 494) und wiederholt die bekannte Tatsache, daß die innerfamiliäre Unterlegenheit von Frauen im wesentlichen durch strukturelle Bedingungen und die allzeit virulente Geschlechterideologie bedingt wird (a. a. O., S. 493). Manchmal aber schlagen Männer, die ihren Frauen sozial

21 Eine Frau aus der Frauenbewegung, die an einer Umerziehung inhaftierter sexueller Gewalttäter beteiligt war, mußte erkennen: „Mein Bild von Straftätern ist realistisch geworden. Es sind Männer, die sich nur durch die angezeigte Vergewaltigung von den Männern unterscheiden, die mir tagtäglich begegnen […]“ (Tügel/Heilemann 1987, S. 97).

22 Nach Bergdoll/Namgalies-Treichler (1987) rechtfertigten 60% der befragten Mißhandler die körperliche Gewaltanwendung gegenüber Frauen. Sie nannten folgende Gründe: Eifersucht; wer seine Frau liebt, muß sie schlagen; die Frau soll zum Mann aufsehen; eine Frau braucht sowas; die Frau hat zu gehorchen; sie ist des Mannes Untertan; die Frau habe ihn zu so etwas getrieben. 36% gaben gar keine Gründe an, nur 4% nannten Alkoholeinfluß. In einer Umfrage an 1039 Männern im Jahr1985 meinten 29% der Befragten, daß physische Gewalt gegenüber Ehefrauen „minimal“, 52% in „mittlerer Ausprägung“, 14% „potentiell von allen“ angewendet wird (Metz-Gockel/ Müller 1986, S. 120 f.). Die Gründe dafür lägen „voll und ganz“ zu 59% an der Problemsituation der Männer (beruflicher Streß), zu 10% an Alkohol und Drogen, zu 9 % an krimineller Veranlagung. Anders gefragt, zeigte sich: daß fast die Hälfte der Männer im männlichen Unterlegenheitsgefühl und in sexueller Demütigung (34%) den Anlaß zu Gewalttätigkeiten sahen (a. a. O., S. 14). Dies bestätigt eine britische Studie von Ptacek 1988, S. 142 ff.

unterlegen sind. Der höhere Status von Ehefrauen zählt geradezu zu den anerkannten Ursachen der Gewaltanwendung (vgl. Wardell u. a. 1983, S. 71 ff.) und stützt nebenbei die in der Wissenschaft zu Unrecht vertretene These, daß nur Unterschichtmänner Gewalt anwenden (vgl. Ohl/Rösener 1979, S.71ff.). Wenn sich das zugeschriebene Geschlechtsmerkmal „Mann" stärker als der erworbene höhere Status der Frau auswirkt, kann das nur bedeuten, daß physische Gewaltanwendung zu den Ressourcen gehört, deren „mann" sich bedienen darf.

Die Gewaltanwendung innerhalb der Familie ist eine Ressource, die den untergebenen Männern sozusagen als Ausgleich für das Ertragen der strukturellen Gewalt in männlichen Hierarchien seitens der im System herrschenden Männer „angeboten" wird (vgl. Messerschmidt 1988, S. 83 ff.). Ohne die strukturelle Unterstützung wäre die Ausstattung mit physischer Kraft für das Geschlechterverhältnis ebenso unverbindlich wie Schönheit oder Charme.[23] Soziale und kulturelle Normen sollten die Wirkung nackter Naturtatsachen überlagern, und wenn sie doch geduldet werden, dann bestimmt nicht zufällig. Nur wenn einige Männer mit ihren abscheulichen Taten „zu weit gegangen sind", distanzieren sich die Richter. Sie bestrafen die „Täter ohne Augenmaß" durch das Nicht-Ernst-Nehmen ihrer Handlungen, und diese Geringschätzung überträgt sich auf das den Frauen zugefügte Leid (vgl. Thürmer-Rohr 1991, 484).

Die heimliche Übereinkunft über die Macht aller Männer über ihre Frauen wird besonders bei Gerichtsverhandlungen über Mord- oder Tötungshandlungen an Eheleuten deutlich. Kann ein Täter schon dann mit milder Behandlung rechnen, „wenn das Opfer ständig keifte", so wird Frauen nicht einmal jahrelange Mißhandlung durch den Ehemann als mildernder Umstand zuerkannt. Im Gegenteil – die vorherige Duldung der Mißhandlung läßt die Tat als eine lang geplante, vorsätzliche erscheinen und da sie dann ausgeführt wird, wenn der physisch überlegene Mann gerade schläft, wird auch noch das Mordmerkmal der Heimtücke erfüllt (Oberlies 1989).

Deshalb bleibt die unglaubliche Selektivität durchaus im Rahmen des legalen Entscheidungsspielraums. Der vor Gericht gleichzeitig praktizierte Protektionis-

[23] Die Bedeutung struktureller Ressourcen für eheliche Machtverhältnisse hat Held untersucht. Die wichtigste, d. h. die materielle Ressource wird über den Berufsstatus erfaßt. Held sieht durchaus, daß Gewalt auch als Ressource betrachtet werden könnte. In Familien gelte das Prinzip „Gewalt als ultima ratio" nicht; Gewalt äußere sich in „expressiv-punktuellen, allerdings repetitiven Akten". Vom Standpunkt der Gewaltunterworfenen gehe es deshalb nicht um einmalige Fügung, sondern um eine Vermeidungsalternative, die für sie günstiger als z. B. die Auflösung der Ehe ist (Held 1978, S. 65; S. 75 f.).

mus, der sich in niedrigen Strafen für Frauen äußert, verbirgt die Tatsache, daß nicht Frauen, sondern die Institution der Familie geschützt werden soll.[24]

Die Nicht-Intervention der offiziellen sozialen Kontrolle bei Gewaltanwendungen gegen Frauen und Kinder innerhalb der Familie muß noch unter einem anderen Aspekt diskutiert werden. Die Zurückhaltung der Organe wird häufig (positiv) als eine Selbstbegrenzung der Staatsgewalt zum Schutze der Privatsphäre interpretiert. Von seiten der feministischen Theorie wird die Privatheit der Sphäre häufig für die „Unsichtbarkeit" dieser Mißstände verantwortlich gemacht (Stang Dahl/Snare 1978). Die Privatsphäre stellt jedoch nicht einen nach Abzug alles Öffentlichen verbliebenen Rest dar, sondern eine eigenständige Konstruktion, die unter anderem direkt funktional für die Aufrechterhaltung der Männermacht ist (vgl. O'Donovan 1985, S. 56 f.). Durch die Besonderung des Staates *und der Privatsphäre* wird auch die soziale Kontrolle in eine öffentliche und eine private gespalten. Männer werden durch die öffentliche bzw. offizielle soziale Kontrolle, Frauen (und Kinder) durch die private bzw. informell kontrolliert. Nachdem wir die eheliche Machtstruktur unter dem Gewaltaspekt untersucht haben, wird deutlich, daß *Gewaltanwendung als ein Mittel der Kontrolle* von Frauen dient (vgl. Smaus 1990, S. 279). Dieser Aspekt wird bei einer hermeneutischen Deutung von interaktionistischen Untersuchungen sichtbar: Der Ehemann verliere die Selbstkontrolle und schlage, wenn er das Verhalten seiner Frau als eine Infragestellung seines Rechts auf ihre Kontrolle interpretiere (vgl. Stets 1988, S. 101 ff.). Merkwürdigerweise wird dabei das Wort „Kontrolle" mehrdeutig gebraucht. Männer rechtfertigen ihren Gewaltausbruch als Verlust der Selbstkontrolle. Dieser „Kontrollverlust des Mannes" wird als ein Mittel verstanden, das Frauen kontrollieren soll. Durch Therapie könne der Mann soviel Selbstkontrolle gewinnen, daß er aufhöre, seine Frau zu kontrollieren! Im Klartext heißt dies, daß Gewalt wie selbstverständlich als Kontrollmittel von Frauen betrachtet wird, wobei ein Verzicht auf Gewalt mit dem Kontrollverlust über Frauen einhergehen würde – als ob es zu den Naturrechten der Männer gehörte, Frauen zu disziplinieren. Die offizielle Indifferenz gegenüber Gewaltanwendung in der Familie bedeutet folglich nichts anderes als die Abtretung der Kontrollbefugnis an „private" Herrscher. Die positive Bewertung der informalen sozialen Kontrolle muß deshalb genauso hinterfragt werden, wie die der Privatsphäre selber.[25]

---

24 Vgl. Stanko 1985, S. 86ff.; Atkins/Hoggett1984, S. 127ff.; Eaton1986, S. 93f.; Edwards 1985, S. 183 ff.

25 Ein besonderes Recht auf Kontrolle von Frauen wird Männern über den §218§ StGB eingeräumt. Bei Mißachtung der „Mittäterschaft" an einer ungewollten Schwangerschaft könnten Männer auf

Sexuelle Belästigung am Arbeitsplatz

Nach Hochrechnungen im Jahre 1984 wurde jede vierte Frau auf ihrem Arbeitsplatz sexuell belästigt (Plogstedt/Bode 1984, S. 88 ff.). Nur ausnahmsweise bedienen sich Männer dabei direkter physischer Gewalt, jedoch handelt es sich bei der verbalen Anmache und Witzen auch immer um einen *angedrohten oder vorgestellten Angriff auf ihre Körper*. Frauen sehen sich am Arbeitsplatz der Erwartung ausgesetzt, daß sie, außer ihrer Leistung auch ihren Körper zur Verfügung stellen, zumindest insofern, als dieser Körper laufend nach Maßstäben beurteilt wird, die nichts mit der Arbeit zu tun haben. Dies bedeutet, daß der Arbeitsplatz von Frauen, selbst wenn es sich um den gleichen physikalischen Raum wie bei Männern handelt, einen anderen symbolischen Raum darstellt. Frauen sind in der Berufswelt einem zusätzlichen Streßfaktor ausgesetzt, der häufig zu ernsthaften gesundheitlichen Schäden führt.

Die Berufswelt wird immer noch als männliches Terrain betrachtet, für Frauen stelle der Beruf nur eine Ergänzung ihrer familiären Pflichten dar.[26] Da erstens der Arbeitsmarkt ohne Frauenarbeit nicht auskommt und zweitens auch Familien auf das berufliche Einkommen von Frauen angewiesen sind, erweisen sich diese Alltagsüberzeugungen als Mittel, mit welchen man Frauen lediglich „frauengeeignete" Arbeit in der horizontalen, minderkomplizierte Arbeit in der vertikalen Arbeitsteilung, unsichere und schlechter bezahlte Jobs zubilligt. Auf diese Weise reservieren sich Männer nicht nur Annehmlichkeiten in der Arbeitswelt, sondern auch Ressourcen, die ihnen als „Ernährern" der Familien in der Privatsphäre eine Machtstellung gegenüber „ihren" Frauen garantiert. Indem die Überzeugung verbreitet wird, Frauen hätten in der Berufswelt nichts zu suchen, verlangt man von ihnen zusätzliche Leistungen, nämlich, sich auch am Arbeitsplatz wie eine Frau zu verhalten. Dies bedeutet für Frauen, daß sie außer der unverzichtbaren beruflichen Leistung ihren männlichen Vorgesetzten und Kollegen emotionale Zuwendung gewähren sollen und/ oder zulassen, daß der Arbeitsplatz durch Erotisierung und Sexualisierung für Männer erträglicher gestaltet wird. Diese Erwartung bildet eine Komponente der Erfahrung von Frauen, daß die Frau, wenn sie sich behaupten will, immer mehr als der Mann für das gleiche Gehalt leisten muß (vgl. Metz-Göckel/Müller 1986, S. 104 f.). Zweifelsohne müssen auch subordinierte Männer gegenüber ihren männlichen Vorgesetzten Unterwerfungsgesten lernen, die an

---

den Schwangerschaftsabbruch drängen und dann ihr Wissen über die illegale Handlung auch noch als Druckmittel ausnützen. Vgl. Smaus 1983.

26 Vgl. Pross 1978, S. 71 ff.; S. 142 ff.; S. 167 ff. Ähnlich Metz-Göckel/ Müller 1986.

Demütigung den weiblichen in nichts nachstehen. Frauen aber wissen, daß sie buchstäblich ihre Haut auf den (Arbeits-)Markt tragen. Sie werden beständig an ihre Ausstattung mit Körper (und Seele) erinnert, und diese erzwungene „Naturnähe“ soll sie gegenüber männlichen Kollegen disqualifizieren. Auch gleichgestellte Kollegen fühlen sich berechtigt, Frauen demütigenden Handlungen auszusetzen, mit dem Erfolg, daß sich Frauen tatsächlich minderwertig fühlen.

Angeblich verbinden Männer mit ihren sexuellen Annäherungsversuchen nicht die Absicht, weibliche Konkurrenz auszuschalten. Selbst, wenn man Motive überhaupt beschreiben und nicht bloß zuschreiben könnte, müßten wir diese Auskunft angesichts der Tatsache, daß Frauen (ceteris paribus) zurückgesetzt sind und sich durch Anmache auch erniedrigt fühlen, für unerheblich halten. Daß sexuelle Anmache durchaus ein Bestandteil der die Vorteile legitimierenden männlichen Ideologie ist, kann man aus Meinungsforschungen zum Männlichkeitsideal erfahren.[27] Nur wenige Frauen sind bereit, die vollkommen inadäquate Forderung, für ihre Karriere - quid pro quo - den Körper einzusetzen, zu erfüllen und verbleiben lieber erfolglos auf den untersten Stufen. Vice versa setzen sich erfolgreiche Frauen dem Verdacht aus, sie hätten der Erwartung nachgegeben (vgl. MacKinnon 1979, S. 49). Immer aber ist das Netz so ausgelegt, daß Frauen in der Berufswelt nichts richtig machen können, daß ihnen die Definitionsmacht über sich als Arbeitskraft und autonomen Menschen mit eigenständiger Sexualität streitig gemacht wird, daß sie sich überhaupt als fehl am Platze vorkommen (vgl. Stanko 1985, S. 66 ff.).

Es gibt sogar Arbeitsplätze, z. B. die von Kellnerinnen, an denen das Ertragen von sexuellen Belästigungen zum Berufsbild gehört, und es gibt Arbeitsplätze (meistens an den Rändern oder Grenzen von Organisationen), an denen Frauen direkter physischer Bedrohung seitens ihrer Klientel ausgesetzt sind. Gemeint sind Krankenschwestern, Pflegerinnen, Sozialarbeiterinnen, Lehrerinnen, u. a. (vgl. Painter 1988, S. 32). Ein Interesse für die Ätiologie des aggressiven Verhaltens der Klienten würde hier, genauso wie bei schlagenden Ehemännern, die Tatsache verschleiern, daß es ein Einverständnis darüber gibt, daß die Opfer Frauen sein würden. Die „Komplizenschaft“ mit den Männern an den Spitzen der Organisationshierarchien stellt sich über die Tabuisierung des Zur-Sprache-Bringens der Gewalt und die Annahme her, das Opfer sei selbst schuld, wenn es mit der Situation nicht fertig werde (vgl. Painter 1988, S. 33).Besonders bei diesen Berufen wird deutlich, wie die ökonomische und hierarchische Schlechterstellung von Frauen

27 Pross 1978; Metz-Göckel/Müller 1986.

das Risiko, angegriffen oder belästigt zu werden, bedingt – und umgekehrt, wie diese schwierigen Arbeitsbedingungen zu einer Instabilität des Beschäftigungsverhältnisses führen (vgl. MacKinnon 1979, S. 55). Frauen können sich in der Regel gegen diese Angriffe und Zumutungen nicht wehren, sei es, daß es keine andere Anlaufstelle als den Belästiger selber gibt (z. B. an der Universität, vgl. Plogstedt 1991, S. 282 ff.), sei es, daß sie befürchten müssen, daß statt ihrer der männliche Täter in Schutz genommen wird. Die schon vorher in der Arbeitswelt benachteiligten Frauen, die den Angriff über sich ergehen lassen mußten, befürchten, nunmehr zum dritten Male erniedrigt zu werden. Häufig bleibt Frauen nichts anderes übrig, als die Arbeitsstelle zu kündigen (Plogstedt/Bode 1984, S. 131 ff.; Schnock Manuskript).

3 Physische Gewalt als die Grundlage einer illegitimen Herrschaft

Die Aufzählung der Bereiche, in denen die Anwendung physischer Gewalt gegen Frauen untersucht wurde, beansprucht nicht, vollständig zu sein. Indessen zeichnen sich bei den gewählten Beispielen typische Konstellationen ab. Für Frauen gibt es keinen Raum, wo sie vor Gewaltanwendung sicher wären. Sie umgibt sie als potenziell vorhanden überall. Auch Frauen, die bewußt Risiken kalkulieren, wissen, daß sie auf ihr „eigenes Risiko" – und das heißt, daß sie für ihr Schicksal verantwortlich gemacht werden würden. Deshalb stellt physische Gewalt für Frauen einen Bestandteil der strukturellen Gewalt dar, die als eine Hinderung der Menschen an der Entfaltung ihrer möglichen Fähigkeiten beschrieben wird (Galtung 1975, S. 9). In den erwähnten Beispielen erscheint Gewalt als ein Mittel, welches Männer gegenüber Frauen in interpersonalen Beziehungen anwenden. Es geht meistens um konkrete Männer, die ihnen bekannte Frauen mit Gewalt bedrohen.

Das zweite, hervorstechende Merkmal ist die Reaktion der offiziellen Organe sozialer Kontrolle auf solch illegale Gewaltanwendung. Immer wieder zeigt sich, daß weibliche Opfer männlicher Gewalt (bis auf wenige Ausnahmen) keine Unterstützung erfahren. Hilfesuchende Frauen erleben die Behandlung durch die Organe sozialer Kontrolle nicht minder demütigend als die vorangegangene Gewaltsituation selber. Sie werden zum zweiten Male zu Verliererinnen, womit ihre Unterwerfung unter den Mann, der privat auf sie einen Herrschaftsanspruch erhebt, nur noch bestätigt wird. Statt die Gewaltanwendung zu verurteilen, schützen Organe sozialer Kontrolle die Täter, und zwar vor einem strafrechtlichen Zugriff.

Diese Komplizenschaft der öffentlichen männlichen Herrschaft mit der Machtausübung mittels Gewalt in interpersonalen Beziehungen begründet die Quasi-Legalität der an sich verbotenen Gewalt. Dies berechtigt zum Schluß, daß die immer präsente, latent drohende physische Gewalt den Boden, die *ultima ratio* der Herrschaft des männlichen Geschlechts über das weibliche bildet.

Damit wird nicht behauptet, daß sich die Männerherrschaft in erster Linie auf Gewalt stützt. Dies kann sie ebenso wenig wie eine Regierung bloß mit Gewalt regieren könnte. Vielmehr beruht die Herrschaft auf einem komplexen Netz von Abhängigkeiten, wovon die wichtigste die Organisation des Arbeitsmarktes ist. In der Logik der Verwertung der Arbeitskraft erscheint es nützlich, außer einem Kern an immer benötigten, gut ausgebildeten und deshalb auch gut bezahlten Arbeitskräften ein großes Feld an fluktuierenden Arbeitsplätzen mit schlecht bezahlter Arbeit zu unterhalten. Die Auswahl der Männer für den „ersten" und der Frauen für den „zweiten" Arbeitsmarkt wird mit natürlichen, quasi unüberwindbaren Unterschieden gerechtfertigt (vgl. Willms-Herget 1985, S. 55 ff.).[28] Indem am Arbeitsmarkt und familienrechtlich der Mann als der Ernährer der Familie bestimmt wird (vgl. Atkins/ Hoggett 1984, S. 35 ff.), kann der Frauenlohn unter den Kosten der eigenen Reproduktionskraft von Frauen liegen (vgl. Bennholdt-Thomsen 1981, S. 35 ff.). Vor allem kann Frauen ein autonomer Zugang zu der Ressource „Arbeitsmarkt" abgesprochen werden. Bei der Angewiesenheit von Frauen auf Männer könnte man sich wundern, daß Gewalt überhaupt noch angewendet wird (vgl. Rammstedt 1974, S. 150). Wahrscheinlich liegt die Nützlichkeit der Gewaltanwendung gegenüber Frauen nicht primär darin, einen aktuellen Dissens oder „Ungehorsam" zu unterdrücken, sondern allgemeiner darin, die primären Abhängigkeitsverhältnisse, in denen das männliche Geschlecht die Vorzugspositionen innehat, aufrechtzuerhalten.

Die physische Gewalt hat dabei Bedeutung sowohl für die Unterstützung der privaten als auch der offiziellen Männerherrschaft. Mit dem Stellenwert der physischen Gewalt im Recht hat sich Luhmann befaßt: Sie stellt einen eindeutigen Modus der Erwartungssicherheit und der Enttäuschungsabwicklung dar, der eine Konsensfiktion, wenn nicht Konsens selbst, sichert. Die Wirkung physischer Gewalt ist vorwiegend symbolisch, sie ist ein Mittel der Darstellung und der Vergewisserung, nur ausnahmsweise der Durchsetzung. Das heißt, daß sie durch ihre bloße Präsenz wirkt.

---

[28] Bei den Männern, die auch nur auf dem zweiten Arbeitsmarkt zugelassen sind, handelt es sich meistens um Ausländer. Aber auch hier gilt, daß der Ausschluß über biologische Merkmale, die manchmal kulturell verbrämt sind, gerechtfertigt wird.

Physische Gewalt beruht auf der physischen Natur der Menschen,[29] deshalb ist sie universell verwendbar, indifferent gegen Zeitpunkt, Situation, Objekt und Sinnzusammenhang der Aktion. Sie ist nicht abhängig von gesellschaftlicher Differenzierung (Luhmann 1975, S. 61), weil sie nur überlegene Kraft erfordert. Sie dient der Aufrechterhaltung der Motivation widerstrebender einzelner. In legalen Herrschaftsbeziehungen begrenze sich ihr Gebrauch von selber, weil die Anwendung ein Zugeständnis des Verlustes der „machtvollen Disposition" über das Verhalten anderer bedeutet. Diese Idee verdankt Luhmann, Bachrach und Baratz, die aber auch richtig bemerken, daß die Anwendung der Gewalt in wenigen Fällen die Glaubwürdigkeit von Gewaltandrohungen überhaupt erhöht (Bachrach/Baratz 1977, S. 65).

Soweit deckt sich Luhmanns Analyse mit unseren Überlegungen. Nur eins stimmt nicht, daß nämlich physische Gewalt insgesamt domestiziert und vom Staate monopolisiert wurde. Vielmehr begründet die zwischen Geschlechtern zugelassene Gewalt eine *illegitime Herrschaft*. Nach Max Weber kann es zwar nur legitime Herrschaft geben. Gleichwohl beruht sowohl Herrschaft als auch Macht auf der Chance, bei angebbaren Personen Gehorsam zu finden, gleichviel, worauf sich diese Chance begründet. Deshalb meint Rammstedt, daß sich Herrschaft auch von Gewalt ableiten läßt (1974, S. 144) – besonders wohl die illegale.[30] Sie muß es nur fertig bringen, sich von Legitimierungsansprüchen zu entlasten. Das tut sie am besten dadurch, daß sie sich offiziell nicht zu erkennen gibt[31] und gleichzeitig flexible Verteidigungsmechanismen unterhält. Die Positionen innerhalb der legalen Herrschaft sind fast nur von Männern besetzt, die, wenn überhaupt, dann nur Gewalt von seiten ihnen untergeordneter Männer zu befürchten haben. Dieses Gewaltpotential wird unter Strafe gestellt und faktisch kontrolliert. Die allen Männern nützliche Gewalt kann in ausgegrenzte Bereiche (z.B. in die Ehe) verlagert werden. Mit der Folge, daß Gewalt anwenden kann, wer nicht mit rigiden negativen Sanktionen seitens des Systems rechnen muß. Diejenige, der Gewalt zugefügt wird, scheint nicht Teil des Systems zu sein. „In dieser Weise wird nicht nur die

---

[29] Als symbolisch generalisiertes Medium der Kommunikation besitzt Gewalt die Eigenart, daß sie auch physische und organische Faktoren involviert. Deshalb ist sie für die Betroffenen nicht ignorierbar (Luhmann 1974, S. 65).

[30] Hannah Arendt betrachtet dagegen Macht und Gewalt als Gegensätze, wobei Macht als menschliche Fähigkeit zu handeln das Primäre ist. Gewalt habe instrumentalen Charakter, sie trete dort auf den Plan, wo Macht in Gefahr sei; Gewalt könne aber Macht nicht erzeugen (1970, S. 45; S. 57).

[31] Es gibt kritische Situationen, in denen eine Metakommunikation über Macht ausgelöst werden kann: Hierzu würden Sekundärstrategien entwickelt werden - wie Vermeidung von Sichtbarkeit (oder auch nur der Sichtbarkeit von Sichtbarkeit) von Verstößen; das Umgehen, Verschweigen oder das Verharmlosen von Problemen etc (Luhmann 1975, S. 38).

Gewaltanwendung als systeminterne Handlung wegargumentiert, sondern zugleich der Teil des Systems in der Gewaltanwendung unterstützt, der erwarten kann, daß, sollte er in dem Konflikt unterliegen, d. h. daß ihm Gewalt angetan wird, dies vom System als Bedrohung seiner selbst aufgefaßt werden muß, und daß es dann seine Macht gebrauchen wird, um ihr zu begegnen" (Rammstedt 1974, S. 145). Es macht in der Tat Schlagzeilen, wenn die Ehefrau den Ehemann schlägt oder gar tötet [...] Eigentlich müßte eine vom Souverän zugelassene Gewalthandlung unter den Beherrschten als eine Bedrohung der souveränen Gewalt angesehen werden, „[...] weil es den Friedenszustand, welche den Souverän legitimiert, aufhebt und stört", meint Röttgers (1974, S. 165), aber offensichtlich stören den Souverän Gewalthandlungen an Frauen nur dort, wo sie „zu offensichtlich" werden, wo Männer über alle Stränge geschlagen haben. Ähnliche Überlegungen über die Beziehung der illegalen Gewaltanwendungen und der Rhetorik der Domestizierung der Gewalt hat Galtung angestellt. Man müsse auch die Gewalt, deren manifeste Form „beseitigt" worden sei, mitberücksichtigen, um erkennen zu können, daß sie in Bereitschaft stehe (1975, S. 27). Daß personale Gewalt nur deshalb zu einer Machtressource im privaten Bereich werden kann, weil sie auf eine strukturelle Unterstützung rechnen kann, dies ist im oben Dargestellten deutlich geworden. Wichtiger scheint mir, daß sowohl die illegale Herrschaft aller Männer über Frauen als auch der männliche Alleinbesitz der legalen Herrschaft eben diese Gewaltanwendungen voraussetzt. „Wenn die Struktur in Gefahr ist, werden jene, die von der strukturellen Gewalt profitieren, vor allem diejenigen, die an der Spitze stehen, versuchen, den Status quo aufrechtzuerhalten, der so gut geeignet ist, ihre Interessen zu schützen" (Galtung a. a. O.) – und als solche Handlanger kann man die Vergewaltiger, Mißhandler, die Grapscher u. a. begreifen. Ihre Machthandlungen gegenüber Frauen sind Bestandteil der illegalen Machtstruktur, an deren Erhaltung auch die „anständigen" Männer interessiert sind. Nur wenn die gewaltsamen Machthandlungen unter den Verdacht geraten, sie seien geduldet, werden sie, freilich nur augenzwinkernd, verurteilt.

Auf diese Weise unterstützt die illegale personale Gewalt den legalen Besitz von Herrschaft. Einmal mehr ist dabei die Frage, ob die Komplizenschaft der Männer in den beiden Sphären auf bewußten Absprachen beruht, unerheblich. Selbst, wenn sie sich „hinter ihrem Rücken" herstellt, ändert dies nichts an der Tatsache, daß Männer Vorzugslagen einnehmen, die sich nicht als Gebrauch zugelassener Ressourcen erklären lassen. Um dem Argument vorzubeugen, daß die Verhältnisse lediglich die „Natur der Natur“ bzw. die „Natur der Sache“ widerspiegeln[32] muß angeführt werden, daß die allgemein anerkannte These, Menschen seien Produzenten ihrer Geschichte, nur dann Sinn hat, wenn unterstellt wird, daß sie die Fähigkeit besitzen, Optionen zu treffen. Männer im besonderen entwerfen soziale Verhaltensmodelle mit bestimmten Zwecken und ziehen bestimmte normative Orientierungen anderen vor (vgl. Touraine 1974, S. 117 f.), so wie sie ausgerechnet diejenigen geschichtlich überlieferten Institutionen weiter tradieren, die für sie günstig sind.

Die illegale Unterstützung durch personale Gewalt hat die legale Herrschaft deshalb nötig, weil sie in einer wesentlichen Hinsicht nichtrepräsentativ und nichtdemokratisch ist – in Hinsicht auf das Geschlecht. Man kann sich vorstellen, wie anders die Gesellschaft beschaffen wäre, wenn die ständige Präsenz von illegaler Gewalt Frauen nicht daran hindern würde, den Status quo zu ändern. Die in den Habitus übergegangene gemeinsame Erfahrung von Frauen mit physischer Gewaltbedrohung trägt dazu bei, daß die illegale Herrschaft mit einem minimalen Aufwand aufrechterhalten werden kann. „Reizt das Geprügeltwerden vielleicht noch zum Zurückprügeln, so steht man dem verinnerlichten Zwang gewaltlos gegenüber. Die Gewalt braucht nicht mehr ausgeübt zu werden, da sie ins Individuum selbst einbezogen ist“ (Rammstedt 1974, S. 245).

Zusammenfassung

Anhand der systematischen empirischen Erfassung der physischen Gewalthandlungen von Männern gegenüber Frauen und ihrer Behandlung seitens der Organe der offiziellen sozialen Kontrolle wurde versucht nachzuweisen, daß diese illegale Gewalt eine analoge Bedeutung wie die legale hat: nämlich Herrschaftsverhältnisse als ultima ratio aufrechtzuerhalten. Über individuelle Gewalthandlungen einerseits und ihre offizielle Duldung andererseits leisten sich die private und die offizielle De-facto-Männerherrschaft gegenseitige Unterstützung. Die Allgegenwart der potentiell möglichen Gewalthandlungen hat für Frauen strukturelle Be-

[32] Daß das „Wesen“ der Frau in Kindern, Familie und in Abhängigkeit vom männlichen Ernährer besteht, wird biologisch, also durch die „Natur“ gerechtfertigt; ihre Schlechterstellung auf dem Arbeitsmarkt durch Sachzwänge – also die Natur der „Sache“. Der Ausschluß von Frauen vom Zugang zu Ressourcen wird als ihr Gegenteil dargestellt, nämlich als eine großzügige Partizipation von Frauen am Reichtum der Männer.

deutung: Sie zieht die raum-zeitlichen Grenzen enger, in denen sich Frauen zu bewegen haben.

Literatur

Abel, M., Vergewaltigung. Stereotypen in der Rechtsprechung und empirische Befunde, Weinheim und Basel 1988.

Arbeitskreis „Sexuelle Gewalt“ beim Komitee Für Grundrechte und Demokratie (Hrsg.), Gewaltverhältnisse, Sensbachtal 1989.

Arendt, H., Macht und Gewalt, München 1970.

Atkins, S. /Hoggett, B., Women and the Law, Oxford 1984.

Bachrach, P. /Baratz, M. S., Macht und Armut. Eine theoretisch-empirische Untersuchung, Frankfurt/M. 1977.

Baurmnn, M. C., Sexualität, Gewalt und psychische Folgen. Bundeskriminalamt Forschungsreihe, Bd. 15, Wiesbaden 1983.

Baurmann, M. C., Sexualität, Gewalt und ihre Folgen für das Opfer. Berichte des Kriminalistischen Instituts, Wiesbaden 1985.

Baurmann, M. C., Die offene, heimliche und verheimlichte Gewalt von Männern gegen Frauen sowie ein Aufruf an Männer, sich gegen Männergewalt zu wenden, in: Janshen, D., op. cit. 1991, S. 223-251.

Bennholdt-Thomsen, V., Subsistenzproduktion und erweiterte Reproduktion. Ein Beitrag zur Produktionsweisendiskussion, in: Gesellschaft, op. cit. 1981, S. 30-51.

Bergdoll, K., Namgalies-Treichler, C., Frauenhaus im ländlichen Raum. Schriftenreihe des Bundesministers für Jugend, Familie, Frauen und Gesundheit. Bd. 198, Stuttgart, Berlin, Köln, Mainz 1987.

Berkowitz, L., The Goals of Aggression, in: Finkelhor, D./Gelles, R. /Hotaling, G. T. /Strauss, M. A., op. cit. 1983, S. 166-181.

Brechtmann, T., Jede dritte Frau, Reinbek bei Hamburg 1983.

Brinkmann, W./Honig, M., Gewalt gegen Kinder. Kinderschutz. Eine sozialwissenschaftliche Auswahlbibliographie, München 1986.

Brownmiller, S., Gegen unseren Willen. Vergewaltigung und Männerherrschaft, Frankfurt/M. 1983 (1975).

Brückner, M., Die Liebe der Frauen: Über Weiblichkeit und Mißhandlung, Frankfurt 1983.

Brüggeborts-Weigelt, G., Identität und Vergewaltigung, Berlin 1986.

Clausen, G., Mißhandelte Frauen im Netz sozialer Hilfen. Leitstelle Gleichstellung der Frau, Hamburg 1981.

Degener, T., Sexuelle Gewalt gegen behinderte Frauen, in: Arbeitskreis „Sexuelle Gewalt", op. cit. 1989, S. 97-100.

Degler, H. (Hrsg.), Vergewaltigte Frauen berichten, Hamburg 1981.

Dobash, E./Dobash, R., Violence Against Wives. A Case Against the Patriarchy, London 1979.

Edwards, S., Male Violence Against Women: Excusatory and Explanatory Ideologies in Law and Society, in: Dies. (ed.), Gender, Sex and the Law. London, Sydney, Dover/New Hampshire 1985, S. 183-216.

Eaton, M., Justice for Women? Family, Court and Social Control, Philadelphia 1986

Fegert, J. M., Sexueller Mißbrauch von Mädchen und Jungen, in: Arbeitskreis „Sexuelle Gewalt", op. cit. 1989, S. 43-00.

Fegert, J. M., Glaubensbekenntnis und Gruppenjargon, in: Janshen, D., op. cit. 1991, S. 47-85.

Fehrmann, H., Die vergewaltigte Frau im Kontakt mit der Schutz- und Kriminalpolizei, in: Fehrmann u. a., op. cit. 1986, S. 59-102.

Fehrmann, H./Jakobs, K./Junker, R., Das Mißtrauen gegen vergewaltigte Frauen. Sonderband der BKA-Forschungsreihe, Wiesbaden 1986.

Finkelhor, D., Soziale Reaktion auf Vergewaltigung, in: Heinrichs, J., op. cit. 1986, S. 28-36.

Finkelhor, D./Yllö, K., Vergewaltigung in der Ehe: Eine soziologische Perspektive, in: Heinrichs, J., op. cit. 1986, S. 65-76.

Finkelhor, D. /Gelles, R. J. /Hotaling, G. T. /Strauss, M. A. (ed.) The Dark Side of Families. Current Family Violence Research. Beverly Hills, London, New Delhi 1983.

Freemann, M. D. A., Legal Ideologies, Patriarchal Precedents, and Domestic Violence, in: Ders. (ed.). State, Law, and the Family. London, New York, 1984, S. 51-78.

Galtung, J., Strukturelle Gewalt. Beiträge zur Friedensforschung, Reinbek bei Hamburg 1975.

Gardiner-SIirt, A. (Hrsg.), Brigitte-Buch. Als Kind mißbraucht. Frauen brechen das Schweigen, München 1983..

Gelles, R. J., An Exchange/Social Control Theory, in: Finkelhor, D./ Gelles, R./Hotaling, G. T. /Straus, M. A., op. cit. 1983, S. 151-165.

Gesellschaft, Beiträge zur Marxschen Theorie 14, Frankfurt/M. 1981.

Guba, S., Schwierigkeiten der Polizeibehörden im Umgang mit Opfern sexueller Straftaten, in: Vergewaltigt. Eine Dokumentation der Hessischen Landesregierung für Frauenangelegenheiten, Wiesbaden 1987, S. 15-19.

Haffner, S. (Hrsg.), Gewalt in der Ehe und was Frauen dagegen tun, Berlin 1976.

Hagemann-White C. /Kavemann, B./Kootz, J. /Weinmann, U. /Wildt, C. C. /Burgard, R./Scheu, U., Hilfen für mißhandelte Frauen. Schriftenreihe des Bundesministers für Jugend, Familie und Gesundheit. Bd. 124, Stuttgart, Berlin, Köln, Mainz 1981.

Hanisch, G. M., Vergewaltigung in der Ehe. Ein Beitrag zur gegenwärtigen Diskussion einer Änderung des § 177 StGB unter Berücksichtigung der Strafbarkeit de lege lata und empirischer Gesichtspunkte, Bochum 1988.

Hedlund, E., Ergebnisse einer Umfrage unter verurteilten Vergewaltigern, in: Heinrichs, J. (Hrsg.), Vergewaltigung. Die Opfer und die Täter, Braunschweig 1986, S. 77-86.

Held, T., Soziologie der ehelichen Machtverhältnisse, Darmstadt, Neuwied 1978.

Henley, N., Nichtverbale Kommunikation und die soziale Kontrolle über Frauen, in: Trömel-Plotz, S. (Hrsg.), Gewalt durch Sprache, Frankfurt/M. 1984, S. 39-49.

Hoerning, E. M., Die Ausnahme ist die Regel. Frauen als Kriegsbeute, in: Arbeitskreis „Sexuelle Gewalt“, op. cit. 1989, S. 73-96.

Jakobs, K., Das Mißtrauen gegen die vergewaltigte Frau im Ermittlungsverfahren unter besonderer Berücksichtigung der Stellung der Staatsanwaltschaft, in: Fehrmann, H., u.a., op. cit. 1986, S. 103-132.

Janshen, D. (Hrsg.), Sexuelle Gewalt. Die allgegenwärtige Menschenrechtsverletzung, Frankfurt/M. 1991.

Janshen, D., Gelegenheitsprostitution kann nicht ausgeschlossen werden, in: Dies., op. cit. 1991, S. 379-398.

Junker, R., Die Betreuung der vergewaltigten Frau durch die Institutionen der formellen Sozialkontrolle, in: Fehrmann, H. u.a., op. cit. 1986, S. 133-154.

Kavemann, B./Löhstöter, I., Väter als Täter. Sexuelle Gewalt gegen Mädchen. Reinbek bei Hamburg 1984.

Kempe, R. S. /Kempe, C. H., Kindesmißhandlung, Stuttgart 1984.

Kolb, M., Gewalt gegen Frauen, Basel 1986.

Licht, M., Vergewaltigungsopfer. Psychosoziale Folgen und Verarbeitungsprozesse, Pfaffenweiler 1989.

Löschper, G., Definitionsschwierigkeiten. Oder: Eine Orientierungshilfe der Psychologie in den (semantischen) Nebelschleiern des Aggressionsbegriffes, in: Kriminologisches Journal, 24, 1992, S. 8-22.

Lösel, F. /Selg, H. /Schneider, U. unter Mitarbeit von Müller-Luckmann, E., Ursachen, Prävention und Kontrolle von Gewalt aus psychologischer Sicht, in: Schwind, H. D. /Baumann, J., op. cit. 1990, S. 1-156.

Luhmann, N., Symbiotische Mechanismen, in: Rammstedt, O., op. cit. 1974, S. 107-131.

Luhmann, N., Macht, Stuttgart 1975.

Lupri, E., Über die Dialektik ehelicher Gewalt, in: Kölner Zeitschrift für Soziologie und Sozialpsychologie 42, 1990, S. 474-501.

Mackinnon, C., Sexual Harassment of Working Women. A Case of Sex Discrimination, New Haven and London 1979.

Messerschmidt, H., Überlegungen zu einer sozialistisch-feministischen Kriminologie, in: Janssen, H. /Kaulitzky, R. /Michalowski, R. (Hrsg.), Radikale Kriminologie. Bielefeld 1988, S. 83-101.

Metz-Göckel, S./Müller, U., Der Mann, Weinheim, Basel 1986.

Michaelis-Arntzen, E., Die Vergewaltigung aus kriminologischer, viktimologischer und aussagepsychologischer Sicht, München 1981.

Mummendey. A. /Linneweber, V. /Löschper, G., From Act to Interaction. in: Mummendey, A. (ed.), Social Psychology of Aggression. From individual Behaviour to Social Interaction, Berlin, Heidelberg, New York, Toronto 1984, S. 69-106.

Neubauer, E. /Steinbrecher, U./ Drescher-Aldendorff, S., Gewalt gegen Frauen: Ursachen und Interventionsmöglichkeiten. Schriftenreihe des Bundesministers für Jugend. Familie, Frauen und Gesundheit. Stuttgart, Berlin, Köln, Mainz 1987.

Oberlies, D., Geschlechtsspezifische Aspekte der Tötungskriminalität. Eine empirische Untersuchung auf der Grundlage von Gerichtsurteilen. Diskussionspapier 1989/8 des Hamburger Instituts für Sozialforschung, Hamburg 1989.

O´Donovann, K. Sexual Divisions in Law. London 1985.

Ohl, D. /Rösener, U., Und bist du nicht will […] Ausmaß und Ursachen von Frauenmißhandlung in der Familie, Frankfurt/M. Berlin 1979.

Painter, K. "It's Part of the Job": Violence at Work, Vortrag gehalten anläßlich der 2. Saarländischen Hochschulwoche am 20. 6. 1988 in Saabrücken.

Paetow, B., Vergewaltigung in der Ehe, Freiburg im Br. 1987.

Pelz-Schreyögg, H. Gewalt in Familien. Eine Literaturübersicht. München 1985.

Plogstedt, S. /Bode, K. Übergriffe. Sexuelle Belästigungen in Büros und Betrieben. Reinbek 1984.

Plogstedt, S., Sexuelle Gewalt im Betrieb, in: Janshen, D., op. cit. 1991, 273-294.

Pross, H. Die Männer. Eine repräsentative Untersuchung über die Selbstbilder von Männern und ihre Bilder von der Frau, Reinbek bei Hamburg 1978.

Ptacek, H., Why do Men Batter Their Wives? In: Yllö, K./ Bograd, M., op. cit. 1988. S. 133-157.

Rammstedt, O. (Hrsg.), Gewaltverhältnisse und die Ohnmacht der Kritik, Frankfurt/M. 1974.

Rammstedt, O., Gewalt und Hierarchie, in: Ders., op. cit. 1974, 132- 156.

Rammstedt, O., Zum Leiden an der Gewalt, in: Ders. op. cit. 1974. 235- 25 4.

Rasch, W., Motivische Hintergründe von Vergewaltigungen, in: Arbeitskreis „Sexuelle Gewalt“, op. cit. 1989. S. 143-154.

Remmschmid, H. / Hacker, F. /Müller-Luckmann, E. /Schmidt, M. H. /Strunk, P., Ursachen. Prävention und Kontrolle von Gewalt aus psychiatrischer Sicht, in: Schwind, H. D. /Baumann, J., op. cit. 1990, s. 157-292.

Röthlein, C., Der Gewaltbegriff im Strafrecht unter besonderer Berücksichtigung der Sexualdelikte, München 1986.

Röttgers, K., Andeutungen zu einer Geschichte des Redens über die Gewalt, in: Rammstedt op. cit. 1974. S. 157-234.

Rush, F., Das bestgehütete Geheimnis: Sexueller Kindesmißbrauch, Berlin 1984.

Saunders, D. G., Wife Abuse. Husband Abuse, or Mutual Combat? A Feminist Perspective on the Empirical Findings, in: Yllö, F./Bograd, M., Feminist Perspectives on Wife Abuse, Newbury 1988, S. 90-113.

Schlötterer, R., Vergewaltigung: Weibliche Schuld – männliches Vorrecht? Berlin 1982

Schneider, U., Körperliche Gewaltanwendung in der Familie, Berlin 1987.

Schnock, B., Gewalt gegen Frauen am Arbeitsplatz. MS, Saarbrücken, o. J.

Schüssler-Fiorenza, E., Brot statt Steine. Die Herausforderung einer feministischen Interpretation der Bibel. Freiburg (Schweiz) 1988.

Schwendinger, J. R. /Schwendinger, H., Rape and Inequality, Beverly Hills. London, New Delhi 1983.

Schwind, H. D. /Baumann, J. (Hrsg.), Ursachen, Prävention und Kontrolle von Gewalt. Analysen und Vorschläge der Unabhängigen Regierungskommission zur Verhinderung und Bekämpfung von Gewalt, Bd. II, Berlin 1990.

Smaus G. § 218 StGB - Frauen als Täter und Opfer einer strafrechtlichen Regelung, in; Jung, H. /Müller-Dietz, H. (Hrsg.), § 218- Dimensionen einer Reform, Heidelberg 1983, 8. 43-75.

Smaus, G., Das Strafrecht und die Frauenkriminalität, in: Kriminologisches Journal 22, 1990, S. 266-283.

Stachiw, A., Der Altersdurchschnitt liegt bei 12 Jahren, in: Janshen, D., op. cit. 1991, S. 127-134.

Stang Dahl L. /Snare, A., The Coercion of Privacy. A Feminist Perspective, in: Smart, C. /Smart, B. (ed.), Women, Sexuality and Social Control, London, Henley, Boston 1978, S. 8-26.

Stanko, E. A., Intimate Intrusions. Women's Experience of Male Violence, London, Boston, Melbourne, Henley 1985.

Steffen, W., Gewalt von Männern gegenüber Frauen: Befunde und Vorschläge zum polizeilichen Umgang mit weiblichen Opfern von Gewalttaten, München 1987 (LKA Bayern).

Steinhage, R., Niemand macht sich die Mühe zu fragen, in: Janshen, D., op. cit. 1991, S. 101-112.

Stets, J. E., Domestic Violence and Control, New York, Berlin, Heidelberg, London, Paris, Tokyo 1988.

Straus, M. A. /Gelles, R. J. /Steinmetz, S. K., Behind Closed Doors. Violence in the American Family, New York 1980.

Sykes, G. M., Argot Roles: Wolves, Punks and Fags, in: Johnston, N. /Savitz, L. /Wolfgang, M. E. {ed.), The Sociology of Punishment and Correction, New York, London, Sydney 1970, S. 460-462.

Teubner, U./Becker, I./Steinhage, R., unter Mitarb. von Engel, K., Untersuchung „Vergewaltigung als soziales Problem – Notruf und Beratung für vergewaltigte Frauen“, Schriftenreihe des Bundesministers für Jugend, Familie und Gesundheit, Stuttgart, Berlin, Köln, Mainz 1983.

Teubner, U., Gewalt gegen Frauen-Neuauflage einer Analyse von männlicher Macht, in: Arbeitskreis „Sexuelle Gewalt“, op. cit. 1989, S. 129-136.

Thürmer-Rohr, C., Frauen in Gewaltverhältnissen, in: Janshen, D., op. cit. 1991, S. 479-497.

Touraine, A., Soziologie als Handlungswissenschaft, Darmstadt und Neuwied 1974.

Trube-Becker, E., Gewalt gegen das Kind. Vernachlässigung, Mißhandlung, sexueller Mißbrauch und Tötung von Kindern, Heidelberg 1982.

Tügel, H. /Heilmann, M., Frauen verändern Vergewaltiger, Frankfurt/M. 1987.

Wardell, L. /Gillespie, D. /Leffler, A., Science and Violence Against Wives, in: Finkelhor, D. /Gelles, R./Hotaling, G. /Strauss, M.,op. cit. 1983, S. 69-84.
Warnke, C., Die vergewaltigte Frau im Gestrüpp einer opferfeindlichen Strafverfolgung, in: Fehrmann, u. a. op. cit. 1986, S. 17-58.
Weis, K., Die Vergewaltigung und ihre Opfer, Stuttgart 1982.
Willms-Hergeit, A., Frauenarbeit. Zur Integration der Frauen in den Arbeitsmarkt, Frankfurt/M., New York 1985.
Yllö, K. /Bograd, M., Feministic Perspectives on Wife Abuse, Newbury Park, London, New Delhi 1988.

Feministische Erkenntnistheorie und Kriminologie von Frauen

Gerlinda Smaus (1995)*

Seit den siebziger Jahren haben sich beinahe alle Kriminologinnen schon mit dem Thema „Geschlecht: weiblich" befaßt. Nur wenige Beiträge können indessen als feministisch bezeichnet werden, zumal eine soziale Geschlechtertheorie selbst erst entwickelt werden mußte. Die Entfaltung einer feministischen Epistemologie bietet uns die Gelegenheit, sich von neuem mit dem Feminismus und seiner Kritik an der androzentrischen, modernen Wissenschaft zu befassen. Den zentralen Punkt dieser Kritik bildet die Vernachlässigung der Vergeschlechtlichung der Gesellschaft in der Wissenschaft. Wir führen einen feministischen Begriff von „Gender" ein, dessen Thematisierung das wichtigste Kriterium einer sich als feministisch verstehenden Wissenschaft, einschließlich der Kriminologie, darstellt. Wir werden prüfen, inwieweit die Versuche um die Überwindung der androzentrischen Wissenschaft durch drei feministische Erkenntnistheorien (Empirismus, Standpunktfeminismus, Postmodernismus) in der Kriminologie Anwendung gefunden haben. Eine feministische Kriminologie muß zugleich die essentielle Auffassung von Geschlecht und von Kriminalität und Kriminellen der traditionellen Kriminologie überwinden.

1. Feminismus und Kritik der Wissenschaft

In der Kriminologie gibt es keine einheitliche Definition des Feminismus. Daly und Chesney-Lind nennen fünf Richtungen des Feminismus (1988, S. 535 ff.). Gelsthorpe und Morris meinen, die gemeinsame Eigenschaft der feministischen Forschung besteht darin, daß sie Geschlechterverhältnisse zum Gegenstand haben und dabei die Auffassung vertreten, daß die Geschlechterhierarchie und die Unterdrückung von Frauen allein mit der Geschlechtszugehörigkeit begründet wird. Nebensächlich sei, ob nur Frauen solche Forschung betreiben können, und ob feministische Forschung politische Zielsetzungen verfolgen muß (1988, S. 94).

* Ursprünglich erschienen in: Martina Althoff/Sybille Kappel (Hg.) Geschlechterverhältnis und Kriminologie, Kriminologisches Journal, Beiheft 5, 1995, S. 9-27.

J. Feest und B. Pali (Hrsg.), *Gerlinda Smaus: „Ich bin ich"*, Schriftenreihe des Strafvollzugsarchivs, https://doi.org/10.1007/978-3-658-31723-2_10

Hierzulande wird feministische Forschung in der Regel mit Frauenforschung gleichgesetzt, worunter meistens Untersuchungen von Frauen über Frauen verstanden werden. Angesichts der Unklarheiten bei der Abgrenzung des Gegenstandes müssen die Kriterien für die Beurteilung der kriminologischen Beiträge als feministisch von einer externen Position formuliert werden. Eine unerläßliche Grundlage für feministische Forschung und Wissenschaft stellt die feministische Epistemologie dar.

Gemäß der Erkenntnistheorie von Harding (1990) versteht sich *feministische Wissenschaft* als Kritik der androzentrischen Wissenschaft. Zunächst mußte entdeckt werden, daß die scheinbar objektive, allmenschliche Wissenschaft vom Manne als dem Menschen ausgeht. Nicht nur, daß der „Wissenschaft" genannte Bereich der gesellschaftlichen Arbeitsteilung fast ausschließlich von Männern besetzt ist, er nimmt die Welt auch nur aus der männlichen Perspektive wahr und interpretiert sie zu seinen Gunsten. Androzentrismus der Wissenschaft wird nicht etwa als ein Ausdruck biologisch gegebener Charakterzüge von Männern begriffen, sondern als die expressive Form gesellschaftlich konstruierter Identitäten, Praxisformen und Bedürfnisse von Männern (Harding 1990, S. 143). Der Androzentrismus in der Wissenschaft hängt sowohl mit den Konflikten um die Arbeitsteilung als auch mit individuellen männlichen Interessen zusammen.

Eine besondere Richtung der feministischen Wissenschaftstheorie hat sich der Methoden der Literaturkritik, der historischen Interpretation und der Psychoanalyse bedient und die Wissenschaft als einen Text „gelesen". Diese Forschungsrichtung hat die verborgenen symbolischen und strukturellen Bedeutungen des sozialen Geschlechts und seiner Vernachlässigung in der Wissenschaft offengelegt. Die „normale" Wissenschaft dichotomisiert Objektivität und Subjektivität: das erkennende aktive Subjekt und das zu erkennende passive Objekt; die Vernunft und die Emotion; den Geist und den Körper. Alle diese Gegensatzpaare drücken gleichzeitig die Zuordnung zu der Dichotomie „männlich – weiblich" aus, wobei das Männliche als Fortschritt gegenüber dem Weiblichen, das in der natürlichen Immanenz ausharrt, bewertet wird. Diese Dichotomien sind infolgedessen nicht auf Komplementarität, sondern hierarchisch angelegt, das fortschrittliche Männliche müsse über das Weibliche Herrschaft erlangen (Harding 1990, S. 131).[1] Diese verborgenen Werte wurden einst explizit dargelegt und zum Prinzip der modernen, im Gegensatz zu mittelalterlichen Wissenschaftskonzeptionen, erklärt. Es war die

1 In den Texten sei freilich auch das verdrängte „Weibliche" zu entdecken. Jenseits der Hervorhebung männlicher Werte ist in der androzentrischen Wissenschaft „intuitives Denken, Wertschätzung von Beziehungen und ein fürsorgliches Verhalten gegenüber der Natur befördert worden".

Aufklärung (Hume, Kant), die die Aufspaltung von Kultur und Natur, rationalem Geist und prärationalem Körper bzw. irrationalen Gefühlen und Werten durchgesetzt hat.[2]

Der *moderne Wissenschaftsbetrieb* trennt zwischen dem Entdeckungskontext und dem Rechtfertigungskontext des Wissens.[3] Die Erkenntnisproduktion des Wissens wird darüber hinaus auch von seiner gesellschaftlichen Verwendung abgespalten und der Wissenschaftler von der Verantwortung für seine Entdeckungen entbunden. Damit hängt die Trennung von Denken und Fühlen zusammen, welche deshalb so gefährlich ist, weil sie als Vorbild für andere Bereiche der gesellschaftlichen Praxis durchgesetzt wird. Die moderne Wissenschaft verschleiert ihre Beziehung zur Macht, obwohl sie sich die Anliegen der Herrschenden zu eigen macht (Harding 1990, S.130 ff.). Ob diese Postulate des androzentrischen Denkens dem erklärten Ziel der „normal science", nämlich der Suche nach Klarheit, Wahrheit und Gewißheit förderlich sind, wird von der feministischen Erkenntnistheorie grundsätzlich in Frage gestellt, ohne daß gleichzeitig schon eine kohärente Lösung angeboten werden könnte.

Folgende Annahmen und Vernachlässigungen der androzentrischen „normal science" werden indessen als reformierbar erachtet:

Diese Wissenschaft geht von der Existenz einer einheitlichen Gesellschaft für Männer und Frauen aus, obwohl praktisch keine Erscheinung nicht mit verge schlechtlichter Bedeutung belegt ist; es fehlt eine folgerichtige Analyse der Kategorie Geschlecht. Moderne Wissenschaft hat den Geschlechterbegriff explizit ignoriert, während sie implizit spezifisch männliche Bedeutungszuschreibungen der Erkenntnissuche für ihre Zwecke ausnutzte (Harding 1990, S. 159). Sie konzentrierte sich vornehmlich auf prestigeträchtige Bereiche des öffentlichen Lebens und vernachlässigte Situationen, die sie als „inoffizielle, private" Bereiche bezeichnet. Wie zufällig sind dies den Frauen zugewiesene Lebensbereiche. Die feministische Forschung hat sich dieser Themen angenommen – und zwar unter unterschiedlichen erkenntnistheoretischen Voraussetzungen. Ihr wichtigstes Anliegen ist dabei die Thematisierung des Begriffes Geschlecht selbst.

Wie die bisherige Darstellung schon andeutete, umfaßt das Geschlecht weit mehr als bloße anatomische Unterschiede der Fortpflanzungsorgane. Wir müssen

[2] Eine moderne Sozialwissenschaft, die sich von spekulativen, metaphysischen Systemen absetzen wollte, „müßte" sich (und nur deshalb haben wir eine Soziologie) den „physikalischen, positivistischen quantitativen Methoden" zuwenden.

[3] Entdeckungskontext: Auswahl und Definition der Forschungsprobleme; Rechtfertigungs- bzw. Begründungskontext – angeblich rigorose Beweisführung, die das Wissen legitimieren – vgl. Harding 1990, S.113 f.

spätestens an dieser Stelle, vor der Auseinandersetzung mit der Kriminologie, eine theoretische Auffassung des Geschlechts einführen.

Es ist unerläßlich, zwischen biologischem (sex) und gesellschaftlichem Geschlecht (gender) zu unterscheiden. Nicht nur, daß „gender" gesellschaftlich definiert ist, ein Blick in die Geschichte der Biologie zeigt, daß selbst der „biologische Geschlechterunterschied" noch konstruiert wird (Harding 1990, S. 135), indem die Unterschiede überbetont, das Gemeinsame dagegen unterdrückt wird. Das gesellschaftliche Leben hat in verschiedenen Prozessen drei vergeschlechtlichte (gendered) Ebenen hervorgebracht:

1) Verschiedenen wahrgenommenen Dichotomien, die an sich mit dem Geschlecht nichts zu tun haben, wurden dualistische Geschlechtsmetaphern zugeschrieben. Harding bezeichnet dies als Geschlechtersymbolismus bzw. -totemismus (ebd., S. 14). Dieses Symbolismus bedient sich die androzentrische Wissenschaft, wenn sie Frauen nicht zur Forschung zulassen will (ebd. S. 124), oder wenn sie Ausdrücke wie z. B. harte und weiche Daten, sanfte und aggressive Technologien, Vernunft und Intuition, Geist und Materie, Natur und Kultur benutzt (ebd., S. 127).
2) Der Geschlechtersymbolismus ist auch deshalb so wirksam, weil er stets von neuem durch die Verteilung der gesellschaftlich notwendigen Handlungsprozesse auf die zwei biologischen Geschlechter reproduziert wird. Dies bezeichnet Harding als Struktur des sozialen Geschlechts bzw. als gesellschaftliche geschlechtsspezifische Arbeitsteilung (ebd., S. 14), die häufig als eine „natürliche" apostrophiert wird.
3) Besonders sinnfällig ist die Ebene der gesellschaftlich konstruierten individuellen geschlechtlichen Identitäten (ebd., S. 14).

Fassen wir zusammen: Das soziale Geschlecht ist nicht angeboren, sondern anerzogen; es stimmt nicht, daß die Wesensformen und Tätigkeiten von Frauen biologisch vorgegeben sind, während die der Männer gesellschaftlichen Ursprung haben. Es gibt kein geschlechtsneutrales Universum, alle Begriffe unseres Denkens sowie alle gesellschaftlichen Institutionen haben eine Zuordnung zu der Dichotomie „männlich – weiblich" erfahren. So wird z. B. „Feminismus" als ein aktiver „-ismus „ als männlich empfunden und auch deshalb angegriffen.

2. Feministische Erkenntnistheorien – Anspruch und Wirklichkeit

Im Diskurs feministischer Erkenntnistheorien werden häufig drei Richtungen unterschieden, wobei nicht immer deutlich wird, ob es sich um explizite Zugänge oder um eine rekonstruierte Logik handelt.

2.1 Feministischer Empirismus

Feministischer Empirismus ist dadurch gekennzeichnet, daß er Sexismus und Androzentrismusin der Forschung als gesellschaftlich bedingte Verzerrungen begreift, die durch strikte Anwendung der bereits existierenden methodologischen Normen der Wissenschaft korrigiert werden können. In dieser Richtung wird nur die „unseriöse „„ nicht aber die „normal science“ als problematisch angesehen.

Als eine Korrektur der „normal science“ kann das Aufspüren von Lücken bzw. weißen Flecken“ in der androzentrischen Forschung, einschließlich der Kriminologie, gesehen werden. So hat Smart schon im Jahre 1976 die Überwindung des Androzentrismus verlangt – worunter sie die ausschließliche Konzentration der Kriminologie auf männliche Täter verstand.

„Man“ muß, um die Beziehung zwischen Kriminalität, dem Strafrecht und dem Strafrechtsprozeß richtig zu verstehen, auch weibliche kriminelle Verhaltensmuster und die Annahme der kriminellen Identität bei Frauen untersuchen. Smart forderte schon damals eine Beachtung des Zusammenwirkens der Variablen Geschlecht, Ethnie und Schicht bei der Produktion von kriminellen Verhaltensmustern. Gelsthorpe hebt hervor, daß Theorien, die sich nur auf die Hälfte der potentiellen kriminellen Population beziehen, keine guten Theorien sein können. Frauen erfahren schließlich die gleiche Deprivation, Familienstruktur etc. wie Männer. Theorien der Kriminalität sollten imstande sein, das Verhalten von Männern und Frauen zu betrachten und diejenigen Faktoren zu identifizieren, welche auf die Geschlechter unterschiedlich wirken. Ob eine besondere Theorie für das Verständnis der weiblichen Kriminalität hilfreich ist, sei für die Kriminologie von fundamentaler Bedeutung (Gelsthorpe /Morris 1988, S. 103).

Ein weiteres Erfordernis bei der Korrektur der „normal criminology“ stellt die Aufwertung von Frauen als Kriminelle dar: Nach Carlen ist es ein bloßer Mythos, daß Frauen keine richtigen Kriminellen sein können. Es stimme nicht, daß Frauen nicht wie Männer zu intentionalem Handeln fähig sind, so daß ihre Abweichung fälschlicherweise nur als Flucht von der biologisch determinierten Rolle interpretiert wird (Carlen 1985, S. 6). Diese Überlegung steht den Studien zur Gleichberechtigung nahe, die problematisieren, daß Frauen formell (im Recht) und informell in bestimmten Bereichen des gesellschaftlichen Lebens benachteiligt sind.[4] Man kann sich allerdings mit Smart fragen, ob die Aufwertung der Frauenkriminalität dazu dienen soll, auch Frauen in dreckige Löcher einzusperren – (equality with vengeance, Smart 1990, S. 79). Sich für oder gegen eine Gleichbehandlung von Frauen im Strafrecht zu entscheiden, fiel den Frauen leichter, die viktimologische Studien durchgeführt haben. Sie untersuchten die Praxis der Vergewaltigung, des sexuellen Mißbrauchs, der Prostitution, des Inzests, der Diskriminierung am Arbeitsplatz etc. und enthüllten dabei die verdrängte (silenced) oder frauenfeindlich interpretierte Erfahrung der betroffenen Frauen.

Zu der empiristischen Richtung der Frauenforschung würde ich die meisten Arbeiten zur „Frauenkriminalität, Mädchenkriminalität" zählen bzw. alle Arbeiten, die die Erklärung der weiblichen Kriminalität in der biologischen Bestimmung von Frauen oder der weiblichen sozialen Rolle sehen, so z. B. m den USA Simon (1975), Adler (1978), hierzulande Gipser (1975), Bröckling (1980) und Funken (1989). Auch die viel beachteten britischen Beiträge von Carlen (1985), Heidensohn (1985), Eaton (1986), Carlen and Worall (1987), die die „otherness" bzw. difference „von Frauen hervorheben, gehen über den Empirismus nicht hinaus, weil sie die Andersartigkeit von Frauen essentialistisch begreifen. Die genannten Beiträge wurden von Kriminologinnen geschrieben. Um diese Richtung von den folgenden abzugrenzen, kann sie auch als eine zu der männlichen „normal science" komplementäre oder sie komplettierende Wissenschaft von Frauen bezeichnet werden.

2.2 Feministische Standpunkttheorie

Feministische Standpunkttheorie habe ihren Ursprung in der Hegelschen Herr-Knecht-Dialektik und deren Weiterverarbeitung in marxistischen Richtungen der Erkenntnistheorie. Die Unterdrückten, besonders wenn sie sich zu sozialen Befreiungsbewegungen zusammengeschlossen haben, sind imstande , die Welt aus einer umfassenden Perspektive zu erfassen, weil sie die der Erkenntnis und Beobachtung hinderlichen Scheuklappen und Tarnungen beseitigen (Harding 1990, S. 13). Diese Dialektik läßt sich auch auf das Geschlechterverhältnis anwenden: Die

4 Diese Frage hat als erste Marie Andree Bertrand aufgeworfen (1967), vgl. 1992.

gesellschaftliche Vorherrschaft der Männer hat partielle und pervertierte Auffassungen und Vorstellungen zur Folge. Die androzentrische Forschung unterdrückt dasjenige Wissen, welches das Patriarchat im allgemeinen und in der Wissenschaft in Frage stellt. Aufgrund ihrer untergeordneten Stellung können Frauen weniger per- vertierte und vollständigere Vorstellungen entwickeln. Feminismus und Frauenbewegung stellen politische und motivationale Begründungen für einen „Standpunkt" dar, der gleichsam eine moralisch und wissenschaftlich akzeptable Grundlage für feministische Interpretationen natürlicher und gesellschaftlicher Phänomene enthält.

Obwohl der „Standpunkt" durchaus als eine reale Abstraktion begriffen wird, lassen die zahlreichen Formulierungen der möglichen Standpunkte erkennen, daß es sich eher um eine archimedische, eine nur im Geist ein- genommene Koordinate handelt. Die feministische Kritik von Rose (1983) stützt sich z. B. darauf, daß Frauen auch im Wissenschaftsbetrieb noch handwerklich arbeiten. Sie seien deshalb imstande, den Gegensatz zwischen Leistung und Ausführung, Abstraktem und Konkretem, zwischen Geist und Körper, zu überwinden. Hartsack (1983) hingegen beruft sich auf universell begriffene Eigenschaften weiblicher Erfahrung. Frauen sind sowohl in der Erziehung als auch in der Produktion tätig, sie haben also eine „doppelte Vergesellschaftung" erfahren. Das der androzentrischen Forschung überlegene Wissen kann auch aus den Erfahrungen von Frauen resultieren, die sich z. B. an der Gründung von Zentren für geschlagene Frauen, für vergewaltigte Frauen oder für Überlebende des sexuellen Mißbrauchs in der Kindheit beteiligt haben. Zum einen können Wissenschaftlerinnen das (unsystematische) Wissen dieser Frauen selbst als Wissenschaft bezeichnen. Zum anderen glauben Wissenschaftlerinnen, daß sie als Frauen die gleichen oder doch vergleichbare Erfahrungen wie die Frauen haben, für die sie sich in diesen Projekten einsetzen. Damit werde die Trennung zwischen erkennendem Subjekt und dem Objekt der Erkenntnis überwunden. Bei der Durchsicht der Literatur beispielsweise zum Thema „Gewalt gegen Frauen" wird dies deutlich: sie stammt überwiegend von „Projektfrauen, nur zählen sich die Autorinnen merkwürdigerweise nicht zu der Gattung „Kriminologinnen" und sie werden umgekehrt von dieser Berufsgruppe nicht angenommen. Trotzdem müssen diese Berichte bei der „wissenschaftlichen" Bearbeitung der Probleme berücksichtigt werden, und schon darin überschreitet ein feministischer Zugang die „normale" Kriminologie. Die neue, über- schreitende standpunktorientierte Kriminologie wird als Nachfolgewissenschaft bezeichnet, „successor science" (Smart 1990, S. 81; Cain 1990, S. 1 ff.), weil sie ihr Wissen nicht nur, wie der Empirismus, „neben" die „normal science" stellt, sondern das

Herrschaftswissen der „normal science" gleich- sam in der umfassenderen Perspektive des feministischen Standpunktes auf- genommen wird. Das Ideal ist eine geschlechtsneutrale Wissenschaft.

2.3 Feministischer Postmodernismus

Feministischer Postmodernismus stellt sowohl den feministischen Empirismus als auch den Standpunktfeminismus in Frage. „Postmodernismus" hängt mit der Verbreitung eines tiefgreifenden Skeptizismus gegenüber universellen und universalisierenden Behauptungen über Existenz, Wesen etc. in der „normal science" zusammen. Harding bezieht sich auf die wissenschaftliche Tradition von Nietzsche, Derrida, Foucault, Lacan bzw. Strömungen wie Semiotik, Dekonstruktion, Psychoanalyse, Strukturalismus, Archäologie/Genealogie der Humanwissenschaften etc. Während aber die Rezeption dieses Schrifttums bei einem Teil der Vertreter der Postmoderne zum Skeptizismus sowohl hinsichtlich der „Wahrheit" als auch des gesellschaftlichen Widerstands geführt hat,[5] findet Harding in ihm Bausteine für eine neue, umfassendere und „objektivere" Wissenschaft vom universellen Standpunkt der Unterdrückten. Die zwei Lesearten des Postmodernismus sind so unterschiedlich, daß ich vorschlagen würde, den männlichen Postmodernismus als einen defensiven, den feministischen Postmodernismus dagegen als einen offensiven zu bezeichnen.

Die feministische postmoderne Kritik der Wissenschaft betrifft vor allem die Tatsache, daß keine der bisherigen – ihrem Anspruch nach umfassenden – Theorien (master-narrative), tatsächlich alle hierarchischen und Unterdrückungsstrukturen erklärt haben. Theorien, welche nur „Klasse" für die bedeutende analytische Kategorie halten, sind unangemessen, weil sie die ethnische und die Geschlechterstruktur außer acht lassen. Die aufgespalteten und partikularisierten Identitäten müßten wieder zusammengefügt werden und der gemeinsame Nenner des Widerstandes gegen die gefährliche Fiktion des wesenhaft-natürlichen Menschen= Mannes und der mit ihr verbundenen Verzerrung und Ausbeutung gesucht werden. Auf den Empirismus trifft diese Kritik voll zu; der Standpunktfeminismus wird deshalb in Frage gestellt, weil sich hinter seinen Bemühungen unerfüllbare Ideale wie „die erträumte Rückkehr zu einem Urzustand – die frühkindliche Phase, die klas-

[5] Vgl. z. B. Lyotard (1988) und Baudrillard (1988).

senlose Gesellschaft, das vorgeschlechtliche einheitliche Gattungsbewußtsein“ verbergen.

In der *Kriminologie* ist Postmodernismus m. E. bis heute lediglich als Anspruch bekannt. Smart teilt die Kritik der großen Theorien und findet ihre Auslassungen in der Kriminologie bestätigt. Sie geht aber noch weiter und wirft den modernen, positivistischen Theorien vor, daß sie vergeblich Fortschritt verheißen haben. In der Kriminologie prätendierte die Ursachenforschung, daß sie die Kriminalität bekämpfen könnte. Freilich wurden meist konservative (z. B. Chromosomenforschung) und inadäquate Theorien bemüht. Aber selbst dann, wenn diese Theorien ersetzt wurden, z. B. durch Anhänger des linken Realismus, blieb der Glaube an eine alles erklärende Theorie, eine „master narrative“, die einen Fortschritt in der gesellschaftlichen Praxis bewirken kann, bestehen. Diesen Glauben bezeichnet Smart als atavistisch. Denn Modernität in der Wissenschaft wird nicht nur mit androzentrischen Werten, sondern auch mit Rassismus, Sexismus, Eurozentrismus u. a. verknüpft. Deshalb bestreitet der feministische Postmodernismus die Fähigkeit der Wissenschaft, diese Probleme mit noch größeren und besseren Theorien zu überwinden. Das Mißtrauen gegenüber umfassenden Theorien ist so groß, daß keine Konstruktion universaler feministischer Wahrheiten angestrebt werden soll. Vielmehr sollen dekonstruktive Analysen der Macht, die die Wahrheit beansprucht, vorangetrieben werden (Smart 1990, S. 76 ff.).

Meines Erachtens hat sich bisher keine deutsche Kriminologin Rechenschaft über ihren epistemologischen Zugang zu kriminologischen Themen, der sich auf den Entdeckungskontext bezieht, abgegeben. Die meisten bisherigen Forschungen haben empirizistischen Charakter: sie sind Forschungen von Frauen und über Frauen. Die Auffassung der Nachfolgewissenschaft, d. h. des Standpunktfeminismus, daß geschlagene oder sexuell mißbrauchte Frauen selbst bestimmen, was das Wissen sei, haben wir bisher als unwissenschaftlich abgelehnt. Wir können ohnehin nur seiner schwächsten Ausprägung zustimmen, die besagt, daß die Kluft zwischen uns als erkennenden Subjekten und den zu erkennenden Objekten schon deshalb überwunden ist, weil wir mit ihnen wesentliche Erfahrungen teilen. Wenn wir es auf eine Verfeinerung der Standpunkte, wie sie der postmoderne Feminismus verlangt, ankommen ließen, dann hätten wir als weiße Frauen der Mittelschicht keine Chance, uns jemals mit Kriminalität vom Standpunkt der betroffenen Frauen zu befassen.

3. Paradoxien und Grenzen feministischer Wissenschaft

3.1 Wissenschaftstheoretische Paradoxien

Frau muß Hardings Würdigung zustimmen, daß die feministischen Ansätze unsere Fähigkeit, das Ausmaß an Androzentrismus in der Wissenschaft zu begreifen und neue Fragen an sie zu stellen, vergrößert haben. Dennoch sei eine kritische Auseinandersetzung mit allen diesen Richtungen unerläßlich.

Wie alle anderen Richtungen zeichne den *Empirismus* eine Indifferenz gegenüber der eigenen Vorgehensweise aus: Frauen bewerten die Geschlechtsidentität des Wissenschaftlers als unerheblich, betrachten sich selber jedoch als besser imstande, unverzerrte und objektivere Ergebnisse zu erlangen. Diese könnten dann zwangslos in den bisherigen Begründungszusammenhang (Überprüfen von Hypothesen) eingefügt werden. Das sei allerdings fraglich, weil der Entdeckungskontext, innerhalb dessen die Probleme und Fragen bestimmt werden, selbst schon verzerrt ist. Die zu füllenden Wissenslücken haben nämlich systematischen Charakter. Sie sind nur selten unbeabsichtigt entstanden, vielmehr stützen sie männliche Vorherrschaft sowohl in der Wissenschaft als auch in anderen Bereichen. Aufgrund des politischen Charakters der Lücken besteht keine Hoffnung, daß die neuen feministischen Ansätze auf der Plausibilitätsebene anerkannt würden (Harding 1990; S. 109 f.).

Die Inkonsequenzen des *Standpunktfeminismus* sind uns in ihrer Überwindung im Postmodernismus bekannt: Gibt es überhaupt den oder einen feministischen Standpunkt, wenn auch Ethnie, Schicht und Kultur berücksichtigt werden? Tatsächlich löst sich im Postmodernismus der Standpunktfeminismus, der sich auf eine einheitliche Praxisform von Frauen bezieht, in viele Standpunkte auf. Trotzdem strebt der Standpunktfeminismus keinen Relativismus an. Wertfreiheit trage nichts zur Objektivität bei, wenn sie als Verpflichtung auf antiautoritäre, partizipatorische, emanzipatorische und anti-elitäre Werte und Projekte begriffen wird. Wissen, welches Engagement entsprungen ist, besitze von sich aus schon eine größere Plausibilität. Der Standpunktfeminismus reflektiert also den Entdeckungskontext, gibt sich aber keine Rechenschaft darüber ab, welche Kriterien für eine adäquate Beurteilung und Geltung im Begründungszusammenhang für richtig erachtet werden.

Am feministischen *Postmodernismus* sei problematisch, daß er auf Einheitlichkeit verzichtet, wo doch die „andere“ Seite, die „normale Wissenschaft“, mit rassistischen, sexistischen, imperialistischen und klassenhierarchischen gesellschaftlichen Projekten, die totalisierende Tendenzen haben, Bündnisse eingehe (vgl. Harding 1990, S. 80 f.). Gemäß männlichem defensivem Postmodernismus kann es bestenfalls nur noch partielle Wahrheiten geben; nach Harding hingegen müßte der frühere Partikularismus der sich für die ganze Wahrheit ausgebenden Theorien überwunden werden. Hierbei geht es nicht nur um Zugänge und Methoden, sondern auch um inhaltliche Fragen. Dieses Problem soll nunmehr am Beispiel der Kriminologie erläutert werden.

3.2 Theorielosigkeit der Kriminologie als Dialektik von Theorieverzicht und theoretischer Überforderung.

Daß der durch postmodernen Diskurs ausgelöste Theorieverzicht in der Kriminologie zunächst nicht besonders auffällt, liegt daran, daß man dem in der Kriminologie vorherrschenden Eklektizismus keinen größeren Schaden (es sei denn durch eine einheitliche Theorie!) zufügen kann. Eine multifaktorielle Kriminologie kann gar keine „master narrative" entwickeln. Die kritische Kriminologie versuchte ja seit ihrer Entstehung in den frühen siebziger Jahren der Theorielosigkeit der Kriminologie entgegenzuwirken.[6] Gegenwärtig wird dieser Anspruch der Moderne vom männlichen postmodernen Diskurs delegitimiert. Die Legitimationswissenschaft und die Lauen können erleichtert aufatmen! In dieses Horn stößt leider auch die oben wiedergegebene Kritik von Smart. Frau kann verstehen, daß sich frau einer Kritik anschließt, die die Männer trifft, welche in der Kriminologie immer das Sagen hatten. Aber eine Theorie ist nicht schon dann falsch, wenn sie sich nicht in Praxis umsetzen läßt. Die Beziehung zwischen Praxis und Theorie in der Tradition der Aufklärung ist nämlich komplizierter, als es Smart darstellt. Abhängig vom Praxisbegriff selbst wurde z. B. innerhalb der Kriminologie entweder technokratisches oder kritisches Wissen produziert. Das technokratische Wissen der ätiologischen Kriminologie bildet die Grundlage für die Verwaltung der „Kriminellen". Das Wissen der kritischen Kriminologie hingegen läßt erraten, wie schwer die Dekonstruktion des Begriffs der Kriminalität, geschweige denn die Zurückdrängung der Ereignisse, die als Kriminalität bezeichnet werden, sein würde (vgl. Smaus 1986). Linke Realisten verzichten wohl deshalb auf ihre früheren Theorien, weil sie einen kritischen Praxisbegriff voraussetzten. Ihr neuer „realis-

[6] Die Mitbegründer der kritischen Kriminologie in Großbritannien, John Lea, Jock Young (1984) u. a., die C. Smart erwähnt, müssen hiervon ausgenommen werden, denn sie haben in den frühen achtziger Jahren von der Theorie Abschied genommen.

tischer“ Praxisbegriff ist nunmehr viel enger im Sinne von Status quo gefaßt.[7] Man kann die Müdigkeit der kritischen Theoretiker/innen verstehen (auch Postmodernismus hat einen Entdeckungskontext), aber das begründet keinen Verzicht auf Theorie und deren Ersatz durch kleine Wahrheiten.

In einen theorielosen Zustand führen indessen auch gutgemeinte Versuche, herrschaftliche Konstruktionen zu dekonstruieren. Der Anspruch lautet, die leere Abstraktion der „master narrative“ zu überwinden und Schicht, Ethnie und Geschlecht[8] nunmehr zu bündeln. Wie wird dieser Anspruch eingelöst? Bisher werden diese Variablen als voneinander unabhängige, gleich stark wirksame essentielle (wesenhafte) Eigenschaften behandelt. So wird z. B. beobachtet, daß schwarze Frauen vor Gericht so streng wie (weiße) Männer behandelt werden. Dies wird als die Wirkung der Variable „Ethnie“ interpretiert, was freilich keine Erklärung, sondern eine Verdoppelung der Beobachtung ist. Ich würde sagen, daß die „Behandlung als Männer“ damit zusammenhängt, daß schwarze Frauen wie weiße Männer Oberhäupter (Macht) und Ernährer (Ressourcen) ihrer Familien sind und deshalb für sich Zugang zum Arbeitsmarkt (Ressourcen) beanspruchen, der ihren schwarzen Männern verwehrt wird. Schwarze Männer können daher gegenüber den Müttern ihrer Kinder nicht als private Patriarchen auftreten (Ohnmacht). Schwarze Frauen sind ohne Zweifel biologisch Frauen, haben aber männliche Rechte und Pflichten übernommen und werden des- halb wie Männer behandelt.[9] Von der sinnlichen Einheit bestimmter Merkmale, z. B. „arme, schwarze, Frau“, zu einem einheitlichen Begriff zu kommen, ist ein schwieriges theoretisches Unterfangen. Gebrochene Identitäten, oder besser: doppelte und mehrfache Vergesellschaftungen sind in der „post“modernen Gesellschaft die Regel, und dem müßte Postmodernismus Rechnung tragen, wenn er sich z. B. von der Erzählung des Strukturalismus absetzen will.

---

7 Sie verengen den strafrechtlichen Begriff der Kriminalität auf lediglich „Kriminalität der Unterschichtsmitglieder“; die Ursachen dieser Kriminalität interessieren auch nicht, denn Kriminalität sei ein moralisches Problem. Zu bekämpfen ist nicht mehr der Eisberg an sozialen Problemen, sondern nur noch seine Spitze, die „Kriminalität“. Vgl. Lea/Young 1984.

8 Im Amerikanischen werden die Ausdrücke class, race und gender benutzt. Da in der deutschen Soziologie der Begriff Klasse marxistische Konnotation hat und der Ausdruck Rasse selbst als rassistisch gilt, benutze ich hier die Begriffe Schicht und Ethnie.

9 Auf diese Weise kann die naturalistische Darstellung von Rice (1990, S.57 ff.) uminterpretiert warden.

3.3 Auflösung der Paradoxien im Prozeß und die Erforderlichkeit einer „master narrative“

Bezüglich der wissenschaftstheoretischen Voraussetzungen stellen wir fest, daß die feministische Wissenschaft nicht dem Paradoxon entkommen kann, sich eben derjenigen Medien zu bedienen, die sie kritisiert; bzw. sie kann die androzentrische Wissenschaft immer nur partiell in Frage stellen.[10] Postmoderne Feministinnen stellen gleichzeitig schlechte und normale Wissenschaft in Frage und entziehen sich damit selber den Boden (Harding 1990, S. 147), auf dem sie gedeihen wollen. Die Voraussetzungen unserer Arbeit finden wir vor und wir können sie nicht auf einmal ändern. Harding schlägt vor, feministische Erkenntnistheorie als „übergangsförmige Meditationen über feministische Behauptungen und Praxisformen zu betrachten“ (ebd., S. 151). Die Überwindung der Paradoxien und Präzisierung der Ansprüche in der *Wissenschaft* könne erst aus den Kämpfen um eine feministische Gesellschaft erwachsen (ebd., S.148). Wenn Kriterien der Wissenschaft wie:

1) Hypothesen durch experimentelle Beobachtung zu überprüfen,
2) sich induktiver und deduktiver Verfahrensweisen zu bedienen
3) und alle Annahmen prinzipiell für widerlegbar zu halten

kritisch unter die Lupe genommen würden, dann zeige sich, daß Feminismus keine neue Methode entwickeln muß.[11] (Das hat die Forscherin Gelsthorpe auch freimütig zugegeben.) Frauen strebten keine frauenzentrierte Wissenschaft an, sondern eine objektive. Sie müssen freilich zunächst frauenzentrierte Hypothesen aufstellen, um die Vergeschlechtlichung überhaupt zu begreifen und sie zu überwinden.

> „Ziel feministischer Erkenntnissuche besteht darin, Theorien zu formulieren, in denen die Tätigkeiten von Frauen als gesellschaftliche Tätigkeiten erscheinen, und in

[10] Solche Inkonsequenzen zeichnen auch das Programm der feministischen Soziologie aus: Überwindung des Androzentrismus; Anwendung der Gender- Perspektive; Emanzipation der Frauen; Parteilichkeit und persönliche Betroffenheit; Verbindung zu der Frauenbewegung. (Brück u. a. 1992, S. 26 f.).

[11] Ohne quantitative Analyse kommt auch die feministische Forschung nicht aus, sagt Gelsthorpe (1990, S.101). Sie faßt die Möglichkeiten des feministischen Zugangs folgendermaßen zusammen: Konzentration auf bedeutende soziale Probleme, Engagement für das (und Identifizierung mit) Anliegen der Subjekte (!) der Forschung, Verzicht auf das Postulat der Wertfreiheit und statt dessen Offenlegung eigener Wertmaßstäbe, Diskussion der Ergebnisse mit den „Benutzerinnen“ (S. 94).

> denen die Geschlechterverhältnisse als reale – d. h. explanatorisch wichtige – Komponenten der menschlichen Geschichte begriffen werden“ (Harding 1990, S.147).

Hinsichtlich der Theorien habe ich oben angedeutet, daß eine feministische Dekonstruktion nur dann verständlich wird, wenn man den zerlegten Kontext anschließend nach anderen Begriffen, und seien es Begriffe der „normal science“ wie Macht, Ressource u. a., wiederherstellt. Ferner beinhaltet das Konzept „diversity“ der verfeinerten Standpunkte mehr als bloßes Aufzählen der oberflächlich wahrnehmbaren Merkmale. Ohne einen Bezug auf ein Ganzes können Unterschiede nicht erfaßt werden. Beiträge, welche die Variablen Schicht, Ethnie und Geschlecht nur mit Worten „arme, schwarze, Frau“ ausdrücken, überlassen es der Intuition der Leserinnen, den gemeinten Sinn zu erfassen. Ethnie ist aber weit mehr als Melanin in der Haut und Geschlecht etwas anderes als Hormonzusammensetzung. Um die soziale Bedeutung der Variablen Geschlecht und Ethnie auszubuchstabieren, muß eine „master-narrative“ bemüht werden, die die Bezugnahme auf eine dritte, erklärende Variable ermöglicht. Beide „neuen“ Variablen Geschlecht und Ethnie drücken sich in Werten der Schichtsstruktur aus. Geschlecht heißt – ceteris paribus –, daß es zwischen Männern und Frauen eine ungleiche Verteilung von Macht und Ressourcen gibt; Ethnie heißt – ceteris paribus –, daß es eine ungleiche Verteilung von Ressourcen und Macht zwischen verschiedenen Ethnien gibt. Dies ist auch der Rahmen (einschließlich des einheimischen und weltweiten Arbeitsmarktes), in dem die Wirkung einzelner Eigenschaften in Wechselwirkung mit anderen entweder bestärkt oder aufgehoben wird (vgl. Kuhn/Wolpe 1978). Z. B. kann „Reichtum“ sowohl die Wirkung der Variable „Ethnie“ wie „weibliches Geschlecht“ weitgehend beeinflussen. Es gehört zum impliziten Common- sense, daß die sozial konstruierten Eigenschaften Ethnie und Geschlecht eine ungleiche Verteilung von Lebenschancen bedeuten, was eine andere Umschreibung der Schichtsstruktur ist. Man kann aus einem expliziten Wissen der Moderne nicht ein implizites Wissen der Postmoderne machen, nur weil Klassen- oder Schichttheorien bisher andere Unterdrückungsmerkmale nicht ausreichend thematisiert haben. Die modernen Theorien dürfen nicht abgelehnt, vielmehr müssen sie kritisch überarbeitet werden.

Postmoderner Feminismus drückt sich, wenn er die Einheit der Theorie meint häufig in moralischen Begriffen wie „Unterdrückung“ aus. Die neue Theorie, die alle Ausbeutungslinien der Schicht, der Ethnie und des Geschlechts umfaßt, impliziert alles andere als kleine Geschichten, vielmehr würde sie in eine „mega narrative” der Unterdrückung und Ausbeutung münden. Wo aber sind die Orte, wo sich diese Ausbeutungen selbst reproduzieren? Sollen diese Orte nur dem reichen weißen Herrn bekannt sein, dessen Sicht, wie Harding befürchtet, erst die Welt vereinheitlicht? Den Handelnden im Vollzug des Widerstandes reicht vielleicht die Kenntnis ihrer unmittelbaren Unterdrücker aus, ihr Ausmaß und ihre Struktur kann dagegen nur eine unbeteiligte Beobachterin erfassen.

3.4 TOP 1 der feministischen Kriminologie

Wir müssen uns noch mit dem Problem befassen, daß ausgerechnet in der feministischen Wissenschaft – unglaublich aber wahr – die Kategorie Geschlecht nur selten ausreichend theoretisch bearbeitet wird. Harding stellt fest, daß sich die meisten Beiträge auf lediglich ein oder zwei Ebenen des sozialen Geschlechts konzentrieren. Dadurch werden die Beziehungen zwischen der symbolischen Ebene, der Arbeitsteilung und der individuellen Identität undeutlich. Die Wörter „Mann" und „Frau" werden als Residualkategorien eingesetzt, ohne zu beachten, daß die Geschlechtercharaktere (das Bezeichnete) eine Konstruktion des „Patriarchats" und die Wörter (die Zeichen) Abstraktionen sowohl des Common-sense, als auch der „normal science" sind. Geschlechterdifferenzen werden hervorgehoben, obwohl sie doch Produkt der Aufspaltung der Eigenschaften in männliche und weibliche durch das „Patriarchat" auf symbolischer Ebene sind[12] und ohne gesellschaftliche Arbeitsteilung nicht aufrechterhalten werden können.

Dieses Versäumnis ist ein derart zentrales Problem, daß ich vorschlagen möchte, die Eigenschaft „feministische" Wissenschaft nicht von Standpunkten und Methoden, sondern von einer angemessenen Thematisierung der drei Ebenen der Vergeschlechtlichung abhängig zu machen. Auf der Ebene von individuellen Identitäten würde sich zeigen, daß nicht wesenhafte „Männer" oder „Frauen" von der strafrechtlichen Kontrolle erfaßt werden, sondern daß die soziale Kontrolle auf eine besondere Art und Weise die Geschlechtsidentitäten reproduziert und die fehlgeschlagenen zu korrigieren versucht. Auf der Ebene der Arbeitsteilung würde sich u. a. zeigen, daß „Frauen" deshalb anders als „Männer" behandelt werden, weil sie die inividuelle Reproduktion sicherstellen sollen. Auf der symbolischen Ebene würde sich schließlich enthüllen, welches Geschlecht das Strafrecht hat. Für das Strafrecht gilt sicherlich nicht, was Tove Stang Dahl über das „Recht" sagt: „the modern gender-neutral legal machinery meets the gender-specific reality

[12] Vgl. Henry/Milovanovic 1991, S. 299: "discursive practices produce texts (narrative constructions), imaginary constructions, that anchor signifiers to particular signified, producing a particular image claiming to be the reality."

– or let me rather phrase the controverse: the often gender-relative reality meets the unisex law" (1986, S.361).[13] Es gibt mittlerweile aufschlußreiche Analysen der Beziehung zwischen Patriarchat und Recht[14] etwa von MacKinnon (1979), Atkins/Hoggett (1984), O'Donovan (1985), Messerschmidt (1988) oder Lautmann (1990), nur können sich diese nicht durchsetzen, solange feministische Kriminologie selbst in einem atavistischen Zustand verbleibt.

4 Anspruch auf eine feministische Kriminologie

Für den wissenschaftlichen Feminismus im allgemeinen stellt das Begreiflichmachen der geschlechtlichten Wirklichkeit das zentrale Anliegen dar. Welches Gütekriterium hat indessen die wissenschaftliche Kriminologie entwickelt? Seit dem Paradigmenwechsel in den sechziger Jahren hat sich die Ansicht durchgesetzt, daß Kriminalität und Kriminelle keinen ontischen, sondern konstruierten Charakter haben. Eine wissenschaftliche feministische Kriminologie muß beide progressiven Theorien, die der Vergeschlechtlichung und den Definitionsansatz, vereinbaren können.

Beide Aufgaben, eine adäquate Thematisierung der vergeschlechtlichten Wirklichkeit und die Anerkennung des konstruierten Charakters der Kriminalität, hängen eng zusammen. Alle redlichen Bemühungen, Frauen in die Kriminonologie einzuführen, führen ins Leere, wenn nicht der nicht-ontische, zugeschriebene Charakter der Kriminalität berücksichtigt wird. Wie kann frau, nachdem eine umfassende Kritik der ätiologischen Kriminologie vorliegt, noch über Ursachen der Kriminalität von Frauen sprechen, statt sich auf die selektive Vergabe des labels „kriminell" zu konzentrieren? Der heuristische Zugang des labeling approach bzw. des Reaktionsansatzes in der Kriminologie ist gleichzeitig mit dem Feminismus entstanden, nur haben sie, leider, voneinander nur selten Notiz genommen. Gleichzeitig mit der Dekonstruktion des Kriminalitätsbegriffs konzentrierte sich der Reaktionsansatz auf die klassenspezifische Selektivität seiner Zuweisung. Der feministische Zugang hätte sich sehr wohl diesen Ansatz zu eigen machen können, denn die selektive Vergabe des kriminellen Etiketts schließt die geschlechtsspezi-

---

13 Olsen (1990) identifiziert gleich mehrere mögliche Charakterisierungen des Rechts als männlich, als androgyn, als patriarchalisch.

14 Das Patriarchat (als Herrschaftsform, die es legalerweise gar nicht geben kann) wird deshalb als Urheber dieser Konstruktionen betrachtet, weil sich die Geschlechtsdifferenzen auf allen drei Ebenen in moralischer und politischer Hinsicht zueinander nicht symmetrisch verhalten.

fische Selektivität mit ein. Statt dessen versuchte der feministische Zugang die traditionelle, ätiologische, klassenspezifisch verzerrte Kriminologie zu verbessern und sie tut es bis heute. Alle Versuche müssen indessen an der Unklarheit des Begriffs „Kriminalität" scheitern. Einige Beispiele sollen dies verdeutlichen: Daly und Chesney-Lind identifizieren zwei wichtige Fragen der Kriminologie: Können Theorien männlicher Kriminalität auch auf die weibliche angewendet werden und wie sind die intergeschlechtlichen Unterschiede in der Kriminalitätsbelastung zu erklären? (1988, S. 514 ff.). Chesney-Lind, die so wertvolle Einsichten über die tagtägliche Reproduktion der Geschlechter geliefert hat, schreibt, daß kriminelle Aktivitäten von Mädchen seitens der Organe als Rollen, bzw. als sexuelle Abweichung, definiert werden (1989, S. 17). Dabei bezeichnet sie sogar die Kriminalität von jungen Mädchen als Kriminalisierung ihrer Überlebensstrategien (1989, S. 17), indessen nicht von einem analytischen, sondern moralischen Standpunkt.[15]

Bei Maureen Cain ist das Festhalten an einem ontischen Begriff der Kriminalität fast schon widersprüchlich. Sie definiert feministische Kriminologie als eine Befassung mit den Organen sozialer Kontrolle, sowohl unter dem Aspekt der Gerechtigkeit, als auch der selektiven Behandlung von Frauen als Täterinnen und Opfer. Feministische Kriminologie müsse die inhärenten Grenzen der Kriminologie überwinden und von einer, der Kriminologie äußerlichen, feministischen Geschlechtertheorie ausgehen. Sie soll nicht nach der Gerechtigkeit oder Kriminalität, sondern hinsichtlich der Vergeschlechtlichung Fragen stellen (1990, S. 1 ff., vgl. 1989). In einem solchen Ansatz ist für Ätiologie eigentlich gar kein Platz, trotzdem fragt sie dann: „what in the social construction of maleness is so profoundly crimi- nogenic, why do males so disproportionally turn out to be criminals" (1990, S. 12). Die Ansätze sind ätiologisch, selbst wenn häufig der Eindruck entsteht, daß eine sorgfältigere Formulierung wie „putativ kriminelles oder abweichendes Verhalten" sie in das Lager der kritischen Kriminologie befördern könnte. Aber dies würde nicht ausreichen, weil die genannten Kriminologinnen das Strafrecht selbst überhaupt nicht in Frage stellen. Offensichtlich identifizieren sie sich mit dem Strafrecht und begreifen es als eine Formulierung allmenschlicher Moral und schützenswerter Güter. Sie setzen sich dabei über die zugängliche Erkenntnis hinweg, daß das Strafrecht ein höchst selektives Instrument darstellt, sowohl in seinen allgemein gehaltenen Formulierungen, als auch bei seiner Anwendung. Daß es nur Männer der Unterschicht, davon hauptsächlich schwarze Männer,

[15] Vgl. Chesney-Lind: American society has defined as desirable youthful, physically perfect women. This means that girls on the streets, who have little else of value to trade, are encouraged to utilize this ressource" (1989, S. 20 ff.).

erfaßt, darüber wurden Bücher geschrieben. Wieso dann Männer der Unterschicht so anfällig für Kriminalität sind – so naiv darf man nicht mehr fragen, und weshalb man ausgerechnet mit den vor strafrechtlichem Zugriff immunisierten weißen reichen Patriarchen stillschweigende Koalitionen eingeht, mußte erst begründet werden.

Bei der geschlechtsspezifischen Analyse von Gerichtsentscheidungen wird festgestellt, daß Frauen häufiger milder als Männer behandelt werden – und Kriminologin weiß nicht so recht, was sie verlangen sollte – die Aufwertung der Frauen bei der Strafzummessung? Was versteht Daly unter labeling approach, wenn sie ihn durch die Tatsache widerlegt sieht, daß Richter verheirateten Frauen (und Familienvätern) niedrigere Strafen als unverheirateten auferlegen (1989, S.137)?[16] Labeling approach ist doch vor allem eine Methode, die keinen inhaltlichen Ausgang der Selektionsprozesse vorwegnimmt. Labeling als Zugang hätte gezeigt, daß Frauen häufig (aber nicht immer) milder bestraft werden und eine Theorie des Patriarchats hätte erklären können, womit dies zusammenhängt (vgl. Kips 1991). Gerade bei den bekanntesten feministischen Kriminologinnen vermissen wir die Einsicht in den männlich-herrschaftlichen Charakter des Strafrechts, sowohl auf der Ebene der primären als auch der sekundären Kriminalisierung, und seine Bedeutung für die Reproduktion des Patriarchats (vgl. Smaus 1990; 1991).

Dabei hätte die Berücksichtigung des zuerst aufgeworfenen Aspekts, einer angemessenen Thematisierung der vergeschlechtlichten Konstruktion der Wirklichkeit auf allen drei Ebenen, zu der Einsicht führen können daß Kriminalität ein bevorzugterweise Männern zugeteiltes Label ist. Männer und Frauen stehen nicht als biologische Wesen vor Gericht; die Mitglieder dieser Institutionen reagieren auf sie als Träger von sozialem Geschlecht, welche sich in Rollen thematisiert. Rollen selber sind in und durch die vergeschlechtlichte Arbeitsteilung begründet, mithin wird der Bezug der Person eben zu dieser Struktur beurteilt (vgl. Kategorien wie schwarze Frauen, verheiratete Frauen). Die unterschiedliche Behandlung von Frauen und Männern vor Gericht (und anderen Institutionen), sei es bei der

---

16 Daly meint, daß aus den Konflikt- oder Labeling-Theorien, die Klassen- und ethnische Differenzen beachten, gefolgt haben müßte, daß auch Frauen empfindlicher sanktioniert werden würden. Statt dessen stellt sie fest, daß Richter aus Fürsorglichkeit Frauen und Männer dann milder bestrafen, wenn sie Mütter und Väter von Familien sind (1989, S.10 ff.). Ihre Fürsorglichkeit gehe so weit, daß sie mildere Strafen dort verhängen, wo sich der Täter und das Opfer (z. B. der schlagende Ehemann und die geschlagene Ehefrau) nahestanden. Ohne die subjektive Bedeutung von familiären Organisationen schmälern zu wollen, das Vorbild einer amerikanischen Gattenbeziehung und der Familie ist sicherlich nicht feministischem Denken entsprungen. Zur Fürsorglichkeit der Richter kritisch Hanmer/Stanko 1985.

Zuteilung des Labels, sei es bei der Bestimmung der Maßnahmen, bezieht sich über die individuelle soziale Identität der/s zu Beurteilenden auf ihre/seine Position in der vergeschlechtlichten Wirklichkeit, und eben damit reproduziert das jeweilige Kontrollsystem den Status quo der Geschlechterstruktur als solcher (vgl. Kersten 1986; Lees 1986).[17] Statt sich zu ärgern, daß im Strafrecht Männer offensichtlich unter sich sind, hätte eine adäquate Berücksichtigung sowohl des Reaktionsansatzes als auch der Theorie der Vergeschlechtlichung zur Beantwortung der Frage beigetragen, welches Geschlecht – auf der symbolischen Ebene – das Kontrollinstrument Strafrecht und seine Definitionen haben. Aber wie gesagt, eine solche Auseinandersetzung suchen wir in der feministischen Kriminologie vergeblich. Einige Frauen, z. B. Heidensohn, fallen sogar auf naturalistische Konzepte zurück: „Does biological difference and differential gender experience justify the provisions of different facilities for women in courts and prisons?“ (1987, S.12 f.).[18] Dabei sind doch schon biologische Geschlechterunterschiede[19] sexistisch definiert.

Daß die feministische Kriminologie gleich beide zentralen Probleme derart vernachlässigt, hängt vielleicht mit der Befürchtung zusammen, mit der zweifachen Überschreitung der Grenzen der Kriminologie ihren Gegenstand aufzugeben. Kriminologie könnte nicht ihren zentralen Begriff – Kriminalität – dekonstruieren. Sie könne nicht sexuellen Mißbrauch von Kindern an die Sexualitätsforschung, Diebstahl an die Ökonomie, Drogen dem gesundheitlichen Sektor zuweisen, ohne sich selbst aufzugeben. Die Reproduktion von Geschlechterstruktur durch das Strafrecht könne in der Soziologie des Strafrechts oder in der feministischen Soziologie abgehandelt werden. Kriminologie, die ihren Namen verdient, befasse sich nun mal mit der Kriminalität und den Kriminellen, sagt Smart (1990, S. 75).

Das ist ein unwissenschaftlicher und zutiefst konservativer Topos, und es ist zu befürchten, daß ein sich progressiv verstehender Feminismus die Allianz nicht

17 Vgl. A. R. Edwards: Funde wie folgende müßten uminterpretiert werden. S. Edwards meint, gezeigt zu haben, daß sich das Personal rechtlicher Institutionen nicht vom weiblichen Geschlecht per se, sondern von der Wahrnehmung und Bewertung von mit dem sozialen Geschlecht verbundenen Eigenschaften beeindrucken läßt. Das Geschlecht per se gibt es aber ohne zugeschriebene Eigenschaften nicht. S. Edwards hat in Wirklichkeit diejenigen Eigenschaften der weiblichen Rolle festgehalten, welche in Gerichtsverhandlungen hervorgebracht und damit reproduziert werden (1989, S.175).

18 Ähnlich Carlen und Worral 1987; Allen 1989.

19 Biologie gehört zu den wichtigsten Gebieten der feministischen Forschung. Abgesehen von Versuchen, feministische Evolutionstheorien aufzustellen, welche plausibler als die der „normal science“ wären, kann zumindest festgestellt werden, daß alle bisherigen Forschungen nicht bloß vom Anthropomorphismus, sondern vom Androzentrismus verzerrt waren. Sogar in das Verhalten von Affen wird hineininterpretiert, was der Herr gerne möchte. Vgl. Harding 1990, S. 58 ff.

unbeschadet überlebt. Die feministische und dekonstruktivistische Transgression der Kriminologie braucht uns keine Furcht einzuflößen, denn wie die Geschichte der kritischen Kriminologie zeigt, kann die Kriminologie auch als Strafrechtsoziologie überleben, zumal der heterogene Gegenstand der Kriminologie gerade nicht durch Kriminalität, sondern durch das Strafrecht konstituiert wird.

Literatur

Adler, R., Sisters in Crime, New York 1978.

Allen, J., Men, Crime and Criminology: Recasting the Questions, in: International Journal of the Sociology of Law 17, 1989, S. 19-39.

Atkins, S. /Hoggett, B., Women and the Law, Oxford 1984.

Baudrillard, J., Die Simulation, in: Wege aus der Moderne. Schlüsselworte der Postmoderne-Diskussion, hrsg. von Welch, W., Weinheim 1988, S.153-162.

Bertrand, M.-A., The Myth of Sexual Equality Before the Law, Criminality. Centre de psychologie et de pédagogie, Montreal 1967, S. 129-159.

Bertrand, M.-A., Eine radikale Feministische Kritik von Kriminologie und Strafrecht, in: Kriminologie. Eine feministische Perspektive, hrsg. von Krüger, U., Pfaffenweiler 1992, S. 13-26.

Bröckling, E., Frauenkriminalität. Darstellung und Kritik kriminologischer und devianzsoziologischer Theorien, Stuttgart 1980.

Brück, B. /Kahlert, H. /Krüll, M. /Milz, H. /Osterland, A. / Wegehaupt-Schneider, I., Feministische Soziologie, Frankfurt a. M. /New York 1992.

Cain, M., Towards Transgression: New Directions in Feminist Criminology, in: International Journal of the Sociology of Law 18, 1990, S. 1-18.

Cain, M. (ed.), Growing up Good: Policing of Girls in Europe, London 1989.

Carlen, P., Criminal Women, Cambridge 1985.

Hanmer, J. /Stanko, E., Striping Away the Rhetoric of Protection: Violence to Women, Law and the State, in: International Journal of the Sociology of Law 13, 1985, S. 357-374.

Harding, S., Feministische Wissenschaftstheorie: Zum Verhältnis von Wissenschaft und sozialem Geschlecht, Hamburg 1990.

Hartsock, N., The Feminist Standpoint: Developing the Ground for a Specifically Feminist Historical Materialism, in: Discovering Reality, Feminist Perspectives on Epistemology, Metaphysics, Methodology and Philosophy of Science, hrsg. von Harding, S. /Hintikka, M., Dordrecht 1983.

Heidensohn, F., Women and Crime, London 1985.

Henry, S. /Milovanovic, D., Constitutive Criminology: The Maturation of Critical Criminology, in: Criminology 29, 1991, Nr. 2, S. 293-315.

Kersten, J., Gut und Geschlecht. Zur institutionellen Verfestigung abweichenden Verhaltens bei Jungen und Mädchen, in: Kriminologisches Journal 18, 1986, S. 241-257.

Kips, M., Strafrecht für Männer, Psychiatrie für Frauen, in: Kriminologisches Journal 23, 1991, S. 125-134.

Kuhn, A./Wolpe, A. M. (eds.), Feminism and Materialism, Women and Modes of Production, London u. a. 1978.

Lautmann, R., Die Gleichheit der Geschlechter und die Wirklichkeit des Rechts, Opladen 1990.

Lea, J./Young, J., What is to be done about Law and Order?, Harmondsworth 1984.

Lees, S., Sitte, Anstand und die soziale Kontrolle von Mädchen – Eine englische Studie, in: Kriminologisches Journal 18, 1986, S. 258-272.

Lyotard, J.-F., Die Moderne redigieren, in: Wege aus der Moderne, hrsg. von Welch, W., Weinheim 1988, S. 204-214.

Mackinnon, C., Sexual Harrasment of Working Women. A Case of Sex Discrimination, New Haven, London 1979.

Messerschmidt, J., Überlegungen zu einer sozialistisch-feministischen Kriminologie, in: Radikale Kriminologie, hrsg. von Janssen, H. /Kaulitzkiy, R. /Michalowski, R., Bielefeld 1988, S. 83-101.

Morris, A. /Gelsthorpe, L., Feminist Perspectives in Criminology: Transforming and Transgressing, in: Women and Criminal Justice 2, 1991, S. 3-26.

O'Donovan, K., Sexual Divisions in Law, London 1985.

Olsen, F., Feminism and Critical Legal Theory: An American Perspective, in: International Journal of the Sociology of Law 18, 1990, S. 199-215.

Rice, M., Challenging Orthodoxies in Feminist Theory, in: Feminist Perspectives in Criminology, hrsg. von Gelsthorpe, L./Morris, A., Milton Keynes, Philadelphia 1990, S. 57-69.

Rose, H., Hand, Brain and Heart. A Feminist Epistemology for the Natural Sciences, in: Signs: Journal of Women and Culture in Society 9, 1983.

Simon, R., Women and Crime, Lexington, D. C. 1975.

Smart, C., Women, Crime and Criminology: A Feminist Critique, London 1976.

Smart, C., Feminist Approaches to Criminology or Postmodern Woman Meets Atavistic Man, in: Feminist Perspectives in Criminology, hrsg. von Gelsthorpe, L. /Morris, A., Milton Keynes, Philadelphia 1990, S. 70-84.

Smaus, G., Theorie und Empirie im kriminologischen Unterricht, in: Kriminologie als selbständiges, interdisziplinäres Hochschulstudium, hrsg. von Löschper, G. /Manke, G. /Sack, F., Pfaffenweiler 1986, S. 248-270.

Smaus, G., Das Strafrecht und die Frauenkriminalität, in: Kriminologisches Journal 22, 1990, Heft 4, S. 266-283.

Smaus, G., Reproduktion der Frauenrolle im Gefängnis, in: Streit 9, 1991, Heft 1, S. 23-33.

Stang Dahl, T., Women's Law: Method, Problems, Values, in: Contemporary Crises 10, 1986, 4, S. 301-316.

Marx im Sack der Kritischen Kriminologie. Über soziale Ungleichheit im Kriminalitätsdiskurs

Gerlinda Smaus (1996)*

1.

Vor dreiundzwanzig Jahren warnte uns Berckhauer, damals tätig in der Forschungsgruppe Kriminologie am Max-Planck-Institut für ausländisches und internationales Strafrecht in Freiburg, davor, „Marx im Sack" zu kaufen (Berckhauer 1972: 299). Jahrelang habe ich die Warnung so verstanden, daß wir nicht den Marx kaufen sollen, der in Sacks neuem Ansatz, der marxistisch-interaktionistischen Theorie der Kriminalität steckt. Wo schon labeling approach als ein brisantes Thema für die praxisorientierte traditionelle Kriminologie empfunden wurde, dort mußte das Schmuggelgut „Marx" als noch sehr viel gefährlicher eingeschätzt werden. Wie begrüßenswert muß es nun erscheinen, daß Marx endlich tot ist! Ich habe aber den Verdacht, daß es gar nicht so sehr um „Marx", sondern vielmehr um bestimmte, in der Kriminologie tabuisierte Themen ging, die man nicht aus dem Sack lassen wollte. Sie sind aber trotzdem entwichen und, wenn sie auch nicht der „reinen marxistischen Lehre" entsprechen, so sind sie immer noch geeignet, in der Kriminologie Unruhe zu stiften. Nach so vielen Jahren kann man feststellen, daß sich die Bezeichnung „marxistisch-interaktionistische" Kriminologie nicht durchgesetzt hat, daß sich aber aus der Rezeption des Ansatzes von Sack eine Richtung ergeben hat, die sich in Anlehnung an andere neuere Strömungen als „kritische Kriminologie" bezeichnet.[1] Überflüssig zu sagen, daß sie alles andere als einheitlich ist. Die „wirkliche" marxistische Kriminologie oder ihre Nachfolgewissenschaft, die „radikale Kriminologie", wurden kontinuierlich als Zweige mit deutlich

---

* Ursprünglich erschienen in: Trutz v. Trotha (Hg.) Politischer Wandel, Gesellschaft und Kriminalitätsdiskurse. Festschrift für Fritz Sack. Baden-Baden: Nomos 1996, S. 151-165.

[1] Die Bezeichnung weist eine Nähe zur „kritischen Theorie" auf; sie hat sich indessen über den Umweg der zunächst „neuen" (1973), dann „kritischen" Kriminologie der britischen Autoren Taylor/ Walton/ Young eingebürgert.

J. Feest und B. Pali (Hrsg.), *Gerlinda Smaus: „Ich bin ich"*, Schriftenreihe des Strafvollzugsarchivs, https://doi.org/10.1007/978-3-658-31723-2_11

sektiererischen Tendenzen aus dem „mainstream" der kritischen Kriminologie ausgegrenzt.[2]

Berckhauer warnte aber gar nicht vor Marx, sondern davor, daß wer glaube, im Sack Marx kaufen zu können, enttäuscht sein würde: Obwohl Sack dreizehnmal(!) die „marxistisch-interaktionistische" Position in der Kriminologie beschwöre, habe er doch weder neue Inhalte noch Zugänge aufgezeigt, über die nicht auch schon die bürgerliche Kriminologie verfügte.

Zugegebenermaßen würde ich diesen zweiseitigen Diskussionsbeitrag eines damals jungen Autors nicht derart hervorheben, wenn er nicht, gerade durch die mißverständliche Überschrift, so treffend die Berührungsängste auch der kritischen Kriminologie mit Marxismus ausgedrückt hätte. Diese Abwehr geht m. E. meistens so weit, daß sie nicht einmal explizit formuliert wird, so daß man sich genötigt fühlt, auf einen Scherz zurückzugreifen, wenn man das Thema behandeln will. „Marx" und „Marxismus" wirken in deutschen akademischen Kreisen, anders als z. B. in Großbritannien oder Italien, als Ausschlußstigmata, wobei sich sowohl die potentiellen Stigmatisierer als auch Stigmatisierte davor hüten, sich zu erkennen zu geben,[3] und selbst das konflikthafte Thema eher kryptographisch behandelt wird.

Lassen Sie mich zunächst kurz wiederholen, was Fritz Sack damals importiert hat. Es ging um die Einführung des „labeling approachs" in die Kriminologie.[4] Schon der labeling approach, der die Qualität „Kriminalität" über die Perspektive der Reaktion eines Publikums auf ein Verhalten erschließt, veränderte die Analyse der Kriminalität und der Kriminellen radikal: Es wurde zum ersten Male wirklich wissenschaftlich ernst genommen, was eh alle wußten, daß nämlich die Auswahl der Elemente für die Menge „Kriminalität" nicht gemäß natürlicher Eigenschaften von Verhaltensweisen (wie z. B. „Schädlichkeit"), sondern durch selektive Zuweisung von „negativen"[5] Bewertungen zustande kommt. Eine weit größere Anzahl von Handlungen, die vergleichbare „negative" Eigenschaften aufweisen, wird nicht als „kriminell" etikettiert. Die wesentliche Leistung des labeling approach bestand darin, daß Kriminalität nicht länger als eine ontische Qualität der Hand-

---

2 Vgl. z. B. Werkentin/ Hofferbert/ Baurmann 1972; neuere Ansätze vgl. Janssen/ Kaulitzki/ Michalowski 1988.

3 Schon 1972 beklagt Sack in einer Fußnote, daß solche Attitüden schwer zu belegen sind, sie werden meist nur mündlich kolportiert (S. 26, Fußnote 4).

4 Wem dieses Thema als ein alter Hut erscheint, der sollte vielleicht beachten, daß die, wie der Name „traditionelle" Kriminologie schon sagt, erst recht aus der Mode gekommen ist.

5 Die Anführungszeichen sollen verdeutlichen, daß auch das „negative" eine ausgehandelte Eigenschaft ist.

lung, sondern als abgestempeltes Verhalten verstanden wurde. In Bezug auf die „Kriminellen" wurde dementsprechend festgestellt, daß sie nicht „von sich aus" einen ganz anderen „kriminellen" Menschenschlag darstellen, sondern Menschen, auf die das Etikett „kriminell" erfolgreich angewandt wurde. Der labeling approach selbst wurde bekanntlich schon von Sack um Beiträge des symbolischen Interaktionismus und der Ethnomethodologie erweitert, die anders als der labeling approach auf identifizierbare Theorietraditionen zurückgehen. Mit ihrer Hilfe konnte auf einer erkenntnistheoretischen Ebene überzeugend dargestellt werden, daß Kriminalität immer *zugeschrieben* wird, und daß bei der Zuschreibung nicht das Verhalten selbst, sondern der Handelnde beurteilt wird.

Der Ansatz „Kriminalität als Label" kam aus Amerika und ist aus zwei Gründen etwas leichtfüßig erschienen: den in der Tradition des deutschen Idealismus stehenden Kriminologen, weil er sich scheinbar so relativistisch über die ehernen Moralgesetze und die Majestät des Strafrechts hinwegsetzt; andere,[6] als erster Fritz Sack, bemängelten hingegen, daß er so unbekümmert über die Bedingungen für erfolgreiches Labeln auf der einen Seite und die typisch schwache Position derjenigen, die kriminelle Label nicht abwehren können auf der anderen Seite, hinwegsieht. Diese Beachtung der sozialen Ausgangslage für die Kriminalisierungsanfälligen" gemäß einem Strafrecht, das einen selektiven Zugriff programmiert und der typischen Machtkonstellationen in strafrechtlichen Prozessen, haben es von Anfang an nahegelegt, die enge Perspektive der Aushandlung von kriminellen Etiketten um Aspekte der Verteilung von Gütern und (Definitions-)Macht zu erweitern. Sack hat diese notwendige Ergänzung der interaktionistischen Perspektive als „marxistisch" bezeichnet und damit womöglich den neuen Ansatz einer noch stärkeren Ablehnung ausgesetzt, als es schon der interpretative Zugang vermochte.

Zu beurteilen, welcher Ansatz mit Recht als marxistisch zu bezeichnen wäre, wäre ein gleichermaßen schwieriges wie sinnloses Unterfangen. Vielmehr möchte ich mich mit der Frage befassen, was den Unmut über das Etikett „marxistisch-interaktionistisch" hervorgerufen hat.

6 [...] die ebenso schwermütigen deutschen „Materialisten" [...].

2.

Daß Kriminalität etwas mit sozialen Lagen zu tun hat, bildet die Ausgangsthese einer positiv orientierten wissenschaftlichen Kriminologie. Schon Lombroso, der quasi biologisch rückständige Eigenschaften wie Atavismus oder Degeneration der" Kriminellen" für kriminelles Verhalten verantwortlich gemacht hat, verbindet wie selbstverständlich die biologische Inferiorität mit einer sozialen (Lombroso 1876). Diese Linie setzt sich fort bei Ferri (1896), in dessen Ansatz sich die Vielzahl der Faktoren, die die Kriminalität bedingen könnten, auch immer nur an einem sozialen Ort auswirken und von daher vielleicht zusätzliche, aber keine wirksamen Variablen darstellen. Bei der Mehrfaktoren-Untersuchung vom Ehepaar Glueck wird die wichtigste Ursache der „Kriminalität" gar nicht gemessen, sondern vorausgesetzt: Sie stellen ihre Samples in Slums und Einwanderervierteln mit low-budget housing usw. zusammen (Glueck/Glueck 1950) und filtern (wenn überhaupt) nur noch einzelne aus, die ihrem sozialen Schicksal, arm und kriminalisierungsanfällig geboren worden zu sein, nicht entkommen konnten. Dieser Zusammenhang zwischen Schicht und Kriminalität brauchte von der ätiologischen Kriminologie bis heute nicht in Frage gestellt zu werden, weil die Population der Gefängnisse tatsächlich immer noch aus „armen" Schichten rekrutiert wird.

Sofern die soziale Lage der „Kriminellen" beachtet wird, kann noch kein Unterschied zu Sacks Ansatz festgestellt werden. Man könnte zwanglos alle Ansätze, die auf „materielle" Bedingungen eingehen, als „marxistisch" bezeichnen. In der Tat geht die marxistische Kriminologie vom gleichen Verursachungskomplex der Kriminalität (z. B. Armut, Verelendung, „broken home" usw.) wie die ätiologische Kriminologie aus. Sie geht daher, wie es Melossi ausdrückt, mit der ätiologischen Kriminologie eine heimliche Allianz ein (Melossi 1984: 262). Die Parallelen gehen noch weiter: die marxistische Kriminologie übernimmt auch die im Vergleich zu der strafrechtlichen Definition der Kriminalität engere, auf das Unterschichthandeln beschränkte Definition der Kriminalität. Damit erklärt sie bestenfalls – wenngleich „strukturell" – die im Hinblick auf den angerichteten Schaden unbedeutendere Kriminalität (Kramer 1988: 261 ff.). Wenn „Armut" als Ursache der Kriminalität gilt, muß „Wirtschaftskriminalität" unerklärlich bleiben, oder aber die faktische Strafrechtsimmunität der Wirtschaftsstraftäter mechanisch als Ausfluß der „Macht" gesehen werden. Die marxistische Theorie beschränkt sich häufig darauf, moralische Entrüstung über die Zustände, wie sie sind, auszudrücken und die „armen“ Kriminellen zu bedauern.[7] Im übrigen erweist sich die radikale Kriminologie dort, wo sie den Spieß umdrehen und die Kriminalisierer kriminalisieren möchte, als hoffnungslos idealistisch![8] Mit einem solchen mechanistischen Zugang wollte sich der Interaktionismus gerade nicht verbinden,[9] denn die Würdigung des Menschen als des Produzenten seiner Geschichte oder anders gesagt, seiner Eigenschaft, Urheber und Benutzer von Symbolen zu sein, gehört zu seinen Kernaussagen. Hingegen setzt die marxistische Kriminologie aufgrund ihres kausalen Erklärungsmodus sogar noch stärker als die ätiologische Kriminologie einen homunculus, um nicht zu sagen, einen „Reaktionsdeppen“ voraus. Das hätte sie Marx, dem Kritiker der Verdinglichung, des Fetischismus und der Entfremdung, nicht antun sollen!

Oberflächlich betrachtet, ist es nicht nachvollziehbar, daß die Beachtung der materiellen Bedingungen Berührungsprobleme verursacht. Vielmehr war es doch das interpretative Paradigma, ein besonderer epistemologischer und heuristischer Zugang, der zu radikalen Einsichten auch in die vom Marxismus beanspruchten Topoi führte. Zum einem ging es in dieser Perspektive darum, das Strafrecht nicht länger als ein voraussetzungsloses, ahistorisches Kontrollinstrument anzunehmen, sondern es selbst zu analysieren. Es konnte nicht mehr als Maßstab betrachtet werden, der für alle Rechtsadressaten das Gleiche bedeutet. Vielmehr „sucht“ sich das Strafrecht seine Klientel selbst aus bzw. anders gesagt, ist sein Netz so beschaffen, daß nur ganz bestimmte Adressaten in ihm hängen bleiben.[10] Nicht (geborene) Kriminelle werden kriminell, sondern das Strafrecht wählt selektiv aus, wessen Position und Verhalten, primär in den Tatbeständen und sekundär im Strafprozeß, zu kriminalisieren ist. Das Strafrecht hat auch keine allgemein moralische Qualität. Es drückt nicht diejenigen schützenswerten Interessen aus, die formuliert würden, wenn darüber in einer herrschaftsfreien Kommunikation entschieden worden wäre.[11] Vielmehr stellt das Strafrecht eine Festschreibung von partikularen Inter-

7 In den neueren marxistischen Beiträgen (Greenberg 1981; Humphries/ Greenberg 1981: 209 ff.) ist für Kriminalität wie in einem hergebrachten Mehrfaktorenansatz alles und jedes, darunter freilich auch Produktionsverhältnisse, verantwortlich; um den Preis, daß dem marxistischen Ansatz auch noch der Anspruch auf Gerechtigkeit abhanden kommt, der in seinem Insistieren auf der Ungleichheit in der Gesellschaft besteht.

8 [...] weil sie hierbei nicht die materiellen Voraussetzungen der Machtausübung beachten [...].

9 Vgl. die Kritik dieser Ansätze von Smaus 1989: 267 ff.

10 Die Anspielung auf die Selbstreferentialilät des Rechts ist beabsichtigt, freilich mit dem Seitenblick darauf, daß es doch nicht ein reifiziertes Recht selbst ist, das die Gesetze erläßt (Luhmann 1986a).

11 Deshalb kann man das „real existierende" Strafrecht mit Habermas kommunikativer Ethik legitimieren (1992), wie es Günther (1991) versucht.

essen dar, die sich wie allgemeine Interessen darstellen, es aber, gemessen an der Wirkung, die sie entfalten, nicht sind.

Solche Thesen hätten sehr wohl in einer marxistischen Kriminologie formuliert werden können. Entstanden sind sie indessen, so weit ich sehe, in den konfliktorientierten Theorien der Kriminalität.[12] In der Tat speist sich das kritische Potential der kritischen Kriminologie nicht aus dem Marxismus, sondern den Konflikttheorien, die ganz allgemein ausgedrückt, Gesellschaft nicht als eine harmonisch funktionierende, strukturell-funktionale Einheit, sondern als zusammengesetzt aus Gruppen mit konkurrierenden Interessen begreifen.[13] In diesen Theorien wird Recht im Allgemeinen und das Strafrecht im Besonderen als Instrumente im „Konflikt" und der Festschreibung seiner Ergebnisse verstanden. Wenngleich Konflikttheorien möglicherweise als „sophisticated" Reaktion auf die marxsche Theorie über den Klassenkonflikt entstanden sind und daher den „Haupt-Klassen-Antagonismus" geradezu leugnen,[14] sind sie doch weit entfernt von der strukturalistischen Annahme einer harmonischen, an einem Strang ziehenden Gesellschaft. Und was zugleich banal wie ungemein wichtig ist, in den Konflikttheorien erscheint, trotz der Verbannung aller Anspielungen auf Marxismus, Ungleichheit nicht (wie im Strukturalismus) als das Ergebnis einer gerechten Verteilung gemäß dem Leistungsprinzip, sondern als ein gewolltes und aktiv reproduziertes Verhältnis. Die These, daß soziale Ungleichheit der Gesellschaftsmitglieder hinsichtlich der Verteilung von Ressourcen und Macht nicht nur bedauerlicherweise zustande kommt oder gar ein physiologisches Funktionsprinzip der Gesellschaft darstellt, sondern daß sie aktiv, um partikulärer Interessen willen, reproduziert wird, ist an Radikalität kaum zu überbieten. Da ist es nicht verwunderlich, daß die These, Universitäten reproduzieren die „Spitze" der gesellschaftlichen Hierarchie, ohne Widerspruch hingenommen wird, die These hingegen, das Strafrecht reproduziere die untere Unterschicht bzw. die marginalen Gruppen der Gesellschaft, als ideologische Behauptung zurückgewiesen wird. Wenn Fritz Sack nichts anderes im Gepäck gehabt hätte, als die These, daß die Kriminalität kein Verhalten sei, sondern

12 Vgl. In der allgemeinen Theorie Coder 1956; Dahrendorf 1957; in der Kriminologie Vold 1958; Queinney 1977; Turk 1978; Chambliss 1974, 1978; Schumann 1974.

13 Leider teilen Konflikttheorien viele kritisierte Prämissen des Funktionalismus und der ätiologischen Kriminologie. Vgl. hierzu die gründliche kritische Würdigung der Konflikttheorien im Recht bei Baratta 1982: 127 ff.

14 Turk verdanken wir nämlich die Ansicht, daß man mit „Schläue" (sophistication) imstande ist, den Pelz zu waschen, ohne ihn naß zu machen. Problematisch ist freilich, daß bei der Bemühung, Konnotationen mit „Klassenkampf" zu vermeiden, die fluktuierenden Interessenkonstellationen keinen „Sinn" erkennen lassen und daß Macht als zentraler Begriff der Analyse selbst nicht erklärt wird. (Vgl. Baratta 1982: 137; Smaus 1993: 48 f.).

ein „negatives Gut", welches analog zu positiven Gütern wie Vermögen, Einkommen, Privilegien verteilt werde „Kriminalität ist das genaue Gegenstück zum Privileg. Es vorenthält Rechte, beschneidet Chancen, es verteilt die in der Gesellschaft vorhandenen Ressourcen [...]" (Sack 1974: 469), er hätte schon damit das Programm einer Kriminologie entworfen, die kritisch ist, ohne gleich zu den Wurzeln zu kommen (vgl. Smaus 1989).

Um Kriminalität als „negatives Gut" auszuweisen, muß man keine Marxistin und kein Marxist sein. Die Behauptung reicht aber allemal dazu aus, den Verdacht, eine bzw. einer zu sein, auszulösen und damit die Autorin und den Autor und was schlimmer ist, auch die Erkenntnis selbst, zu disqualifizieren. Der Marx im Sack der kritischen Kriminologie entpuppt sich als nichts mehr, aber auch als nichts weniger, als der Hinweis auf die vertikale Schichtung der Gesellschaft. Mit dieser These wurde der Kriminalisierungsprozeß aus dem engen Regelkreis „Kriminalität – soziale Kontrolle durch das Strafrecht – Kriminalität" herausgelöst und in den Zusammenhang der Reproduktion von sozialer Differenzierung eingeordnet, ohne daß die Schichtungstheorien davon Kenntnis genommen hätten.

3.

Können wir uns nun bei der Analyse der Wirkungsweise des Strafrechts, ohne Gefahr zu laufen, in der bürgerlichen Soziologie in die Ecke gestellt zu werden, auf die ehrwürdigen Schichttheorien berufen? Die Antwort lautet „Jein", denn auch hier gibt es Richtungskonflikte, die denen in der Kriminologie nicht unähnlich sind. Über alle detaillierten Unterschiede hinwegsehend stellt sich die Geschichte der Schichtungstheo rien als eine zunehmende Verdrängung der Bedeutung der „materiellen" zugunsten der „ideellen" Faktoren dar.[15] Wir alle kennen den polemischen Ton, den Max Weber in seiner „Wirtschaft und Gesellschaft" anschlägt.[16] Die Kontroverse wird dabei auf mehreren Ebenen geführt. Zum einen geht es um die Frage, ob die ökonomische Verfassung der Gesellschaft ihre „struk-

[15] Strasser (1976) z. B. unterteilt soziologische Theorien danach, ob sie konservative oder progressive Tendenzen haben. Wie zufällig geht es darin auch immer um die Diskussion der Ressourcenverteilung.

[16] Vgl. z. B. „Das Recht (immer im soziologischen Sinn) garantiert keineswegs nur ökonomische, sondern die allerverschiedensten Interessen, von den normalerweise elementarsten: Schutz rein persönlicher Sicherheit bis zu rein ideellen Gütern wie der eigenen 'Ehre' Es garantiert vor allem auch politische, kirchliche, familiäre oder andere Autoritätsstellungen, und überhaupt soziale Vorzugslagen aller Art" (Weber 1956: 196).

turierende Struktur" oder ein bloß gleichwertiges, neuerdings sogar autopoietisches Subsystem neben anderen Subsystemen darstellt (vgl. Luhmann 1986b). Auf einer anderen Ebene äußert sich die Auseinandersetzung beider Weltanschauungen als eine positivistische Bemühung um einen angemessenen Schichtindex, der gegenwärtig immer noch, jedenfalls für den Zensus, zwei scheinbar ideelle Variablen, „Ausbildung" und „Beruf" bzw. „Stellung im Beruf" und eine scheinbar materielle Variable, nämlich das „Einkommen" enthält. Selbstverständlich kann sich die Soziologie nicht mit einem vertikalen Differenzierungsbegriff begnügen, der etwa 90 % der Gesellschaftsmitglieder in die eine und die restlichen 10 % in die andere Klasse einordnet, weil dies in den allermeisten Hinsichten keine Verhaltensimplikationen für die Angehörigen dieser Klassen enthält.[17] Es ist aber nicht einzusehen, warum man sich überhaupt bemüht, sich auf ein ganzheitliches Modell der gesellschaftlichen Differenzierung festzulegen, wenn die Differenzierungen selbst nach verschiedenen Kriterien mit verschiedenen Verhaltensimplikationen erfolgen. Man kann sich die vertikale gesellschaftliche Differenzierung selbst wie eine Zwiebel mit mehreren Schalen vorstellen – die Oberfläche bilden die Statussymbole, als Ausdrücke der sich darunter befindlichen symbolischen bzw. kulturellen Differenzierung, wie sie ihrerseits durch die darunter liegende Struktur der Status, die durch Marktchancen/Arbeitsteilung ermöglicht werden, hervorgebracht von dem Sproß im Innern – dem Kapital?[18] Dieser in die Kontingenz verbannte Begriff scheint sich immer wieder aufzudrängen – jedenfalls bildet er den Ausgangspunkt in zwei bedeutenden neueren Schichtungstheorien. So versuchte Giddens im Jahre 1979, ein Drei-Klassen-Modell einzuführen, in dem er den von Max Weber eingeführten Begriff der „Marktchancen" übernimmt, der den Begriff „Eigentum" als Kapital miteinschließt (vgl. Giddens 1979: 125); Bourdieu erweitert später den ursprünglich ökonomischen Begriff des „Kapitals" auf solche ideelle Momente wie „Bildungskapital" und „soziales Kapital" (Bourdieu 1983). Es ist nun Ansichtssache, ob sie damit den „materiellen" Begriff „Kapital" auf- oder abwerten.

---

[17] Wohl aber entfaltet diese Struktur ihre Wirkung darin, daß, vermittelt über den Markt und die staatliche Organisation, das Handeln der ca. 10 % wesentlich die Schicksale der 90 % der übrigen Bevölkerung bedingt. Giddens (1979) beruft sich auf Adam Smith, wenn er die Wirkung dieser Struktur als die ,,unsichtbare Hand" bezeichnet. Nach Callinicos hat die Variable „Eigentum an Produktionsmitteln keinen beschreibenden, sondern erklärenden Charakter" (1985: 145).

[18] Diese Vorstellung ist vergleichbar mit dem Modell von Giddens, der die sichtbare Struktur der Statussymbole bzw. der „strukrurierten" Struktur auf eine, in der Arbeitsteilung begründete „strukturierende Struktur" zurückführt (Giddens 1979: 129 ff.).

Hinter der Auseinandersetzung um den Schichtindex verbirgt sich schließlich die Auseinandersetzung um das „Wesen" unserer Gesellschaft – handelt es sich nun um eine „nivellierte Mittelstandsgesellschaft" (vgl. Schelsky 1965) oder haben wir gar schon die vor etwa 10 Jahren diskutierte Bedrohung der „Zweidrittel-drinnen-und-ein-drittel-draußen-Gesellschaft" überwunden und streben eine weitere Umverteilung von unten nach oben im Sinne einer „Eindrittel-Kern-und-zweidrittel-Marginal-Gesellschaft" an? Wer sich solche Fragen stellt, würde in das kritische Lager der Schichttheorien eingeordnet werden, wenn es ein solches in den neunziger Jahren noch gäbe.[19]

Im *mainstream* der Schichttheorien wird indessen behauptet, daß sich gegenwärtig statt einer klaren vertikalen Strukturierung eine multidimensionale, mithin bloß horizontale Differenzierung nach sozialen Lagen oder Milieus entwickelt habe; es gebe keine klaren oder sichtbaren Zeichen der Schichtzugehörigkeit mehr; typisch sei eine Statusinkonsistenz (vgl. Hradil 1983, 1987; Beck 1986). Große Popularität hat Becks These über die klassenlose „Risikogesellschaft", in der alle früheren Unterschiede unter Menschen angesichts der allen gleichermaßen drohenden Gefahren außer Kraft gesetzt werden, erreicht (Beck 1986). Muß man daran erinnern, daß die Menschen schon immer angesichts des Todes (fast) gleich waren? Die Variable „Bedrohung" differenziert möglicherweise nicht, sie hebt aber auch nicht etwa die Tatsache, daß es in der Bundesrepublik „Armut oberhalb der Überlebensgrenze" gibt, auf. Solche Ansätze sind sicherlich dort berechtigt, wo sie auf die größere Komplexität und Differenzierung von ehemals eher homogenen „Schichtlagen" hinweisen, sie versagen aber darin, daß sie die Bedeutung der sozialen Ungleichheit leugnen. Daß die vertikale Schichtung immer noch ein übergreifendes Ordnungskriterium der Gesellschaft darstellt, kann man den Theorien der sozialen Schichtung entnehmen, die sich nicht dem neuen „postmodernen" Trend, demnach nichts mehr zu erkennen ist,[20] angeschlossen haben.

So stellt Bolle fest, daß soziale Ungleichheit teils wie z. B. bei der leistungsgerechten Differenzierung von Einkommen, eine beabsichtigte und beförderte, teils, wie bei Verarmung und Arbeitslosigkeit, eine nicht-beabsichtigte und beklagte Erscheinung ist. Die Grundlage der Ungleichheit sei, jenseits der individuellen Bewertung, die Verteilung von „geschätzten" Gütern. Die Ungleichheit schlage sich in vielen Verhaltensweisen nieder: in der Aufstiegsorientierung, bei Bildungs- und Berufsentscheidungen, bei Konsumverhalten, bei der Wahl der

[19] Diese Fragestellung hatte, ebenso wie die kritische Kriminologie, „Konjunktur" in den siebziger Jahren - vgl. z. B. „Projekt Klassenanalyse" 1973/74.

[20] Vgl. Lyotard 1986: 87 ff. und die Kritik des Ansatzes bei Callinicos 1989: 86.

sozialen Kontakte etc. Die Position des einzelnen in einer solchen Struktur sei durch Herkunft und durch die Existenz eines Apparats für die Zuweisung von positiven Gütern wie Einkommen, Einfluß, Prüfungszeugnisse, Ansehen und der individuellen Orientierung an ihnen bedingt. Von erheblicher Bedeutung für die Ungleichheit sei in unseren Gesellschaften das Staatshandeln in vielfältiger Form (vgl. Bolte, 1990: 27 ff.), z. B. das rechtliche Handeln. Im Recht werden auch Bedingungen für soziale Schließungen oder gar Ausschlüsse festgehalten, die den Aufstieg oder die Aufnahme in höhere Schichtlagen behindern – womit wir ausdrücklich den Anschluß an die These von Sack gewinnen, daß die besondere Leistung des Strafrechts darin besteht, „negative Güter" zu verteilen. Die vertikale Aufstiegsmobilität gleicht eben nicht einem zwanglosen Aufsteigen des Wassers in einer Kapillare! Vielmehr stellen gesellschaftliche Verteilungsverhältnisse nach wie vor ein „umkämpftes Feld" dar, meint Kreckel (1990: 66), auf dem man sich auch der Waffe „Kriminalisierung" bedienen kann.

Nach dem Gesagten kann erwartet werden, daß gegenwärtig die Kriminalisierung von Angehörigen der untersten Schicht fortgesetzt wird, daß sie aber ebenso „überlagert und z. T. verschleiert" erscheint, wie es Bolle für die Schichtstruktur im Ganzen behauptet (vgl. Bolte 1990: 44). Die nach wie vor homogene soziale Zusammensetzung der Gefangenenpopulation zeigt, daß trotz der „neuen Unübersichtlichkeit", z. B. nationaler, ethnischer oder kultureller Merkmale, dort, wo es strafrechtlich relevant wird, das traditionelle Merkmal der Schicht ihren gemeinsamen Nenner bildet. Der Nachweis also, daß das Strafrecht auch gegenwärtig eine Reproduktionsleistung für eine Schicht vollbringt, würde sich möglicheiweise problematischer gestalten, aber nicht unmöglich sein. Beispiele hierfür finden sich in der Überlagerung des Schichtmerkmals mit kulturellen Merkmalen beim Drogenkonsum, wobei hier das Strafrecht nicht nur eine schon vorhandene Marginalität bestätigt, sondern sogar aktiv vorantreibt. Wie z. B. Baratta zeigt, besteht die Drogenwelt aus vielen Welten mit sozial ganz unterschiedlichen Konsumenten, wovon aber nur Mitglieder von benachteiligten Schichten zu „Junkies" werden (Baratta 1990: 10 ff.). Der Gewaltdiskurs hingegen, wie allgemein er auch geführt wird, prangert schließlich jene „classe dangereuse" an, die schon immer als gefährlich wahrgenommen wurde.[21]

---

[21] Diese Konzentration auf Männer der Unterschicht ist im wesentlichen schon durch die, angeblich aus pragmatisch-methodologischen Gründen, erfolgende Gleichsetzung von „Gewalt" mit physischer Gewalt (vgl. Schwind/ Baumann 1990: 8 ff.) bedingt. Dies gilt aber auch für Thematisierung von rechtsradikaler Gewalt (vgl. Heitmeyer u. a. 1992).

Warum weigern sich wohl zahlreiche Schichttheoretiker, gleich zahlreichen Kriminologen, über Eigentumsverteilung und ihre Konsequenzen, über Armut, Marginalisierung und Kriminalisierung zu sprechen? Weil sie Angst vor Marx hätten? Der ist doch schon lange tot. Was indessen geblieben ist, ist Ungleichheit, die auch als ungerecht empfunden wird. Wenn ich richtig sehe, sind schon moderne Vertragstheorien über das „Wesen" der Gesellschaft und des Staates als Begründungen für die neue Ungleichheit hinsichtlich der Eigentumsverteilung unter Gesellschaftsmitgliedern entstanden, die die alte ständische Ungleichheit abgelöst hat (vgl. Locke 1966; MacPherson 1980). Ebenso haben sich noch Vorgänger der Soziologie als einer positiven Wissenschaft, z. B. Lorenz von Stein (1852-56) und die schottischen „Moralphilosophen" Miliar (1771) und Ferguson (1814) explizit mit der neuen vertikalen Stratifizierung der Gesellschaft befaßt. In der Beschreibung der Gesellschaft als eines Organismus, in dem die vertikale Differenzierung der Bedeutung der Leistung gemäß einer horizontalen funktionalen Differenzierung entspricht, verflüchtigt sich dann das Problem der ungleichen Verteilung von Ressourcen zusehends, bis in den neuen Annahmen über den segmentären Charakter der postmodernen Gesellschaften ein Hinweis auf Schichtung vollkommen deplaziert erscheint. Wenn man sich indessen vergegenwärtigt, worum es (im Kern) im Arbeitskampf der Gewerkschaft der metallverarbeitenden Industrie geht und (auf der Oberfläche) wieviel Energie Menschen darauf verwenden, die auf einer vertikalen Skala abbildbaren „feinen Unterschiede" (vgl. Bourdieu 1982) hervorzubringen, die sie von ihresgleichen, vor allem aber von den „anderen" zu unterscheiden erlaubt, erweisen sich die Kontemplationen über „multikulturelle" Gesellschaften als ein Ersatz für die nunmehr naiv erscheinende strukturell-funktionale Soziologie mit ihrer normativen und ideologischen Funktion.

4.

Die Schichtungsproblematik als eine Problematik der Verteilung von Lebenschancen, ist unweigerlich mit Legitimationsproblemen verbunden (vgl. Habermas 1975; Offe 1977, 1986). Schichttheorien müßten, diesseits von Radikalität, den Widerspruch offenlegen, daß sich gegenwärtige Gesellschaften in ihren Verfassungen und Recht dem Ideal der Gleichheit verschrieben haben, daß aber der vertragsmäßig (= rechtlich) festgelegte Verteilungsmodus gleichzeitig Ungleichheit reproduziert. Es müßte auch das scheinbar Selbstverständliche, der Verteilungsmodus der positiven wie negative „Belohnungen" für Gesellschaftsmitglieder, mithin Gerechtigkeit, thematisiert werden. Die Herstellung des Selbstverständlichen, d.h. das Verdrängen der anderen Möglichkeiten in die Kontingenz, verläuft eben nicht automatisch, sondern wird auch seitens der sich im Vorteil Wissenden bewußt herbeigeführt. Berger und Luckmann verweisen darauf, daß Legitimationen für Sinnwelten Produkte gesellschaftlicher Aktivität sind und im Zusammenhang mit ihnen verstanden werden müssen. Vor allem sei der Erfolg bestimmter Konzeptionen mit der Macht derer verknüpft, die sich ihrer bedienten (Berger/Luckmann 1969: 116).

Auch in der Kriminologie muß zugestanden werden, daß bei der gesamten Produktion von „Verschiedenheit" es bei der Zuschreibung des Etiketts „Kriminalität" darum geht, aufgrund gleichen Rechts Ungleichheit zu verteilen, indem diejenigen, die „unten" sind, mit schlechten Noten ausgezeichnet werden. Es hat den Anschein, daß es diese Tatsache ist, welche daran hindert, das symbolische Produkt „Kriminalität" genauer zu beschreiben.

Die Verfolgung des vor den Toren der positiven Fragestellung stehenden Erkenntnis- interesses an der Gerechtigkeit wird in der Kriminologie noch dadurch erschwert, daß „Kriminalität" in hervorragender Weise dazu geeignet ist, von Verteilungsunterschieden abzulenken und eine „negative" symbolische Vergemeinschaftung im „Kampf gegen die kriminelle Bedrohung" zu bewirken (vgl. Durkheim 1965; Mead 1918). Diese Wirkung ist so nachhaltig, daß ihr, wie es scheint, zur Zeit selbst kritische Kriminologen erliegen und nur noch einige Strafrechtler die Entwicklungstendenz des Strafrechts auf den „richtigen" Begriff bringen. So beobachtet z. B. Hassemer mit Besorgnis, wie sich das moderne (strafprozessuale) Strafrecht mit großer Geschwindigkeit vom Grundsatz des klassischen Strafrechts,[22] nämlich eine rechtsstaatliche Behandlung des Angeklagten zu garantieren, entfernt.[23] Auf dem Gebiet des materiellen Strafrechts beobachtet Hassemer eine Ausdehnung der ursprünglich nur individuell und konkret formulierten Rechtsgüter zu „wolkig formulierten Universalrechtsgütern" wie Volksgesundheit, das Funktionieren staatlichen Subventionswesens oder das Funktionieren des Kapitalmarktes. Das Strafrecht werde in einem solchen Ausmaß instrumentalisiert, daß die klassische Gewaltenteilung zwischen Legislative, Judikative und Exekutive tendenziell aufgehoben werde. Der Bürger solle diese Maßnahmen, von

---

22 Als „modern" bezeichnet Hassemer das gegenwärtige Strafrecht, als „klassisch" das Strafrecht, das aus der politischen Philosophie der Aufklärung hervorgegangen ist (1994: 193 f.).

23 Vgl. die Einführung der dem deutschen Strafrecht fremden Institution des „Kronzeugen"; die Verwendung der Aussagen von sog. verdeckten Ermittlern, die Rasterfahndung, systematische Observation von „Tätern" statt Aufklärung von Straftaten, der Lauschangriff u. a.

denen er selbst, wie bei der polizeilichen Observation, unmittelbar betroffen ist, deshalb billigen, weil „Gewalt, Risiko und Bedrohung" zugenommen hätten und weil die bisherigen strafrechtlichen Garantien eine wirksame Reaktion des Strafrechts nicht erlaubten. Es steht auf einem anderen Blatt, daß diese Linie, die ein an rechtsstaatliche Garantien gebundenes Strafrecht verteidigt, gleichzeitig das Strafrecht ist, das bisher die Zielscheibe der strafrechtssoziologischen Kritik bildete: Wie Baratta sagt, war auch der bisherige Rechtsgutbegriff „unangemessen", weil er nicht von der Schutzwürdigkeit von Interessen ausging, sondern aufgrund der Vorstellung von Juristen darüber, was das Strafrecht überhaupt zu schützen in der Lage ist, konstruiert wurde (vgl. Baratta 1993: 398).

Für unseren Zusammenhang ist nun wichtig, daß die „Täter", die die zu schützenden neuen Rechtsgüter wie „Umwelt", „menschliches Wohl", „Wirtschaftsordnung" oder „Volksgesundheit" zu verletzen in der Lage wären, offensichtlich nicht mehr im Kreise der „blue collar", sondern der „white collar" Täter zu suchen sind. Wenn die neuen Maßnahmen tatsächlich wirkungsvoll wären, dann müßte sich die Population der Gefängnisse geändert haben. Dies ist indessen nicht der Fall – wie Hassemer sagt, ist unter Juristen bekannt, daß sich das moderne Strafrecht Ziele vorgenommen hat, die es nicht imstande ist, zu erfüllen. Das moderne Strafrecht zeichnen „Vollzugsdefizite" aus: „[...]die Dunkelfelder sind riesig und überdies verzerrt, die Kleinen kriegt man, die Großen kriegt man sowieso nie, es kommt selten zum strafrechtlichen Hauptverfahren, noch viel seltener zu einer Verurteilung, das meiste wird irgendwie im Ermittlungsverfahren „erledigt"„ (Hassemer 1994: 205). Darüber hinaus bewirke die Orientierung der Gesetzgebung am „Systemvertrauen", daß die Individualrechtsgüter der wirtschaftlich Schwachen gerade nicht geschützt werden (vgl. Albrecht 1993: 166)[24]. Der Gesetzgeber gerate in den Verdacht, daß er mit diesen Reformen auf mitunter selbst mitgeschürte gesellschaftliche Ängste reagiere, um daraus politischen Gewinn zu beziehen. Der Gesetzgeber stelle immer stärker auf die symbolische und nicht auf die instrumentale Funktion des Strafrechts ab, er rechne gar nicht damit, daß mit der strafrechtlichen Regelung die Güter tatsächlich wirksam geschützt werden könnten, vielmehr ginge es ihm darum, politische Handlungsfähigkeit und Entschlossenheit zu demonstrieren (vgl. Hassemer 1990: 331 f.; 1994: 206; vgl. Baratta 1993: 416). Der Gesetzgeber setze das Strafrecht sogar als ein Mittel einer Volkspädagogik ein,

---

[24] Vgl. auch Stratenwerth 1993 und die dort enthaltenen Hinweise auf frühe Warnungen vor einem Vertrauen in die Möglichkeiten strafrechtlichen Schutzes (1993: 682 ff.). Zu den Erklärungen, weshalb die Einführung von Wirtschaftsstraftaten die Chancengleichheit vor dem Strafrecht nicht verbessert vgl. z. B. Savelsberg 1986: 201 ff.

indem er Bürger für bestimmte Rechtsgutverletzungen sensibilisieren will (vgl. Hassemer 1994: 200 f.). Das Strafrecht verwandle sich zu einem Mittel im parteipolitischen Machtkalkül, sagt Naucke (1993: 154),[25] Kriminalisierungsreformen als politisches Mittel haben gegenwärtig Konjunktur, bestätigt auch Albrecht (vgl. Albrecht 1993: 163).

Nach unserem soziologischen Verständnis hat das Strafrecht immer eine symbolische Wirkung(sseite), im Kontext des symbolischen Strafrechts kommt ihr Gebrauch seitens der Herrschaft zur Abstützung eigener Legitimation lediglich hinzu (vgl. Smaus 1985). Wir meinen, daß „symbolische" Kriminalitätsdarstellungen, die an die Allgemeinheit der Rechtsgüter appellieren, eine Gemeinsamkeit der Rechtsadressaten herstellen soll: Wir alle sind von Umweltschäden, unseriösem wirtschaftlichen Handeln, von den Kosten, die unser Gesundheitssystem zu tragen hat usw. betroffen, ganz unabhängig davon, was uns sonst trennt. Der Appell an die Gemeinsamkeit wird durch die Rhetorik einer allgemeinen diffusen Bedrohung, wie sie in der erfolgreichen Metapher der „Risikogesellschaft" zum Ausdruck kommt, unterstützt. Dabei nehmen Experten an, daß die neuen Gefahren gleichermaßen vom wirtschaftlichen, wissenschaftlichen und technischen Handeln (vgl. Evers/ Nowotny 1987: 190 ff.), also vom Handeln der sich im „Zentrum" der Gesellschaft befindenden Gruppen, ausgehe,[26] Das Unsicherheitsgefühl habe aber auch starke soziale Komponenten, weil das Versprechen einer immerwährenden Prosperität ins Schwanken geraten sei und der Wohlfahrtsstaat seine Leistungsfähigkeit erschöpft habe! (vgl. Evers/ Nowotny 1987: 59 ff.). Die Mobilisierung der „Gemeinsamkeit" durch die dargestellten Rechtsgüter läßt folglich darauf schließen, daß nicht nur die Rechtsgüter bedroht sind, sondern die Gemeinsamkeit selbst: Es besteht eine erhöhte Wahrscheinlichkeit, daß zwischen gesellschaftlichen Gruppen virulente Konflikte ausbrechen könnten, die, außer daß sie Unruhe stiften, auch noch die jeweilige Regierung in ihrem Fortbestand bedrohen würden. Über die Schaffung von neuen kriminellen Stereotypen wird das Gefährdungspotential dekontextualisiert, es wird nicht mehr als die Begleiterscheinung von sozial erwünschten „innovativen" Handlungen in den oben genannten Bereichen dargestellt, sondern auf eine „kriminelle" Intention von Einzelpersonen zurückgeführt. Der Gesetzgeber bestätigt seine Handlungsfähigkeit, der Bürger

---

[25] Als Beispiele nennt er den „Einsatz" der Debatte um den§ 218, zum Drogenstrafrecht, Umweltstrafrecht und Wirtschaftsstrafrecht.

[26] So stellt z. B. Stratenwerth die Frage: „[...] Was ist schon eine Körperverletzung verglichen mit einem unbegrenzt fortwirkendem Eingriff in die Keimbahn des Menschen?" (1993: 688).

braucht nurmehr noch auf der „richtigen" Seite zu stehen, wobei der Appell an die Gemeinsamkeit den Konsens mit der jeweiligen Herrschaft mit einschließt.

Diese äußerst knappe Darstellung der gegenwärtigen „law and order campaigns" hat hoffentlich deutlich gemacht, daß sich Kriminologen außer mit dem Widerstand, den die Sache selbst gegen ihre Enthüllung leistet, immer auch noch mit dem Vorwurf der Illoyalität gegenüber der „Gemeinschaft" auseinandersetzen müssen. Forscher und Forscherinnen, die die terra incognita oder die scientia prohibita trotzdem erschließen, müssen deshalb nicht nur „skill" sondern auch „spirit" haben.

Ganz gleich nun, ob in Sacks Ansatz Marx oder ein anderer Geist steckte, Fragen, die er aufgeworfen hat, bleiben so lange aktuell, solange die Realität fortdauert, an die sie gestellt wurden.

Literatur

Albrecht, P. A. (1993): „Erosionen des staatlichen Strafrechts". In: Kritische Vierteljahresschrift für Gesetzgebung und Rechtswissenschaft 76, 2: 163-182.

Baratta, A. (1993): „Jenseits der Strafe – Rechtsgüterschutz in der Risikogesellschaft". In: Strafgerechtigkeit. Festschrift für Arthur Kaufmann zum 70. Geburtstag, hrsg. v. F. Haft u. a., S. 93-416. Heidelberg.

Baratta, A. (1990): „Rationale Drogenpolitik? Die soziologischen Dimensionen eines strafrechtlichen Verbots". In: Kriminologisches Journal 22: 2-25.

Baratta, A. (1982): Criminologia critica e critica del diritto penale. Bologna.

Beck, U. (1986): Risikogesellschaft. Auf dem Weg in eine andere Moderne. Frankfurt/M.

Berckhauer, F. H. (1972): „Warnung davor, Marx im Sack zu kaufen". In: Kriminologisches Journal 4, 4: 299-300.

Berger, P.; Th. Luckmann (1969): Die gesellschaftliche Konstruktion der Wirklichkeit. Frankfurt/M.

Bolte, K. M. (1990): „Strukturtypen der Ungleichheit. Soziale Ungleichheit in der Bundesrepublik Deutschland im historischen Vergleich". In: Lebenslagen, Lebensläufe, Lebensstile, hrsg. von P. A. Berger, S. Hradil (Soziale Welt Sonderband 7), S. 27-50. Göttingen.

Bourdieu, P. (1983): „Ökonomisches Kapital, kulturelles Kapital, soziales Kapital". In: Soziale Ungleichheit, hrsg. von R. Kreckel (Soziale Welt Sonderband 2), S. 183-198. Göttingen.

Bourdieu, P. (1982): Die feinen Unterschiede. Frankfurt/M.
Callinicos, A. (1989): Against Postmodernism. A Marxist Critique. Oxford, Cambridge.
Chambliss, W. J. (1974): „The state, the law, and the definition of behaviour as criminal or delinquent. In: Handbook of Criminology, ed. by D. Glaser, S. 7-43. Chicago.
Coser, L. A. (1956): The functions of social conflict. Glencoe.
Dahrendorf, R. (1957): Soziale Klassen und Klassenkonflikte in der industriellen Gesellschaft Stuttgart.
Durkheim, E. (1965): Die Regeln der soziologischen Methode. Neuwied, Berlin. Evers, A.; H. Nowotny (1986): Über den Umgang mit Unsicherheit. Frankfurt/M.
Ferguson, A. (1896): Versuch über die Geschichte der bürgerlichen Gesellschaft. Frankfurt/M. (zuerst 1814).
Ferri, E. (1896): Das Verbrechen als sociale Erscheinung. Grundzüge der Kriminal-Socilogie. Leipzig.
Giddens, A. (1979): Die Klassenstruktur fortgeschrittener Gesellschaften. Frankfurt/M. Glueck, S.; E. Glueck (1950): Unraveling juvenile deliquency. Cambridge, Mass.
Greenberg, D. (1981): Crime and capitalism. Palo Alto.
Günther, K. (1991): „Möglichkeiten einer diskursethischen Begründung des Strafrechts". In: Recht und Moral, hrsg. von H. Jung, H. Müller-Dietz, U. Neumann, S. 205-217. Baden-Baden.
Habermas, J. (1992): Faktizität und Geltung. Beiträge zur Diskurstheorie des Rechts und des demokratischen Rechtstaats. Frankfurt/M.
Hassemer, W. (1994): „Die Tauglichkeit des modernen Strafrechts". In: Law at the turn of the 20th century, International Conference Thessaloniki 1993, ed. by L.E. Kotsiris, S. 193-212. Thessaloniki.
Hassemer, W. (1990): „Das Schicksal der Bürgerrechte im „effizienten" Strafrecht". In: Strafverteidiger 7, 10: 328-331.
Heitmeyer, W. u. a. (1992): Die Bielefelder Rechtsextremismus-Studie. Weinheim, München.
Hradil, St (1987): Sozialstrukturanalyse in einer fortgeschrittenen Gesellschaft. Opladen.
Hradil, St (1983): „Die Ungleichheit der sozialen Lage". In: Soziale Ungleichheiten, hrsg. von R. Kreckel, (Soziale Welt Sonderband 2) S. 101-118. Göttingen.

Humphries, D., Greenberg, D.F. (1981): „The dialects of crime control". In: Crime, Capitalism, ed. by D.F. Greenberg, S. 209-254. Palo Alto.

Janssen, H.; R. Kaulititzky; R. Michalowski (Hg.) (1988): Radikale Kriminologie. Bielefeld.

Kramer, R. S. (1988): „Strukturierte Ungleichheit, Verbrechensopfer und Strategien sozialer Kontrolle". In: Radikale Kriminologie, hrsg. von H. Janssen, R. Kaulitzky, R. Michalowski, S. 260-283. Bielefeld.

Kreckel, R. (1990): „Klassenbegriff und Ungleichheitsforschung". In: Lebenslagen, Lebensläufe, Lebensstile, hrsg. von P. A. Berger, St. Hradil (Soziale Welt Sonderband 7), S. 51-80. Göttingen.

Locke, J. (1966): Über die Regierung. Reinbek bei Hamburg (zuerst 1690).

Lombroso, C. (1876): L'uomo delinquente. Milano.

Luhmann, N. (1986a): Die soziologische Beobachtung des Rechts. Frankfurt/M.

Luhmann, N. (1986b): Ökologische Kommunikation. Opladen.

Lyotard, J.-F. (1986): Das postmoderne Wissen. Wien.

MacPherson, C. B. (1980): Die politische Theorie des Besitzindividualismus. Frankfurt/M.

Mead, G.H. (1918): „The psychology of punitive justice". In: The American Journal of Sociology XXID, 5: 577-602.

Melossi, D. (1984): „Befindet sich die „Kritische Kriminologie" in einer Krise? Zur gegenwärtigen Lage einer kritischen Kriminologie". In: Kriminologisches Journal 4: 246-264.

Miliar, J. (1967): Vom Ursprung des Unterschieds in den Rangordnungen und Ständen in der Gesellschaft Frankfurt/M. (zuerst 1771).

Naucke, W. (1993): „Schwerpunktverlagerungen im Strafrecht". In: Kritische Vierteljahresschrift für Gesetzgebung und Rechtswissenschaft 76, 2: 135-162.

Offe, C. (1986): „Sozialstaat und politische Legitimation". In: Konsens und Konflikt. 35 Jahre Grundgesetz, hrsg. von A. Randelhofer, W. Süß, S. 127-132. Berlin, New York.

Offe, C. (1977): Strukturprobleme des kapitalistischen Staates. Frankfurt/M.

Projekt Klassenanalyse (1973-74): Materialien zur Klassenstruktur der BRD. Berlin.

Quinney, R. (1977): Class, state and crime. On the theory and practice of criminal justice. New York, London.

Sack, F. (1974): „Definition von Kriminalität als politisches Handeln: der Labeling Approach". In: Kritische Kriminologie, hrsg. vom Arbeitskreis junger Kriminologen, S. 18-43. München.

Sack, F. (1972): „Definition von Kriminalität als politisches Handeln". In: Kriminologisches Journal 1: 3-31.

Savelsberg, J. J. (1987): „Von der Genese zur Implementation von Wirtschaftsstrafrecht". In: Kriminologisches Journal 19, 3: 193-211.

Schelsky, H. (1965): Auf der Suche nach der Wirklichkeit. Düsseldorf, Köln.

Schumann, K. F. (1974): „Gegenstand und Erkenntnisinteressen einer konflikttheoretischen Kriminologie". In: Kritische Kriminologie, hrsg. vom Arbeitskreis junger Kriminologen, S. 69-84. München.

Schwind, H.-D., J. Baumann u. a. (Hg.) (1990): Ursachen, Prävention und Kontrolle von Gewalt Bd. II. Erstgutachten der Unterkommissionen. Berlin.

Smaus, G. (1993): „Mit Thomas Mathiesen gegen die Ohnmacht der kritischen Kriminologie". In: Kein schärfer Schwert, denn das für Freiheit streitet! Eine Festschrift für Thomas Mathiesen, hrsg. von K. Papendorf, K. F. Schumann, S. 85-102. Bielefeld.

Smaus, G. (1989): „Bitte keine „radikale" Kriminologie ohne „Wurzeln". In: Kriminologisches Journal 21, 4: 267-280.

Smaus, G. (1985): Das Strafrecht und die Kriminalität in der Alltagssprache der deutschen Bevölkerung. Opladen.

Smith, A. (1776): An inquiry into the nature and causes of the wealth of nations. Oxford.

Stein, L. v. (1964): System der Staatswissenschaften, Bd.2. Die Gesellschaftslehre. Der Begriff der Gesellschaft und die Lehre von den Gesellschaftsklassen. Osnabrück. (zuerst 1852-56).

Strasser, H. (1976): The normative structure of sociology. Conservative and emancipatory themes in social thought. London.

Stratenwerth, G. (1993): „Zukunftssicherung durch Strafrecht?" In: Zeitschrift für die gesamte Strafrechtswissenschaft 105: 679-696.

Taylor, I.; P. Walton; J. Young (1975): Critical criminology. London.

Taylor; P. Walton; J. Young (1973): The new criminology. For a social theory of deviance. London.

Turk, A. T. (1978): „Law as a weapon in social conflict". In: The sociology of law. A conflict perspective, ed. by Ch. Reason, R. M. Rich, S. 213-232. Toronto.

Turk, A. T. (1969): Criminality and the legal order. Chicago. Vold, G. B. (1958): Theoretical criminology. New York.

Weber, M. (1956): Wirtschaft und Gesellschaft. Tübingen.

Werkentin, F.; M. Hofferbert; M. Baurmann (1972): „Kriminologie als Polizeiwissenschaft oder: Wie alt ist die neue Kriminologie?“ In: Kritische Justiz 5: 221-252.

Das Geschlecht des Strafrechts

Gerlinda Smaus (1997)*

1 Geschlechtersymbolismus von gesellschaftlichen Institutionen

Dieser Text versteht sich als eine Weiterentwicklung meiner Überlegungen über die Frauenkriminalität zu der Differenzierung der sozialen Kontrolle und über die Kriminologie von Frauen.[1] Habe ich im ersten Beitrag festgestellt, daß das Strafrecht ein Instrument ist, das nicht nur eine schichtspezifische, sondern auch eine geschlechtsspezifische Orientierung aufweist, so hat die Analyse des Verhältnisses der strafrechtlichen sozialen Kontrolle zu der medizinischen, besonders der psychiatrischen Kontrolle zu der Feststellung geführt, daß die Kontrollsysteme selbst ein bestimmtes Geschlecht haben bzw. einem Geschlecht zugeordnet werden können. Diese Vermutung wurde dann durch die Anwendung der Kriterien der feministischen Erkenntnistheorie auf kriminologische Bei- träge von Frauen erhärtet. Eine Zuordnung von Institutionen zum Geschlecht ist möglich, weil biologischer Sex vom sozialen Geschlecht als einer Konstruktion (rückwirkend selbst des biologischen Sexes, auf dem sie scheinbar aufbaut) unterschieden werden, muß[2] „Geschlecht" haben (als Ergebnis einer immerwährenden konstruktiven Tätigkeit von Gesellschaftsmitgliedern) nicht nur Lebewesen mit bestimmtem „Sex", sondern alle Dinge, alle Institutionen, alle Worte unserer Sprache. Wir leben, nach Harding, in einem *geschlechtsspezifischen Universum*, was heißt, daß in ihm alles mit dualen Bewertungskategorien verbunden ist, die ihrerseits als zusammenhängend mit dem so einprägsamen (weil unaufhörlich geprägten) Dualismus „Männer

---

* Ursprünglich erschienen in: Ursula Rust (Hg.) Juristinnen an den Hochschulen – Frauenrecht in Lehre und Forschung. Baden-Baden: Nomos 1997, S. 182-196.

1 Vgl. Smaus 1990. Smaus 1990; Smaus 1994.

2 Ein Blick in die Geschichte der Biologie zeigt, daß selbst der „biologische Geschlechtsunterschied" noch konstruiert wird (Harding 1990. S. 135), indem die Unterschiede überbetont. das Gemeinsame dagegen unterdrückt wird. Biologie gehört zu den wichtigsten Gebieten der feministischen Forschung. Abgesehen von Versuchen. feministische Evolutionstheorien aufzustellen, die plausibler als die der „normal science" wären. kann zumindest festgestellt werden, daß alle bisherigen Forschungen nicht bloß vom Anthropomorphismus, sondern vom Androzentrismus verzerrt waren. Sogar in das Verhalten von Affen wird hineininterpretiert, was der Herr gerne möchte (vgl. Harding 1991. S. 85).

J. Feest und B. Pali (Hrsg.), *Gerlinda Smaus: „Ich bin ich"*, Schriftenreihe des Strafvollzugsarchivs, https://doi.org/10.1007/978-3-658-31723-2_12

– Frauen" dargestellt und wahrgenommen wird. „Leistung vs. gefühlsmäßige Zuwendung", „hart. vs. weich", „Regeln folgend vs. flexibel", „Wandel vs. Immanenz", „Rationalität vs. Emotionalität", „Hochschulprofessor vs. Kindergärtnerin", „Strafe vs. Behandlung" werden als „männliche" bzw. „weibliche" Attribute verstanden, und, wo möglich, auch als biologische Eigenschaften den zwei Sexkategorien zugeschrieben. Die grundsätzliche Differenzierung in duale Geschlechterkategorien ist dem anschaulichen Material der Biologie nachgebildet, wohl übersehend, daß selbst biologische Unterschiede ohne (männlich geprägte) kulturelle Überformung weit weniger anschaulich wären.

Uber der wichtigen Dekonstruktion des Geschlechterbegriffs wird jedoch häufig über- sehen, daß die Zuschreibung von weiblichen (gender-) Rollen an Frauen (sex) und von männlichen (gender-) Rollen an Männer (sex) keineswegs bedeutet, daß konkrete Menschen in diesen Rollen auch aufgingen, daß sie nur „ihre" Rollen und nicht auch die des anderen Geschlechts „spielten". Wenn nicht beachtet wird, daß Frauen (sex) und Männer (sex) in unterschiedlichen Gender-Kontexten laufend ihre Gender-Rollen wechseln, könnte selbst die dekonstruktive Arbeit zu nunmehr „strukturalistischer" Verdinglichung von Geschlechterrollen führen: Die Geschlechterrolle würde als so unabänderlich betrachtet, wie vor der Dekonstruktion die biologische „Wesensbestimmung" des Weiblichen und des Männlichen. So spielen z. B. Frauen in der Wissenschaft größtenteils die gleiche Gender-Rolle wie Männer, sie lernen und reproduzieren größtenteils den gleichen Stoff, stützen sich größtenteils auf die gleichen methodologischen Zugänge usw. Was in einer feministischen Wissenschaft thematisiert werden kann, sind die zwar „kleinen", aber dennoch wertvollen Unterschiede, die Frauen (gender) in die Wissenschaft einbringen.

Der Geschlechtersymbolismus ist deshalb so wirksam, weil er trotz des Vordringens von Frauen auf den Arbeitsmarkt stets von Neuem durch die Verteilung der gesellschaftlich notwendigen Handlungsprozesse in Abhängigkeit vom biologischen Sex reproduziert wird. Dies bezeichnet Harding als *Struktur des sozialen Geschlechts bzw. als gesellschaftliche geschlechtsspezifische Arbeitsteilung*,[3] die zwar häufig als eine „natürliche" dargestellt wird, in der aber in Wirklichkeit die Variable Geschlecht nicht funktional, sondern mit Hilfe der Machtstruktur, die als Männerherrschaft bezeichnet wird,[4] zur Legitimierung des unterschiedlichen Zugangs von Frauen (sex) zum Arbeitsmarkt und seinen Ressourcen eingesetzt wird.

---

3 Harding 1991. S. 14.

4 Die Männerherrschaft als Herrschaftsform. die es legalerweise gar nicht geben kann. wird deshalb als Urheber dieser Konstruktionen betrachtet. weil sich die Geschlechterdifferenzen in allen drei

Es ist wichtig, sich zu vergegenwärtigen, daß, selbst wenn es universalpragmatische anthropologische Bedürfnisse der Menschen hinsichtlich der Interpretation oder der Kontrolle der Welt gewesen wären, die diese ungeheuere Komplexitätsreduktion auf zwei Wahrnehmungs/Bewertungskategorien hervorgebracht hätten, sie dennoch veränderliche Konstruktionen der Männerherrschaft darstellen. Beinahe noch wichtiger ist indessen die obige Feststellung, daß sich das symbolische Geschlechteruniversum auf alle menschlichen Aktivitäten erstreckt, so daß es möglich wird, vom Geschlecht des Strafrechts zu sprechen[5] statt es als eine geschlechtsneutrale Institution zu begreifen, bei der die Variable „Geschlecht" (ähnlich wie „Schicht") lediglich eine „Schräglage" verursacht.[6]

Diesen Zugang zum Gegenstand unserer Analyse verdanken wir feministischen Erkenntnistheorien, die sich mit dem „Geschlecht" der Wissenschaft befassen. So z. B. identifiziert Harding drei mögliche erkenntnistheoretische Voraussetzungen der feministischen Forschung:

1) *Feministischer Empirismus* ist dadurch gekennzeichnet, daß er Sexismus und Androzentrismus in der Forschung als gesellschaftlich bedingte Verzerrungen begreift, die durch strikte Anwendung der bereits existierenden methodologischen Normen der Wissenschaft korrigiert werden können[7] Vornehmlich geht es darum, die weißen Flecken der Wissenschaft „hic sunt feminae" aufzufüllen, ohne daß sich dabei im Großen und Ganzen an der Landkarte selbst etwas verändern würde. Feministischer Empirismus wurde in der Kriminologie und auch schon zur Analyse des Strafrechts *angewandt.*[8]

Ebenen in moralischer. sozialer und politischer Hinsicht zueinander asymmetrisch verhalten. Die Bezeichnung „Männerherrschaft" ziehe ich der Bezeichnung „Patriarchat" vor. weil die letztere nicht bloße Herrschaft. sondern auch umfassende Fürsorglichkeit implizierte. „Männerherrschaft", hingegen bedeutet Machtanspruch ohne Gegenleistung. Zum Begriff „Patriarchat" vgl. Schüssler-Fiorenza 1988. S. 15 ff.

5 Vgl. Harding „Das Geschlecht des Wissens" 1991. Nach Olsen (1990) wird das Recht als männlich. androgyn, patriarchalisch u. a. bezeichnet. Vgl. auch MacKinnon 1979. Atkins/Hoggell 1984: O'Donovan 1985: Messerschmidt 1988: Lautmann 1990 u. a.

6 Vgl. Tove Stang Dahl über das „Recht": „The modern gender-neutral legal machinery meets the gender-specific reality - or let me rather phrase the controverse: the often gender-relative reality meets the unisex law" (1986. S. 361). Dieser Täuschung unterliegen auch die meisten feministischen Analysen der weiblichen Kriminalität. die die Ursachen für den geringen Anteil von Frauen an der Kriminalität durch die Andersartigkeit von Frauen und nicht durch die Geschlechtsspezifität des Strafrechts erklären (vgl. Smaus 1990).

7 Harding 1991. S. 145 ff.

8 Vgl. z. B. Simon 1975: Adler 1978: Gipser 1975: Bröckling 1980: Funken 1989.

2) *Die feministische Standpunkttheorie* hat ihren Ursprung in der Hegelschen Herr-Knecht-Dialektik. Die Unterdrückten besonders wenn sie sich zu sozialen Befreiungsbewegungen zusammenschließen, sind imstande, die Welt aus einer umfassenderen Perspektive zu erfassen, weil sie die der Erkenntnis und Beobachtung hinderlichen Scheuklappen und Tarnungen beseitigen.[9] Diese Dialektik läßt sich auch auf das Geschlechterverhältnis anwenden: Die gesellschaftliche Vorherrschaft der Männer hat partielle und pervertierte Auffassungen und Vorstellungen zur Folge. Die androzentrische Forschung unterdruckt dasjenige Wissen, welches das Patriarchat im allgemeinen infrage stellt. Feminismus und Frauenbewegung stellen politische und motivationale Begründungen für einen „Standpunkt“ dar, der gleichsam eine moralisch und wissenschaftlich akzeptable Grundlage für feministische Interpretationen natürlicher und gesellschaftlicher Phänomene enthält. Zu der Richtung des „Standpunktfeminismμs” können all diejenigen Forschungen gezählt werden, zu denen Frauen deshalb befähigt sind, weil sie sowohl in der Erziehung (gender weiblich) als auch in der Produktion (gender männlich) tätig sind und deshalb eine „doppelte“ Vergesellschaftung erfahren.[10] Im Bereich des Strafrechts sind besonders Forschungen von „Betroffenen“ der männlichen Gewalt zu nennen in denen Gewalt nicht als individuelle pathologische Erscheinung, sondern als strukturelle Vorgabe für Frauen interpretiert wird.[11]
3) *Feministischer Postmodernismus* versucht im Unterschied zum tiefgreifenden Skeptizismus und unverorteten „männlichen“ Postmodernismus eines Derrida, Foucault, Lacan u. a., der Wissen in unzusammenhängende Bruchstücke auflöst[12] Bausteine für eine neue, umfassende und 'objektivere' Wissenschaft vom universellen Standpunkt der Unterdrückten zu finden. Die feministische postmoderne Kritik der Wissenschaft betrifft die Tatsache, daß keine der bisherigen – ihrem Anspruch nach umfassenden – Theorien auf die tatsächlichen und hierarchischen Unterdrückungsstrukturen eingegangen sind. Selbst emanzipatorische Theorien sind, wenn sie nur 'Klasse' thematisieren, unange-

9 Vgl. Harding 1991, S. 13.
10 Vgl. Rose 1983: Hansock 1983.
11 Vgl. systematische Übersicht bei Smaus 1994.
12 Vgl. z. B. Lyotard 1988: Baudrillard 1988.

messen, weil sie die ethnische und die Geschlechterstruktur außer Acht lassen.[13]

Alle diese Zugänge sind mit Paradoxien behaftet, die sich allerdings nicht in der Forschung selbst, sondern nur im gesellschaftlichen Wandel beheben lassen.[14]

2 Homologie des Geschlechtersymbolismus in der Wissenschaft und im Strafrecht

Der wesentliche Beitrag feministischer Erkenntnistheorien besteht darin, daß sie die soziale Abhängigkeit allen Wissens, nicht nur des „verzerrten". darstellen; die Wissenschaft als eine besondere selektive Konstruktion der Welt ist durch die soziale Stellung und die Interessen derjenigen geprägt, die an ihr mitgewirkt haben, der Interessengemeinschaft von weißen, westlichen, ökonomisch besser gestellten Männern,[15] Die männlich (gender) in Sozialisationsprozessen geprägten „Männer" (sex) schreiben in ihrer Tätigkeit als Wissenschaftler (gender) in die Wissenschaft diejenigen Eigenschaften ein und fort, die sie selbst für sich in Anspruch nehmen: Universalismus, Rationalität, Wertfreiheit, Unparteilichkeit, Interessen- und Leidenschaftslosigkeit, Objektivität, Befasstheit mit Abstrakten Regeln, Bevorzugung von harten Daten und durchdringenden Technologien, Vernunft, Geist, Kultur[16] – alles verbunden mit einem als unabhängig gedachten arclümedischen Standpunkt. Die Wissenschaft gefällt sich darin, daß sie sich als alleine der Suche nach Klarheit, Wahrheit und Gewißheit verpflichtet (selbstreferentiell, wie man heute sagen würde) darstellt.

Durch die „Hochhaltung" dieser Werte werden die jeweils binären Kategorien wie Nähe, Wertung und Engagement, Empathie, Relativismus je nach Interessen (als verpönter Partikularismus), Emotionalität (als verpönte Irrationalität), sanfte, nicht penetrierende Methoden, Orientierung an der Anwendung und bewußtes standpunktabhängiges Hervorbringen von Wissen, die als „weibliche" Attribute

---

[13] In der Kriminologie vgl. Smart. 1990, S. 78 ff.

[14] Vgl. Smaus 1995. S. 16 ff.

[15] Der Unterschied der feministischen Erkenntnistheorien zu „männlichen" Wissenssoziologien besteht darin, daß die letzteren die jeweilige individuelle Bedingtheit der Erkenntnis herausstellen. die gesamte Wissenschaft aber als eine Akkumulierung der Wahrheiten. in der sich die partiellen Verzerrungen aufheben. für „objektiv" halten. Feministische Epistemologie betont zusätzlich die geschlechtsspezifische Abhängigkeit des gesamten Projekts „Wissenschaft".

[16] Vgl. Harding 1991. S. 127 ff.

gelten, nicht als komplementäre, sondern als hierarchisch untergeordnete Kategorien bewertet: Das fortschrittliche Männliche müsse über das natürliche Weibliche Herrschaft erlangen.[17]

Die heute verborgenen Werte der androzentrischen Wissenschaft wurden einst explizit dargelegt und zum Prinzip der modernen, im Gegensatz zu den mittelalterlichen Wissenschaftskonzeptionen, erklärt. Es war die Aufklärung (Hume, Kant), die diese Aufspaltungen durchgesetzt hat. Der moderne Wissenschaftsbetrieb trennt darüber hinaus zwischen dem Entdeckungskontext und dem Rechtfertigungskontext des Wissens.[18] Die Erkenntnisproduktion des Wissens wird ferner auch von seiner gesellschaftlichen Verwendung abgespalten und der Wissenschaftler von der Verantwortung für seine Entdeckungen entbunden. Damit hängt die Trennung von Denken und Fühlen zusammen, welche deshalb so gefährlich ist, weil sie als Vorbild für andere Bereiche der gesellschaftlichen Praxis (z. B. Schulwesen, Medizin, Strafrecht u. a.) durchgesetzt wird. Die moderne Wissenschaft verschleiert ihre Beziehung zur Macht, während sie sich die Anliegen der Herrschenden zu eigen macht.[19]

Diese Eigenschaften weist die „normale" Wissenschaft gegenwärtig auch dann auf, wenn in ihr nicht nur Männer (sex), sondern auch Frauen (sex) in männlichen (gender) Rollen tätig sind. Wird indessen die Wissenschaft als ein Text „gelesen", tritt auch das verdrängte „Weibliche" zu Tage – jenseits der Hervorhebung männlicher Werte ist in der androzentrischen Wissenschaft auch intuitives Denken, Wertschätzung von Beziehungen und ein fürsorgliches Verhalten gegenüber der Natur befördert worden. Das Vorhanden- sein dieser verdrängten, als weiblich (gender) betrachteten Eigenschaften ist deshalb so wichtig, weil sie Ausgangspunkte für eine mögliche Reintegration der abgewiesenen Attribute darstellen und es Frauen im größeren Maße ermöglichen würden, die im Prozeß der „doppelten" Vergesellschaftung erworbenen Eigenschaften in die Wissenschaft „legalerweise" einzubringen. Ohne eine explizite Sichtbarmachung des androzentrischen Charakters der Wissenschaft und anderer Institutionen würden die verdrängten Momente trotz der im postmodernen Denken sehr schmerzlich empfundenen Dysfunktionalität der einstigen einseitigen Ausdifferenzierung der Wissenschaft nicht als Standards in der Wissenschaft zugelassen werden . Die Wissenschaft würde weiterhin

---

17 Vgl. Harding 1991. S. 159.

18 Entdeckungskontext: Auswahl und Definition der Forschungsprobleme: Rechtfertigungs-. bzw. Begründungskontext - angeblich rigorose Beweisführung. die das Wissen lediglich legitimieren (vgl. Harding 1991. S. 113 f.).

19 Vgl. Harding 1991. S. 130 ff.

vorzüglich von denjenigen Subjekten reproduziert werden, auf die sie abgestimmt ist, und die sie wiederum auf ihr gemeinsames Ideal Abstimmen, nämlich von Angehörigen des männlichen Sex.

Spätestens an dieser Stelle muß deutlich geworden sein, daß in der gleichen Weise wie die Eigenschaften der Wissenschaft auch die „Errungenschaften“ des modernen Strafrechts beschrieben werden können. Oft muß bloß das Wort „Wissenschaft“ durch „Strafrecht“ ersetzt werden:

Strafrecht/Wissenschaft. geht von der Existenz einer einheitlichen Gesellschaft für Männer und Frauen aus, obwohl praktisch jede Erscheinung mit vergeschlechtlichter Bedeutung belegt ist – es fehlt eine folgerichtige Analyse der Kategorie Geschlecht. Modernes Strafrecht/Wissenschaft hat den Geschlechterbegriff explizit ignoriert, während es implizit spezifisch männliche Bedeutungzuschreibungen der strafrechtlichen Zwecke für ihre Interessen ausnutzte.[20] Es konzentrierte sich vom ehrlich auf prestigeträchtige Bereiche des öffentlichen Lebens und vernachlässigte Situationen, die es als „inoffizielle, private“ Bereiche bezeichnet. Wie zufällig sind dies den Frauen zugewiesene Lebensbereiche.

Daß die moderne Wissenschaft und das moderne Strafrecht gleiche Eigenschaften haben, erklärt sich daraus, daß sie in der gleichen kulturellen Tradition des Abendlandes stehen, von der wir nun wissen, daß sie „Rationalität“ als eine formale Eigenschaft begreift, die keinen Aufschluß über Inhalte enthält und die lediglich die logische Stichhaltigkeit der Argumentationsketten zu überprüfen erlaubt. Eine andere, inhaltliche (feministische) Deutung der Anwendung des Begriffes „Rationalität“ kommt zu der Erkenntnis, daß er einen Nützlichkeitsaspekt im Sinne einer Kosten-Nutzen Berechnung enthält: der Männerherrschaft mag es „rational“ erscheinen, wenn nur Männer die wichtigen, prestigeträchtigen, „rational organisierten Bereiche“ verwalten, während Frauen der unberechenbare, aber auch lebendige „Rest“ überlassen wird. Den widerspenstigen Gegenstand von Gesellschaftswissenschaften und dem Strafrecht – die Menschen – versucht man(n) (gender) dadurch unter Kontrolle zu bringen, daß das naturwissenschaftliche Wissenschaftsmodell auch für die Erklärung von sozialen Tatbeständen angenommen wird.

In diesem Sinne können die allgemeinen Charakterisierungen des Strafrechts, die sein Selbstverständnis ausdrücken, noch um folgende Beschreibungen ergänzt werden: Das Strafrecht atomisiert, „zerlegt“ menschliche Beziehungen in Stücke, ebenso, wie Biologie zum Zwecke der Beobachtung Organismen in Präparate zer-

[20] Vgl. Harding 1991. S. 159.

gliedert; die Vorliebe für dichotome Kategorien setzt es fort, indem es von Recht und Unrecht, von Tätern und Opfern spricht. Es vertritt ein kausales naturwissenschaftliches Handlungsmodell, indem es von präexistenten Ursachen bzw. Motiven als Antrieben/Motoren für bestimmte Handlungen ausgeht. Trotzdem unterstellt es, daß diese im Menschen wirkenden „natürlichen" Kräfte wie die Natur selbst durch seinen „Geist" beherrschbar sind. Es orientiert sich an Wahrheitsfindung (Deskription) als der Grundlage einer Abstrakten, kontextunabhängigen Gerechtigkeit (Wertung, Askription) und nicht an einer Behebung von problematischen Beziehungen und Situationen. Es zerstört zusammenhänge, in die es interveniert, es trennt das „befallene Glied vom Körper ab", indem es den Straftäter aus der Gesellschaft ausschließt. Es vertritt ein mechanisches Gleichgewichts- bzw. Vertragsmodell. in dem Schuld durch Strafe aufgewogen wird und es berücksichtigt nicht, daß für Erziehung und Behandlung nicht-reziproke Formen der Zuwendung typisch sind.[21] Diese allgemeine geschlechtsspezifische Ausrichtung des Strafrechts drückt sich in allen seinen Bestandteilen aus, wie im Folgenden beispielhaft dargelegt wird.

3. Primäre Konstruktion des Strafrechts – Geschlechtsspezifität seiner Tatbestände

Das Strafrecht ist zwar als ein gleiches Recht par excellence verfaßt, hat aber in Wirklichkeit je spezifische Adressaten. Das heißt, daß nur Gesellschaftsmitglieder in ganz spezifischen Situationen oder Positionen bestimmte Tatbestände verletzen können. Die Aufnahme von Strafandrohungen für bestimmte Handlungen ins Strafrecht wird als primäre Kriminalisierung bezeichnet, und wir können diesen Vorgang analog zur Wissenschaft als den „Entdeckungszusammenhang" des Strafrechts betrachten, von dem wir wissen, daß er sich um seine Anwendung, die Strafverhängung, nicht schert. Schon in den dreißiger Jahren wiesen Strafrechtswissenschaftler und Kriminologen[22] darauf hin, daß es eine genaue Kenntnis des Strafrechts erlaubt, von vornherein zu bestimmen, Mitglieder welcher Gesellschaftsgruppen zu Tätern werden welche Motive sie für ihre Taten angeben und welche „Ursachen" der Straftaten in Frage kommen werden. Dies liegt daran, daß sich die Entscheidungen, bestimmte Handlungen ins Strafrecht aufzunehmen, nicht im luftleeren Raum abspielen, sondern auf einer Beobachtung und Bearbei-

[21] Vgl. van Swaaningen 1989, S. 167.
[22] Hall 1947: Sutherland 1939.

tung von konkreten, kontextabhängigen Handlungen von Gesellschaftsmitgliedern beruhen. Bei der abstrakten Formulierung von strafrechtlichen Tatbeständen wird aber der soziale Kontext, in dem die Unerwünschtheit des Verhaltens und die Gründe, warum Menschen in bestimmten Positionen dieses Verhalten wählen, festgestellt wurden, nicht mehr erwähnt. Das Strafrecht richtet sich dann scheinbar an „alle, die [...]“, in Wirklichkeit jedoch nur an „die, die im Stande sind, bestimmte Handlungen auszuführen bzw. die, die zu bestimmten Begehungsweisen überhaupt Zugang haben“. Auf diese Weise kann man bei gleichzeitiger Kenntnis der gesellschaftlichen Struktur und der Organisation der Geschlechter. voraussagen, bei welchen Delikten vornehmlich Männer (gender), bei welchen hingegen Frauen (gender) in Frage kommen. Wenn wir nicht schon wüßten, daß Frauen nur solche Positionen in der Gesellschaft innehaben , die ihnen keinen Zugang zu schweren Straftaten, die nur in hohen Positionen begangen werden können, ermöglichen, wir könnten-darauf aus den Normverletzungen von Frauen schließen.[23] Dies heißt im Umkehrschluß, daß Frauen solche Positionen in der Gesellschaft zugewiesen werden, für die sich das Strafrecht nicht besonders interessiert. Das wird häufig als Schutz der Privatsphäre vor strafrechtlichen Eingriffen mißverstanden. Die Privatsphäre stellt nämlich keinen nach Abzug allen Öffentlich verbleibenden Raum, sondern eine eigenständige rechtliche Konstruktion dar, die es den einstigen Patriarchen ermöglichen sollte, sich nach der Gründung von modernen Staaten einen Rest an Machtbefugnis wenigstens in „ihren“ Häusern und gegenüber ihren Familienmitgliedern zu erhalten.[24] In der Tat hat sich das Strafrecht historisch gesehen zunächst zum Schutze der „maiestatis“ und später immer stärker zum Schutze der sich entfaltenden Produktion und des Handels entwickelt, was sich an der Ausdifferenzierung der Tatbestände zum Schutz von verschiedenen Formen[25] des Eigentums und von verschiedenen Formen seiner Verletzungen, deutlich ablesen läßt.

Zwar schützt das Strafrecht auch „Leben“ und körperliche Unversehrtheit, doch bemißt sich der Wert beider abstrakter Kategorien an den Funktionen, die sie in verschiedenen Systemkontexten haben. Die „maiestas“ bildet heute der Staat mit seinen Institutionen. Beide „prestigeträchtigen, öffentlichen“ Systeme, die Staatsverwaltung und die freie Marktwirtschaft, nehmen für sich in Anspruch, nach Kriterien organisiert zu sein, die wir oben als die Selbstbeschreibung der Wissenschaft und des Strafrechts identifiziert haben. In beiden Systemen haben

23 Vgl. Smaus 1990.
24 Vgl. O‘Donovan 1985, S. 56 f.
25 Vgl. Hall 1935; Lüdtke 1982.

Frauen (sex) nur untergeordnete Positionen, so daß man sagen kann, daß das Strafrecht hauptsächlich männliche (sex) Adressaten hat, die in männlich (gender) organisierten Systemen tätig sind. Der strafrechtliche Begriff der Verantwortung setzt sogar explizit einen Menschen voraus, der in die Gesellschaft mit vollen Rechten und Pflichten integriert ist und auch imstande ist, diese wahrzunehmen – also den vernünftigen Mann (reasonable man), ein bona fida Mitglied der Gesellschaft, dem die Ehre gebührt, daß seine Verletzungen öffentlich, vor einem aus Ehrenmännern bestehenden Gericht, mit großem Aufwand behandelt werden.[26]

Eine solche Vergewisserung über den geschlechtsspezifischen Charakter des Strafrechts erklärt vier zuverlässiger als ätiologische Theorien den geringen Anteil von Frauen an der Kriminalität. Frauen verhalten sich nicht deswegen weniger kriminell, weil sie ein „besseres Wesen" hätten und auch nicht deshalb, weil sie die „weiche" weibliche Rolle zu einer Verletzung des Strafrechts unfähig machte, sondern deshalb, weil das Strafrecht nicht eine geschlechtsneutrale Zusammenfassung menschlicher Moral und schützenswerter Güter darstellt.[27] Das Strafrecht muß selbst als eine selektive Konstruktion analysiert werden, wobei sich allerdings der eigentliche geschlechtsspezifische „Sinn" einiger Tat- bestände erst in ihren Anwendungen enthüllt.

Als ausdrückliche Adressatinnen des Strafrechts kommen Frauen im Zusammenhang mit ihrer reproduktiven Funktion und der Organisation des sexuellen Triebes vor.[28] Dies deutet nur prima facie auf eine hohe Bewertung der reproduktiven Leistung hin. Wie die äußerst „flexible" Handhabung des § 218 zeigt, geht es hierbei nicht um den Schutz des ungeborenen Lebens oder eine tatsächliche Kontrolle der natürlichen Reproduktion, sondern um Versuche, Frauen moralisch zu degradieren, sie auf dem ihnen zugewiesenen „Platz" festzuhalten.

Da das moderne Strafrecht universalistisch formuliert ist, bleiben mitunter auch Frauen (sex) in seinem „Netz" hängen. Die implizite Geschlechtsspezifität zeigt sich dann darin, daß die scheinbar gleichen Handlungen, wie z. B. Diebstähle, bei Frauen einen anderen „Sinn" als bei Männern haben. Die moderne Bedeutung von Diebstahl impliziert nicht bloß, daß sich jemand etwas ohne Gegen-

---

26 Die „armen", armen Kriminellen und deshalb behandlungsbedürftigen Menschen hat nicht das Strafrecht. sondern die Kriminologie hervorgebracht. Vgl. Foucault 1976.

27 Eine solche Unterstellung liegt z. B. der Frage von Cain zugrunde, warum die Konstruktion der männlichen Geschlechterrolle so abgrundtief kriminogen sei (vgl. Cain 1990, S. 12). Die Antwort darauf wäre, weil Männer im Besitze der (Straf-)Macht ihren armen und machtlosen) Geschlechtsgenossen bestimmte Zugänge zu Ressourcen verbieten. Daß das Strafrecht geschlechtsspezifisch verzerrt ist. hat Bertrand schon 1967 beobachtet.

28 Vgl. die Beurteilung der Geschlechtsspezifität der strafrechtlichen Tatbestände bei Bröckling 1980.

leistung aneignet, sie impliziert gleichzeitig, daß er dies tut, statt seinen Unterhalt auf legalem Wege – und sei es in Form eines Lohnsurrogats wie z. B. der Sozialhilfe – zu bestreiten. Das Diebstahlsverbot ist also mit einer Erwartung an das „richtige" Verhalten in der Arbeitswelt geknüpft. Mit der legalen Konstruktion des Mannes als des „Ernährers" der Familie ist verbunden, daß Frauen nicht primär diese Verantwortung zugeschrieben wird. Wenn sie dann Lebensmittel oder anderen Haushaltsbedarf stehlen, um ihre Kinder durchzubringen, ja sogar wenn sie betrügerische Handlungen begehen, um ihre Kinder an höheren Schulen zu unterhalten[29] dann handeln sie konform mit ihrer weiblichen Rolle und verletzen das Strafrecht nur „nebenbei", nämlich anstelle ihrer Männer. Das heißt nicht, daß Männer stehlen oder betrügen sollten, sie sollen aber für ihre Familie sorgen. Tun sie dies 'nicht, handeln Frauen „unter Druck", in Ausnahmesituationen, die keine legalen Alternativen enthalten, was alles exkulpierende Momente darstellt. Diese andere Situation von Frauen in Bezug auf Diebstahl und andere Straftaten wird von Richtern auch so empfunden, und deshalb verurteilen sie Frauen häufig zu milderen Strafen. Die unterschiedliche rollenbezogene Bedeutung von Diebstahl zeigt sich auch darin, daß Frauen (gender) eher auf den Gebrauchswert der gestohlenen Ware für die natürliche Reproduktion, Männer (gender) hingegen häufiger auf ihren Tauschwert im Bereich der materiellen Reproduktion abstellen, was sich auch im höheren Strafmaß ausdrückt.

Die „Milde" der Richter, die als ihre „Ritterlichkeit" bezeichnet wird, geht, wie wir angedeutet haben, nicht auf eine unspezifische „Attraktivität" von Frauen (sex) zurück,[30] sondern ist ein Zeichen einer adäquaten Anwendung des Strafrechts dort, wo der Buchstabe des Gesetzes zu einer inadäquaten Lösung führen würde. Eine Frau wegzusperren ist etwas anderes als einen Mann auszuschließen, der eh schon (aus dem Arbeitsmarkt) ausgeschlossen ist. Ein Soldat der Reservearmee der Arbeitslosen ist einfach zu ersetzen, nicht jedoch eine Frau, die Mutter ist, denn eine Reservearmee von Müttern und Hausfrauen gibt es nicht.[31] Damit schützen die Richter allerdings nicht die Frauen (sex), sondern vor allem die tra-

---

[29] Vgl. Funken 1989.

[30] Vgl. Oberlies 1995.

[31] Vgl. Kips 1991. Edwards meint, gezeigt zu haben, daß sich das Personal rechtlicher Institutionen nicht vorn weiblichen Geschlecht per se, sondern von der Wahrnehmung und Bewertung von mit dem sozialen Geschlecht verbundenen Eigenschaften beeindrucken läßt (1989. S. 175). Das Geschlecht per se gibt es aber ohne zugeschriebene Eigenschaften nicht. so daß es stets die weibliche Rolle ist. auf die in Gerichtsverhandlungen implizite bezug genommen wird. Umgekehrt ist die „Rolle" darauf angewiesen. daß sie stets in verschiedenen Kontexten, wie hier vor Gericht, reproduziert wird. ·

ditionelle familiale Organisation der natürlichen Reproduktion der Gesellschaftsmitglieder, konkret die Kinderaufzucht und die häusliche Pflege des „Familienernährers“.[32]

Daß Frauen (sex) nicht generell auf Erleichterungen rechnen können, zeigt sich, wenn sie eine männliche gender-Rolle spielen. Besonders heftige Reaktionen der Richter erfolgen, wenn angeklagte Frauen die weibliche Rolle nicht etwa unterschreiten (schlechte Mütter), sondern sie aufheben (gar keine Mutter) und sich „männlich“ verhalten: Gewalt mit Waffen anwenden, Waren um des Profits willen stehlen usw,.[33] Das zeigt, daß Männer und Frauen nicht als biologische Wesen vor Gericht stehen; Mitglieder dieser Institutionen reagieren auf sie als Träger von sozialem Geschlecht, welches sich in Rollen aus- drückt. Rollen selber sind in und durch die vergeschlechtlichte Arbeitsteilung begründet, mithin wird der Bezug der Person eben zu dieser Struktur beurteilt. Die unterschiedliche Behandlung von Frauen und Männern vor Gericht (und anderen Institutionen), sei es bei der Zuteilung des Labels, sei es bei der Bestimmung der Maßnahmen. bezieht sich über die individuelle soziale Identität der/s zu Beurteilenden auf ihre/seine Position in der vergeschlechtlichten Wirklichkeit.[34]

4 Geschlechtsspezifität der Rechtsprechung – sekundäre Kriminalisierung

Sehr viel detaillierter ist die Geschlechtsspezifizität der Rechtsprechung bei Gewaltanwendungen gegenüber Frauen untersucht worden. Hierbei geht es nicht um selektive Bestimmung der Adressaten des Strafrechts, sondern die selektive Bestimmung der Opfer von Straftaten bei intrageschlechtlichen Auseinandersetzungen. Wenn Männer die Täter und Frauen die Verletzten sind, dann werden „Täter“ häufig vor einem strafrechtlichen Zugriff immunisiert und der Status „Opfer einer Straftat“ nicht anerkannt. Beginnen wir mit *sexuellen Mißhandlungen von Kin-*

---

32 Vgl. Hanmer/Stanko 1985. Immerhin aber nutzen hier Richter den Entscheidungsspielraum „flexibel“ aus. sie gehen mit dem ihnen anvertrauten Instrument „weich“ und nicht wie vorgesehen. "hart“ um.

33 Vgl. Scutt 1979; Hancock 1980.

34 So wird z. B. beobachtet, daß arme. schwarze Frauen vor Gericht so streng wie weiße Männer behandelt werden (vgl. Rice 1990, S. 57 ff.). Dies wird als die Wirkung der Variablen „Ethnie“ interpretiert, was freilich keine Erklärung. sondern die Verdoppelung der Beobachtung ist. Eine Erklärung könnte vielmehr darin bestehen. daß schwarze Frauen wie *Männer* behandelt werden. weil sie wie weiße Männer Oberhäupter und Ernährer ihrer Familien sind und sie deshalb auch der gleichen Erwartung unterliegen, ihren Unterhalt auf dem Arbeitsmarkt zu verdienen.

dern.[35] In den wenigen Fällen, wo dies den Organen bekannt wird, werden die Angeklagten nur selten überführt. Die Begründung dafür lautet, daß sich die Taten schwer nachweisen lassen, weil Kinder unglaubwürdige Opfer seien.[36] Dies steht jedoch im Widerspruch dazu, daß häufig gleichzeitig eine „Mitschuld" des Kindes an seiner Mißhandlung angenommen wird.[37] Als besonders unsensibel erweist sich die Beurteilung des sexuellen Mißbrauchs, der sich ohne physische Gewaltanwendung vollzieht, als eines harmlosen Falls, weil dies die Abhängigkeit des Kindes von seinem Ernährer völlig verkennt.[38] Mädchen werden in der Regel stärker als ihre Väter stigmatisiert, z. B. dadurch, daß psychiatrische Gutachten über sie angefordert werden.[39] In der Tat stellt sich das Verhör vor den Organen sozialer Kontrolle den Betroffenen fast so schlimm wie die Mißhandlung selber dar – woraus die männliche liberale Strafrechtspolitik kurzerhand schließt, man könnte dies den Opfern, und infolge dessen auch den Tätern, ersparen.

Wie erniedrigend die Behandlung seitens der Organe sozialer Kontrolle, seitens der Ärzte, der Polizei, der Staatsanwälte und der Richter ist, müßen vor allem *vergewaltigte Frauen* erfahren. Die Demütigungen bestehen darin, daß die Situationsdeutung von Frauen nicht ernst genommen, als nicht glaubwürdig oder übertrieben behandelt wird. Das heißt, daß Frauen kognitive Fähigkeiten abgesprochen und ihre Anzeigen wegen ihrer „bloßen" Emotionalität zurückgewiesen werden[40] Vertreter der Organe sozialer Kontrolle füllen die leeren Buchstaben des Gesetzes mit männlichen Alltagstheorien: Zu einer normalen Sexualität gehöre es, daß sich Männer aktiver, Frauen dagegen eher passiv verhalten; Männer seien sexuell triebhafter als Frauen; die vergewaltigte Frau habe sicherlich dem Täter vorher Hoffnungen gemacht; der Täter sei von Liebe übermannt worden; das Opfer nehme es auch sonst mit der Treue zu einem Partner nicht so genau usw. Nach Meinung der Richter gibt es nur ganz wenige „echte", dafür aber viele „unechte" Opfer von Vergewaltigungen. Das Verhalten und der Ruf der „unechten" Opfer werden dann zur Entschuldigung der Täter eingesetzt.[41]

Das Des-Interesse des Strafrechts an den „nicht-prestigeträchtigen" Bereichen kommt besonders deutlich im Umgang mit Mißhandlung von Frauen durch ihre

---

35 Vgl. Bibliographie von Brinkmann/Honig 1986.
36 Vgl. Fegen 1991. S. 67 f.
37 Vgl. kritisch dazu Trube -Becker 1982. S. 89.
38 Vgl. Remmschmid u. a. 1990. S. 233.
39 Vgl. Fegen 1991. S. 72 ff.
40 Vgl. Degler u. a. 1981; Röthlein 1986, S. 156 ff.; Michaelis-Arntzen 1981, S. 27 ff.; Warnke 1986. S. 17 ff.; Jakobs 1986, S. 103 ff.: Janshen 1991, S. 379 ff.
41 Vgl. Abel 198, 8 S. 69 ff.

Ehemänner, Verlobten, Freunde in der „privaten Sphäre" zum Ausdruck.[42] Für die „private" Gewalt, zu der *körperliche Mißhandlungen* und *„Erzwingung des Beischlafs in der Ehe"* zählen, ist scheinbar niemand offiziell zuständig.[43] Die Polizei als die „erste Instanz", die dem Strafrecht zuarbeitet, betrachtet die von Frauen erlittenen Körperverletzungen als zufällige Folgen „familiärer Auseinandersetzungen," bei denen sie nicht eingreifen muß. Auf hilfesuchende mißhandelte Frauen reagieren Polizisten mit Mißachtung: Frauen zeigten sich hilflos und schwach, manche dagegen schrien, keiften, seien hysterisch, renitent und aggressiv. Frauen seien selbst schuld, wenn sich der Beamte am liebsten mit dem Ehemann identifizieren möchte.[44] Im Gesetz und in der Rechtsprechung herrscht noch immer die Meinung vor, daß Geschlechtsverkehr zu den im Ehevertrag festgelegten Pflichten gehört und daß frau mit ihrer Weigerung eine Unterlassung begeht.[45]

Als besonders sexistisch erweisen sich Begründungen bei *Tötungshandlungen von Männern an ihren Partnerinnen*. Bei einer Analyse von Gerichtsakten wird u. a. festgestellt, daß trotz der Abscheu, die gegenüber solchen Taten (vor dem Hintergrund des gleichermaßen verachteten Milieus) auch bei Richtern besteht, überwiegend „Verständnis" im Sinne von Entschuldigung der Taten in die Urteile einfließt. Es werden überwiegend Motive mit entlastenden Mustern angeführt, wie z. B. daß der Täter unter „Gruppendruck" handelte, statt dieses nicht zu rechtfertigende männerbündnerische Ritual negativ zu beurteilen. Ebenso wird eine gewalttätige Dynamik nicht verurteilt, sondern wiederum zur Entlastung des Angeklagten eingesetzt.

Tötungen im Zusammenhang mit sexuellen Gewaltdelikten werden als Verdeckungstaten angesehen, ohne daß auch die sexuelle Gewalt als Auslöser selbst schon in Frage gestellt würde. Zusätzlich wird dadurch, daß das Opfer vergewaltigt wurde, nicht mehr seine Arglosigkeit unterstellt was dem Täter den Vorwurf des heimtückischen Mordes erspart. Die Gerichte unterstellen, daß der Sexualtrieb des Mannes seine Steuerungsfähigkeit, seine Fähigkeit zu denken außer Kraft

---

42 Die Anzahl von Frauen, die Gewalthandlungen erfahren. reichen von 100.000 bis 4 Mio. jährlich. In den etwa 180 Frauenhäusern suchten im Jahre 1988 etwa 24.000 Frauen Zuflucht (vgl. Löse! u. a. 1990, S. 95). Gemäß einer Umfrage bei Frauen in Frauenhäusern wurde körperliche Gewalt von 55.4%, Drohungen mit gegenwärtiger Gefahr für Leib oder Leben von 20,3%, „sonstiger" psychischer Druck von 18,9% und „Sonstiges" von 4.1% der Ehemänner bei der Erzwingung von Geschlechtsverkehr angewandt. Vgl. auch Bibliographie von Pelz-Schreyögg 1985.

43 Zu Behandlung der mißhandelten Frauen durch Organe sozialer Kontrolle vgl. Hagemann-White u. a. 1981, S. 113 ff.

44 Vgl. Hagemann-White u. a. 1981. S. 135.

45 Vgl. Paetow 1987. S. 141 ff.

setzt, wobei ihm ein uneingeschränktes Recht auf Befriedigung zusteht.[46] In dieser Hinsicht ist besonders die Gleichsetzung der Einheit einer rechtlichen Handlung mit der steigenden Erregung des Täters bis zum Samenerguß verräterisch. Frauen sollen dem Partner jederzeit zur Verfügung stehen und alle seine Wünsche erfüllen, wobei dieser Besitzanspruch von Männern über Frauen nicht selbst schon als eine Form der Gewalt, sondern als deren Anlaß bewertet wird. Dies gilt auch für das angebliche Motiv „Eifersucht", in der sich der Anspruch auf Beherrschung der Frau ausdrückt, der nicht etwa ein Nebenbuhler nicht gestattet wird, sondern vielmehr ihre Selbstbestimmung. Wenn sich Frauen von ihren mißhandelnden Männern lösen, zeigen Richter für die tödliche Eskalation der männlichen Reaktion viel Verständnis.

Die weitgehende Nicht-Anwendung des Strafrechts gegenüber Männern, die Gewalt an Frauen und Kindern anwenden, ist so auffallend, daß sie zu dem Schluß berechtigt daß die physische Gewalt nur scheinbar vom Staate monopolisiert wurde. Es hat vielmehr den Anschein, daß sie besonders in „privaten" Bereichen als eine quasi-legale zugelassen wird.[47] Dies kann weiterhin im Sinne des oben erwähnten Zusammenhangs zwischen der androzentrischen Wissenschaft und männlichen Interessen auch als eine implizite Komplizenschaft von Männern in hegemonialen Positionen, konkret im Strafecht, mit untergeordneten Männern auf Kosten des weiblichen Geschlechts (und der Kinder) interpretiert werden.[48]

5. Männliche (gender) Behandlungsmethoden des Strafrechts – der strafrechtliche Anwendungskontext

Strafrichter sind ausdrücklich von einer Verantwortung für die sozialen Folgen ihrer Entscheidungen entbunden. Daß das Strafrecht nicht zu einer Behebung der

[46] Dies liest sich so: „Zugunsten des Angeklagten war zu berucksichtigen. daß er sich möglicherweise aufgrund der Schwangerschaft seiner Ehefrau in einem sexuellen Spannungszustand befunden hatte [...] Allerdings muß sich der Angeklagte insoweit entgegenhalten lassen. daß er andere Möglichkeiten hätte finden können. um diesen Zustand abzubauen" (Oberlies 1995, S. 75).

[47] Vgl. Brückner 1983, S. 10; Ptacek 1988, S. 142 ff.: Stanko 1985. S. 70.: Gelles 1983, S. 158: Smaus 1994.

[48] Eine Frau aus der Frauenbewegung. die an einer Umerziehung inhaftierter sexuelle Gewalttäter beteiligt war, mußte erkennen. daß sie sich von „normalen" Männern nur durch die angezeigte Vergewaltigung unterscheiden (vgl. Tügel/ Heilemann 1987. S.97). In einer Umfrage an 1039 Männern im Jahre 1985 meinten 29% der Befragten. daß physische Gewalt gegenüber Ehefrauen „minimal". 52% in „mittlerer Ausprägung," 14% „potentiell von allen" angewendet wird (Metz-Göckel/ Müller 1986, S. 120 f.).

problematischen Situationen, die Gesellschaftsmitglieder mitunter mit strafrechtlich verbotenen Mitteln zu lösen versuchen, beiträgt, sondern sie sekundär noch verschlechtert ist in der kritischen Kriminologie, der abolitionistischen Perspektive und in Beiträgen zu der Geschlechtsspezifität des Netzes der sozialen Kontrolle zur Genüge dargelegt worden.[49]

Um an dieser Stelle nicht die eingangs erwähnte Charakterisierung des Strafrechts als männlich wiederholen zu müssen, soll ein Hinweis darauf genügen, daß sich alle bisher vorgeschlagenen Alternativen zur strafrechtlichen Reaktion mühelos den weiblich bezeichneten Eigenschaften zuordnen ließen: In der abolitionistischen Perspektive eines Nils Christie erscheint Devianz nicht als eine klare Übertretung von eindeutig formulierten Normen, sondern als eine Imponderabilie des Lebens, die Frauen aus der Erziehung von Kindern nur zu gut bekannt ist. Alle negativen Sanktionen im Nahraum, und nur dort sind sie gleichermaßen sinnvoll wie legitim, bezwecken die Wiederherstellung eines friedlichen Zustandes und nicht die Zerstörung der Gruppe/Gemeinschaft durch den Ausschluß des „Abweichenden". Einen Dualismus von Tätern und Opfern gibt es schon deshalb nicht, weil am Problem wahrscheinlich immer schon mehrere Personen mit gleichermaßen berechtigten Interessen und Leidenschaften beteiligt sind, und im übrigen die Rollen der Beurteilten und der Beurteilenden in der Gruppe im Laufe der Zeit ständigem Wechsel unterliegen. Das Losungswort heißt nicht „Leid zufügen", sondern *Fürsorglichkeit für die Betroffenen, Erhalt der Grnppe/Gemeinschaft.*[50]

Diese „Logik" der Behandlung von Störungen der Routine kann deshalb als eine andere, „weibliche" bezeichnet werden, weil sie sich überhaupt von der irrigen Vorstellung löst, man könne Handlungen „logisch richtig" unter Normen subsumieren. Eine ausgleichende Gerechtigkeit ist in keiner Weise an das Sanktionensystem des Strafrechts beschränkt – im „Leben" stellt sie sich häufig selbst her, indem alle möglichen Boni und Mali gegeneinander aufgerechnet werden. Auf viele dieser Aspekte wies van Swaaningen schon 1989 hin, nur schränkte er seine Bezeichnung des Strafrechts auf „männliches Denken über Frauen" ein. Eigentlich aber haben Männer mehr Grund als Frauen, statt einer „harten", uneinsichtigen Behandlung durch Männer (sex) im Besitze der Macht, eine sensible, die Vielfalt berücksichtigende Behandlung nach dem Persephone-Modell (gender weiblich) zu verlangen, denn sie sind es, die dem strafrechtlichen Zugriff in 80% aller Fälle ausgesetzt sind. Von diesem achtzigprozentigen Anteil der Männer an der Polizeilichen Kriminalstatistik gelangen überproportional viele in das Gefängnis, wo sie

---

49 Vgl. Sack 1968: Hulsman 1986: Smaus 1993.

50 Vgl. Christie 1982.

zu „zuverlässigen Proletariern“ abgerichtet werden sollen. Geht es bei der gegenwärtigen hohen Arbeitslosenrate bei Männern darum, den Konnex „legales Einkommen – Konsum“ zu erhalten, so geht es bei Frauen darum, in dieser Kette hintangestellt zu bleiben.

Deshalb wird es nicht wundern, daß Gefängnisse für Frauen am sichtbarsten die geschlechtsspezifische Orientierung des Strafrechts verdeutlichen. Wir sagten schon, daß vor allem solche Frauen mit Freiheitsstrafe belangt werden, die die Rollendifferenzierung als solche verletzten, d.h. die sich in irgendeiner Weise „männlich“ verhielten. Statt ihnen zu gestatten, männlichen Habitus (gender) weiter zu entwickeln und legale männliche Rollen zu übernehmen, trägt die gesamte Anlage der Frauengefängnisse dazu bei, das alte Rollenstereotyp mit Gewalt durchzusetzen.[51] Eingeschlossene Frauen können in der Regel nur „weibliche“ Berufe wie Köchin oder Näherin erlernen, die sie in Freiheit nicht werden ernähren können und die sie deshalb wahrscheinlich wieder in Abhängigkeit von männlichen „Ernährern“ bringen, ein Zustand, gegen den sie mit strafrechtlich verbotenen Handlungen aufbegehrten. Sie erhalten keine Gelegenheit, männliche Berufe mit Aussicht auf Beschäftigung auf dem öffentlichen Arbeitsmarkt zu erlernen, sie werden lediglich zu „zuverlässigen Ehefrauen von zuverlässigen Proletariern“ abgerichtet.

6 Zusammenfassung

Das Geschlecht des Strafrechts drückt sich nicht nur in seinen Inhalten, sondern wie eingangs dargelegt, schon in seiner Form aus. Was Max Weber als die Entwicklung des Rechts im allgemeinen beschreibt, gilt auch für das Strafrecht: Die Entwicklung des modernen, formal rationalen Rechts setzte zunächst die „Generalisierung“ voraus. Sie besteht in der Reduktion auf die für die Entscheidung des Einzelfalles maßgebenden Gründe auf ein oder mehrere Prinzipien, die fortan in „Rechtssätzen“ festgehalten werden. Daran knüpft die „synthetische Arbeit der juristischen Konstruktion von Rechtsverhältnissen und Rechtsinstitutionen“ an. Sie besteht in der Erfassung der rechtlichen Relevanz der in typischer Art. und Weise verlaufenden Handlungsweisen, und der Bestimmung der Art. und Weise, wie diese relevanten Bestandteile in sich logisch widerspruchslos als rechtlich geordnet zu denken seien. Der letzte Schritt besteht in der Systematisierung, d.h. in

[51] Für das Gefängnis vgl. Smaus 1991: andere Institutionen sozialer Kontrolle vgl. Kersten 1986; Lees 1986.

der „Inbeziehungsetzung aller durch Analyse gewonnenen Rechtssätze in der Weise, daß sie ein *logisch klares, in sich logisch widerspruchsloses, und vor allem, prinzipiell lückenloses System* von Regeln bilden“.[52] Zusammen mit der Unterstellung, daß das, was sich juristisch nicht konstruieren lasse, rechtlich nicht relevant sei, und daß das Gemeinschaftshandeln von Menschen durchweg als „Anwendung“ oder „Ausführung“ bzw. als „Verstoß“ gegen Rechtssätze gedeutet werden müsse,[53] bilden sie die Grundlagen des gegenwärtigen positiven, formal rationalen Rechts.

Die Vorstellung, Feministinnen wollten das Rad der Geschichte (gender männlich) wieder herumreißen und auf die Errungenschaften des modernen, universalen, formalen Rechts verzichten, muß auf den ersten Blick schauderhaft erscheinen. An dieser Stelle muß denn auch gesagt werden, daß es bei der Herausstellung der Übereinstimmung des Geschlechts des Strafrechts mit dem Geschlecht der HERRschaft, nicht um Denunziation gehen kann. Vielmehr wird ein neuer Zugang dazu benutzt, der Kritik an dysfunktionalen Entwicklungen des Strafrechts (und möglicherweise auch anderer Rechtsgebiete) einen frischen Ausdruck zu verleihen. Es ist den Leserinnen sicherlich nicht entgangen, daß sich die oben geübte Kritik der realen Verhältnisse des Arguments bedient, sie habe nicht die hehren männlichen Ideale im Strafrecht (und in der Wissenschaft) erreicht. Eine solche Kritik am Strafrecht wurde indessen schon allenthalben geübt. Das Neue an der feministischen Kritik besteht vielleicht darin, daß sie den Nachweis führt, daß die männlichen Idealvorstellungen vom Recht im allgemeinen und vom Strafrecht im besonderen ohne grundlegende Veränderungen der Institutionen nicht erreicht werden können. Wie schon die sehr verkürzte Analyse der „männlichen“ Eigenschaften des Strafrechts gezeigt hat, beruht es auf einem letztlich nicht-rationalen, unmoralischen und ungerechten Ausschluß einer Hälfte (wenn wir den Dualismus überhaupt aufrechterhalten wollen) der menschlichen Eigenschaften, die Lösungen von vitalen Problemen bereithalten könnten, bei denen das gegenwärtige strafrechtliche Korsett (gender männlich für Natur _weiblich) machtlos ist. Wie der Wissenschaftsbetrieb müßte sich auch das Strafrecht Zugängen, Überlegungen und Behandlungen öffnen, die einer andern Rationalität und Logik als der formalen folgen. Die Aufnahme der verdrängten Eigenschaften wird aber deshalb verweigert, weil, „objektiv“ gesehen, dies die männliche Hegemonie im Strafrecht (und der Wissenschaft) in Frage stellen würde und weil es wegen der Homologie der „Charaktere“ der Institutionen und dem Habitus ihrer Diener subjektiv sehr

---

52 Weber 1956, S.123 ff.
53 Weber 1956, 126.

schwer fallen dürfte, die als richtig anerkannten Prinzipien aufzugeben und sich auf den chaotischen Zustand des Lebens einzulassen.

Literatur

Abel. H. Vergewaltigung. Stereotypen in der Rechtsprechung und empirische Befunde, Weinheim und Basel 1988.

Adler, Sisters in Crime, New York 1978.

Atkins, S. Hoggett, B., Women and the Law, Oxford 1984.

Baudrillard, J., Die Simulation, in; Welsch, W. (Hrsg.), Wege aus der Moderne. Schlüsselworte der Postmoderne-Diskussion, Weinheim 1988, S. 153-1 62.

Bertrand, M-A., The Myth of Sexual Equality Before the Law, Criminality. Centre de psychologie et de pedagogie, Montreal 1967, S.129-159.

Brinkmann, W. /Honig, M., Gewalt gegen Kinder. Kinderschutz. Eine sozialwissenschaftliche Auswahlbibliographie München 1986.

Bröckling, E., Frauenkriminalität. Darstellung und Kritik kriminologischer und devianz-soziologischer Theorien. Stuttgart. 1980.

Brückner, M, Liebe der Frauen. Über Weiblichkeit und Mißhandlung, Frankfurt/M. 1983.

Cain. M., Towards Transgression: New Directions in Feminist Criminology, in: International Journal of the Sociology of Law 1990, 18, S. 1-18.

Christie, N., Limits to Pain, Oxford 1982.

Degler, H. (Hrsg.), Vergewaltigt. Frauen berichten, Hamburg 1981.

Edwards, S, Sex/Gender, Sexism and Criminal Justice; Some Theoretical Considerations, in; International Journal of the Sociology of Law. 1989, 17, S.165-184.

Feger/, J. M., Glaubensbekenntnis und Gruppenjargon, In; Janshen, D. (Hrsg.), Sexuelle Gewalt. Die alltägliche Menschenrechtsverletzung, Frankfurt/M. 1991, S. 47-85.

Foucault, Michel, Überwachen und Strafen, Frankfurt/M. 1976.

Funken, Ch., Frau – Frauen – Kriminalität, Opladen 1989.

Gellers, R. J., An Exchange/Social Control Theory, in: Finkelhor, D. /Gellers, R. J. /Hotaling, G. T. / Strauss, (eds .}, The Dark Side of Families. Current Family Violence Research, Beverly Hills, London, New Delhi 1983, S, 151-165.

Gipser, D. Mädchenkriminalität, München 1975.

Hagemann-White, C. /Kabemann, B. /Kootz, J. /Weinmann, U. /Wild, C. C. /Burghardt. R. /Scheu, U., Hilfen für mißhandelte Frauen. Schriftenreihe des Bundesministers für Jugend, Familie und Gesundheit Bd. 124, Stuttgart, Berlin, Köln, Mainz 1981.

Hall, J., Theft, Law and Society, Indianapolis 1935.

Hall, J., General Principles of Criminal Law, Indianapolis 1947.

Hancock. L., The Myth that Females Are Treated More Leniently than Males in the Juvenile Justice System, in: Australian and New Zealand Journal of Sociology 16, 198, 0 S. 4-13.

Hanmer. J./Stanko, E, Striping Away the Rhetoric of Protection: Violence to Women, Law and the State, in: International Journal of the Sociology of Law, 1985, 13, S. 357-374.

Harding, S., Feministische Wissenschaftstheorie: Zum Verhältnis von Wissenschaft und sozialem Geschlecht, Hamburg 1991.

Harding, S., Das Geschlecht des Wissens. Frankfurt/New York 1994.

Hartstock, N., The Feminist Standpoint; Developing the Ground for a Specifically Feminist Historical Materialism. in: Methodology and Philosophy of Science, Dordrecht 1983.

Hulsmann. L. H. C., Critical Criminology and the Concept of Crime, in: Contemporary Crises 10, 1986, S. 63-80.

Jakobs, K., Das Mißtrauen gegen die vergewaltigte Frau im Ermittlungsverfahren unter besonderer Berücksichtigung der Stellung der Staatsanwaltschaft, in: Fehrman, H.; Jacobs, K. I., Junker, R., Das Mißtrauen gegen vergewaltigte Frauen, Sonderband der BKA-Reihe, Wiesbaden 1986, S. 103-132.

Janshen, D., Gelegenheitsprostitution kann nicht ausgeschlossen werden, in: Janshen, D. (Hrsg.), Sexuelle Gewalt. Die allgegenwärtige Menschenrechtsverletzung, Frankfurt/M. 1991, S. 379-398.

Kersten, G., Gut und Geschlecht. Zur institutionellen Verfestigung abweichenden Verhaltens bei Jungen und Mädchen, in: Kriminologisches Journal 18, 1986, S. 241 – 257.

Kips, M, Strafrecht für Männer, Psychiatrie für Frauen, in: Kriminologisches Journal 23, 1991, S. 125-134.

Lautmann, R.., Die Gleichheit der Geschlechter und die Wirklichkeit des Rechts, Opladen 1990.

Lees, S., Sitte, Anstand und die soziale Kontrolle von Mädchen – Eine englische Studie, in: Kriminologisches Journal 18, 1986, S. 258-272.

Lösel, F. /Selg, H. /Schneider, U. unter Mitw. von Müller-Luckmann, E., Ursache, Prävention und Kontrolle von Gewalt aus psychologischer Sicht, In: Schwind, H. D. /Baumann, J. (Hrsg.), Ursachen, Prävention und Kontrolle von Gewalt, Bd. 2, Berlin 1990, S. 1-156.

Lüdtke, A., „Gemeinwohl“, Polizei und „Festungspraxis“. Staatliche Gewaltsamkeit und innere Verwaltung in Preußen, 1815-1850, Göttingen 1982.

Lyotard. J.-F., Die Moderne redigieren in: Welsch, W. (Hrsg.), Wege aus der Moderne. Weinheim 1988, S. 204-214.

Machinnon. C., Sexual Harrasment of Working Women. A Case of Sex Discrimination, New Haven, London 1979.

Messerschmidt, J., Überlegungen zu einer sozialistisch-feministischen Kriminologie, in: Janssen, H. /Kaulitzky, R. /Michalowski, R., (Hrsg.), Radikale Kriminologie, Bielefeld 1988, S. 83-101.

Metz-Göckel, S./Müller, U, Der Mann, Weinheim, Basel 1981.

Michaelis-Arntzen, E., Die Vergewaltigung aus kriminologischer, viktimologischer und aussagepsychologischer Sicht, München 1981.

Oberlies, D., Tötungsdelikte zwischen Männern und Frauen, Pfaffenweiler 1995.

O'Donovan, K., Sexual Divisions in Law, London 1985.

Olsen, F., Feminism and Critical Legal Theory: An American Perspective, in: International Journal of the Sociology of Law 18, 1990, S. 199-215.

Paetow, B., Vergewaltigung in der Ehe, Freiburg im Br. 1987.

Plez-Schreyögg, H., Gewalt in Familien. Eine Literaturübersicht, München 1985.

Ptacek, H., Why do Man Batter their Wives, in: Yllö, K. /Bogard, M. (eds.), Feministic Perpectives on Wife Abuse, Newbury Park. London, New Delhi 1988 S. 133-157

Remmschmid, H. /Hacker, F. /Müller-Luckmann, E. /Schmidt, M. H. /Strunk, P., Ursachen, Prävention und Kontrolle von Gewalt aus psychiatrischer Sicht. In: Schwind, H. D. / Baumann, J. (Hrsg.), Ursachen, Prävention und Kontrolle von Gewalt, Bd. 2, Berlin 1990, S. 157-292.

Rice. M, Challenging Orthodoxies in Feminist Theory, in: Gelsthrope, L. /Morris, A., (eds.), Feminist Perspectives in Criminology, Milton Keynes, Philadelphia 1990, S. 57-69.

Röthlein, C, Der Gewaltbegriff im Strafrecht unter besonderer Berücksichtigung der Sexualdelikte, München 1986.

Rose, H., Hand, Brain and Heart, A Feminist Epistemology for the Natural Sciences, in: Signs: Journal of Women and Culture in Society 9, 1983.

Sack, F., Neue Perspektiven in der Kriminalsoziologie. In: Sack, F. /König, R., (Hrsg.), Kriminalsoziologie, Frankfurt/M. 1968, S. 431-475.
Schüssler-Fiorenza, E., Brot statt Steine. Die Herausforderung einer feministischen Interpretation der Bibel. Freiburg (Schweiz) 1988.
Schwind, H. D. /Baumam, J. (Hrsg.), Ursachen, Prävention und Kontrolle von Gewalt. Analysen und Vorschläge der Unabhängigen Regierungskommission zur Verhinderung und Bekämpfung von Gewalt, Bd.11, Berlin 1990.
Scutt, J. A., The Myth of the Chivalry Factor in Female Crime in: Australian Journal of Social Issues 14, 1979, S. 3-20.
Smart. C., Feminist Approaches to Criminology or Postmodem Woman Meets Atavistic Man, in: Gelstthorpe, L. /Morris, A. (eds.), a. a. O., S. 70-84.
Simon, R., Women and Crime, Lexington. D.C. 1975.
Smaus, G., Das Strafrecht und die Frauenkriminalität, in: Kriminologisches Journal 22, 1990, 4, S. 266-283.
Smaus, G., Reproduktion der Frauenrolle im Gefängnis, in: Streit 9, 1991, 1, S. 23-33.
Smaus, Gerlinda, Physische Gewalt als ultima ratio des Patriarchats, in: Kriminologisches Journal 26, 1994, 2, S. 82-104.
Smaus, Gerlinda, Feministische Erkenntnistheorie und Kriminologie von Frauen, in: Kriminologisches Journal, 5. Beiheft 1995, S. 9-27.
Stang Dahl, T., Womens Law: Method, Problems, Values, in: Contemporary Crises 10, 1986, 4, S. 301-316.
Stanko, E., Intimitate Intrusions. Woman's Experience of Male Violence, London, Boston, Melbourne, Henley 1985.
Swaaningen, van R., Feminismus und Abolitionismus als Kritik der Kriminologie, in: Kriminologisches Journal 21, 3, 1989, S. 162-181.
Sutherland, Edwin H., Principles of Criminology, 4th. ed., New York 1939.
Trube-Becker, E., Gewalt gegen das Kind. Vernachlässigung, Mißhandlung, sexueller Mißbrauch und Tötung von Kindern, Heidelberg 1982.
Tügel, H. /Heilemann, M., Frauen verändern Vergewaltiger, Frankfurt/M. 1987.
Warnke, C., Die vergewaltigte Frau im Gestrüpp einer opferfeindlichen Strafverfolgung, in: Fehrmann, H. /Jacobs, K. /Junker, R., Das Mißtrauen gegen vergewaltigte Frauen, Sonderband der BKA-Forschungsreihe, Wiesbaden 1986.
Weber, Max, Wirtschaft und Gesellschaft, 5. Auflage, Tübingen 1956.

Geschlechteridentität als kontextabhängige Variable - dargestellt am Beispiel der „eingeschlechtlichen" Institution des Gefängnisses

Gerlinda Smaus (1999)*

Im Aufsatz wird eine kurze Bilanz über die Entfaltung der Geschlechterproblematik in der Kriminologie aufgestellt. Diese Auseinandersetzungen um das Geschlecht zeichnen (mit einiger Verspätung) die Entwicklungen von biologischen bis hin zu dekonstruktivistischen Auffassungen in der allgemeinen und den feministischen Theorien nach. Als problematisch wird die Ontisierung der Geschlechterunterschiede in den Rollentheorien sowie die, in der Soziologie nicht zu rechtfertigende Konzentration auf Individuen, statt auf Kontexte dargestellt. Am Beispiel des Gefängnisses wird dargelegt, daß Geschlechterrollen unabhängig vom biologischen Geschlecht (sex) übernommen werden können.

1 Einleitung

In diesem Beitrag wird die These vertreten, daß das geschlechtsspezifische „männliche" und „weibliche" Rollenverhalten nicht ausschließlich entweder von „Männern" oder von „Frauen" gespielt wird. Vielmehr lernen alle Menschen mehr oder weniger das gesamte Rollenrepertoire und spielen es kontextabhängig auch. Dieses kontext- oder situationsabhängige Rollenspielen wird in Anlehnung an Elisabeth Badinter (1988) als *kulturelle Androgynität* bezeichnet.[1] Die These soll am Beispiel Sexualität in Gefängnissen plausibel gemacht werden. Da die Gefängnisstrafe auch eine Deprivation von heterosexuellen Bedürfnissen beinhaltet, ist zu erwarten, daß das schwer zu unterdrückende Begehren auf nicht vorgesehene

---

* Ursprünglich erschienen in: Gabi Löschper/Gerlinda Smaus (Hg.) Das Patriarchat und die Kriminologie. Kriminologischen Journal, Beiheft 1999, S.29-48.

[1] Ad hoc muß ich Dimoulis 1999 zustimmen, daß dieser Begriff den sex/gender-Dualismus und die darin enthaltene Machtdimension ontisch voraussetzt. Er ist indessen dort angemessen, wo es um die Thematisierung der „freien" Übernahme von Rollen und Identitäten geht, was ein Argument gegen einheitliche Geschlechteridentitäten ist. Eine Weiterführung der Theorie in Dimoulis Sinne ist angezeigt.

J. Feest und B. Pali (Hrsg.), *Gerlinda Smaus: „Ich bin ich"*, Schriftenreihe des Strafvollzugsarchivs, https://doi.org/10.1007/978-3-658-31723-2_13

Weise befriedigt wird. „Abweichende" Formen von Sexualität im Gefängnis erwecken häufig voyeuristisches Interesse, weshalb wohl diesbezügliche Literatur früher auch in wissenschaftlichen Bibliotheken hinter Schloß und Riegel gehalten wurde. Uns interessieren hier aber nicht die Praktiken, die nur aus theoretischer Verlegenheit als Homosexualität bezeichnet werden, vielmehr wollen wir auf die merkwürdige Tatsache aufmerksam machen, daß auch in der eingeschlechtlichen Institution Gefängnis die binäre Geschlechterstruktur reproduziert wird. Dies zeigt einerseits, daß die biologische Ausstattung mit bestimmten Fortpflanzungsorganen für das Verhalten sekundär ist und daß die Rollenübernahme von der situationsbezogenen Anforderung entweder nach Leistungen oder nach Zuwendungen ausgeht. Es zeigt aber andererseits auch die Zähigkeit der kulturellen Geschlechterstruktur, die „Männer" und „Frauen" in Situationen hervorbringt, in denen nur ein biologisches Geschlecht anwesend ist.

2 Theorien zur Geschlechterdifferenzierung

2.1 Ontische Auffassungen

Mit der Geschlechterstruktur befassen sich in der Kriminologie mittlerweile zahlreiche Analysen. (Althoff/Leppelt 1995; Kappel 1995).[2] Sie dokumentieren den langen Weg, auf dem der Geschlechterbegriff seit der Annahme des Geschlechterdualismus[3] eine Transformation von der biologischen zu der konstruktivistischen Auffassung erfahren hat. Trotz aller Einsicht in die soziale bzw. kulturelle Konstruktion der Geschlechterkategorie wird aber auch beharrlich die Überzeugung vertreten, daß die Zweigeschlechtlichkeit eine Naturtatsache sei.[4] In den biologischen Auffassungen wird unterstellt, daß morphologische und hormonale Unterschiede auch die unterschiedlichen Eigenschaften und Verhaltensweisen von Männern und Frauen unabänderlich determinieren (Degler 1990, S. 33 ff.). Gegen diese naturwissenschaftliche, ontische Sicht wurde schon früh die sozialwissenschaftliche These geltend gemacht, daß nicht die biologische Geschlechtszugehörigkeit (sex) das Verhalten bestimmt, sondern die geschlechtsspezifische Sozialisation, in der Männer- bzw. Frauenrollen (Genus, gender) als komplementäre

[2] Vgl. ferner Beiträge im 5. Beiheft des Kriminologischen Journals (Althoff/Kappel 1995).
[3] Nach Laqueur ist die dualistische Auffassung von Geschlecht eine moderne Erfindung, denn bis in das 18. Jahr. hinein überwog die Vorstellung von nur einem Geschlecht (1992).
[4] Kritisch dazu z. B. Gildemeister/Wetterer 1992; Laqueur 1992; Katz Rothman 1995.

Verhaltensmuster gelernt werden. Darüber hinaus ist bei Identitäten, die keine Übereinstimmung zwischen biologischem „sex“ und sozialer bzw. kultureller Identität (gender) aufweisen (Transsexuelle, Transvestiten, Hermaphroditen – vgl. Butler 1990, S. 23, 96 ff.), deutlich geworden, daß sich die erlernte Komponente auf die Geschlechtsidentität eines Menschen viel stärker auswirkt als die angeborene.[5] Die angeblich determinierende biologische Bestimmung kann hinsichtlich der Identität und des Verhaltens kulturell gänzlich außer Kraft gesetzt werden.

Indessen ist zu beobachten, daß in zahlreichen Diskursen die geschlechtsspezifische kulturelle Rolle ebenso unverrückbar ontisch gesetzt wird wie früher die biologische Bestimmung: „Einmal als Frau erzogen, immer als Frau agierend“ – als ob es tatsächlich weibliche Eigenschaften gäbe, die nur von Frauen (und sei es von transsexuellen) geäußert werden können (vgl. Hirschauer 1993).[6] An Theorien über die wesenhaft aufgefaßte soziale Geschlechterdifferenz knüpfen häufig Fragen danach an, wie die „Güte“ der gelernten Differenz zu bewerten sei. Wäre sie für Frauen vorteilhaft, dann könnte sie „im Leben“, aber auch z. B. in der Wissenschaft, beibehalten werden. Bekannt sind vor allem feministische Diskurse bezüglich der Frage, ob „Gleichheit der Geschlechter im Recht“ bei einer Erhaltung der Differenz oder durch Hinarbeiten auf ihre Abschaffung zu gewährleisten sei (Platt 1995). Eine andere Variante der Verewigung des Dualismus besteht darin, die berechtigte Kritik an bestimmten Erscheinungen der Männerherrschaft wie z. B. Krieg, Vergewaltigungen, Gewaltkriminalität sowie Pornographie (u. a.) an Männer als biologische Wesen zu adressieren (Dworkin 1987; Mackinnon 1987, S. 7; Cain 1990, S. 12).

2.2 Dekonstruktion der „Geschlechterrollen“

Gegenwärtig fehlt es nicht an Versuchen, die kulturelle Geschlechterdifferenz ebenso zu dekonstruieren wie schon vorher die Annahmen über die alles prägende

---

[5] Sehr widersprüchlich dazu Lindemann, die zwar die Bedeutung der Leiblichkeit für die Geschlechtsidentität hervorhebt, gleichzeitig aber konzediert, daß die transsexuelle Frau die falschen Genitalien (nämlich männliche) besitzt (1994, S. 132 ff.). Das heißt doch, daß der Körper, statt substantielle Identitäten hervorzubringengen, vielmehr die Bedeutung eines bestimmten Leibes erst zugewiesen bekommt.

[6] Die anfänglich kritisch wirkenden Sozialisationstheorien haben schließlich einen affirmativen Charakter bekommen. Ohne zu beachten, daß die Rollendefinitionen die Vorrangstellung der Männer (sex) unterstützen, wurde „Weiblichkeit“ von einem Teil des feministischen Schrifttums als eine gegenüber der Männlichkeit höher- wertigere Eigenschaft betrachtet. Damit wird freilich die patriarchalisch konstruierte Differenz festgeschrieben (Gildemeister/Wetterer 1992; Kappel 1995).

Anatomie. Dabei wird betont, daß die Zuschreibung von weiblichen (gender-) Rollen an Frauen (sex) und von männlichen (gender-) Rollen an Männer (sex), keineswegs bedeutet, daß konkrete Menschen in diesen Rollen auch aufgingen, daß sie nur „ihre“ Rollen und nicht auch die des anderen Geschlechts „spielten“. Vielmehr üben Frauen und Männer ganz unterschiedliche Segmente der Geschlechterrollen aus, wenn sie in unterschiedlichen Kontexten agieren (Hirschauer 1989). So spielen Frauen (sex) z. B. in der Wissenschaft (oder in der Justiz) die gleiche Gender-Rolle wie Männer (sex), sie lernen und lehren größtenteils den gleichen Stoff, stützen sich größtenteils auf die gleichen methodologischen Zugänge usw. (Benjamin 1990, S. 110). Das heißt, daß auch in der Wissenschaft nur ein „kleiner Unterschied“ zwischen der von Männern und Frauen betriebenen Lehre und Forschung thematisiert werden kann.[7] Die angeblichen Differenzen verringern sich noch, wenn beachtet wird, daß in der androzentrischen Wissenschaft in Wirklichkeit auch das „Weibliche“ (gender) wie intuitives Denken, Wertschätzung von Beziehungen und ein fürsorgliches Verhalten beheimatet ist, was zu Tage tritt, wenn Wissenschaft als ein Text „gelesen“ wird.[8] Auch Männer (sex) verhalten sich z.T. fürsorglich (z. B. als Doktorväter), gestehen aber die Bedeutung des angeblich weiblichen Rollenverhaltens nicht offen zu, weil dies das Idealbild der sich auf Rationalität, Universalismus, Objektivität, Effizienz und Kontrolle verpflichtenden Wissenschaft in Frage stellen würde (Benjamin 1990, S. 178). Über derartige Analysen zeichnet sich ab, daß nicht Körper und persönliche Identitäten, sondern *gesellschaftliche Kontexte* das „Geschlecht“ bestimmen.

2.3 Geschlechtspezifisches Universum

Eine wichtige Voraussetzung zur Dekonstruktion der Gender-Charaktere ist die Erkenntnis, daß der Geschlechterdualismus, ob biologischer oder kultureller Art, ein Bestandteil des fundamentalen Ordnungsprinzips in westlichen Gesellschaften darstellt, der durch binäre Denk- und Bewertungskategorien gekennzeichnet ist. Nach Sandra Harding leben wir in einem *geschlechtlich differenzierten Universum*

---

7 Aber auch hier kommt es darauf an, ob das Forschungsdesign eher auf den Nachweis der Gleichheit oder der Differenz ausgerichtet ist. Vgl. z. B. Hagemann-White, die Unterschiede zwischen Männern und Frauen thematisiert, nicht aber ihr Aus- maß bzw. ihr Verhältnis zu dem, was ihnen gemeinsam ist (1992, S. 245 ff.). Den „weiblichen“ Zugang als ein mögliches innovatives Element in der Wissenschaft würdigt Hartsock (1983).

8 Das strukturalistische „Textelesen“ (Derrida) bedeutet- sehr vereinfacht - das zwischen und hinter den Zeilen stehende „zu lesen“ (Butler 1990, S. 68 ff.).

(1990, S. 14), in dem alles entweder dem sogenannten männlichen (gender) oder dem weiblichen (gender) Prinzip zugeordnet wird. Die drei wichtigsten Strukturen der vergeschlechtlichten (gendered) Welt sind

1) der Geschlechtersymbolismus,
2) die Arbeitsteilung und
3) die individuellen Geschlechterrollen.

Die Kategorien des dualen *Geschlechtersymbolismus* sind als konstruktive Mittel zu verstehen, die die Welt deshalb scheinbar übersichtlich ordnen, weil sie an den (scheinbar) selbstverständlichen biologischen Dualismus „Männer – Frauen" anknüpfen. Die als männlich bzw. weiblich bezeichneten Eigenschaften erscheinen zunächst als komplementäre Kategorien: Leistung, Rationalität, universalistische Orientierung, Fortschrittlichkeit, Durchsetzungsfähigkeit, (starker) Geist u. a. werden dem männlichen Prinzip zugeordnet, Zuwendung, Emotionalität und Empathie, Partikularismus, Immanenz, Nachgiebigkeit und (weiche) Körperlichkeit dem weiblichen (Harding 1990, S. 14, 127).[9] In Wirklichkeit werden diese Kategorien aber nicht als gleichwertig-komplementäre, sondern als hierarchisch geordnete Wertekategorien gedeutet. Das kulturelle „männliche" Prinzip herrscht über das natürliche „weibliche" Prinzip. Dies enthüllt, daß der sozio-kulturelle Geschlechterdualismus keine neutrale, der Natur abgeschaute Konstruktion, sondern das Ergebnis eines hegemonialen Diskurses ist (Harding 1990, S. 131; Benjamin 1990, S. 166; Honegger 1991; MacCormack 1992; Maihofer 1994, S. 17 ff., 255). Für unsere Argumentation ist vor allem wichtig, daß in diesem vergeschlechtlichten Universum nicht nur Lebewesen mit bestimmten „sex" ein Geschlecht (gender) „besitzen", sondern alle Dinge, alle gesellschaftlichen Institutionen, alle Worte einer Sprache, und zwar aufgrund einer unaufhörlichen konstruktiven Tätigkeit von Gesellschaftsmitgliedern.

Der Geschlechtersymbolismus ist nach Harding deshalb so wirksam, weil er sich auf die *geschlechtsspezifische Aufteilung* aller gesellschaftlich notwendigen Handlungsprozesse stützt (1990, S. 14). Im Bereich der materiellen Reproduktion mit den Subsystemen Wirtschaft, Wissenschaft, Recht[10] geht es vor allem um die als „männlich" definierte Leistung, im Bereich der „natürlichen" Reproduktion

---

[9] Als die „Andere" wurde Frau schon von Beauvoir (1951) beschrieben. Hingegen begreift Irigaray das weibliche Geschlecht als das Nichtausgesprochene, als ein Geschlecht, das nicht eins ist (1989, S. 64 ff.).

[10] Zur Diskussion des männlichen Geschlechts des Strafrechts Smaus (1997, S. 182 ff.).

um die als „weiblich“ definierte emotionale Zuwendung. Die offensichtliche Tatsache, daß Frauen (sex) Kinder gebären, rechtfertigt bis heute ihre „Verantwortlichkeit“ für die Fürsorge für andere Menschen vorwiegend in der fortan als privat definierten Sphäre (Dietzen 1993, S. 45 ff., 122ff.) sowie die Zuordnung von Männern (sex) zu einem fortan als männlich (gender) definierten Arbeitsmarkt. Der „Urheber“ der sog. natürlichen Arbeitsteilung ist freilich nicht die Natur, sondern Männer (sex). Wenngleich sie mit dem Argument gerechtfertigt wird, daß nur so der Natur das Maximum für die *Menschheit* abgepreßt werden kann, wirkt sie sich deutlich zum Vorteil von Männern (sex) aus.

Der gemäß *zugeschriebener Merkmale* „geteilte“ Arbeitsmarkt ist auch die offizielle Quelle und gleichzeitige Legitimation für die gesellschaftliche Allokation von Ressourcen, die die sog. Schichtstruktur der Gesamtgesellschaft angeblich gemäß des *erworbenen Status* begründet. Wir erinnern uns: Nach Parsons werden als zugeschriebene Merkmale Eigenschaften von Personen bezeichnet, die diese schon bei der Geburt besitzen und auf die die „Gesellschaft“ wenig Einfluß hat – im wesentlichen die familiare (biologische) Abstammung einschließlich Ethnie, Geschlecht und Alter. Als erworbener Status wird vor allem die von Individuen erbrachte Leistung bezeichnet. Beide Kriterien dienen dem Aufbau von gesamtgesellschaftlichen Strukturen, die sich notwendigerweise überlagern. In modernen Gesellschaften gewinne die Allokation von Ressourcen gemäß Leistung Primat über die Allokation von Ressourcen über zugeschriebene Merkmale wie Abstammung, Alter und Geschlecht (Parsons 1952, S. 117 ff., 177 ff.). Beim näheren Zusehen erweist sich diese These als pure Ideologie: Der bessere Zugang der Männer (sex) zu Ressourcen und Macht, was als „Patriarchat“ bezeichnet wird (Schüssler-Fiorenza 1988, S. 15), legitimiert sich durch Leistung, beruht aber in Wirklichkeit auf dem zugeschriebenen Merkmal „sex“.[11]

Die symbolische Bestimmung des Geschlechts (gender) der jeweiligen strukturellen Kontexte, hier des Arbeitsmarktes, erzwingt indessen eine *kohärente* Auswahl seiner „Bediensteten“, was zureichend die große Homogenität der „sexistischen“ Selektion des Zuganges erklärt. In der Tat bedarf es in den scheinbar nur auf Leistung ausgerichteten Gesellschaften keiner weiteren Legitimation, wenn im allgemeinen Männer (sex) gegenüber Frauen (sex) – ceteris paribus – vorteilhaftere Positionen einnehmen (Willms-Hergett1985; Wetterer, Hrsg. 1992). Es ver-

[11] Der adäquatere Begriff wäre indessen „Männerherrschaft“, weil der historische Patriarchatsbegriff nicht nur Herrschaft, sondern auch eine umfassende Fürsorge für Schutzbefohlene impliziert, die gegenwärtig von den meisten abhängig beschäftigten Männern (sex) gar nicht geleistet werden kann (Smaus 1993).

steht sich wie von selbst, wenn in männlich (gender) definierten Kontexten Männer (sex) besser abschneiden, die eine männliche (gender) Sozialisation erfahren haben. Der Zwang zur funktionalen Kohärenz bedeutet aber auch, daß es in „gendered" Kontexten nicht wirklich auf die biologischen Merkmale der Körper ankommt. Wichtig ist vor allem die erwartete Leistung (bzw. emotionale Zuwendung als Leistung), und deshalb müssen Menschen (sex), wenn sie angemessen agieren sollen, ihre Gender-Rollen kontextabhängig und nicht nach der biologischen Definition ihres „sex" übernehmen. Es sollte endlich *theoretisch* gewürdigt werden, daß es zu keiner Zeit eine volle empirische Übereinstimmung zwischen „sex" der Menschen und des „gender" der arbeitsteiligen Bereiche gab.

Die für Frauen (sex) nachteilige Geschlechterstruktur, die eine Kongruenz von „männlich" definierten Zugangsbedingungen und „männlichen" Eigenschaften bei Männern (sex) aufweist, verdankt ihre Stabilität nicht nur den unaufhörlichen Bemühungen von Männern (sex), ihre Vorteile abzusichern. Vielmehr wird sie quasi-natürlich und quasi-kulturell in jedem *Sozialisationsprozeß* reproduziert. Das betrifft schon die angeblich rein zugeschriebenen, biologischen Merkmale des Körpers. Der biologische Geschlechterdualismus (sex) wird nämlich ebenfalls konstruiert, z. B. dadurch, daß die sehr geringen Unterschiede zwischen männlichen und weiblichen Organismen einseitig herausgestellt werden, während ihre wesentliche morphologische Übereinstimmung unterbewertet wird (Butler 1990, S. 22, 26; Harding 1990, S. 135; Wetterer 1992, S. 21; Laqueur 1995). Wie Frauen- und Männerkörper auszusehen haben, ist im hohen Maße normativ bestimmt (Hirschauer 1989, S. 101; Bartky 1988, S. 62 ff.). Menschen müssen sich im allgemeinen große Mühe geben, um die biologische Geschlechtszugehörigkeit ihres Körpers (sex) in kulturell bestimmter symbolischer Weise zum Ausdruck zu bringen (Kappel 1995, S. 72 ff.; Laqueur 1992) und Bestandteil des heterosexuellen Begehrens zu werden.[12] Ein geschulter erkennt aber, daß es nicht der Eindeutigkeit der körperlichen Merkmale[13] sondern eher dem Zwang und Drang zur dualen Kategorisierung zu verdanken ist, wenn sich (fast) alle Menschen als Männer bzw. Frauen darzustellen versuchen und als solche wahrgenommen werden.

In der Tat wird die Gender-Rolle zunehmend nicht mehr statisch, sondern dynamisch als ein unaufhörlicher Prozeß des „doing gender" aufgefaßt (West/Zimmermann 1987). Das Herstellen von Geschlecht umfaßt eine Vielfalt sozial vor-

[12] Nach Butler (in Anlehnung an Foucault) begründet erst das zuvor hervorgebrachte heterosexuelle Begehren den substantivierenden Dualismus sowie die Kohärenz zwischen sex und gender (1990, S. 46 f.).

[13] Dies ist unmittelbar einleuchtend bei Babys und bei Greisen.

gegebener Aktivitäten bei der Darstellung, der Wahrnehmung, der Interaktion und der Situationsdefinition, welche bestimmte Handlungen mit der Bedeutung versehen, Ausdruck weiblicher bzw. männlicher Natur zu sein (Gildemeister/Wetterer 1992, S. 231). Anders gesagt, besteht keine präexistente mimetische Korrespondenz zwischen dem „sex" des Körpers und der kulturellen Repräsentation von „gender", die zu einer substantiellen Identität führen würde (Butler 1990, S. 23; 43); vielmehr müssen Menschen das zur Schau gestellte kohärente und kontinuierliche Verhältnis zwischen Körper und Rolle unaufhörlich herstellen. Der Sozialisationsprozeß und das Rollenspiel sind dabei unmittelbar auf den oben genannten Geschlechtersymbolismus bezogen: Einerseits stützen sie sich auf seine normative Ordnungs- und kognitive Orientierungsfunktion,[14] anderseits wird er im Rollenspiel besonders deutlich reproduziert. Dies erklärt die „positive" Bedeutung des Geschlechterdualismus auch Blick für Frauen (sex), für die das Einrichten in *einer* Ordnung, und sei sie auch eine patriarchale, in der Regel mehr Sicherheit (oder Befriedigung) gewährt als ein Aufbegehren gegen sie oder eine pure Orientierungslosigkeit.[15]

Für unsere weitere Argumentation muß hervorgehoben werden, daß das Erlernen einer Gender-Rolle und das Annehmen einer Geschlechteridentität immer auch das *Erlernen der anderen Rolle* beinhaltet. Nach Mead agiert ein Kind in der Spielphase (play) fortwährend als Vater oder Mutter, als Lehrer, Prediger, Indianer, Pirat oder Polizist (!). Im Prozeß einer endlosen Imitation eignet es sich Rollen an, die zu seiner Gesellschaft gehören, um in sich die Reaktionen auf die eigenen Rollenhandlungen hervorzurufen. In der zweiten Phase spielt es die Rollen nach geltenden Regeln (game), was ihm erlaubt, seine Position auf die anderen Positionen im Feld zu beziehen. Die in der dritten Phase ein- genommene Position des *generalisierten Anderen* ermöglicht es dem Kind, eine vollständige Identität auszubilden: ,,Wir müssen andere sein, um wir selbst zu sein" (Mead 1980, S. 327). Hier setzten Parsons und Bales mit ihrer Beschreibung des Sozialisationsprozesses an, der sich als eine Übernahme von jeweils als männlich oder weiblich definierten Eigenschaften erweist (1956, S. 50 ff.). Jedes Individuum mit einer „Normalbiographie" nimmt im Koordinatensystem von Leistung, Zuwendung, Dominanz und Unterordnung, Universalismus und Partikularismus im Laufe seines Lebens

14 Es handelt sich um die ungeheuerliche Komplexitätsreduktion auf lediglich zwei Wahrnehmungs- und Bewertungscluster „männlich" bzw. „weiblich".

15 Nach Bartky würde der Rollenverlust für zahlreiche Frauen den Verlust männlicher Fürsorge, der sexuellen Beziehungen und der Subsistenzsicherung bedeuten. Ferner würden ihre bisherigen Investitionen in weibliche Identität und Fähigkeiten nutzlos werden (1988, S. 76 f.). Vgl. Popitz (1968).

wenigstens zeitweilig die Perspektive des jeweils anderen Geschlechts ein, so daß es im Stande ist, beide Perspektiven zu verstehen und die Rollenparts auch zu spielen.[16] In der *Normalbiographie* mit dem eingebauten Zwang zur Heterosexualität wird abschließend eine kulturelle Identität angenommen, die den zugeschriebenen körperlichen Merkmalen entspricht.

„Normalbiographie" heißt gleichzeitig normativ vorgeschriebene, *sanktionierte* Biographie. Dies hat m. E. zur Folge, daß „hybride" Formen wie „Frauen, die in Institutionen ihren Mann stehen" bzw. „Männer, die bemuttern" als zu vernachlässigende Abweichungen von der Regel betrachtet werden (Butler 1990, S. 38 f.). Zweideutigkeiten beim Rollenspiel werden meistens „übersehen", weil das Verhalten quasi-natürlich über den Körper entweder als männlich oder weiblich bezeichnet wird, unabhängig davon, ob es tatsächlich der männlichen oder der weiblichen Rolle entspricht. Ein solcher Kurzschluß liegt vor, wenn z. B. von Frauen (sex) in der Wissenschaft (gender männlich) die Rede ist, als würden sie sich vor allem „weiblich" verhalten. Frauen (sex) „spielen" aber in der nach „männlichen" Eigenschaften konstruierten Wissenschaft eine männliche Gender-Rolle, bzw. anders ausgedrückt, Träger von zugeschriebenem Merkmal „weiblich" übernehmen eine „männlich" definierte Leistungsrolle.

2.4 Kulturelle und soziale Androgynität

Die Einsicht darin, daß alle Menschen das gesamte Rollenrepertoire lernen und es auch in adäquaten Kontexten spielen, berechtigt dazu, die Dekonstruktion von „gender" noch einen Schritt weiter zu treiben und die Identität von Frauen (sex) und Männern (sex) als kulturelle oder soziale Androgynität zu bezeichnen. „Doing gender" heißt dann, „doing gender according to the gendered situation (or context)". Entscheidend dafür, welche Gender-Rolle wirklich aktiviert wird, ist der gesellschaftliche Kontext – und von diesem wurde auch im Diskurs über „doing gender" weitgehend abstrahiert.[17] Bei der Berücksichtigung des Geschlechts des

---

[16] Davon abstrahieren psychologische Untersuchungen, die die unterschiedlichen Fähigkeiten von Männern und Frauen messen wollen. Sie ignorieren den großen Bereich der „Überlappungen" in der Mitte der Normalverteilung und überschätzen statt dessen die jeweiligen abweichenden „Ränder" (Favreau 1997, 65 ff.).

[17] Nach Howe mußte von einer einheitlichen Frauenidentität im postmodernen Diskurs, in dem ethnische und schichtspezifische („race and class") Differenzen geltend gemacht wurden, Abstand genommen werden (1994, S. 165 ff.). Diese Dekonstruktion auf einzelne Spezies von Frauen führte m. E. zu einer Ontologisierung der Identität von Personen, insbesondere hinsichtlich des

Kontextes stellt sich die wichtige Frage des Verhältnisses von zugeschriebenem und erworbenem Status, bzw. die Frage, ob Leistung oder Askription den *master status* von Individuen darstellt.[18] Eine einfache Antwort darauf ist schon deshalb nicht zu haben, weil die vergeschlechtlichten Kontexte nicht nur aus einfachen deskriptiven Konstruktionen, sondern offensichtlich auch aus vielen „Als-ob" Annahmen bestehen.

In „männlichen" (gender) Kontexten wird Leistung gefragt, von zugeschriebenen Merkmalen des Körpers wird (scheinbar) abgesehen bzw. sie werden buchstäblich unterdrückt. Eine komplette Abstraktion vom Körper wäre aber nur dort möglich, wo es auf die menschliche Präsenz überhaupt nicht ankommt. In direkten Situationen müssen Menschen ihre körperliche Geschlechtszugehörigkeit (sowie das Alter[19] und die Ethnie) in jedem Augenblick darstellen. Auf der manifesten Ebene stellt das zugeschriebene Rollensegment im Verhältnis zu der Leistungsrolle lediglich ein Residuum bzw. ein notwendiges Requisit dar. Auf der latenten Ebene wird jedoch das zugeschrieben Merkmal Frau (sex) im Verhältnis zu der Belohnung als eine disqualifizierende Eigenschaft betrachtet. „Frau" zu sein heißt gleichsam eine größere Nähe zur Natur und folglich einen größeren Abstand zu kulturellen Anforderungen des „Systems" aufzuweisen (Schnock 1999), was die geringen Aufstiegsmöglichkeiten und die Unterbezahlung rechtfertigt. Damit wird sekundär diejenige Diskriminierung vertieft, der Frauen (sex) schon beim Eintritt in den männlich definierten Arbeitsmarkt ausgesetzt waren.

Die durchgängige Erfahrung von Frauen über ihre Benachteiligung aufgrund eines zugeschriebenen Merkmals mag dazu geführt haben, daß selbst in der feministischen Theorie die Gender-Rollenidentität als eine erschöpfende Identität betrachtet wird. Statt dessen müßte auch rollentheoretisch die alltägliche Beobachtung gewürdigt werden, daß eine Frau (sex), wenn sie beruflichen Erfolg haben will, zweimal soviel wie ein Mann (gender) „leisten muß", was heißt, sich „weiblich inadäquat" zu verhalten. Ebenso muß die Rollentheorie ihren eigenen Befund integrieren, daß Frauen eine „doppelte Vergesellschaftung" erfahren und als

---

Geschlechts. Die Identität eines Individuums wird nach wie vor als unteilbar eingeschlechtlich betrachtet, es gibt praktisch so viele soziale Klassen, wie es Menschen gibt.

18 Diese Frage wird neuerdings auch im Rahmen der Systemtheorie und der Theorie der gesellschaftlichen Differenzierung gestellt: Mit dem Übergang zur funktionalen Differenzierung verlören zugeschriebene Status sukzessive an Bedeutung. Statt einer durchgängigen Geschlechterdifferenz habe sich eine kontextuelle Kontingenz breit gemacht (Heintz/Nadai 1998, S. 82).

19 Auch die Altersrollen entstehen nicht von alleine aufgrund eines biologischen Verfallsprozesses, sondern sind kulturell vorgeschrieben. Beim Alter ist es vielleicht offensichtlicher als beim Geschlecht, daß es, obwohl es auch in jedem Augenblick des Verhaltens dargestellt wird, nur in bestimmten Kontexten (z. B. Einschulung, Rentenalter) die ausschlaggebende Variable ist.

Mütter und als *Erwerbstätige* Rollen in beiden großen Sphären der gesellschaftlichen Arbeitsteilung übernehmen. Die zahlreichen Darstellungen der Rollenparts des jeweils anderen „gender" sollten klar wahrgenommen werden und nicht länger als Ausnahmen von der Regel abgetan werden. Selbst die Darstellung des „sex" paßt sich nämlich dem Kontext an – erfolgreiche Frauen tragen nicht „Mini", sondern Nadelstreifen. Als ob Wissenschaftlerinnen um ihre Identität fürchten müßten, wenn sie zugeben, erfolgreich männliche Rollen zu spielen, tradieren sie (mit wenigen Ausnahmen) auch in der Wissenschaft die Annahme von ganzheitlichen entweder weiblichen oder männlichen Identitäten. Die Geschlechteridentität kann aber allenfalls jenen zehnten Charakter der Menschen bilden, von dem Musil (1952) und nach ihm Dahrendorf (1957, 1986) sprachen.

Zu den Ausnahmen zählt Elisabeth Badinter, die eine androgyne Revolution voraussagt. Sie vertritt nicht nur die schwächere These, daß jeder Mensch schon immer einen komplementären Rollenmix lernen mußte, sondern die starke These, daß sich zunehmend Frauen- und Männerrollen (gender) angleichen. Die Entwicklung geht in eine Richtung, in der aus dem Pool der zur Verfügung stehenden, bisher „gendered", Eigenschaften Frauen (sex) und Männer (sex) frei und individuell ihre, nunmehr kulturell androgynen Identitäten auswählen (Badinter 1988, S. 207 ff.; vgl. Dietzen 1993, S. 81 ff.). Ihre These hat aber in der feministischen Wissenschaft keinen großen Zuspruch gefunden, so daß erst Butlers Ansatz über „gender performance" für Aufregung sorgte (1990, 1993a, b; vgl. Vinken 1993).

Die beunruhigende These, daß „Geschlechter" nicht nur gemacht werden, sondern sie nichts als Masken sind, die von allen getragen, und Rollen, die von allen Menschen gespielt werden können, findet eine Bestätigung dort, wo Menschen ihr Geschlecht schon immer unter dem Druck der Umstände „gewählt" haben, nämlich in eingeschlechtlichen Institutionen wie dem Schiff, bei der Armee, im Kloster und im Gefängnis.

3 Geschlechterstruktur im Gefängnis

3.1 Das Gefängnis: eine totale, eingeschlechtliche Institution?

Das Gefängnis dient dem Ableisten der Freiheitsstrafe als der Anwendung von staatlichem physischem Zwang, der darin besteht, daß die Bewegungsfreiheit auf einen minimalen Radius eingeschränkt und der gesamte Tagesablauf streng reglementiert wird. Die Gefangenen dürfen nur noch sehr wenige Entscheidungen autonom treffen. Die Befriedigung der Bedürfnisse wird aufs äußerste beschränkt, was zu schweren Deprivationen führt. Deshalb wird das Gefängnis, ebenso wie die psychiatrische Anstalt, als eine totale Institution bezeichnet (Goffman 1961; Sykes 1958; Voß 1979). Trotz des gegenwärtig geltenden Strafzwecks „Resozialisierung" wird am Abschreckungsprinzip „less eligibi- lity" festgehalten. Dieses besagt, daß die Lebensverhältnisse im Gefängnis stets unter dem Lebensstandard in der Freiheit liegen müssen, damit ein bestimmter Personenkreis davon abgeschreckt wird, sich durch Strafrechtsverstöße einen „angenehmen" Aufenthalt im Gefängnis zu sichern. Tatsächlich ist die untere Unterschicht am stärksten von Kriminalisierung bedroht und bildet den weit größten Anteil an der Gefängnispopulation. Dementsprechend gestaltet sich die Gefängniskultur der Insassen (Clemmer 1958).

Für Männer und Frauen gibt es in der Regel getrennte Anstalten (Stöckle-Niklas 1989, S. 22 ff.). Im welchen Sinne kann dann in diesen Institutionen mit ein-geschlechtlicher Population (sex) von einer Geschlechterstruktur gesprochen werden? Zum einem im Sinne des „gendered" Universums überhaupt: Das Gefängnis als solches hat Kontrollfunktionen mit strafenden Sanktionen und dies in „loco patris", im Unterschied z. B. zu einer Pflegeanstalt, die in „loco matris" angelegt ist.[20] Auch das Gefängnis (ähnlich wie z. B. das Krankenhaus, die Schule und das gesamte Schulsystem) imitiert die Rollenteilung in der Familie: Die männliche (gender) Aufgabe der Leitung, der Überwachung und der Sanktionsgewalt ist dem bewaffneten Sicherheitsdienst anvertraut. Die weibliche Rolle (gender) der „strengen Mutter" mit Attributen wie Autorität, Hilfe, Fürsorge, Kontrolle übernehmen hingegen die Sozialdienste. Die erwachsenen Gefangenen müssen sich in die infantilen Rollen fügen, was freilich für das Ziel der Resozialisierung kontraproduktiv ist. Obwohl berechtigte Annahmen bestehen, daß ein großer Anteil von weiblichen Gefangenen (sex) deshalb in Konflikt mit dem Gesetz geraten ist, weil sie ihre weibliche Rolle (gender), ob bewußt oder unbewußt, ablehnten,[21] ist das Resozialisierungsprogramm in Frauengefängnissen überwiegend auf die Wiederherstellung einer „normalen" Weiblichkeit ausgerichtet: Erstens auf ihre Reproduktionsfähigkeit als treue und ergebene Ehefrauen und fürsorgliche Mütter im „privaten" Bereich und zweitens auf das Erlernen von „weiblichen" Berufen

---

[20] Die Bezeichnungen „Vater" und „Mutter" drücken aus, daß ihre Rollen, im Unter schied zu „Mann" und „Frau", nicht eindeutig durch entweder Leistung oder durch emotionale Zuwendung bestimmt sind, sondern zum Teil auch durch Fürsorge beim Vater bzw. auch durch Leistung bei der Mutter (Parsons/Bales 1956, S. 50f.; vgl. Graziosi 1993; Smaus 1997).

[21] Analoges gilt für straffällig gewordene Jungen (Kersten 1986). Vgl. Chesney-Lind (1977), Lees (1986).

für den Arbeitsmarkt (Hilfsköchin, Näherin, Wäscherin u. ä.). Da diese gering bezahlten Berufe nicht den Unterhalt von Frauen gewährleisten, wird im Gefängnis die rechtlich – materielle Abhängigkeit der Frauen „vom Ernährer" festgeschrieben, was wiederum eine der wichtigsten Stützen der patriarchalen Ordnung darstellt.[22]

Daß die Insassen von Gefängnissen ihre Erwachsenenrollen nicht gänzlich verlernen, liegt daran, daß sie eine informelle Struktur herausbilden, die als Gefängniskultur bezeichnet wird. Sie stellt sowohl einen Versuch dar, sich an die Verhältnisse im Gefängnis anzupassen, als auch das Mittel, in der totalen Institution die Normalität der Außenwelt herzustellen – und dazu gehört vor allem die symbolische Komplettierung der auf ein Geschlecht (sex) reduzierten Struktur. Daß Männer (sex) „Frauenrollen" und umgekehrt Frauen (sex) „Männerrollen" spielen, wird in der Gefängnisliteratur häufig beschrieben. Wie aber oben erwähnt, werden die „roleswitchs" bzw. die „Geschlechtsumwandlungen" im Gefängnis überwiegend als aus der Not entstandene *sexuelle* Abweichungen interpretiert (Ward/Kassenbaum 1965, S. 102, 116 ff.), was sicherlich auch daran liegt, daß zu Zeiten der empirischen Untersuchungen der Gefängnisse dekonstruktivistische Theorien über den Geschlechterdualismus noch nicht zur Verfügung standen . Um so bemerkenswerter sind aber diese frühen Beschreibungen des Phänomens der kulturellen Androgynität sowie des Geschlechtersymbolismus, weil sie unmittelbar die These zu bestätigen scheinen, daß Geschlechterrollen unabhängig von den biologischen Körpereigenschaften (sex) gespielt werden können. Noch unmittelbarer kommt dies in wissenschaftlich „unbefangenen" Memoiren von ehemaligen Gefangenen zum Ausdruck, wes- halb wir mit der Darstellung ihrer Sicht beginnen.

3.2 Berichte von ehemaligen Strafgefangenen

Dagmar Sirnkova, eine politische Gefangene in tschechischen Gefängnissen in den frühen sechziger Jahren, beschreibt in ihren Erinnerungen „Wir waren auch dort" (1980), wie sich „gewöhnliche" Strafgefangene verhalten:

> „Die Lesbierinnen teilten sich in zwei Geschlechter. Der stärkere Partner übernahm Verantwortung für die Familie, er traf alle wichtigen Entscheidungen, er kämpfte um sein Muttchen mit anderen Vätern, er trug eine Männerfrisur, er schlenderte über das Gelände mit Händen in den Taschen, und wenn er sich schneuzte, klang es wie die

---

[22] Erst, wenn die „Ernährer" versagen, haben Frauen Zugang zum subsidiären „Patriarchen", dem Staat (Smaus 1991).

Trompeten von Jericho. Er spuckte um sich herum und schimpfte auf männliche Art. Verbissen lehnt er alles ab, was nur am entferntesten an Weiblichkeit erinnert. Ab und zu ist er auf sein Muttchen eifersüchtig und schlägt sie tüchtig, weil man eben den Frauen die Flausen austreiben muß. Er schlug die lästigen Zigeunerinnen und sonstige Eindringlinge nieder und zeigte so seine männliche Kraft. Die Muttchen dagegen waren scheue, ruhige Frauchen. Sie schmückten sich und tratschten über die Väter, deren Hemden sie wuschen und bügelten. Sie stopften ihre Strümpfe und übernahmen für sie das Zimmerputzen. Es gehört sich nämlich nicht, daß ein Mann mit einem Besen in der Hand gesehen wird oder gar in der Schlange für das Essen ansteht. Sie lebten in einer unterwürfigen Hingabe und dem Bewußtsein, daß die Frau an den Waschtrog und ins Bett gehört. Sie waren auch auf ihre Väter eifersüchtig und schlugen sich um sie, aber auf eine weibliche Art, mit Haareausreißen und Kratzen"

„Es scheint Sonne und auf dem Hof lungern Zigeunerinnen herum. Väter und Muttchen spazieren wie auf einem Korso. Der verlebte Panda erteilt Ratschläge dem unerfahrenem Vater Erika, alias Hans. Betrübt vertraut Hans ihm seinen Kummer an. Das unlängst angeworbene Muttchen Helena hat immer noch moralische Bedenken. Sie sagt einmal ja und tausendmal nein, klagt Hans. ‚Weißt Du, was hilft? Prügel und Prügel', gibt Panda genußvoll seine Erfahrungen weiter. Eine neue Braut geht vorbei. ‚Oh Mann, hat die viel Holz vor der Tür!'"

„Mensch, bist Du ein Draufgänger', sagt neidvoll Hans und zwinkert der Ullrychova zu, die vorbei geht und einen Moment bei den Männern stehen bleibt. Das Glück ist auf ihrer Seite. Sie war Kupplerin in Pardubice. Mit anderen alten Weibern, Kupplerinnen, schiebt sie Liebesbriefe unter. Das Werben verläuft auf eine altertümliche Art und Weise, es braucht seine Zeit, die zu verführenden Jungfrauen zieren sich, sie lehnen ab, und piepsen dabei wie kleine Mäuse. Und die Väter singen Serenaden, bis die Jungfrauen nachgeben und in ihren Armen landen, worauf die Väter dann im Lager stolz verkünden: Ich habe sie entjungfert!"

„Die Lesbierinnen haben Olinka, die Tochter eines Großbauern, vergewaltigt. Sie hat sich zur Wehr gesetzt, aber gegen eine ganze Horde war sie machtlos. Beim Gericht haben die Kupplerinnen ausgesagt, daß es auf Olinkas eigenen Wunsch geschah. Jetzt streiten sich die Väter um sie, weil sie wegen ihrer Scham begehrenswerter als die Straßenprostituierten ist, die ohne Hemmungen über die Erlebnisse der letzten Nacht erzählen."

„Gerichtsverhandlungen sind auf der Tagesordnung. Wenn die Betroffenen vom Gericht in der Stadt zurückkommen, schreien die Väter über den ganzen Hof: „Wir sind amtlich getraut worden!"[23]

„Die lesbischen Beziehungen haben jetzt einen tieferen Sinn bekommen. Sie geben sich der Illusion hin, daß sie in einer Familie leben. Ihr wirkliches Leben hat sich

[23] Die Berichte von Simkova (1980) und Kanturkova (1984) über sexuelle Gewalt von Frauen an Frauen (sogar mit anschließendem Suizid eines Opfers) lassen die These zweifelhaft erscheinen, daß Vergewaltigungen nur ein typisches Verhalten in Männergefängnissen ist. Zwar fallen die Beschreibungen der Vergewaltigung in männlichen Gefängnissen ungewöhnlich drastisch aus, wie das folgende, wegen seiner „Milde" ausgewählte Beispiel zeigt. Ein interviewter Gefangener sagt aus: „All of sudden a coat was thrown over my face and when I tried to pull it off I was viciously punched in the face for around ten minutes. I fell to the floor and they kicked me all over my body including my head and my privates. They ripped my pants from me and five or six of them held me down and took turns fucking me" (Bowker 1980, S. 4). Vergessen wir nicht, daß Vergewaltigung vor allem Herrschaft und Unterwerfung bedeutet, Attribute, die auch die Frauen mit gender „männlich" in Frauengefängnissen anstrebten.

definitiv hinter die Mauer verlegt. Hier knüpfen sie Bekanntschaften und machen Scheidungen durch, erleben Liebe und Eifersucht, Erfolge und Verluste. Die Muttchen täuschen Schwangerschaften vor. Sie stopfen sich aus und erbrechen morgens. Sie kaufen sich in der Kantine Puppen und glauben, sie seien ihre Babys. Die Väter stellen Kinderwägen und Wiegen her. Die Muttchen stillen, sie nuscheln den Babys zu, klatschen sie auf den Po und beschweren sich: unsere Kleine will nichts essen."

Den Erinnerungen einer anderen tschechischen politischen Gefangenen Eva Kanturkova (Freundinnen im Haus der Trauer, 1984) entnehmen wir:

„Libuska hat lesbische Neigungen gehabt und war eher der Typ eines Vaters [...] Sie war sich ihrer Neigung dumpf bewußt, noch vor ihrem Ausbruch. [...] Im Kinderheim betrachten sich Mädchen gerne gegenseitig als Liebesobjekte, da müssen sie noch nicht einmal lesbisch sein, es ist durch die Situation und auch durch die Mode bedingt [...]. Im Gefängnis stellen jedoch den jungen Mädchen vor allem ältere Frauen nach. Eine „Mutter" hätte Libuska leicht gefunden, ja, sie hätte sie nicht einmal suchen müssen. Vielmehr hätte sich eine „Mutter" Libuskas angenommen, sie hätte ihre Wäsche gewaschen, für sie gestohlen und sie verteidigt. Libuska wollte aber keine lesbische Mutter, sie hat laut geschworen, sie tötet jede, die es wagt, sie anzufassen."

Lesen wir zum Vergleich zu diesem „Unterschichtsverhalten" eine sehr stark verkürzte Selbstbeschreibung von, wie wir sagen würden, platonischen Liebesbeziehungen von Angehörigen der (oberen?) Mittelschicht. Es geht um die Freundschaft von Margarete Buber-Neumann und Milena, die als die Freundin Kafkas bekannt geworden ist, im Konzentrationslager Ravensbrück (Buber-Neumann 1992).

„Innige Freundschaft ist immer ein großes Geschenk. Erlebt man dieses Glück in der trostlosen Umgebung des Konzentrationslagers, kann sie zum Inhalt des Lebens werden. Milena und mir gelang es in der Zeit des Beisammenseins, die unerträgliche Gegenwart zu überwinden. In ihrer Kraft und Ausschließlichkeit wurde diese Freundschaft noch mehr, sie wurde zu einem offenen Protest gegen die Entwürdigung. Alles konnte die SS verbieten, uns zu Nummern degradieren, uns mit dem Tode bestrafen, uns versklaven – in den Gefühlen zu einander blieben wir frei und unantastbar. Es war Ende November geworden, als wir bei einem Abendspaziergang das erste Mal wagten, einander unterzufassen, denn das war in Ravensbruck streng verboten [...]. So wurde unser Wunsch, nun einmal für längere Zeit ungestört beieinander zu sein, immer heftiger [...]. Milena hatte beschlossen, mich nachts im Dienstzimmer zu besuchen [...]. Beim Gedanken an die schreckliche Gefahr, die Milena drohte, stockte mir das Herz. Aber ihre wilde Entschlossenheit beschämte mich, und ich stimmte zu [...]. Da wurde von außen die Blocktür geöffnet und herein trat Milena, leise vor sich hinpfeifend: it' s a long way to Tipperary". Ich packte sie am Arm und zerrte sie in das Dienstzimmer. Ihre Haare trieften, die Hausschuhe [...] waren völlig durchweicht. Aber was bedeutete das schon! Es war ihr geglückt. Wir hockten vor dem warmen Öfchen, das ich vorsorglich geheizt hatte, und fühlten uns wie nach einer gelungenen Flucht aus dem Kerker [...]. Der dunkle, warme Raum gab ein Gefühl von Geborgenheit. Milena kroch dicht an den Ofen, um sich zu trocknen. „Deine Haare riechen ja nach Baby", flüsterte ich lachend. „Bitte, erzähle mir doch mal von deinem Zuhause , von Prag, als du noch klein warst! Ich wüßte so gern, wie du damals ausgesehen hast".

3.3 Wissenschaftliche Analysen der Geschlechterbeziehungen im Gefängnis

In den Memoiren aus dem Gefängnis wird durchgängig zwischen *echter* Homosexualität, die als „natürliche „Abweichung hingenommen wird, und einer aus der Gefängnisnot entstandenen, *unechten* Homosexualität unterschieden, wobei für uns die letztere Erscheinung von Bedeutung ist. Die Tatsache, daß dieses Verhalten in den erwähnten Beispielen einseitig dem „Gefängnisplebs" zugeschrieben wird,[24] sowie die Bezeichnung der entsprechenden Rollen als Gefängnisargot (Sykes 1970, S. 460ff.)[25] könnte möglicherweise die Aufmerksamkeit der LeserInnen von den „positiven" Funktionen der vermeintlichen Homosexualität für die Eingeschlossenen und ihrer rollentheoretischen Bedeutung ablenken. Die Beziehungen, die als sexueller Austausch beschrieben werden, lassen sich nämlich keineswegs auf Sexualität reduzieren. Die Deprivation heterosexueller Bedürfnisse soll bei Frauen nicht einmal den wichtigsten Grund für die Aufnahme von homosexuellen *Praktiken* bilden, vielmehr vermissen sie am meisten den Kontakt mit ihren Familien und Freunden (Ward/Kassebaum 1965, S. 70). Jedoch bildet selbst die eingeschränkte sexuelle Beziehung als die residuale, zur Verfügung stehende Ausstauschsmöglichkeit noch die Folie, auf welcher mannigfache andere Bedürfnisse autonom befriedigt werden können. Den Texten kann entnommen werden, daß es sich vor allem um das Bedürfnis nach dauerhafter enger Beziehung, nach Geborgenheit und Sicherheit handelt. Die Zweierbeziehungen wirken den Entwürdigungen und dem Verlust der Autonomie durch das Gefängnis entgegen. Ohne Zugang zu privaten Räumen zu haben, schaffen die Beziehungen eine

24 Diese Sicht drängt auch deshalb auf, weil die gebildeten weiblichen politischen Gefangenen ihre Überlebensstrategie eher als Triebsublimierung bzw. platonische Freundschaften denn als ausgelebte Sexualität beschreiben. Wir erfahren aus ihren Berichten nicht, auf welche Weise sie das Fehlen der männlichen Rollenparts bewältigt haben, und ad hoc von Verdrängungen zu sprechen, steht uns nicht zu. Es ist aber wahrscheinlich, daß einige der gebildeten Frauen zumindest die professionellen männlichen (gender) Funktionen von Seelsorger, Arzt, Professor u.ä. übernommen haben.

25 Vgl. Ausdrücke wie „stud, real man, wolf" für die männliche Gender-Rolle, „girl, punk" für die weibliche Gender-Rolle bei quasi-heterosexuellen Beziehungen von Männern (sex) in Männergefängnissen (Bowker 1980, S. 14). In quasi-heterosexuellen Beziehungen von Frauen (sex) wird der „männliche" Part als „stud broad, daddy, butch, drag butch", der „weibliche" als „femme, mommy" bezeichnet (Giallombardo 1966, S. 124; Ward/Kassebaum 1965, S. 102 ff.).

symbolisch geschlossene Sphäre, eine Intimität, von der andere physisch anwesende Personen ausgeschlossen sind. In einer prinzipiell feindlichen Welt, in der eine Gefangene nicht der anderen trauen kann, sichern sie relativ dauerhafte Loyalitäten, wie auch Giallombardo in ihren Untersuchungen fand (1966, S. 103; 1974). Die Beziehungen werden freilich von einigen auch aus rein utilitaristischen Bedürfnissen eingegangen.[26]

Das sexuelle Verhalten im Gefängnis kann indessen auch als eine beispielhafte Bestätigung der eingangs aufgestellten Thesen betrachtet werden: Zum einen ist das *biologische Geschlecht für das geschlechtsspezifische Rollenverhalten nicht die ausschlaggebende Variable*. Ob freiwillig oder aus der Not, Menschen sind auch im erwachsenen Alter imstande, die jeweils „andere" Rolle zu übernehmen, und dies nicht nur bei der Befriedigung sexueller Bedürfnisse . Die Ergebnisse der empirischen Untersuchungen von Ward/Kassebaum (1965), Giallombardo (1966; 1974) und Stöckle-Niklas (1988) über Frauengefängnisse bestätigen in systematischer Weise die oben erwähnten biographischen Beobachtungen. Die AutorInnen beobachteten, daß die „weibliche" Rolle von Frauen im Gefängnis lediglich reproduziert wird, die „männliche" hingegen mit relativ viel Aufwand und Selbstkontrolle erlernt werden muß.[27] Man muß sich mit dem ungewöhnlichen Gedanken anfreuden, daß es möglich ist, die körperliche Identität (sex) desjenigen Geschlechts anzunehmen, dessen Rolle (gender) man spielt: Wenn Not am „Mann" ist, wird aus Barbara Bob, aus Rachel Ray usw. (Giallombardo 1966, S. 138).

Bei dieser Disponibilität der Geschlechterrollen ist es dann aber bemerkenswert, daß überhaupt noch am Muster eines komplementären Rollenverhaltens festgehalten wird. Die Unterscheidung zwischen einer „echten, natürlichen" Homosexualität und der „unechten", artifiziellen bzw. intentionalen Homosexualität, die wir als Quasi-Homosexualität bezeichnen wollen, bestätigt in der Tat auch die zweite These über die *Existenz und die aktive Reproduktion des Geschlechtersymbolismus*, in dem alles entweder dem männlichen oder dem weiblichen Prinzip zugeordnet wird. Dabei ist es für die Unterstellung einer kulturellen bzw. sozialen Androgynität unerheblich, daß Sexualität im Gefängnis vorwiegend als eine unmoralische und verachtenswerte Tatsache beschrieben wird. Das fast ausschließliche Interesse der Forschung für die erotische Seite der „turnouts" bzw. der „role-

---

[26] Vgl. „canteen punk, hustler, chippies" für Personen, die sich im Gefängnis prostituieren (Bowker 1980, S. 14).

[27] Das geht so weit, daß „stud broads" bei der Gefängnisverwaltung selbst keine Monatsbinden beantragen, die Brüste mit einem Band flach drücken und „butches" bei sexueller Betätigung nicht die Kleider ablegen (Giallombardo 1966, S. 139; Ward/Kassebaum 1965, S. 179 ff.).

switsches" kann nicht länger die Einsicht behindern, daß sie weit über das sexuelle Begehren hinaus das Bedürfnis nach der Komplettierung der eingeschlechtlich eingerichteten Gefängniswelt befriedigen. Es ist vor allem Giallombardo zu verdanken, daß das quasi-homosexuelle Verhalten in Frauengefängnissen über den Ausstausch von Wohlbefinden hinaus als die Grundlage der Bildung von Paarbeziehungen erkannt wurde, um die herum sich „Familien" konstituieren und diese wiederum zu Verwandschaftssystemem ausgeweitet werden. Dies drückt sich in der Wahl der Bezeichnungen aus: „mommy, poppy, my old lady, my old man" sowie „people" für die gewählte Verwandschaftsstruktur. Es gibt sogar lebendige „Kinder", nicht nur Puppen, wobei viele jugendliche Gefangene die „Adoption" und den Schutz seitens ihres „Elternteils" mit sexueller Ausbeutung bezahlen müssen.[28] Giallombardo beschreibt die „homosexual alliance" als „marriage unit" – und dies zu Recht, weil die Ersatzfamilie und -verwandschaft im Gefängnis die gleichen Funktionen erfüllen wie die „echten" Affiliationen in der Freiheit (Giallombardo 1966, S. 136 ff.; 1974, S. 145, 187, 212).

Die Befunde aus dem Männergefängnis scheinen allerdings der These über die „prägende Kraft" des Geschlechtersymbolismus zu widersprechen. Aus Männergefängnissen wird nämlich berichtet, daß sexuelle Beziehungen hauptsächlich auf der Grundlage der Angst vor dem Verlust der Maskulinität konstituiert werden. Deshalb umwerben die „real men" bzw. „wolfs" die jungen Männer nicht, sondern vergewaltigen sie, und zwar nicht so sehr aus sexuellen Bedürfnissen, sondern als Demonstration von Macht. Lassen wir einen Gefangenen sprechen:

> „The general way of thinking it's 'cause we're confined and we've got hard rocks. But that ain't at all. It's a way for the black man to get back at the white man. It's one way he can assert his manhood. Anything white, even a defenseless punk, is part of what the black man hates. it's part of what he's had to fight all his life just to survive just to have a hole to sleep in and some garbage to eat [...]. It' s a new ego thing. He can show he's a man by making a white guy into a girl". (Bowker 1980, S. 9).[29]

[28] Vgl. die Bezeichnung „kid" für einen jungen Gefangenen, der „Schutz" bei einem älteren Gefangenen im „Austausch" für sexuelle Dienstleistungen findet (Bowker 1980, S. 14).

[29] Daß es sich um schwarze Population handelt, erklärt sich nach Bowker mit ihrer Überrepräsentanz an der Gefängnispopulation. Schwarze Männer reagierten auf die Inferiorität und Deprivation mit der Hervorhebung ihrer Maskulinität und Macht. Im Gefängnis sei ihr Selbstwert in ausschließliche Abhängigkeit von der Demonstration ihrer sexuellen und physischen Potenz geraten (1980, S.8f.). Die physische Überlegenheit, die mit dem, allerdings gering bezahlten, körperlichen Arbeitsvermögen der Unterschichtsmänner einhergeht, würde auch erklären, warum die „Mittelschichtsmänner", die auf dem Arbeitsmarkt nicht ihre *physische* Kraft einsetzen, potentiell als „schwach" und daher als „weiblich" bzw. „verweiblicht" definiert werden.

Aus der Sicht des Vergewaltigers erscheine es nur als natürlich, wenn aus einem Mann, der ohnehin schon weibliche Eigenschaften, zu welchen die Zugehörigkeit zur Mittelklasse, die Attribute weiß, jung, unerfahren, verurteilt wegen geringer Vergehen, eher schwächlicher Körperbau zählen, eine Frau gemacht werde (Bowker 1980, S. 11). Die Vergewaltiger begreifen dies als heterosexuelle Aktivität, weil sie nämlich als echte Männer und nicht als Homosexuelle verstanden werden wollen, was sie als gelungen betrachten, wenn sie ihre Opfer zu Frauen machen und sie auch noch als Mädchen bezeichnen.[30]

Offensichtlich dient in Männergefängnissen die Komplementierung der Geschlechterstruktur – im Unterschied zu Frauengefängnissen – vordergründig nicht der Herstellung einer komplexen Welt, sondern der Reproduktion der Vormachtstellung zumindest einiger Männer, die „Männer“ bleiben wollen. Das würde heißen, daß es eine weibliche und eine männliche Prägung oder Sicht der Geschlechterstruktur gibt: Frauen betonen den konsensualen Aspekt, Männer hingegen die Momente der Macht und der Gewalt. Diese geschlechtspezifische „Urheberschaft“ verschiedener, aber doch komplementärer Vorstellungen über die Geschlechterstruktur könnte von neuem zu einer ontischen Begründung von Unterschieden zwischen Männern und Frauen verleiten, wenn hier nicht vorher deutlich gemacht worden wäre, daß „sex“ und „gender“ unter- schieden werden müssen. Wenn erwachsene „Frauen“ und „Männer“ unterschiedliche Vorstellungen über die Geschlechterstruktur haben, dann haben sie sie nicht als „sex“, sondern als „gender“, wozu allerdings auch in der Perspektive des „doing gender according to the social context“ als durchgängige Variable die Unterdrückungserfahrung von Frauen (sex) gehört. Wir vermuten aber auch, daß Forschern, die noch nicht für die Geschlechterkonstruktion sensibilisiert wurden, ein sex-gender-bias unterläuft, und sie nur das sehen, was in die jeweilige Rollenmatrix „paßt“ bzw. was davon in deutlicher Weise abweicht. Es könnte sein, daß wegen der überwältigenden Salienz der Gewalt in Männergefängnissen andere, fürsorgliche Verhaltensweisen übersehen werden, sei es „Ehen“, „Familien“, „Brüderschaften“ oder wenigstens Bündnisse.

Die Nachbildung der Normalität im Gefängnis wird als derjenige Mechanismus bewertet, der die durch die Freiheitsstrafe bedrohte Fähigkeit für das Leben in der Freiheit konserviert. So gesehen würde die ungeheuerliche Anstrengung, die die Komplettierung der Geschlechterstruktur im Gefängnis verlangt, nur ein

[30] Auch aus deutschen Gefängnissen wird berichtet, daß es das Ansehen der schon in der informellen Gefängnishierarchie hoch stehenden Männer noch erhöht, wenn sie solche aggressiven Verhaltensweisen zeigen (Babelotzky 1984, S. 164; ähnlich Stöckle-Niklas 1989, S.95).

Trägheitsmoment bedeuten, das das patriarchale Abhängigkeitsverhältnis in Freiheit reproduziert. Es muß aber mit Harding (1990) daran erinnert werden, daß der Geschlechterdualismus alle für die materielle und natürliche Reproduktion erforderlichen Prozesse umfaßt, so daß in keinem gesellschaftlichen Kontext einfach auf die jeweils „andere" Seite der Kompetenzen verzichtet wer- den kann. In Gefängnissen wird *schöpferisch* das jeweils andere Geschlecht und damit *konservativ* die Normalität nachgeahmt. Die Nachahmung läßt aber die Normalität selbst als ein „Stück", als eine Parodie auf Geschlechterdifferenzierung erscheinen, in der ausgerechnet Unterschichtsmitglieder, und dies nicht nur im Gefängnis, sondern auch im normalen Leben[31] eine Pionierrolle spielen.

Es ist indessen kaum zu erwarten, daß Strafgefangene zu Vorbildern für eine bewußte kulturelle und soziale Androgynität werden. Aus der Parodie eine Politik zu machen,[32] wäre eher eine Aufgabe für WissenschaftlerInnen, einschließlich der KriminologInnen. Sie könnten folgende Bilanz ziehen: Die im Geschlechtersymbolismus zusammengefaßten Eigenschaften und Prozesse sind zum großen Teil notwendige Prozesse. Also sollten gesellschaftlichen Institutionen ihre jeweils verborgenen Eigenschaften nicht länger unterdrücken. Dies würde die ohnehin schon bestehende Praxis deutlich machen, daß schon jetzt fast alle Menschen fast alle Rollen „machen" können. Die bisherige Höherbewertung der als männlich bezeichneten Eigenschaften, die für Frauen (sex) nachteilig ist, würde delegitimiert werden. Frauen würden nicht länger um eine Gleichbewertung einer als ontisch aufgefaßten Differenz „kämpfen" (männlich oder weiblich?), sondern auf den empirisch vorhandenen Bestand von Gleichheit setzen. Menschen träfen selbst die Entscheidung, in welche (veränderten) Kon- texte sie eintreten und wie sie ihre Individualität aus dem gesamten Rollenrepertoire zusammenstellen. Identitäten würden nicht primär nach (angeblich) zugeschriebenen, sondern hauptsächlich an erworbenen Merkmalen festgemacht. Dann würde nicht länger der Unterleib das Frauenschicksal bestimmen, sondern der ganze Mensch.

---

31 Sie müssen z. B. häufiger die männliche (gender) Rolle der Ernährer der Familie übernehmen.

32 Vgl. Überschrift in Butler 1990, S. 142.

Literatur

Althoff, M. /Kappel, S. (Hrsg.), Geschlechterverhältnis und Kriminologie, 5. Beiheft des Kriminologischen Journals, Weinheim 1995.

Althoff, M. /Leppelt, M., „Kriminalität" – eine diskursive Praxis, Foucaults Anstösse für eine Kritische Kriminologie, Hamburg 1995.

Babelotzky, A., Aggressive Interaktion im Strafvollzug, Mainz 1984.

Badinter, E., Ich bin Du. Die neue Beziehung zwischen Mann und Frau oder Die androgyne Revolution, München u. a. 1988.

Bartky, S. L., Foucault, Feminity and the Modernization of Patriarchal Power, in: Diamond, I. /Quninby, L. (eds.), Feminism & Foucault. Reflections on Resistance, Boston 1988, S. 61-86.

Benjamin, J., Die Fesseln der Liebe. Psychoanalyse, Feminismus und das Problem der Macht, Frankfurt/M 1990.

Beauvoir, S. de, Das andere Geschlecht: Sitte u. Sexus der Frau, Hamburg 1951.

Bowker, L. H., Prison Victirnization, New York u. a. 1980.

Buber-Neumann, M., Milena, Kafkas Freundin, Berlin 1992.

Butler, J., Gender Trouble. Feminism and the Subversion of Identity, New York u. a. 1990.

Butler, J., Für ein sorgfältiges Lesen, in: Benhabib, S. /Butler, J./Cornell, D. /Fraser, N., Der Streit um Differenz. Feminismus und Postmoderne in der Gegenwart, Frankfurt/M 1993a, S. 122-132.

Butler, J., Ort der politischen Neuverhandlung. Der Feminismus braucht „die Frauen", aber er muß nicht wissen, „wer" sie sind, in: Frankfurter Rundschau, Nr. 171, 1993b, S. 10.

Cain, M., Towards Transgression: New Directions in Feminist Criminology, in: International Journal of the Sociology of Law 18, 1990, S. 1-18.

Chesney-Lind, M., Judicial Paternalism and the Female Status Offender – Training Women to Know Their Place, in: Crime and Delinquency 23, 1977, S. 121-130.

Clemmer, D., The Prison Community, New York 1958.

Dahrendorf, R., Homo Sociologicus (1957), in: Dahrendorf, R., Pfade aus Utopia, München, Zürich 1986, S. 128-194.

Degler, C. N., Darwinians Confront Gender, or, There Is More to lt than History, in: Rhode, D. L. (ed.), Theoretical Perspectives on Sexual Difference New Haven London 1990, S. 33-46.

Dietzen, A., Soziales Geschlecht, Opladen 1993.

Dworkin, A., Pornographie, Köln 1987.
Favreau, O. E., Sex and Gender Comparisons: Does Null Hypothesis Testing Create a False Dichotomy?, in: Feminism & Psychology 7, 1997, S. 63-81.
Giallombardo, R., Society of a Women's Prison, New York u. a. 1966.
Giallombardo, R., The Social World of lmprisoned Girls. A Comparative Study of Institutions for Juvenile Delinquency, New York 1974.
Gildemeister, R. /Wetterer, A., Wie Geschlechter gemacht werden, in: Traditionen Brüche, hrsg. von Knapp, G.-A. /Wetterer, A., Freiburg 1992, S. 201-254.
Goffman, E., Asylums. Essays on the Social Situation of Mental Patients and Other Inmates, New York 1961.
Graziosi, M., Infirmitas sexus. La donna nell'immaginario penalistico, in: Diritto sessuato?, Sonderband von Democrazia e Diritto 1993, S. 99-144.
Hagemann-White, C., Machtstreben und Männlichkeit: Extrafunktionale Qualifikationen im Hochschullehrerberuf, in: Wetterer, A. (Hrsg.), Profession und Geschlecht. Über Marginalität von Frauen in hochqualifizierten Berufen, New York u. a. 1992, S. 245-256.
Harding, S., Feministische Wissenschaftstheorie: Zum Verhältnis von Wissenschaft und sozialem Geschlecht, Hamburg 1990.
Hartsock, N., The Feminist Standpoint: Developing the Ground for a Specifically Feminist Historical Materialism, in: Harding, S. /Hintikka, M. (eds.), Discovering Reality, Feminist Perspectives on Epistemology, Metaphysics, Methodology and Philosophy of Science, Dordrecht 1983.
Heintz, B. /Nadai, E., Geschlecht und Kontext. De-Institutionalisierungsprozesse und geschlechtliche Differenzierung, in: Zeitschrift für Soziologie 27, 1998, S. 75- 93.
Hirschhauer, S., Die interaktive Konstruktion von Geschlechtszugehörigkeit, in: Zeitschrift für Soziologie 18, 1989, S.100-118.
Hirschhauer, S., Dekonstruktion und Rekonstruktion. Plädoyer für die Erforschung des Bekannten, in: Feministische Studien, Kritik der Kategorie „Geschlecht“ 11, 1993, S. 55-67.
Honegger, C., Die Ordnung der Geschlechter. Die Wissenschaften von Menschen und das Weib, Frankfurt/M u. a. 1991.
Howe, A., Punish and Critique. Towards a Feminist Analysis of Penality, New York 1994.
Irigaray, L., Die Zeit der Differenz. Für eine friedliche Revolution, Frankfurt/M u. a. 1989.
Kanturkova, E. Pritelkyne z domu smutku, Köln 1984 (Übersetzung von G.S.).

Kappel, S., Der Herstellungsmodus von Geschlecht und der ihm hartnäckig anhaftende Schein der Natürlichkeit, in: Althoff, M. /Kappel, S., (Hrsg.), Geschlechterverhältnis und Kriminologie, 5. Beiheft des Kriminologischen Journals, Weinheim 1995, S. 58-76.

Katz Rothman, B., On Maps and Imaginations: Sociology Confronts the Genome, in: Social Problems 42, 1995, S. 1-10.

Kersten, J., Gut und Geschlecht. Zur institutionellen Verfestigung abweichenden Verhaltens bei Jungen und Mädchen, in: Kriminologisches Journal 18, 1986, S. 241-257.

Laqueur, T., Auf den Leib geschrieben. Die Inszenierung der Geschlechter von der Antike bis Freud, Frankfurt/M u. a. 1992.

Lees, S., Sitte, Anstand und die soziale Kontrolle von Mädchen. Eine englische Studie, in: Kriminologisches Journal 18, 1986, S. 258-272.

Lindemann, G., Die Konstruktion der Wirklichkeit und die Wirklichkeit der Konstruktion, in: Wobbe, T./Lindemann, G. (Hrsg.), Denkachsen. Zur theoretischen und institutionellen Rede vom Geschlecht, Frankfurt/M 1994, S. 115-146.

Maccormack, C. P., Nature, Culture and Gender: a Critique, in: Maccormack, C. P. /Strathern, M. (eds.), Nature, Culture and Gender, Cambridge 1992, S. 1-24.

Mackinnon, C., Feminism Unmodified: Discourses on Life and Law, Cambridge, Mass. 1987.

Maihofer, A., Geschlecht als hegemonialer Diskurs. Ansätze zu einer kritischen Theorie des „Geschlechts", in: Wobbe, T./Lindemann, G. (Hrsg.), Denkachsen. Zur theoretischen und institutionellen Rede vom Geschlecht, Frankfurt/M 1994, S. 236-263.

Mead, G. H., Die Genesis der Identität und soziale Kontrolle, in: Mead, G. H., Gesammelte Schriften Bd. 1, hrsg. von Joas, H., Frankfurt/M 1980, S. 299-328.

Musil, R., Der Mann ohne Eigenschaften, Hamburg 1952.

Parsons, T., The Social System, London 1952.

Parsons, T. /Bales, R., Family. Socialization and Interaction Process, London 1956.

Platt, S., Feministische Rechtswissenschaft zwischen Gleichheit vor dem Gesetz und Differenz der Geschlechter, in: Althoff, M./Kappel, S. (Hrsg.), Geschlechterverhältnis und Kriminologie, 5. Beiheft des Kriminologischen Journals, Weinheim 1995, S. 42-57.

Popitz, H., Prozesse der Machtbildung, Tübingen 1968.

Schüssler-Fiorenza, E., Brot statt Steine, Freiburg 1988.
Schnock, B., Die Gewalt der Verachtung. Sexuelle Belästigung von Frauen am Arbeitsplatz, St. Ingbert 1999.
Simkova, D., Byly jsme tarn take, Toronto 1980 (Übersetzung von G.S.).
Smaus, G., Reproduktion der Frauenrolle im Gefängnis, in: Streit 9, 1991, S. 23-33.
Smaus, G., Physische Gewalt und die Macht des Patriarchats, in: Galtung, J. /Kinkelbur, D. /Nieder, M. (Hrsg.), Gewalt im Alltag und in der Weltpolitik, Münster 1993, S. 139-150.
Smaus, G., Feministische Erkenntnistheorie und Kriminologie von Frauen, in: Althoff, M. /Kappel, S. (Hrsg.), Geschlechterverhältnis und Kriminologie, 5. Beiheft des Kriminologischen Journals, Weinheim 1995, S. 9-27.
Smaus, G., Das Geschlecht des Strafrechts, in: Rust, U. (Hrsg.), Juristinnen an den Hochschulen – Frauenrecht in Lehre und Forschung, Baden-Baden 1997, S. 182-196.
Stöckle-Niklas, C., Das Gefängnis – eine eingeschlechtliche Institution, Godesberg 1989.
Sykes, G. M., The Society of Captives, New York 1958.
Sykes, G. M., Argot Roles: Wolves, Punks and Fags: in: Johnston, N. /Savitz, L. /Wolfgang, M. (eds.), The Sociology of Punishment and Correction, New York u. a. 1970, S. 460-462.
Vinken, B., Geschlecht als Maskerade. Judith Butler stellt natürliche Identitäten in Frage, in: Frankfurter Rundschau Nr. 102, 1993, S. 10.
Voss, M., Gefängnis – für wen? Eine kritische Funktionsbestimmung des Strafvollzugs, Bielefeld 1979.
Ward, D. A. /Kassebaum, G. G., Women's Prison. Sex and Social Structure, London 1965.
West, C. /Zimmermann, D. H., Doing Gender, in: Gender and Society 2, 1987, S. 125-151.
Wetterer, A., Hierarchie und Differenz im Geschlechterverhältnis, in: Wetterer A. (Hrsg.), Profession und Geschlecht. Über Marginalität von Frauen in hochqualifizierten Berufen, New York u. a. 1992, S. 13-40.
Willms-Hergett, A., Frauenarbeit. Zur Integration der Frauen in den Arbeitsmarkt, Frankfurt/M u. a. 1985.

Die Mann-von-Mann-Vergewaltigung als Mittel zur Herstellung von Ordnungen

Gerlinda Smaus (2001)*

1 Einführung

1.1 Gewalt in intergeschlechtlichen Verhältnissen

Vergewaltigungen wurden meist im Zusammenhang mit Gewalt von Männern gegenüber Frauen als ein wichtiger Bestandteil des Geschlechterverhältnisses bzw. der „Ordnung der Geschlechter" (Honegger 1991) behandelt. So hat sich auch die vor einem Jahr stattgefundene Konferenz mit Repräsentationsformen und der Art und Weise der Codierung sexueller Gewalt im Recht, der Gerichtsmedizin und vor allem der Literatur befasst.[1] Die Beiträge bestätigten, was auch das Ergebnis meiner Untersuchung sein wird, dass Vergewaltigungen jenseits des Verhaltensaspekts Bedeutung ausschließlich über die sich wandelnden kulturellen Codierungen erhalten. Das impliziert einen besonders großen Hiatus zwischen Tat und der körperlichen Erfahrung der Betroffenen auf der einen Seite und ihren Interpretationen auf der anderen, gleich, ob es sich um elaborierte rechtliche, literarische oder schlicht alltagssprachliche „Bearbeitungen" der Ereignisse handelt. Wie Künzel herausstellt, rekurrieren die Narrationen ihrerseits auf Geschlechterkonstruktionen und Konzepte von Sexualität und Gewalt (Künzel 2003). Dies erklärt jeden Bezug auf Natur zur Irrelevanz und fordert stattdessen zur Analyse der unaufhörlichen Konstruktionstätigkeit der Gesellschaftsmitglieder auf. Die Frau-von-Mann-Vergewaltigung verweist symbolisch auf eine recht allgemeine soziale Struktur, nämlich auf das Patriarchat, bzw. die Männerherrschaft.[2] Das Forschungsthema „Ge-

---

* Ursprünglich erschienen in: Martina Althoff u. a. (Hg.) Zwischen Anomie und Inszenierung. Interpretationen der Kriminalität und der sozialen Kontrolle. Zum Gedenken an Detlev Frehsee. Baden-Baden: Nomos 2001, S. 129-152.

[1] Arbeitsgemeinschaft am ZiF in Bielefeld zum Thema: Vergewaltigung - Brüche und Kontinuitäten in der kulturellen Codierung sexueller Gewalt in drei Jahrhunderten (18. bis 20. Jh.) vom 4.-6. Juli 2002.

[2] Historisch ist der Begriff Patriarchat aus der Tatsache eines sich selbst versorgenden Hauses abgeleitet und er schließt nicht nur die Herrschaft des Vaters, sondern auch seine Fürsorglichkeit und

J. Feest und B. Pali (Hrsg.), *Gerlinda Smaus: „Ich bin ich"*, Schriftenreihe des Strafvollzugsarchivs, https://doi.org/10.1007/978-3-658-31723-2_14

walt und Patriarchat" wurde in die Sozialwissenschaften in den siebziger Jahren, unspezifisch und allgemein ausgedrückt, vom „Standpunkt der Frauen" und von weiblichen Wissenschaftlerinnen eingeführt.[3] Kein Wunder also, dass in erster Reihe die intergeschlechtliche Bedeutung von Gewalt interessierte, obwohl nicht übersehen wurde, dass Gewalt überwiegend unter Männern selbst, also intrageschlechtlich, angewandt wird.[4]

In einer impliziten Arbeitsteilung wurde das Problem der intrageschlechtlichen Gewalt männlichen Forschern überlassen (beispielhaft Meuser 1999), die aber interessanterweise lange Zeit ein Thema gemieden haben, nämlich Männer als Täter und Opfer sexueller Nötigung. Dieses Problem wurde nur im Zusammenhang mit gleichgeschlechtlichen Vergewaltigungen im Gefängnis behandelt und als eine ethnographische Kuriosität dargestellt. Gefängnisberichte lesen sich wie Nachrichten aus der exotischen Welt der Verbrecher, die nichts mit der Normalität gemeinsam hat. Die vermeintliche Homosexualität wurde als Perversion etikettiert, ohne ihre Bedeutung für die Aufrechterhaltung der normativen Heterosexualität zu beachten. Die Berichte verraten zwar eine Faszination über die Argot-Rollen, diese werden aber als das absolut Andere und „Untere" behandelt und mit einem starken Unwerturteil belegt.[5] Dass Mann-von-Mann-Vergewaltigungen eine verbreitete Praxis auch außerhalb der Gefängnisse darstellen und dass sie vergleichbare Bedeutungen wie die Frau-von-Mann-Vergewaltigungen haben, wurde dabei übersehen.

Die Bedeutung der Vergewaltigungen von Frauen besteht wohl darin, Frauen zu zeigen („zu bedeuten"), sie mögen auf „ihrem Platz", also in der gesellschaftlichen Organisation der Geschlechter „unten" bleiben. Die Geschlechterstruktur ist, ganz analog wie die Schichtstruktur, als eine vertikale in der Weise zu denken, dass die Variable „Geschlecht weiblich" die Wirkung der geschlechtsspezifischen Variablenverteilung von Bildung, Einkommen, Beruf negativ verstärkt. Man spricht von einer *ceteris-paribus-Klausel*: Denn, wenn sonst alle Merkmale gleich sind, sind Frauen den Männern *unterlegen* (vgl. Smaus 1994). Für diese jeweilige Unterlegenheit der sonst gleichen Frau ist Gewalt verantwortlich, die in die Re-

---

Verantwortlichkeit für das Wohlergehen der Mitglieder des Hauses ein. Seit der Industrialisierung können Männer diese Verantwortlichkeit nicht mehr eigenständig übernehmen; deshalb bleiben nur ihre, nunmehr unbegründeten. Herrschaftsansprüche übrig. Dieser Sachverhalt wird als Männerherrschaft bezeichnet (vgl. Smaus 1994).

3 Zusammenfassung bis 1994 vgl. Smaus 1994.

4 Vgl. Steffen, die herausgestellt hat, dass Gewaltanwendungen in Biografien von Frauen seltene Ereignisse darstellen (Steffen 1987: 47).

5 Vgl. Sykes (! 958: 460 ff.), dem man freilich keine Vereinfachungen vorwerfen kann.

produktion des Geschlechterverhältnisses gemäß Bildung, Beruf und Einkommen interveniert.[6] Wenn man Gewalt als eine der Ressourcen der Macht begreift (vgl. Weber 1956), kann die Geschlechter-, im Unterschied von der Schichtstruktur, unmittelbar als ein auf Macht aufgebautes Verhältnis, nämlich als *Männerherrschaft* begriffen werden.[7]

Man darf sich aber fragen, ob in die vertikale Schichtstruktur, in der hauptsächlich Männer (z. B. als Haushaltsvorstände bzw. Ernährer der Familie) zählen und gemäß Bildung, Beruf(sprestige), Einkommen eingeordnet sind, nicht vergleichbare Macht- bzw. Gewaltmomente eingebaut sind wie in die Geschlechterstruktur. Schließlich muss der größte Teil der Männer die binnengeschlechtliche Ungleichheit ebenso erdulden, wie Frauen die *ceteris-paribus* Überlegenheit der Männer. Eine schlichte Antwort lautet, dass Macht, die sich unter Umständen auf legitime Gewaltanwendung stützen darf, allen politischen, administrativen oder arbeitsorganisatorischen *hierarchischen* Strukturen inhärent ist. Legale Gewalt ist aber nicht unser Thema, unsere Frage lautet, ob illegale intrageschlechtliche Gewalt vergleichbare Auswirkungen wie die intergeschlechtliche Gewalt hat. Es lohnt also, auf die schon früher beschriebenen Bedeutungen, um nicht zu sagen „Funktionen" von Gewalt gegen Frauen einzugehen.

1.2 Die Frau-von-Mann-Vergewaltigungen

Wissenschaftliche Befragungen von Tätern enthüllen, dass es bei Vergewaltigungen in erster Linie um die Befriedigung von Macht- und nicht von sexuellen Trie-

6 Männerherrschaft reproduziert sich ´positiv´ auf allen Ebenen der geschlechtsspezifischen Differenzierungen: a) auf der Ebene des Geschlechtersymbolismus, b) der gänzlich zum männlichen Vorteil eingerichteten arbeitsteiligen Struktur und nachgeordnet, c) auf der Ebene der geschlechtsspezifischen Sozialisierung von Individuen (vgl. Harding 1990: 11 ff.).

7 Die bloße Feststellung bleibt ohne eine Erklärung unbefriedigend. Indessen finden wir statt Erklärungen, die nach einer Ursache suchen würden, meistens neue Beschreibungen des selben Sachverhalts. Bei Bourdieu heißt es, die bestehende Asymmetrie zwischen Subjekt (Mann) und Objekt (Frau) bzw. zwischen Akteur und Instrument ergibt sich daraus, dass Frauen symbolisches Kapital darstellen, das zwischen Männern getauscht wird. Sie stehen nicht für sich selbst, sondern haben die Bedeutung eines Zeichens, das außerhalb ihrer liegt (Bourdieu 2000: 41). Immerhin hat Luhmanns Hinweis auf eine womöglich vorgängig be- stehende (soll es heißen: vorgesellschaftliche?) Asymmetrie zwischen Menschen, die sich deshalb selbst als Männer und die anderen als Frauen definierten, eine erklärende Bedeutung (Luhmann 1988). Die Mann-von-Mann -Vergewaltigung zeigt zum einen, dass es nicht notwendigerweise 'Frauen' sein müssen, die für die Asymmetrie herhalten müssen.

ben geht.[8] Der Lustgewinn bestehe darin, die Unterdrückung der Frau zu genießen, die eigene Macht zu spüren, auszuprobieren und auszukosten. Den Tätern geht es um Dominanz, Durchsetzung und Unterwerfung der Frau, Sexualität wird „lediglich" in den Dienst der Gewaltausführung genommen (vgl. Teubner 1989: 13). Die Instrumentalisierung des Menschen ist bei den Männern so verbreitet, dass sie das Gegenüber nicht als Mensch, sondern als ein Objekt der eigenen Bedürfnisbefriedigung wahrnehmen. Nach dem Schema: Da ist ´ne Frau, da kann ich eindringen. Vergewaltiger, besonders solche, die sich als Versager empfinden, versuchten, doch noch dem männlichen Stereotyp nahe zu kommen. Es ergebe sich für den Mann gewissermaßen von selbst, dass er sich der Frau gegenüber auf jede Weise durchsetzen muss, da jede Verweigerung im Grunde Unbotmäßigkeit und Auflehnung darstellt (vgl. z. B. Rasch 1989: 147 ff.).

Eine Vergewaltigung stellt für Frauen eine traumatische Erfahrung dar, die in der Regel Folgen für ihre Identität hat. Dass die Erfahrung als Erniedrigung bezeichnet wird, deutet auf eine Bestätigung der Unterwerfung der schon vorher der Männerherrschaft unterworfenen Frauen, zumal der private illegale Degradierungsakt von offizieller Seite, d.h. seitens der Ärzte der Polizei, der Staatsanwälte und der Richter nicht etwa aufgehoben sondern bestätigt wird. Statt sich nämlich auf die Sicht der weiblichen Opfer einzulassen, wenden Vertreter der Organe männliche Alltagstheorien an, die die Täter exkulpieren und die Opfer sekundär viktimisieren (vgl. Abel 1988: 69ff.). Wenngleich sie damit nicht unmittelbar gegen den Buchstaben des Gesetzes (*first code*) verstoßen, so bewirkt die Anwendung eines nicht neutralen männlichen *second code* (MacNaughton-Smith 1968) in Prozessen eine vom Gesetz nicht gedeckte, gleichsam illegale Parteilichkeit für männliche Täter. Diese werden in einer Weise zuvorkommend behandelt, dass viele (potenziell alle) Männer im Glauben sind, dass ihnen physische Gewalt als Ressource zusteht (vgl. Geiles 1983: 158).

Die Bedeutung der Vergewaltigungen reicht deshalb noch weiter: Das Wissen um die Möglichkeit, Opfer zu werden und auch noch dafür verantwortlich gemacht zu werden, beeinflusst tendenziell das praktische Verhalten wiederum von allen Frauen. Sie schränken „freiwillig" ihre Aktivitäten auf Räume und Zeiten ein, in denen ihnen, wie sie glauben, keine Gefahren drohen. Sie begrenzen nicht nur die

8 Ob es einen angeborenen ´Machttrieb´ der Männer tatsächlich gibt, ist unerheblich, denn Macht wird definiert als Kontrolle von Gütern und dies erklärt die mögliche Motivation der Täter zureichend. Ähnlich verhält es sich mit dem Aggressionstrieb: Für eine soziologische Erklärung ist nicht seine schlichte Existenz, sondern sein situationeller, kaum je 'zweck- freier' Gebrauch erklärungsbedürftig.

Auswahl der möglichen Wohn-, Arbeits- und Urlaubsorte, sondern auch die in Frage kommenden Berufe (vgl. Stanko 985: 70ff.). Frauen richten sich auf die Vulnerabilität ihres Körpers und ihres *Rufes* ein, um im Kleinen wie im Großen „ihren Platz“ wenn schon nicht innerlich zu akzeptieren, so doch äußerlich zu dulden. Die Berücksichtigung weiterer Gewaltformen gegenüber Frauen, von denen sie potenziell an allen Orten und in allen Zeiten bedroht sind, führte deshalb zu der Schlussfolgerung, dass Gewalt die *ultima ratio* der Männerherrschaft bildet (vgl. Smaus 1994). Es ist die Bedrohung bzw. die symbolische Gewalt, die die „Welt“ mit unterschiedlichen Bedeutungen für Frauen und für Männer ausstattet. Diese Forschungsrichtung blieb, wie gesagt, bei der *ceteris paribus-Klausel* stehen: alle Frauen sind, verglichen mit allen Männern, potenziell (stärker oder alleine) männlicher Gewalt ausgesetzt oder von ihr bedroht.

2 Intrageschlechtliche Gewalt: die Mann-von-Mann-Vergewaltigungen

Systematische Untersuchungen der Mann-von-Mann-Vergewaltigung liegen nur für das Gefängnis vor. Das ist sicherlich kein Zufall – vieles spricht dafür, dass die Mann-von-Mann-Vergewaltigung einer noch größeren Geheimhaltung als einst der Kindesmissbrauch unterliegt. Der Bekanntheitsgrad der Verhältnisse in amerikanischen Gefängnissen ist der Tatsache zu verdanken, dass sie panoptischen Beobachtungslaboratorien gleichen, in denen Forscher und andere Neugierige auf die Gefangenen von oben (herab)schauen können. Um etwas anderes handelt es sich aber, wenn potenziell Gleiche oder gar potenziell Höherstehende vergewaltigt werden, denn hier glaubten wir mit Brownmiller (1975), dass Männer niemals Gleichgestellte vergewaltigen würden. In der Belletristik wird indessen das Thema seit langem behandelt und wir erfahren, dass Männer eine Vergewaltigung nicht minder traumatisch erleben wie Frauen. Typischerweise sind für Männer Kriegsschauplätze bedrohlich: Ein bekanntes Beispiel hierfür stellt der Roman von E. T. Lawrence „Die sieben Säulen der Weisheit“ (1963) dar, wo er im achtzigsten Kapitel „Erkundung des Flachlandes des Hauran, Besuch der Hauptstadt Dera“ die Misshandlungen und Vergewaltigungen seitens des Befehlshabers („Bej“) und der Wachsoldaten schildert:

> „Der Korporal [...] ließ mir die Peitsche um die Ohren pfeifen und rief höhnisch, ich würde noch vor dem zehnten Schlag um Gnade heulen und beim zwanzigsten um die Zärtlichkeit des Bejs bitten. [...] Nachdem der Korporal aufgehört hatte, begannen die Soldaten sehr bedachtsam der Reihe nach mir die gleiche Anzahl der Schläge zu

> geben. Dazwischen trat immer eine Pause ein, während der sie miteinander stritten, wer als nächstes drankommen sollte, um ohne jeden Zwang auf unsagbare Art ihr Wesen mit mir zu treiben".

Wilson schildert in seiner Lawrence-Biografie, dass Lawrence: „schonungslos ausgepeitscht und, als er sich nicht mehr zu wehren vermochte, sexuell missbraucht (wurde). Die ganze Tortur kann nicht sehr lang gedauert haben – einem ersten Konzept der Sieben Säulen ist zu entnehmen, dass die Auspeitschung nicht länger als zehn Minuten währte – aber sie traumatisierte ihn zutiefst". Die brutale Vergewaltigung habe Lawrence schweren seelischen Schaden zugefügt, denn er war sexuell unerfahren und das Geschehene hinterließ in ihm ein tiefes Schuldgefühl, verbunden mit dem Bewusstsein einer unauslöschlichen Schmach. Rückblickend habe Lawrence geschrieben: „In jener Nacht in Dera war die Zitadelle meiner Unversehrtheit unwiderruflich verlorengegangen" (Wilson 2000: 350f.). Aus jüngsten Kriegsberichten in der Presse wird zunehmend deutlich, dass nicht nur Vergewaltigungen von Frauen, sondern auch die Mann-von-Mann-Vergewaltigungen eine verbreitete Praktik im Umgang mit den jeweiligen Besiegten darstellen. Nicht minder aktuell sind Berichte aus eingeschlechtlichen, z. B. militärischen und polizeilichen Einrichtungen, in denen Vergewaltigungen zum Mobbing-Repertoire gehören. So wurde in der tschechischen Presse eine Serie von Berichten über sexuelle Nötigungen in der Eliteeinheit der Prager Burgwacht veröffentlicht.[9] Aufschlussreich wäre sicherlich auch die so genannte Internatsliteratur, in der enthüllt wird, dass gleichgeschlechtliche Handlungen in Erziehungsanstalten fast schon zu ihrer Binnenkultur gehören. Eine feinfühlige Behandlung von quasi-homosexuellen Nötigungen im Internat finden wir im Erstlingsroman von Robert Musil *„Die Verwirrungen des Zöglings Törless"* (1968).[10] Freilich können literarische Behandlungen wissenschaftliche Untersuchungen im Rahmen von größeren Forschungsprojekten nicht ersetzen. Mangels Einsicht in andere Felder beziehen

---

9 Die tschechische Burgwacht ist eine spezielle Polizeieinheit, die die Prager Burg, den Sitz des Präsidenten, bewacht.

10 Basini hat gestohlen, und seine Mitzöglinge Reiting und Beinberg nehmen dies zum Anlass, ihn zu sexuellen Dienstleistungen zu nötigen. Zögling Törless wird Zeuge des Vergewaltigungsaktes, der ihn zugleich abstößt und anzieht. Obwohl noch im Jugendalter, wenden Reiting und Beinberg gegen Basini Gewalt an und quälen ihn in der Folgezeit mit immer ausgefalleneren Mitteln. Sie verbrämen den sexuellen Akt mit allerlei hochtrabenden Mythen, angeblich, um sich zu beweisen, dass sie nicht homosexuell sind. Törless wird vom missbrauchten Schüler Basini in die sexuellen Dienstleistungen mit einbezogen, befreit sich aber schließlich von der Versuchung , Lust auf diese Weise zu empfinden (Musil 1968).

wir uns hier abermals auf den erforschten Kontext der sexuellen Gewalt in Gefängnissen.

2.1 Vergewaltigungen im Gefängnis

Seit Jahren wird festgestellt, dass Gewalt das hervorstechendste Merkmal amerikanischer Gefängnisse, einschließlich der Einrichtungen für Jugendliche ist. Gewalt unter den Gefängnisinsassen sei endemisch, sie stelle aber nicht einen Zusammenbruch einer sozialen Ordnung, sondern ihre Grundlage dar (vgl. Silberman 1988: 79). Das *inmate social system* biete Gefangenen nur wenige Rollen an: Ein Gefangener kann gewaltsame Begegnungen zu vermeiden versuchen, deshalb als schwach gelten und in Angst leben müssen; er kann Schutz in einer Gang suchen und sich damit gefährlichen Kämpfen zwischen Gangs aussetzen; er kann einen „Boss heiraten" und von ihm Schutz gegen gelegentliche Vergewaltigungen genießen – womit wir beim Thema wären. „Rape, by individuals and gangs, is a primary form of domination in the prison, and it is usually the young newcomers who are the victims", bestätigen auch Engel/Rothman (1983: 9lf.).

Die folgende Schilderung steht für viele andere Beispiele aus den Erfahrungsberichten ehemaliger Gefängnisinsassen:

> „Er verließ den Untersuchungsraum und ging auf die Zellen zu. Im dunklen Raum der Zelle wurde er von einem Wirbelwind von gewaltsamen Bewegungen erfasst, die ihn so hart gegen die Wand schleuderten, dass er außer Atem kam. Eine raue, schwielige Hand umfasste seinen Hals und unterdrückte den ansetzenden Schrei. Finger gruben sich schmerzhaft seinen Hals ein. „Brülle, Hure und du stirbst", warnte ihn eine raue Stimme, wobei sie die Drohung mit dem Ansätzen eines Messers an die Kehle betonte. Er schwankte, als ein Lappen in seinen Mund gedrückt wurde. Die Hand ließ den Hals los. Gedanken an den Tod bewegten sich träge in seinem gemarterten Hirn, und seine vor Angst weich gewordenen Beine drohten, unter ihm nachzugeben. Ein ängstliches Gebet formte sich in seinem Herzen und die Gesichtsmuskeln zuckten unkontrolliert. Er wurde auf den Fußboden gestoßen, und es wurde ihm die Hose runtergezogen. Und als eine Hand gemein seine Hinterbacken quetschte, fühlte er eine Wallung von Überraschung und Groll, mehr über seine eigene Schwäche zu verhindern, was kommen sollte, als über das was wirklich geschah. Seine Kehle stieß schmerzhafte Geräusche aus, ein peinliches klagendes Wimmern, welches ignoriert wurde, während seine Hinterbacken auseinandergezogen wurden. Ein brennender Schmerz raste durch seinen Körper als die Härte eines seiner Angreifer in sein Rectum drang, „Stoß zurück, du Hure", verlangte eine Stimme. „Beweg dich!" Sein Vergewaltiger drückte Befriedigung aus, als sein Körper zitterte und vor der brennenden Zigarette ausweichen wollte, die von anderen gierig zuschauenden Insassen in seine Seite gedrückt wurde. Ein Gefühl der Hilflosigkeit überkam ihn und er fing an zu weinen, und selbst als der letzte seiner Angreifer seinen Penis aus

> seinem missbrauchten und blutenden Körper zog, hat er noch geweint, überwältigt vom Wissen, dass es nicht vorbei war, dass dies nur der Anfang eines Albtraums war, der nur mit Gewalt, Tod oder Entlassung aus dem Gefängnis enden konnte" (Rideau/Sinclair 1982: 399).[11]

Diese Aussage enthält so viele Bedeutungen, dass ihre dichte Beschreibung viele Seiten füllen würde. Wir können indessen im folgenden nur auf einige aufmerksam machen, wobei ein und derselbe Sachverhalt mehreren Kontexten zugeordnet werden müsste.

2.1.1 Vergewaltigung und normative Sexualität

In der älteren Forschung werden die Mann-von-Mann-Vergewaltigungen als Homosexualität beschrieben (vgl. Bowker 1977). Im Gegensatz dazu interpretieren Rideau/Sinclair die Vergewaltigung im „ultramaskulinen Milieu" des Gefängnisses nicht als einen sexuellen Akt bzw. als Vergewaltigung, sondern als eine pure *Gewalthandlung*, als eine Darstellung im Kampf um die Macht:

„It is in prison, of course, that we find the classic thing for male aggression and rape. The issue, categorically, is not homosexuality but heterosesexual brutality" (Scacco 1982, Preface). Dies bestätigen aus ihrer empirischen Untersuchung Rideau/Sinclair: In den über hundert Fällen sei nicht einer dabei gewesen, der aus Passion geschah. Es handle sich ausschließlich um eine *macho/power* Sache unter den Insassen. Es gehe um Eroberung und Demaskulinisierung, um das Rauben der Eigenschaft „Mann". Selbst die Verwaltung bezeichne den Akt als *turning out*, was die nicht-sexuelle Bedeutung zeige (Rideau/Sinclair 1982: 4f.).

Trotz dieser Einsicht findet sich in der gleichen Publikation die Meinung, es handle sich doch um Homosexualität:

„Es ist das Fehlen von starken positiven oder negativen Gefühlen, die die Homosexualität von Schwarzen sowohl in der Freiheit als auch im Gefängnis charakterisiert", so Buffum (1982: 104). Der schwarze Mann habe eine andere Beziehung zur Homosexualität als der weiße. Erstens lehne er sie weniger ab – zweitens schätze er die Erfahrung, falls er sie macht, auch nicht besonders positiv ein. Weiße Homosexuelle wünschten sich einen männlichen Partner, der in gewisser

[11] Ein von Bowker interviewter Gefangener sagt aus: „All of sudden a coat was thrown over my face and when I tried to pull it off I was viciously punched in the face for around ten minutes. I fell to the floor and they kicked me all over my body including my head and my privates. They ripped my pants from me and five or six of them held me down and took turns fucking me" (Bowker 1980: 4).

Weise „anders“ ist - z. B. Männer in Uniform, mit Sadomaso-Erfahrung und ähnliches – während die Motivation der Schwarzen mehr von Beherrschungsgefühlen als von starken Bedürfnissen nach affektiver Zuwendung geprägt sei (vgl. Buffum 1982: 105).

Da aber der Beobachtung nur die Tatsache zugänglich ist, dass Männer Männer vergewaltigen, muss man sich fragen, wie die Einteilung in hetero- bzw. homosexuelle Handlungen vorgenommen wird. Te Paske berichtet, dass von den Männern, die sich an den konsentierten sexuellen Beziehungen im Gefängnis beteiligen, die Hälfte heterosexuell, einige bisexuell und nur eine Minderheit ausschließlich homosexuell sei (Te Pakse 1982: 101). Damit bezieht er die Bestimmung der sexuellen Orientierung darauf, was jemand *ist*, d.h. welche Veranlagung er *hat*, und nicht darauf, was jemand *tut*. D.h., dass er nach einem unsichtbaren „Wesen“ der sexuellen Orientierung differenziert, das aber dem sichtbaren Verhalten der angeblich heterosexuellen Männer widerspricht. Aber selbst wenn Heterosexualität und Homosexualität wesenhafte Eigenschaften wären, sie müssten sich im Verhalten offenbaren, um überhaupt sozial relevant zu werden. Dann aber müsste es sich bei der Mann-von-Mann-Vergewaltigung immer um Homosexualität handeln, was aber zu recht bestritten wird.

Die adäquate Schlussfolgerung scheint zu sein, dass Zuschreibungen von Heterosexualität bzw. Homosexualität in bestimmten Situationen sinnlos werden, weil sich die Kategorien überhaupt auflösen, sei es, weil es sich bei Vergewaltigungen nicht primär um Sexualität handelt, sei es, dass sexuelle Lust nicht auf gegengeschlechtliche Körper beschränkt ist. Sexualität bzw. Erotik als von der Fortpflanzung befreites Begehren hat zunächst keine Richtung und kann vermutlich auch nach einer erfolgten „Prägung“ später im Leben noch „umgebogen“ werden.[12] In beiden Fällen bestätigt sich die Einsicht Foucaults, dass Heterosexualität bzw. Homosexualität das Ergebnis des normativen sexuellen Diskurses in den siebziger Jahren des 19. Jahrhunderts sind, in dem aus sexuellen Praktiken ontische sexuelle Veranlagungen konstruiert wurden, wovon die eine als natürlich und geboten und die andere als unnatürlich und verboten bezeichnet wurde (vgl. Foucault 1977; Spargo 1999).

---

[12] Die als natürlich erscheinende Verbindung zwischen Genitalien und Generativität wurde schon z. B. von Schelsky als normative Konstruktion erkannt (1955). Fortpflanzung sei eine Leistung, die sich gleichsam im Rücken von anderen Bedürfnissen erfüllt, nämlich in der Suche nach Sozialität und Lust. Lust ihrerseits ist nach Schelsky und z. B. nach Bürger- Prinz 1950: 13) keineswegs auf heterosexuelle Begegnungen angewiesen, vielmehr besteht ein Zwang zur Heterosexualität deshalb, damit die Fortpflanzung eine Chance bekommt. Sexualität sei grundsätzlich plastisch und variabel und auf Beziehungsfähigkeit angelegt.

Die anachronistische Rückkehr zum Begriff Homosexualität verdankt sich aber nicht schlicht einer sexuell-konservativen Haltung einiger Forscher. Vielmehr spiegelt sie auch die Angst weißer Männer vor der „größeren sexuellen Potenz und den ungehemmten Trieben“ der Afroamerikaner bzw. der *underclassman* wider, worauf später noch eingegangen wird.

2.1.2 Vergewaltigung und die Sex-Gender-Unterscheidung

Bei den Vergewaltigungen handle es sich um Eroberung und Demaskulinisierung, um das Rauben der Eigenschaft „Mann“. Die Vergewaltigung stelle die ultimative Erniedrigung eines bestimmten Mannes dar, der in die Rolle einer Frau gezwungen werde. Der Vergewaltigte muss fortan die Frauenrolle spielen, was impliziert, dass er sich als das Eigentum und Sklave seines Eroberers betrachten muss. Sklaven ersetzen Frauen, an deren Dienstleistungen ein Bedarf besteht. Als Sklaven werden sie verspielt, verliehen, feilgeboten und gegen Höchstpreis verkauft. Sie werden auch zur Prostitution gezwungen, weil sich nicht jeder Mann einen Sklaven leisten kann (vgl. Rideau/Sinclair 1982: 9). Männer stehen an der Spitze der Gefängnishierarchie: „Wer sich direkt an der Machtstruktur beteiligen kann, wer Entscheidungen treffen will, wer ein Führer sein will, ein *plotter*, ein *hustler*, der muss ein *man* sein“ (Tucker 1982: 68). Zwischen *men* (*studs, wolves, jocks*) und den Sklaven (*whores, turn-outs, galboys, prisoners, kids, bitches, punks, old ladies*) werden scharfe soziale Trennlinien gezogen. Die Zuordnung geschieht entlang eines Kontinuums von „dominant“ bis „passiv“ und gemäß dem Gegensatz zwischen stark und schwach, wobei passiv und schwach gleichbedeutend ist mit „Frau“. Ein *stud* versteht sich nicht als ein Homosexueller (vgl. auch Davis 1982: 116), wohl aber bezeichnet er sein Opfer als *homosexual whore*. Die Unterscheidung stützt sich zum Teil auf den Akt selber – der *stud is pitching*, die *whore is catching*. Die *whores* sind in fester Hand und kein fremder *old man* darf sich ihnen nähern; sie sind aber, als untergeordnete Klasse, allen *old men* Respekt schuldig (vgl. Rideau/Sinclair 1982: 9).

Bemerkenswert ist die Aussage von Rideau und Sinclair, dass die Beziehung zwischen *man* und *punk* den gewohnheitsmäßigen Umgang der Männer mit Frauen in der Freiheit reflektiere. Die Imitation gehe so weit, dass selbst Hochzeiten gefeiert werden. Der Unterschied sei nur, dass *men* auf ihre *punks* nicht in gleicher Weise wie Männer auf ihre Frauen eifersüchtig sind, denn sie verleihen sie an andere Männer (vgl. Tucker 1982: 70).[13] Dieser Text zwingt uns geradezu dazu, die unmissverständlich negative Beschreibung von Frauen herauszustellen, und zwar sowohl in der Wiedergabe der Stimmen der Gefangenen als auch in der affirmativen Nichtbeachtung dieser heute als skandalös geltenden Meinungen seitens der Forscher: *Frauen werden mit Sklaven gleichgesetzt, die Vergewaltigten müssten sich als das Eigentum ihrer Eroberer betrachten [...] was den Umgang mit Frauen in Freiheit reflektiere.*

Die Forscher nehmen es wohl deshalb als selbstverständlich hin, weil es auch ihrer Erfahrung entspricht. Dies deutet darauf, dass in der Tat der Organisation der Gesellschaft bis heute ein sexueller Kontrakt zugrunde liegt, dem gemäß der weibliche Körper Eigentum des Mannes wird, wie Pateman zum gegenwärtigen Patriarchat ausführt (1988). Pateman bezeichnet das Patriarchat als eine brüderliche Struktur, die auf der historischen Voraussetzung des *gewaltsamen* Vatermordes entstanden ist. Die moderne Gesellschaft erklärte alle Menschen zu gleichen Rechtssubjekten, diese Gleichheit bezieht sich jedoch nur auf die Gleichheit von allen Männern im Bezug auf Frauen untereinander heben sie in allen anderen Hinsichten ihre Ungleichheit hervor). Aus dem brüderlichen Vertrag unter Männern, die sich fortan die Verwaltung der öffentlichen Sphäre teilen, bleiben Frauen gemäß dem älteren „sexuellen Vertrag" ausgeklammert.[14] Frauen verbleiben in der so genannten privaten Sphäre, in der sie „ihren" Männern untergeben sind und nur zu ihnen wesentliche Beziehungen unterhalten. Gegenstand des impliziten Vertrags zwischen Mann und Frau ist der Austausch des weiblichen Körpers und des weiblichen Arbeitsvermögens gegen männlichen Schutz. Dieser Vertrag über die körperliche Verfügung führt dazu, dass Frauen auch die bürgerliche Errungenschaft der Bewegungsfreiheit aufgeben müssen. Deshalb kann der Status der Frauen in modernen Gesellschaften mit dem Status von Sklaven verglichen werden. In der modernen Gesellschaft könne nämlich frei und souverän nur ein Mensch sein, der sich sein Unterhalt besorgen und sich gegen Eindringlinge verteidigen kann. Er muss Eigentümer seiner Person sein, seine Arbeitskraft und nicht seinen Körper verkaufen. Frauen verharren in diesem Zustand allerdings nicht

[13] Die Eifersucht von Männern auf ihre Frauen hält sich allerdings dort in Grenzen, wo Männer in Freiheit das Gleiche wie die *wolves* im Gefängnis machen: Ihre Frauen gegen Entgelt anderen Männern zur Verfügung zu stellen.

[14] Diese Leistung begründet die Geschlechterdifferenz als eine politische: „Die Freiheit der Männer in der öffentlichen Sphäre gewinnt ihren Sinn nicht durch den Vergleich mit einem ancien regime, sondern durch ihren ständigen Bezug auf die Unfreiheit der Frauen in der privaten Sphäre (Dimoulis 1999: 15).

immer „freiwillig", sondern, wie oben angemerkt, *ultima ratio* gezwungen durch Gewalt.

Die Mann-von-Mann-Vergewaltigung zeigt nun, dass es nicht die Weiblichkeit ist, die zur Unterlegenheit führt, sondern umgekehrt, Unterlegenheit wird als ein weibliches Attribut behandelt, was übrigens auch im Bezug auf andere sog. askriptive Eigenschaften, z. B. Ethnien behauptet wird. 'Frau' ist, wem bürgerliche Rechte mit illegaler Gewalt verweigert werden können. Sind keine Menschen mit weiblichen Geschlechtsorganen vorhanden, werden einige ' männliche' Körper aus der Klasse der Männer ausgeschlossen und gezwungen, weibliche Funktionen zu übernehmen. Die Kreierung von 'Frauen' ist indessen eine Bedingung dafür, dass die Kategorie der Männer erhalten bleibt, denn ohne sie würde sich die Differenz aufheben! (vgl. Luhmann 1988). Die Zuweisung von Attributen von Unterordnung ist die Ursache und nicht die Folge der Bestimmung von sex gemäß körperlichen Eigenschaften.

Eine besondere Rolle spielt dabei die *Penetration von Körpern*, die gemeinhin als sexuelle Handlung angesehen wird. Penetration wird dabei überwiegend mit einer gewaltsamen Verletzung der körperlichen Integrität assoziiert, im Unterschied etwa zum Ausdruck „körperliche Vereinigung". Die dabei notwendige Anwendung einer gewissen physischen Kraft führte häufig zu der Meinung, dass der Sexualität überhaupt ein Gewaltmoment inhärent ist. Man darf aber Gewalt, die sinnvollerweise als intentionale Verletzung verstanden wird, nicht schlicht mit physischer Kraft gleichsetzen. Körperliche Integrität und körperliche Selbstbestimmung (was dem Eigentum der Person an ihrem Körper gleichkommt) werden als die Grundvoraussetzung der Autonomie eines Menschen, der dann als *Individuum* gilt, betrachtet. Gewaltsames (also nicht „liebevolles") Eindringen in den Körper verletzt deshalb nicht nur den Körper selbst, sondern, wie oben ausgeführt, die Selbstbestimmung und die Identität einer Person. Die früheren Forschungen über Gewalt gegen Frauen implizierten (vgl. Smaus 1994) bzw. behaupteten sogar in expliziter Weise (vgl. Lindemann 1994: 132ff.), dass nur Frauen in dieser Weise verletzbar sind. Nun sehen wir, dass auch Männer penetriert werden können, wobei die Bedeutung der Penetration damit nicht etwa abgeschwächt wird, vielmehr zeigt sich, dass sie sogar eine Geschlechterumwandlung von Mann zu Frau bewirken kann. Männer, die beteuerten, sie seien ebenso verletzlich wie Frauen, fanden bislang kein Gehör.[15] Nun ist aber die Zeit gekommen, in der Männer in der Wissenschaftlich ebenso in serielle Männlichkeiten zerlegt werden müssen, wie schon

[15] Man meinte wohl, es handle sich um Missachtung gegenüber dem Leid von Frauen und/oder um eine schnelle Abschlagsreaktion.

vorher das Aggregat „Frauen" (vgl. Young 1994). Es gibt „hegemoniale" Männer neben solchen, die in zahlreichen Kontexten Penetrationen ihres Körpers ausgesetzt sind und zur Annahme anderer Status gezwungen werden. Die Hegemonie selbst hängt von kontextabhängigen Mitteln ab, in der „freien" Gesellschaft von den bekannten Variablen „ökonomisches, kulturelles, soziales und symbolisches Kapital" (vgl. Bourdieu 1982).

Im Gefängnis setzen die physisch gut ausgestatteten *working class guys* Gewalt ein, wobei es ihnen nicht so wichtig sei, wen sie im Bett haben, sondern wer was macht, *wer penetriert* und *wer* der *Penetrierte* ist. Sie reproduzieren damit zumindest für sich die normative Männlichkeit: Der Penetrierende ist der Normale, der andere ist queer (vgl. Tucker 1982: 68). In der Männerherrschaft gibt es auch außerhalb der Gefängnismauern Männer ohne Macht was die *ceteris paribus* Klausel der Geschlechterstruktur sicherlich andeutet 'aber nicht ausdrücklich herausstellt. Es 'herrschen' nicht alle Männer über alle Frauen, die Hierarchie der Geschlechter ist mit der vertikalen Hierarchie der Männer unter sich (man wird demnächst auch Hierarchien unter Frauen untersuchen müssen) verwoben und, angesichts der ungleichen Verteilung von Macht und Ressourcen, in der Regel um viele Stufen gegeneinander verschoben.

2.1.3 Vergewaltigung und die Komplettierung des symbolischen Universums

Das gewaltsame „Umfunktionieren" männlicher Körper zur Übernahme weibliche Funktionen hat noch eine weitere Bewandtnis. Offensichtlich benötigt der einseitig sozialisierte „Mensch" (hier der Mann) in seinem Leben alle sozialen Eigenschaften, auch die, die als „weiblich" bezeichnet werden. Findet der physisch starke Mann (mit „Grips", was man zu erwähnen vergisst) Zuneigung und Dienstleistungen nicht wie in der Freiheit durch die (quasi) freiwillige Zuwendung einer Frau, nötigt er dazu andere, schwächere Männer. Diese fügen sich dann in die weibliche Rolle, nicht nur in Dienstleistungen wie Wäschewaschen, sondern auch im Sinne eines Heterosexes, wofür sie „männlichen" Schutz erhalten. Dies gilt *vice versa* für Institutionen mit weiblichen Insassen (Smaus 1999). Daraus ist der Schluss zu ziehen, dass alle Menschen imstande sind, beide Geschlechterrollenparts zu spielen, und es muss sich dabei nicht einmal um extreme Situationen handeln. Das Studium der Geschlechterverhältnisse im Gefängnis bestätigt gleichsam in Laborbedingungen die Theorie des radikalen Dekonstruktivismus von Judith Butler über das *doing gender* (vgl. Butler 1991; Gildemeister/Wetterer 1992;

Smaus 2001), wonach Geschlechterrollen nichts als Darstellungen ohne eine natürliche Vorlage sind. Gender wird aber überall, nicht nur im Gefängnis „gemacht". Es ist an der Zeit, in der Soziologie Abstand von ganzheitlichen Identitäten zu nehmen und sich zu fragen, was von den vielen „weiblichen" und „männlichen" Rollenparts, die alle Menschen situationsgemäß übernehmen, die so genannte Gender-Identität begründet. Offensichtlich kann sie sich nicht einmal auf die Annahme der Rollenkomplementarität im Heterosex berufen.

Indes kommen auch „eingeschlechtliche" Institutionen nicht ohne das andere Geschlecht aus. Obschon sie offiziell nur die eine Hälfte von menschlichen Eigenschaften zulassen, hier die sog. männlichen, wie Universalität, Formalität, Rationalität, Effizienz, ist ihr Betrieb ohne „weibliche" Eigenschaften wie Partikularismus, Empathie sowie Fürsorglichkeit nicht möglich, weil auf ihnen ein wesentlicher Teil der Gruppenkohäsion und der Leistung beruht. Deshalb wohl wird das zweigeteilte symbolische Universum aus dem vorhandenen „Material" komplettiert, was in Männergefängnissen heißt, dass einige Individuen mit männlichen Geschlechtsorganen weibliche Funktionen übernehmen müssen (in den Frauengefängnissen umgekehrt, vgl. Smaus 1999)[16] Die Ergänzung des fehlenden Teils schafft aus Individuen gleicher körperlicher Ausstattung eine ungeteilte Welt, in der das Bedürfnis nach („männlicher") Individuation und nach („weiblicher") Gemeinsamkeit befriedigt wird.[17] Diese Einsicht verdanken wir übrigens der Untersuchung der Gefängnisse der feministischen Epistemologie von Sandra Harding (1990: 14, 127).

2.1.4 Vergewaltigung und Schicht (bzw. Klasse)

Die Vergewaltigungen im Gefängnis weisen auch einen *Schichtaspekt*[18] auf. Denn obwohl sich die Population der Gefängnisse durch große soziale Homogenität aus-

---

[16] Die Verleugnung einer Hälfte menschlicher Eigenschaften in Institutionen und ihre Komplettierung durch mehr oder weniger illegale Praktiken erklärt, warum die bisherigen Be- richte über Mann-von-Mann-Vergewaltigungen fast ausschliesslich aus dem Milieu von totalen Institutionen dem Militär (bzw. dem Krieg), der Marine, dem Internat, eines gehobenen Wachdienstes und au-s dem Gefängnis stammen (vgl. z. B. Karner 1988)

[17] Mein früherer Verdacht, dass in der Literatur über „männliche Gefängnisse „die Liebeskomponente übersehen wird, bestätigte sich anhand der neuen Lektüre, in der *wolves* wie *punks* mitunter gestehen, für einander fürsorgliche Gefühle gehegt zu haben

[18] Wir übersetzen „class" mit Schicht , weil bekanntlich der Begriff Klasse in der deutschen Soziologie eine „marxistische" Bedeutung hat. Die Eindeutschung des Begriffes „class" war vor allem im

zeichnet – sie besteht überwiegend aus Angehörigen der Unterschicht – gehören die Täter (zumeist schwarzer Hautfarbe) der Unterschicht an, die Opfer der Vergewaltigungen, zumal wenn sie weiße Hautfarbe haben, sind hingegen Angehörige der Mittelschicht (vgl. Buffum 1982: 104). Ein ehemaliger Häftling namens Tucker interpretiert dies als eine Kompensation für die Schlechterstellung schwarzer Angehörigen der Unterschicht in Freiheit. Die empirischen Untersuchungen der Sexualität im Gefängnis (und in der Armee) seitens der weißen Forscher seien durch die Mittelklasse-Brille verzerrt. Die *middle class academics*, die Bücher schreiben, denken, dass das Wichtigste das Geschlecht des Partners sei, während die Insassen mehr an Machtverhältnisse denken, die mit Maskulinität verbunden sind. Die Machtstruktur im Gefängnis sei aber nichts anderes als eine verkehrte Machtstruktur in der „freien" Gesellschaft, wo die Mittelklasse und die Oberklasse verschiedene Machtebenen, Bildung, Geld, Politik, Recht, Religion, Medien, Kultur usw. kontrollieren. Im Gefängnis setzen sie dies mittels erlaubter Gewaltanwendung seitens der Polizei und der Gefängniswärter fort. Der einzige Hebel der Armen ist die physische Gewalt, die sie dann mit dem Staat teilen, der die kontrollierenden Schichten repräsentiert (vgl. Tucker 1982: 68f.).[19]

Zwar reduziert Tucker alle Schichtmerkmale auf die unterschiedliche Verteilung von Macht, die nicht einmal unbedingt zu Merkmalen der Schicht zählt. Doch was er meint, wird ziemlich deutlich: die ungleiche Verteilung von Ressourcen, die mittels Macht abgestützt wird, womit er in ziemliche Nähe von Konflikttheorien kommt. Die Reduktion auf Macht ist auch deshalb verständlich, weil im Gefängnis die sich auf Gewalt stützende Macht unmittelbar zu der wichtigsten, wenn nicht einzigen Ressource wird. Tucker wiegt dann Gewalt gegen alle anderen Ressourcen in der Freiheit auf – ein Grund für uns, Macht an dieser Stelle im Schichtkontext zu behandeln. Tucker scheint auch die Unterscheidung zwischen legaler und illegaler Macht übersehen zu haben, vom Standpunkt eines unbeteiligten Beobachters ist es jedoch folgerichtig, die „kommunizierenden Röhren" (bzw. Kanäle) aufzudecken, in denen legale und illegale Macht „korrespondieren".

Denn da sowohl Herrschaft als auch Macht auf der Chance beruhen, bei bestimmten Personen Gehorsam zu finden, gleichviel, worauf sich diese Chance be-

Hinblick auf den Begriff „race" erforderlich, der keineswegs als „Rasse", sondern als „Ethnie" in deutsche Abhandlungen eingehen kann.

[19] Vgl. Lawrence „Violence may provide the hope that it can change existing distributions of power in ways that place the disaffected group on more equal footing with other social groups and allow the group to become an effective participant in the institutions from which they have been previously excluded. Rather than being the unique satisfaction for an instinctual constant, violence functions as a contextually variable option for an action". (Lawrence 1973: 40f.).

gründet (Weber 1956), meint Rammstedt, dass sich Herrschaft mitunter auch auf illegale Gewalt stützt, zumal bei der Aufrechterhaltung von Ungleichheiten (Rammstedt 1974: 144f.). In Freiheit gibt sie das nicht offen zu erkennen, aber wer zuwiderhandelt, erfährt ihre Existenz im Gefängnis. Dort wird unter den Insassen mittels illegaler Gewalt eine auf den Kopf gestellte und zudem verzerrte, der Außenwelt nachgebildete vertikale Struktur hergestellt.

2.1.5 Vergewaltigung und Ethnie

Auf die Frage, warum sie vergewaltigen, antworteten die Schwarzen: „Now it is their turn" (Scacco 1982: 91) oder, wie bei Bowker:

> „The general way of thinking it's, cause we're confined and we've got hard rocks. But that ain't at all. It's a way for the black man to get back at the white man. It's one way he can assert his manhood. Anything white, even a defenseless punk, is part of what the black man hates. It's part of what he's had to fight all his life just to survive, just to have a hole to sleep in and some garbage to eat [...]. It's a new ego thing. He can show he's a man by making a white guy into a girl" (Bowker 1980: 9).

Vermutlich wegen des geringen sozialen Abstandes zwischen den Häftlingen wird der Schichtaspekt seltener betont als die saliente Tatsache der inter-ethnischen Verhältnisse, von der manche Autoren geradezu präokkupiert sind (vgl. Scacco 1982: 91ff.). Es wird eine disproportional hohe Anzahl schwarzer Aggressoren und weißer Opfer festgestellt. 56 Prozent der Vergewaltigungen wurde von Schwarzen an Weißen begangen, 29 Prozent von Schwarzen an Schwarzen und „nur" 15 Prozent von Weißen an Weißen[20] (Rideau/Sinclair 1982: 19; Scacco 1982: 92). Bei einem Anteil der Schwarzen an der Gefängnispopulation von 81 Prozent ergibt sich daraus keineswegs eine disproportionale Belastung, eine Tatsache, die einige Forscher als unwesentlich abtun. Die Vergewaltigungen seien keine Folge sexueller Deprivation,[21] sondern Ausdruck von Ärger und Verdruss, von „tief sitzenden Ressentiments" (Davis 1982: 117). Die Schwarzen rächten sich im Gefängnis an Weißen für ihre Machtunterlegenheit in der Freiheit. Deshalb bringe Sex mit Weißen mehr Prestige ein als Sex mit schwarzen *sissies*; in Freiheit würden schwarze Strafgefangene weiße Frauen bevorzugen (Rideau/Sinclair

20 Die Bezeichnungen Weiße und Schwarze, weiß und schwarz bzw. später Afroamerikaner wurden wörtlich der zitierten Literatur entnommen.

21 Nichtsdestotrotz ist die sexuelle Deprivation ein Bestandteil der Strafe (Tucker 1982: 68).

1982: 19).[22] Mitglieder von Subkulturen, die in Freiheit keinen Zugang zu nicht-sexuellen Bestätigungen der Maskulinität – wie Berufserfolg, Unterhaltung einer Familie, konstruktive emotionale Beziehungen, individuelle Kreativität und Respekt vor anderen Männern – haben, die würden sich auf sexuelle und physische Macht und Kraft stützen (vgl. Davis 1982: 117).

Aus dieser Aufzählung der Kriterien eines vollwertigen gesellschaftlichen Status eines Mannes wird deutlich, dass sich die ethnische Zugehörigkeit fast vollständig mit dem Schichtaspekt deckt: Die Statusausstattung der weißen Männer ist besser als die der schwarzen, sie sind ihnen überlegen. Mit einer Ausnahme: weiße Männer unterstellen schwarzen Männern eine größere physische,[23] vor allem *sexuelle Kraft*. Weiße kontrollieren zwar die Produktion von Kapital, doch fürchten sie, dass Schwarze statt dessen die natürliche Produktion auf „ungehemmte" Weise kontrollieren. Obwohl sehr zu bezweifeln ist, dass man sexuelle Potenz überhaupt messen könnte,[24] dienen die Zuschreibungen dazu, interethnische Machtkämpfe zwischen „Weißen" und „Schwarzen" auszutragen. In der Tat finden wir in der Literatur den Hinweis darauf, dass das „ultramaskuline" Verhalten der Afroamerikaner im Gefängnis ein Pendant zu den Ritualen weißer Männer in Freiheit darstellt, die sich ihrer Maskulinität durch das Lynchen von schwarzen Männern versichern würden. Den typischen Anlass für das Lynchen stelle die Vergewaltigung einer weißen Frau (unerheblich, ob tatsächlich oder fingiert) seitens eines Afroamerikaners dar. Afroamerikanische Männer würden dabei bis zum Tode gequält, wobei sich die sexuelle Komponente darin zeige, dass das Abtrennen der Genitalien zum festen Programm des Lynchens gehöre (vgl. Messerschmidt 1998: 145ff.).[25] Während weiße Männer den Machtkampf in Freiheit gewinnen, und schwarze Männer, wenn nicht buchstäblich, so doch symbolisch töten

[22] Dies weist auf die Stellung afroamerikanischer Frauen hin, die in der Hierarchie des zur Schau gestellten Begehrens hinten an stehen. Die Konstruktion der weißen Frau als des einzig möglichen und schützenswerten Opfers ist mit der sexuellen und sozialen Abwertung der schwarzen Frau verbunden, wodurch auch die lange Praxis der gewaltsamen Aneignung von schwarzen Frauen seitens weißer Männer verdeckt wird (vgl. Gunning 1996: 10).

[23] Die für Angehörige der Mittelschicht bedrohende physische Gewalt wird im Allgemeinen der „classe dangereuse" zugeschrieben, d. h. nicht nur Afroamerikanern, sondern auch Mitgliedern weißer Unterschicht (vgl. Smaus 1994).

[24] Die Unterstellung, dass schwarze Männer über eine größere physische und sexuelle Kraft verfügen, ordnet sie dem Bereich der „Natur" zu. Hingegen schreiben sich weiße Männer größere geistige Kraft zu, was ihnen gleichsam als Legitimation für die Besetzung des Bereichs der „Kultur" dient.

[25] „Die Idee der Männlichkeit, die im amerikanischen politischen Denksystem sehr lange eine Rolle gespielt hat, wurde nun bei weißen Männern mit Sexualität von Schwarzen, insbesondere mit sexuellen Übertritten im Bezug auf weiße Frauen, konnotiert", schreibt Gunning (1996: 7).

oder kastrieren,[26] indem sie sie einschließen, so gewinnen schwarze Männer den Machtkampf im Gefängnis, allerdings nur gegenüber solchen weißen Männern, die selbst Verlierer im Kampf um Status in der Freiheit sind.

2.1.6 Vergewaltigung und Hierarchie

Typischerweise sind eingeschlechtliche Institutionen sehr stark hierarchisiert. Dies bedeutet, dass zwischen den einzelnen Stufen nur eine einseitige Kommunikation besteht, eine Befehlsstruktur von oben nach unten, die inhaltlich nur auf die Organisationsziele ausgerichtet ist. Zwischen Mitgliedern auf einzelnen Stufen soll es keine andere Beziehung als die der Über- und Unterordnung geben, weil freundschaftliche oder gar Liebesbeziehungen die formale hierarchische Struktur aufweichen würden. Das ist der Grund dafür, warum auf der einen Seite eingeschlechtliche Liebe beim Militär, der Marine etc. streng geahndet wird – und auf der anderen Seite nirgends so häufig vorkommt. In der Literatur über weibliche Gefängnisse wird in Bezug auf die eingeschlechtliche Liebe überwiegend der Aspekt der Abhängigkeit betont, während in Berichten über männliche Einrichtungen hauptsächlich entweder der „animalische" Sex oder der Machtaspekt hervorgehoben wird.

Niemand wird bezweifeln, dass Vergewaltigungen verwerflich sind. Unter dem Eindruck der Lektüre unterscheiden sie sich jedoch nicht wesentlich von der Unwertsstufe der hierarchischen Kommunikation selbst, bei der es auch nicht auf den Willen des Zu-Gehorchenden, sondern nur auf den des Herrschers ankommt. Die hierarchische Befehlsstruktur ist das Gegenteil einer konsensualen Kommunikation. in der gemeinsame Entscheidungen ausgehandelt werden. Die Befehlsstruktur mag legitim sein und sich auf Ressourcen wie das Recht stützen, im Falle des Militärs und des Gefängnisses handelt es sich aber bereits um Anwendungen legaler physischer Gewalt. Selbst im „Schatten des Leviathan" stehend können dann Machtinhaber auch illegale Befehle durchsetzen, z. B. dass außer offiziellen Pflichten auch sexuelle Dienstleistungen erbracht werden müssen, wie das die Fälle der geschilderten arabischen Militäreinheiten und der tschechischen Burg-

[26] Die Analyse der Vergewaltigungen im Krieg durch feindliche Soldaten ergab, dass sie als Erniedrigungsgesten gegenüber der besiegten männlichen Eigentümern galten. Deshalb wurde das Leiden von Frauen nicht anerkannt und die Verarbeitung gemäß männlichen Deutungsmustern individualisiert (vgl. Brownmiller 1975). In der Literatur über das Lynchen wird aber auch herausgestellt, dass die Vergewaltigung von Frauen als stellvertretende Vergewaltigungen, d.h. symbolische Kastrationen von besiegten Männern, gelten.

wacht andeuten.[27] Tucker geht so weit, die Vergewaltigung als einen Bestandteil der gesamten Macht- und Kontrollstruktur im Gefängnis zu betrachten: Von der legalen Kontrolle unterscheide sich die Vergewaltigung nur durch die besonders gewalttätige Art und Weise (Tucker 1982 : 68f.) . In der Tat muss sich den Insassen der Gefängnisse und Angehörige niedriger Ränge die Unterscheidung zwischen legaler und illegaler Gewalt als unerheblich darstellen, zumal aus dem Gefängniskontext bekannt ist, dass die Verwaltungen Vergewaltigungen nicht nur dulden, sondern sie auch strategisch einsetzen:

> „[...] the inmate power structure at Angola was very, very powerful. And anytime that happens and a high level of homosexual rapes and enslavements is taking place, there has to be a tacit trade-off between the inmate power structure and the administration" (Phelps in Rideau/Sinclair 1982: 13).[28]

Die hierarchischen Strukturen *unter den Insassen* bilden deshalb eine *Extension* der formalen Gefängnisstruktur. Sie stützen sich auf vorhandene Ressourcen, wozu in geschlossenen Institutionen in erster Reihe die physische Überlegenheit einiger Männer gehört. Um Max Weber zu paraphrasieren: Männer mit physischer Kraft (und Verstand, und sei es „nur" Schläue) erzwingen die Befolgung ihrer Befehle auch gegen den Willen einiger anderer schwächerer Männer, deren Körper sie sich aneignen (Weber 1956; vgl. Davis 1982: 117). Die gewaltsame Machtstruktur rechtfertigt sich durch eine Ideologie, die besagt, dass kein Mann gezwungen werden kann, etwas zu tun, was ihm nicht gefüllt. Die Schwachen, die diesem Standard nicht genügen können, seien einfach keine Männer und würden deshalb ihr Los verdienen. Auch die Gefängnisverwaltungen gehen meist davon aus, dass die passiven Männer die Beziehungen freiwillig eingehen, dass es sich folglich um konsensuale Aktivitäten handelt (vgl. Rideau/Sinclair 1982: 11). Bemerkenswert ist, dass die Anwendung physischer Gewalt nicht nur symbolische, sondern faktische Ordnungen herstellt, sie stellt nicht nur *dar*, sondern *her*.

---

27 Hierzu würden auch die Vergewaltigungen von tschetschenischen Kriegsgefangenen gehören, über die in der Presse berichtet wird.

28 Die Insassen könnten nämlich streiken. und deshalb duldet die Verwaltung den Missbrauch. Ihre Alltagstheorien besagen sogar, dass der regelmäßige Verkehr die gefährlichen wolves befriedet; sie seien so passiv, wie in der Freiheit die Ehemänner (vgl. Rideau/Sinclair 1982: 16).

2.1.7 Initiationsriten

Die vordergründigste aller Funktionen der Mann-von-Mann-Vergewaltigung behandeln wir zum Schluss: Sie wird häufig als ein Ritual bezeichnet. Angesichts der Qual der Opfer ruft diese Zuschreibung beim Leser zunächst Widerwillen hervor. In der Tat wurden aber sexuelle Handlungen zwischen Männern als Riten des Übergangs in einen „höheren" Status schon von Kulturanthropologen beschrieben. Zu den Übergangs- bzw. Initiationsriten gehören nicht selten gleichgeschlechtliche sexuelle oder quasi sexuelle Handlungen, die das unbestimmte sexuelle Verlangen in ein bestimmtes umformen sollen.[29] Wie abscheulich die Gewalthandlungen auch erscheinen mögen, wir begreifen, dass sie neben der Einführung in die Sexualität überhaupt auch eine Einführung in die rudimentärste Form der Männlichkeit, so wie sie Männer verstehen, nämlich in die intrageschlechtliche Machtstruktur, darstellen (vgl. Te Paske 1982: 72). Wegen dieses Machtaspektes ist es abermals schwierig, Initiationsriten getrennt von der oben behandelten Machtstruktur zu betrachten, doch erfassen sie einen anderen Aspekt, eben den kulturanthropologischen, der noch mit keinen unmittelbaren Zwecken verbunden ist. Rituale reproduzieren ein bestimmtes, machtbesetztes symbolisches Universum als Handlungsrahmen,[30] der erst konkrete Zwecksetzungen ermöglicht. Wir wissen vergleichsweise wenig über Initiationsriten in der Armee und ähnlichen eingeschlechtlichen Institutionen, doch für das Gefängnis kann man mit Sicherheit sagen, dass die Vergewaltigung eines Neulings die offiziellen *Degradierungszeremonien*, wie sie von Goffman (1961) und Garfinkel (1956) beschrieben worden sind, besiegelt. Beim Eintritt in die totale Institution wird die bisherige Identität eines Menschen, die sich als spezifische Konstellation von Rollen, Attitüden, Wertorientierungen und Erwartungen darstellt, drastisch gebrochen (vgl. Sykes 1958). Der Insasse wird gezwungen, eine Identität anzunehmen, die auf die Bedürfnisse der totalen Institution zugeschnitten ist. Goffman bezeichnet die *Enteignung* der vorherigen Identität als *bürgerlichen Tod*, weil die in die totale Institution eingeschlossene bzw. eingetretene Person die meisten der vorherigen Rechte und Pflichten verliert, die ihren bürgerlichen Status ausgemacht haben (vgl. Goffman 1961: 6)) Menschen werden zu einer Kennziffer degradiert und in einheitliche Kleidung gesteckt, was alle in Freiheit existierende Unterschiede in Selbstdarstel-

[29] Die gleichgeschlechtliche Liebe unter den jungen Männern als Homosexualität zu bezeichnen, wäre unsinnig, weil dies eine wesenhafte Eigenschaft meint, während es sich hier im Internat gleichsam um Statuspassagen und Initiationsriten handelt.

[30] Das Konzept des „frame" von Goffman (1974).

lung, Rang und Aspirationsebenen einebnet. Die Kategorisierung nach rein formalen Kriterien ermöglicht es fortan, Menschen wie Sachen zu behandeln. Die Enthebung aller Privatheit hat zur Folge, dass Insassen kein wünschenswertes Selbstbild aufrechterhalten können. Sie werden durch die Anwesenheit anderer *kontaminiert*, weil sie laufend Geräuschen, Gerüchen und Blicken anderer ausgesetzt sind. Hinzu kommen konkrete unangenehme physische Berührungen mit Gegenständen, wozu von der institutionellen Seite her die Ausstattung von Küchen, Waschräumen und Toiletten gehören. Die offizielle Vernichtung der vorherigen Identität wird durch die Vergewaltigung seitens länger einsitzender oder dienender Mitglieder totaler Institutionen „lediglich" vollendet. Die durch Vergewaltigung vollzogene *Demaskulinisierung* bedeutet die letzte Freiheitsberaubung und die Annahme der Identität als Sklave und als Frau.

3 Schlussfolgerung

Mit der Mann-von-Mann-Vergewaltigung konnten wir physische Gewalt in ihrer effektivsten Form beobachten. Es zeigte sich, dass Vergewaltigung bzw. die Penetration des Körpers einen nutzbringenden Einsatz von Gewalt darstellt, weil er ihr Objekt transformiert, im Gegensatz z. B. zur Tötung, die ihr Objekt vernichtet. Illegale Gewalt schafft ebenso neue Tatsachen, wie es legale Gewalt als *ultima ratio* einer legalen Herrschaft tut (vgl. Luhmann 1988). Im untersuchten Falle bewirkte illegale Gewalt der Reihe nach: eine neuartige Definition von Sexualität, die auch gleichgeschlechtliche Betätigung als Heterosexualität definiert. Sie schaffte es, Menschen mit männlichen Geschlechtsorganen ihre Männlichkeit abzusprechen und sie der sozialen Genderkategorie „Frauen" zuzuweisen. Der Einsatz illegaler Gewalt stellte eine Hierarchie unter den Gefangenen her, mit sehr realen Folgen für die Verteilung von Gütern einschließlich des persönlichen Schutzes. Diese illegale Hierarchie bekräftigte die legale Gewalt, zumal sie den drastischsten Teil der Degradierungszeremonien bei den Neuzugängen besorgte. Lediglich der Zusammenhang zwischen Schicht und vor allem Ethnie scheint im Gefängnis eher eine symbolische denn faktische Bedeutung zu haben. Wollte man dies genauer untersuchen, müsste man Gewaltverhältnisse zwischen Schichten und zwischen Ethnien außerhalb der Gefängnismauern untersuchen.

Im Bezug auf das Geschlechterverhältnis zeigte sich, dass Gewalt sich keineswegs nur gegen Frauen, sondern insgesamt gegen Menschen richtet, die in eine hierarchische Struktur gebracht werden sollen. Der Boden der Hierarchie besteht zwar nicht immer aus Menschen mit weiblichen Körpern, wohl aber werden solche Menschen als Frauen bezeichnet und vor allem behandelt. Unsere Untersuchung bestätigt Luhmanns These, dass Gewalt einen eindeutigen Modus der Erwartungssicherheit und der Enttäuschungsabwicklung darstellt, der eine Konsensfiktion der „Beherrschten," wenn nicht ihren Konsens selbst, sichert. *Sie diene der Aufrechterhaltung der Motivation widerstrebender Einzelner.* Während die Wirkung der legalen Gewalt aber nicht auf ihrer faktischen Anwendung, sondern auf Androhung beruhe (Luhmann 1975: 61) – nimmt ihr illegaler Gebrauch im gleichen Maße zu, wie sich die illegale Hegemonie nicht auf Konsens stützen kann.

Im letzten Satz des Beitrages muss aber alles über die Macht der Gewalt Gesagte wieder auf ein richtiges Maß zurecht gestutzt werden: Physische Gewalt, die auf Unterschieden in der physischen Ausstattung der Körper mit Kraft (oder einem Zusammenschluss von Körpern) beruht, steht bereit, um in rudimentären sozialen Situationen mit rudimentären Ressourcen rudimentäre Ordnungen herzustellen. Komplexe Ordnungen schaffen und reproduzieren sich hingegen mit allen legitimen Mitteln des ökonomischen, kulturellen, sozialen und symbolischen Kapitals.

Literatur

Abel, M. H. (1988): Vergewaltigung. Stereotypen in der Rechtsprechung und empirische Befunde. Weinheim und Basel.

Bourdieu, P. (1982): Ökonomisches Kapital, kulturelles Kapital, soziales Kapital. In: Kreckel, R. (Hrsg.): Soziale Ungleichheit, Soziale Welt, Sonderband 7. Göttingen, S. 183-193.

Bourdieu, P. (2000): Nadvláda muzu, Praha. (frz. La domination masculine. Paris1998).

Bowker, L. H. (1977): Prisoner Subcultures. Lexington, Mass.

Bowker, L. H. (1980): Prison Victimization. New York.

Bowker, L. H. (ed.) (1998): Masculinities and Violence. Thousand Oaks, London, New Delhi.

Brownmiller, S. (1975): Against Our Will: Men, Women and Rape. New York.

Bürger-Prinz, H. (1950): Motiv und Motivation. Hamburg.

Buffum, P. C. (1982): Racial Factors in Prison Heterosexuality. In: Scacco, A. M. Jr. (ed.): Male Rape. A Casebook of Sexual Aggressions. New York, NY, S. 104-106.

Butler, J. (1991): Das Unbehagen der Geschlechter. Frankfurt/M.

Carroll, L. (198 2): Humanitarian Reform and Biracial Sexual Assault in a Maximum Security Prison. In: Scacco, A. M. Jr. (ed.): Male Rape, S. 121-136.

Davis, A. J. (1982): Sexual Assaults in the Philadelphia Prison System and Sheriffs Vans. In: In: Scacco, A. M. Jr. (ed.): Male Rape. A Casebook of Sexual Aggressions. New York, NY, S. 107-120.

Dimoulis, D. (1999): Das Patriarchat als Vertragspartner? Zu einigen Denkvoraussetzungen der Geschlechterbeziehungen. In: Löschper, G. /Smaus, G. (Hrsg.:) Das Patriarchat und die Kriminologie, Kriminologisches Journal, 7. Beiheft, S. 112-8.

Engel, K./Rothman, S. (1983): Prison Violence and the Paradox of Reform. In: Public Interest, 73, 1983, S. 91-103.

Foucault, M. (1977): Der Wille zum Wissen. Sexualität und Wahrheit, Bd. 1. Frankfurt/M.

Galtung, J. (1975): Strukturelle Gewalt. Beiträge zur Friedensforschung. Reinbek.

Garfinkel, H. (1956): Conditions of Successful Degradation Ceremonies. In: Ameri- can Journal of Sociology, 61, S. 420-425.

Gelles R. J. (1983): An Exchange/Social Control Theory. In: Finkelhor, D. /Gelles, R. J., / Hotaling, G. T./Straus M. S. (eds.): The Dark Side of Families. Current Family Violence Research. Beverly Hills, S. 151-165.

Gildemeister, R. /Wetterer, A. (1992): Wie Geschlechter gemacht werden. Die soziale Konstruktion der Zweigeschlechtlichkeit und ihre Reifizierung in der Frauenforschung. In: Knapp, G.-A. /Wetterer, A. (Hrsg.): Traditionen Brüche. Entwicklungen feministischer Theorie. Freiburg, S. 201-254.

Goffman, E. (1961): Asylums. Essays on the Social Situation of Mental Patients and Other Inmates. New York.

Goffman, E. (1974): Frame Analysis. An Essay on the Organization of Experience. New York.

Gunning, S. (1996): Race, Rape and Lynching. The Red Record of American Literature, 1890-1912. New York, Oxford.

Harding, S. (1990): Feministische Wissenschaftstheorie: Zum Verhältnis von Wissenschaft und sozialem Geschlecht. Hamburg.

Honegger, C. (1991): Die Ordnung der Geschlechter: Die Wissenschaft vom Menschen und das Weib. Frankfurt a. M. /New York.

Karner, T. X. (1998): Engendering Violent Man. Oral Histories of Military Masculinity. In: Bowker, L.H. (ed.): Masculinities and Violence. S. 197-232.

Künzel, Ch. (Hrsg.) (2003): Vergewaltigung in drei Jahrhunderten (18. bis 20. Jh.) – Brüche und Kontinuitäten. Frankfurt a. M. /New York.

Lawrence, J. (1970): Violence. In: Social Theory and Practice, 1:2, Fall, S. 31-49.
Lawrence, E. T. (1963): Die sieben Säulen der Weisheit. München.
Lindemann, G. (1994): Die Konstruktion der Wirklichkeit und die Wirklichkeit der Konstruktion. In: Wobbe, T. /Lindemann, G. (Hrsg.): Denkachsen. Zur theoretischen und institutionellen Rede vom Geschlecht. Frankfurt/M, S. 115-146.
Luhmann, N. (1975): Macht. Stuttgart.
Luhmann, N. (1988): Frauen, Männer und George Spencer Brown. In: Zeitschrift für Soziologie, Jg. 17, H. 1, S. 47-71.
MacNaughton-Smith, P. (1968): The Second Code. Toward (or away from) an Empiric Theory of Crime and Delinquency. In: Journal of Research in Crime and Delinquency, 5, S. 189-197.
Messerschmidt, J. W. (1998): Men Victimizing Men: The Case of Lynching. In: Bowker, L. H. (ed.): Masculinities and Violence. S. 168-178.
Meuser, M. (1999): Gewalt, hegemoniale Männlichkeit und „doing masculinity". In: Löschper, G./Smaus, G. (Hrsg.): Das Patriarchat und die Kriminologie. Kriminologisches Journal, 7. Beiheft. Weinheim, S. 11-28.
Musil, R. (1968): Die Verwirrungen des Zöglings Törless, Reinbek bei Hamburg.
Pateman, C. (1988): The Sexual Contract. Cambridge.
Rammstedt, (1974): Gewalt und Hierarchie. In: derselbe (Hrsg.): Gewaltverhältnisse und die Ohnmacht der Kritik. Frankfurt/M., S. 132-156.
Rasch, W. (1989): Motivische Hintergründe von Vergewaltigungen. In: Arbeitskreis „Sexuelle Gewalt" beim Komitee für Grundrechte und Demokratie (Hrsg.): Gewaltverhältnisse. Sensbachtal, S. 143-154.
Rideau, W./Sinclair, B. (1982): Prison: The Sexual Jungle. In: Scacco, A. M. Jr. (ed.): Male Rape. A Casebook of Sexual Aggressions. New York, NY., S. 3-29.
Scacco, A, Jr. (1982): Preface. In: ders. (ed.): Male Rape. A Casebook of Sexual Aggressions. New York, NY., S. vii-ix.
Scacco, A. M., Jr. (1982): The Scapegoat Is Almost Always White. In: ders. (ed.): Male Rape. A Casebook of Sexual Aggressions , New York, NY., S. 91-103.
Schelsky, H. (1955): Soziologie der Sexualität. Hamburg.
Silberman, M. (1 88): Dispute Mediation in the American Prison: A New Approach to the Reduction of Violence. In: Policy Studies Journal, 16, 3.
Smaus, G. (1994): Physische Gewalt als ultima ratio des Patriarchats. In: Kriminologisches Journal, H. 2, S. 82-104.

Smaus, G. (1999): Geschlechteridentität als kontextabhängige Variable – dargestellt am Beispiel der „eingeschlechtlichen" Institution des Gefängnisses. In: Löschper, G. /Smaus, G. (Hrsg.): Das Patriarchat und die Kriminologie, Kriminologisches Journal, 7. Beiheft, Weinheim, S. 28-47.

Spargo, T. (1999): Foucault and the Queer Theory, tschechische Übersetzung Praha 2001.

Stanko, E. (1985): Intimate Intrusions. Woman's Experience of Male Violence, London. Boston, Melbourne, Henley.

Steffen, W. (1987): Gewalt von Männern gegenüber Frauen: Befunde und Vorschläge zum polizeilichen Umgang mit weiblichen Opfern von Gewalttaten. München.

Sykes, G. M. (1958): The Society of Captives: A Study of a Maximum Security Prison. Princeton, N.J.

Te Paske, B. A. (1982): Rape and Ritual. A Psychological Study. Toronto.

Teubner, U. (1989): Gewalt gegen Frauen – Neuauflage einer Analyse von männlicher Macht. In: Arbeitskreis „Sexuelle Gewalt" beim Komitee für Grundrechte und Demokratie (Hrsg.): Gewaltverhältnisse. Sensbachtal, S. 129-136.

Tucker D. (1982): A Punk's Song: View from The Inside. In: Scacco, A. M. Jr. (ed.): Male Rape. A Casebook of Sexual Aggressions. New York, NY., S. 58-79.

Weber, M. (1956): Wirtschaft und Gesellschaft. Tübingen.

Wilson, J. (2000): Lawrence von Arabien. Die Biographie, 2. Aufl. München.

Young, I.M., (1994): Geschlecht als serielle Kollektivität: Frauen als soziales Kollektiv. In: Institut für Sozialforschung (Hrsg.): Geschlechterverhältnisse und Politik. Frankfurt/M, S. 221-262.

„Ich bin ich“ – Feminismus als Avantgarde der Menschenbewegung

Gerlinda Smaus (2003)*

Widmung

Frau kann nicht sagen, dass der Jubilar schon immer etwas für den Feminismus übrig gehabt hätte. Aber der konsequente Kampf für Menschenrechte führte ihn unweigerlich auch zu der Befassung mit der Ungerechtigkeit der Geschlechterstruktur. Der relativ späte Einsatz brachte es mit sich, dass er gleichsam alle vergangenen Diskurse synthetisieren und überwinden mußte, um beim gegenwärtigen Stand anzukommen: beim Konstatieren der Auflösung einer klar definierten dualen Geschlechterstruktur.[1] Eine großartige Leistung, die für unsere Wissenschaft wegen der Ungleichzeitigkeit der Entwicklung in der Geschlechterstruktur sicherlich von großem Nutzen sein wird. Die Geschlechterstruktur ist unübersichtlicher denn je, um aber die angebahnte Entwicklung zu unterstützen, sollen in diesem Beitrag die Pflastersteine übersehen und auf das unter ihnen wachsende Gras geschaut werden. Die Befreiung von machtbesetzten Geschlechteridentitäten betrifft gleichermaßen Frauen wie Männer, die gut beraten wären, wenn sie in der Auseinandersetzung mit jeweiligen Zwängen auch einmal den gemeinsamen Unterdrücker ins Visier nehmen würden. Allmählich wäre es angebracht, statt von der Frauenbewegung von einer unteilbaren Menschenbewegung zu sprechen. Die folgenden Überlegungen möge mein Mentor als einen kleinen Beitrag zu dieser Entwicklung betrachten.

---

* Ursprünglich erschienen in: Raffaele De Giorgi (Hg.) Il diritto e la differencia. Scritti in onore di Alessandro Baratta. Lecce: Pensa Multimedia 2003, 602-618.

1 Baratta, A., Il paradigma del genere dalla questione criminale alla questione umana, in: Dei delitti e delle pene, 1-2, 1999, S. 69-116.

J. Feest und B. Pali (Hrsg.), *Gerlinda Smaus: „Ich bin ich“*, Schriftenreihe des Strafvollzugsarchivs, https://doi.org/10.1007/978-3-658-31723-2_15

1 Die Geschlechtertheorien haben in den vergangenen Jahren folgende Wandlungen durchgemacht:

1.1

Zunächst wurden die Geschlechterunterschiede wesenhaft aufgefaßt. Gemäß den *biologischen Theorien* determinieren in der Reihenfolge ihrer Beachtung zunächst die morphologischen, später hormonalen und schließlich die genetischen Unterschiede die unterschiedlichen sichtbaren und unsichtbaren Eigenschaften und Verhaltensweisen von Männern und Frauen.[2] Seitens der Sozialwissenschaft wurde die Kritik erhoben, dass nicht die Biologie, sondern die geschlechtsspezifische Sozialisation, in der Männer- bzw. Frauenrollen (Genus, gender) als komplementäre Verhaltensmuster gelernt werden, das Verhalten bestimmt. Die erlernte Komponente wirkt sich auf die Geschlechtsidentität eines Menschen viel stärker aus als die angeborene. „Gender" (Rolle) ist stärker als „sex" (körperliche Merkmale).[3, 4]

1.2

Paradoxerweise führte diese sozialwissenschaftliche Einsicht nicht unmittelbar zu Dekonstruktionen, sondern im Laufe der Zeit zu sehr hartnäckigen *wesenhaften Auffassungen von Rollen*: „Einmal als Frau erzogen, immer als Frau agierend". Rollendifferenzen sind zwar nicht angeboren, aber gleichsam zu einer zweiten Natur geworden.[5] Davon ausgegangen befaßte frau sich häufig mit der Frage, wie die

---

2 Degler, C. N., Darwinians Confront Gender, or, There Is More to it than History, in: Rhode, D. L. (ed.), Theoretical Perspectives on Sexual Difference, New Haven, London 1990, S. 33-46.

3 Althoff, M./ Leppelt, M., „Kriminalität" - eine diskursive Praxis, Foucaults Anstöße für eine Kritische Kriminologie, Hamburg 1995; Kappel, S., Der Herstellungsmodus von Geschlecht und der ihm hartnäckig anhaftende Schein der Natürlichkeit, in: Althoff, M. /Kappel, S. (Hrsg.), Geschlechterverhältnis und Kriminologie, Kriminologisches Journal, 5. Beiheft, 1995, S. 58-76; Hirschauer, S., Dekonstruktion und Rekonstruktion. Plädoyer für die Erforschung des Bekannten, in: Feministische Studien, Kritik der Kategorie „Geschlecht" 11, 1993, S. 55-67. Sehr widersprüchlich dazu Lindemann, G., Die Konstruktion der Wirklichkeit und die Wirklichkeit der Konstruktion, in: Wobbe, T. /Lindemann, G. (Hrsg.), Denkachsen. Zur theoretischen und institutionellen Rede vom Geschlecht, Frankfurt/M 1994, S. 115-146., S. 132 ff.

4 Vgl. ferner Beiträge im 5. Beiheft des Kriminologischen Journals (199 5).

5 Die anfänglich kritisch wirkenden Sozialisationstheorien haben schließlich einen affirmativen Charakter bekommen. Ohne zu beachten, daß die Rollendefinitionen die Vorrangstellung der Männer (sex) unterstützen, wurde „Weiblichkeit" von einem Teil des feministischen Schrifttums als eine

„Güte" der gelernten Differenz zu bewerten sei. Soll z. B. „Gleichheit der Geschlechter im Recht" durch die Erhaltung der Differenz oder durch das Hinarbeiten auf ihre Abschaffung gewährleistet werden?[6] Wesenhaft ist auch die Zuschreibung der Verantwortlichkeit für Kriege, Vergewaltigungen, Gewaltkriminalität sowie Pornographie (u. a.) an „Männer" als biologische Wesen,[7] der die Erklärung der geringeren Kriminalitätsbelastung von Frauen mit ihrer Beschreibung als moralisch höherwertige Wesen.

Abgesehen davon, dass reifizierte Kategorien, wie hier die Geschlechterrollen, in der Soziologie keinen Platz haben, vergaß frau hervorzuheben, wessen normative Konstruktionen die Rollen sind, wer der Urheber der *Einheit der Differenz* ist.[8]

gegenüber der Männlichkeit höherwertigere Eigenschaft betrachtet. Damit wird freilich die patriarchalisch konstruierte Differenz festgeschrieben (kritisch dazu Gildemeister, R./Wetterer, A., Wie Geschlechter gemacht werden, in: Traditionen Brüche, hrsg. von Knapp, G.- A. /Wetterer, A., Freiburg 1992, S. 201-254; Kappel op.cit.

6 Platt, S., Feministische Rechtswissenschaft zwischen Gleichheit vor dem Gesetz und Differenz der Geschlechter, in: Althoff, M. / Kappel, S. (Hrsg.), Geschlechterverhältnis und Kriminologie, Kriminologisches Journal, 5. Beiheft, 1995, S. 42-57.

7 Dworkin, A., Pornographie, Köln 1987a; Mackinnon, C., Feminism Unmodified: Discourses on Life and Law, Cambridge, Mass. 1987 (S.7); Cain, M., Towards Transgression : New Directions in Feminist Criminology, in: International Journal of the Sociology of Law 18, 1990, S. 1-18, (vgl. S. 12).

8 Nach der Erkenntnis, daß es sich nicht um eine natürliche Differenz handelt, ist im weiteren Schritt das logische Argument angebracht, dass eine Differenz nur vom „dritten, übergeordneten" Standpunkt wahrgenommen werden kann bzw., wie in unserem Falle, gesetzt werden kann. „Männer" können nicht sich selbst und die „Frauen" konstruieren, denn das würde ja ihre vorgängige Existenz in derselben Form schon voraussetzen. Die übergeordnete Einheit ist nicht der „Mensch" bzw. die „Menschheit", sondern die „Macht", die eine womöglich schon vorhandene Asymmetrie benannt und festgeschrieben hat (vgl. Luhmann, N., Frauen, Männer und George Spencer Brown, in: Zeitschrift für Soziologie, 17, 1, 1988, S. 47-71, vgl. S. 49 ff.). Macht wiederum schreibt sich selbst „gender männlich" zu, womit sie einen Großteil von „Männern" (sex) zu ihren Komplizen macht. Vgl. Messerschmidt, der früh auf den im Gegensatz von Männern und Frauen „anwesenden Dritten"- die „Männerherrscher"- aufmerksam gemacht hat (Messerschmidt, J., Überlegungen zu einer sozialistisch-feministischen Kriminologie, in: Janssen, H. /Kaulitzky, R. /Michalowski, R. (Hrsg.), Radikale Kriminologie, Bielefeld 1988, S. 83-101). Luhmann allerdings betrachtet die „hierarchische Opposition" von Männern und Frauen als eine evolutionäre Errungenschaft, weil - sollen wir mit Bacon ergänzen - nur so der Natur so viel abgepresst werden kann? Im genannten Beitrag wirkt Luhmann nicht sehr überzeugend.

2 Der Focus auf die „Urheberschaft“ der Differenz führte endlich zur Dekonstruktion der „Geschlechterrollen“ und zur Aufhebung der Differenz: „Ich bin Du“

2.1.

Eine nicht nur dynamische, sondern strukturelle Dekonstruktion der Geschlechtertheorien wurde durch die Annahme eines *vergeschlechtlichten Universums* ermöglicht, das auf allen Ebenen: der symbolischen (Sprache, Institutionen), der arbeitsteiligen und der der Rollen, durch binäre Denk- und Bewertungskategorien gekennzeichnet ist. Die Theorie von Sandra Harding bringt deutlich zum Ausdruck, dass der gemeinsame pool von (historisch begriffenen) menschlichen Eigenschaften in zwei Hälften geteilt wurde. Der eine Teil wurde als weiblich bezeichnet und Menschen mit bestimmten, für die natürliche Reproduktion der Gesellschaft wichtigen Geschlechtsmerkmalen zugewiesen. Die andere Hälfte der Eigenschaften wird als männlich bezeichnet und den Trägern der komplementären reproduktiven Merkmale zugeordnet. *Es gibt keine per se männlichen oder weiblichen Eigenschaften, es handelt sich immer nur um so bezeichnete Eigenschaften*! Der Männerherrschaft als dem einheitsstiftenden Subjekt ist es gelungen, die als männlich bzw. weiblich bezeichneten Eigenschaften nicht als gleichwertig-komplementäre, sondern als hierarchische Kategorien zu konstruieren. Dementsprechend wurde der Lebensraum von Gesellschaftsmitgliedern in die „wichtigere“ Öffentlichkeit (bzw. „System“) und die „unbedeutendere“ private Sphäre (bzw. Lebenswelt) geteilt.[9] Allein die Kongruenz der vorher bestimmten Merkmale begünstigt dann Männer (*sex*) im Zugang zu den männlich (*gender*) definierten Bereichen (Öffentlichkeit, Politik, Recht, Wissenschaft), während weiblich (*gender*) definierte, „private“ Bereiche (Familie, Pflegeberufe) Frauen (*sex*) überlassen werden.[10] Die Höherrangigkeit des „kulturellen, männlichen“ Prinzips und des

[9] Nach Dimoulis verdiente diese Leistung die größte Aufmerksamkeit, denn sie begründet die Geschlechterdifferenz als eine politische: „Die Freiheit der Männer in der öffentlichen Sphäre gewinnt ihren Sinn nicht durch den Vergleich mit einem *ancien regime*, sondern durch ihren ständigen Bezug auf die Unfreiheit der Frauen in der privaten Sphäre“ (Dimoulis, D., Das Patriarchat als Vertragspartner? Zu einigen Denkvoraussetzungen der Geschlechterbeziehungen, in: Löschper, G. / Smaus, G., (Hrsg.), Das Patriarchat und die Kriminologie, Kriminologisches Journal, 7. Beiheft, 1999, S. 11-28, vgl. S. 15).

[10] Vgl. Smaus, G., Feministische Erkenntnistheorie und Kriminologie von Frauen, in: Althoff, M. / Kappel (Hrsg.), Geschlechterverhältnis und Kriminologie, Kriminologisches Journal, 5. Beiheft, 1995, S. 9-27.

Öffentlichen über dem „natürlichen, weiblichen" Prinzip und dem Privaten sowie ihre hierarchische Binnenstruktur zeigen deutlich, dass der sozio-kulturelle Geschlechterdualisrnus keine neutrale, der Natur abgeschaute Konstruktion,[11] sondern das Ergebnis hegemonialer Praktiken (einschließlich der Gewaltanwendung) einiger Männer im Besitze von Macht (*sex und gender*) ist.[12] Die „hegemonialen" Männer (bzw. das Patriarchat) herrschen aber nicht nur über Frauen (*sex und gender*), sondern auch über die Mehrheit von Männern (*sex*). Das macht sich ein Großteil der „männlichen" Literatur über „hegemoniale Männlichkeit" nur selten klar![13] Indem die Autoren alle Männer als allen Frauen übergeordnet begreifen, verlieren sie nicht nur die strenge hierarchische Ordnung unter Männern aus dem Auge, sondern vor allem auch (analog zu der Einseitigkeit des Differenzfeminismus) die Tatsache, daß nur ein quantitativ geringer Anteil von Männern die Unterscheidung setzt.[14] Mit der undifferenzierten Rede von hegemonialer Männlichkeit nehmen männliche Wissenschaftler ebenso als-ob-natürlich neben den Siegern Platz wie sich Feministinnen mit Verliererinnen identifizieren. Feministinnen klagen an, während Männlichkeitsforscher zu Verteidigern der Ordnung werden, womit abermals das der Macht genehme normative Weltbild reproduziert wird. Deshalb wird im gesamten Diskurs über die Geschlechterstruktur immer wieder

---

[11] Butler, J., Gender Trouble. Feminism and the Subversion of Identity, New York u. a. 1990 (S. 22, 26); Harding, S., Feministische Wissenschaftstheorie: Zum Verhältnis von Wissenschaft und sozialem Geschlecht, Hamburg 1990 (S. 135); Wetterer, A., Hierarchie und Differenz im Geschlechterverhältnis, in: Wetterer, A. (Hrsg.), Profession und Geschlecht. Über Marginalität von Frauen in hochqualifizierten Berufen, New York u. a. 1992, S. 13-40 (S. 21); Laqueur, T., Auf den Leib geschrieben. Die Inszenierung der Geschlechter von der Antike bis Freud, Frankfurt/ M u. a. 1992.

[12] Harding, op.cit. S.131; Benjamin, J., Die Fesseln der Liebe. Psychoanalyse, Feminismus und das Problem der Macht, Frankfurt / M 1990 (S. 166); Honegger, C., Die Ordnung der Geschlechter. Die Wissenschaften von Menschen und das Weib, Frankfurt / M u. a. 1991; Maihofer, A., Geschlecht als hegemonialer Diskurs. Ansätze zu einer kritischen Theorie des „Geschlechts", in: Wobbe, T. / Lindemann, G. (Hrsg.), Denkachsen. Zur theoretischen und institutionellen Rede vom Geschlecht, Frankfurt / M 1994, S. 236-263 (S. 17 ff., 255).

[13] Connells Auffassung über hegemoniale Männlichkeit (Connell, R. W, Masculinities, Cambridge u. Oxford 1995) wird, so der zwingende Eindruck, empathisch und affirmativ übernommen (vgl. Meuser, M., Gewalt, hegemoniale Männlichkeit und „doing masculinity", in: Löschper, G./ Smaus, G.; (Hrsg.), Das Patriarchat und die Kriminologie, Kriminologisches Journal, 7. Beiheft, 1999, S. 11-28).

[14] Pateman, C. (The sexual contract, Cambridge 1988) bezeichnet Patriarchat als eine brüderliche Struktur, die die geschichtliche Niederlage des Vaters zur Voraussetzung hatte (bei Dimoulis op. cit., S. 15). Männer untereinander sind aber nur in ihrer Beziehung zu Frauen „Brüder"; intrageschlechtlich sind sie in allen anderen Hinsichten ungleich. Dies läßt sich als die Taktik „teile und herrsche" interpretieren. Frauen als Opfer von Gewalttaten vor Gericht erscheint die Bruderschaft eher als Komplizenschaft von „öffentlichen und privaten Patriarchen".

übersehen,[15] daß es *in Wirklichkeit keine empirische Übereinstimmung zwischen körperlichen Merkmalen und den tatsächlich übernommenen Eigenschaften sowie den in verschiedenen Bereichen gespielten Rollen gibt!*

2.2

Die gesellschaftlichen Strukturen sind selbst vergeschlechtlicht (*gendered*), sie definieren das Rollenspiel nicht neutral, sondern überwiegend als entweder männlich oder weiblich. Sie verlangen von Akteuren gleich welchen „sex", daß sie die vorgeschriebene Geschlechterrolle (*gender*) spielen. *Das Rollenspiel ist stets kontextabhängig.*[16] Menschen lassen sich daher nicht auf eine einheitliche Identität reduzieren. Sie sind imstande, beide „gender zu machen", sie spielen „normalerweise" stets situationsabhängig die Rolle, die ihnen aktuell vom gesellschaftlichen Kontext (Arbeitsmarkt, Organisationen, Familie, Lebenswelt) vorgegeben ist. In der Tat wird die Gender-Rolle zunehmend dynamisch als ein unaufhörlicher Prozeß des „doing gender" aufgefaßt.[17] Was dabei meistens übersehen wird, ist, dass „doing gender" das *Erlernen der „anderen" Rolle* im Sozialisationsprozeß voraussetzt: „Wir müssen andere sein, um wir selbst zu sein", betont Mead.[18] Hier setzten Parsons und Bales mit ihrer Theorie des Sozialisationsprozesses an, den sie als eine stufenweise Übernahme von jeweils als männlich oder weiblich definierten Eigenschaften beschreiben.[19] Jedes Individuum mit einer „Normalbiographie" nimmt im Koordinatensystem von Leistung, Zuwendung, Dominanz und Unterordnung, Universalismus und Partikularismus im Laufe seines Lebens zeitweilig die Perspektive des jeweils anderen Geschlechts ein, so dass es im Stande ist, beide Perspektiven zu verstehen und die Rollenparts auch zu spielen. In der *Normalbiographie* mit dem eingebauten Zwang zur Heterosexualität wird (in der Regel) abschließend eine gleichsam *residuale* Identität angenommen, die darauf beruht, dass der minimale Bestand an natürlichen körperlichen Unterschieden

---

15 Gewiß haben Queerstudies zur Auflockerung des Geschlechterdualismus beigetragen (vgl. Hark, S., Deviante Subjekte, Opladen 1996), doch nun geht es um die Einsicht, daß es schon im „normalen Leben" gar kein durchgängig weibliches bzw. männliches Verhalten gibt.

16 Smaus, G., Geschlechteridentität als kontextabhängige Variable - dargestellt am Beispiel der „eingeschlechtlichen" Institution des Gefängnisses, in: Löschper, G. / Smaus, G., (Hrsg.), Das Patriarchat und die Kriminologie, 7. Beiheft, 1999, S. 29-48.

17 West, C. /Zimmermann, D. H., Doing Gender, in: Gender and Society 2, 1987, S. 125-151.

18 Mead, G. H., Die Genesis der Identität und soziale Kontrolle, in: Mead, G. H., Gesammelte Schriften Bd. 1, hrsg. Von Joas, H., Frankfurt/M. 1980, S. 299-328 (S. 327).

19 Parsons, T./ Bales, R., Family. Socialization and Interaction Process, London 1956, S. 50 ff.

unaufhörlich gepflegt und herausgestellt wird.[20] Das dekonstruktivistische Unbehagen mit Begriffen wie „residuale" oder „askriptive" Eigenschaften und Identitäten, führt zu der Enthüllung, dass die Differenz „askriptiv" – „erworben" eine weitere naturalistische Fehldeutung ist, denn auch das angeblich askriptive Geschlecht muß mühsam erworben werden. Selten geht die so saliente Erscheinung von physischen Frauen und Männern und ihr „verborgenes" Wesen so auseinander wie beim Geschlecht: das Geschlecht hat nämlich gar keins, alles nur Schein! Dadurch aber, dass es sich laufend „verkörpert", ermöglicht es eine Kodierung von Individuen, die in der Tat in gewisser Weise sehr stabil ist. Wir begreifen die Geschlechteridentität (analog zu Altersidentität) als eine stets präsente Voraussetzung des Verhaltens, die aber nur in ganz bestimmten Situationen (z. B. beim Arzt, in der Sexualität) selbst das Thema der Interaktion stellt.[21] Oder mangels adäquateren Begriffsbildung in Goffmans Bildern: Geschlecht und Alter (und andere an den Körper geknüpfte Eigenschaften wie z. B. Vitalität, Schönheit und Kraft) sind Requisiten, die das Rollenspiel in unterschiedlichen Kontexten möglich machen. Es ist ernst zu machen mit der Einsicht, dass Körper samt ihres Geschlechtes und Alters zur Umwelt der Systeme gehören,[22] und dass „ganze" Individuen, sei es Mann oder Frau, als ein zu grobschlächtiger Gegenstand für die Soziologie betrachtet werden.

„Normalbiographie" heißt nicht nur durchschnittliche, sondern hauptsächlich normativ vorgeschriebene, *sanktionierte* Biographie. Dies hat zur Folge, dass „hybride" Formen, wie z. B. „Frauen, die in Institutionen ihren Mann stehen" bzw. „Männer, die bemuttern" (oder nicht eindeutig dargestellte Körper), als zu vernachlässigende Abweichungen von der Regel betrachtet werden.[23] Die Geschlechtsidentität wird sowohl im Alltag als auch in der Wissenschaft überwiegend ganzheitlich und als-ob-natürlich über den Körper codiert und das konkrete Verhalten „summarisch" entweder als männlich oder weiblich bezeichnet, unabhängig davon, ob es tatsächlich der männlichen oder der weiblichen Rolle ent-

---

[20] Vgl. Kappel op. cit.,1995, S. 72 ff; Laqueur op. cit., 1992.

[21] Dies könnte als eine körperfeindliche Einstellung verstanden werden. M. E. ist aber auch Körperfeindlichkeit nur vom Kontext her zu definieren. So handelt es sich um Feindlichkeit gegen die Würde der Person, wenn ihr Körper beurteilt wird (wenn auf ihren Körper herabgeschaut wird), wo es um ihre Leistung oder Geist gehen soll. Es handelt sich um Körperfeindlichkeit, wenn der Körper ignoriert wird dort, wo er gepflegt werden sollte. Zum Körper in der Moderne vgl. Feher, F. / Heller, A., Biopolitik, Wien 1995.

[22] Nicht umsonst wird die Thematisierung der weiblichen Körper z. B. am Arbeitsplatz als eine extrafunktionale Zumutung und sexuelle Belästigung bezeichnet (Schnock, B., Die Gewalt der Verachtung. Sexuelle Belästigung von Frauen am Arbeitsplatz, St. Ingbert 1999).

[23] Butler op. cit., 1990, S. 38 f.

spricht. Ein solcher „naturalistischer“ Kurzschluß liegt vor, wenn z. B. von Frauen (*sex*) in der Wissenschaft (*gender männlich*) die Rede ist, als ob sie sich dort vor allem „weiblich“ verhalten würden, und nicht „männliche“ Leistungen erbrächten.

2.3

Darauf, dass Männer und Frauen keineswegs nur die jeweils ihnen zugeschriebenen Verhaltensweisen lernen und ausüben, hat im feministischen Schrifttum schon früh Elisabeth Badinter aufmerksam gemacht. Männer und Frauen haben keine polar entgegengesetzten Eigenschaften, vielmehr überschneiden sie sich weitgehend: „Ich bin Du“. Aus dem pool der zur Verfügung stehenden, bisher „gendered“ Eigenschaften wählen Frauen (*sex*) und Männer (*sex*) frei und individuell ihre, nunmehr kulturell *androgynen Identitäten* aus.[24] Ihre These hat aber in der feministischen Wissenschaft keinen großen Zuspruch gefunden, so dass erst Judith Butlers Aufsatz über „gender performance“ für Aufregung sorgte.[25] Die faktische und theoretische Zerbröckelung einer einheitlichen Frauenidentität wird auch in Begriffen wie z. B. „Weiblichkeiten“ oder „serielles Kollektiv“[26] beschrieben, die aber m. E. nur auf der deskriptiven, nicht jedoch auf der analytischen Ebene Differenzen erfassen. „Polizistin mit Schlagstock; die Soldatin, welche traumatisierte Flüchtlingsfrauen betreut; die. Kampfjetpilotin im Mutterschaftsurlaub, die Friseuse mit Aufstiegsträumen und Kinderwunsch, die Professorin mit Gefährtin und eigenem Kind; die klassische Hausfrau“[27] – diese Beschreibungen enthüllen nicht explizit, daß die Individualitäten *unterschiedliche Zusammenstellung von „männlichen“ und „weiblichen“* Eigenschaften implizieren.[28] Die viel zitierte

---

24 Badinter, E., Ich bin Du. Die neue Beziehung zwischen Mann und Frau oder Die androgyne Revolution, München u. a. 1988. S. 207 ff.; Vgl. Dietzen, A., Soziales Geschlecht, Opladen 1993, S. 81 ff.

25 Butler, J., Für ein sorgfältiges Lesen, in: Benhabib, S. /Butler, J. /Cornell, D. /Fraser, N., Der Streit um Differenz. Feminismus und Postmoderne in der Gegenwart, Frankfurt/M 1993a, S. 122- 132; Butler, J., Ort der politischen Neuverhandlung. Der Feminismus braucht „die Frauen“, aber er muß nicht wissen, „wer“ sie sind, in: Frankfurter Rundschau, Nr. 171, 1993b, S. 10.

26 Young, I. M., Geschlecht als serielle Kollektivität: Frauen als soziales Kollektiv, in: Institut für Sozialforschung (Hrsg.)., Geschlechterverhältnisse und Politik, Frankfurt/M 1994, S. 221-262.

27 Beispiele von Elisabeth von Thadden, „Natürlich gleich frei“, in: Die Zeit, Nr. 5, 27. Januar 2000, S. 48.

28 Wir meinen folgendes: „Polizistin mit Schlagstock“: weiblicher Körper, männliche Rolle, männliche Gewalt; „die Soldatin, welche traumatisierte Flüchtlingsfrauen betreut“: weiblicher Körper, männliche Gewalt- und Beschützerrolle, möglicherweise kombiniert mit weiblicher Fürsorge für weiblich-weibliche Flüchtlingsfrauen. „Die Professorin mit Gefährtin und eigenem Kind“: *sex*

„schwarze, arme" Frau, auf die sich einst die Einsicht über die Heterogenität der „Weiblichkeiten" begründet hat,[29] heißt vor allem unterschiedliche Stellung in der *ethnischen* und der *Schichtstruktur*.[30]

2.4

Gegenwärtig wird ersichtlich, dass sich die Geschlechtertheorien bis hin zu der Annahme einer kulturellen Androgynität vor dem Hintergrund des *realen Prozesses der Individualisierung* entfaltet haben. Die normative Annahme von homogenen Geschlechteridentitäten war auf gesellschaftliche Strukturen angewiesen, die im Hinblick auf das Geschlecht relativ deutlich definiert waren. In der gegenwärtigen Phase der gesellschaftlichen Modernisierung wird die Annahme von hybriden, androgynen Identitäten nicht nur kulturell, sondern soziostrukturell durch die Auflösung von „gendered" gesellschaftlichen Strukturen begünstigt. Nach Beck findet ein erneuter Individualisierungsschub statt – Menschen verlieren ihre Positionen, „ihren Platz", ihre gewohnten Rollen. Sie werden aus den Sozialformen der industriellen Gesellschaft – Klasse, Schicht, Familie und anderen lebensweltlichen Bezügen – freigesetzt und als abstrakte Individuen direkt dem Markt oder (häufiger) dem Staat zugewiesen. Die in der Überlieferung festgehaltenen Denkweisen und Arten der Soziabilität werden aufgehoben, es entstehen neue Institutionalisierungen und Standardisierungen von individuellen Lebenslagen.[31] Dieser Individualisierungsprozeß hat auch die Geschlechtsidentitäten erfaßt, die in dem Maße flexibel werden müssen, wie die entprechenden Strukturen aufhören, die Bedingungen für ihre Reproduktion zu garantieren. Es nehmen Scheidungen und Einpersonen-Haushalte zu; auf Nur-Hausfrauen- bzw. Nur-Ernährer-der-Familie-Dasein zu setzen, wäre zu riskant.[32]

Es ist in der Tat nicht zu übersehen, daß Mann und Frau lernen müssen, für sich (und Kinder) umfassend zu sorgen. Unterhalb der normativen Oberfläche der zweigeteilten Welt und entgegen der verzweifelten Bemühung, Arbeitslosigkeit

weiblich, *gender role* männlich, transsexuale Kindesmutter usw. So aufgeschlüsselt kommt überdies die normative Kraft des vorgefassten Vokabulars sehr klar zum Vorschein.

[29] Rice, M., Challenging Orthodoxies in Feminist Theory, in: Gelsthorpe, L. /Morris, A. (ed.), Feminist Perspectives in Criminology, Milton Keynes, Philadelphia 1990, S. 57-69.

[30] Frau – hierarchisch definierte weibliche Geschlechterrolle; schwarz – hierarchische ethnische Zuschreibung; arm - Stellung in der vertikalen Schichtstruktur.

[31] Beck, U., Risikogesellschaft. Auf dem Weg in eine andere Moderne, Frankfurt /M. 1986, S. 121 ff.

[32] Beck op. cit., S. 161ff.

geschlechtsspezifisch zu verteilen, lösen sich eindeutige Identitäten auf. Vom kulturellen Standpunkt aus *können* sich Menschen nunmehr eine eigene Geschlechtscollage[33] zusammenstellen, vom soziostrukturellen Kontext sind sie dazu *genötigt.* Schneller als gedacht ist aber Beck's anfänglich positive Konnotierung des Individualisierungsprozesses als Zunahme von Freiheit ins Negative umgeschlagen. Individualisierung bedeutet häufig die Entlassung in gesellschaftliche Irrelevanz: Männer und Frauen werden frei, weil niemand mehr an ihrer „Formierung“ interessiert ist. Die Disziplinierung des modernen, zuverlässigen Menschen drehte sich um seine Funktionen – bei Männern im Bereich der materiellen, bei Frauen im Bereich der natürlichen Reproduktion. Der Arbeitsmarkt wird deutlich enger, mehr an Arbeitskraft ist nicht erwünscht. Im selben Zuge nimmt sichtbar die „relative Überbevölkerung“ zu, die nicht selten (vor allem im ökologischen Diskurs) als eine absolute Überbevölkerung dargestellt wird. Nicht umsonst dreht sich der sozialwissenschaftliche Diskurs um Exklusionen! Trotzdem enthält die Entlassung aus Strukturen, die auf einer ungleichen Verteilung von Ressourcen und Macht beruhen – die Befreiung „von“ – tatsächlich das Moment der Freiheit „wozu“. Zahlreiche Frauen haben jahrelang dafür gekämpft, von ihrer Rolle als „Nur-Hausfrauen“ loszukommen, berufstätige Frauen wurden an echten Karrieren durch ihre „weibliche“ Nettigkeit gehindert. Nun werden sie davon befreit! Die Frage ist, ob auch Männer, denen das Joch der Erwerbsarbeit und damit ein wesentliches Standbein ihrer Identität abgenommen wurde, dies als Freiheit würdigen können? Sicherlich hat es einen bitteren Beigeschmack, wenn sich das einst hart Umkämpfte gleichsam von selbst auflöst, doch da mit einer Rückkehr zur „Tradition“ nicht zu rechnen ist, sollte der Prozeß als Chance zur Emanzipation genutzt werden. Wenn schon Individuen gezwungen werden, ihre Identität selbst zu basteln, dann sollen sie sich auch nicht länger in die von der Macht einst eingerichteten Schubladen einordnen und beherrschen lassen. In welchen neuen Kategorien die heutige Macht „denkt“, kann hier nicht ausgemacht werden, doch es gilt zuerst die noch zähe normative Geschlechterkategorie auch bewußt zu überwinden. Alle Menschen sollen sein, was nur sie alleine sind – ich soll ich sein!

---

33 Vgl. „Bastelbiographie“ bei Beck-Gernsheim, E., Stabilität der Familie oder Stabilität des Wandels? Zur Dynamik der Familienentwicklung, in: Beck, U. /Sopp, P. (Hrsg.), Individualisierung und Integration. Neue Konfliktlinien und neuer Integrationsmodus? Opladen 1997, S. 65-80 (S. 76 f.).

3 Heterosexuelle Subjektivität als Bastion der Männerherrschaft

3.1

Der Trend zur Auflösung von homogenen Geschlechteridentitäten im Individualisierungsprozeß scheint dort an seine Grenze zu stoßen, wo „sex“ wirklich eine Rolle spielt, nämlich beim heterosexuellen Begehren. In der Tat ist das über die Sexualität beherrschte Subjekt die eigentliche Zielscheibe der hegemonialen, männlichen Macht. Die Besetzung der Sexualität zu Machtzwecken fängt ungleich früher an, als der Einsatz der physischen Gewalt als *ultima ratio* der männlichen Macht.[34] Deshalb schlägt Foucault in einem Interview als Gegenstrategie vor, in dieser Hinsicht unberechenbare Subjektivitäten zu entfalten. Es lohnt sich also erneut auf Foucault einzugehen:[35]

Das Wort Subjekt hat einen zweifachen Sinn: mittels Kontrolle und Abhängigkeit jemandem unterworfen sein und durch Bewußtsein und Selbsterkenntnis seiner eigenen Identität verhaftet sein. Das moderne Subjekt ist eine Kreuzung zwischen Macht und Wissen, es ist immer in Sinn-, Produktions- und in Machtverhältnisse eingebunden. Subjekte sind als Produkt der Wissenschaften und des Normalitätsdiskurses entstanden. Individuen haben sich aber auch selbst zum Subjekt transformiert, z. B. im Bereich der Sexualität: Der Mensch habe gelernt, sich als Subjekt *einer Sexualität* zu erkennen.[36] Hätte Foucault hier nicht direkter und genauer sagen müssen: als Subjekte der *Heterosexualität* zu erkennen? In der Tat kann und muß Foucault mit folgenden Ergänzungen (kursiv in Parenthese) interpretiert werden:

Die Geschlechteridentität von Subjekten ist, wie die Subjekte selbst, ein Produkt der Macht. Die Disziplinarmacht „an der Wiege der Modernität“ – *gender männlich* – setzt nicht länger auf Gewalt, sondern auf Prüfung (pastorale Gewalt). „In der Prüfung manifestiert sich die subjektivierende Unterwerfung und die objektivierende Vergegenständlichung jener, die zu Subjekten unterworfen wer-

[34] Smaus, G., Physische Gewalt und die Macht des Patriarchats, in: Galtung, J. /Kinkelbur, D. /Nieder, M. (Hrsg.), Gewalt im Alltag und in der Weltpolitik, Münster 1993, S. 139-150.

[35] Diesen Hinweis verdanke ich Prof. Baratta, der Foucaults Ansatz für den Entwurf einer herrschaftsfreien Drogenpolitik fruchtbar gemacht hat (Baratta, A., Panoptische Subjektivierung. Zur Ideologie aktueller Drogenpolitik, in: Tüte. Wissen und Macht. Die Krise des Regierens. Zur Aktualität von Michel Foucault, Tübingen 1994, S. 60-65).

[36] Foucault, M., Das Subjekt und die Macht, Nachwort in Dreyfus, H. L. /Rabinow, P., Michel Foucault. Jenseits von Strukturalismus und Hermeneutik, Frankfurt/M 1987, S. 241 - 261 (S. 243).

den".[37] Die Disziplinarmacht strebte nach Unsichtbarkeit und machte deshalb gründlich die Objekte sichtbar, auf die sie einwirkt. Ihre Objekte erhebt sie zu Subjekten, indem sie mittels ihres Wissens einzelne aus der Masse ausgrenzt. „Das moderne, objektivierte, analysierte und fixierte – *vergeschlechtlichte* – Individuum ist eine historische Leistung",[38] genauer eine Leistung des Sexualitätsdiskurses im 19. Jahrhundert, durch den das Bürgertum diszipliniert wurde.

An der Schaffung der – *vergeschlechtlichten* – Subjekte beteiligten sich vor allem die objektivierenden Sozialwissenschaften – *gender männlich* –, die sich parallel zu der Anhäufung der Daten entwickelten, die zunächst die Körper betrafen. Die Disziplin – *gender männlich* – fabriziert – *vergeschlechtlichte* –, unterworfene und geübte Körper, fügsame und gelehrige Körper, sie verkettet die gesteigerte Tauglichkeit mit einer vertieften Unterwerfung.[39] Die Technologie der Be-*herrschung* der – *vergeschlechtlichten* – Körper war eng mit der Organisation des Raumes verbunden: Jedem – *vergeschlechtlichten* Individuum seinen Platz und auf jeden *vergeschlechtlichten* – Platz ein Individuum",[40] wo es auch einer permanenten – *vergeschlechtlichten* – Kontrolle, zunächst durch medizinische Institutionen – *gender männlich* – unterworfen war. Der erkennbare Mensch, seine – *vergeschlechtlichte* – Seele, Individualität, Bewußtsein, Gewissen, Verhalten ist Effekt und Objekt dieser analytischen Erfassung, dieser Beherrschung/Beobachtung.[41] Die Macht schuf die männlichen und weiblichen Körper; sie erklärte die Heterosexualität zur Norm;[42] der weibliche Körper wurde „aufgrund einer ihm innewohnenden Pathologie" der – *männlichen* – medizinischen Kontrolle unterstellt und hysterisiert; die persönliche Identität von Frauen wurde an die zukünftige Gesundheit der Bevölkerung geknüpft.[43] Die Pädagogisierung des Kindersexes, der Kampf gegen die Masturbation waren nicht nur, wie Foucault darstellt, Macht-

37 Foucault, M., Der Wille zum Wissen. Sexualität und Wahrheit, Bd. 1, Frankfurt/M 1977, S. 238; Dreyfus, H. L. /Rabinow, P., Michel Foucault. Jenseits von Strukturalismus und Hermeneutik, Frankfurt / M 1987, S. 189.

38 Vgl. Dreyfus/Rabinow op. cit., S. 190.

39 Foucault, M., Überwachen und Strafen. Die Geburt des Gefängnisses, Frankfurt/M. 1976, S. 175 f.; Dreyfus/Rabinow op. cit., 184 ff.

40 Foucault op. cit., 1976, S.183; Dreyfus/Rabinow op. cit., S. 185.

41 Foucault op. cit., 1976, S. 393 f.; Dreyfus/Rabinow op. cit., S. 191.

42 Auch nach Butler begründet das vorgängig hervorgebrachte heterosexuelle Begehren sowohl den substantivierenden Dualismus als auch die Kohärenz zwischen sex und gender (op. cit., 1990, S. 46 f.).

43 Foucault 1977, op. cit., S. 126.

techniken zur Herstellung von fügsamen Individuen,[44] sondern auch Bemühungen um die Einpflanzung des *heterosexuellen Begehrens*. Die Vergesellschaftung des Fortpflanzungsverhaltens, d.h. die Übertragung von gesellschaftlicher Verantwortung für gesunde Nachkommenschaft auf Eltern war mit der Differenzierung der Elternrollen in *„Ernährer der Familie“* und *„Nur- Hausfrau“* verbunden. Soweit die Nachlese bei Foucault.

Es ist bemerkenswert, dass man sich im bisherigen kriminologischen Diskurs vornehmlich mit „abweichenden“ Formen der Sexualität befaßt hat, als ob die „normale“ Sexualität eine Naturtatsache und daher für die Geschlechterproblematik unerheblich wäre. Es stellt sich indessen die wichtige Frage, ob die Besetzung und Disziplinierung des Sexes von *vergeschlechtlichten* Individuen immer noch, wie Foucault meint, eine wesentliche Herrschaftsstrategie darstellt.[45] Ohne dass das Verhältnis von „Tradition“ und „Traditionseinbrüchen“ genau angegeben werden könnte, deuten viele Zeichen darauf hin, dass es „die Sexualmoral“ sehr schwer hat, sich eigenständig, ohne „die in der Sache selbst liegende Bestrafung“, wie unerwünschte Schwangerschaft oder AIDS, zu legitimieren. Entweder redet die „systemische Macht“ mit gespaltener Zunge oder sind ihre Interessen selbst konflikthaft fraktioniert. Die Verwalter von Steuern und Renten wünschten sich vielleicht mehr Steuerzahler, die Verwalter von Arbeitskräften hingegen sprechen vom Überfluß. Das Bioverhalten der Bevölkerung richtet sich aber nach anderen Signalen der Zeit aus. So löst sich, wie gesagt, die sichtbare Seite der Heterosexualität, die vollständige Familie mit Ernährer, Nur-Hausfrau und Kindern auf (Beck u. a.). Ein Recht der Ehemänner auf eine nicht konsensuale sexuelle Dienstleistung seitens der Ehefrau gibt es nicht. Allen moralischen Kampagnen zum Trotz ist zu beobachten, dass an die heterosexualisierten Subjekte keine lohnenden Gratifikationen mehr ausgeteilt werden. Sexualität mit allen ihren (zugestandenen) Formen wird einerseits in den Bereich von privaten Freizeitvergnügungen verschoben[46] andererseits aber im großen Umfang zur Erwerbsarbeit und käuflichen Ware transformiert. Zumindest muß davon ausgegangen werden, dass in der Gegenwart Lust und Zeugung fast vollständig entkoppelt sind und dass sich deshalb neue Freiräume für die Gestaltung von Identitäten eröffnen. Einmal heuristisch auf diese Fährte gesetzt, sieht man „in der Regel“ nur noch „Ausnahmen“.

---

[44] Foucault, M., Der Wille zum Wissen. Sexualität und Wahrheit, Bd. 1, Frankfurt /M. 1977, S. 57. Foucault, M., Interview mit, in: Dreyfus, H. L. /Rabinow, P., Michel Foucault. Jenseits von Strukturalismus und Hermeneutik, Frankfurt/M. 1987, S. 264-292. Dreyfus/ Rabinow op. cit., S. 202 f.

[45] Foucault 1977, op. cit., S. 48; Dreyfus/Rabinow op. cit., S. 199.

[46] Die prokreative Funktion kann als Nebenprodukt betrachtet bzw. Gastarbeitern auf diesem Feld überlassen werden.

3.2

Ist es nicht von „der Macht" gemein, dass sie es nahelegt, die mühsam aufgewertete weibliche Differenz flugs wieder aufzugeben und einige Wissenschaftlerinnen dem auch noch beipflichten? Viele Feministinnen denken so. Da man aber auch schon immer gewußt hat, dass die dualen Geschlechtercharaktere ein Mittel/Produkt der Macht sind, wurde in einem Teil des feministischen Diskurses schon früh ernsthaft die Frage gestellt, ob es einen emanzipatorischen Diskurs *ohne Infragestellung der Heterosexualität* geben kann. In einer Umkehrung von Urheber und Wirkung in der Theorie Foucaults stellt z. B. Hollway fest:

„Das heterosexuelle Begehren setzt eine Geschlechterdifferenz, eine sexuelle Andersartigkeit des begehrten Objekts voraus. Weil die Geschlechterhierarchie die anatomischen Unterschiede sozial und erotisch signifikant macht, ist es nicht überraschend, dass der heterosexuelle Sex kulturell rund um die Erotisierung der Macht angelegt war".[47] Das heterosexuelle Begehren sei (nach Lacan) immer schon ein die (väterliche) Macht bestätigendes Begehren. Schacht/Achison sprechen vom „heterosexual instrumentalism", in dem Heterosexualität als erotisierte hegemonische Ideologie der Herrschaft von Männern benutzt wird;[48] Kitzinger bezeichnet den Sachverhalt als Erotisierung von Macht.[49]

Die Aufrechterhaltung der Heterosexualität wäre also die letzte Kette, die Frauen an die Herrschaft der Männer schmiedet. Auch Wissenschafterinnen verlieben sich manchmal, und so wird dieser Umstand vielen als ein „Liebes"-Gefängnis erscheinen. Indes muß nicht Heterosexualität, sondern nur ihre normative und faktische Verbindung mit Über- und Unterordnungsverhältnissen, d.h. ihre „herrschaftliche" Form abgestreift werden. Es ist weder wissenschaftlich noch normativ zu rechtfertigen, dass mit der Prokreation notwendigerweise dauerhafte heterosexuelle Identität und mit dieser wiederum die zahlreichen Unterwerfungen von Frauen verbunden werden. Sexualität kann von allem übrigen „Rollenbeiwerk" entkoppelt werden, die sexuelle Orientierung des Körpers und der Seele müsste nicht länger das Hauptmerkmal der Identität von Menschen bilden. Zahlreiche Frauen und Männer gehen schon jetzt individuell gestaltete, komplementäre

---

47 Hollway, W, Feminist Discourses and Women's Heterosexual Desire, in: Wilkinson, S./Kitzinger, C. (eds.), Feminism and Discourse. Psychological Perspectives, London u. a. 1995, S. 86-105 (S. 89).

48 Schacht, S. P. /Achison, P., Heterosexual Instrumentalism: Past and Future Directions, in: Feminism & Psychology 3, 1, S. 37-54 (S. 39).

49 Kitzinger, C., Problematizing Pleasure, in: Radtke, L./Stam, H. (eds.), Power/ Gender: Social Relations in Theory and Practice, London 1994, S. 194-209.

sexuelle Beziehungen als äquivalente Tauschbeziehungen ein,[50] was wegen der basalen Bedeutung der Sexualität für die Macht eine nicht zu unterschätzende Gegenmacht darstellt. Die Folge dieser Entwicklung wären „subversive Subjekte“, die sich nicht länger beherrschen lassen, weil sie als sexualisierte „Zielscheiben“ ausgedient hätten.

4 Das anarchische Subjekt der Frauen- und Menschenbewegung

Die Auflösung von „Normalidentitäten“ würdigt Foucault als einen Kampf gegen das, was man „Regieren durch Individualisieren“ nennt. Nicht zufällig bezieht er sich dabei unter anderem auf den Feminismus,[51] der seiner Meinung nach gegen die direkte Unterdrückung unmittelbar und *anarchisch* kämpft. Feminismus widersetzt sich aufgezwungenen, in Kategorien aufgeteilten Identitäten, die Individuen an sich selber fesseln und dadurch anderen unterwerfen. Feminismus kämpft gegen eine Wissens-Macht; die aus Individuen *ihre* Subjekte macht, indem sie ihnen *ihre* Wahrheit aufzwingt. Das Band zwischen Subjektivität und Unterwerfung, deren Produkt die disziplinierte, „gleichgeschaltete“ Frau im Bezugsrahmen von Produktion, Kommunikation, Sinn und Macht ist, muß zerissen werden. Klar hat diese Ordnung „Männer“ gegenüber“ Frauen“ begünstigt, doch ist es an der

[50] Hollway, W, Women 's Power in Heterosexual Sex, in: Women's Studies International Forum 7, 1, 1984, S. 63-68. Hollway zeigt anhand ihrer Untersuchungen, dass Heterosexualität nicht unweigerlich mit Herrschaft und Unterwerfung verbunden ist. Sie bezieht sich auf Benjamin, die den Ausdruck „wahre Differenzierung“ zwischen sich und dem anderen, die auf einer gegenseitigen Anerkennung beruht, prägt (Benjamin, J., Master and Slave: the Fantasy of Erotic Domination, in: Snitow, A. /Standel, Ch. /Thompson, S. (eds.), Desire: The Politics of Sexuality, London 1984 S. 305). Ausgehend von einer gelungenen frühen Mutter-Kind Differenzierung können - selbst im Rahmen der Männerherrschaft - auch Erwachsene Beziehungen unterhalten, in denen der Wunsch nach Anerkennung (seitens des Anderen) und nach Autonomie koexistieren (Hollway op. cit., 1995, S. 96 f.). Das Pendant der „wahren“ Differenzierung“ müßte die „wahre Anerkennung“ sein, die jedoch problematisch wird, wenn das Subjekt vor sich selbst seine verletzlichen Seiten (Abhängigkeit) verhüllt. Das Subjekt braucht den Anderen, doch fürchtet es, dass es sich ihm ausliefert, wenn es diese Anfälligkeit bzw. Schwäche zugibt. Dieses Bedürfnis begründet die Macht des jeweils Anderen (Hollway op. cit., 1995, S. 99), doch ist diese intersubjektive Macht nicht identisch mit der strukturellen Macht des Patriarchats, die immer den Mann als den Mächtigeren erscheinen läßt, ja die die Liebe selbst nicht anders als eine Herrschaftsbeziehung definieren kann (Dworkin, A., Intercourse, London 1987b; Dworkin op. cit.,1987a). In Paarbeziehungen ist die Machtbalance ein Problem sowohl für Männer wie für Frauen, und die jeweilige Stärke der Partner ist nicht vom Geschlecht, sondern von gelungener Ablösung von der „Mutter“ bedingt.

[51] Als weitere Typen nennt er den Kampf gegen die ethnische, soziale und religiöse Herrschaft und gegen die Formen der Ausbeutung, die das Individuum von dem trennen, was es produziert (Foucault op. cit., 1987, S. 246 f.).

Zeit zu fragen, ob dieser Vorteil all die Disziplinierung aufwiegt, denen subalterne Männer zu Gunsten von hegemonialen Männern unterworfen sind!

Foucault beschrieb den feministischen Kampf als einen schon erreichten Zustand und trotzdem schien seine Auffassung lange Zeit nichts weiter als eine utopische Vision zu sein. Seine jetzige Aktualität erklärt sich m. E. daraus, dass die als Individualisierung beschriebene Auflösung von machtbesetzten Geschlechteridentitäten deutlich spürbar geworden ist.[52] Feminismus könnte ganz und gar im Aufwind ein, wenn es nicht auch ein schmerzlicher Prozeß vor allem für die Menschen wäre, die in ihre „richtige“ Geschlechtsidentität viel investiert haben und sich jetzt um die Kosten ihrer Konformität und Unterwerfung betrogen fühlen. Für viele Frauen kommt der Wandel zu spät[53] und bei vielen Männer werden ihre kleinen Privilegien gegenüber Frauen *ersatzlos* gestrichen. Es ist daher schwer einzuschätzen, wie subalterne Männer (*sex*) reagieren werden – möglicherweise mit mehr Gewalt gegen Frauen (*sex*) im Privaten und mehr Verachtung für Frauen (*sex*) am Arbeitsplatz? Gewalt als primitive Ressource dürfte sich allerdings schnell verbrauchen und die Vormacht der machtlosen Männer über Frauen würde bald nur noch als *farce* erscheinen. Es ist schon bemerkenswert, daß in der Literatur über Männlichkeit nicht wirklich hegemoniale Männer, sondern vorwiegend die in vielen Hinsichten subalternen Turkish power boys besprochen werden.[54] Diese aber hätten, zusammen mit den meisten unterdrückten Männern, gute Gründe dafür, die ihnen zugemutete Männlichkeitsformen abzulegen.

Die unfreiwillige Entlassung aus einer *gezähmten Geschlechtersubjektivität* ist zwar nicht dasselbe wie eine emanzipatorische Selbstbefreiung, doch wäre es töricht, sich in die Fesseln der Macht zurückzusehnen. Ich halte es für ein Gebot der Stunde, im Zuge der sich sowieso vollziehenden Differenzierung und Individualisierung bewußt auf frei gewählte Subjektivität, die sich selbst als Collage aus sog. männlichen und weiblichen Eigenschaften herstellt, zu setzen. Die bisherige positive Diskriminierung der Geschlechterdifferenz, Gleichstellungsgesetze und Quotenregelungen in beruflichen Organisationen, haben Frauen keineswegs nur Vorteile gebracht, sie waren immer auch mit einer Fortschreibung der faktischen Ausgrenzung verbunden. In der Berufswelt wurde die Leistung von Frauen über das für die Arbeit irrelevante askriptive Merkmal „Geschlecht“ abgewertet. In der

52 Der Unterschied zwischen dem Begriff „Individualisierung“ bei Foucault und bei Beck besteht darin, daß Foucault sich gegen die andauernde Atomisierung von Menschen innerhalb von Machtstrukturen wendet, während Beck wohl den Ausschluß aus Strukturen meint.

53 Bartky, S. L., Foucault, Feminity and the Modernization of Patriarchal Power, in: Diamond, I. /Quinby, L. (eds.), Feminism & Foucault. Reflections on Resistance, Boston 1988, S. 61-86.

54 Vgl. Meuser op. cit., 1999, S. 49 f.

Wissenschaft führte die Befassung mit „feministischen" Themen zu einer Segregation des Feldes mitsamt derer, die es bestellen, obwohl gerade sie, aber nur implizit, kulturelle Androgynität vollziehen (oder verkörpern?). Der Verzicht auf die Darstellung von kontextfremden askriptiven Eigenschaften und die Betonung von Leistung würden es der Macht abermals erschweren, Menschen vom Zugang zu Ressourcen auszuschließen.

Dies setzt allerdings voraus, daß sich auch Strukturen neu begreifen, denn ihnen ist die Entlassung der Individuen aus den Geschlechterstrukturen bislang eher *widerfahren*,[55] als dass sie das Ergebnis von bewusster Strategie wäre. Selbst die formalsten Institutionen und Organisationen (wie z. B. das Recht) fungieren nur, wenn sowohl instrumentale Leistung als auch die emotionale Zuwendung erbracht werden – ganz gleich, ob von Männern oder Frauen (*sex*).[56] Institutionen sollten nicht länger die jeweils verborgenen „anderen" Eigenschaften verdrängen, sondern ihr Potential bewußt ausschöpfen. Umgekehrt soll zugestanden werden, dass die private Sphäre viel Leistung verlangt – Liebe ist kein Zustand, sondern Liebesmüh! Dies erfordert keine Revolution, sondern lediglich die Bewertung des empirisch bereits vorhandenen Zustands nicht als zufällige Abweichung, sondern als *status quo* und/ oder als fortan *geltender Norm*.

Der Feminismus hat sich der Befreiung einer benachteiligten Gruppe verschrieben. Denken wir zusammen zu Ende, was dies bedeutet. Sklavenaufstände haben einst die Aufhebung der Sklavenkategorie angestrebt und damit das gesamte Koordinatensystem der damaligen Gesellschaft grundlegend verändert. Das Proletariat, wenn es denn gesiegt hätte, wäre mit der Aufhebung der Klassenstruktur einhergegangen. Setzt die Befreiung von Frauen, nicht notwendig die Aufhebung der Geschlechterkategorien und damit auch die Befreiung von Männern voraus? Daher die Überschrift – Feminismus als Avantgarde der Menschenbewegung.

[55] Heintz, B./Nadai, E., Geschlecht und Kontext. De-Institutionalisierungsprozesse und geschlechtliche Differenzierung, in: Zeitschrift für Soziologie 27, 1998, S. 75-93.

[56] Smaus, G., Das Geschlecht des Strafrechts, in: Rust, U. (Hrsg.), Juristinnen an den Hochschulen - Frauenrecht in Lehre und Forschung, Baden-Baden 1997, S. 182-196; Parsons, T., The Social System, London 1952.

Normative Heterosexualität ohne Gebärzwang: Beitrag der Sexualerziehung und des Bevölkerungsdiskurses zur Auflösung der Geschlechterstruktur

Gerlinda Smaus (2003)*

Die These, dass das Geschlecht nichts als Maskerade ist, scheint ein Produkt von theoretischen Überlegungen zu sein, die sich sehr weit vom *common sense* entfernt haben. Und doch kann nachgewiesen werden, dass die scheinbar radikale dekonstruktivistische These erst dann ausgesprochen wurde, als in der Realität Prozesse sichtbar wurden, die auf eine Auflösung der Geschlechterstruktur hinauslaufen: Der wissenschaftlichen Dekonstruktion von Begriffen geht ein realer Dekonstruktionsprozess voraus. „Die Gesellschaft" ist nicht länger an eindeutigen polar entgegengesetzten Geschlechtercharakteren interessiert, Individuen müssen sich selbst aus den zur Verfügung stehenden Rollenmustern eine nunmehr androgyne Identität und Biographie individualistisch „zusammenbasteln". Sogar die vermeintliche Bastion der Geschlechterstruktur – die normative Heterosexualität – verteidigt sich nicht länger mit dem Hinweis auf die Notwendigkeit der natürlichen Reproduktion der Gesellschaft. Die reale Entlassung von Individuen aus der Geschlechterstruktur wird im vorliegenden Beitrag exemplarisch an zwei Diskursen belegt – dem Bevölkerungsdiskurs und dem der Sexualerziehung.

1 Entwicklung der Geschlechterkategorien von ontischen Auffassungen zu ihrer Auflösung

Bei der für die spätere Argumentation notwendigen Wiedergabe der Fortentwicklung der Geschlechtertheorien[1] setzen wir an einem besorgniserregenden Punkt an: nämlich dort, wo die sozialwissenschaftliche Einsicht in den „hergestellten" Charakter von männlichen und weiblichen Rollen nicht zu ihrer Dekonstruktion, sondern zu einer sehr hartnäckigen *wesenhaften Auffassung von Gender* geführt

---

* Ursprünglich erschienen in: Siegfried Lamnek/Manuela Boatca (Hg.) Geschlecht – Gewalt – Gesellschaft. Opladen: Leske & Büdrich 2003, S. 106-122.

[1] Vgl. den früheren „Dekonstruktionsversuch" von Smaus 1999.

J. Feest und B. Pali (Hrsg.), *Gerlinda Smaus: „Ich bin ich"*, Schriftenreihe des Strafvollzugsarchivs, https://doi.org/10.1007/978-3-658-31723-2_16

hat: „Das Geschlecht, nicht die Religion ist das Opium des Volkes", sagte schon Goffman (1994, S. 131). Ein Beispiel für das Gemeinte in der Kriminologie bietet der Beitrag von Kappel (1995), in dessen erstem Teil anhand der ausschlaggebenden Literatur[2] sehr einleuchtend dargelegt wird, dass das Geschlecht eine durch und durch konstruierte Kategorie darstellt, die sich hartnäckig einer Dekonstruktion widersetzt. Dann aber wird, derselben Literatur folgend, dargelegt, wie Geschlechter unaufhörlich und in zwingender Weise interaktiv hergestellt werden (Kappel 1995), was schließlich doch zu der Überzeugung führt, „einmal als Mann bzw. Frau erzogen, immer als Mann bzw. Frau agierend". Zwar wird kein Zweifel daran gelassen, dass der Gegenstand der sinnlichen Wahrnehmung Männer und Frauen kein Produkt der Natur ist, doch avancieren die Rollendifferenzen gleichsam in den Status einer zweiten Natur. Menschen, Individuen werden nämlich in einer Weise dargestellt, als hätten sie gar keine anderen als vergeschlechtlichte Eigenschaften, als wäre ihre gesamte Identität auf die Geschlechtszugehörigkeit reduziert. Es ist nun eine Sache, wenn sich ein wissenschaftlicher Diskurs gänzlich auf die bis dahin übersehene Genderstruktur konzentriert, und eine andere, wenn damit, und sei es unwillkürlich, der Eindruck entsteht, dass sie die einzige oder die wichtigste Struktur ist, die die Identität eines Menschen bestimmt.

Wohl werden gelegentlich Überlegungen über den Zusammenhang zwischen Schicht und Geschlecht angestellt, seltener finden sich jedoch Ausführungen, wie die Zugehörigkeit zu diesen Strukturen individuell organisiert wird,[3] ob die Identität etwa stärker von „arm", „schwarz" oder von „Frau" bestimmt wird.[4] Ist eine arme Frau ein anderer Mensch als eine reiche Frau? Die Antwort, dass selbstverständlich nicht alle Frauen gleich sind, ebenso wenig wie es Männer untereinander sind, führte jedoch nicht zu einer Dekonstruktion der Zweigeschlechtlichkeit, weil es sich lediglich um Binnendifferenzierungen handelt,[5] die den grundsätzlichen Dualismus nicht aufheben. Allein die mehrfache Zugehörigkeit zu verschiedenen

---

2 Kappel (1995) beruft sich u. a. auf Hagemann-White 1984; Gildemeister/Wetterer 1992; Laqueur 1992; Lindemann 1993; Butler 1991.

3 Vgl. die „dual system theory", erwähnt bei Meuser 1999, S. 52.

4 Wie man Teubner (1995, S. 253f.) entnehmen kann, ging und geht immer noch die Geschlechterkategorisierung mit einer Deklassierung von Frauen und Höherklassifizierung von Männern zusammen. Geschlecht sei eine Statuskategorie, ein Allokationsmechanismus. Frau- en werden zu Frauen, damit sie arm und Männer reicher werden. Die unabhängige, „bestimmende" Variable ist dann die Armut, und „not the other way round".

5 Vgl. Gildemeister/Wetterer, die gezeigt haben, dass „Weiblichkeiten" nicht vom ontischen Weib wegführen (1992, S. 217f.). Das Problem wird auch im Diskurs um die Homogenität der Aggregate „Frauen" bzw. „Männer" gestreift, aber nicht gelöst. Serielle Weiblichkeiten und Männlichkeiten postulieren nach wie vor homogene Identitäten. Vgl. Fußnote 30.

Strukturen müsste die Frage aufgeworfen haben, ob die Festlegung auf eine Rolle, einen Status den Menschen ausreichend bestimmt, ob tatsächlich das Geschlecht einen *pivotal* bzw. einen *master status* abgibt. Die Vernachlässigung der Frage der Beziehung aller in gesellschaftlichen Strukturen übernommenen Rollen eines Individuums ist eines der Gründe für die nunmehr sozialwissenschaftliche Essentialisierung von Gender.

In der Soziologie gilt immer noch das Axiom, dass reifizierte Begriffe wie die Geschlechterrolle in ihr keinen Platz haben und dass sie sich deshalb weiterführende Fragen stellen muss. Die wichtigste Frage ist die nach dem Dritten, der über die Existenz, So-Gestaltung und Fortbestand der gegenseitig auf sich bezogenen sozialen Kategorien „Männer" und „Frauen" entscheidet.[6] In Luhmanns Begrifflichkeit fragen wir, wer die Einheit der Differenz und ihre Reproduktion garantiert.[7] Wie nämlich spätestens seit Berger und Luckmann (1969) bekannt ist, schaffen und tradieren sich die Tradition und gesellschaftliche Institutionen nicht von selber, sondern unter der Aufsicht bestimmter „Hüter". Diese schwierige Frage nach der Urheberschaft der Differenz wird häufig als eine entweder metaphysische, spekulative, kausale usw. zurückgewiesen und anstelle einer Erklärung das Axiom einer Gleichursprünglichkeit von Gesellschaft und Kultur, Differenzierung und Hierarchisierung der Geschlechter bemüht. In den dekonstruktivistischen Theorien wird wohl zugestanden, dass sich die Geschlechterstruktur vermittels der aktiven Tätigkeit von Individuen reproduziert, die sich an maßgeblichen (normativen) Institutionen orientieren. Die Institutionen selbst werden aber absolut gesetzt, als reproduzierte sich die Ungleichheit von selber. So gesehen, vollzieht sich die Geschlechterdifferenzierung subjektlos hinter dem Rücken von Menschen,[8] ohne eine *agency*, ohne Absicht, ohne ein Interesse. Auf diese Weise schleicht sich aber doch wieder die Natur in die Sozialwissenschaft ein. Die Natur selber, ohne ein menschlich-soziales bzw. institutionelles Zutun, habe Männer in die güns-

---

[6] In der Biologie bildet die dritte, vereinheitlichende Kategorie der Mensch. Angesichts dessen, wie die Beschreibung der Subkategorien „Mann" und „Frau" vom wertenden sozialen Gesichtspunkt unterschiedlich ausgefallen ist, wird klar, dass es sich dabei nicht um neutrale, der Natur abgeschaute Charakterisierungen handelt, sondern diese eine androzentrische Konstruktion darstellen.

[7] Auf die logische und von daher auch empirische Notwendigkeit einer vereinheitlichenden Kategorie, die erst die Wahrnehmung der Differenz als aufeinanderbezogener Begriffe (und „Sachen") ermöglicht, hat im Anschluss an G. S. Brown (1979) Luhmann aufmerksam gemacht (1988, S. 49ff.). Übrigens interpretiert Luhmann die in diesem Falle bestehende „hierarchische Opposition" als eine evolutionäre Errungenschaft der Menschheit. Soll das heißen, dass, wie Bacon meinte, nur so der Natur das meiste abgepresst werden kann?

[8] So etwa ist es bei Gildemeister/Wetterer (1992, S. 237) nachzulesen, die sich u. a. auf Mary Douglas, Berger/Luckmann und Gehlen berufen.

tigeren Positionen erhoben. Es liegt auf der Hand, dass sich bei einer Vernachlässigung des prozesshaften Charakters der So-Gestaltung von Institutionen jede Ungleichheit als eine quasi-natürliche rechtfertigen lässt. Im Übrigen muss das Problem der „ursprünglichen" Urheberschaft gar nicht gelöst werden, es kann getrost auf das Problem der gegenwärtigen *agency* verschoben werden, welches dann aber zwingend bearbeitet werden muss.

Die Antwort auf die Frage nach dem vereinheitlichenden Dritten bzw. nach dem Urheber bzw. dem gegenwärtigen Statthalter der Differenz hebt die Vorstellung einer ontisch verfestigten dualen Geschlechterstruktur auf. Denn es war die MACHT,[9] die die Unterscheidung gesetzt hat.[10] Da Macht ein handelndes Subjekt benötigt, fällt sie empirisch mit wenigen ausgewählten Männern zusammen, die als hegemoniale Männer bzw. Männer im Besitze der Macht bezeichnet werden.[11] Die Unterscheidung von mächtigen Männern auf der einen Seite und „einfachen" Männern ohne Macht auf der anderen Seite ist deshalb wichtig, weil es falsch wäre anzunehmen, Urheber der Differenz zwischen Männern und Frauen seien schlicht „Männer", denn dies setzte ja ihre vorgängige Existenz in der selben Form voraus. Allein etwas dem Geschlecht Äußerliches und Drittes, nämlich Macht, kann die

9 Macht in diesem Kontext, ganz gleich, ob wir uns auf Luhmann oder Foucault beziehen, nichts anderes als eine soziologisch nicht begründete Hypostasierung ist. Die Auffassung, dass Macht um der Macht willen angestrebt wird, rückt Macht in den Rang von pragmatischen Universalien. Soziologisch lässt sich Macht zum einen mit dem Hinweis auf Ressourcen auflösen: Sie wird angestrebt, um die Ressourcen zu erhalten, die sie benötigt, um sich auf einem höheren Niveau zu erhalten, um mehr Ressourcen zu erhalten [...] und so zyklisch immer weiter fort. Sie muss dann mit einer agency, mit handelnden Subjekten und ihren konkreten Interessen verbunden werden. Wenn wir uns Gedanken machen über die Quelle der „ursprünglichen" Machtasymmetrie, stoßen wir vermutlich auf physische Gewalt, die auch heute noch als ultima ratio zur Verfügung steht (vgl. auch Bourdieu 2000, S. 33, S. 41). Der Rekurs geht indessen weiter: Wohl bin ich mir dessen bewusst, dass ich nunmehr das Interesse zur pragmatischen Universalie, zur Ursache und zum Zwecke der Macht (die die Unterscheidung setzt) aufgewertet habe. Ohne einen Grund, von dem sie sich abstößt, kommt aber keine Erklärung aus (ah sahib, there are turtles all the way down, (Geertz 1983)). In der Soziologie haben Interessen gegenüber anderen Variablen den Vorteil, dass sie identisch sind mit dem, was wir meinen, wenn wir von Asymmetrien, hierarchischen Strukturen, von Ungleichheit zwischen Männern und Frauen sprechen. Ein hoher Status (der die Schaffung niedriger Status zur Voraussetzung hat) wird um seiner Annehmlichkeiten, d. h. um seiner selbst willen *angestrebt*; er stellt sich nicht von selbst ein. Dies schließt Erklärungen seitens anderer Disziplinen nicht aus. Typischerweise finden sich die berühmtesten an den Grenzen zwischen Tiefenpsychologie und Philosophie, wo sie gleichermaßen einem empirischen Zugriff entzogen sind (vgl. Butler 1991 und die dort bearbeiteten Theorien).

10 Nach Luhmann war das Machtverhältnis möglicherweise schon vorgängig (und vorkulturell) durch ein asymmetrisches Verhältnis angedeutet (1988).

11 Vgl. Connell 1995; Meuser 1999. Auch Messerschmidt (1988, S. 83ff.) hat schon früh darauf aufmerksam gemacht, dass in dem Gegensatz Männer und Frauen ein mächtiger Dritter anwesend ist, nämlich ein „Androkrat".

Geschlechterdifferenz setzen. Dass die Macht aber empirisch notwendig auf der einen Seite der Unterscheidung, nämlich auf der Seite einiger (handelnder, hegemonialer) Männer anwesend bleibt, hat zur Folge, dass die Geschlechterstruktur zwar als eine komplementäre duale Struktur aussieht, in Wirklichkeit aber eine Dreiecksbeziehung birgt, die üblicherweise als Patriarchat bezeichnet wird.[12] Man muss sich klar machen, dass die Asymmetrie der Geschlechterstruktur nicht durch eine Art abstrakter Verzerrung entsteht – vielmehr verrät sie die Anwesenheit eines Dritten, nämlich der Macht. Sie besteht aus drei unterscheidbaren Kategorien: erstens den sogenannten hegemonialen Männern (als das vereinheitlichende Subjekt), die sowohl die zweite Kategorie, die „ohnmächtigen" Männer als auch, drittens, die Kategorie der „machtlosen" Frauen zur Bedingung ihrer Existenz machen und beherrschen (Smaus 1993).[13] Überflüssig zu sagen, dass sich die Hegemonie gegebenenfalls auch auf physische Gewalt stützt (vgl. Smaus 1993; Meuser 1999). Macht spielt also bei der Konstruktion von *sex* in der Biologie und *gender* in der Gesellschaft und in der Soziologie eine nicht zu übersehende Rolle[14] und wenn es ihr beliebt, kann sie die Differenzen auch anders setzen. An dieser Stelle sollte der Hinweis vor allem noch einmal verdeutlichen, wie wenig die Geschlechterstruktur mit einer ontisch vorausgesetzten Natur zu tun hat.

Trotzdem sind die meisten Diskurse um die Geschlechterfrage so eingenommen von der traditionellen dualen Sichtweise, dass sie blind sind für die Tatsache, dass es nirgendwo eindeutige Zuschreibungen von vergeschlechtlichten Eigenschaften gemäß bestimmter körperlicher Merkmale gibt. Bis heute werden Ansätze bevorzugt, die eine Existenz von zwei wesentlich sich unterscheidenden Gender, und sei es als Ergebnis von Erziehungsprozessen, voraussetzen.[15] Aber

---

[12] Pateman (zit. bei Dimoulis 1999, S. 15) bezeichnet das Patriarchat als eine brüderliche Struktur, die auf der historischen Voraussetzung des Vatermordes entstanden ist. Die „brüderliche" Gleichheit von Männern besteht jedoch nur in ihrer Beziehung zu Frauen, denn untereinander heben sie in allen anderen Hinsichten ihre Ungleichheit hervor. Der Männerherrschaft ging es schon immer eher um die Binnenstruktur der „Menschen", die übrigen Frauen, Kinder, Tiere usw. zählten zur Natur (vgl. Smaus 1993).

[13] Wie spätestens seit Theweleit (1977) bekannt ist, interessieren sich Männer in erster Linie wiederum für Männer, die Beziehung zu Frauen ist zweitrangig.

[14] Harding 1990, S. 131; Benjamin 1990; Honegger 1991; Maihofer 1994, S. 17ff., S. 255; Althoff/Leppelt 1995.

[15] Unabhängig von der jeweiligen Begründung der Unterschiede geht der Differenzansatz von einem wesenhaften Unterschied zwischen Männern und Frauen aus. In der Rechtspolitik wird daraus eine „positive", ausgleichende Behandlung von Frauen abgeleitet. Vgl. die Diskussion bei Platt 1995; Stiegler 1999.

auch in den sogenannten Gleichheitsansätzen[16] wird unterstellt, dass die gesellschaftlich zugeschriebenen und subjektiv erworbenen Geschlechtereigenschaften zwei Kategorien von Individuen mit jeweils ganzheitlichen und eindeutigen homogenen Geschlechteridentitäten hervorbringen.[17] Anhand der vergeschlechtlichten Eigenschaften können aber nicht zwei konträre Kategorien gebildet werden. Jeder Mensch besitzt nämlich im unterschiedlichen Mischverhältnis sowohl „männliche" als auch „weibliche" körperliche und psychische Eigenschaften, so dass die Unterschiede zwischen Mann und Frau häufig geringer ausfallen als Unterschiede zwischen Mann und Mann bzw. Frau und Frau. Darüber hinaus wechseln Individuen im Laufe des Tages mehrmals „weibliche" und „männliche" Kostümierung und spielen abwechselnd „männliche" und „weibliche" Rollen. Rollenmix und Rollentausch ist die Regel und nicht, wie die an sich fortschrittlichen Queerstudies und Cross-dressing Ansätze unterstellen (vgl. Hark 1996), eine Ausnahme. Auf die kontextabhängige Beschaffenheit des jeweiligen Rollenspiels von Individuen beiderlei sex hat zuerst Harding mit ihrem Begriff des vergeschlechtlichten Universums aufmerksam gemacht: Alle gesellschaftlichen Strukturen wie z. B. Arbeitsmarkt, Organisationen, Familie, Lebenswelt bestimmen (mittels subjektiver *agency*) die in ihnen geforderten Rollen und Positionen nicht neutral, sondern in einer vergeschlechtlichten Weise als entweder „männlich" oder „weiblich" (Harding 1990, S. 14, S. 127; vgl. Smaus 1995). Diese vergeschlechtlichten gesellschaftlichen Strukturen verlangen von Akteuren, gleich welchen im Personalausweis eingetragenen *sex*, dass sie die in ihnen vorgeschriebene Geschlechterrolle (*gender*) spielen, z. B. den Minister, die Krankenschwester, den Wissenschaftler, die Sekretärin, die Bemutterin, das Familienoberhaupt[18] und eben nicht die Ministerin, den Bruder, die Wissenschaftlerin, den Sekretär. Bei der gegenwärtigen Organisation der Wissenschaft bin ich, der Autor, ein Wissenschaftler.[19] Es ist unschwer zu erkennen, dass sobald Rollen im Rahmen der gesellschaftlichen

[16] Der Gleichheitsansatz hingegen postuliert die normative Gleichwertigkeit von Männern und Frauen und fordert in der Rechtspolitik die konsequente Gleichbehandlung, so wie sie schon längst in der Verfassung und im Gesetz verankert ist. Vgl. die Diskussion bei Platt 1995; Stiegler 1999.

[17] Wie Goffman (1994, S. 113) anschaulich macht, wird eine Eigenschaft (männlich/weiblich) genommen, und in sie werden, wie in einen Eimer, alle anderen reingeschüttet.

[18] Dies wird in Forschungen über weibliches Arbeitsvermögen – dem damals erreichten Stand der feministischen Dekonstruktionsarbeit entsprechend – übersehen. Leider aber auch noch bei Gildemeister/Wetterer (1992, S. 222ff.), die wohl sehen, dass sich die Bestimmungen vom Geschlecht der Arbeit ändern, nicht aber, dass es niemals nur entweder Frauen oder Männer waren, die bestimmte ob weiblich oder männlich definierte Tätigkeiten verrichtet haben.

[19] Als Frau würde ich statt am PC vor der Nähmaschine oder dem Spiegel sitzen. Wenn das eine banale Bemerkung ist, was ist dann mit Genderrollen gemeint?

Differenzierung dem „System“ zugeordnet werden und auf (rechtliche, wissenschaftliche, ökonomische usw.) Zweckrationalität setzen, Eigenschaften des Gender männlich aufweisen und die Rollenerwartungen an ihre Mitglieder entsprechend formulieren werden.[20] Gender der Institutionen ist dem Individuum in gleicher Weise überlegen, wie die hypostasierte Macht, die sein *sex* und sein *gender* zu ihnen passend angelegt hat. Institutionen (oder Macht) prozessieren die Genderstruktur, sie setzen und verändern dauernd ihre Konturen. Diese Interpretation des Einflusses von Institutionen ist meines Erachtens adäquater und dynamischer als die oben erwähnte, der Institutionslehre entnommene Auffassung über die statische Reproduktion der Geschlechterstruktur seitens Institutionen, die selbst kein Geschlecht haben.

Die Verlagerung des Geschlechts von Menschen auf Institutionen und die von ihnen definierten Rollen ermöglicht auf eine andere Weise zu verstehen, dass das Geschlecht nur sehr entfernt etwas mit dem *sex* des Körpers zu tun hat. Menschen lassen sich daher nicht auf eine einheitliche Identität reduzieren, sie sind imstande, beide „Gender zu machen“, sie spielen normalerweise die Rolle, die ihnen aktuell vom gesellschaftlichen Kontext abverlangt wird. Sie haben nämlich beim Lernen *einer* Gender-Rolle im Sozialisationsprozess immer schon die *andere* Rolle mitgelernt: „Wir müssen andere sein, um wir selbst zu sein“, betont Mead (1980, S. 327).[21] Davon ausgehend beschreiben Parsons und Bales den Sozialisationsprozess als eine stufenweise Übernahme von jeweils als männlich oder weiblich definierten Eigenschaften. Jedes Individuum mit einer *Normalbiographie* nimmt im Koordinatensystem von Leistung, Zuwendung, Dominanz und Unterordnung, Universalismus und Partikularismus im Laufe seines Lebens zeitweilig die Perspektive des jeweils anderen Geschlechts ein, so dass es imstande ist, beide Perspektiven zu verstehen und die Rollenparts auch zu spielen (Parsons/Bales 1956, S. 50ff.). In der Normalbiographie mit dem eingebauten Zwang zur Heterosexualität wird (in der Regel) abschließend eine gleichsam *residuale* Identität angenommen, die darauf beruht, dass der minimale Bestand an natürlichen körperlichen Unterschieden unaufhörlich gepflegt und herausgestellt wird.

Nach den sehr einleuchtenden Theorien von z. B. Butler (1991, S. 22, S. 26) oder Gildemeister/Wetterer (1992, S. 201ff.) ist es eigentlich unverständlich, warum immer noch der Körper als ein *natürlicher* Träger der Identität betrachtet

---

[20] Dass in Institutionen, genau unter die Lupe genommen, unabhängig von der Bezeichnung männlich-weiblich alle Eigenschaften und Fähigkeiten zur Anwendung kommen (vgl. Knorr Cetina 1991), spricht nicht gegen, sondern für unser Argument der Unhaltbarkeit der dualen Differenzierung.

[21] Vgl. dazu Smaus 1999.

wird, wenn doch der sinnlich wahrnehmbare vergeschlechtlichte Körper ein Produkt nicht des *Habens*, sondern des *doing gender* ist.[22] Deshalb weckt eine Bezeichnung wie „residuale" Identitäten sogleich dasselbe dekonstruktivistische Unbehagen wie die Annahme ganzheitlicher Geschlechteridentitäten. Residuale Identitäten implizieren nämlich einen Rest an Natur, die sich in die Gesellschaft herüber gerettet hat. In der Soziologie werden derartige „natürliche" Eigenschaften wie auch das Alter, die Ethnie und neuerdings leider auch wieder der gänzlich unwissenschaftliche Begriff der Rasse[23] als *askriptive* Merkmale bezeichnet, im Gegensatz zu Merkmalen, die durch Leistung *erworben* werden können (vgl. 1951).[24] Bei genauerem Hinsehen wird aber deutlich, dass das, was von Eigenschaften wie *sex*, Alter oder Ethnie sozial *bedeutsam* und daher für die Soziologie relevant ist, historisch veränderbare normative Zuschreibungen/Konstruktionen sind. An den naturwissenschaftlichen Beschreibungen der Geschlechterdifferenzen ist nichts Natürliches, denn der Biologe, der glaubte, die Natur der Geschlechter lediglich zu beschreiben, hat statt dessen schon immer von einer vergeschlechtlichten Position aus zugleich Rechte und Pflichten zu-geschrieben.[25] Wir erkennen schließlich, dass die in der Soziologie geläufige Differenz „askriptiv" – „erworben" eine weitere naturalistische Fehldeutung ist. Die Qualifizierung bestimmter Eigenschaften als askriptive gleich angeborene heißt, sie als dem gesellschaftlichen Zugriff entzogene Phänomene zu betrachten, was ein sehr wirksames Mittel

---

22 Gemäß *einem* Identitätskonzept von Erikson (1971) gehört die Gestalt des Körpers (der das biologische Dasein bestimmt), das körperliche Selbst, zu dem, was das Subjekt bei der Aufrechterhaltung der Ich-Identität *präsentiert*. Das heißt, dass diese Präsentation zur Verfügung steht. Erikson diskutiert mehrere in der Theoriediskussion gebrauchte Identitätskonzepte, was uns vor einem nichtspezifischen Gebrauch warnen sollte.

23 Zu der wissenschaftlichen Unhaltbarkeit des Ausdrucks Rasse vgl. Taguieff (2000).

24 Eine gewisse Begriffsverwirrung wird durch den zweierlei Gebrauch von „askriptiv" gestiftet. Parsons (1952, S. 109) bezeichnet mit askriptiv Eigenschaften, die dem Individuum durch Geburt zugeschrieben werden, wie z. B. das Geschlecht. In einer Standesgesellschaft wurde auch der soziale Status zugeschrieben und nicht erworben. „Erworben" sind Eigenschaften, die sich Individuen in modernen Gesellschaften durch Leistung aneignen können, vor allem den sozialen Status in der vertikalen Struktur der Gesamtgesellschaft. Im Gegensatz dazu wird z. B. in der Literatur über die juristische Urteilsbildung (Hart 1968) aber auch in der kritischen Kriminologie „askriptiv" = zugeschrieben als Gegensatz zu „deskriptiv" = (lediglich) beschrieben gebraucht. Die Argumentation im Text könnte man darauf abkürzen, dass Parsons askriptive Merkmale wie hier *sex* und *gender* in der Tat zugeschrieben sind, aber anders als in seinem Sinne.

25 Außer Harding (1990, S. 135) vgl. Guillaumin (1992), die den Prozess der vorgängigen „Sozialisierung" der Natur (= Übertragung menschlicher Verhältnisse in die Natur) und die an- schließende „Naturalisierung" der Gesellschaft (= Reimport der angeblich objektiven Interpretationen in die Gesellschaft) für den Ausdruck Rasse, aber auch für *sex* nachgewiesen hat. Hier kann leider nicht dem Verdacht nachgegangen werden, dass *sex* und Rasse nicht nur auf die gleiche Weise, sondern auch aus gleichen Gründen eingeführt wurden.

der Legitimierung von Ungleichheit ist. Das angeblich askriptive Geschlecht (*sex*) des Körpers muss mühsam erworben und dargestellt werden, so dass es eine Leistung und keine natürliche Ausstattung bedeutet. Selten geht eine so saliente Erscheinung wie die von physischen Frauen und Männern und ihr „verborgnes“ Wesen so auseinander wie beim Geschlecht: das Geschlecht hat nämlich gar keins, alles nur Schein![26] Aber ein mächtiger Schein, der auch hartgesottene Dekonstruktivisten[27] aufs Glatteis führte. Sie haben dabei der Macht in die Hand gespielt, der bis vor kurzem sehr viel am Schein einer natürlichen Zweigeschlechtlichkeit gelegen hat.

Ohne Bezug auf das Ordnungsschema der Verwaltungen, die die Zweigeschlechtlichkeit normativ aufrechterhalten, ist schwer auszumachen, wofür die lebenslange duale Kategorisierung von *sex* und *gender* überhaupt gesellschaftlich notwendig ist.[28] Es ist schon verräterisch, wenn zur Erklärung ein *Gleichheitstabu* bemüht werden muss, oder formalpragmatische Universalien wie der Differenzierungszwang, sich/mich von den „anderen“ zu unterscheiden (vgl. Gildemeister/Wetterer 1992, S. 228f., S. 241ff.). Dazu ist das Geschlecht nicht denknotwendig, denn zur Unterscheidung von Individuen hätten auch andere Merkmale dienen können, ähnlich denen, *die anfallen, wenn das Geschlecht entfällt – was der Fall in sogenannten eingeschlechtlichen Organisationen*, wie zum Beispiel in der Armee ist. Offensichtlich genügen dort zur Unterscheidung Epauletten! Die Geschlechtsidentität wird zum (Haupt)Thema, analog zu Altersidentität, nur in ganz bestimmten Situationen, z. B. dort, wo es wie beim Arzt um körperliche Verfassung geht. Die Zugehörigkeit zu einem Geschlecht muss daher von einer ganzheitlichen Identität auf ein *basso continuo* der „anderen“ Rollenspiele reduziert werden; auf ein *timbre*, dass männliche und weibliche Parts zu unterscheiden vermag. Die „hintergründige“ Geschlechteridentität mag dort, wo der Körper in *face to face* Interaktionen anwesend ist, omnipräsent sein, keinesfalls jedoch ist er *omnirelevant*, was Gildemeister/Wetterer unter Berufung auf Garfinkel behaupten (1992, S. 234). An dieser Stelle wäre zu erwägen, ob der Begriff Genderismus von Goffman (1994) oder noch besser der Begriff Habitus von Bourdieu die relativ konstante *gendered* Verhaltensdisposition nicht adäquater ausdrücken würde, als die

26 Um nicht missverstanden zu werden: Freilich hat der Körper in der Regel reproduktive Organe, aber wie diese natürliche Ausstattung bezeichnet und symbolisch besetzt wird, ist immer eine äußerliche, kulturelle Leistung (vgl. Butler 1991, S. 23).

27 Wie z. B. Kappel (1995) und Smaus (1993).

28 Vgl. Goffman (1994, S. 106), der meint, Gesellschaften benötigen keine bestimmten Strukturen, auch nicht die der Geschlechter.

unspezifisch bemühte „Identität“.[29] „Identität“ muss sich schließlich immer auf ein konkretes Subjekt, dessen Eigen- und Einzigartigkeit es ausdrückt, beziehen. Habitus (und Genderismus) dagegen meint die Übereinstimmung dessen, was eine soziale Kategorie verlangt, damit, was die ihr zugerechneten Individuen aufgrund eigener Aneignung verkörpern (vgl. Bourdieu 2000, S. 25). Jedenfalls ist ernst zu machen mit der soziologischen Einsicht, dass Körper samt ihres sex und Alters zur Umwelt der Systeme gehören (vgl. Luhmann 1993). Außerdem würde Soziologie ihren Gegenstand verfehlen, wenn sie den „ganzen“ Menschen, sei es Mann oder Frau, untersuchen wollte, denn sie ist an Individuen nur als an Mitgliedern verschiedener gesellschaftlicher Subsysteme interessiert. Der Mensch wird als ein Ensemble von gesellschaftlichen Beziehungen verstanden; Gegenstand der Soziologie ist die Abstraktion *homo sociologicus*, die Rollen eines Organismus, der als Individuum nur durch seine Teilhabe an gesellschaftlichen Strukturen wahrnehmbar wird (Dahrendorf 1957). Die Wissenschaft sollte also nicht länger die Alltagspraxis kopieren, die die Geschlechtsidentität ganzheitlich und als-ob-natürlich über den Körper kodiert und das konkrete Verhalten synkretistisch entweder als männlich oder weiblich bezeichnet, unabhängig davon, ob es tatsächlich der männlichen oder der weiblichen Rolle entspricht.[30]

Die gegenwärtige Geschlechterstruktur zeichnet sich durch eine bemerkenswerte *Gleichzeitigkeit des Ungleichzeitigen* aus. Auf der einen Seite wird noch das „Naturrecht“ der Frau auf eine Gleichwertigkeit ihrer Ungleichheit/Differenz eingeklagt. Auf der anderen Seite ist schon der Prozess der Auflösung von Geschlechteridentitäten im Gange, der auf die Aufhebung der diskriminierenden Wirkung eines der sogenannten askriptiven Merkmale zielt. Der von Beck beschriebene *Individualisierungsprozess* bezieht sich nämlich auch auf das Geschlecht, so dass Geschlechtertheorien über kulturelle Androgynität bzw. über das Geschlecht als Maskerade keineswegs bloße Phantasien, sondern vielmehr gute Beobachtungen eines „Trends“ darstellen. Nach Beck lösen sich Sozialformen der industriellen Gesellschaft wie Klasse, Schicht, Familie und andere lebensweltliche Bezüge auf.

---

29 Im Aufsatz über Geschlechterdifferenzierung spricht Goffman (1994, S. 113) von „sex – classes“, in denen Menschen ausgehend von der Feststellung der Geschlechtsmerkmale ihres Körpers organisiert werden. Die Geschlechteridentität wird verinnerlicht bzw. in einem Genderismus verkörpert. Genderismus bedeutet eine geschlechtsklassengebundene individuelle Verhaltensweise.

30 Dass Menschen in der Regel einen Rollenmix spielen, wurde ohne großen Zuspruch unter dem Begriff androgyne Identitäten diskutiert (vgl. Badinter 1988). Der Sachverhalt selbst ist auch in den Begriffen *„Weiblichkeiten“ oder „serielles Kollektiv“* von Young (1994) enthalten. Young stellt indessen nicht heraus, dass das besondere der unterschiedlichen Identitäten der jeweilige Rollenmix ist.

Die in der Überlieferung festgehaltenen Denkweisen und Arten der Soziabilität werden aufgehoben, es entstehen neue Institutionalisierungen und Standardisierungen von individuellen Lebenslagen. Menschen werden freigesetzt und als abstrakte Individuen direkt dem Markt oder (häufiger) dem Staat zugewiesen.[31] Die Geschlechteridentitäten müssen in dem Maße flexibel werden, wie die Strukturen, die bislang im Hinblick auf das Geschlecht relativ deutlich definiert waren, aufhören, die Bedingungen für ihre Reproduktion zu garantieren (Beck 1986, S. 121ff., S. 161ff.). Ein sichtbares Zeichen dieses Auflösungsprozesses ist die Zunahme von Scheidungen und Einpersonen-Haushalte; auf Nur-Hausfrauen- bzw. Nur-Ernährer-der-Familie-Dasein zu setzen, wäre zu riskant (Beck-Gernsheim 1997).

Schneller als gedacht ist aber Becks anfänglich positive Konnotierung des Individualisierungsprozesses als Zunahme von Freiheit ins Negative umgeschlagen. Individualisierung bedeutet häufig die Entlassung in gesellschaftliche Irrelevanz: Männer und Frauen werden frei, weil niemand mehr an ihrer „Formierung" interessiert ist. Vom kulturellen Standpunkt aus *können* sich Menschen nunmehr eine eigene Geschlechtscollage[32] zusammenstellen, vom soziostrukturellen Kontext sind sie dazu *genötigt*. Die Disziplinierung des modernen, zuverlässigen Menschen drehte sich um seine Funktionen – bei Männern im Bereich der männlich definierten materiellen, bei Frauen im weiblich definierten Bereich der natürlichen Reproduktion. Die Männlichkeit wird brüchig, weil der Arbeitsmarkt deutlich enger wird und kein Mann mehr sich darauf verlassen kann, ausreichend lang als Ernährer der Familie fungieren zu können. Weiblichkeit wird nicht mehr gefragt, weil im Zuge der Abnahme von Arbeitsplätzen eine „Überbevölkerung" entsteht, die die Gebärfähigkeit von Frauen überflüssig erscheinen lässt.

Die zunehmende Auflösung von Geschlechteridentitäten vollzieht sich so zu sagen im Rücken von Individuen; im Rahmen des Kontrollansatzes in der Kriminologie stellt sich die Frage, ob dieser Trend auch die Institutionen sozialer Kontrolle erfasst hat. Einen unmittelbaren Zugriff auf das Problem bietet das gesellschaftliche „Prozessieren" der Sexualität. Mit Foucault können wir davon ausgehen, dass sich Sexualität an der Kreuzung von Körper und Bevölkerung befindet, und sie deshalb sowohl Zugang zum Leben des Körpers als auch zum Leben der Gattung darstellt (vgl. Foucault 1977, S. 166ff.). Das erlaubt uns, zwei scheinbar voneinander unabhängige Diskurse – den der Sexualerziehung und den der Bevölkerungspolitik zu prüfen, die beide Heterosexualität voraussetzen und denen beiden eine Kontrollfunktion unterstellt wird.

---

[31] Zur Kritik vgl. Löschper 2004, S.13-26.

[32] Vgl. „Bastelbiographie" bei Beck-Gernsheim 1997, S. 76f.

2 Die Geschlechterstruktur und normative Heterosexualität

Die machtasymmetrische Geschlechterstruktur, genannt Patriarchat, stützt sich auf materielle Ressourcen und *ultima ratio* auf Gewalt. Beide Voraussetzungen erscheinen als veränderbar. Eine weitere notwendige Voraussetzung des Patriarchats, die Heterosexualität, wird indes als eine unverzichtbare Einrichtung der natürlichen Reproduktion der Gesellschaft erachtet. Sie wird aber auch emotional von heterosexuellen Subjekten verteidigt, die befürchten, dass ihr (hetero)sexuelles Begehren notwendigerweise duale homogene Geschlechteridentitäten voraussetzt. Aus diesem Grunde konzedieren selbst feministische Emanzipationsversuche einen Unterschied zwischen einem zu bekämpfenden öffentlichen Patriarchat auf der einen Seite und privaten Beziehungen zu Menschen des anderen Geschlechts auf der anderen Seite. Man muss sich daher verstärkt mit der kritischen Frage des Hetero-Sexes befassen, an der sich entscheidet, ob die duale Kategorisierung der Geschlechter wirklich gesellschaftlich notwendig ist. In der Tat halten manche Wissenschaftlerinnen, z. B. Landweehr, eine Auflösung der Geschlechteridentität bzw. die Vervielfältigung der Geschlechter für unmöglich, weil der Begriff des Geschlechts notwendig auf die mit der Fortpflanzung/Generativität gebundene Differenz verweist. Zwar sagt auch Landweehr, dass sich diese Kategorisierung von Frauen (!) als gebärfähige Wesen offenbar nicht am faktischen Gebären orientiert, sondern daran, dass die Unterscheidung von Genitalien die jeweils mögliche unterstellte Relation zur Fortpflanzung bestimmt (Landweehr 1999, S. 128).[33]

Gerade diese Verbindung der Genitalien und Generativität, die so plausibel erscheint, wurde aber schon früh z. B. von Schelsky als normative Konstruktion erkannt (1955). Fortpflanzung ist nämlich eine Leistung, die sich gleichsam im Rücken von anderen Bedürfnissen erfüllt, nämlich in der Suche nach Sozialität und Lust. Wie aber ebenfalls Schelsky (und vor ihm andere, z. B. Bürger-Prinz 1950, S. 13) erkannt haben, ist Lust keineswegs auf heterosexuelle Begegnungen

[33] Nach Landweehr (1999, S. 128) lebe der Mensch als Gattung im zeitlichen Horizont, zwischen Geburt und Tod, Kulturen existieren zwischen Vergangenheit und Zukunft. Deshalb seien Kulturen auf die Reproduktion der Gattung angewiesen. Hierin unterläuft der Autorin ein kategorialer Fehler, denn auf die Gattung ist nur die Gattung selbst angewiesen, die Menschheit, die im Raum und in der Zeit schon sehr unterschiedliche Kulturen entwickelt hat. Die Menschheit kann als ein Amazonasstamm überleben, während z. B. die deutsche Kultur nicht notwendig auf die Reproduktion von Deutschen angewiesen ist. Kultur ist gegenüber der Fortpflanzung ein unabhängiges und eigenständiges System. Die Vermengung von Gattung und Kultur ist typisch für die massenmediale Behandlung von demographischen Fragen.

angewiesen, vielmehr besteht ein Zwang zur Heterosexualität gerade deshalb, damit die Fortpflanzung eine Chance bekommt. Sexualität ist kein Produkt biologischer Determinanten, d.h. Trieben, sondern grundsätzlich plastisch und variabel und auf Beziehungsfähigkeit angelegt. Deshalb spricht Kentler (1973, S. 13ff.) von Soziosexualität, die alle sinnlichen und zärtlichen Strebungen umfasst und die sich in allen Phasen des menschlichen Lebens sowohl im anatomisch-physischen als auch im mitmenschlich-personalen Bereich vollzieht. Ohnehin könne heute der geringe Bedarf eines tauglichen oder tauglich gemachten Ejakulats und einer willigen Gebärmutter zur Fortpflanzung weitgehend unabhängig von der Übernahme von Vater oder Mutterrolle erfüllt werden (vgl. Zimmermann 1999, S. 103) – und dieser soziale Aspekt der Fortpflanzung ist für die Widerlegung der Notwendigkeit einer dualen Struktur ausschlaggebend.

Die älteren Theorien bestätigen auf ihre Weise, dass Heterosexualität ein Produkt der „Gesellschaft" ist. Beim näheren Betrachten entpuppte sich zwar die Gesellschaft als Macht in Händen hegemonialer Männer, doch der Befund über den nicht-natürlichen Ursprung von Heterosexualität ist seit langem bekannt. Das sexuelle Begehren ist zunächst nicht zielgerichtet, – das wird es gleichsam erst im Vollzug der von der Macht initiierten Geschlechterdifferenzierung. Auch die feministische Psychologin Hollway stellt fest:

> „Das heterosexuelle Begehren setzt eine Geschlechterdifferenz, eine sexuelle Andersartigkeit des begehrten Objekts voraus. Weil die Geschlechterhierarchie die anatomischen Unterschiede sozial und erotisch signifikant macht, ist es nicht überraschend, dass der heterosexuelle Sex kulturell rund um die Erotisierung der Macht angelegt war" (Hollway 1995, S. 89).[34]

Bei Foucault finden wir die Feststellung, dass das moderne, objektivierte, analysierte und fixierte *vergeschlechtlichte* Subjekt eine Leistung des Sexualitätsdiskurses im 19. Jahrhundert ist. Der neuen Politik ging es darum, ihre Macht über ein produktives, diszipliniertes Leben des Bürgertums und anschließend der gesamten Bevölkerung zu vermehren, weshalb sie als Bio-Macht bezeichnet wird (1977, S. 37ff., S. 127, S. 166ff.). Die Bio-Macht schuf die männlichen und weiblichen Körper; sie erklärte die Heterosexualität zur Norm, der weibliche Körper wurde „aufgrund einer ihm innewohnenden Pathologie" der medizinischen Kontrolle unterstellt und hysterisiert; die persönliche Identität von Frauen wurde an

[34] Hollway beruft sich dabei auf Schacht/Atchison (1993, S. 39), die einen „heterosexual instrumentalism" unterstellen, in dem Heterosexualität als erotisierte hegemonische Ideologie der Herrschaft von Männern benutzt wird.

die zukünftige Gesundheit der Bevölkerung geknüpft (Foucault 1977, S. 126). Individuen haben sich auch selbst zum Subjekt transformiert, indem sie gelernt haben, sich als Subjekt einer (Hetero-)Sexualität zu erkennen. Foucault rät nun, sich einer solchen Machtstrategie entgegen zu stellen und in geschlechtlicher Hinsicht subversive Identitäten zu entwickeln (Foucault 1987, S. 241ff.).[35]

Als Produkt der Macht sind Geschlechteridentitäten veränderbar bzw. können sie gänzlich aufgehoben werden. Für den Diskurs um die Ubiquität der Geschlechterdifferenzierung heißt dies, dass nicht nur ihre jeweiligen Konstruktionen, sondern auch ihre Notwendigkeit in Frage gestellt werden müssen.[36] Immer wieder wird auf das Vorkommen von Konstruktionen hingewiesen, die ein drittes Geschlecht beinhalteten bzw. auf Zeiten, in denen nur ein Geschlecht bekannt war. In historischen Untersuchungen der Liebe unter Angehörigen desselben sex kommt aber zum Vorschein, dass die Wahl sexueller Partner nicht von irgendwelchen feststehenden Orientierungen, sondern weitgehend von Situationen abhängt. Wenn sich ganze Populationen, wie z. B. die chinesischen Arbeiter, die in die USA zum Bau der Eisenbahn „eingeladen wurden" mangels Frauen untereinander sexuell betätigt haben, wird es sinnlos, von Homosexualität zu sprechen (Rupp 1999), vielmehr wird die Plastizität des Begehrens deutlich. Statt von dritten, einem oder mehreren *sex* auszugehen sollten wir erkennen, dass *sex* und *gender* nur kraft normativer Konstruktion und nicht einmal durch eine Homologie miteinander verknüpft sind.

Es gehört wohl zu der Ironie der Geschichte, dass im Moment, wo sich Subjekte anschicken, unbeherrschbare Identitäten zu entwickeln, die Macht nicht mehr an der Besetzung und Disziplinierung des *sex* von Individuen interessiert ist: Sie werden aus der Heterosexualität schlicht in eine Suche nach neuen Formen des Begehrens entlassen. Es hat sogar den Anschein, dass Sexualität (wie hundert Jahre zuvor das Brotbacken) überhaupt Subjekten entzogen wird. Sie kehrt zu ihnen in entfremdeter Form als mögliche Erwerbsarbeit für die einen und käufliche Ware für die anderen zurück. Sexualität wird als Freizeitgestaltung begriffen und ihre „spielerische" Vielfalt (ehemals Abnormitäten),[37] oder aber ihre ästhetischen

---

35 Vgl. die differenzierte Analyse von Bührmann (1995).

36 Dass vor allem die duale Geschlechterstruktur selbst reproduziert wird, ist mir bei der Analyse der Gefängnisliteratur aufgefallen (Smaus 1999, S. 44). Auf die Ubiquität der Differenzierung weisen vor allem Gildemeister/Wetterer hin (1992, S. 237ff.). Dort erfolgt auch der Hinweis auf das dritte Geschlecht. Zu „nur einem Geschlecht" vgl. Laqueur (1992).

37 Normale Sexualität erfülle nach Schelsky (1955, S. 73f.) den biologischen Zweck der Artfortpflanzung; sie befriedige die biologisch-triebhaften Lustbedürfnisse; durch ihre Institutionalisierung werde sie zu einem Fundament der Grundgebilde sozialer Sicherung, wie der Ehe, Familie und

Seiten hervorgehoben. Insgesamt kann davon ausgegangen werden, dass in der Gegenwart Lust und Zeugung fast vollständig entkoppelt sind. Zu den sichtbaren Erscheinungen dieses Trends gehört, dass das Recht der Ehemänner auf eine nicht konsensuale sexuelle Dienstleistung seitens der Ehefrau abgeschafft wurde. Die Ehe wird nicht länger über die generative Funktion definiert, sondern über Beziehungen zwischen Menschen gleich welchen *sex*, die sich eines rechtlichen Schutzes versichern wollen. An die heterosexualisierten Subjekte werden auch keine besonderen Gratifikationen mehr ausgeteilt, zumal die Subsistenzsicherung und die soziale Versorgung in Krankheit und im Alter von der Familie abgekoppelt sind. Bei Konsumoptionen von Ehepaaren spreche gegen Kinder, dass sie hohe ökonomische Kosten verursachen und dabei keinen Wert mehr als Arbeitskräfte besitzen. Kinder werden als irreversibles Risiko eingeschätzt (vgl. Höpflinger 1997, S. 64ff.).

Diese Zustandsbeschreibung mag sich wie ein Lamento über den „bedauerlichen Werteverfall" ausnehmen, von der hier vertretenen Position stellt sie jedoch eine Beschreibung des in der Realität vorhandenen Freiraums für die Gestaltung von Identitäten dar, die sich nicht länger einem Geschlecht zuordnen lassen. Für den wissenschaftlichen Diskurs ist das Abhandenkommen „des ehemals goldenen Zeitalters der Heterosexualität" eine zumindest rudimentäre Bestätigung des Trends zur Auflösung der dualen Struktur. Einmal heuristisch auf diese Fährte gesetzt, sieht man „in der Regel" nur noch „Ausnahmen"!

3 Die sexualerzieherischen und bevölkerungspolitischen Diskurse

Die Aufgabe, Inhalte der sexualerzieherischen Literatur und des Bevölkerungsdiskurses unter die Lupe zu nehmen, könnte nur im Rahmen eines Forschungsprojekts zufriedenstellend gelöst werden.[38] Wir müssen uns hier mit einer Wiedergabe von einigen wenigen Beispielen begnügen.

Verwandtschaft; die normgerecht vergesellschaftete Sexualität ermögliche dem Individuum dauerhafte Verhaltensformen und moralisches Selbstgefühl, sie bestätige seine soziale Achtung und dadurch seine Integration in die Gesellschaft; sie entlaste den Menschen triebhaft und dies mache ihn frei für kulturelle Zwecke. Die so integrierte Sexualität ist eine Chance für die Steigerung der Persönlichkeit in höhere Seinsformen der Liebe, Hingabe, Gläubigkeit usw.

[38] Die Annäherung an den Gegenstand geschah über die Suchmaschinen des Internets, wo an die 2000 neuere Titel registriert werden. Von diesen wurde eine engere Auswahl getroffen, eine zufällige, wenn man so will, denn sie beschränkte sich auf die Bestände der Saarbrücker Universitätsbibliothek. Der Blick in diese aber enthüllte, dass in keiner Fibel die menschliche Fortpflanzung das wichtigste Anliegen war, sondern geradezu die Befreiung von ihr. Man darf vorhersagen, dass nur selten

Das Medienpaket von Eichholz/Niehammer/Wendt/Lohaus aus dem Jahre 1994 führt *in die Sexualerziehung* folgendermaßen ein:

> „Es geht nicht nur darum, mögliche Probleme (wie HIV-Infektionen oder ungewollte Schwangerschaften) als Teilgebiet der Gesundheitsförderung präventiv zu vermeiden, sondern auch um die Förderung des Erlebens und der Erlebnisfähigkeit im Kontext der Sexualität." (S. 9)

Der Text konzentriert sich aber schließlich sehr „unlustvoll" auf die Präventionsbereiche Infektions- und Schwangerschaftsvermeidung. Die Prävention setze sich zum Ziel:

1) Vermittlung einer Wissensbasis über Verhaltensalternativen, angemessenes Schutz- verhalten, Infragestellung irrationaler Annahmen.
2) Durchführung eines Verhaltenstrainings (Verbesserung kommunikativer Fertigkeiten, Erkennen von und Umgang mit sozialen Beeinflussungsversuchen, Umgang mit Kondomen).
3) Veränderung von Einstellungen und Herausheben der positiven Aspekte einer Kondombenutzung, Aufbau positiver Einstellungen zu Prävention im allgemeinen und Kondomen im Besonderen, Betonung der Selbstverantwortung für das eigene Verhalten).
4) Reduktion von Ängsten und negativer Einstellung zur Sexualität (Verhinderung von Infektionshysterien, Gegensteuerung bei Ängsten, Erhaltung bzw. Aufbau von positiven Einstellungen zur Sexualität im Allgemeinen).

Zu der bemerkenswerten Logik dieser Aufklärung gehört, dass in der Einführung gleich nach der Freundschaft Homosexualität behandelt wird, und nicht etwa der heterosexuelle Koitus.

Bei der Publikation von Gray/Phillips (2000) „Liebe im 21. Jahrhundert: unsere Sexualität selbst bestimmen" handelt es sich um ein wohlwollendes, emanzipatorisches Buch: Bei der Partnerwahl – ob hetero, homo oder bi – erscheint alles als gleich gut. Nach der Entscheidung müsse man aber seelisch und körperlich selbst die Verantwortung übernehmen und Krankheiten und Schwangerschaften vermeiden. Sex muss „safer" werden (ebd., S. 145). Empfängnisverhütung wird

---

eine theoretische Sättigung so schnell wie in diesem Bereich erreicht werden wird. Eine ähnlich zufällige Auswahl wurde aus der demographischen und bevölkerungssoziologischen Literatur getroffen.

auf mehreren Seiten diskutiert, danach ungewollte oder „unreife" Schwangerschaften, Schwangerschaftsabbruch, Abtreibungspille, sexuell übertragbare Krankheiten, Abwehr gegen sexuellen Missbrauch und Gewalt. Die Emanzipationsbewegung von Frauen wird bis hin zu der Dritten Welle behandelt. Das Buch endet mit dem Aufruf „Sei Dir selbst treu!, finde Dein wahres Selbst!" – und nicht etwa: „Diene der Gattung".

Nur Titel wie „Familienplanung und Sexualerziehung in den neuen Bundesländern" (!), der eine „Expertise im Auftrag der Bundeszentrale für gesundheitliche Aufklärung" von Stumpe und Weller (1995) enthält, erinnern daran, dass es einmal eine Sexualerziehung gab, die den Gattungszweck nicht zu einer vermeidbaren Panne abgewertet hat. In dieser Expertise wird festgestellt, dass das anfänglich noch umfassende sexualpädagogische Programm der ehemaligen DDR, das sich um die Integration der Sexualität in die Identität von Jugendlichen und in gesellschaftliche Zusammenhänge, vor allem auch des familiären Lebens, bemüht hat, nach der Wende auf die Prävention – wen wundert es noch – von HIV/AIDS, von ungewollten Schwangerschaften, aber auch von sexuellen Missbrauch und sexueller Gewalt verengt hat (ebd. S. 91ff.).[39]

Die unsystematische Durchsicht der Literatur zeigt, dass vor allem Mädchen angesprochen werden sollen, was ein Hinweis darauf wäre, dass die Autoren dieser Publikationen gar nicht daran denken, den Geschlechterdualismus aufzuheben. Aber selbst wenn nur Mädchen alleine lernen, dass sie in erster Reihe verhüten sollen, wird die generative Funktion ausgehobelt und damit auch die Legitimationsgrundlage der Geschlechterteilung. Mit ihr freilich gerät auch die heterosexuelle Identität von Grund auf ins Schwanken, da sie ja nur eine *List* der Reproduktion und keine Bedingung von *Lus*t ist. Man könnte die Betonung auf Prävention, vor allem gegen AIDS, als eine verständliche vorübergehende Überreaktion interpretieren, wenn wir aber den Schutz vor Schwangerschaften mit dem Bevölkerungsdiskurs vergleichen, dann sehen wir, dass sie sich vorzüglich ergänzen.

[39] Bei Zimmermann (1999) findet sich eine differenzierte Geschichte der Sexualerziehung in der Bundesrepublik und der DDR. Sie bestätigt den Trend von einer repressiven Tabuisierung zu vorsichtigen Enthüllungen der Funktionsweise der Fortpflanzung, die beide auf das sexuelle Leben in der Ehe ausgerichtet sind. Stets sind sie mit einer klaren Rollentrennung von Mann und Frau verbunden, wobei von Frauen voreheliche Keuschheit, Ehewilligkeit, Treue, Bereitschaft zur Familiengründung und Haushaltsführung, vom Mann eine lebenslange Vollzeit-Erwerbsarbeit erwartet wird. Liberale, lerntheoretische, emanzipatorische oder gar feministische Versuche (Verbindung von Sexualität und Politik) werden im Laufe der Geschichte immer wieder zurückgenommen. Dies bestätigt den uns interessierenden Befund, dass die frühe Sexualpädagogik auf die Gründung von Kernfamilien ausgerichtet war, während sich der gegenwärtige Diskurs eher um Prävention, vor allem von ungewollten Schwangerschaften, dreht.

Der *Bevölkerungsdiskurs* hat gleichsam den aggregierten Zustand der prokreativen Bemühungen von Individuen zum Gegenstand. Aufgrund der politischen und massenmedialen Klagen über den Schwund der deutschen Bevölkerung in der *Bundesrepublik* könnte man meinen, dass die (Bio-)Politik wenigstens symbolische Maßnahmen zur Steigerung der Geburtenrate ergreifen würde. In der Literatur ist aber davon nichts zu finden. Die naturwissenschaftlich orientierten demographischen Abhandlungen haben sich offensichtlich mit den Tatsachen abgefunden. Bei Schulz (1999, S. 89) z. B. finden wir für die Bundesrepublik wiederholt die schlichte Feststellung, dass seit Jahren die Geburtsrate 1,7 Kind pro Paar beträgt und dass keine dramatischen Veränderungen dieses Trends mehr zu erwarten sind. Die Schätzungen sagen, dass die Zahl der Kinder unter 10 Jahren sich im Jahre 2015 bei unveränderter Einwohnerzahl um 2,2 Mil., d.h. um fast um 25% verringern wird. Um ca. 41% wird auch die Zahl aller Zwischengenerationen bis zu den 45-jährigen und älteren rückläufig sein. Der größte Zuwachs wird bei den 75-80-jährigen erwartet, was als Alterung der Bevölkerung bezeichnet wird.

Dies wird folgendermaßen erklärt: Die Annahmen über das Geburtenverhalten der Frauen sind dabei nicht unabhängig von der erwarteten Entwicklung der Einstellungen der Frauen zur Erwerbstätigkeit und Familie. Es wird geschätzt, dass der Anteil der Frauen, die in ihrem Leben niemals Kinder geboren haben, in Westdeutschland für die Durchschnittskohorte 1956/60 rund 25% beträgt (ebd., S. 93). Es werde ein weiterer Rückgang familienzentrierter Frauen unterstellt.[40] Diesem Trend passten sich auch ausländische Frauen an. In dieser (und anderen Publikationen) wird die volkswirtschaftliche Rechnung aufgestellt, der gemäß weniger Kinder mehr Konsum bedeuten. Für unser Thema können wir den Schluss ziehen, dass die „normative Kraft des Faktischen“ keinen Gebärzwang impliziert. Die geringe Geburtenrate kann in keiner Weise den Zwang zu einer lebenslangen einheitlichen Geschlechtsidentität rechtfertigen.

Eine noch klarere Einsicht in die Erwartungsstruktur des Bevölkerungsdiskurses ermöglichen sozialwissenschaftlich orientierte Analysen, wie die von Hummel

---

40 In Westdeutschland hätten nur noch Frauen mit durchschnittlich drei und mehr Kindern bei der Lebensplanung nicht Beruf und Karriere, sondern die Familie in den Vordergrund gestellt. Die Erwerbsbeteiligung von Frauen hinge von ihren eigenen finanziellen Situation oder der der Familien ab; ferner von Veränderungen im familiären Umfeld. Im Osten müssten beide verdienen, um den Lebensstandard zu sichern; hinzu käme eine zunehmende Verdrängung normaler Beschäftigungsverhältnisse durch Teilung der Arbeitsplätze und Entlohnung unter- halb der Sozialversicherungsgrenze, d. h. auch unterhalb der Subsistenzsicherung, vor allem bei „klassischen Frauenberufen“. Frauen müssten mehrere Jobs annehmen. Es steige die Zahl von alleinerziehenden Frauen sowie die Erwerbsneigung von Frauen (Schulz 1999, S. 90ff.).

(2000). Die Autorin stellt fest, dass die Standardgeschichte des Bevölkerungsdiskurses im *Weltmaßstab* martialischen Charakter hat: Die naturhaft vorausgesetzte Überbevölkerung wird als Bevölkerungsbombe bzw. Bevölkerungsexplosion dargestellt. Sie sei ein Gattungsproblem, denn auf dem Spiel stehe der Fortbestand der Spezies Mensch. Auf der technokratischen Ebene werde unterstellt, dass eine hohe sozio-ökonomische Entwicklung die Fruchtbarkeit der Bevölkerung vermindert. Umgekehrt hemmt eine hohe Geburtenrate die wirtschaftliche Entwicklung und erlaubt keine Verbesserung des Lebensstandards. Es sei schwer verständlich, dass in sogenannten Entwicklungsländern keine effektivere Politik der Geburtenkontrolle betrieben wird (ebd., S. 51). Die „demographischen, ökologischen und ökonomischen Fehlentwicklungen in Entwicklungsländern" werden in den verteidigungspolitischen Richtlinien Deutschlands aus dem Jahre 1992 zu den „nichtmilitärischen" Risiken gezählt, welche die vitalen Sicherheitsinteressen der Industriestaaten gefährden und daher einer politisch breit angelegten Risikovorsorge bedürfen (ebd., S. 60).

Nach Hummel werden Frauen als Schlüssel für die Lösung dieses Problems entdeckt. Kinder seien Zeichen einer zurückgebliebenen Entwicklung und von Armut. Wenn Frauen Zugang zur Bildung, Beruf, Einkommen, Karriere, zu Landbesitz, Krediten hätten, wenn ihr rechtlicher Status in Familie und Gesellschaft verbessert und traditionelle Wertesysteme, die sie auf Mutterrolle reduzieren, überwunden werden würden, dann ginge ihre Fertilität zurück. In den 80er Jahren lag der Schwerpunkt des Programms „Women in Development" in der Einführung von kontrazeptiven Praktiken und Schaffung von Voraussetzungen für den Eintritt in die Produktion, in den 90er Jahren werde immer noch in Frauen investiert, um die Fertilität zu senken. Die Geburtenkontrolle diene zwar auch genuin der Verbesserung der Lage von Frauen, sie wurde aber initiiert, um die Gefahren abzuwenden, die mit einem globalen Bevölkerungswachstum verbunden seien. Weltweit werden Frauen in zahlreichen Programmen überwacht, so z. B. im „World Fertility Survey", welche deutlich das Recht auf individuelle Selbstbestimmung bei der Fortpflanzung begrenzten. Hummel versäumt nicht, darauf hinzuweisen, dass im Gegendiskurs herausgestellt wird, dass die Überbevölkerung stets eine relative ist. Sie ergibt sich nämlich als das Verhältnis zwischen den abhängig Beschäftigten und den Arbeitslosen, und ist daher, wie schon Marx sagte, eine Folge der kapitalistischen Produktionslogik und nicht eine Folge einer quasi natürlichen Reproduktionsrate (ebd., S. 88f.).

Was bedeutet dies für unser Thema? Hätten wir noch Zweifel daran gehabt, ob die Biopolitik Fertilität oder Verhütung verlangt, dieser Diskurs sagt uns, dass die geringe Fertilität im Westen zur Zielvorgabe im Weltmaßstab erhoben wurde. Wie zu sehen war, korrespondiert dieser, die Menschheit umfassende, „verhütende“ Bevölkerungsdiskurs mit der „verhütenden“ Sexualerziehung in Deutschland, die sich sonst als eine zu korrigierende Abirrung der Pädagogen darstellen könnte. Frauen erhalten die *message*, sie sollen gerade nicht die ihnen vom Patriarchat zugestandene Ressource, nämlich ihre natürlichen reproduktiven Organe, nutzen, vielmehr sollen sie mit Männern „gleichziehen“ und ihre Arbeitskraft in die Produktion einbringen. Dies hat wohl weniger mit einer emanzipatorischen Bemühung der Bio- und sonstiger Mächte zu tun, als vielmehr damit, dass gleichzeitig die „männliche“ Rolle des Ernährers der Familie zurückgedrängt wird. Vereinfacht gesagt heißt dies, dass nach dem Wunsch der Arbeitgeber Männergehalte und Männerlöhne nicht länger einen „Zuschuss“ zur Reproduktion ihrer Familie und neuer Arbeitskraft enthalten sollen. Die Einbeziehung der Frauen in die Erwerbsarbeit trägt in der Tat zur Herstellung von Gleichheit bei, allerdings für beide Seiten auf einem niedrigeren Lohnniveau. In den generalisierten Arbeitgebern erkennen wir nun einen Teil der hegemonialen Männer, denen nicht länger an einer dualen Geschlechterstruktur im *Wirtschaftssystem* gelegen ist. In diesem System geht es nun mal nicht in erster Reihe um Menschen, sondern um Arbeitskräfte, bei denen das Preis/Leistungsverhältnis interessiert, und nicht Merkmale wie Nation, Ethnie, Geschlecht. Der andere Teil der hegemonialen Männlichkeit, die Inhaber von Positionen im *politischen* System verwickeln sich daher laufend in Widersprüche, wenn sie in Medien Bedarf an künftigen Rentenzahlern anmelden, mithin zur natürlichen Reproduktion aufrufen, während vom Arbeitsmarkt das Signal ausgeht, an Menschen bestehe ein Überschuss.

4 Ausblick

Es gibt sicherlich Kontrolldiskurse, die sich um die Aufrechterhaltung der dualen Geschlechterstruktur bemühen oder sie zumindest unwillkürlich damit unterstützen, dass sie Geschlechterrollen und Geschlechteridentitäten ontisieren. Man kann verstehen, dass nach dem mühsam erkämpften Schein einer Gleichberechtigung der Sieg durch die Auflösung des Schlachtfeldes geschmälert wird. Der Weiblichkeit möglicherweise ohne Ersatz beraubt zu werden ist die traurige Seite des Emanzipationsprozesses und die Tatsache, dass dieser Individualisierungsprozess die These über die Aufhebung der Geschlechteridentitäten bestätigt, ein schwacher Trost. Die Entlassung aus Strukturen, die auf einer ungleichen Verteilung von

Ressourcen und Macht beruhen – die Befreiung „von" – enthält aber tatsächlich das Moment der Freiheit „wozu". Diese impliziert auch eine freie Wahl der sexuellen Partner, selbstverständlich auch der mit komplementären körperlichen Geschlechtsmerkmalen. Es muss ja nicht die Heterosexualität, sondern nur ihre normative und faktische Verbindung mit Über- und Unterordnungsverhältnissen, d.h. ihre „herrschaftliche" Form abgestreift werden. Es ist weder wissenschaftlich noch normativ zu rechtfertigen, dass mit der Prokreation notwendigerweise dauerhafte heterosexuelle Identität und mit dieser wiederum die zahlreichen Unterwerfungen von Frauen verbunden werden. Zahlreiche Frauen und Männer gehen schon jetzt individuell gestaltete, komplementäre sexuelle Beziehungen als äquivalente Tauschbeziehungen ein,[41] was wegen der basalen Bedeutung der Sexualität für die Macht eine nicht zu unterschätzende Gegenmacht darstellt. Es geht darum, die Fesseln der Liebe abzustreifen.

Literatur

Althoff, Martina/Leppelt, Monika (1995): „Kriminalität" – eine diskursive Praxis: Foucaults Anstösse für eine kritische Kriminologie, Münster.

Badinter, Elisabeth (1988): Ich bin Du. Die neue Beziehung zwischen Mann und Frau oder Die androgyne Revolution, München.

Benjamin, Jessica (1983): Master and Slave: The Fantasy of Erotic Domination, in: Snitow, Ann (Hg.): Powers of Desire: The Politics of Sexuality, New York, S. 292-311.

[41] Hollway (1984, S. 63ff.) zeigt anhand ihrer Untersuchungen, dass Heterosexualität nicht unweigerlich mit Herrschaft und Unterwerfung verbunden ist. Sie bezieht sich auf Benjamin (1983, S. 305), die den Ausdruck „wahre Differenzierung" zwischen sich und dem anderen, die auf einer gegenseitigen Anerkennung beruht, prägt. Ausgehend von einer gelungenen frühen Mutter-Kind Differenzierung können – selbst im Rahmen der Männerherrschaft – auch Erwachsene Beziehungen unterhalten, in denen der Wunsch nach Anerkennung (seitens des Anderen) und nach Autonomie koexistieren (Hollway 1995, S. 96f.). Das Pendant der „wahren Differenzierung" müsste die „wahre Anerkennung" sein, die jedoch problematisch wird, wenn das Subjekt vor sich selbst seine verletzlichen Seiten (Abhängigkeit) verhüllt. Das Subjekt brauche den Anderen, doch fürchtet es, dass es sich ihm ausliefert, wenn es diese Anfälligkeit bzw. Schwäche zugibt. Dieses Bedürfnis begründet die Macht des jeweils Anderen (ebd., S. 99), doch ist diese intersubjektive Macht nicht identisch mit der strukturellen Macht des Patriarchats, die immer den Mann als den Mächtigeren erscheinen lässt, ja die die Liebe selbst nicht anders als eine Herrschaftsbeziehung definieren kann (vgl. Dworkin 1987). In Paarbeziehungen ist die Machtbalance ein Problem sowohl für Männer wie für Frauen, und die jeweilige Stärke der Partner ist nicht vom Geschlecht, sondern von gelungener Ablösung von der „Mutter" bedingt.

Benjamin, Jessica (1990): Die Fesseln der Liebe. Psychoanalyse, Feminismus und das Problem der Macht, Frankfurt/Main.

Berger, Peter L./ Luckmann, Thomas (1969): Die gesellschaftliche Konstruktion der Wirklichkeit, Frankfurt/Main.

Beck, Ulrich (1986): Risikogesellschaft. Auf dem Weg in eine andere Moderne, Frankfurt/Main.

Beck-Gernsheim, Elisabeth (1997): Stabilität der Familie oder Stabilität des Wandels? Zur Dynamik der Familienentwicklung, in: Beck, Ulrich/Sopp, Peter (Hg.): Individualisierung und Integration. Neue Konfliktlinien und neuer Integrationsmodus? Opladen, S. 65-80.

Bourdieu, Pierre (2000): Nadvláda mužů (Übersetzung von: La domination masculine, Paris 1998).

Brown, George Spencer (1979): Laws of Form, New York.

Bührmann, Andrea D. (1995): Die empirischen Sexualwissenschaften als Normalisierungsinstanz, in: Althoff, Martina/Kappel, Sibylle (Hg.): Geschlechterverhältnis und Kriminologie, Kriminologisches Journal, 5. Beiheft, Weinheim, S. 161-175.

Bürger-Prinz, Hans (1950): Motiv und Motivation, Hamburg.

Butler, Judith (1991): Das Unbehagen der Geschlechter, Frankfurt/Main.

Connell, Robert W., (1995): Masculinities, Cambridge und Oxford.

Dahrendorf, Ralf (1957): Homo sociologicus, Köln.

Dimoulis, Dimitri (1999): Das Patriarchat als Vertragspartner? Zu einigen Denkvoraussetzungen der Geschlechterbeziehungen, in: Löschper, Gabriele/Smaus, Gerlinda (Hg.): Das Patriarchat und die Kriminologie, Kriminologisches Journal, 7. Beiheft, Weinheim, S. 11-28.

Dworkin, Andrea (1987): Intercourse, London.

Eichholz, Claudia/Niehammer, Ute/Wendt, Birgit/Lohaus, Arnold (1994): Medienpaket zur Sozialerziehung im Jugendalter, Göttingen.

Erikson, Erik H. (1971): Identität und Lebenszyklus, Frankfurt/Main.

Foucault, Michel (1977): Der Wille zum Wissen. Sexualität und Wahrheit, Band 1, Frankfurt/Main.

Foucault, Michel (1987): Das Subjekt und die Macht, Nachwort in: Dreyfus, Hubert L. /Rabinow, Paul: Michel Foucault. Jenseits von Strukturalismus und Hermeneutik, Frankfurt/Main, S. 241-261.

Geertz, Clifford (1983): Dichte Beschreibung. Beiträge zum Verstehen kultureller Systeme, Frankfurt/Main.

Gildemeister, Regine/Wetterer, Angelika (1992): Wie Geschlechter gemacht werden, in: Knapp, Gudrun-Axeli/Wetterer, Angelika (Hg.): TraditionenBrüche, Freiburg, S. 201-254.

Goffman, Erving (1994): Das Arrangement der Geschlechter, in: Goffman, Erving: Interaktion und Geschlecht, hrsg. und eingeleitet von Knoblauch, Hubert A., Frankfurt/Main, S. 105-158.

Gray, Heather M./ Phillips, Samantha (2000): So wie ich will. Selbstbewußte Mädchen Körper – Sex – Liebe – Power, Berlin.

Guillaumin, Colette (1992): Sexe, Race et Pratique du Pouvoir, Paris.

Hagemann-White, Carol (1984): Sozialisation: Weiblich – männlich? Opladen.

Harding, Sandra (1990): Feministische Wissenschaftstheorie: Zum Verhältnis von Wissenschaft und sozialem Geschlecht, Hamburg.

Hark, Sabine (1996): Deviante Subjekte: Die paradoxe Politik der Identität, Opladen.

Hart, Herbert L. A., (1968): The Ascription of Responsibility and Rights, in: Essays on Logic and Language (First Series), ed. with an introduction by Anthony Flew, Oxford, S. 145-167.

Hollway, Wendy (1984): Women's Power in Heterosexual Sex, in: Women's Studies International Forum 7 (1), S. 63-68.

Hollway, Wendy (1995): Feminist Discourses and Women´s Heterosexual Desire, in: Wilkinson, Sue/Kitzinger, Celia (Hg.): Feminism and Discourse. Psychological Perspectives, London u. a., S. 86-105.

Honegger, Claudia (1991): Die Ordnung der Geschlechter. Die Wissenschaften von Menschen und das Weib, Frankfurt/Main und New York.

Höpflinger, Francois (1997): Bevölkerungssoziologie, Weinheim und München.

Hummel, Diana (2000): Der Bevölkerungsdiskurs: demographisches Wissen und politische Macht, Opladen.

Kappel, Sibylle (1995): Der Herstellungsmodus von Geschlecht und der ihm hartnäckig anhaftende Schein der Natürlichkeit, in: Althoff, Martina/Kappel, Sibylle (Hg.): Geschlechterverhältnis und Kriminologie, Kriminologisches Journal, 5. Beiheft, Weinheim, S. 58-76.

Kentler, Helmut (1973): Texte zur Sozio-Sexualität, Opladen, S. 13-28.

Knorr-Cetina, Karin (1991): Die Fabrikation von Erkenntnis: Zur Anthropologie der Naturwissenschaft, Frankfurt/Main.

Landweehr, Hilge (1999): Anthropologische, soziale und moralische Grenzen der Vervielfältigung der Geschlechter, in: Freiburger FrauenStudien, Zeitschrift für interdisziplinäre Frauenforschung 5 (1), S. 123-140.

Laqueur, Thomas (1992): Auf den Leib geschrieben. Die Inszenierung der Geschlechter von der Antike bis Freud, Frankfurt/Main.

Lindemann, Gesa (1993): Das paradoxe Geschlecht. Transsexualität im Spannungsfeld von Körper, Leib und Gefühl, Frankfurt/Main.

Löschper, Gabi (2004): Zwischen Anomie und Inszenierung, in: Althoff, M. / Becker, P./ Löschper, G./ Stehr, J. (Hrsg.), Zwischen Anomie und Inszenierung, Baden-Baden, Nomos, S. 13-26.

Luhmann, Niklas (1988): Frauen, Männer und George Spencer Brown, in: Zeitschrift für Soziologie 17 (1), S. 47-71.

Luhmann, Niklas (1993): Zur vollständigen operativen Schließung psychischer und sozialer Systeme, Heidelberg.

Maihofer, Andrea (1994): Geschlecht als hegemonialer Diskurs. Ansätze zu einer kritischen Theorie des „Geschlechts", in: Wobbe, Theresa/Lindemann, Gesa (Hg.): Denkachsen. Zur theoretischen und institutionellen Rede vom Geschlecht, Frankfurt/Main, S. 236-263.

Mead, George H. (1980): Die Genesis der Identität und soziale Kontrolle, in: Gesammelte Schriften Band 1, hrsg. von Hans Joas, Frankfurt/Main, S. 299-328.

Messerschmidt, James (1988): Überlegungen zu einer sozialistisch-feministischen Kriminologie, in: Janssen, Helmut/Kaulitzky, Reiner/Michalowski, Raimund (Hg.): Radikale Kriminologie, Bielefeld, S. 83-101.

Meuser, Michael (1999): Gewalt, hegemoniale Männlichkeit und „doing masculinity", in: Löschper, Gabriele/Smaus, Gerlinda (Hg.): Das Patriarchat und die Kriminologie, Kriminologisches Journal, 7. Beiheft, Weinheim, S. 11-28.

Parsons, Talcott/ Bales, Robert (1956): Family. Socialization and Interaction Process, London.

Parsons, Talcott (1952): The Social System, London.

Platt, Sabine (1995): Feministische Rechtswissenschaft zwischen Gleichheit vor dem Gesetz und Differenz der Geschlechter, in: Althoff, Martina/Kappel, Sibylle (Hg.): Geschlechterverhältnis und Kriminologie, Kriminologisches Journal, 5. Beiheft, Weinheim, S. 42-57.

Rupp, Leila J. (1999): A Desired Past: Short History of Same-Sex Love in America, Chicago.

Schacht, S. P. /Atchison, Patricia (1993): Heterosexual Instrumentalism: Past and Future Directions, in: Feminism & Psychology 3 (1), S. 37-54.

Schelsky, Helmut (1955): Soziologie der Sexualität, Hamburg.

Schulz, Erika (1999): Demographische Alterung und Entwicklung der Frauenerwerbsarbeit, in: Grünheid, Evelyn/Höhn, Charlotte (Hg.): Demographische

Alterung und Wirtschaftswachstum: Seminar des Bundesinstituts für Bevölkerungsforschung 1998 in Bingen, Opladen, S. 89-107.

Smaus, Gerlinda (1993): Physische Gewalt und die Macht des Patriarchats, in: Galtung, Johan/Kinkelbuhr, Dieter/Nieder, Martin (Hg.): Gewalt im Alltag und in der Weltpolitik, Münster, S. 139-150.

Smaus, Gerlinda (1995): Feministische Erkenntnistheorie und Kriminologie von Frauen, in: Althoff, Martina/Kappel, Sibylle (Hg.), Geschlechterverhältnis und Kriminologie, Kriminologisches Journal, 5. Beiheft, Weinheim, S. 9-27.

Smaus, Gerlinda (1999): Geschlechteridentität als kontextabhängige Variable – dargestellt am Beispiel der „eingeschlechtlichen" Institution des Gefängnisses, in: Löschper, Gabriele/Smaus, Gerlinda (Hg.), Patriarchat und Kriminologie, Kriminologisches Journal, 7. Beiheft, Weinheim, S. 28-47.

Stiegler, Barbara (1999): Neuere Strömungen in der sozialwissenschaftlichen Diskussion zu Geschlechtertheorien und ihre politische Relevanz, in: Löschper, Gabriele/ Smaus, Gerlinda (Hg.): Das Patriarchat und die Kriminologie, Kriminologisches Journal, 7. Beiheft, Weinheim, S. 123-130.

Stumpe, Harald/ Weller, Konrad (1995): Familienplanung und Sexualerziehung in den neuen Bundesländern. Expertise im Auftrag der Bundeszentrale für gesundheitliche Aufklärung, Verhütung und Familienplanung, Band 2, Köln.

Taguieff, Pierre-André (2000): Die Macht des Vorurteils: der Rassismus und sein Double, Hamburg.

Teubner, Ulrike (1995): Das Fiktionale der Geschlechterdifferenz. Oder: wie geschlechtsspezifisch ist die Kategorie Geschlecht? In: Wetterer, Angelika (Hg.), Die soziale Konstruktion von Geschlecht in den Professionalisierungsprozessen, Frankfurt/New York 1995, S. 247-262.

Theweleit, Klaus (1977): Männerphantasien, 2. Band, Frankfurt/Main.

Young, Iris M. (1994): Geschlecht als serielle Kollektivität: Frauen als soziales Kollektiv, in: Institut für Sozialforschung (Hg.): Geschlechterverhältnisse und Politik, Frankfurt/Main, S. 221-262.

Zimmermann, Susanne (1999): Sexualpädagogik in der BRD und in der DDR im Vergleich, Gießen.

Welchen Sinn hat die Frage nach dem „Geschlecht" des Strafrechts?

Gerlinda Smaus (2010)*

1 Einführung: Feministische Epistemologie und das Geschlecht des Wissens

Im Jahre 1997 fand ich es sehr interessant, auf das „männliche" Geschlecht des Strafrechts hinzuweisen. Nach jahrelanger Beschäftigung mit der Gender-Problematik bin ich nun zu der Auffassung gelangt, dass die Zeit reif geworden ist für eine nüchterne Abwägung der Bedeutung der Variable Geschlecht. Zur Erinnerung an den damaligen Stand des Wissens möchte ich etwas ausführlicher auf die früheren Texte eingehen. Hatte ich in den ersten Beiträgen zum Thema Frauenkriminalität, zu der Differenzierung der sozialen Kontrolle und über die Kriminologie von Frauen (Smaus 1990; 1991) festgestellt dass das Strafrecht ein Instrument ist, das nicht nur eine schichtspezifische, sondern auch eine geschlechtsspezifische Orientierung aufweist, so haben die Überlegungen über das Verhältnis der strafrechtlichen sozialen Kontrolle zu der medizinischen, besonders der psychiatrischen Kontrolle, zu der Feststellung geführt, dass die Kontrollsysteme selbst ein bestimmtes Geschlecht haben, bzw. einem Geschlecht zugeordnet werden können (Smaus 1993; 1997). Diese Gedanken wurden durch die Anwendung der Kriterien der feministischen Erkenntnistheorie,[1] insbesondere von Sandra Harding (1990; 1994), auf kriminologische Beiträge von Frauen zugleich ermöglicht und erhärtet (Smaus 1995), weshalb wir sie hier vorab rekapitulieren möchten.

---

* Ursprünglich erschienen in: Gaby Temme/Christine Künzel (Hg.) Hat Strafrecht ein Geschlecht? Bielefeld: Transkript Verlag 2010, S. 27-56.

[1] Der Unterschied der feministischen Erkenntnistheorien zu „männlichen" Wissenssoziologien besteht darin, dass während die letzteren die jeweilige Bedingtheit der Erkenntnis herausstellten, die gesamte Wissenschaft aber als eine Akkumulierung der Wahrheiten, in der sich die partiellen Verzerrungen aufheben, für „objektiv" halten, die feministische Epistemologie die durchgängige geschlechtsspezifische Abhängigkeit des gesamten Projekts „Wissenschaft" betont.

J. Feest und B. Pali (Hrsg.), *Gerlinda Smaus: „Ich bin ich"*, Schriftenreihe des Strafvollzugsarchivs, https://doi.org/10.1007/978-3-658-31723-2_17

1.1 Das geschlechtsspezifische Universum

Nach Harding (1990) haben gesellschaftliche Institutionen ein symbolisches Geschlecht. Wir leben in einem geschlechtsspezifischen Universum, das heißt, dass alle Worte unserer Sprache mit dualen Bewertungskategorien „männlich" bzw. „weiblich" verbunden sind: Leistung vs. gefühlsmäßige Zuwendung, hart vs. weich, Regeln folgend vs. flexibel, Wandel vs. Immanenz, Rationalität vs. Emotionalität, Hochschulprofessor vs. Kindergärtnerin, Strafe vs. Behandlung werden als „männliche" bzw. „weibliche" Attribute verstanden, wobei dem Männlichen ein höherer Status zugesprochen wird. Auf der höchsten Abstraktionsebene stehen sich – etwas hierarchisch verschoben – Kultur und Natur gegenüber. Es handelt sich ausschließlich um sprachliche Koordinaten, die auf keine „natürlichen" Vorlagen zurückgreifen können. Vielmehr werden die „natürlichen" männlichen und weiblichen Körpermerkmale in einer schon immer „vergeschlechtlichten" (*gendered*) Sprache beschrieben.[2] Individuen kommen zu ihrer Geschlechtsbestimmung bei der Geburt, wenn sie gemäß ihrer körperlichen Ausstattung einer amtlich verbindlichen Kategorie als Mann bzw. Frau zugeordnet werden. Dieses fortan verbindliche Attribut bezeichnen West/Zimmerman (1987)[3] als „*Sexkategorie*". Die meisten Gesellschaftsmitglieder bringen ihre *Sexkategorie*, die sie im Sozialisationsprozess erlernt haben, in einer immerwährenden konstruktiven Tätigkeit hervor. Die Zuschreibung von männlichen und weiblichen (*Gender-*)[4] Rollen bedeutet jedoch keineswegs, dass konkrete Menschen in diesen Rollen auch aufgingen, dass sie stets nur „ihre" Rollen und nicht auch die des anderen Geschlechts „spielten". Eine Frau (*Sexkategorie*) kann durchaus Pilot (*gender* männlich) spie-

---

2 Ein Blick in die Geschichte der Biologie zeigt, dass selbst der „biologische Geschlechtsunterschied" noch konstruiert wird (Harding 1990: 135), indem die Unterschiede überbetont, das Gemeinsame dagegen unterdrückt wird. Biologie gehört zu den wichtigsten Gebieten der feministischen Forschung. Abgesehen von Versuchen, feministische Evolutionstheorien aufzustellen, welche plausibler als die der *normal science* wären, kann zumindest festgestellt werden, dass alle bisherigen Forschungen nicht bloß vom Anthropomorphismus, sondern vom Androzentrismus verzerrt waren. Sogar in das Verhalten von Affen wird hineininterpretiert, was der Herr gerne möchte (vgl. Harding 1990: 85). Vgl. auch den radikalen Dekonstruktivismus bei Judith Butler (1990).

3 Diese Autoren rücken ab von der sonst üblichen Unterscheidung *gender* (soziale Geschlechterrollen) und *sex*, weil selbst *sex* - die „natürliche" Ausstattung mit Geschlechtsorganen (der im Zweifelsfall von ärztlicher Seite zur Eindeutigkeit verholfen wird) sozial, in diesem Falle amtlich, gedeutet und zugewiesen werden muss. Gesellschaftsmitglieder reagieren in Interaktionen „normalerweise" nur auf die Sexkategorie ihres Gegenüber, nicht auf seine verdeckten Reproduktionsorgane. Vgl. West/Zimmer- man (1987: 131 ff.).

4 Gender in Klammern bezieht sich auf die von der Sexkategorie eines Individuums unabhängigen Normen, Situationen, Handlungen, usw.

len, und umgekehrt, ein Mann (*Sexkategorie*) Kindergärtnerin (*gender* weiblich). Alle Menschen sind im Stande, je nach dem normativen Gender-Kontext beide Geschlechterrollen hervorzubringen und dabei, wie Hirschauer meint, das Geschlecht, bei uns die *Sexkategorie*, in Interaktionen lediglich formelhaft „mitlaufen zu lassen“ (vgl. Hirschauer 1994: 678). Das abwechselnde Geschlechter-Spielen ist durch die Tatsache begründet, dass Menschen notwendigerweise Positionen in der vertikalen (Schicht-) Struktur der Gesellschaft, in ihrer Altersstruktur und weiteren kulturellen Kontexten einnehmen. Dies wird in der gegenwärtigen feministischen Theorie als *Intersektionalität* bezeichnet.[5] Es ist jedoch zu beobachten, dass sich selbst das Spielen der eigenen *Sexkategorie* nicht länger an normativen Gender-Rollen orientiert. Stattdessen stellen sich Gesellschaftsmitglieder aus den zur Verfügung stehenden, bisher *gendered* Eigenschaften ihren eigenen Mix zusammen,[6] eine Tatsache, die Beck im Jahre 1986 als Bestandteil der Individualisierungsprozesse bezeichnet.[7] Die kritische Einsicht in das Wesen von *gender*, das kein Wesen hat, hat sich jedoch weder in der Wissenschaft, geschweige denn in der Praxis durchgesetzt, so dass die Erforschung der Welt mit der „Gender-Lupe“ (Bem 1993) nach wie vor – mit später zu diskutierenden Einschränkungen – berechtigt ist.

Entsprechend der modernen Differenzierung in so genannte öffentliche und private Bereiche werden Eigenschaften, die als funktional für die Aufgaben des öffentlichen Bereichs betrachtet werden, als „männlich“ bezeichnet. Als „weiblich“ werden hingegen Eigenschaften bezeichnet, die mit dem so genannten privaten Bereich, hauptsächlich der Familie und den Anforderungen des Arbeitsmarkts mit vergleichbaren familiären Aufgaben kommensurabel sind. Nach Harding und

[5] Der Begriff *intersectionality* sollte zunächst auf die Überschneidung von Unterdrückungsstrukturen in der Konstellation „frau“, „schwarz“ und „arm“ aufmerksam machen (vgl. Collins 1990). Eigentlich hätte aber schon immer berücksichtigt werden müssen, dass Soziologie nicht den Menschen, sondern das Gesellschaftsmitglied (besser noch in der Mehrzahl: Gesellschaftsmitglieder) behandelt, welches bestimmte Positionen in der Gesellschaft einnimmt und entsprechende Rollen spielt, wie Dahrendorf im *homo sociologicus* schon 1959 einsichtig formulierte. Die Individualität eines Menschen ist in soziologischer Sicht durch das je besondere Rollenbündel bestimmt und erschöpft sich daher keineswegs in seiner Gender-Identität. Die ist immer schon „intersektionell“ kontaminiert, und die Frage, wie und wo *gender* hervorgebracht wird, ist eine theoretische Herausforderung. Vgl. Smausova (2002). Es ist sinnvoll, die Gender-Ungleichheit unter der *ceteris paribus-Formel* zu betrachten: Wenn alle anderen Bedingungen (Herkunft, Bildung) gleich sind, sind Frauen (Sexkategorie) sozial (Ressourcen, Macht) unterprivilegiert.

[6] Wir könnten diese Identitäten als „androgyne“ bezeichnen, unter der Voraussetzung, dass die Verteilung von Eigenschaften auf *gender* überhaupt noch Sinn macht, bzw. dass der Gender-Dualismus aufrechtzuerhalten ist.

[7] Außerdem können (nach Hirschauer 2001: 217 f.) angelaufene Interaktionsskripte, die das Geschlecht relevant setzen, leer laufen und Anschlusspunkte vermieden werden.

anderen wird jedoch bei dieser Differenzierung (und der gesellschaftlichen Arbeitsteilung) die Variable Geschlecht nicht funktional nach Leistung, sondern zum Vorteil der so genannten Männerherrschaft beurteilt und zugeschrieben. Die Quelle der ständigen Reproduktion der androzentrischen Geschlechterordnung ist der Arbeitsmarkt, weil hier „echte" Konflikte um den Zugang zu begehrten Positionen ausgetragen werden. Die „männlichen" Eigenschaften von Institutionen des öffentlichen Bereichs einschließlich des Arbeitsmarktes werden „automatisch" von Subjekten reproduziert, die von vornherein entsprechend sozialisiert wurden, nämlich von Angehörigen der männlichen Sexkategorie. Gemäß der Annahme eines symbolischen Geschlechteruniversums ist es möglich, vom „Geschlecht des Strafrechts" zu sprechen,[8] anstatt es als eine geschlechtsneutrale Institution zu begreifen, bei der die Variable Geschlecht (ähnlich wie Schicht) lediglich eine „Schräglage" verursacht.[9]

1.2 Feministische Erkenntnistheorie im Sinne Sandra Hardings

Bei der Analyse des Geschlechts des Strafrechts können wir uns weitere Einsichten der feministischen Erkenntnistheorie von Sandra Harding zu- nutze machen. Innerhalb der feministischen bzw. Frauenforschung identifiziert sie drei unterscheidbare Zugangsweisen:

Feministischer Empirismus sei dadurch gekennzeichnet, dass er Sexismus und Androzentrismus in der Forschung als gesellschaftlich bedingte Verzerrungen begreift, die durch strikte Anwendung der bereits existierenden methodologischen Normen der Wissenschaft korrigiert werden können (Harding 1990: 145 ff.). Wir können festhalten, dass es hierbei vornehmlich darum geht, die weißen Flecken der Wissenschaft – *hic sunt feminae* – aufzufüllen, ohne dass sich dabei im Großen und Ganzen an der Landkarte selbst etwas verändern würde. Die meisten Beiträge von Frauen über Frauenfragen in der Kriminologie und zum Strafrecht können

[8] „Geschlecht des Strafrechts" in Analogie zu Hardings „Geschlecht des Wissens" (1990). Nach Olsen (1990) wird das Recht als männlich, androgyn, patriarchalisch u. a. bezeichnet. Vgl. auch MacKinnon (1979), Atkins/Hoggett (1984), O'Donovan (1985), Messerschmidt (1988), Lautmann (1990) u. a.

[9] Vgl. Tove Stang Dahl über das "Recht": "The modern gender-neutral legal machinery meets the gender-specific reality – or let me rather phrase the controverse: the often gender-relative reality meets the unisex law" (1986: 361). Dieser Täuschung unterliegen auch die meisten feministischen Analysen der weiblichen Kriminalität, die die Ursachen für den geringen Anteil von Frauen an der Kriminalität durch ihre Andersartigkeit und nicht durch die Geschlechtsspezifität des Strafrechts erklären (vgl. Smaus 1990).

dieser Richtung zugerechnet werden.[10] Problematisch an diesem Zugang ist, dass er wesenhafte Sexkategorien, Männer und Frauen, voraussetzt (z. B. dass sie unterschiedliche Neigungen zur Begehung von kriminellen Handlungen haben), ganz gleich, ob sie sich bei den Unterschieden auf biologische Ausstattung oder auf Sozialisationsprozesse berufen.

Die *feministische Standpunkttheorie* habe ihren Ursprung in der Hegelschen Herr-Knecht-Dialektik. Die Unterdrückten – besonders wenn sie sich zu sozialen Befreiungsbewegungen zusammenschließen – seien imstande, die Welt aus einer umfassenderen Perspektive zu erfassen, weil sie die der Erkenntnis und Beobachtung hinderlichen Scheuklappen und Tarnungen beseitigten (Harding 1990: 13). Diese Dialektik lasse sich auch auf das Geschlechterverhältnis anwenden. Die gesellschaftliche Vorherrschaft der Männer habe partielle und pervertierte Auffassungen und Vorstellungen zur Folge. Die androzentrische Forschung unterdrücke dasjenige Wissen, welches das Patriarchat im Allgemeinen in Frage stellen würde.[11] Feminismus und Frauenbewegung stellten politische und motivationale Begründungen für einen „Standpunkt“ dar, der gleichsam eine moralisch und wissenschaftlich akzeptable Grundlage für feministische Interpretationen natürlicher und gesellschaftlicher Phänomene enthalte. Zu der Richtung des „Standpunktfeminismus“ können all diejenigen Forschungen gezählt werden, zu denen Frauen deshalb befähigt sind, weil sie sowohl in der Erziehung (*gender* weiblich) als auch in der Produktion (*gender* männlich) tätig sind und sie deshalb eine „doppelte“ Vergesellschaftung erfahren würden (vgl. Rose 1983; Hartsock 1983). Im Bereich des Strafrechts finden wir einen solchen Standpunkt-Zugang bei Forschungen von „Betroffenen“ der männlichen Gewalt wieder, in denen Gewalt nicht als individuelle pathologische Erscheinung (wie im Empirismus), sondern als strukturelle Vorgabe für Frauen interpretiert wird.[12] Der Standpunkt-Zugang ist in eine Metaphysik eines gender an sich und Reifizierung der Differenz (Weiblichkeit/Männlichkeit) und zudem in eigene epistemologische Widersprüche hinsichtlich des Wahrheitsbegriffes verstrickt. Er führt zu einer zunehmenden Politisierung der Fragestellung und dadurch zur einer Abkehr von der Wissenschaft.

Feministischer Postmodernismus versuche, im Unterschied zum tief greifenden Skeptizismus und nicht verorteten „männlichen“ Postmodernismus eines Derrida, Foucault, Lacan u. a., der Wissen in nicht zusammenhängende Bruchstücke

---

[10] Vgl. z.B. Simon (1975), Adler (1978), Gipser (1975), Bröckling (1980), Funken (1989).

[11] Zum Begriff Patriarchat vgl. Schüssler-Fiorenza (1988: 15 ff.).

[12] Vgl. die systematische Übersicht in Smaus (1994).

zersetze,[13] Bausteine für eine neue, umfassendere und objektivere Wissenschaft vom universellen Standpunkt der Unterdrückten zu finden. Die feministische postmoderne Kritik der Wissenschaft betreffe die Tatsache, dass keine der bisherigen – ihrem Anspruch nach umfassenden – Theorien auf die tatsächlichen und hierarchischen Unterdrückungsstrukturen eingegangen seien. Selbst emanzipatorische Theorien seien, wenn sie nur den Aspekt der „Klasse" thematisierten, unangemessen, weil sie die ethnische und die Geschlechterstruktur außer Acht lassen.[14] Im Sinne einer radikalen konstruktivistischen Gender-Theorie müssen wir mit Verwunderung feststellen, dass selbst Harding, der wir die Einsicht verdanken, dass ein Geschlechteruniversum existiert, in dem das biologische Geschlecht keine bestimmende Rolle spielt, am Ende nicht ohne die Annahme von wesenhaften Männern und Frauen auskommt. Zudem erfordert der postmoderne Zugang gleichsam ein Mega-Narrativ, zu einer Zeit, in der der theoretische Wert eines jeden großen Interpretationsrahmens der „Gesellschaft" und der „Geschichte" bezweifelt wird. Die Berücksichtigung von Schicht und Ethnie führte daher im theoretisch günstigen Falle zu einer Segmentierung der Theorie im Begriff der *Intersektionalität* (siehe oben; Althoff 2010), im ungünstigen Falle zu einer tendenziellen Aufhebung dessen, was „Frauen" als serielles Kollektiv gemeinsam haben (Young 1994).

Die von Harding beschriebenen feministischen Zugänge ermöglichen eine Zuordnung kriminologischer Beiträge gemäß dem Stand der Gender-Theorien, denen sie allesamt „hinterherhinken". Es wird aber auch deutlich, dass sich die in der Wissenschaft plausibelste Theorie über nicht-wesenhafte, nicht-stabile, nicht-durchgängige Gender-Identität, positiv ausgedrückt über die Notwendigkeit, die Identität immerwährend hervorzubringen und dabei kontextabhängig die eine oder die andere Gender-Rolle zu spielen, im Widerspruch zur Praxis befindet. Die meisten Institutionen, der *common sense* und schließlich Gesellschaftsmitglieder selbst kennen nur ganzheitliche Frauen und Männer, bei denen sie allenfalls die Stimmigkeit mit Rollenbildern prüfen, diese jedoch nicht in ihre Fragmente/Variablen zerlege. Im Bereich der Kriminologie und des Strafrechts sowie der sozialen Kontrolle treffen Sanktionen konkrete, verbindlich geschlechtlich eingeordnete Menschen, unabhängig von der Errungenschaft einer konstruktivistischen Theorie. Dies alleine verführt Forscherinnen häufig dazu, eine wissenschaftlich überholte „essentialistische" Perspektive einzunehmen, die, so vermutet man, relevant für die Praxis sei. Es ist allerdings fraglich, ob sich eine praktische Relevanz auf

[13] Vgl. auch Lyotard (1988), Baudrillard (1988).
[14] Für die Kriminologie vgl. Smart (1990: 78 ff.).

überholte Theorien stützen kann. Umgekehrt kann man an dieser Stelle bereits die Frage aufwerfen, wie nützlich denn die Annahme des Geschlechts von Institutionen ist?

2 Homologie von Wissenschaft und Strafrecht

Meine einstige Befassung mit der Selektivität des Strafrechts, das vornehmlich arme, junge Männer kriminalisiert (Smaus 1988), hat bereits neben seiner Schicht- auch seine Gender-Lastigkeit enthüllt. Deshalb war mir Hardings Auffassung, dass auch Institutionen, bei ihr vornehmlich die Wissenschaft (vgl. Geschlecht des Wissens, 1994), ein Geschlecht haben, unmittelbar einsichtig. Die Ergebnisse der feministischen Erkenntnistheorie in Bezug auf die Eigenschaften der Wissenschaft lassen sich ebensogut auf das Strafrecht übertragen, wie folgende Erläuterung Hardings zeigt:

Die Wissenschaft als eine besondere selektive Konstruktion der Welt ist durch die soziale Stellung und die Interessen derjenigen geprägt, die an ihr mitgewirkt haben: der Gemeinschaft von weißen, westlichen, ökonomisch besser gestellten Männern. Die männlich (*gender*) in Sozialisationsprozessen geprägten Männer (*Sexkategorie*) schreiben in ihrer Tätigkeit als Wissenschaftler (*gender*) in die Wissenschaft diejenigen Eigenschaften ein und fort, die sie selbst für sich in Anspruch nehmen: Universalismus, Rationalität, Wertfreiheit, Unparteilichkeit, Interessen- und Leidenschaftslosigkeit, Objektivität, Befasstheit mit abstrakten Regeln, Bevorzugung von harten Daten und durchdringenden Technologien, Vernunft, Geist, Kultur (vgl. Harding 1990: 127 ff.) – alles verbunden mit einem als unabhängig gedachten archimedischen Standpunkt. Die Wissenschaft gefällt sich darin – selbstreferentiell, wie man mit Luhmann (1990) sagen würde –, dass sie sich ausschließlich der Suche nach Klarheit, Wahrheit und Gewissheit verschreibt.

Durch das Hochhalten dieser Werte werden die jeweils binären Kategorien wie Nähe, Wertung und Engagement, Empathie, Relativismus je nach Interessen (als verpönter Partikularismus), Emotionalität (als verpönte Irrationalität), sanfte, nicht penetrierende Methoden, Orientierung an der Anwendung und bewusst standpunktabhängiges Hervorbringen von Wissen, die als „weibliche“ Attribute gelten, nicht als komplementäre, sondern als hierarchisch untergeordnete Kategorien bewertet: Das fortschrittliche Männliche müsse über das natürliche Weibliche Herrschaft erlangen (vgl. Harding 1990: 159).

Es war die Aufklärung (Hume, Kant), die diese Dichotomisierungen durchgesetzt hat. Der moderne Wissenschaftsbetrieb trennt darüber hinaus zwischen 1) dem Entdeckungskontext und 2) dem Rechtfertigungskontext des Wissens.[15] Die Erkenntnis wird auch 3) von ihrer gesellschaftlichen Verwendung abgespalten und der Wissenschaftler von der Verantwortung für seine Entdeckungen entbunden. Damit hängt die Trennung von Denken und Fühlen zusammen, welche deshalb so problematisch ist, weil sie als Vorbild für andere Bereiche der gesellschaftlichen Praxis (z. B. im Schulwesen, in der Medizin, im Strafrecht u. a.) durchgesetzt wird.

Die modernen Institutionen – und wir stellen im Folgenden auf das Strafrecht um – verschleiern ihre Beziehung zur Macht, obwohl sie sich die Anliegen der Herrschenden zu Eigen machen (vgl. Harding 1990: 130 ff.). Diese Eigenschaften weist das gegenwärtige Strafrecht auch dann auf, wenn in ihm nicht nur Männer (*Sexkategorie*), sondern auch Frauen (*Sexkategorie*) in männlichen Gender-Rollen tätig sind. Das Strafrecht geht von der Existenz einer einheitlichen Gesellschaft für Männer und Frauen (*Sexkategorien*) aus, obwohl praktisch jede Erscheinung mit einer geschlechtsspezifischen (*gendered*) Bedeutung belegt ist. Das Ignorieren des Geschlechterbegriffs verbirgt jedoch, dass das moderne Strafrecht die Bedeutungszuschreibungen der strafrechtlichen Zwecke für männliche (Sexkategorie) Interessen ausnützt (bezüglich der Wissenschaft vgl. Harding 1990: 159). Es konzentriert sich vornehmlich auf den Schutz prestigeträchtiger Bereiche des öffentlichen Lebens und vernachlässigt Situationen, die als „inoffizielle", „private" Bereiche bezeichnet werden. Wie zufällig sind dies den Frauen zugewiesene Lebensbereiche.

Das moderne Strafrecht begreift „Rationalität" als eine formale Eigenschaft, die keinen Aufschluss über Inhalte enthält und die lediglich die logische Stichhaltigkeit der Argumentationsketten zu überprüfen erlaubt. Hingegen kommt die feministische inhaltliche Deutung des Begriffes „Rationalität" zu der Erkenntnis, dass dieser durchaus einen Nützlichkeitsaspekt im Sinne einer Kosten-Nutzen-Berechnung enthält: Der Männerherrschaft mag es „rational" erscheinen, wenn nur Männer die wichtigen, für sie ertragreichen, „rational organisierten Bereiche" verwalten, während Frauen der unberechenbare, aber auch lebendige „Rest" überlassen wird. Den widerspenstigen Gegenstand von Gesellschaftswissenschaften und des Strafrechts – die Gesellschaftsmitglieder – versucht das Strafrecht dadurch

---

15 Im wissenschaftlichen Entdeckungskontext wird die Auswahl und Definition der Forschungsprobleme festgelegt; Rechtfertigungs- bzw. Begründungskontext bezieht sich auf eine angeblich rigorose Beweisführung, die- nach Harding - das Wissen lediglich legitimiert (vgl. Harding 1990: 113 f.).

unter Kontrolle zu bringen, dass das naturwissenschaftliche kausale Wissenschaftsmodell auch für die Erklärung von sozialen Tatsachen und strafrechtlichen Tatbeständen angenommen wird. Es geht von präexistenten Ursachen bzw. Motiven als Antrieben/Motoren für bestimmte Handlungen aus. Trotzdem unterstellt es in widersprüchlicher Weise, dass diese im Menschen wirkenden „natürlichen“ Kräfte wie die Natur selbst beherrschbar sind.

In diesem Sinne können die allgemeinen Charakterisierungen des Strafrechts, die sein Selbstverständnis ausdrücken, noch um folgende Beschreibungen ergänzt werden: Es orientiert sich an Wahrheitsfindung (Deskription) als der Grundlage einer abstrakten, kontextunabhängigen Gerechtigkeit (Wertung, Askription) und nicht an einer Behebung von problematischen Beziehungen und Situationen. Die Vorliebe für dichotome Kategorien setzt es fort, indem es von Recht und Unrecht, von Tätern und Opfern spricht. Das Strafrecht zerstört Zusammenhänge, in die es interveniert, es trennt das „befallene Glied vom Körper ab“, indem es den Straftäter aus der Gesellschaft ausschließt. Es vertritt ein mechanisches Gleichgewichts- bzw. Vertragsmodell, in dem Schuld durch Strafe aufgewogen wird und berücksichtigt nicht, dass für Erziehung und Behandlung nicht-reziproke Formen der Zuwendung typisch sind (vgl. van Swaaningen 1989: 167).

3 Geschlechtersymbolismus im Strafrecht

Die allgemeine geschlechtsspezifische Ausrichtung des Strafrechts drückt sich in allen seinen Bestandteilen aus, wie im Folgenden noch einmal in Analogie zum Wissenschaftsbetrieb, beispielhaft dargelegt wird.

3.1 Primäre Konstruktionen des Strafrechts – Geschlechtsspezifität seiner Tatbestände (Der Entdeckungskontext)

Das Strafrecht ist zwar als ein gleiches Recht *par excellence* verfasst, hat aber je spezifische Adressaten. Das heißt, dass nur Gesellschaftsmitglieder in ganz spezifischen Situationen und Positionen bestimmte Tatbestände verletzen können. Die Aufnahme von Strafandrohungen für bestimmte Handlungen wird als primäre Kriminalisierung bezeichnet und wir können diesen Vorgang analog zur Wissenschaft als den „Entdeckungszusammenhang“ des Strafrechts betrachten, von dem wir wissen, dass er sich um seine Anwendung nicht schert. Schon in den 1930er Jahren wiesen Strafrechtswissenschaftler und Kriminologen (Hall 1947; Sutherland 1939) daraufhin, dass eine genaue Kenntnis des Strafrechts von vornherein zu bestimmen erlaubt, welche Mitglieder welcher Gesellschaftsgruppen zu Tätern werden, welche Motive für ihre Taten angenommen und welche „Ursachen" der Straftaten in Frage kommen werden. Dies liegt daran, dass sich die Entscheidungen, bestimmte Handlungen ins Strafrecht aufzunehmen, nicht im luftleeren Raum abspielen, sondern auf einer Beobachtung und Bearbeitung von konkreten, kontextabhängigen Handlungen von Gesellschaftsmitgliedern beruhen. Bei der abstrakten Formulierung von strafrechtlichen Tatbeständen wird der soziale Kontext, in dem die Unerwünschtheit des Verhaltens und die Gründe, warum Menschen in bestimmten Positionen dieses Verhalten wählen, nicht mehr erwähnt. Das Strafrecht richtet sich dann scheinbar an „alle, die [...]" in Wirklichkeit jedoch nur an „die, die im Stande sind, bestimmte Handlungen auszuführen, bzw. die, die zu bestimmten Begehungsweisen überhaupt Zugang haben". Auf diese Weise kann man bei gleichzeitiger Kenntnis der gesellschaftlichen Struktur und der Organisation der Geschlechter voraussagen, bei welchen Delikten vornehmlich Männer (*gender*) und bei welchen hingegen Frauen (*gender*) in Frage kommen. Wenn wir nicht schon wüssten, dass Frauen (*Sexkategorie*) nur solche Positionen in der Gesellschaft innehaben, die ihnen keinen Zugang zu gewichtigen Straftaten gewähren, die mit hohen Positionen verbunden sind, wir könnten darauf aus den Verletzungen, die sie begehen, schließen (vgl. Smaus 1990). Dies heißt im Umkehrschluss, dass Frauen solche Positionen in der Gesellschaft zugewiesen werden, für die sich das Strafrecht nicht besonders interessiert. Das wird häufig als Schutz der Privatsphäre vor strafrechtlichen Eingriffen beschönigend missverstanden. Die Privatsphäre stellt nämlich keinen nach Abzug von allem Öffentlichen verbliebenen Raum, sondern eine eigenständige rechtliche Konstruktion dar, die es den einstigen Patriarchen ermöglichen sollte, sich nach der Gründung von modernen Staaten einen Rest an Machtbefugnis wenigstens in „ihren" Häusern und gegenüber ihren Familienmitgliedern zu erhalten (vgl. O'Donovan 1985: 56 f.; Pateman 1988; Dimoulis 1999: 15). In der Tat hat sich das Strafrecht historisch gesehen zunächst zum Schutze der *maiestatis* und später immer stärker zum Schutze der sich entfaltenden Produktion und des Handels entwickelt. Dies lässt sich an der Ausdifferenzierung der Tatbestände zum Schutz von verschiedenen Formen des Eigentums und der verschiedenen Formen, wie es verletzt werden kann, deutlich ablesen (vgl. Hall 1935; Lüdtke 1982; Hess 1986).

Zwar schützt das Strafrecht auch „Leben" und körperliche Unversehrtheit, doch bemisst sich der Wert beider abstrakter Kategorien an den Funktionen, die sie in verschiedenen Systemkontexten haben. Die *maiestatis* bildet heute der Staat mit seinen Institutionen. Beide „öffentlichen“ Systeme, die Staatsverwaltung und die freie Marktwirtschaft, nehmen für sich in Anspruch, nach Kriterien organisiert zu sein, die wir oben als die Selbstbeschreibung der Wissenschaft und des Strafrechts identifiziert haben. In beiden Systemen haben Frauen (*Sexkategorie*) nur untergeordnete Positionen, so dass man sagen kann, dass das Strafrecht hauptsächlich männliche (*Sexkategorie*) Adressaten hat, die in männlich (*gender*) organisierten Systemen tätig sind. Der strafrechtliche Begriff der Verantwortung setzt sogar explizit einen Menschen voraus, der in die Gesellschaft mit vollen Rechten und Pflichten integriert ist und der auch imstande ist, diese wahrzunehmen – also den vernünftigen Menschen (*reasonable man*), ein *bona fide* Mitglied der Gesellschaft, dem die Ehre gebührt, dass seine Strafverletzungen öffentlich, vor einem aus Ehrenmännern bestehenden Gericht, mit großem Aufwand behandelt werden.[16] Frauen werden offenbar ausreichend innerhalb der so genannten informellen sozialen Kontrolle überwacht (vgl. Smaus 1993).

Die Annahme des geschlechtsspezifischen Charakters des Strafrechts erklärt den geringen Anteil von Frauen an der Kriminalität viel zuverlässiger als ätiologische Theorien. Frauen verhalten sich nicht deswegen weniger kriminell, weil sie ein „besseres Wesen“ hätten und auch nicht deshalb, weil sie die „weiche“ weibliche Rolle zu einer Verletzung des Strafrechts unfähig machte, sondern deshalb, weil das Strafrecht nicht eine geschlechtsneutrale Zusammenfassung allmenschlicher Moral und schützenswerter Güter darstellt.[17] Als ausdrückliche Adressatinnen des Strafrechts kommen Frauen im Zusammenhang mit ihrer reproduktiven Funktion und der Organisation des sexuellen Triebes vor (vgl. Bröckling 1980). Dies deutet *prima facie* auf eine hohe Bewertung der reproduktiven Leistung hin. Wie jedoch die „flexible“ Handhabung des § 218 Strafgesetzbuch (StGB) zeigt, geht es hierbei nicht um den Schutz des ungeborenen Lebens oder eine tatsächliche Kontrolle der natürlichen Reproduktion, sondern um Versuche, Frauen moralisch zu degradieren, um sie auf dem ihnen zugewiesenen „Platz“ festzuhalten.

---

[16] Die „armen“ armen Kriminellen und deshalb behandlungsbedürftigen Menschen hat nicht das Strafrecht, sondern erst später die Kriminologie hervorgebracht (vgl. Foucault 1976).

[17] Eine solche Unterstellung liegt z. B. der Frage von Cain zugrunde, warum die Konstruktion der männlichen Geschlechter-Rolle so abgrundtief kriminogen sei (vgl. Cain 1990: 12). Die Antwort darauf wäre: Weil Männer im Besitze der (Straf-)Macht ihren (armen und machtlosen) Geschlechtsgenossen bestimmte Zugänge zu Ressourcen verbieten. Dass das Strafrecht geschlechtsspezifisch verzerrt wird, hat Bertrand bereits 1967 beobachtet. Das Strafrecht verbietet - zumal bestimmte - Zugänge, das Zivilrecht verwehrt Zugang, denke ich.

Mitunter bleiben Frauen (*Sexkategorie*) auch wegen anderer Tatbestände im strafrechtlichen Netz hängen. Seine implizite Geschlechtsspezifität zeigt sich dann darin, dass den scheinbar gleichen Handlungen, wie z. B. Diebstählen, bei Frauen ein anderer „Sinn" als bei Männern zugeschrieben wird. Die moderne Bedeutung von Diebstahl impliziert nämlich nicht bloß, dass sich jemand etwas ohne Gegenleistung aneignet, sondern gleichzeitig, dass er dies tut, statt seinen Unterhalt auf legalem Wege – und sei es in Form eines Lohnsurrogats wie z. B. der Sozialhilfe – zu bestreiten. Das Diebstahlsverbot ist also mit einer Erwartung an das „richtige" Verhalten des Mannes als des Ernährers der Familie (legale Konstruktion) in der Arbeitswelt verknüpft. Versagen Männer in dieser Rolle und stehlen ihre Frauen „deshalb" Lebensmittel oder anderen Haushaltsbedarf, um die Kinder durchzubringen, bzw. begehen sie betrügerische Handlungen, um Kinder an höheren Schulen halten zu können (vgl. Funken 1989), handeln sie konform mit ihrer weiblichen Rolle und verletzen das Strafrecht nur „nebenbei", nämlich an ihrer Männer Statt. Frauen handeln dann „Unter Druck", in Ausnahmesituationen, die keine legalen Alternativen enthalten. Das sind exkulpierende Momente und Frauen werden deshalb häufiger zu milderen Strafen verurteilt. Die unterschiedliche rollenbezogene Bedeutung von Diebstahl zeigt sich auch darin, dass Frauen eher auf den Gebrauchswert der gestohlenen Ware für die natürliche Reproduktion, Männer hingegen häufiger auf ihren Tauschwert im Bereich der materiellen Reproduktion abstellen, was sich im höheren Strafmaß ausdrückt.

Die „Milde" der Richter, die ihnen als „Ritterlichkeit" ausgelegt wird, geht, wie wir angedeutet haben, nicht auf eine unspezifische „Attraktivität" von Frauen (*Sexkategorie*) zurück (vgl. Oberlies 1995), sondern ist ein Zeichen einer adäquaten Anwendung des Strafrechts dort, wo der Buchstabe des Gesetzes zu einer inadäquaten Lösung führen würde.[18] Eine Frau wegzusperren, ist etwas anderes, als einen Mann, der schon vorab aus dem Arbeitsmarkt ausgeschlossen wurde, in Haft zu nehmen, denn eine Reservearmee von Müttern und Hausfrauen gibt es nicht.[19] Allerdings schützen Richter mit der unterschiedlichen Tatbewertung nicht die

18 Die im Strafrecht mögliche Flexibilität verrät, dass auch hier - wie in der Wissenschaft - verdrängte, als weiblich (*gender*) bezeichnete Eigenschaften „versteckt" sind (vgl. Hammer/Stanko 1985). Richter nutzen mitunter den Entscheidungsspielraum „flexibel" aus, sie gehen mit dem ihnen anvertrauten Instrument „weich" und nicht wie vorgesehen „hart" um.

19 Vgl. Kips (1991). Edwards (1989: 175) meint, gezeigt zu haben, dass sich das Personal rechtlicher Institutionen nicht vom weiblichen Geschlecht *per se*, sondern von der Wahrnehmung und Bewertung von mit dem sozialen Geschlecht verbundenen Eigenschaften beeindrucken lässt. Das Geschlecht *per se* gibt es aber ohne zugeschriebene Eigenschaften nicht, so dass es stets die weibliche Rolle ist, auf die in Gerichtsverhandlungen implizit Bezug genommen wird und die dadurch wiederum reproduziert wird.

Frauen selbst, sondern ihre traditionelle familiäre Rollenzuweisung, konkret die Kinderaufzucht und die häusliche Pflege des „Familienernährers".

3.2 Die Geschlechtsspezifizität der Rechtsprechung – selektiver Schutz der Opfer (Der Rechtfertigungskontext)

Sehr viel detaillierter als die Geschlechtsspezifizität der Tatbestände ist bisher die der Rechtsprechung untersucht worden. Dass Frauen als Sexkategorie nicht generell mit Erleichterungen rechnen können, zeigt sich, wenn sie bei der Strafrechtsverletzung eine männliche Gender-Rolle spielten. Besonders heftige Reaktionen der Richter erfolgen, wenn angeklagte Frauen die weibliche Rolle nicht etwa unterschreiten (schlechte Mütter), sondern sie aufheben (gar keine Mutter), sich wie Männer verhalten und z. B. Gewalt mit Waffen anwenden, Waren um des Profits willen stehlen usw. (vgl. Scutt 1979; Hancock 1980). Das bestätigt, dass Männer und Frauen nicht als natürliche Wesen vor Gericht stehen, sondern als Träger von sozialem Geschlecht, welches sich in Rollen thematisiert. Rollen selber sind in und durch die vergeschlechtlichte Arbeitsteilung begründet, mithin wird der Bezug der nach Sexkategorie eingeordneten Person eben zu dieser Struktur beurteilt.[20]

Weit auffallender als die selektive Behandlung der geringen Anzahl von weiblichen Angeklagten – mal *Sexkategorie*, mal *gender*[21] – ist die Selektivität des strafrechtlichen Schutzes im Hinblick auf das Geschlecht des Opfers. Besonders bei Gewaltanwendungen gegenüber Frauen (und Kindern) ist eine weitgehende Immunisierung der männlichen Täter vor adäquaten Strafen zu beobachten. Immer wieder wird darauf hingewiesen, dass in den wenigen Fällen, in denen Kontrollorganen sexuelle Misshandlungen von Kindern bekannt werden, Angeklagte häufig mit Begründungen entlastet werden, dass sich die Taten schwer nachweisen ließen, zumal Kinder unglaubwürdige Opfer-Zeugen seien (Fegert 1991: 67 f.).

[20] So wird z. B. beobachtet, dass arme, schwarze Frauen vor Gericht so streng wie Männer behandelt werden (vgl. Rice 1990: 57 ff.). Dies wird als die Wirkung der Variablen „Ethnie" interpretiert, was freilich keine Erklärung, sondern die Verdoppelung der Beobachtung ist. Eine Erklärung könnte vielmehr darin bestehen, dass schwarze Frauen wie Männer behandelt werden, weil sie (wie sonst weiße Männer) Oberhäupter und Ernährer ihrer Familien sind und sie deshalb auch der gleichen Erwartung unterliegen, ihren Unterhalt auf dem Arbeitsmarkt zu verdienen.

[21] berücksichtigen, dass die *Sexkategorie* seitens der Richter unter Umständen gemäß dem *gender* der tatsächlich eingenommenen Rolle umdefiniert wird. Schlechte Mutter – *Sexkategorie* weiblich, Terroristin mit Waffe – *gender* männlich.

Besonders unsensibel ist die „harmlose" Einstufung eines Missbrauchs ohne Gewaltanwendung, die die Abhängigkeit des Kindes von den jeweiligen Erwachsenen verkennt (vgl. Remmschmid u. a. 1990: 233).

Eine demütigende Behandlung seitens der Organe sozialer Kontrolle – der Ärzte, der Polizei, der Staatsanwälte und der Richter – erfahren vor allem vergewaltigte Frauen. Ihre Situationsdeutung wird nicht ernst genommen, oder als nicht glaubwürdig bzw. als übertrieben bezeichnet. Frauen werden kognitive Fähigkeiten abgesprochen und ihre Anzeigen wegen ihrer „bloßen" Emotionalität zurückgewiesen (vgl. Janshen 1991: 379 ff.). Vertreter der sozialen Kontrolle füllen die leeren Buchstaben des Gesetzes mit männlichen Alltagstheorien: Zu einer normalen Sexualität gehöre es, dass sich Männer mehr aktiv, Frauen dagegen eher passiv verhalten; Männer seien sexuell triebhafter als Frauen; die vergewaltigte Frau habe sicherlich dem Täter vorher Hoffnungen gemacht; der Täter wurde von Liebe übermannt; das Opfer nehme es auch sonst mit der Treue zu einem Partner nicht so genau usw. Nach Meinung der Richter gibt es nur ganz wenige „echte", dafür aber viele „unechte" Opfer von Vergewaltigungen. Das Verhalten und der Ruf der „unechten2 Opfer werden dann oftmals zur Entschuldigung der Täter eingesetzt (vgl. Abel 1988: 69 ff., Katzer 2010)

Das Desinteresse des Strafrechts an den „nicht-prestigeträchtigen" Bereichen kommt besonders deutlich im Umgang mit Misshandlungen von Frauen seitens ihrer Ehemänner, Verlobten, Freunde in der „privaten Sphäre" zum Ausdruck (vgl. Stanko l985: 70). Für die „private" Gewalt, zu der körperliche Misshandlungen und „Erzwingung des Beischlafs in der Ehe" zählen, ist offenbar niemand offiziell zuständig. Die Polizei als die „erste Instanz", die dem Strafrecht zuarbeitet, betrachtet die von Frauen erlittenen Körperverletzungen als zufällige Folgen „familiärer Auseinandersetzungen", bei denen sie nicht eingreifen muss. Auf Hilfe suchende misshandelte Frauen reagieren sie häufig mit Missachtung. Frauen seien selbst Schuld, wenn sich der Beamte am liebsten mit dem Ehemann identifizieren möchte (vgl. Hagemann-White u. a. 1981: 113 ff.). Im Gesetz und in der Rechtsprechung herrsche noch immer die Meinung vor, dass Geschlechtsverkehr zu den im Ehevertrag festgelegten Pflichten gehöre und dass frau mit ihrer Weigerung eine Unterlassung begehe (vgl. Paetow 1987: 141 ff.).

Als besonders sexistisch erweisen sich Begründungen bei Tötungshandlungen von Männern an ihren Partnerinnen, wie sie Dagmar Oberlies (1995) untersucht hat. Bei ihrer Analyse von Gerichtsakten stellte sie fest, dass trotz des Abscheus, der gegenüber solchen Taten (und dem „Milieu") auch bei Richtern besteht, überwiegend „Verständnis" im Sinne von Entschuldigung der Täter in die Urteile einfließt. Es werden überwiegend Motive mit entlastenden Mustern angeführt, wie z. B. dass der Täter unter „Gruppendruck" handelte, statt dieses nicht zu rechtfertigende männerbündische Ritual negativ zu beurteilen. Ebenso wenig wird eine gewalttätige Dynamik verurteilt. Tötungen werden als Verdeckungstaten angesehen, ohne dass schon die vorangegangene sexuelle Gewalt als Auslöser selbst in Frage gestellt würde. Vielmehr sei das Opfer nach der Vergewaltigung nicht mehr „arglos". Diese Argumentation erspart dem Täter den Vorwurf des heimtückischen Mordes. Die Gerichte unterstellen, dass der Sexualtrieb des Mannes seine Steuerungsfähigkeit, seine Fähigkeit zu denken, außer Kraft setze, wobei ihm ein uneingeschränktes Recht auf Befriedigung zustehe.[22] In dieser Hinsicht ist besonders die Gleichsetzung der Einheit einer strafbaren Handlung mit der steigenden Erregung des Täters bis zum Samenerguss verräterisch. Frauen sollen dem Partner jederzeit zur Verfügung stehen und all seine Wünsche erfüllen, wobei dieser Besitzanspruch von Männern über Frauen nicht selbst schon als eine Form der Gewalt, sondern als deren Anlass bewertet wird. Wenn sich Frauen von ihren misshandelnden Männern lösen, zeigen Richter für die tödliche Eskalation der männlichen Reaktion viel Verständnis.

Die weitgehende Immunisierung von gewalttätigen Männern ist so auffallend, dass sie zu dem Schluss berechtigt, dass physische Gewalt nur scheinbar vom Staate monopolisiert wurde, dass sie vielmehr dort, wo es um „Behandlung" von Frauen und Kindern in (aber nicht nur) „privaten" Bereichen geht, als eine quasilegale zugelassen wird (vgl. Smaus 1993). Dies kann weiterhin im Sinne des oben erwähnten Zusammenhangs zwischen androzentrischen Institutionen und männlichen Interessen auch als eine implizite Komplizenschaft von Männern in hegemonialen Positionen, konkret im Strafrecht, mit untergeordneten Männern auf Kosten des weiblichen Geschlechts (und der Kinder) interpretiert werden.[23]

22 Dies liest sich so: „Zugunsten des Angeklagten war zu berücksichtigen, dass er sich möglicherweise aufgrund der Schwangerschaft seiner Ehefrau in einem sexuellen Spannungszustand befunden hatte [...] Allerdings muss sich der Angeklagte insoweit entgegenhalten lassen, dass er andere Möglichkeiten hätte finden können, um diesen Zustand abzubauen" (Oberlies 1995: 75).

23 Eine Frau aus der Frauenbewegung, die an einer Umerziehung inhaftierter sexueller Gewalttäter beteiligt war, musste erkennen, dass sie sich von „normalen" Männern nur durch die angezeigte Vergewaltigung unterscheiden (vgl. Tügel/Heilemann 1987: 97).

3.3 „Männliche" Behandlungsmethoden des Strafrechts (Der Anwendungskontext)

Wie Wissenschaftler sind auch Strafrichter ausdrücklich von einer Verantwortung für die sozialen Folgen ihrer Entscheidungen entbunden. Dass das Strafrecht nicht zu einer Behebung der problematischen Situationen, die Gesellschaftsmitglieder mitunter mit strafrechtlich verbotenen Mitteln zu lösen versuchen, beiträgt, sondern sie sekundär noch verschlechtert, ist in der kritischen Kriminologie, der abolitionistischen Perspektive und in Beiträgen zu der Geschlechtsspezifität des Netzes der sozialen Kontrolle zur Genüge dargelegt worden.[24] Alle bislang vorgeschlagenen Alternativen zur strafrechtlichen Reaktion ließen sich mühelos den als weiblich bezeichneten Eigenschaften zuordnen: In der abolitionistischen Perspektive eines Nils Christie (1982) erscheint Devianz nicht als eine klare Übertretung von eindeutig formulierten Normen, sondern als eine Imponderabilie des Lebens, die Frauen aus der Erziehung von Kindern nur allzu gut bekannt ist. Alle negativen Sanktionen im Nahraum, und nur dort sind sie gleichermaßen sinnvoll wie legitim, bezwecken die Wiederherstellung eines friedlichen Zustandes und nicht die Zerstörung der Gruppe/Gemeinschaft durch den Ausschluss des „Abweichenden". Einen Dualismus von Tätern und Opfern gibt es schon deshalb nicht, weil am Problem wahrscheinlich immer schon mehrere Personen mit gleichermaßen berechtigten Interessen und Leidenschaften beteiligt sind, und im Übrigen die Rollen der Beurteilten und der Beurteilenden in der Gruppe im Laufe der Zeit ständigem Wechsel unterliegen. Das Losungswort heißt nicht „Leid zufügen", sondern Fürsorglichkeit für die Betroffenen, Erhalt der Gruppe/Gemeinschaft (vgl. Christie 1982). Eine ausgleichende Gerechtigkeit ist nämlich in keiner Weise auf das Sanktionensystem des Strafrechts beschränkt - im „Leben" stellt sie sich häufig selbst her.[25]

Nichtsdestotrotz bleibt das Strafrecht seiner männlichen (*gender*) Logik verhaftet. Bei der seit langem hohen Arbeitslosenrate bei Männern (*Sexkategorie*) geht es darum, den Konnex „legales Einkommen – Konsum" zu erhalten, während Frauen weiterhin nur vermittelten Zugang zu Ressourcen haben sollen. Zu diesem

---

[24] Vgl. Sack (1968), Hulsmann (1986), Smaus (1993).

[25] Auf viele dieser Aspekte wies van Swaaningen schon 1989 hin, nur schränkte er seine Bezeichnung des Strafrechts auf „männliches Denken über Frauen" ein. Eigentlich aber haben Männer mehr als Frauen Grund dafür, sich statt einer „harten", uneinsichtigen Behandlung von Männern (*Sexkategorie*) im Besitze der Macht, eine sensible, die Vielfalt berücksichtigende Behandlung nach dem Persephone-Modell (*gender* weiblich) zu verlangen, denn sie sind es, die dem strafrechtlichen Zugriff in 80 Prozent aller Fälle ausgesetzt sind.

Schluss berechtigten die besonderen Eigenschaften der Frauengefängnisse. Wir sagten schon, dass vor allem solche Frauen mit Freiheitsstrafe belangt werden, die die Rollendifferenzierung als solche verletzten, d. h. die sich in irgendeiner Weise „männlich" verhielten. Statt ihnen zu gestatten, einen männlichen Habitus (*gender*) weiter zu entwickeln und legale männliche Rollen zu übernehmen, trägt die gesamte Anlage der Frauengefängnisse dazu bei, das alte Rollenstereotyp mit Gewalt durchzusetzen.[26] Eingeschlossene Frauen können in der Regel nur „weibliche" Berufe wie Köchin oder Näherin erlernen, die sie in Freiheit nicht werden ernähren können und die sie deshalb wahrscheinlich wieder in Abhängigkeit von einem „Ernährer" bringen, ein Zustand, gegen den sie mit strafrechtlich verbotenen Handlungen aufbegehrten. Sie erhalten keine Gelegenheit, „männliche" Berufe mit Aussicht auf Beschäftigung auf dem öffentlichen Arbeitsmarkt zu erlernen, sie werden lediglich zu „zuverlässigen Ehefrauen von zuverlässigen Proletariern" abgerichtet.

3.4 „Männlich" in Inhalt und Form

Das „Geschlecht" des Strafrechts drückt sich nicht nur in seinen Inhalten, sondern wie eingangs dargelegt, bereits in seiner Form aus. Was Max Weber (1956) als die Entwicklung des Rechts im Allgemeinen beschreibt, gilt auch für das Strafrecht: Die Entwicklung des modernen, formal rationalen Rechts setzte zunächst die Generalisierung voraus. Sie besteht in der Reduktion der für die Entscheidung des Einzelfalles maßgebenden Gründe auf ein oder mehrere Prinzipien, die fortan in Rechtssätzen festgehalten werden. Daran knüpft die synthetische Arbeit der juristischen Konstruktion von Rechtsverhältnissen und Rechtsinstitutionen an. Sie besteht in der Erfassung der rechtlichen Relevanz der in typischer Art und Weise verlaufenden Handlungsweisen und der Bestimmung der Art und Weise, wie diese relevanten Bestandteile in sich logisch widerspruchslos als rechtlich geordnet zu denken seien. Der letzte Schritt besteht in der Systematisierung, d. h. in der In-Beziehung-Setzung aller Rechtssätze, damit sie ein logisch klares, in sich widerspruchloses, und vor allem prinzipiell lückenloses System von Regeln bilden (Weber 1956: 123 ff.). Zusammen mit der Unterstellung, dass das, was sich juristisch nicht konstruieren lasse, rechtlich nicht relevant sei, und dass das Gemeinschaftshandeln von Menschen durchweg als Anwendung oder Ausführung bzw. als Ver-

[26] Für das Gefängnis vgl. Smaus (199 1); andere Institutionen sozialer Kontrolle vgl. Kersten (1986), Lees (1986).

stoß gegen Rechtssätze gedeutet werden müsse (ebd.: 126), bilden sie die Grundlagen des gegenwärtigen positiven, formal rationalen Rechts. Dies ist eine durchaus positive Beschreibung des Rechts, das, wenn es unter dem Genderaspekt betrachtet wird, dem „männlichen Teil des Universums“ zugeordnet werden kann.

4 Das Strafrecht: „männlich“ oder ungerecht und repressiv?

Nun müssen wir uns abschließend fragen, welcher Gewinn mit der Identifizierung des „männlichen“ Geschlechts des Strafrechts als einer herrschenden, öffentlichen Institution mit hoch angesehenen Werten, erzielt wurde. Der Diskurs um den Androzentrismus der Wissenschaft in tschechischen feministischen Kreisen hat mich erkennen lassen, dass eine generelle Bestimmung einer Erscheinung als „männlich“ leicht in Ideologisierungen abgleitet, die, statt feministische Aufklärung zu leisten, den Dualismus von „männlich“ und „weiblich“ fortschreibt. Würde die Wissenschaft ihrem Sinne nach objektiver bzw. das Strafrecht irgendwie gerechter werden, wenn sie bzw. es „weibliche“ Eigenschaften integrieren würde? Wenn einmal eingeführte Spezifizierungen von Bereichen wieder rückgängig gemacht würden? Diese Unterstellung enthüllt, dass der Gender-Diskurs in die „postmoderne“ Auseinandersetzung um die Moderne geraten ist. Hierin geht es je nach ideologischem Standpunkt auf der einen Seite darum, in der modernen gesellschaftlichen Differenzierung nicht intendierte „Fehlentwicklungen“ zu korrigieren, bzw. um eine Dialektik der Aufklärung, wie es Horkheimer und Adorno (1979) ausgedrückt haben. In ihrem Duktus wird die Kritik der modernen Differenzierung als der Prozess einer sich selbst reflektierenden Moderne beschrieben (vgl. Beck 1994; Giddens 2008). Auf der anderen Seite wird gemäß einer konservativen Meinung eine Rücknahme moderner Ergebnisse und Rückkehr zu vergangenen Gesellschaftsregimen gefordert. In diesem Richtungsstreit mache ich mir Habermas' (1985) Meinung zu Eigen (entgegen dem auch von Harding erwähnten Skeptizismus von Foucault und Derrida), dass die Selbstbegründung der Moderne aus Vernunft immer noch möglich und wünschenswert ist, wenn der Vernunftbegriff selbst einer Revision unterzogen wird. Die feministische Wissenschaft ist wie keine andere dazu geeignet, die mögliche hegemoniale Beschränkung des Vernunftbegriffs aufzudecken und ihn zu korrigieren, bzw. ihn um die vergessene Logik der so genannten „natürlichen“ Reproduktion anzureichern. Keineswegs ist es aber ratsam, sich den Begriff Vernunft kampflos als männliches Attribut enteignen zu lassen und sich im gleichen Zuge mit den hegemonial zugeschriebenen weiblichen Eigenschaften restlos zu identifizieren.

Eine unvermittelte Einführung des als „weiblich" gedachten Gegensatzes „Gefühl" in formale Institutionen hätte eine post- bzw. gegenmoderne Entdifferenzierung von gesellschaftlichen Bereichen zur Folge. Dies hieße im Falle der Wissenschaft ein Verwischen der Grenzen zwischen (streng) formal definiertem Wissen und anderen „weichen" Wissenssystemen, im Falle des Strafrechts z. B. die Einführung von situationsabhängigen Zweckgedanken , die es von vornherein (nicht erst in der Selektivität seiner Anwendungen) als ein ungleiches Recht erscheinen ließen. In diesem Sinne finde ich die Vorstellung, Feministinnen möchten das Rad der Geschichte herumreißen und auf die Errungenschaften des modernen, universalen, formalen Rechts verzichten, schauderhaft. Kann man (sich) die Gender-Frage trotzdem sinnvoll stellen?

Erstens sollten wir die hier erfolgte Zuordnung von Eigenschaften zu Geschlechterkategorien als das begreifen, was sie wirklich sind – nämlich bequeme duale Kategorien zur schnellen stereotypischen kognitiven und emotionalen Orientierung im *common sense*. Die Wissenschaft vom Strafrecht hat sich jedoch theoretisch der Dekonstruktion und dem empirischen Nachweis von Thesen verschrieben. Die Zuordnung stützte sich „nur" auf stereotype Annahmen über Geschlechterattribute ohne empirischen Gehalt, in der Unterstellung, Männern (*Sexkategorie*) wären diese tatsächlich eigen. Wir wissen aber schon, dass es eindeutige und einheitliche Identitäten nicht gibt und dass alle Menschen alle Eigenschaften (im unterschiedlichen Maße) besitzen und tendenziell alle möglichen Rollen ausführen. Die De-Reifizierung von *gender* auf der individuellen Ebene muss unbedingt auf den beiden höheren Abstraktionsebenen des Arbeitsmarktes[27] und der Institutionen fortgesetzt werden. Es kann doch nicht sein, dass in der Rede vom „Geschlecht" des Strafrechts das Strafrecht selbst als ein Wesen mit reproduktiven Organen erscheint, in einer extremen Verdinglichung eines Katalogs, der auf der Ebene von Individuen keine zutreffende Beschreibung liefert. Im Anschluss an die Textanalyse des Strafrechts müssten wir prüfen, ob sich die Zuordnungen empirisch nachweisen lassen – und dies spezifiziert nach Kontexten und Situationen. Hierbei ist zu erwarten, dass auch im Strafrecht, ähnlich wie in der Wissenschaft,

[27] Bezüglich des Arbeitsmarktes muss richtig gestellt werden, dass es keine „natürliche" Arbeitsteilung gibt, sondern stets wandelbare hegemoniale Bestimmungen - sowohl im Hinblick auf die fachliche, horizontale als auch die hierarchische Struktur. Hegemoniale Männer (*gender*) bestimmen, welchen ungleichen Nutzen davon konkrete Männer und Frauen als Sexkategorien haben sollen. Im Sinne einer Dekonstruktion von Geschlecht sind vor allem die zahlreichen Fälle von Bedeutung, wenn Frauen (*Sexkategorie*) die hegemoniale „männliche" Rolle spielen, und umgekehrt.

fürsorgliche (und andere) Momente untergebracht sind, in einer Weise freilich, die seine/ihre formal eindeutige „männliche“ Ästhetik nicht stört. Auf die symbolische Zuordnung „männlich – weiblich“ könnten wir dann verzichten, denn *formal und repressiv, informal und fürsorglich* würde das Gemeinte in deskriptiver Weise ausreichend zum Ausdruck bringen.

Im Sinne der „Dialektik der Aufklärung“ müssten wir uns weiter (oder vorab) die Frage stellen, ob das Männliche (*gender*) für Gesellschaftsmitglieder und in welcher Weise tatsächlich abträglich ist, statt es von vornherein mit einem Unwerturteil zu belegen. Das klingt im Falle des Strafrechts, besonders für Abolitionisten, ziemlich repressiv, aber nur, wenn für kurze Zeit die gegenüber dem vormodernen Strafrecht fortschrittlichen Seiten außer Acht gelassen werden. In der Wissenschaft wird schneller als im repressiven Strafrecht einsichtig, dass nicht so sehr ihre eigenen Prinzipien, als vielmehr ihre hegemonialen Verzerrungen kritikwürdig sind.[28] Die beständige hegemoniale Tätigkeit von einigen Männern (*gender*, weil auch die *Sexkategorie* Frau in hegemonialen Positionen agieren kann) zusammen mit der Trägheit von Institutionen (*gender*), die zu Ungunsten von nicht hegemonialen Männern und Frauen (*Sexkategorien*) wirken,[29] ist ja nur möglich aufgrund von gleichzeitig erbrachten positiven Leistungen. Mit anderen Worten: Der Gebrauch der als männlich beschriebenen Werte muss von ihrem Missbrauch durch hegemoniale Männer (*gender*) getrennt werden. Es ist Harding (1990) zuzustimmen, dass (fast) alle Leistungen bzw. Eigenschaften für die Reproduktion der Gesellschaft notwendig sind, gleich, wem sie zugeordnet werden. Deshalb kann es in der feministischen Sicht nicht darum gehen, generell alle „männlichen“ Orientierungen zurückzuweisen, sondern zunächst um ihre kritische Würdigung und anschließend z. B. um eine Kritik ihrer Ungleichverteilung. Wieso sollen nur Männer Recht auf anspruchsvolle Kultur und Vernunft haben, während sich Frauen mit den weniger prestigeträchtigen Kategorien Natur und Gefühl begnügen sollen? Frauen (*Sexkategorie*) haben einen Anspruch darauf, die positiven „männlichen“ Attribute nicht nur faktisch zu besitzen (das beweisen ihre Leistungen auf

---

28 In dem Versuch, den feministischen Standpunkt-Zugang anzuwenden, zeigten sich die Aporien seiner Selbstdefinition: explizite Parteilichkeit für Frauen – alle Frauen? Welche Frauen? Wesenhafte Frauen? Betroffenheit der Forscherinnen: Sind Forscher grundsätzlich nicht betroffen? Stichwort „Selbstreflektion“: Eine aufklärende Selbstreflektion ist nur intersubjektiv möglich. Wissen sei situationsgebunden. Gilt dasselbe für seine Überwindung? Wenn man auf „große“ Theorien verzichtet, was tritt dann an deren Stelle? Zum Stichwort: „Unsensible“ Methoden der *normal science*. Lässt sich ein intersubjektiver Ansatz in den Ergebnissen der „sensiblen“ Forschung nachweisen?

29 In der konstruktivistischen Perspektive würden beide – nicht hegemoniale Männer und Frauen als Sexkategorien aufgrund des gemeinsamen Merkmals Macht-Subordination – unter *gender* weiblich subsumiert werden.

dem Arbeitsmarkt), sondern auch darauf, dies eben- so offen wie Männer herauszustellen. Frauen (*Sexkategorie*) müssen sich in öffentlichen Bereichen (z. B. in der Wissenschaft und im Recht), die zur abstrakten Formation „Gesellschaft“ gehören, gemäß den dort geltenden „männlichen“ Regeln verhalten, wie Männer umgekehrt im privaten „Gemeinschaftsbereich“ nach den so genannten „weiblichen“. Es wäre dann allerdings überflüssig, die nonnativen Regeln öffentlicher und formaler bzw. privater und informaler Bereiche überhaupt in Gender- Kategorien zu fassen, zumal sich in ihrem Inneren die Differenzierung z. B. nach Leistung und Zuneigung, nach Strenge und Toleranz usw. wie- derholt.[30] Wir könnten den Gender-Dualismus mit seinen asymmetrisch verteilten Werten (die keinen „natürlichen“ Vorlagen folgen) verlassen und notwendige reproduktive Leistungen ohne diese Symbolik beschreiben.

Ein weiteres Problem der Anwendung der Gender-Metaphern auf Institutionen ist die Einschätzung ihrer eigentlichen Funktion, die nicht immer vordergründig auf die Reproduktion von *gender* zielt. Durch die feministische „Lupe“ „sieht man“ die (stereotypische) Selektivität des Strafrechts im Hinblick auf das Geschlecht, bleibt jedoch blind dafür, dass es seine repressive Wirkung hauptsächlich gegen Männer der Unterschicht, zumal solcher mit dunkler Hautfarbe bzw. mit „Migrationshintergrund“ entfaltet. Das Strafrecht ist ein „Staatsapparat“, dessen Funktion vor allem in der Reproduktion des Bodens der vertikalen Struktur von Gesellschaften besteht, und dabei im Sinne von Überschneidungen von Schicht und *gender* bzw. von Schicht, *gender* und Ethnie auch diese hierarchischen bzw. Unterdrückungsstrukturen mit einbezieht. Eine die Unterschicht erhaltende Funktion des Strafrechts vollzieht sich vornehmlich über den Eigentumsschutz, und wir können die Hypothese wagen, dass auch seine Gender-Selektivität in starkem Maße mit niedrigen Positionen von (armen) Frauen „kovariiert“. Besser gestellte Frauen müssten demgemäß vom Strafrecht ebenso privilegiert behandelt werden wie prominente Männer. Mit anderen Worten: Es muss die Frage gestellt werden, ob bei der Verteilung der Repression das Strafrecht stärker von *class bias* als vom *gender bias* gekennzeichnet ist, wobei sich in dieser Formulierung das Attribut *gender* von der Ebene der Selbstdefinition der Institution auf die Sexkategorien seiner Adressaten verlagert.

Die selektive Wirkungsweise des Strafrechts im Hinblick auf die Sexkategorien der Täter und Opfer ist hinreichend dokumentiert worden, und die Analyse

---

[30] Im Gefängnis werden die so genannten „männlichen“ Dienste vom Wachpersonal geleistet, die „weiblichen“ Dienste von Sozialarbeitern, Psychologen, Anstaltsgeistlichen usw., ganz gleich, welcher Sexkategorie die Bediensteten angehören.

scheint auch sinnvoll zu sein, denn sie betrifft konkrete Gesellschaftsmitglieder, die sich als Männer bzw. Frauen ausweisen müssen. In diesem Punkte kommen wir auf die anfangs erwähnte Aporie der feministischen Forschung zurück. Sie erscheint sinnvoll im gesellschaftspolitischen Sinne, weil sie mit amtlich verbindlichen Konstruktionen von „Männern" und „Frauen" arbeitet. Sie ist allerdings problematisch, wenn sie vom Standpunkt der Gender-Theorie beurteilt wird, da diese keine substantiellen Gender-Identitäten von Menschen kennt, sondern je individuelle (androgyne) *homini sociologici*. Die emanzipatorische Zielsetzung „Befreiung von Frauen (*Sexkategorie*) von einer nicht notwenigen Repression" gerät in Widerspruch mit einer dekonstruktivistischen Perspektive. Das nötigt uns möglicherweise zu einer Aufspaltung des feministischen Zugangs in einen gesellschaftspolitischen und wissenschaftlichen.

Wenn sich vom gesellschaftspolitischen Standpunkt die Gleichheitsfrage als eine formale stellt, ist das Strafrecht ungleich, weil es vornehmlich ein Disziplinierungsmechanismus von hegemonialen Männern (*gender*) gegenüber Männern (*Sexkategorie*) darstellt. Als Feministinnen könnten wir dazu Kopf nickend sagen: gut so, wobei wir verlangen könnten, dass es folgerichtig ebenso streng in Bezug auf weibliche Opfer angewandt wird. Mit dieser Haltung würden wir uns – im Widerspruch zu den Bestrebungen der Moderne um Gleichheit – zu impliziten Komplizen der besser gestellten Gesellschaftsmitglieder machen, für deren Schutz das Strafrecht einst eingerichtet wurde. Dass es um der formalen Gleichheit Willen seine Aufmerksamkeit auf so genannte private Bereiche (mitunter auf Frauen) ausweiten sollte, widerspricht, außer der feministischen Parteinahme für Frauen, der modernen Tendenz, gesellschaftliche Repression überhaupt zurückzudrängen. Deshalb wäre es eher ratsam, sich der abolitionistischen Bewegung zur Zurückdrängung des Strafrechts ohne Wenn und Aber anzuschließen, und dabei ihr bislang blindes Gender-Auge zu öffnen (vgl. van Swaaningen 1989; Smaus1989). Das Strafrecht ist abschaffungswürdig, weil es repressiv ist und gesellschaftliche Ungleichheit reproduziert, nicht weil es „männlichen" Geschlechts ist. Der Hinweis auf Übereinstimmung des „Geschlechts" des Strafrechts mit dem „Geschlecht" der HERRschaft hat der Selektivität des Strafrechts einen frischen Ausdruck verliehen, es handelt sich jedoch um ein „Geschlecht" im metaphorischen Sinne, welches für die ungleiche Verteilung von Macht steht, und zwar bei beiden Sexkategorien. Weil der Bruch zwischen machtvoll und machtlos nicht entlang der Trennlinie zwischen den Sexkategorien verläuft, könnte – vom Standpunkt der Theorie – das feministische Interesse am Geschlechterausgleich nicht länger an „Frauen" mit reifizierten Geschlechtercharakteren (vorwiegend in der Opferrolle) und entsprechend an essentiellen „Männern" als Tätern festhalten. Vielmehr rücken Gesellschaftsmitglieder in benachteiligten Positionen in den Vordergrund. Das stellt freilich nicht zufällig die wichtigste soziale Eigenschaft von Frauen (*Sexkategorie*) dar. In der Gemengelage der Auflösung von Gender- und Sexkategorien, in der Zuweisung eines sozialen Geschlechts nicht nach reproduktiven Organen, sondern gemäß der Schnittmenge von Positionen im Begriff der *Intersektionalität*, befinden wir uns auf der Seite des postmodernen Diskurses, der die Fesseln des Geschlechts (*gender*) und seiner Metaphorik sprengt – und zwar in der Praxis und wegen ihrer Anliegen.

Die wissenschaftliche Gender-Analyse des Strafrechts findet ihre Berechtigung nicht im Bezug auf „Menschen" – wo sie in zunächst überzeugender Weise, aber schließlich nur scheinbar[31] seine Selektivität enthüllt –, sondern im Bezug auf die Reproduktion von *gender* selbst. Man kann sich sinnvoll fragen, auf welche Weise das Strafrecht die vergeschlechtlichte Struktur „der Welt/des Universums", die gesellschaftliche Arbeitsteilung und den Schein von Gender-Identitäten bzw. der Sexkategorien reproduziert. Diese Problematik wurde in der Tat in den empirischen Analysen häufig mitbehandelt, jedoch nur selten in dem von Barding (1990) und anderen (z. B. Fraser 1994) entworfenen Spektrum. Dabei ist es wichtig, in der Rede vom Geschlecht eine gleichsam mimetische Reproduktion der Genderstruktur zu vermeiden, indem man mit denselben Begriffen wie das Strafrecht operiert – Männer als Täter, Frauen als Opfer. In der wissenschaftlichen Betrachtung müssen wir radikal jegliche Argumentation mit Merkmalen, die sich als angeblich „natürliche" (*ascriptive*) in die Moderne gerettet haben – sei es Alter, Hautfarbe (Ethnie) oder Geschlecht-, zurückweisen. Mit der Charakterisierung der „natürlichen" Attribute wird ihre gesellschaftliche Bedeutung festgelegt, und zwar gerade nicht „natürlich", sondern hegemonial. Das heißt im Endeffekt, auf die mächtige Ordnungskategorie Geschlecht überhaupt zu verzichten, was fast unmöglich erscheint. Jedoch zeigte sich schon bei der kurzen Analyse von gesellschaftspolitischen Bemühungen, dass nicht ganzheitliche, stereotype Hinweise auf Frauen und ihre Situation genügen, sondern dass die sozial wirksamen Variablen benannt werden müssen – ihre jeweilige (*ceteris paribus*) Unterprivilegierung im Hinblick auf Ressourcen und Macht. Gender-Rollen haben, abgesehen von der Ausprägung auf der Verhaltensebene (wo zudem alle fast alles spielen können), eben diese Bedeutung, und sollten als Masken der Macht erkannt werden. Analysieren wir daher abermals Mechanismen der Ungleichverteilung. Das Strafrecht

[31] Scheinbar, weil es ihre amtliche Sexkategorie meistens als gegeben (*granted*) übernimmt, ohne nach dem aktuellen Gender-Rollen-Spiel zu fragen.

hat ohnehin kein „Geschlecht“ gehabt, nur eine Ansammlung von hochgeschätzten „modernen“ Eigenschaften, die einige Gesellschaftsmitglieder als ihr Verdienst in Anspruch nehmen wollen. Seine nicht erwünschte Auswirkung, besonders die Selektivität im Hinblick auf Schicht, Ethnie und Geschlecht, kann nur durch konsequente Verwirklichung seiner Ansprüche, vor allem ein „gleiches Recht *par excellence*“ zu sein, korrigiert werden. In der feministischen *Wissenschaft* vom Strafrecht ist die Auflösung der diskontinuierlichen/polarisierten Gender-Kategorie Notwendigkeit, wodurch sich allerdings auch der Forschungsgegenstand verflüchtigt (vgl. Althoff 2007). Das Geschlecht löst sich unter der „Gender-Lupe“ in etwas anderes, in Macht- und soziale Verhältnisse auf, ganz gleich, ob wir uns dem Gegenstand in praktischer oder wissenschaftlicher Absicht genähert haben. Eine Aufspaltung der Zugänge ist nicht gerechtfertigt, denn das Leben selbst hat den Schein von nur zwei Geschlechtern (*gender*) aufgelöst, und in dieser postmodernen Errungenschaft liegt die Chance für die Fortsetzung der modernen Bemühungen um die Gleichheit von Gesellschaftsmitgliedern.

Literatur

Abel, Maria Henriette (1988): Vergewaltigung. Stereotypen in der Rechtsprechung und empirische Befunde, Weinheim/Basel.

Adler, Freda (1978): Sisters in Crime, New York.

Althoff, Martina (2007): „„Bad woman“ oder „one of the guys“ Junge Frauen und Gewalt“, in: Christine Künzel/Gaby Temme (Hg.), Täterinnen und/oder Opfer? Frauen in Gewaltstrukturen, Hamburg, S. 232-247.

Althoff, Martina (2010) Intersektionalität. Ein neues Paradigma zur Erfassung sozialer Ungleichheit im Strafrecht? In: G. Temme/C. Künzel (Hg.) Hat das Strafrecht ein Geschlecht? Transkript Verlag: Bielefeld 2010, S. 255-268.

Atkins, Susan/Hoggett, Brenda M. (1984): Women and the Law, Oxford.

Baudrillard, Jean (1988): „Die Simulation“, in: Wolfgang Welsch (Hg.), Wege aus der Moderne. Schlüsseltexte der Postmoderne-Diskussion, Weinheim, S. 153-162.

Beck, Ulrich (1986): Risikogesellschaft. Auf dem Weg in eine andere Moderne, Frankfurt/M.

Beck, Ulrich (1994): Die Erfindung des Politischen. Zu einer Theorie reflexiver Modernisierung, Frankfurt/M.

Bern, Sandra Lipsitz (1993): The lenses of gender: transforming the debate on sexual inequality, New Haven u. a.

Bertrand, Marie-Andree (1967): „The myth of sexual equality before the law", in: Actes de la Societe de criminologie du Quebec. Quebec Society of Criminology, Montreal, S. 129-161.

Bröckling, Elisabeth (1980): Frauenkriminalität. Darstellung und Kritik kriminologischer und devianzsoziologischer Theorien, Stuttgart.

Butler, Judith (1990): Gender Trouble. Feminism and the Subversion of Identity, New York u. a.

Cain, Maureen (1990): "Towards Transgression: New Directions in Feminist Criminology", in: International Journal of the Sociology of Law, Jg. 18, H. 1, S. 1-18.

Christie, Nils (1982): Limits to Pain, Oxford.

Collins, Patricia Hill (1990): Black feminist thought: knowledge, consciousness, and the politics of empowerment, Boston u. a.

Dahrendorf, Ralf (1959): Homo sociologicus: Ein Versuch zur Geschichte, Bedeutung und Kritik der Kategorie der sozialen Rolle, Köln.

Dimoulis, Dimitri (1999): „Das Patriarchat als Vertragspartner? Zu einigen Denkvoraussetzungen der Geschlechterbeziehungen", in: Gabi Löschper/Gerlinda Smaus (Hg.), Das Patriarchat und die Kriminologie, Weinheim, (7. Beiheft zum Kriminologischen Journal), S. 11- 28.

Edwards, Anne (1989): „Sex/Gender, Sexism and Criminal Justice: Some Theoretical Considerations", in: International Journal of the Sociology of Law, Jg. 17, H. 2, S. 165-184.

Fegert, Jörg M. (1991): „Glaubensbekenntnis und Gruppenjargon", in: Doris Janshen (Hg.), Sexuelle Gewalt: die allgegenwärtige Menschenrechtsverletzung. Ergebnisse einer Initiative des Arbeitskreises „Sexuelle Gewalt" beim Komitee für Grundrechte und Demokratie, Frankfurt/M., S. 47-85.

Foucault, Michel (1976): Überwachen und Strafen, Frankfurt/M.

Fraser, Nancy (1994): Widerspenstige Praktiken: Macht, Diskurs, Geschlecht, Frankfurt/M.

Funken, Christiane (1989): Frau, Frauen, Kriminelle. Zur aktuellen Diskussion über „Frauenkriminalität", Opladen.

Giddens, Anthony (2008): Konsequenzen der Moderne, Frankfurt/M.

Gipser, Dietlinde (1975): Mädchenkriminalität, München.

Habermas, Jürgen (1985): Der philosophische Diskurs der Moderne: 12 Vorlesungen, 2. Aufl., Frankfurt/M.

Hagemann-White, Carol u. a. (1981): Hilfen für misshandelte Frauen, Stuttgart u. a. (Schriftenreihe des Bundesministers für Jugend, Familie und Gesundheit, Bd. 124).

Hall, Jerome (1935): Theft, Law and Society, Indianapolis.

Hall, Jerome (1947): General Principles of Criminal Law, Indianapolis.

Hancock, Linda (1980): The Myth that Females Are Treated More Leniently than Males in the Juvenile Justice System", in: Australian and New Zealand Journal of Sociology, Jg. 16, H. 3, S. 4-13.

Hanmer, Jalna/Stanko, Elizabeth A. (1985): Stripping Away the Rhetoric of Protection: Violence to Women, Law and the State", in: International Journal of the Sociology of Law, Jg. 13, H. 4, S. 357- 374.

Harding, Sandra (1990): Feministische Wissenschaftstheorie: Zum Verhältnis von Wissenschaft und sozialem Geschlecht, Hamburg.

Harding, Sandra (1994): Das Geschlecht des Wissens, Frankfurt/M./New York.

Hartsock, Nancy (1983): "The Feminist Standpoint: Developing the Ground for a Specifically Feminist Historical Materialism", in: Sandra Harding/Merrill B. Hintikka (Hg.), Discovering Reality, Feminist Perspectives on Epistemology, Metaphysics, Methodology and Philosophy of Science, Dordrecht u. a.

Hess, Henner (1986): „Kriminalität als Alltagsmythos: Ein Plädoyer dafür, Kriminologie als Ideologiekritik zu betreiben", in: Henner Hess/Heinz Steinert (Hg.), Kritische Kriminologie heute, Weinheim, (1. Beiheft zum Kriminologischen Journal), S. 24-44.

Hirschauer, Stefan (1994): „Die soziale Fortpflanzung der Zwei-Geschlechtlichkeit", in: Kölner Zeitschrift für Soziologie und Sozialpsychologie, Jg. 46, H. 4, S. 668-692.

Hirschauer, Stefan (2001): „Das Vergessen des Geschlechts. Zur Praxeologie einer Kategorie sozialer Ordnung", in: Kölner Zeitschrift für Soziologie und Sozialpsychologie, Sonderheft 41, S. 208-235.

Horkheimer, Max/Adorno, Theodor W. (1979): Dialektik der Aufklärung. Philosophische Fragmente, (1944), Frankfurt/M.

Hulsmann, Louk H. C. (1986): "Critical Criminology and the Concept of Crime", in: Contemporary Crises, Jg. 10, H. 1, S. 63-80.

Janshen, Doris (1991): „Gelegenheitsprostitution kann nicht ausgeschlossen werden. Ein Beispiel zur unbewußten Männersolidarität im Gerichtssaal", in: Doris Janshen (Hg.), Sexuelle Gewalt: die allgegenwärtige Menschenrechtsverletzung. Ergebnisse einer Initiative des Arbeitskreises „Sexuelle Gewalt" beim Komitee für Grundrechte und Demokratie, Frankfurt/M., S. 379-396.

Isabel Kratzer (2010): „Unwiderstehliche Gewalt“, „ernsthafter Widerstand“ und „minder schwerer Fall“ als Schlüsselwörter der Geschichte des Vergewaltigungstatbestandes. In: G. Temme/C. Künzel (Hg.) Hat das Strafrecht ein Geschlecht? Transkript Verlag: Bielefeld 2010, S. 119-137.

Kersten, Joachim (1986): „Gut und (Ge)schlecht. Zur institutionellen Verfestigung abweichenden Verhaltens bei Jungen und Mädchen“, in: Kriminologisches Journal, Jg. 18, H. 4, S. 241-257.

Kips, Maud (1991): „Strafrecht für Männer, Psychiatrie für Frauen“, in: Kriminologisches Journal, Jg. 23, H. 2, S. 125-134.

Lautmann, Rüdiger (1990): Die Gleichheit der Geschlechter und die Wirklichkeit des Rechts, Opladen.

Lees, Sue (1986): „Sitte, Anstand und die soziale Kontrolle von Mädchen – Eine englische Studie“, in: Kriminologisches Journal, Jg. 18, H. 4, S. 258-272.

Lüdtke, Alf (1982): „Gemeinwohl“, Polizei und „Festungspraxis“. Staatliche Gewaltsamkeit und innere Verwaltung in Preußen, 1815-1850, Göttingen.

Luhmann, Niklas (1990): Die Wissenschaft der Gesellschaft, Frankfurt/M.

Lyotard, Jean-Francois (1988): „Die Moderne redigieren“, in: Wolfgang Welsch (Hg.), Wege aus der Moderne, Weinheim, S. 204-214.

MacKinnon, Catharine A. (1979): Sexual Harassment of Working Women. A Case of Sex Discrimination, New Haven/London.

Messerschmidt, James (1988): „Überlegungen zu einer sozialistisch-feministischen Kriminologie“, in: Helmut Janssen/Reiner Kaulitzky/Raymond J. Michalowski (Hg.), Radikale Kriminologie, Bielefeld, S. 83-101.

Oberlies, Dagmar (1995): Tötungsdelikte zwischen Männern und Frauen, Pfaffenweiler.

O'Donovan, Katharine (1985): Sexual Divisions in Law, London.

Olsen, Frances E. (1990): “Feminism and Critical Legal Theory: An American Perspective”, in: International Journal of the Sociology of Law, Jg. 18, H. 2, S. 199-215.

Paetow, Barbara (1987): Vergewaltigung in der Ehe. Eine strafrechtsvergleichende Untersuchung, Freiburg.

Pateman, Carol (1988): The Sexual Contract, Stanford.

Remmschmid, Helmut u. a. (1990): „Ursachen, Prävention und Kontrolle von Gewalt in psychiatrischer Sicht“, in: Hans-Dieter Schwindt (Hg.), Ursachen, Prävention und Kontrolle von Gewalt, Bd. 2, Berlin, S. 157-292.

Rice, Marcia (1990): “Challenging Orthodoxies in Feminist Theory”, in: Loraine Gelsthorpe/Allison Morris (Hg.), Feminist Perspectives in Criminology, Milton Keynes u. a., S. 57-69.

Rose, Hilary (1983): “Hand, Brain and Heart: A Feminist Epistemology for the Natural Sciences”, in: Signs: Journal of Women and Culture in Society, Jg. 9, H. 1, S. 73-90.

Sack, Fritz (1968): „Neue Perspektiven in der Kriminalsoziologie“, in: Fritz Sack/Rene König (Hg.), Kriminalsoziologie, Frankfurt/M., S. 431-475.

Schüssler-Fiorenza, Elisabeth (1988): Brot statt Steine. Die Herausforderung einer feministischen Interpretation der Bibel, Freiburg (Schweiz).

Scutt, Jocelyn A. (1979): “The Myth of the Chivalry Factor in Female Crime”, in: Australian Journal of Social Issues, Jg. 14, H. 1, S. 3-20.

Simon, Rita James (1975): Women and Crime, Lexington, Mass. u. a. Smart, Carol (1990): “Feminist Approaches to Criminology or Postmodern Woman Meets Atavistic Man“, in: Loraine Gelsthorpe/Allison Morris (Hg.), Feminist Perspectives in Criminology, Milton Keynes u. a., S. 70-84.

Smaus, Gerlinda (1988): Das Strafrecht und die gesellschaftliche Differenzierung, Baden-Baden/Frankfurt/M.

Smaus, Gerlinda (1989): „Herausforderung: Der feministische Blick auf den Abolitionismus“, in: Streit: Feministische Rechtszeitschrift, Jg. 7, H. 4, S. 123-129.

Smaus, Gerlinda (1990): „Das Strafrecht und die Frauenkriminalität“, in: Kriminologisches Journal, Jg. 22, H. 4, S. 266-283.

Smaus, Gerlinda (1991): „Reproduktion der Frauenrolle im Gefängnis“, in: Streit: Feministische Rechtszeitschrift, Jg. 9, H. 1, S. 23-33.

Smaus, Gerlinda (1993): „Soziale Kontrolle und das Geschlechterverhältnis“, in: Detlev Frehsee/Gabi Löschper/Karl F. Schumann (Hg.), Strafrecht, soziale Kontrolle, soziale Disziplinierung (Jahrbuch für Rechtssoziologie und Rechtstheorie Bd. 15), S. 122-137.

Smaus, Gerlinda (1994): „Physische Gewalt als ultima ratio des Patriarchats“, in: Kriminologisches Journal, Jg. 26, H. 2, S. 82-104.

Smaus, Gerlinda (1995): „Feministische Erkenntnistheorie und Kriminologie von Frauen“, in: Martina Althoff/Sibylle Kappel (Hg.), Geschlechterverhältnis und Kriminologie, Weinheim, (5. Beiheft zum Kriminologischen Journal), S. 9-27.

Smaus, Gerlinda (1997): „Das Geschlecht des Strafrechts“, in: Ursula Rust (Hg.), Juristinnen an den Hochschulen – Frauenrecht in Lehre und Forschung, Baden-Baden, S. 182-196.

Smausova, Gerlinda (2002): “Proti tvrdosijné predstave o ontické povaze gender a pohlavi”, in: Politika rodu a sexualni identity, Socialni studia 7, S. 15-28.
Stang Dahl, Tove (1986): “Womens Law: Method, Problems, Values”, in: Contemporary Crises, Jg. 10, H. 4, S. 301-316.
Stanko, Elizabeth (1985): Intimate Intrusions. Woman's Experience of Male Violence, London/Boston/Melbourne.
Sutherland, Edwin H. (1939): Principles of Criminology, 4. Aufl., New York.
Tügel, Hanne/Heilemann, Michael (1987): Frauen verändern Vergewaltiger, Frankfurt/M.
Van Swaaningen, René (1989): „Feminismus und Abolitionismus als Kritik der Kriminologie“, in: Kriminologisches Journal, Jg. 21, H. 3, S. 162-181.
Weber, Max (1956): Wirtschaft und Gesellschaft, Tübingen.
West, Candace/Zimmerman, Don H. (1987): Doing Gender, in: Gender and Society, Jg. 1, H. 2, S. 125-151.
Young, Iris M. (1994): „Geschlecht als serielle Kollektivität: Frauen als soziales Kollektiv“, in: Institut für Sozialforschung (Hg.), Geschlechterverhältnisse und Politik, Frankfurt/M., S. 221-262.

Anhang

Veröffentlichungen über Gerlinda Smaus

1996	„Portrét" in: Crime and Social Order in Europe, Newsletter No. 4., July, S. 6f.
1998	Gerlinda Šmausová, Heslo ve Slovníku českých filozofů, Masarykova Univerzita v Brně, S. 569. https://www.phil.muni.cz/fil/scf/komplet/smauso.html
2010	M. Dopita, Jubileum Gerlindy Šmausové/Smaus, in: Sociologický časopis (Czech Sociological Review) 46, 5, S. 829-831.
2011	Festschrift: L. Oates-Indruchová (ed.). Tvrdošíjnost myšlenky. Od feministické kriminologie k teorii genderu, Praha, Sociologické nakladatelství.
2017	Siegfried Lamnek/Susanne Vogl, Die materialistisch-interaktionistische Kriminologie nach Gerlinda Smaus. In: Theorien Abweichenden Verhaltens II, Paderborn 2017[4].

Veröffentlichungen von Gerlinda Smaus

Monographien

1966	Studie k reformě vzdělávání osvětových pracovníků, Praha, Osvětový ústav.
1967	Současný stav kulturního a společenského života na vesnici. Část: VII. Charakteristika obyvatelstva, Praha, Osvětový ústav.
1967	Část IX. Intenzita kulturního a společenského života obcí, Praha, Osvětový ústav.
1974	Der Kulturarbeiter der ČSSR. Versuch einer Berufsrollenanalyse, Frankfurt/M, Peter Lang.
1985	Das Strafrecht und die Kriminalität in der Alltagssprache der deutschen Bevölkerung, Opladen, Westdeutscher Verlag.
1988	Das Strafrecht und die gesellschaftliche Differenzierung, Baden-Baden/Frankfurt/M., Nomos Verlagsgesellschaft.

J. Feest und B. Pali (Hrsg.), *Gerlinda Smaus: „Ich bin ich"*, Schriftenreihe des Strafvollzugsarchivs, https://doi.org/10.1007/978-3-658-31723-2

Beiträge in Sammelwerken

1977 (zusammen mit A. Baratta) Research project: „Social control of deviant behaviour with special reference to non-institutional reaction", in: Sociology of Law and Legal Sciences – Proceedings of a conference on the Sociology of Law, Balatonszéplak, Hungary, September 21-25, 1976, Budapest, S. 271-283.

1981 (zusammen mit A. Baratta) Comments on the paper of M. Brusten and L.van Outrive, in: State Control on Information in the Field of Deviance and Social Control – Working Papers in European Criminology No. 2, European Group for the Study of Deviance and Social Control, Leuven-Vienna-Wuppertal 1981, S. 52-57.

1983 Frauen als Subjekt und Objekt des Rechts, in: Frauenforum. Saarbrücker Wissenschaftlerinnen zu Frauenthemen, S. 119-136.

1987 Abtreibung, Homosexualität und Drogensucht – Kriminalität ohne Opfer?, in: Frauenforum, Dokumentation zur Ringvorlesung der Universität des Saarlandes, S. 81-116.

1990 Kriminalpolitik zwischen System und Lebenswelt, in: Bundesarbeitsgemeinschaft der freien Initiativen – Gruppen in der Straffälligenarbeit (Hrsg.), Konfliktregelung ohne Strafe – eine gesellschaftliche Utopie? Dokumentation zum Bundeskongress, Göttingen, S. 7-15.

1992 Reproduktion der Frauenrolle im Gefängnis, in: Reader for the International Seminar on Women in Detention: Perspectives for Change, Noordwijk, S. 89-99.

1993 Dějiny myšlení a jejich význam pro vězenství, in: P. Hungr, (ed.), Normativnost a realita práva: sborník příspěvků z mezinárodního semináře konaného v rámci programu TEMPUS ve dnech 15.-22.3.1992 v Brně, Brno, Masarykova univerzita, S. 172-187.

1997 Die Bedeutung der physischen Gewalt für die Reproduktion des Geschlechterverhältnisses, in: K.S. Rehberg (Hrsg.), Differenz und Integration. Die Zukunft moderner Gesellschaften. Verhandlungen des 28. Kongresses der Deutschen Gesellschaft für Soziologie im Oktober 1996 in Dresden, Bd. II, Opladen/Wiesbaden, Westdeutscher Verlag, S. 505-509.

1982 KOL-Inquiries and their Impact on Government Action, in: A. Baratta, (ed.), The Impact of Sociology of Law on Government Action, Frankfurt/M, S. 138-155.

1983 § 218 StGB – Frauen als Täter und Opfer einer strafrechtlichen Regelung, in: H. Jung/ H. Müller-Dietz, Heinz (Hrsg), § 218 StGB. Dimensionen einer Reform, Heidelberg, S. 43-75.

1985 Mass media e criminalità. Un panorama delle ricerche condotte in questo ambito in Germania e in Austria, in: M. Pavarini, M. Simondi, R. Grandi (a cura di), I segni di Caino. L'immagine della devianza nelle communicazioni de massa, Napoli, E.S.I., S. 79-110.

1986 Theorie und Empirie im kriminologischen Unterricht (im pädagogischen Raum einer wissenschaftlichen Hochschule bzw. Universität), in: G. Löschper/G. Manke/ F. Sack (Hrsg.), Kriminologie als selbständiges, interdisziplinäres Hochschulstudium, Pfaffenweiler, Centaurus-Verl. Ges., S. 248-270.

1986 Soziale Kontrolle durch Frauen: Vermittlung repressiver Inhalte in Erziehung und Hilfe, in: R. Heck/A. Keinhorst (Hrsg.), Frauen-Alltag-Politik, München, Minerva, S. 110-142.

1987 General prevention: a new rescue for the technocratic legitimations of the penal law, in: J. Blad/ H. Van Mastrigt & N.A.Uildriks, (eds.), Social Problems and Criminal Justice, Rotterdam, Juridisch Institut, Erasmus Universiteit, S. 47-65.

1988 Bemerkungen zum Stand der kritischen Kriminologie, in: In G. Kaiser/H. Kury/ H-J. Albrecht (Hrsg.), Kriminologische Forschung in den 80er Jahren, Bd. 35/2, Freiburg, Max-Planck Institut, 1988, S. 543-569.

1988 Das Strafrecht in der Alltagssprache der deutschen Bevölkerung, in: W. Greive (Hrsg.) Modernes Strafvollzugsrecht und das „allgemeine Rechtsempfinden", Loccumer Protokolle 4, Loccum, S. 77-86.

1989 Formale Gleichheit im Staat, materiale Ungleichheit in der Gesellschaft und Aporien einer gerechten Kriminalpolitik, in: H. Jung (Hrsg.), Alternativen zur Strafjustiz und die Garantie individueller Rechte der Betroffenen, Bonn, Forum Verlag Godesberg, S. 29-44.

1992 Luhmannova sociologie práva, in: P. Hungr a kol., Sociologie práva: systémově teoretický přístup k modernímu právu, Brno, Masarykova univerzita, S. 28-41.

1992 Klassenjustiz, Stichwort mit Bibliographie, in: R. Bauer, (Hrsg.), Lexikon des Sozial- und Gesundheitswesens. München/Wien, Oldenbourg, 1992, S. 1157-1158.

1993 Physische Gewalt und die Macht des Patriarchats, in: J. Galtung, D. Kinkelbur, M. Nieder (Hrsg.), Gewalt im Alltag und in der Weltpolitik, Münster, Agenda Verlag, S. 139-150.

1993 Právo v teorii N. Luhmanna, in: P. Hungr a kol., Právní filozofie. Brno, Masarykova univerzita, S. 15-25.

1993 Dějiny kriminologie, in: Kriminologie I., J. Kuchta a kol., Brno, Masarykova univerzita, S. 25-58.

1993 Soziale Kontrolle und das Geschlechterverhältnis, in: D. Frehsee/ G. Löschper/ K. F. Schumann (Hrsg.), Strafrecht, soziale Kontrolle, soziale Disziplinierung, Jahrbuch für Rechtssoziologie und Rechtstheorie 15, Opladen, Westdeutscher Verlag, S. 122-137.

1993 Mit Thomas Mathiesen gegen die Ohnmacht der kritischen Kriminologie, in: K. Papendorf/ K. F. Schumann (Hrsg.), Kein schärfer Schwert, denn das für Freiheit streitet. Festschrift für Thomas Mathiesen, Bielefeld, AJZ, S. 85-102.

1993 Die Ideengeschichte und ihre Relevanz für das Gefängniswesen, in: P. Hungr/G. Šmausová, (Hrsg.), Normativität und Realität des Rechts: intensiver Lehrgang im Rahmen von TEMPUS in Brno, 15.-22. März 1992, Brno, Masarykova univerzita, S. 192-209.

1994 Habermasova komunikativní kritika teorie práva, in: P. Hungr (ed.), Teorie práva, Brno, Masarykova univerzita, S. 47-66.

1994 Symbolické funkce trestního práva, in: V. Kratochvíl (ed.), Trestněprávní reforma v České republice. Brno: Masarykova univerzita, S. 6-22.

1995 Feminist Epistemology and the Analysis of the Penal Law, in: Proceedings of Annual Meeting RCSL, I.S.A., Tokyo, University of Tokyo, S. 1-15.

1995 Gebrauch der Moral zu unmoralischen, instrumentalen Zwecken. in: I. Hodovský/ P. Zima (Hrgs.). Svobodná společnost – svobodná morálka: pluralismus hodnot a etická odpovědnost/Freie Gesellschaft – freie Moral: der Wertpluralismus und die ethische Verantwortung, Olomouc, Univerzita Palackého v Olomouci,S. 119-129.

1996 Marx im Sack der kritischen Kriminologie? in: T. von Trotha (Hrsg.), Politischer Wandel, Gesellschaft und Kriminalitätsdiskurse. Beiträge zur interdisziplinären wissenschaftlichen Kriminologie. Festschrift für Fritz Sack zum 65. Geburtstag, Baden-Baden, Nomos, S. 151-165.

1996 The History of Ideas and Its Significance for the Prison System. in: N. Finzsch/R. Jütte (eds.), Institutions of Confinement. Hospitals, Asylums, and Prisons in Western Europe and North America, 1500-1950. New York, Cambridge University Press, S. 175-190.

1997 Das Geschlecht des Strafrechts, in: U. Rust (Hg.), Juristinnen an den Hochschulen – Frauenrecht in Lehre und Forschung, Baden-Baden, Nomos, S. 182-196.

1997 Symbolic functions of criminal law, in: V. Kratochvíl (ed.), Criminal Law Reform in the Czech Republic in the interdisciplinary Perspective, Brno, Masarykova univerzita, S. 7-26.

1998 Život je poznání: Autopoietická teorie poznání Humberta Maturany a Francisca Varely. In B. Fajkus/ J. Polák/G. Šmausová. Brněnské přednášky I. Brno, Masarykova univerzita, S. 21-34.

1998 „Nation" zwischen universalistischer un partikularistischer moralischer Bewertung, in: H. Ganthaler/I. Hodovský/P. Zima (eds), Morální konflikty v dnešní Evropě: multikulturalita, tolerance, agresivita, odpovědnost, Olomouc, Vydavatelství Univerzity Palackého, S. 47-58.

1998 Analisis feminista del derecho penal, in: R. Bergalli, (ed.), Contradicciones entre derecho y control social, Barcelona, Goethe Institut, S. 73-94.

1998 Kulturelle Androgynität am Beispiel der eingeschlechtlichen Institution des Gefängnisses, in: Sofies Fächer. Wissenschaftlerinnen zu Frauenthemen, D. Becker u.a. (eds.), Saarbrücken, S. 131-153.

1999 Tranzitivní výchova od vlastenectví k světovému občanství, in: A. Kroupová/ M.Vítek/ R.Rubeš (eds.), Vzdělávání bez hranic, Hradec Králové, Vysoká škola pedagogická v Hradci Králové, S. 36-42.

1999 Der Justizskandal Hilsner (1899/1900): Antisemitismus als ein Mittel zur Stärkung des tschechischen Nationalbewußtseins? in: J. Linder/ C.-M. Ort (eds.), Verbrechen – Justiz – Medien. Tübingen, Max Niemeyer, S. 171-225.

1999 Rozumění a morální hodnocení ve fenomenologické sociologii, in: V. Gluchman (ed.), Reflexie o humánnosti a etike, Prešov, LIM, S. 124-138.

2000 Funkce rasismu bez ras, in: M. Hrachovcová/M. Dopita/P. Zívalík (eds.), Multikulturalita, tolerance a odpovědnost, Olomouc, Univerzita Palackého v Olomouci, S. 76-94.

2001 Projevy fundamentálního myšlení v postkomunistické společnosti. in: R. Rybář/M. Valach (eds.). Totalitarismus ve 20. století. Československé zkušenosti. Brno, Masarykova univerzita, S. 104-118.

2001 Inklusion, Exklusion und die Delegitimierung des Strafrechts, In: M. Althoff /H. Cremer-Schäfer/ G. Löschper /H. Reinke / G. Smaus (Hrsg.), Integration und Ausschließung. Kriminalpolitik in Zeiten gesellschaftlicher Transformation, Baden-Baden, Nomos, S. 345-361.

2002 Současné inkluze a exkluze prostřednictvím trestního práva, in: I. Hodovský/ M. Dopita (eds.), Etika a sociální deviace, Olomouc, Nakladatelství Olomouc, S. 38-47.

2003 Realita a normativita práva – Ehrlichův a Kelsenův spor o sociologii práva, in: T. Machalová (ed.), Místo normativní teorie v soudobém právním myšlení (K odkazu Františka Weyra a Hanse Kelsena), Brno, Masarykova univerzita, S. 226-238.

2003 Die Mann-von-Mann-Vergewaltigung als Mittel zur Herstellung von Ordnungen, in: S.Lamnek/ M. Boatca (Hrsg.), Geschlecht, Gewalt, Gesellschaft, Opladen, Leske und Budrich, S. 100-122.

2003 Vybrané metodologické otázky v sociálních vědách: pozitivismus nebo hermeneutika? in: D. Šimek, (ed.), Kurikulum andragogiky, Olomouc, Univerzita Palackého v Olomouci, S. 7–18.

2003 Vergewaltigung von Männern durch Männer, in: Ch. Künzel (Hg.), Unzucht-Notzucht-Vergewaltigung. Definitionen und Deutungen sexueller Gewalt von der Aufklärung bis heute, Frankfurt, New York, Campus, S. 221-242.

2003 „Ich bin ich“ – Feminismus als Avantgarde der Bewegung für Menschenrechte, in: R. de Giorgi (a cura di), Il diritto e la differenza. Scritti in onore di Alessandro Baratta, Lecce, l’Editore Pensa MultiMedia, S. 601-619.

2004 Sociologická teorie genderu, in: J. Darulová/K. Koštialová (eds.), Sféry ženy. Sociológia, Etnológia, História, Banská Bystrica, Univerzita Mateja Bela a Sociologický ústav Akadémie vied Českej republiky v Prahe, S. 13-23.

2004 Věková struktura společnosti, in: D. Sýkorová./ O. Chytil (eds.), Autonomie ve stáři, Strategie jejího zachování, Ostrava, ZSF Ostravské univerzity, S. 13-28.

2004 Age Structure of the Society, in: D. Sýkorová/ O. Chytil (Eds.), Strategies of the Maintenance of Autonomy in Old Age, ISIS e.V., Eichstaett, S. 5-23.

2004 Normative Heterosexualität ohne Gebärzwang: Beitrag der Sexualerziehung und des Bevölkerungsdiskurses zur Auflösung der Geschlechterstruktur, in: M. Althoff./ P. Becker/ G. Löschper/ J. Stehr (Hrsg.), Zwischen Anomie und Inszenierung. Interpretationen der Kriminalität und der sozialen Kontrolle, Baden Baden, Nomos, S. 129-152.

2005 Die plebejische Welt im Werk von Vl. Paral, in: J. van Leuwen-Turnovcova/ N. Richter (eds.), Mediale Welten in Tschechien nach 1989: Genderprojektionen und Codes des Plebejismus, Specimina philologiae slavicae, Band 142, München, Verlag Otto Sagner, S. 117–135.

2006 Epistemologická situace poznání pohlaví a gender, in: Acta Universitatis Palackianae Olomucensis, Facultas Philosophica, Sociologica – Andragogica 2006, Olomouc, Univerzita Palackého, S. 11-22.

2007 Angažovanost vědy, in: D. Ryšavý (ed.), Acta Universitatis Palackianae Olomucensis, Facultas Philosophica, Sociologica – Andragogica 2007, Olomouc, Univerzita Palackého S. 13-20.

2007 Solidarnost v globaliziranem svetu s feminističnega stališča, in: P. Repar (ed.), Kultura kot prostor za dialog: Zgodba o uspehu, globalizacija in solidarnost. Ljubljana, Društvo Apokalipsa, S. 204-217.

2007 Současnost nesoučastností: nepřehledné vlnobití feminismů, in: L. Heczková a kol. (eds.), Vztahy, jazyky, těla, Praha, FHS UK, S. 16-36.

2008 Exklusion von Frauen unter dem Genderaspekt, in: D. Klimke (Hrsg.), Exklusion in der Marktgesellschaft, Wiesbaden, Verlag für Sozialwissenschaften, S. 239-256.

2010 Welchen Sinn hat die Frage nach dem „Geschlecht“ des Strafrechts?, in: G. Temme/C. Künzel (Hrsg.). Hat Strafrecht ein Geschlecht?, Bielefeld, Transcript Verlag, S. 27-56.

2011 Feministický pohled na abolicionismus, in: L. Oates-Indruchová (ed.). Tvrdošíjnost myšlenky. Od feministické kriminologie k teorii genderu, Praha, Sociologické nakladatelství, S. 102-114.

2011 Sociální kontrola a vztah mezi pohlavími, in: L. Oates-Indruchová (ed.), Tvrdošíjnost myšlenky. Od feministické kriminologie k teorii genderu, Praha, Sociologické nakladatelství, S. 115-134.

2011 Feministická epistemologie a kriminologie z ženské perspektivy, in: L. Oates-Indruchová (ed.), Tvrdošíjnost myšlenky. Od feministické kriminologie k teorii genderu. Praha, Sociologické nakladatelství, S. 135-154.

2011 Znásilnění muže mužem jako prostředek k ustavení řádů, in: L. Oates-Indruchová (ed.). Tvrdošíjnost myšlenky. Od feministické kriminologie k teorii genderu, Praha, Sociologické nakladatelství, S. 155-178.

2011 Proti tvrdošíjné představě o ontické povaze gender a pohlaví, in: L. Oates-Indruchová (ed.), Tvrdošíjnost myšlenky. Od feministické kriminologie k teorii genderu, Praha, Sociologické nakladatelství, S. 179-194.

2011 Proti tvrdošíjné představě o ontické povaze gender a pohlaví, in: J. Ševčík, et al., České umění 1980-2010: texty a dokumenty. Praha, Akademie výtvarných umění v Praze, S. 669-676.

2019 Ženy ve vědě aneb De-konstrukce genderu. Úvaha k poctě Haně Havelkové, in: V. Sokolová /L. Kobová (eds.), Odvaha nesouhlasit: Feministické myšlení Hany Havelkové a jeho reflexe, Praha, Univerzita Karlova, Fakulta humanitních studií, S. 411-425.

Aufsätze in Zeitschriften

1975 Reazione sociale al comportamento deviante, con particolare riguardo al settore non istituzionale, in: La questione criminale, Vol. 3, Issue, 1, S. 137-165.

1975 A Preliminary Research on the Social Evaluation of Crime, in: Sociologia del Diritto, Nr. 2, S. 443-459.

1977 Teorie del senso comune. Sulla criminalità e marginalizzazione. Una inchiesta sulla popolazione tedesca; in: La questione criminale, Nr. 1, anno III, gennaio-aprile, S. 137-165.

1977 Alltagstheorien der Kriminalität in der deutschen Bevölkerung in Bezug auf das Problem der Marginalisierung, in: Kriminologisches Journal, Nr. 3, S. 187-203.

1978 Funktion der Berichterstattung über Kriminalität in den Massenmedien, in: Kriminologisches Journal, 10(3), 187–201.

1978 L'immagine della criminalità nei mass media. Contenuti e significati simbolici, in: La questione criminale, Nr. 2, anno IV, Maggio-agosto, S. 351-377.

1979 Relevanz der öffentlichen Meinung für die Wiedereingliederung der Strafentlassenen, in: Zeitschrift für Strafvollzug und Straffälligenhilfe, Heft 3, Jahrg. 28, 3. Vierteljahr, S. 131-137.

1980 Vuoto teorico e servilismo politico nelle richerche „KOL", in: La questione criminale, VI, Nr. 2-3, Maggio-dicembre, S. 363-398.

1981 Theorielosigkeit und politische Botmäßigkeit der KOL-Untersuchungen, in: Zeitschrift für Rechtssoziologie, Nr. 2, S. 245-252.

1982 Eine Erwiderung auf Blankenburg, in: Zeitschrift für Rechtssoziologie, Nr. 2, S. 297-304.

1982 L' image du droit pénal et la reproduction idéologique des classes sociales, in: Déviance et Société, vol. 6, Nr. 4, S. 353-373.

1983 Mass médias et criminalité: état de la recherche en Allemagne et en Autriche, in: Déviance et Société, vol. VII, Nr. 2, S. 249-268.

1983 Les recherches KOL au service de la légitimation du droit penal, in: Déviance et Société, vol. VII, Nr. 3, S. 131-152.

1984 La importancia de la „Teorías del sentido común" en relación con la reinserción sociale de los liberados, in: Derecho Penal y Criminologia, vol. VII, Nr. 23, S. 197-215.

1984 L´interruzione della gravidanza: la donna come attore a come vittima, in: Die delitti e delle pene, II, N. 2, S. 325-366.

1984 Einstellungen von Frauen zum Strafrecht: „Positives Rechtsbewußtsein"?, in: Zeitschrift für Rechtssoziologie V, 2, S. 296-311.

1985 Le legitimazioni tecnocratiche del diritto penale: fuga in avanti nella prevenzione generale, in: Dei delitti e delle pene, 3, Nr. 1, S. 93-118.

1985 Technokratische Legitimierungen des Strafrechts – die Flucht nach vorne in die Generalprävention, in: Zeitschrift für Rechtssoziologie 6, Nr. 1, S. 89-103.

1985 Modelli de società nel movimento abolizionista, in: Dei delitti e delle pene, 3,Nr. 3, S. 569-590.

1986 Gesellschaftliche Modelle in der abolitionistischen Bewegung, in: Kriminologisches Journal, 18(1), S. 2-22.

1986 Versuch um eine materialistisch-interaktionistische Kriminologie, in: Kriminologisches Journal, 18(1), S. 179-199.

1987 General Prevention – a New Rescue for the Technocratic Legitimation of the Penal Law, Mededelingen van het Juridisch Institut van de Erasmus Universiteit Rotterdam, 1987, 37, S. 47-65.

1987 Kriminologie und Geschichte. Eine Einführung, in: Kriminologisches Journal, 19(1), S. 3-15.

1989 Feministische Beobachtung des Abolitionismus, in: Kriminologisches Journal, 21(3), S. 182-193.

1989 Herausforderung: Der feministische Blick auf den Abolitionismus, in: Streit, Feministische Rechtszeitschrift 4, S. 123-129.

1989 Bitte keine radikale Kriminologie ohne Wurzeln, in: Kriminologisches Journal, 21(4), S. 267-280.

1990 Das Strafrecht und die Frauenkriminalität, in: Kriminologisches Journal, 22(4), S. 266-283.

1991 Reproduktion der Frauenrolle im Frauengefängnis, mit Bereichsbibliographie, in: Streit, Feministische Rechtszeitschrift, Heft 1, S. 23-33.

1991 Abolitionismo: il punto di vista feminista, in: Dei delitti e delle pene, 1, S. 85-103.

1991 Gemeinsames Studienprogramm „Strafrechtssysteme und kritische Kriminologie" im Rahmen des ERASMUS – Aktionsprogrammes der Europäischen Gemeinschaft, in: Kriminologisches Journal 3, S. 204-211.

1991 Politische Kriminalität und Eigentumsverhältnisse, in: Kriminologisches Journal, 23(Beiheft 3), S. 6-28.

1992 Il diritto penale e la criminalitá feminile, in: Dei delitti e delle pene, 1, S. 75-94.

1992 Trestní právo a kriminalita žen, in: Právník, 131(3-4), S. 264-280.

1992 Abolicionismo: el punto de vista feminista. A propósito de las reformas de las normas sobre violencia sexual en Italia y Alemania, in: No Hay Derecho (Brasilien), 7, S. 10-12.
1993 Kritická kriminologie, in: Kriminalistika, XXVI, 3, S. 225-235.
1994 Physische Gewalt und die Macht des Patriarchats, in: Kriminologisches Journal, 1994, 26(2), S. 82-104.
1994 Feministische Erkenntnistheorie und Kriminologie von Frauen, in: Kriminologisches Journal, Beiheft 5, S. 9-27.
1997 Text a podtext „Rizikové společnosti" Ulricha Becka, in: Politologický časopis, 4(2), S. 172-184.
1998 Tagungsbericht über den (schönsten) Abschied von der Kritischen Kriminologie und ihrem Weiterleben, in: Kriminologisches Journal, 30(2), S. 146-149.
1998 Umwelt des Systems, in: Magazin Forschung 2/1988, Universität des Saarlandes, S. 38-43.
1999 Komunikativní jednání a komunikativní racionalita v díle Jürgena Habermase, in: Filosofický časopis, 47(3), S. 473-486.
1999 „Rasa" jako rasistická konstrukce, in: Sociologický časopis, Vol. 35, No 4, S. 433-446.
1999 Il genere del diritto penale, in: Dei delitti e delle pene, 1-2, S. 117-140.
2001 Strafe als herrschaftliche Zumutung, in: Ethik und Sozialwissenschaften, 12(1), S. 120-123.
2002 Proti tvrdošíjné představě o ontické povaze gender a pohlaví, in: Sociální studia, 7, S. 15-27.
2004 Normativní heterosexualita bez nátlaku k prokreaci? in: Gender-Rovné příležitosti-výzkum, 5(2-3), S. 1-4.
2004 Genderové aspekty displacementu, in: Sociální studia 2, S. 9-26.
2006 Emancipace, socialismus a feminismus, in: Kontext: časopis pro gender a vědění, S. 1-19.
2008 Feministická angažovanost jako vnitřní nebo vnější diference vědy? In: Kontext: časopis pro gender a vědění (online), ISSN 1214-1909.

Made in the USA
Monee, IL
19 October 2026

66036570R00226